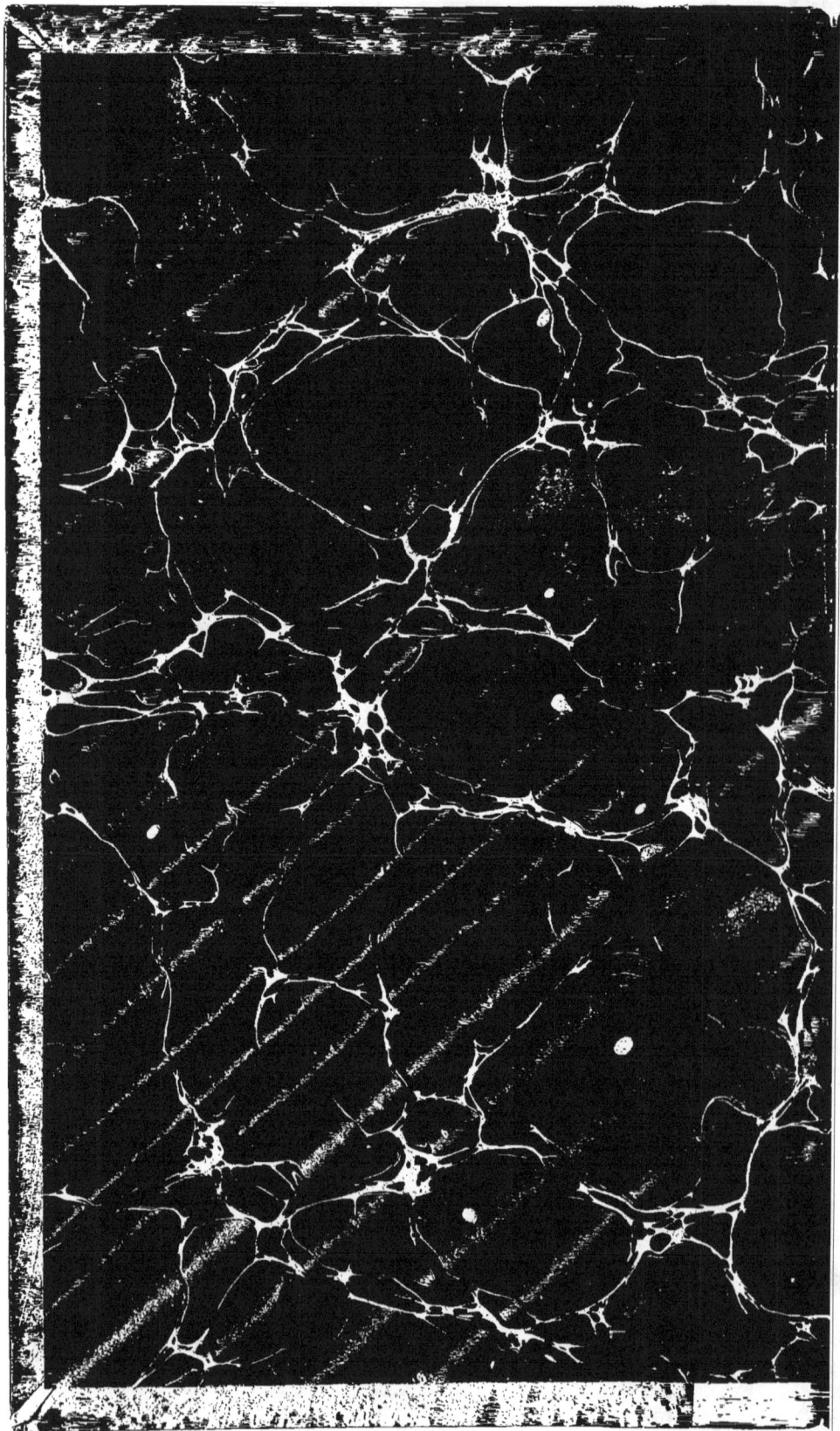

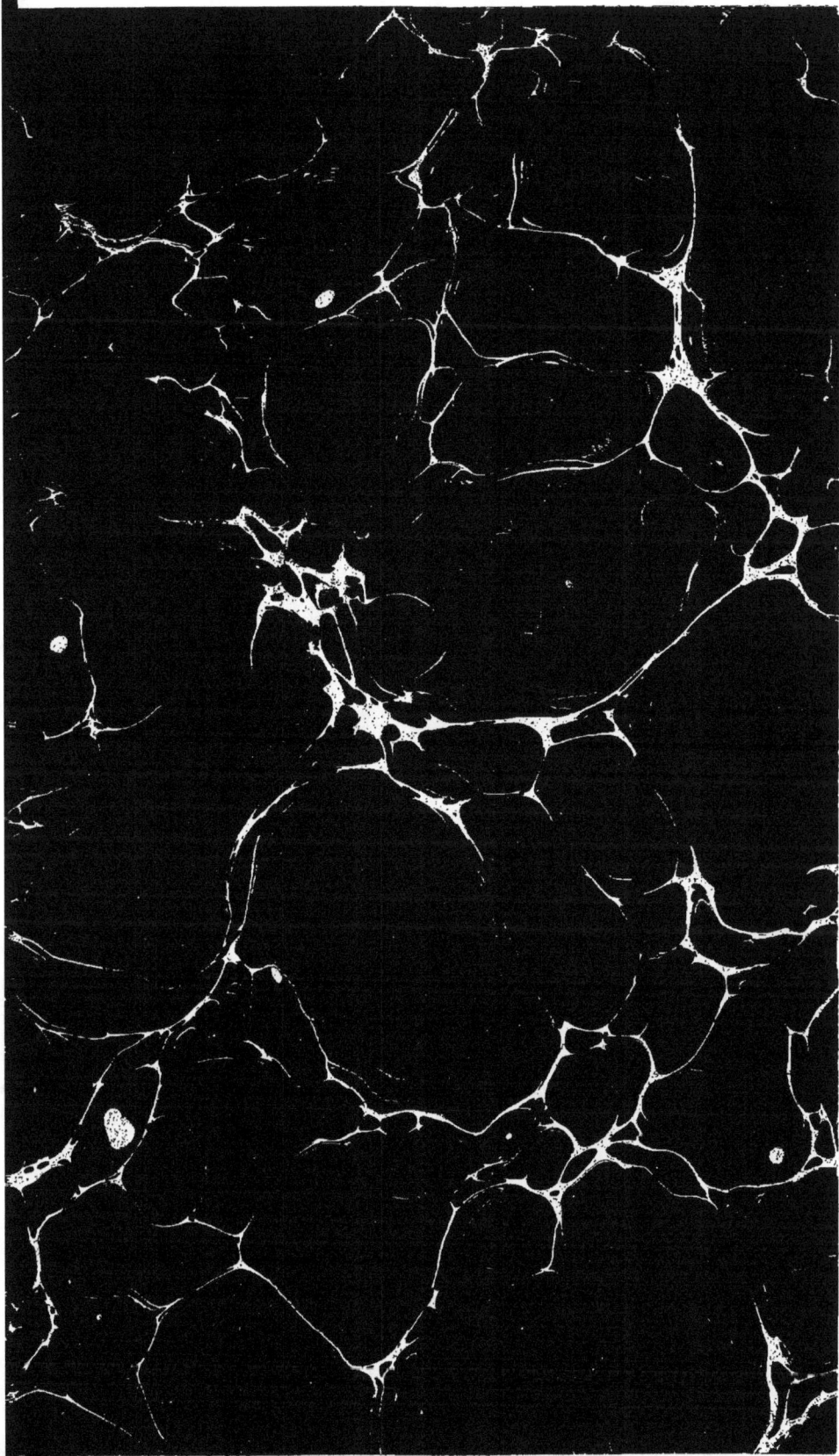

TABLE
GÉNÉRALE

par ordre alphabétique
des Matières,

DES LOIS,

SÉNATUS-CONSULTES,

DÉCRETS, &c.

TOME IV.

NAD. = ZWO.

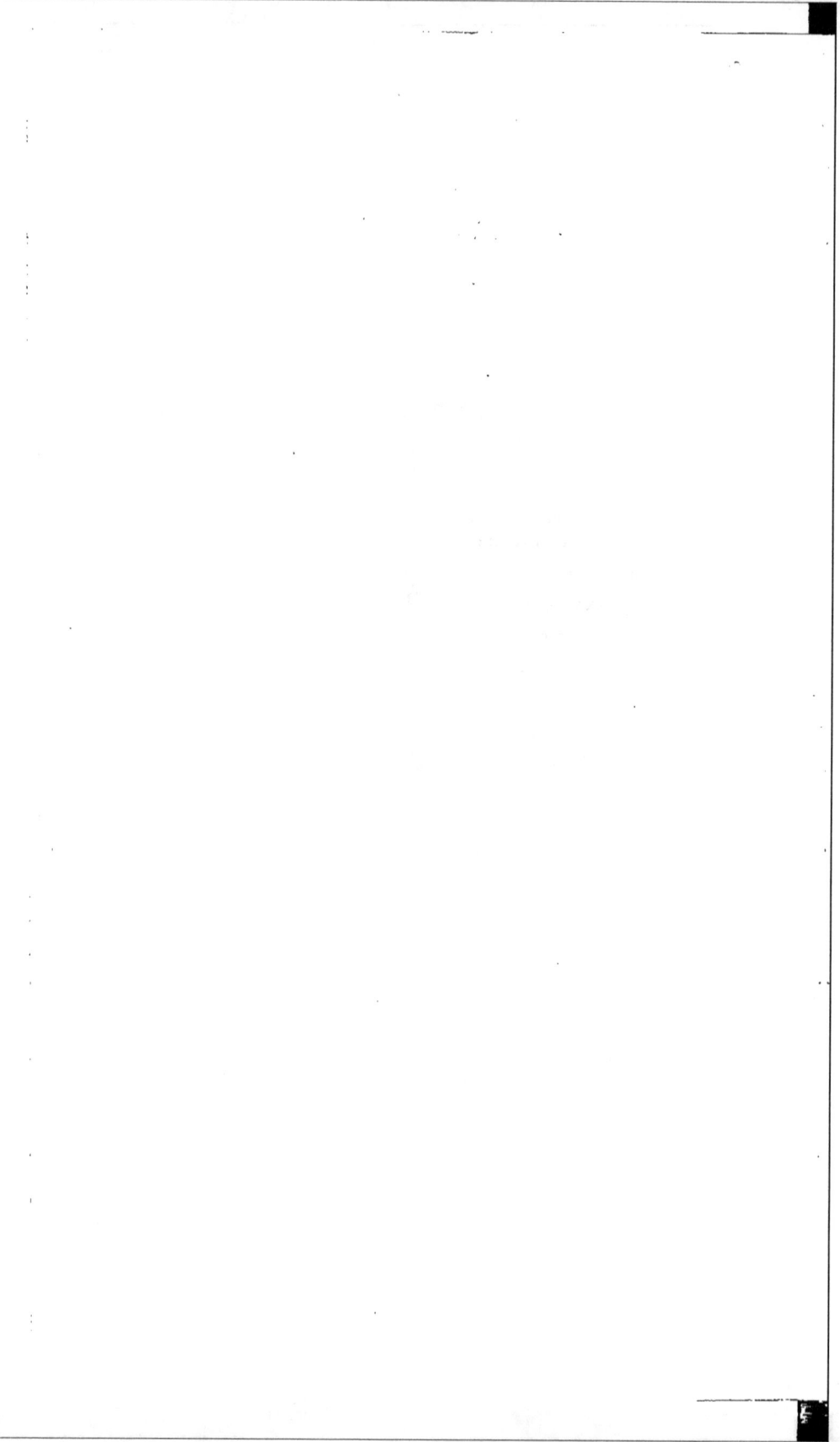

TABLE GÉNÉRALE

PAR ORDRE ALPHABÉTIQUE DE MATIÈRES,

DES

LOIS, SÉNATUS-CONSULTES, &c.

TOME QUATRIÈME.

NAD.=ZWO.

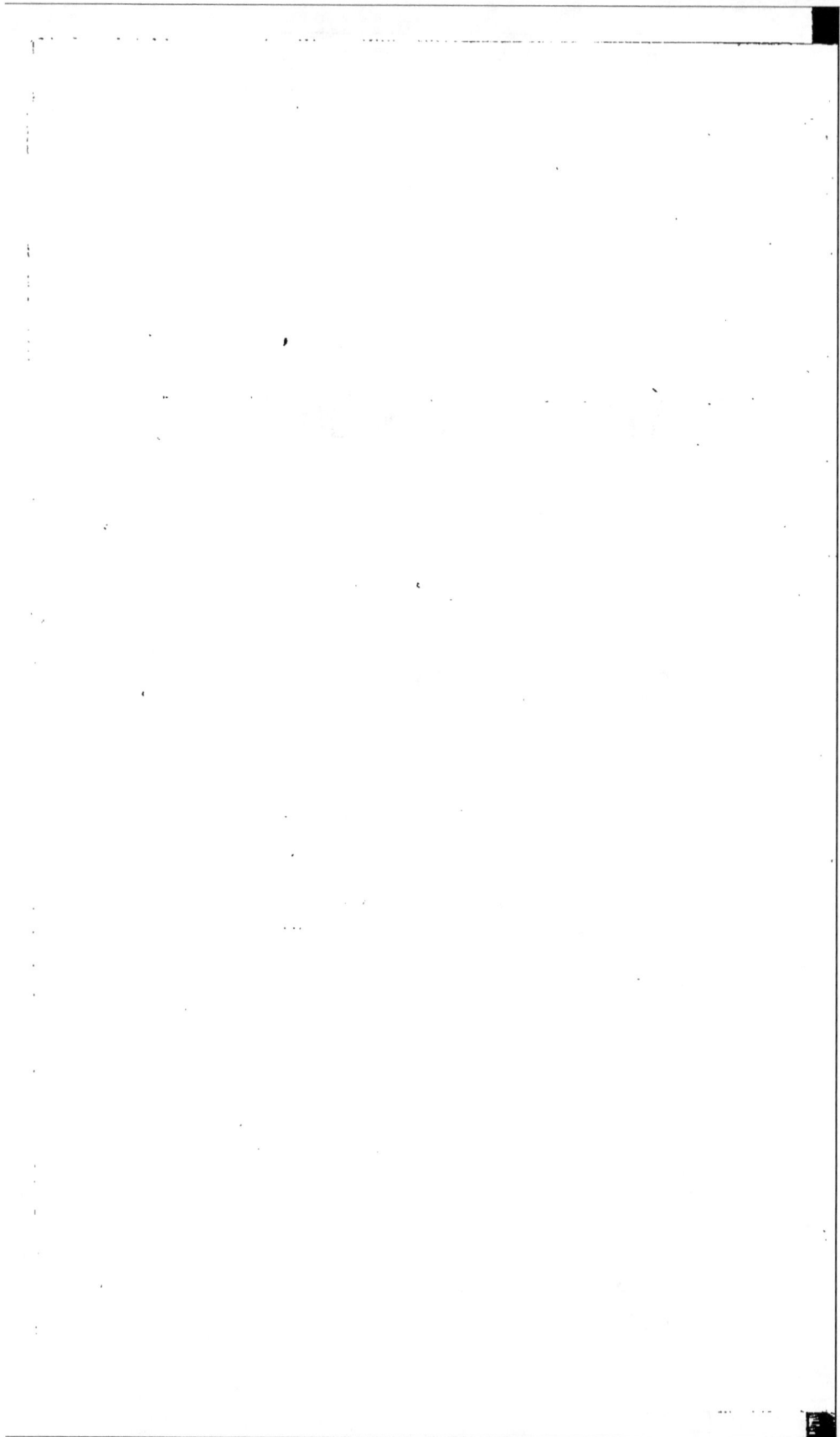

TABLE GÉNÉRALE

PAR ORDRE ALPHABÉTIQUE DE MATIERES,

DES

LOIS, SÉNATUS-CONSULTES,

DÉCRETS, ARRÊTÉS, AVIS DU CONSEIL D'ÉTAT, &c.

PUBLIÉS

DANS LE BULLETIN DES LOIS

ET LES COLLECTIONS OFFICIELLES,

Depuis l'ouverture des États généraux, au 5 mai 1789, jusqu'à la restauration de la Monarchie française, au 1.er avril 1814.

TOME QUATRIÈME.
NAD. = ZWO.

DE L'IMPRIMERIE ROYALE.

A PARIS,

Chez Rondonneau et Decle, place du Palais de Justice, n.º 1.

1816.

TABLE GÉNÉRALE,

PAR ORDRE ALPHABÉTIQUE DE MATIÈRES,

DES LOIS,

DÉCRETS, SÉNATUS-CONSULTES, &c.

DEPUIS 1789 JUSQU'AU 1.er AVRIL 1814.

NADE (Commune de). Fixation de ses limites, 5 vendémiaire an XI [27 septembre 1802] (III, B. 220, n.º 2005).

NAIRAC (Le sieur) est nommé membre du Corps législatif, 4 nivôse an VIII [25 décembre 1799] (II, B. 341, n.º 3509).

NAISSANCE (Distinctions de). La qualité de citoyen français se perd par l'affiliation à toute corporation étrangère qui en suppose, constitution de l'an VIII, art. 4, et Code civil, art. 18.

NAISSANCES. Mode de les constater et d'en faire la publication, 20 sept. et 19 décembre 1792, 13 fructidor an VI [30 août 1798] (II, B. 221, n.º 1980), 20 ventôse an XI [11 mars 1803] (III, B. 257, n.º 2407).
— Formalités prescrites pour remplacer les actes de naissance qu'on ne peut se procurer, 14 septembre 1793, 2 floréal an III [21 avril 1795] (I, B. 139, n.º 780). — Modèles des registres et des actes de naissance, 19 floréal an VIII [9 mai 1800] (III, B. 26 et 28, n.ºs 173 et 183). V. État civil.

— (C. Civ.) Comment se prouve la naissance à défaut des registres de l'état civil, art. 46. — Dans quel délai et par qui doivent être faites les déclarations de naissance, 55 et suiv. — Leur forme, ibid.—Obligations de celui qui trouve un enfant nouveau-né, 58. — Forme de l'acte de naissance d'un enfant né pendant un voyage de mer, 59 et suiv. — Où se fait l'inscription de l'acte de reconnaissance d'un enfant, 62. — La présentation des actes de naissance est nécessaire aux futurs époux, pour la célébration du mariage; manière de suppléer à ceux qu'on ne peut se procurer, 70. — Mode des déclarations de naissance à l'armée, 92 et 93.
— Même obligation de la part des époux qui demandent le divorce par consentement mutuel, 283.

A.

— (C. I. C.) L'accusé doit déclarer le lieu de sa naissance, art. 310.

— (C. P.) Personnes auxquelles il est enjoint de déclarer la naissance de l'enfant à l'officier de l'état civil, art. 346.

NAJAC (Le sieur) est nommé conseiller d'état, 5 thermidor an VIII [24 juillet 1800] (III, B. 43, n.º 282); — préfet du département du Rhône, 3 fructidor an IX [21 août 1801] (III, B. 97, n.º 807).

NAMUR. Réunion de cette ville et de sa banlieue à la France, 9 et 11 mars 1793. — Publication de la bulle portant institution canonique de l'évêque, 24 messidor an XII [13 juill. 1804] (IV, B. 8, n.º 100).

NANCY. Mesures répressives des troubles excités dans cette ville par la garnison, 16=17 août, 31 août, 1.er= 2 septembre. — Soumission de la commune pour l'acquisition de domaines nationaux, 2=5 novembre 1790. — Etablissement d'un juge de paix, 22 novembre = 1.er déc. 1790. — Abolition de toutes les procédures commencées à l'occasion des troubles qui ont agité cette ville, 7=12 décembre 1791. — Installation du tribunal du district dans une partie des bâtimens occupés par le ci-devant parlement de Nancy, 16 =27 mars 1791. — Circonscription des paroisses, 27 avril = 4 mai 1791.—Des gratifications et récompenses sont accordées aux personnes qui ont donné des preuves de bravoure pendant les troubles de cette ville, 4 et 7=17 juin 1791. — La chambre des consultations est supprimée, 6 février 1793. — Message du directoire pour la formation de nouvelles nitrières dans cette ville, 9 niv. an V [29 déc. 1796].—Etablissement d'un octroi municipal, 17 fructidor an VII [3 septembre 1799] (II, B. 311, n.º 3269). — Autorisation d'une concession à titre d'é-

change faite aux hospices, 15 pluviôse an IX [4 février 1801] (III, B. 68, n.º 525). — Le percepteur des contributions directes est assimilé aux receveurs particuliers, 9 fructidor an X [27 août 1802] (III, B. 211, n.º 1941). — Etablissement d'un lycée, 16 floréal an XI [6 mai 1803] (III, B. 294, n.º 2895). — Dotation de la sénatorerie de cette ville, 18 fructidor an XI [5 septemb. 1803] (III, B. 311, n.º 3144). — Le maire assiste au serment de l'Empereur, 3 messidor an XII [22 juin 1804] (IV, B. 6, n.º 56). — Répudiation du legs fait aux hospices par le sieur Proquez, 28 mai 1812 (IV, B. 437, n.º 8003).

NANKINS. Droits d'entrée auxquels sont assujettis les nankins des Indes, 9 floréal an VII [28 avril 1799], art. 10 (II, B. 273, n.º 2838). — Prohibition de leur importation, excepté ceux qui proviennent de prises, 26 vendém. an XIII [18 octobre 1804] (IV, B. 17, n.º 299).

NANTES. Nomination d'un sixième juge de paix dans cette ville, 29 octobre =2 novembre 1791. — Suppression des droits établis sur le bétail aux quatre grandes foires, et mode de remplacement, 31 octobre =7 novemb. 1790. — Circonscription des paroisses, 4=15 mars 1791. — Emprunt à la caisse de l'extraordinaire d'une somme de trente-trois mille trois cent trente - trois livres six sous huit deniers, 10 juin 1791. — Etablissement d'un octroi municipal, 9 prairial an VII [28 mai 1799] (II, B. 284, n.º 2984); — d'une bourse de commerce, 6 messidor an IX [25 juin 1801] (III, B. 85, n.º 706). — Le percepteur des contributions directes est assimilé aux receveurs particuliers, 11 thermidor an X [30 juillet 1802] (III, B. 204, n.º 1871). — Etablissement d'un lycée, 1.er vendémiaire an XII [24 septembre 1803] (III, B. 318, n.º 3215). —

Le maire assiste au serment de l'empereur, 3 messidor an XII [22 juin 1804] (IV, B. 6, n.° 56). — Une feuille d'annonces est autorisée dans cette ville, 14 décembre 1810 (IV, B. 335, n.° 6242). — Réglement sur l'exercice de la profession de boulanger, 14 juin 1813 (IV, B. 507, n.° 9330). — Etablissement d'un mont-de-piété et clôture des maisons de prêt, 3 décembre 1813 (IV, B. 542, n.° 9916).

NANTISSEMENT. Droits d'enregistrement auxquels les actes sont assujettis, 5 = 19 décembre 1790, 22 frimaire an VII [12 décem. 1798] (II, B. 248, n.° 2224). — Loi relative aux formes du nantissement et aux obligations qui en résultent, 25 ventôse an XII [16 mars 1804] (III, B. 352, n.° 3668). V. *Maisons de prêt*, *Monts-de-piété* et *Prêt*.

— (C. Civ.) La remise du gage donné en nantissement ne suffit pas pour faire présumer la remise de la dette, art. 1286. — Celui qui ne peut pas trouver une caution, est reçu à donner à sa place un gage en nantissement suffisant, 2041. — Définition de ce contrat, 2071. — Les dispositions de la loi sur le nantissement ne sont pas applicables aux maisons de prêt, 2084.

NANTISSEMENT *féodal ou censuel*. Abolition des formalités de ce nantissement remplacées par la transcription des grosses de contrats d'aliénation ou hypothèques aux greffes des tribunaux civils, 15 = 28 mars, 19 = 27 septembre 1790.

NANGIS. Fixation de l'époque de la tenue des foires de cette commune, 2 pluviôse an IX [22 janvier 1801] (III, B. 64, n.° 492).

NANTUA. Le directoire du district est autorisé à louer la maison du ci-devant prieur, 9 = 15 mai 1791. — Le canton de Poncin y est réuni, 26 mars 1806 (IV, B. 85, n.° 1433).

NANTUKOIS. Dispositions relatives à la liquidation de leurs créances et au paiement des primes qui leur étaient dues pour la pêche de la baleine, 16 = 21 septembre 1790, 9 = 25 juillet 1791 et 23 = 27 mai 1792.

NAPLES (Royaume de). Traité de paix avec la France, 3 brumaire an V [24 octobre 1796] (II, B. 92, n.° 868). — Message sur l'invasion du territoire romain par les armées napolitaines, et déclaration de guerre au Roi de Naples, 16 frimaire an VII [6 décembre 1798] (II, B. 244, n.° 2198). — Traité de paix, 16 frimaire an X [7 décemb. 1801] (III, B. 140, n.° 1061). — Epoque à compter de laquelle les bâtimens de mer napolitains et siciliens sont déclarés de bonne prise, 16 frimaire an XIV [7 décembre 1805] (IV, B. 73, n.° 1266). — Joseph Napoléon est nommé Roi de Naples et de Sicile, 30 mars 1806 (IV, B. 84, n.° 1432). — Création de six duchés grands fiefs dans ce royaume, *ibid.* — Taxe des lettres pour le royaume de Naples, 19 septembre 1806 (IV, B. 116, n.° 1946). — Rappel de tous les Français au service du Roi de Naples, 22 février 1814 (IV, B. 559, n.° 182).

NAPOLÉON *Bonaparte, ses frères et son fils*. V. *Bonaparte* et *Roi de Rome*.

NAPOLÉON (Eugène). Tous les droits à la succession du duché de Francfort lui sont cédés, 1.er mars 1810 (IV, B. 274, n.° 5256).

NAPOLÉONVILLE. Le chef-lieu du département de la Vendée y est transféré, 14 juin 1800 (IV, B. 293, n.° 5565).

NARBONNE. Circonscription des paroisses, 14 = 18 février 1791. — Acceptation d'un legs fait aux hospices, 26 août 1792, et 9 vendémiaire an X [1.er octobre 1801] (III, B. 107, n.° 878). — Etablissement d'une bourse de commerce, 17 ventôse an X [8 mars 1802] (III, B. 167 n.° 1293).

NARBONNE. (Le sieur DE). Il lui est est permis de reprendre son poste à l'armée, 21 = 22 avril 1792.— Il est décrété d'accusation, 28 août 1792.

NARDON (Le sieur) est nommé préfet du département de Montenotte, 15 messidor an XIII [4 juil. 1805] (IV, B. 49, n.º 838).

NASSAU - ORANGE. Les divers emprunts faits sur les domaines de Nassau-Orange sont réunis à la dette publique de Hollande, 20 août 1811 (IV, B. 386, n.º 7171). V. *Hollande.*

NASSAU - SAARBRUCK. Rejet d'une demande du sieur Choel, relative aux biens de la principauté de Nassau-Saarbruck, 26 floréal an XII [16 mai 1804] (IV, B. 14, n.º 201).

NASSAU-USINGE (La princesse de). Levée du séquestre apposé sur les biens de Madame la princesse de Nassau - Usinge, née Linange, 26 floréal an XII [16 mai 1804] (IV, B. 14, n.º 202).

NATION FRANÇAISE. Ses rapports avec les nations étrangères, constitutions de 1791, de 1793, de l'an III et de l'an VIII. V. *Constitutions, Étrangers* et *Traités de paix.*

NATTES (le sieur) est nommé membre du Corps législatif, 6 germinal an X [27 mars 1802] (III, B. 171, n.º 1340).

NATURALISATION. Conditions requises pour être naturalisé Français; mode de demande et de délivrance des lettres de naturalisation, 30 avril = 2 mai 1790, constitutions de 1791, de l'an III et de l'an VIII, 26 vendémiaire an XI [18 octobre 1802] (III, B. 224, n.º 2044), 19 fév. 1808 (IV, B. 181, n.º 3064) 17, mars 1809 (IV, B. 229, n.º 4195). — Dispositions relatives aux Français naturalisés en pays étrangers, 26 août 1811 (IV, B. 387, n.º 7086). V. *Absens* et *Français.*

—(C. Civ.) art. 7 *et suiv.*

NATURE. (C. Civ.) Les ascendans succèdent aux choses données par eux à leurs descendans, lorsque les objets se retrouvent en nature, art. 747. — Chacun des cohéritiers peut demander sa part en nature dans les meubles et immeubles d'une succession, 826. — Le rapport, dans une succession, se fait en nature, ou en moins prenant, 858. — Obligation d'exécuter les dispositions à charge de rendre en nature les objets donnés ou légués, 1063.

NAUFRAGES. Dispositions législatives et réglementaires relatives au sauvetage des bâtimens, effets et marchandises naufragés, à la vente de ces effets et marchandises, à l'emploi et distribution des deniers provenant de la vente, au traitement des marins naufragés, et à la punition des vols qui se commettent à ce sujet, 16, 19 et 21 = 22 août 1790, 6 = 22, 9 = 13 août 1791, 23 thermidor an IV [10 août 1796], 1.er ventose an V [19 février 1797] (II, B 184, n.º 1737) 27 thermidor an VII [15 août 1799] (II, B. 301, n.º 3206), 17 floréal an IX [7 mai 1801] (III, B. 82, n.º 665). — Le conseil des prises connaît des contestations relatives à la qualité des bâtimens naufragés, 4 germinal an VIII [25 mars 1800] art. 2 (III, B. 16, n.º 112).

—(C. Civ.) Le commencement de preuve s'applique aux dépôts faits en cas de naufrage, art. 1348.

—(C. Co.) Rapport que le capitaine est tenu de faire lorsqu'il a fait naufrage, art. 246 *et suiv.*—Les pertes et dommages causés par le naufrage sont à la charge des assureurs, 350. — On peut, en cas de naufrage, délaisser les objets assurés, 369.

—(C. P.) Peine encourue par ceux qui refusent des secours aux naufragés, art. 475.

NAUFRAGES de Calais. V. *Émigrés.*

NAVETTE. Droit que doivent payer

pour leur sortie, pendant l'an XI, les tourteaux de pain de navette, 1.er pluviôse an XI [21 janvier 1803] (III, B. 248, n.° 2255).—Continuation de la perception de ce droit, 3 frimaire an XII [25 novembre 1803] (III, B. 327, n.° 3374).

NAVIGATEURS. Mode d'admission à l'état de navigateur dans les départemens du Nord et du Pas-de-Calais, 4 = 12 juin 1791.—Attribution et fonctions des anciens navigateurs pour le lestage et le délestage des navires et leurs ventes, 9 = 13 août 1791.

NAVIGATION *intérieure*. Prohibition de toute entreprise sur les cours d'eau qui peut nuire à la facilité et à la sûreté de la navigation des rivières et fleuves, 28 septembre = 6 octobre 1791.—Les citoyens non inscrits sur les registres des classes, qui se livrent à la navigation intérieure des rivières et des canaux, sont exempts des levées pour le service maritime, 3 mars 1793.—La perception des droits de navigation est rétablie en numéraire ou en mandats valeur représentative, 14 thermidor an IV [1.er août 1796] (II, B. 62, n.° 574).—Les chevaux habituellement employés au halage et à la navigation sur les rivières d'approvisionnement, sont et demeurent exclusivement en réquisition pour ce service, 18 ventôse an V [8 mars 1797] (II, B. 111, n.° 1056).—Régime, police et administration des bacs et bateaux sur les fleuves, rivières et canaux navigables, 6 frimaire an VII [26 novembre 1798] (II, B. 246, n.° 2218).—Les dépenses de la navigation intérieure font partie des dépenses générales, 11 frimaire an VII [1.er décembre 1798 (II, B. 248, n.° 2220).—Établissement d'un droit de navigation intérieure sur les fleuves et rivières, et emploi de son produit au balisage, à l'entretien des chemins

et ponts de halage, à celui des pertuis, écluses, barrages, &c., 30 floréal an X [20 mai 1802] (III, B. 192, n.° 1608).—Liberté de la navigation sur l'Escaut, les rivières affluentes et les canaux qui y communiquent, 13 prairial an XI [2 juin 1803] (III, B. 283, n.° 2783).—Uniforme et arme des divers agens du service de la navigation, 13 vendémiaire an XII 6 octobre 1803] (III, B. 319, n.° 3233).—L'exécution des lois relatives aux droits de navigation est attribuée au ministère des finances, 28 ventôse an XII [19 mars 1804] (III, B. 353, n° 3672).—Division de la France en bassins de navigation, 8 prairial an XI [28 mai 1803] (III, B. 285, n.° 2791).—Ces bassins sont ceux de la Seine. V. *Seine*; de la Charente, de la Seudre, de la Sèvre-Niortaise. V. *ces trois mots en particulier*; de l'Escaut et de l'Aa, 28 messidor an XIII [17 juillet 1805] (IV, B. 52, n.° 864); de l'Orne et de la Somme. V. *Orne* et *Somme*; de la Meuse. V. *Meuse*; du Pô. V. *Pô*.—Emploi et administration des produits des droits de navigation, 4.e jour complémentaire an XIII [21 sept. 1805] (IV, B. 58, n.° 1058).—L'article 7 du titre XXVIII de l'ordonnance de 1669, est déclaré applicable à toutes les rivières navigables de l'Empire, 22 janvier 1808 (IV, B. 176, n.° 2954).—Imposition, dans divers départemens, pour subvenir aux dépenses des travaux ayant pour objet de faciliter et d'assurer la navigation des fleuves et rivières, 12 avril 1810 (IV, B. 283, n.° 5353), 14 juillet 1812 (IV, B. 443, n.° 8162).—Annullation, pour cause d'incompétence, d'un arrêté par lequel le préfet du département du Cantal avait ordonné la démolition d'une digue construite par un particulier à travers la rivière de Cère, 12 avril 1812 (IV,

B. 429, n.° 7903). V. *Canaux* et *Ponts et Chaussées.*

NAVIGATION *maritime.* Envoi au comité de marine et des colonies des mémoires sur les moyens de faire prospérer la navigation, 24 vendémiaire an III [15 octobre 1794] (I, B. 73, n.° 389). — Dispositions relatives à la formation du bureau des longitudes, et noms et traitement des membres qui le composent, 7 messidor an III [25 juin 1795] (I, B. 158, n.° 929). V. *Colonies, Douanes,* et *Marine* aux titres *Police de la navigation* et *Ports.*

NAVIRES. Prohibition de l'importation des navires de construction étrangère, 6 = 11 juillet 1790. — Peines encourues par ceux qui mettent le feu à des navires, 25 septembre = 6 octobre 1791, 5 brumaire an IV [25 octobre 1795] (I, B. 204, n.° 1221). — Les navires connus sous le nom de *smogleurs* ou *fraudeurs*, sont déclarés ennemis, 9 mai 1793. — Manière de constater l'arrivée des navires chargés de grains, 6 septembre 1793. — Peines prononcées contre les Français qui prêtent leur nom pour la francisation des navires étrangers, 27 vendémiaire an II [18 octobre 1793]. — Formalités à remplir avant d'expédier, pour une destination quelconque, un navire provenant de prises, 7 vendémiaire an V [28 septembre 1796] (II, B. 80, n.° 743). — Mesures de sûreté pour l'admission des navires neutralisés venant d'Angleterre dans les ports de la République, 3 frimaire an V [23 novembre 1796] (II, B. 93, n.° 883). — Amende prononcée contre les capitaines de navires qui, à leur arrivée dans les ports, négligent de déclarer la quantité de poudre de guerre qu'ils ont à bord, et de la déposer dans les magasins nationaux, 13 fructidor an V [30 août 1797] (II, B. 141, n.° 1386).

— L'état des navires, en ce qui concerne leur qualité de neutre ou d'ennemi, est déterminé par leur cargaison, 29 nivôse an VI et 27 mess. an VIII [18 janv. 1798 et 16 juillet 1800] (II, B. 178, n.° 1678 et III, B. 98, n.° 817). — Envoi au ministre de la marine de toutes les lettres trouvées sur des navires ennemis ou bâtimens neutres, 7 messidor an VI [25 juin 1798] (II, B. 209, n.° 1894). — Quarantaine à laquelle sont soumis ceux qui arrivent dans les ports de la Méditerranée (*ibid.* n.° 1895). — Mode de partage des navires marchands pris par les bâtimens de l'État, et du paiement de ceux qui sont requis pour le service de la marine militaire, 9 ventôse an IX [28 février 1801], art. 2 et 6 (III, B. 71, n.° 548). — Les navires destinés à la pêche de la baleine peuvent, pendant trois ans, être composés de deux tiers de matelots étrangers et d'un tiers de français, 9 nivôse an X [30 décembre 1801] (III, B. 145, n.° 1118). — Avis du Conseil d'état portant que la connaissance des ventes des navires saisis appartient aux tribunaux, 17 mai 1809 (IV, B. 236, n.° 4391). — État à dresser de la nationalité des navires dans les départemens Anséatiques, 4 juillet 1811, chap. VI, art. 209 (IV, B. 381, n.° 7113).

— (C. Civ.) Les navires sont meubles, art. 531. — Forme de leur saisie, *ibid.*

— (C. Co.) Les navires sont meubles, ainsi que tous les autres bâtimens de mer, art. 190. — Ils sont affectés aux dettes du vendeur, *ibid.* — Responsabilité du propriétaire du navire, relativement aux faits du capitaine, 216. — Le capitaine doit avoir à bord l'acte de propriété du navire, 226. — Frais dus à raison d'un retardement dans le départ, 294. — A la charge de qui est le fret quand on est contraint de faire radouber un navire pendant le voyage, 296.

— (C. P.) La peine de mort, avec confiscation de biens, est portée contre ceux qui auraient incendié des navires appartenant à l'Etat ou les auraient détruits par l'explosion d'une mine, art. 95 et 435. V. *Armemens en course, Bâtimens de commerce français, Bâtimens ennemis, Bâtimens de mer, Commerce, Convoi, Marine, Prises, Sauvetage, Vaisseaux*.

NAY. Concession d'un terrain appartenant à cette commune, 9 nivôse an X [30 décembre 1801] (III, B. 150, n.° 1169).

NEAUFLE-LE-CHATEAU. Le nom de cette ville est changé en celui de Neaufle-la-Montagne, 30 vendémiaire an II [21 octobre 1793].

NÉCHIN (La commune de) est réunie à la France, 23 mars 1793.

NÉELLE (Commune de). Circonscription des paroisses, 29 mai == 1.er juin 1791.

NÉGLIGENCE. (C. Civ.) L'héritier bénéficiaire et le donataire doivent compte des détériorations provenant de leur négligence, art. 805 et 865. — Responsabilité à laquelle la négligence donne lieu, 1383. — Négligence dont le mari est responsable, 1562 et 1567.

— (C. P. C.) Négligence qui, dans les saisies immobilières, peut donner lieu à une demande en subrogation à la poursuite, art. 722.

— (C. P.) Peines auxquelles l'évasion des détenus donne lieu contre ceux à la négligence de qui elle peut être imputée, art. 237 *et suiv.* — Les conducteurs ou gardiens détenus sont remis en liberté lorsque les évadés sont repris dans un délai de quatre mois, 247. V. *Blessures, Homicide, Nettoyage, Scellés*.

NÉGOCE et NÉGOCIANS. V. *Bourses de commerce, Commerce, Marchandises, Marchands, Patentes* et *Tribunaux de commerce*.

NÉGOCIATIONS *d'effets publics, de commerce, &c*. Les agens et courtiers de change ne peuvent en faire aucune pour leur compte, 14, 19 et 21 avril == 8 mai 1791. V. *Agens de change* et *Bourses de commerce*. — Toutes négociations en blanc de lettres de change ou autres effets de commerce sont défendues, 20 vendémiaire an IV [12 octobre 1795] (I, B. 195, n.° 1164). — Mode des négociations à faire par la trésorerie pour les besoins du service public, 3 frimaire an IV, 9 thermidor an V et 9 vendémiaire an VI [24 novembre 1795, 27 juillet et 30 septembre 1797] (II, B. 6, 135 et 148, n.os 31, 1326 et 1447).

— (C. Civ.) La société qui avait une négociation pour objet, finit quand cette négociation est consommée, art. 1865.

— (C. Co.) Le résultat des négociations qui s'opèrent dans la bourse, détermine le cours du change, &c. art. 72. — Négociations que les agens de change ont droit de faire seuls ou concurremment avec les courtiers de marchandises, 76. — Le failli qui a fait des négociations supposées, est réputé banqueroutier frauduleux, 593. V. *Conditions, Livres de Commerce*.

NÉGOCIATIONS *politiques* (La direction des) et la nomination des agens diplomatiques sont exclusivement dans les attributions du pouvoir exécutif, constitutions de 1791 et de l'an VIII. — Peines encourues pour violation du secret d'une négociation, 25 septembre == 6 octobre 1791, et code pénal, art. 80. V. *Ambassadeurs* et *Traités*.

NÈGRES. Conditions auxquelles ils sont rétablis dans l'exercice des droits politiques comme tous les Français, 15 mai == 1.er juin, 7 septembre, 24 == 28 septembre, 28 septembre == 16 octobre 1791, 28 mars == 4 avril; == 11 juillet 1792. — Suppression de la prime accordée pour la traite des nègres, 11 août 1792, 27 juillet, 19 septembre 1793. — Abolition de leur esclavage dans les colonies françaises, 17 pluviôse, 12, 17 et 22 germinal an II [5 février, 1.er, 6 et 11 avril 1794].—Formation de compagnies de militaires noirs et de couleur, 3 prairial et 17 thermidor an VI [22 mai et 4 août 1798] (II, B. 203, et 217, n.os 1844 et 1946). — Cet arrêté est rapporté, 22 thermidor an VII [9 août 1799] (II, B. 300 n.º 3196). — L'esclavage est maintenu dans les colonies restituées à la France par le traité d'Amiens, ainsi que la traite dans les autres colonies au-delà du Cap de Bonne-Espérance, 30 floréal an X [28 mai 1802] III, B. 192, n.º 1609). — Il est défendu à tout étranger d'amener sur le territoire continental aucun noir, mulâtre et autres gens de couleur de l'un de et l'autre sexe, 13 messidor an X [2 juillet 1802] (III, B. 219, n.º 2001). V. *Colonies.*

NELLE (La dame). Il lui est accordé une indemnité provisoire et une pension, 13 prairial an X [2 juin 1802] (III, B. 195, n.º 1700).

NEMOURS. Le directoire du district est autorisé à acquérir les bâtimens nécessaires à son établissement, 9 = 17 juin 1791. — Vente d'un terrain marécageux appartenant à cette commune, 1.er floréal an X [21 avril 1802] (III, B. 182, n.º 1444). — Circonscription des paroisses du district, 8 = 20 juin 1791.

NÉONY. L'élection du curé de cette commune à l'évêché du département de la Creuse est confirmée, 13 = 19 janvier 1791.

NÉRAC (Arrondissement de). Les cantons des justices de paix de Castel-Jaloux et de Damazan sont réunis à cet arrondissement, 5 septembre 1807 (IV, B. 158, n.º 2744).

NÉREL (La commune de) est réunie à la France, 19 mars 1793.

NERI-CORSINI (Le sieur) est nommé membre du conseil du sceau des titres, 4 octobre 1810 (IV, B. 316, n.º 5966).

NESLE (Commune de). Changement d'époque de la tenue de la foire de cette commune, 19 thermidor an IX [7 août 1801] (III, B. 96, n.º 799).

NETHES (Département des Deux-). Sa réunion à la France, et sa composition, 9 vendémiaire an IV [1.er octobre 1795] (I, B. 186, n.º 1157). — Validité des opérations de l'assemblée électorale pour la nomination des députés au Corps législatif, 29 vendémiaire an VI [20 octobre 1797] (II, B. 154, n.º 1503). — Annullation de celles de deux autres assemblées électorales tenues pour le même objet, 11 messidor an VII [29 juin 1799] (II, B. 293, n.º 3109). — Réduction et fixation des justices de paix, 15 pluviôse, 23 germinal et 15 floréal an X [14 février, 13 avril et 5 mai 1802] (III, B. 163, n.º 1240, et B. 228 *tis,* n.os 8 et 10). — Désignation des écoles secondaires, 13 frimaire an XI [4 décembre 1802] (III, B. 234, n.º 2177). — M. Cochon est nommé préfet, 10 thermidor an XIII [29 juillet 1805] (IV, B. 51, n.º 802). — Établissement d'un tribunal spécial, 12 décembre 1806 (IV, B. 134, n.º 2171). — M. le chevalier Voyer d'Argenson est nommé préfet, 29 mars 1809 (IV, B. 231, n.º 4273). — Organisation des arrondissemens réunis à ce département, 26 avril 1810 (IV, B. 284, n.º 5371). — M. le baron Savoie-Rollin est nommé préfet, 12 mars 1813 (IV, B. 485, n.º 8965).

NETTOIEMENT *des rues* (Le) est un objet de police municipale : peines encourues par ceux qui contreviennent aux lois et réglemens sur cette matière, 19 = 22 juillet 1791, 3 brumaire an IV [25 octobre 1795] (I, B. 204, n.º 1221), et Code pénal, art. 458 et 471.

NETZENBACH (Commune de). Elle fait partie du district de Strasbourg, 4 = 10 juillet 1791.

NEUCHÂTEL (La principauté de) est donnée au maréchal Berthier, 30 mars 1806 (IV, B. 84, n.º 1432). V. *Berthier* (Alexandre).—Réunion de cette principauté au diocèse de Besançon, 25 octobre 1806 (IV, B. 122, n.º 1995),

NEUF *et dix Thermidor an II.* V. *Journées mémorables.*

NEUF-BRISACH. Paiement du marché fait par le ci-devant ministre de la guerre pour l'approvisionnement de cette ville, 7 = 11 juillet 1792.

NEUFCHATEAU. Annullation de l'élection de deux suppléans au tribunal du district de cette ville, 6 = 10 avril 1791. — Le nom de Neufchâteau est changé en celui de Mouson-Meuse, 30 juillet 1793.

NEUFCHATEL. Validité de l'élection du receveur du district, 26 novembre = 4 décembre 1790. — Etablissement d'un commissaire de police dans cette ville, 6 = 13 juillet 1792.

NEUF - SAARVERDE. Circonscription et réunion de quelques cantons et communes de ce district, 28 prairial an II [16 juin 1794] (I, B. 6, n.º 26).

NEUILLY (Seine). Les opérations de l'assemblée cantonale de cette commune, pendant la session de 1807, sont annullées, 20 février 1810. (IV, B. 268, n.º 5210).

NEUILLY-EN-TELLE. Changement d'époque de la tenue des foires de cette commune, 19 germinal an IX [9 avril 1801] (III, B. 78, n.º 627).

NEUSTADT (Le territoire de) forme un des districts de la Carniole en Illyrie, 15 avril 1811, tit. VII, art. 64 (IV, B. 369 *bis*). — Etablissement d'un tribunal de première instance dans cette ville, *ibid.*

tit. XVI, sect. II, art 188. — Il est supprimé, 9 janvier 1812 (IV, B. 414, n.º 7503). — Dispositions relatives au flottage du bois sur les ruisseaux et canaux qui coulent dans la vallée de cette ville, 25 janvier 1807 (IV, B. 136, n.º 2187). V. *Illyrie.*

NEUTRES (Navires). Arrestation des navires neutres chargés de comestibles ou de marchandises pour les puissances ennemies, 9 mai, 9 juin, 27 juillet et 16 août 1793. — Exception, 3 septembre 1793. — Rapport de cette exception, 11 septembre 1793. — Ordre du jour motivé, concernant des sucres et cafés chargés par des négocians de Nantes sur un bâtiment neutre, 3 brumaire an II [24 octobre 1793]. — Rapport à faire relativement aux vaisseaux chargés sous pavillon neutre, de denrées et marchandises non prohibées, 8 frimaire an II [28 novembre 1793]. — Manière dont le pavillon de la France doit en user envers les bâtimens neutres, 2 frimaire an V [22 novembre 1796] (II, B 92, n.º 873). — Mesures de sûreté pour l'admission des navires neutralisés et des individus venant d'Angleterre dans les ports de France, 3 frimaire an V et 5 brumaire an IX [23 novemb. 1796 et 27 octobre 1800] (II, B. 93, n.º 883, et III, B. 50, n.º 373). — Mode d'acquittement des frets et surestaries résultant de l'arrestation des bâtimens neutres, 9 frimaire an V [29 novembre 1796] (II, B. 95, n.º 895). — Dispositions relatives à la navigation des navires neutres chargés de marchandises appartenant aux ennemis de la France, et au jugement des contestations sur la validité des prises, 12 ventôse an V et 28 vent. an VII [2 mars 1797 et 18 mars 1799] (II, B. 111 et 268, n.ºs 1052 et 2756). — Remise des manifestes du chargement des navires neutres, 27 thermidor an V

[14 août 1797] (II, B. 138, n.º 1357). — Arrêté relatif à une pétition tendant à faire déclarer de bonne prise les neutres saisis avec des armes ou des munitions de guerre, sans que leurs expéditions en fassent mention, 24 germinal an VI [13 avril 1798]. — Dispositions relatives à ceux qui sont chargés de marchandises anglaises sujettes à réexportation, 25 prairial an VI [13 juin 1799] (II, B. 206, n.º 1881). — Le réglement du 26 juillet 1778, concernant la navigation des bâtimens neutres, est remis en vigueur, 29 frimaire an VIII [20 déc. 1799] (II, B. 339, n.º 3486). — Révocation des permissions accordées pour l'importation sous pavillon neutre, de denrées coloniales et marchandises venant d'Angleterre, 27 messidor an VIII [16 juillet 1800] (III, B. 98, n.º 817). — Avis du Conseil d'état sur la compétence en matière de délits commis à bord des vaisseaux neutres dans les ports et rades de France, 20 novembre 1806 (IV, B. 126, n.º 2046). — L'article 2 du réglement du 26 juillet 1778 relatif au mode de justification des propriétés formant la cargaison de bâtimens neutres, est déclaré non applicable à ceux des puissances alliées, 18 août 1811 (IV, B. 387, n.º 7136).

NEUTRES (Pays). Formalités auxquelles sont assujettis les Français voyageant dans les pays neutres, 19 therm. an IV [6 août 1796] (II, B. 65, n.º 594). — Manière de procéder en matière de prises maritimes conduites par des Français en pays neutre ou allié, 27 ventose an VI [17 mars 1798] (II, B. 191, n.º 1775). — Cautions que doivent fournir les neutres pour l'exécution des jugemens définitifs, avant l'expiration du délai pour le pourvoi en cassation, 4 prairial an VI [23 mai 1798] (II, B. 202, n.º 1839). — Les individus natifs de pays alliés ou neutres, qui font partie des équi-

pages de bâtimens ennemis, sont traités comme pirates, 8 et 24 brumaire an VII [29 octobre et 14 novembre 1798] (II, B. 235 et 240, n.ºs 2118 et 2175).

NEUVACHE. Etablissement d'une foire dans cette commune, 7 germinal an IX [28 mars 1801] (III, B. 77, n.º 603).

NEVERS. Circonscription des paroisses de cette ville, 9=17 avril 1791. — Proclamation du Roi pour y rétablir la tranquillité publique, 12 février 1792. — Etablissement d'une bourse de commerce, 16 frimaire an XIV [7 décembre 1805] (IV, B. 67, n.º 1176). — Acceptation d'un legs du sieur Bréchard, en faveur de l'hospice de cette ville, 19 avril 1811 (IV, B. 368, n.º 6748).

NEVEUX et NIECES. Le juge de paix connaît des contestations entre eux, dans les cas de sa compétence, 6=27 mars 1791.

— (C. Civ.) Le mariage est prohibé entre le neveu et la tante, l'oncle et la nièce, art. 163. — Comment la prohibition peut être levée, 164. — Le neveu du meurtrier n'est pas tenu de le dénoncer, 728. — Degré de l'oncle au neveu, 738. — Représentation des neveux et nièces dans les successions, 742 et suiv. — Dispositions à la charge de restitution permise en leur faveur, 1049.

NEUVILLE-AUX-LOGES (La commune de) est autorisée à acquérir des domaines nationaux, 1.er décembre 1790=5 janvier 1791.

NEUVY (La commune de) est autorisée à faire l'acquisition d'un terrain destiné aux inhumations, 4 floréal an X [24 avril 1802] (III, B. 185, n.º 1481).

NEUVY-LA-LOI. Annullation des opérations de l'assemblée cantonale de cette commune, 18 février 1806 (IV, B. 76, n.º 1343).

NEWHAUSEN (Arrondissement de). Organisation judiciaire et mise en activité des lois et réglemens français dans cet arrondissement, 10 février 1811 (IV, B. 351, n.º 6521).

NICE (Comté de). Sa réunion à la France, 4 = 5 novembre, 18 novembre 1792. — Il forme provisoirement le 85.ᵉ département, sous le nom d'*Alpes-Maritimes*, 31 janvier 1793.

NICE (Ville de). Etablissement d'une bourse de commerce, 19 thermidor an IX [7 août 1801] (III, B. 94, n.º 790); — d'une juridiction de prud'hommes pêcheurs, 3 nivôse an X [24 décembre 1801] (III, B. 143, n.º 1103); — d'une chambre de commerce, 7 prairial an XI [27 mai 1803] (III, B. 290, n.º 2843); — d'un lycée, 1.ᵉʳ vendémiaire an XII [24 septembre 1803] (III, B. 318, n.º 3216). — Annullation des opérations de l'assemblée du canton de l'ouest, 13 vendém. an XII [6 octob. 1803] (III, B. 319, n.º 3230). — Il est permis d'introduire par le port de cette ville le tabac en feuilles venant de l'étranger, 15 flor. an XII [5 mai 1804] (III, B. 362, n.º 3812). — Le maire assiste au serment de l'empereur, 3 messidor an XII [22 juin 1804] (IV, B 6, n.º 56). — Réunion des cantons de Saorgio et de Briga, au ressort du tribunal de première instance de cette ville, 10 février 1806 (IV, B. 74, n.º 1315).

NICHE. (C. Civ.) Les statues placées dans une niche sont immeubles, art. 525.

NICOLAÏ (Le sieur de) est nommé préfet du département de la Doire, 12 mars 1813 (IV, B. 485, n.º 8965).

NIÈCE (Petite). Délibération du Conseil d'état et décision de S. M. sur le mariage de la petite-nièce avec le grand-oncle, 7 mai 1808 (IV, B. 191, n.º 3308).

NIEL. Etablissement d'une foire dans cette commune, 27 prairial an IX, 16 juin 1801 (III, B. 84, n.º 682).

NIELLA (Commune de). Sa réunion au canton de Mondovi, 12 novembre 1806 (IV, B. 126, n.º 2045).

NIELLY (Le contre-amiral). Sa division a bien mérité de la patrie, 22 brumaire an III [12 novemb. 1794] (I, B. 35, n.º 446).

NIÈVRE. (Département de la). Son classement dans la division territoriale de la France et sa composition, 26 février = 4 mars 1790. — Un secours provisoire lui est accordé pour la réparation des dégâts occasionnés par le cours des eaux, 16 = 19 novembre 1790. — Réquisition des gardes nationales de ce département, 1.ᵉʳ avril 1792. — Le procureur général syndic est mis en état d'arrestation, 6 juillet 1793. — Les pouvoirs donnés aux représentans du peuple Michaud et Musset sont étendus à ce département, 14 vendémiaire an III [5 octobre 1794] (I, B. 68, n.º 363). — Validité des opérations de l'assemblée électorale pour la nomination des députés au Corps législatif, 3 prairial an VII [22 mai 1799] (II, B. 283, n.º 2970). — Réduction et fixation des justices de paix, 9 fruct. an IX et 13 vent. an X [27 août 1801 et 4 mars 1802] (III, B. 100, n.º 830 et B. 228 *bis*, n.º 6). — M. Adet est nommé préfet, 12 germinal an XI [2 avril 1803] (III, B. 268, n.º 2617). — MM. de Plancy, Breteuil et Fiévée lui succèdent dans cette fonction, 30 mai 1808, 30 novembre 1810 et 17 mars 1813 (IV, B. 194, 239 et 481, n.ᵒˢ 3436, 6136 et 8967). — Création du dépôt de mendicité de ce département, 28 mai 1809 (IV, B. 236, n.º 4394).

NÎMES. Poursuite des soi-disant catholiques de cette ville, et mesures répressives des troubles qu'ils y ont excités, 17 = 23 juin 1790. — Formation d'un huitième canton dans ce district, 10 = 17 nov 1790. — Fixation du nombre des juges de paix

places fortes, de la capitale et des fonctions publiques, et séquestre des biens des parens nobles des émigrés, 22 ventôse an II [12 mars 1794], 27, 28 et 29 germinal an II [16, 17 et 18 avril 1794], 15, 17 et 23 thermidor, et 18 fructidor an II [2, 4 et 10 août et 4 septembre 1794], 2.ᶜ jour complémentaire an II [18 septembre 1794], 8 vendémiaire an III [29 septembre 1794] (I, B. 66, n.ᵒ 356), 7 et 18 frimaire an III [27 novembre et 8 décembre 1794], 25 germinal an III [14 avril 1795] (I, B. 137, n.ᵒ 762), et 29 vendémiaire an VI [20 octob. 1797].—Les nobles sont assimilés aux étrangers pour l'exercice des droits de citoyen, 9 frimaire an VI [29 novembre 1797] (II, B. 160, n.ᵒ 1570). — En quel cas seulement ils peuvent être élus par les assemblées électorales, 6 germinal an VI [26 mars 1798] (II, B. 192, n.ᵒ 1778). — Rétablissement de la noblesse. V. *Titres* et *Majorats*.

NOCES (Frais de). (C. Civ.) Ils ne sont point sujets à rapport, art. 832. — Dans quel délai la femme peut convoler en secondes noces, 228. V. *Mariage*.

— (C. P.) Peines contre celui qui contracte un second mariage avant la dissolution du premier, art. 340.

NOËL (Le représentant du peuple) est traduit au tribunal révolutionnaire, 3 octobre 1793.

NOËL (Le sieur) est nommé membre du Tribunat, 4 nivôse an VIII [25 décembre 1799] (II, 341, n.ᵒ 3509); — commissaire général de police à Lyon, 17 ventôse an VIII [8 mars 1800] (III, B. 10, n.ᵒ 71); — préfet du département du Haut-Rhin, 9 frimaire an IX [30 novemb. 1800] (III, B. 60, n.ᵒ 431).

NOGARET (Le sieur) est nommé préfet du département de l'Hérault, 11 ventôse an VIII [2 mars 1800] (III, B. 8, n.ᵒ 61).

NOGENT (La commune de) est autorisée à acquérir des domaines nationaux, 13 décemb. 1790 = 30 janvier 1791.
— Elle prend le nom de *Nogent-de-la-Haute-Marne*, 12 mars 1793.

NOGENT-LE-ROTROU. Plusieurs bâtimens de cette ville sont affectés à des établissemens publics, 7 mars 1806.

NOGENT-SUR-SEINE (La commune de) est autorisée à acquérir des domaines nationaux, 13 décembre 1790 = 30 janvier 1791. — Le directoire est autorisé à acquérir les bâtimens nécessaires à son établissement, 9 = 15 mai 1791. — Etablissement d'une quatrième foire dans cette ville, 13 prairial an IX [2 juin 1801] (III, B. 83, n.ᵒ 676). — Elle est autorisée à faire une imposition sur elle-même pour la construction d'une fontaine, 27 germinal an X [17 avril 1802] (III, B. 178, n.ᵒ 1393).

NOGUIER-MALIJAI (Le représentant du peuple) est définitivement rayé de la liste des émigrés, 16 floréal an VI [5 mai 1798] (II, B. 199, n.ᵒ 1822).

NOIRCOMBE. Ce hameau et celui de Forens forment une municipalité sous le nom de Forens, 13 pluviôse an IX [2 février 1801] (III, B. 67, n.ᵒ 514).

NOIRMOUTIERS (Ile de). Rétablissement des relations commerciales de cette île avec l'étranger, 2 thermidor an X [21 juillet 1802] (III, B. 203, n.ᵒ 1846).

NOIROT (Le sieur) est décrété d'accusation et envoyé devant la haute-cour nationale, 15 septembre = 12, 13 novembre, 20 = 29 novembre = 2 décembre 1791.

NOIRS (Hommes). V. *Nègres*.

NOIX DE GALLE. Suppression provisoire du droit de 20 pour cent sur cette marchandise, 23 brumaire an III [13 novembre 1794] (I, B. 85, n.ᵒˢ 446 et 448).

NOLIS. (C. Co.) Enonciation que doivent contenir les nolissemens, art. 273. — Principes sur cette matière, 274 et suiv. — Quels courtiers ont le droit de constater le cours du nolis, 80. V. Chartes-parties.

NOMPÈRE DE CHAMPAGNY (Le sieur). Lettres patentes qui lui confèrent le titre de duc, 15 août 1809 (IV, B. 247, n.° 4765). V. Champagny.

NOMS de famille et PRÉNOMS. Défense à tout Français de prendre d'autres noms et prénoms que ceux qui sont énoncés dans leurs actes de naissance, et formalités qui leur sont prescrites pour changer ces noms et prénoms, ou y faire quelques additions, 19 = 23 juin 1790, 19 décembre 1791, 24 brumaire et 6 fructidor an II [14 novembre 1793 et 23 août 1794] (I, B. 44, n.° 240), 19 nivôse an VI [8 janvier 1798] (II, B. 177, n.° 1660), 11 germinal an XI [1.er avril 1803] (III, B. 267, n.° 2614). — Les noms des parties sont énoncés dans les jugemens, 16 = 24 août 1790. — Peines encourues par ceux qui, à l'aide de faux noms, abusent de la confiance et de la crédulité, 19 = 22 juillet 1791. — Mode de rectification des erreurs de noms qui se trouvent dans les contrats de rentes perpétuelles et viagères, 26 septemb. = 6 octob. 1791 ; — dans les titres de créances des pensionnaires et rentiers de l'État, 26 messidor an II [14 juillet 1794] (I, B. 22, n.° 102), 24 frimaire an VI [14 décembre 1797] (II, B. 168, n.° 1604). — Ordre d'afficher à l'extérieur des maisons les noms des personnes qui les habitent, 29 mars 1793. — Peines encourues par les militaires qui se font inscrire sous de faux noms sur les registres de l'état-major de leurs corps, 12 mai 1793. — Obligation imposée aux Juifs qui n'ont pas de noms de famille et de prénoms fixes, 20 juillet 1808 (IV, B. 198, n.° 3589); — aux habitans des pays

réunis à la France qui sont dans le même cas, 18 août 1811, 13 janvier et 17 mai 1813 (IV, B. 387, 470 et 503, n.os 7178, 8593 et 9243). Voyez, sous chaque nom en particulier, les décrets qui ont autorisé des changemens de noms et prénoms.

— (C. Civ.) On doit énoncer les noms et prénoms dans les actes de l'état civil, art. 34, 57, 58, 63, 71 et suiv. — L'identité de nom peut contribuer à prouver la filiation, 321. — Le nom de l'adoptant est ajouté à celui de l'adopté, 347.

— (C. P. C.) Les citations devant le juge de paix doivent contenir les noms du demandeur, du défendeur et de l'huissier, art. 1 et 16. — Chaque témoin doit déclarer son nom avant son audition, 35 et 262. — Les noms des témoins à produire contre la partie lui sont notifiés, 261. — Le procès-verbal de l'audition des témoins doit contenir leurs noms, 39. — Le jugement en dernier ressort rendu par le juge de paix, doit énoncer les noms des témoins et des experts, s'il en a été commis, 40 et 43. — La rédaction des jugemens doit contenir les noms des juges, du procureur impérial, s'il a été entendu, ainsi que des avoués et des parties, 141. — L'assignation en reprise d'instance ou constitution de nouvel avoué, doit indiquer les noms des avoués qui occupaient, 346. — Noms à porter dans les procès-verbaux d'apposition des scellés, 914 ; — dans les inventaires, 943. — Le compromis doit désigner les noms des arbitres, à peine de nullité, 1006.

— (C. Co.) Nom social sous lequel est régie une société en commandite, art. 23 et 24. — La société anonyme n'existe pas sous un nom social, 29. — Les agens de change et les courtiers ne peuvent, ni sous leur nom, ni sous un nom interposé, s'intéresser dans aucune entreprise commerciale, 85. — Noms qui doivent être énoncés dans les lettres de voiture, 102. — Les lettres de change doivent porter le nom de celui qui est chargé de payer, 110. — L'endossement doit énoncer le nom de celui à l'ordre de qui il est passé, 137. — Le compte de retour doit porter celui de la personne sur laquelle la retraite est faite, 181. — Lorsqu'une société en nom collectif fait faillite, la déclaration du failli doit contenir le nom de tous les associés solidaires, 440.

— (C. I. C.) Les accusés et les témoins doivent donner leurs noms. V. *Accusés* et *Témoins*.

— (C. P.) Peine contre celui qui, dans un passe-port, aurait pris un nom supposé, art. 154. — Nécessité de faire attester, par deux citoyens connus, les noms et qualités de celui qui demande un passe-port, 155. — Peine contre l'officier public qui, instruit de la supposition du nom, aurait néanmoins délivré le passeport, *ibid.*; — contre celui qui aurait exécuté une arrestation sous un faux nom, 344.

NOMS *des villes et communes.* Voy. sous chacun en particulier les décrets qui ont autorisé les villes à changer de noms et à reprendre leurs anciens.

NON - CATHOLIQUES. Prorogation du délai prescrit par l'édit de nov. 1787 pour légitimer les unions conjugales qu'ils avaient contractées en pays étranger, 13 décembre 1789. — Ils sont déclarés admissibles à tous les emplois publics, 24 décemb. 1789, 2 = 11 septembre 1790. — Leurs biens leur sont restitués, 10 = 18 juillet 1790. V. *Cultes* et *Religionnaires.*

NONCES *du Pape.* Leur autorité en France, 18 germinal an X [8 avril 1802], art. 2 (III, B. 172, n.º 1344).

NON - JOUISSANCE (Indemnités prétendues par les fermiers ou locataires pour). V. *Fermiers* et *Locataires.*

NON - MILITAIRE (Un individu) complice d'un délit militaire est justiciable des tribunaux ordinaires, 22 sept. = 29 octbre 1790. V. *Armée* au titre *Discipline.*

NON-OPPOSITION (Certificats de). V. *Opposition.*

NON - RETENUE *des impositions sur les rentes* (Stipulation de). V. *Rentes.*

NON-VALEURS *résultant des décharges, réductions et modérations sur les contributions directes.* V. *Contributions directes.*

NORD (Département du). Son classement dans la division territoriale de la France, et sa composition, 26 février = 4 mars 1790. — Le Roi est prié de donner des ordres pour qu'il soit informé contre les auteurs et fauteurs des émeutes qui y ont eu lieu au sujet des grains et farines, 7 = 12 décembre 1790. — Disposition particulière relative à la convocation de l'assemblée électorale, 21 mars 1791. — Annullation des soumissions faites par les débitans de boissons en gros ou en détail, 28 mars = 1.er avril 1791. — Désignation des maisons de retraite des ci-devant religieux qui veulent continuer de vivre en commun, 25 mai 1791. — Circonscription des paroisses du département, 5 = 12 juillet 1791. — Secours accordés à divers citoyens incendiés en 1791, 8 = 11 avril 1792. — La sortie des bestiaux y est provisoirement défendue, 14 = 16 mai 1792. — L'assemblée électorale est convoquée dans la ville du Quesnoy, 24 août 1792. — Suspension de l'exécution du décret relatif à la suppression des barrières entre ce département et celui de Jemmape, 30 mars 1793. — Le département du Nord a bien mérité de la patrie, 5 avril et 20 juin 1793. — Secours accordés aux habitans du département, en indemnité des pertes qu'ils ont éprouvées par pillage et incendie, 1.er juillet 1793, 7 prairial an II [26 mai 1794], et 15 vendémiaire an III [6 octobre 1794] (I, B. 69, n.º 370). — Validité des opérations de l'assemblée électorale pour la nomination des députés au Corps législatif, 14 floréal an VII [3 mai 1799] (II, B. 279, n.º 2886). — M. Dieudonné est nommé préfet, 3 pluviôse an IX [23 janvier 1801] (III, B. 64, n.º 487). — Réduction et fixation des justices de paix, 15 vendémiaire, 9 et 25 pluviôse et 11 messidor an X [7 octobre 1801, 29 janvier, 14 février et 30 juin 1802] (III, B. 111, n.º 898, et B. 228 bis, n.ºs 1, 3 et 12). — Désignation des écoles secondaires, 30 vendémiaire an XI [22 octobre 1802] (III, B. 226, n.º 2084). — Le siège de la préfecture de ce département est transféré à Lille, 3 thermidor an XI [22 juillet 1803] (III, B. 299, n.º 3008). — Le sieur Pommereul est nommé préfet, 16 frimaire an XIV [7 déc. 1805] (IV, B. 70, n.º 1228). — Le sieur Duplantier lui succède dans cette fonction, 30 novembre 1810 (IV, B. 329, n.º 6136). — Création du dépôt de mendicité, 8 mars 1812 (IV, B. 425, n.º 7796). — Le comte Beugnot est chargé de remplir provisoirement les fonctions de préfet, 16 décembre 1813 (IV, B. 545, n.º 9973).

NORD-LIBRE. Loi qui approuve les mesures prises pour la restitution de cette place, 1.ᵉʳ vendémiaire an III [22 septembre 1794] (I, B. 62, n.º 339). V. Condé.

NORVILLE (La commune de) est autorisée à acquérir des domaines nationaux, 20 novembre = 10 décemb. 1790.

NOTABLES des communes. Forme de leur élection, et leurs fonctions et attributions dans le conseil général de la commune, et dans les tribunaux pour l'instruction des procès criminels, 9 octobre = 3 novembre, 14 = 18 décembre 1789, 22 = 25 avril, 21 mai = 27 juin 1790, 30 avril = 16 mai 1792. — Marques distinctives qui leur sont attribuées, 14 avril 1793.

NOTABLES. (C. Co.) Confection de la liste des commerçans notables de chaque arrondissement, art. 619.

NOTABLES composant le consistoire des églises réformées. V. Cultes.

NOTABILITÉ nationale. Formation des listes dans lesquelles sont pris les fonctionnaires publics, constitution du 22 frimaire an VIII [13 décembre 1799] (II, B. 333), 13 ventôse et 27 floréal an IX [4 mars et 17 mai 1801] (III, B. 72 et 91, n.ºs 549 et 753), et 23 vendémiaire an X [15 octobre 1801] (III, B. 112, n.º 905). V. Listes communales.

NOTAIRES et NOTARIAT. Les notaires des greniers à sel exercent concurremment avec les notaires royaux, 28 avril = 10 mai 1790. — Tous les notaires sont tenus de donner communication des baux des biens nationaux; leurs droits pour cette communication, 9 = 25 juillet 1790. — Leurs attributions pour procéder aux prisées et ventes publiques de meubles, 9 et 21 = 26 juillet 1790, 17 septembre 1793, 12 fructidor an IV [29 août 1796] (II, B. 77, n.º 666), 27 nivôse an V [16 janvier 1797] (II, B. 101, n.º 958), 22 pluviôse an VII [10 févr. 1799] (II, B. 258, n.º 2451). — Droits qui leur sont attribués pour l'expédition des actes relatifs à la liquidation des offices et autres créances sur l'État, 28 novembre = 10 décemb. 1790, 8, 12 et 14 = 27 avril, 21 septembre = 14 octobre 1791, 25 septembre 1793, 27 brumaire an II [17 novembre 1793]. — Suppression du scel des actes des notaires, et droits d'enregistrement auxquels ils sont assujettis, 5 = 19 décembre 1790, 12 décembre 1790 = 18 février 1791, 29 septembre = 9 octobre 1791, 22 frimaire an VII [12 décembre 1798] (II, B. 248, n.º 2224). — Obligations qui leur sont imposées relativement à la confection et à la tenue de leurs répertoires, 20 = 23 janv. 1791, 14 mars 1793, 3 ventôse et 16 floréal an IV [22 février et 5 mai 1796] (II, B. 45, n.º 384), 10 septembre 1808 (IV, B. 206, n.º 3771). — Leurs attributions pour la confection des inventaires des successions dans lesquelles sont intéressés des absens ou des interdits, 29 janvier = 11 février, 6 = 27 mars 1791. — Les registres, les actes, copies et extraits qu'ils délivrent, doivent être timbrés, 7 = 11 février 1791, 13 brumaire an VII [3 novembre 1798] (II, B. 237, n.º 2136). — Ils doivent se faire représenter les patentes des marchands et négocians pour lesquels ils rédigent des actes, 2 = 17 mars 1791, 22 messidor an VI [10 juillet 1798]. — Incompatibilité de leurs fonctions avec celles de greffier, de receveur de consignations, de commissaire aux saisies réelles, de commissaire de police, d'avoué, de greffier, de receveur des contributions, de juge de paix, 6 = 27 mars, 30 septemb. = 19 octobre 1791, 1.er = 8 juin 1792, 7 mars = 26 mai 1793, 1.er brumaire an II [22 octobre 1793]. — Les actes reçus par les officiers seigneuriaux leur sont attribués, 13 = 20 avril 1791. — Conditions auxquelles ils peuvent remettre aux créanciers les sommes séquestrées et déposées en leurs mains, 5 = 18 août 1791. — Prorogation provisoire des fonctions des notaires d'Avignon et du comtat Venaissin, 23 septembre = 2 octobre 1791. — Il leur est défendu de rappeler dans leurs actes les qualifications supprimées, 27 septembre = 16 octobre 1791, 11 messidor an II [29 juin 1794] (I, B. 12, n.º 59). — Décret qui supprime la vénalité et l'hérédité des anciens offices des notaires, tabellions, no-

taires - clercs aux inventaires, et autres, et règle tout ce qui concerne l'institution à vie de nouveaux notaires publics, leur division en trois classes, les conditions requises pour être nommé, la conservation et le dépôt des minutes de leurs actes, les formes de nomination et d'institution, le remboursement des anciens notaires royaux, 29 septembre = 6 octobre 1791. — Nouvelle exécution de ce décret, avec des modifications par la loi du 25 ventôse an XI [16 mars 1803] (III, B. 258, n.º 2440). — Décrets qui fixent le nombre et le placement des notaires dans les départemens de la Drôme, de l'Isère, des Côtes-du-Nord, d'Ille-et-Vilaine, du Morbihan, des Vosges, 5 = 6, 5 = 15 août, 15 = 17 août 1792, 9 janvier 1793. — Formules des actes et grosses des notaires, 15 août, 9 septembre 1792, 15 prairial an XI [4 juin 1803] (III, B. 283, n.º 2784), 4.e jour complémentaire an XIII [21 septembre 1805] (IV, B. 61, n.º 1072). — Ils doivent faire viser les effets publics dont ils sont dépositaires, 27 août 1792. — Concours pour l'admission aux fonctions de notaires, 31 août 1792, 8 frim. an II [28 novembre 1793], 21 thermidor an II [8 août 1794]. — Abolition de tous les procès entre les notaires et les feudistes pour la reconnaissance de leurs droits, 9 septembre 1792. — Certificats de civisme exigés des notaires pour être maintenus dans leurs fonctions, 1.er et 2 novembre 1792, 29 janvier, 6 août 1793, 19 vendémiaire an III [10 octobre 1794] (I, B. 71, n.º 381). — Mode de remplacement des notaires, 13 et 17 mai 1793, 8 mess. an II [26 juin 1794], 7 pluviôse an III [26 janvier 1795] (I, B. 117, n.º 615), 21 ventôse an III [11 mars 1795] (I, B. 130, n.º 700). — Mode de liquidation des annuités des notaires de Paris, 14 août 1793.

— Ils sont tenus de verser dans les caisses publiques tous les dépôts dont ils ont été chargés, 23 sept. 1793; — de payer aux receveurs des deniers publics les sommes qu'ils doivent dans les départemens rentrés sous l'obéissance aux lois, 24 septembre 1793. — Les notaires ne sont pas exempts de la réquisition ni de la conscription, 16 vendémiaire an II [7 octobre 1793]. — Ils peuvent exercer dans toute l'étendue du département de leur résidence, 18 brumaire an II [8 novembre 1793], 11 ventôse an II [1.er mars 1794]. — Il n'est exigé aucun cautionnement pour responsabilité de leurs fonctions, 7 pluviose an II [26 janvier 1794]. — Moyens de se procurer les actes reçus par les notaires détenus ou condamnés, 6 messidor an II [24 juin 1794] (I, B. 6, n.º 31). — Ils ne doivent pas recevoir de dispositions olographes d'une personne dont les biens sont confisqués, 7 messidor an II [25 juin 1794]. — Mode de liquidation des notaires de la vallée de Barcelonette, 29 messidor an II [17 juillet 1794] (I, B. 24, n.º 112). — Dispositions relatives à ceux qui ont opté pour des fonctions administratives ou judiciaires, 4 nivôse et 21 ventôse an III [24 décemb. 1794 et 11 mars 1795], 11 thermid. an III [29 juillet 1795] (I, B. 170, n.º 996), 14 et 26 frimaire an IV [5 et 17 décembre 1795] (II, B. 13, n.º 65). — Le notariat est compris dans les attributions du ministre de la justice, 19 brumaire an IV [10 novemb. 1795] (II, B. 4, n.º 19). — Les notaires rayés provisoirement de la liste des émigrés sont autorisés à continuer leurs fonctions, 2 fructidor an IV [19 août 1796] (II, B. 69, n.º 634). — État à former des notaires nommés par les administrations centrales depuis l'établissement du régime constitutionnel, 14 vendé-

miaire an VI [5 octobre 1797] (II, B. 151, n.º 1476). — Formation d'un état nominatif des notaires, 2 brumaire an V [23 octobre 1796] (II, B. 85, n.º 804), 14 vendémiaire an VI [5 octobre 1797] (II, B. 151, n.º 1476). — Ils doivent se conformer, dans leurs actes, au calendrier républicain, 14 germinal an VI [3 avril 1798] (II, B. 194, n.º 1785). — Mesures pour assurer la remise des minutes après la démission ou le décès d'un notaire public, 2 vendémiaire an VII [23 septembre 1798] (II, B. 229, n.º 2042). — Le notaire qui a la minute délivre le certificat de propriété aux ayans-droit à une inscription provenant d'une succession, 22 floréal an VII [11 mai 1799] (II, B. 280, n.º 2925). — Rejet d'une résolution relative à une nouvelle organisation du notariat, 28 prairial an VII et 26 frimaire an VIII [16 juin et 17 décemb. 1799]. — Les notaires sont soumis à un cautionnement, et contraignables par corps pour le paiement, 7 et 18 ventôse an VIII [26 février et 9 mars 1800 (III, B. 10, n.ºs 66 et 73), 17 pluviôse an IX [6 février 1801] (III, B. 67, n.º 517), 26 prairial an XI [15 juin 1803] (III, B. 291, n.º 2851). — Ils donnent avis aux administrateurs des hospices, des rentes dont le paiement est interrompu, et des domaines usurpés, affectés à leurs besoins, 4 ventôse an IX [23 février 1801 (III, B. 73, n.º 550). — Le scrutin pour les élections du département a lieu chez et devant le notaire le plus ancien du chef-lieu de l'arrondissement, 13 ventôse an IX [4 mars 1801], art. 59 (I, B. 72, n.º 549). — Destitution d'un notaire pour réception et notification d'un acte contraire au respect dû aux lois et actes du Gouvernement, 29 nivôse an XI [19 janvier 1803] (III, B. 243, n.º 2254). — Établissement, organisation, composition et attributions des chambres de discipline des notaires, 2 nivôse an XII [24 décembre 1803] (III, B. 332, n.° 3471), 4 avril 1806 (IV, B. 86, n.° 1475). — Avis du Conseil d'état sur plusieurs questions relatives aux notaires qui résident dans des bourgs ou villages faisant partie d'une justice de paix dont le chef-lieu est une ville où siége un tribunal, 7 fructidor an XII [25 août 1804] (IV, B. 13, n.° 197). — Dispositions relatives au dépôt des minutes et actes des notaires dans les départemens réunis à la France, 9 août 1806 (IV, B. 113, n.° 1846), 21 décembre 1808 (IV, B. 220, n.° 4030), 5 septembre 1810 (IV, B. 313, n.° 5948), 6 mai 1811 (IV, B. 370, n.° 6762). — Attributions des notaires pour la délivrance des certificats de vie à délivrer aux rentiers et pensionnaires de l'Etat, 21 août et 23 septemb. 1806 (IV, B. 113 et 117, n.° 1849 et 1953). — Avis du Conseil d'état sur la question de savoir si la peine de nullité prononcée par les articles 64 et 68 de la loi du 25 ventôse an XI doit être appliquée au défaut de mention de la signature à la fin des actes par eux reçus, 20 juin 1810 (IV, B. 296, n.° 5605). — Le ministère des notaires, dans les trois départemens de la Hollande, doit être provisoirement rempli par les greffiers des justices de paix, 2 février 1811 (IV, B. 351, n.° 6515). — Prorogation du délai accordé par le décret du 5 septembre 1810, aux notaires de la Toscane, pour le dépôt des actes passés depuis le 25 février 1809, 6 mai 1811 (IV, B. 370, n.° 6762). — Conditions requises pour pouvoir être nommé notaire dans les départemens Anséatiques, 3 septembre 1811 (IV, B. 388, n.° 7190). — Réduction du nombre des membres de la chambre des notaires de Kayserslautern, 30 septembre 1811 (IV, B. 395, n.° 7309). —

Cautionnement des notaires dans les départemens de l'Arno, de la Méditerranée et de l'Ombrone, et de ceux des départemens de Rome et du Trasimène, 14 juin 1813 (IV, B. 507, n.° 9330).

— (C. Civ.) Ils représentent un présumé absent dans les inventaires, comptes, partages et liquidations, art. 113 ; — assistent les époux qui demandent le divorce par consentement mutuel, 281. — Leurs fonctions dans cette circonstance, 283 et suiv. — Ils reçoivent les déclarations pour la nomination du conseil spécial donné par le père à la mère survivante et tutrice, 392 ; — pour le choix d'un tuteur, ibid. — Ils reçoivent les enchères pour la vente des immeubles d'un mineur, 397. — Dans un partage qui intéresse un mineur, les lots peuvent être tirés au sort en leur présence, 466. — Tout jugement portant interdiction ou nomination d'un conseil, sera affiché dans leurs études, 501. — Les immeubles vendus par licitation le sont devant notaires, 827. — Après la vente, le notaire procède aux comptes, à la formation de la masse générale, à la composition des lots, 820. — S'il s'élève des contestations, le notaire dresse procès-verbal des dires des parties, et les renvoie devant le commissaire chargé du partage, 837. — Tous actes portant donation entre-vifs, sont passés devant notaires dans la forme des contrats, et il en reste minute, sous peine de nullité, 931 et 932. — Le testament par acte public est reçu par deux notaires, ou par un notaire en présence de quatre témoins ; les clercs des notaires qui reçoivent les actes ne peuvent servir de témoins, 971 et 975. — L'ouverture des testamens olographes et mystiques doit se faire en présence d'un notaire, 1007. V. Testamens. — La révocation d'un testament ne peut se faire que

eation du procès-verbal d'affiche et la première publication, 701.

— (C. I. C.) Par qui doivent être notifiées les diverses sortes de mandats, 97. — Dispositions relatives aux notifications des listes de jurés, 389, 394 *et suiv.* — Les déclarations de recours en cassation doivent être notifiées à la partie contre laquelle le recours est dirigé, 418. — Cas dans lesquels la déclaration doit être lue à la partie par le greffier, ou notifiée par le ministère d'un huissier, *ibid.* V. *Listes, Visa.*

— (Tarif des frais en mat. civ.), art. 29, 70, 79.

NOTORIÉTÉ. (C. Civ.) Formalités prescrites par l'acte de notoriété destiné à remplacer l'acte de naissance de futurs époux, 70 *et suiv.*

— (C. Co.) La notoriété publique suffit, en cas de faillite, pour autoriser le tribunal de commerce à ordonner l'apposition des scellés, et le juge de paix à les apposer, art. 449 et 450. — Les cas de banqueroute frauduleuse, peuvent, sur la notoriété publique, être poursuivis par les procureurs impériaux, 595.

NOTORIÉTÉ (Actes de). Droits d'enregistrement auxquels ils sont assujettis, 5 = 19 décembre 1790, et 22 frimaire an VII [12 décembre 1798] (II, B. 248, n.º 2224). V. *Actes de notoriété.*

NOTRE-DAME-DU-MONT-CARMEL. V. *Ordres de chevalerie.*

NOTRE-DAME-LE-MOUTIER. Réunion de la municipalité de cette commune avec celle de Saint-Pierre, 16 = 19 décembre 1790..

NOTRE-DAME *de Paris.* L'église est désormais le Temple de la Raison, 20 brumaire an II [10 novembre 1793]. — Elle est érigée en basilique mineure, 31 mai 1807 (IV, B. 148, n.º 2470).

NOURRICE (Dettes et prisonniers pour mois de). Décrets qui ordonnent le paiement des dettes et l'élargisse-

ment des prisonniers, 15 septembre, 1.ᵉʳ = 11 décembre 1791, 15 août 1792, 20 janvier 1793, 25 mars 1810 (IV, B. 277, n.º 5311). — Abolition de la contrainte par corps pour dettes de mois de nourrice, 25 août 1792. — Organisation et administration du bureau des nourrices de Paris, 25 mars et 30 juin 1806 (IV, B. 85 et 103, n.ᵒˢ 1445 et 1734).

NOURRISSON (Le sieur) est nommé membre du Corps législatif, 6 germinal an X [27 mars 1802] (III, B. 171, n.º 1340).

NOURRITURE. En quoi consiste celle des détenus dans les maisons de correction, 19 = 22 juillet, et 26 septembre = 6 octobre 1791. — Faculté de saisir les pensions des préposés des douanes pour nourriture, 18 = 22 août 1791, art. 4.

— (C. Civ.) Les frais de nourriture ne sont pas sujets à rapport, art. 852. — Temps pendant lequel la veuve peut prendre sa nourriture sur la communauté, 1465.

— (C. Co.) Délai pour la prescription d'une action en paiement de nourriture fournie aux matelots, art. 433.

— (C. I. C.) Quelles personnes doivent veiller à ce que la nourriture des prisonniers soit suffisante et saine, art. 613. V. *Prisons* et *Prisonniers.*

NOUVEAUX CONVERTIS. Suppression des pensions qui leur avaient été accordées à ce titre, 17 ventôse an II [7 mars 1794].

NOUVEL ACQUÊT (Droits de) et usages. Son abolition, 5 = 19 décembre 1790, art. 4.

NOVATION (La) éteint la dette, 9 messidor an III [27 juin 1795] (I, B. 164, n.º 963), et code civil, art. 1234. — Comment et entre quelles personnes elle s'opère, *ibid.* art. 1271 *et suiv.* — Ce qui a lieu en cas de novation relativement aux priviléges et hypothèques de l'ancienne créance,

interprètes, 332 et 333. — La décision du jury se forme à la majorité des voix, à peine de nullité, 347.— Age et qualités requis, sous peine de nullité, pour l'exercice des fonctions de juré, 381. —Nul ne peut, à peine de nullité, être juré dans la même affaire où il a été officier de police judiciaire, témoin, interprète, expert ou partie, 383. — Jour auquel la liste des jurés doit être notifiée aux accusés, sous peine de nullité, 394. —Règles prescrites, sous peine de nullité, pour le cas où il s'agit de former un nouveau tableau de jurés, 406. — Cas dans lesquels les arrêts et jugemens rendus en dernier ressort, ainsi que l'instruction et les poursuites qui les ont précédés, sont annullés, et par qui la nullité peut être poursuivie, 407 et suiv. — Circonstances dans lesquelles l'officier ou juge instructeur peut être tenu de payer les frais de la procédure à recommencer pour cause de nullité, 415.— Lorsque la nullité ne vicie pas la totalité de l'arrêt contre lequel on s'est pourvu, la cour de cassation n'en annulle qu'une partie, 434.— Les dépositions des princes, des grands dignitaires de l'Empire, des ministres, &c. doivent être lues publiquement aux jurés, et soumises aux débats, sous peine de nullité, 512 et 516.—L'individu condamné, évadé et repris, doit, sous peine de nullité, être présent à l'audience publique dans laquelle est prononcé le jugement en reconnaissance d'identité, 519. — La cour de cassation prononce par le même arrêt sur la compétence et sur les nullités qui peuvent se trouver dans l'arrêt de la cour impériale, 570.

— (C. P.) Les peines encourues par les officiers de l'état civil pour contraventions, leur sont appliquées dans le cas même où la nullité de leurs actes n'aurait pas été demandée, et dans celui où elle serait couverte, 195.

NUMÉRAIRE. Décret portant qu'il sera payé deux et demi pour cent de l'or et de l'argent monnayés remis aux hôtels des monnaies, 6==9 octobre 1789. — Etats à présenter de la confection et de l'émission du numéraire, 11 février 1790, 21 juin 1791.— Moyens de remédier à sa rareté, 8 octobre 1790, 8==20 mar 1791, 5 avril==27 août 1793, 28 nivose an II [17 janvier 1794]. — Sa libre circulation dans l'intérieur, et prohibition de son exportation, 22 juin, 26 et 27 juillet==3 août 1791, 5 septembre 1792, 20 vendémiaire an II [11 octobre 1793], 21 ventôse an XI [12 mai 1803] (III, B. 252, n.° 2363). — Mode d'achat de numéraire pour les paiemens à faire par le trésor public, 16 août==13 novembre 1791, 20==29 juin 1792, 3 frimaire an IV [24 novembre 1795] (II, B. 6, n.° 31). — Paiement de la solde des troupes en numéraire, 20==29 avril, 27 avril==1.er mai, 1.er==5 mai, 21 ==26 juin 1792. — Dispositions relatives aux échanges du numéraire contre des assignats, 26==29 avril, 11 septembre 1792, 27 octob. 1793, 23 brumaire an II [13 nov. 1794], 26 germinal an IV [15 avril 1796] (II, B. 56, n.° 493).—La connaissance des saisies de numéraire par les employés des douanes appartient aux tribunaux, 5 juillet, 31 juillet 1792.—Prohibition de la vente du numéraire, et des marchés qui établiraient une différence entre le numéraire et le papier-monnaie, 11 avril 1793, 6 frimaire an II [26 novembre 1793], 21 floréal an II [11 mai 1794], 2 messidor an II [20 juin 1794] (I, B. 9, n.° 43), 28 ventôse et 7 germinal an IV [18 et 27 mars 1796] (II, B. 34 et 36, n.os 252 et 269). — Permission de l'exporter, à la condition de faire rentrer la contrevaleur en objets de première nécessité, 13 nivôse et 6 floréal an III [2 janvier et 25 avril 1795] (I, B. 107

O.—OBJETS.

OBJETS *mobiliers du domaine national.*
V. *Mobilier national.*

OBLATIONS. Les ministres du culte ne peuvent recevoir que celles qui sont autorisées et réglées par le Gouvernement, 18 germinal an X [8 avril 1810] (II, B. 172, n.º 344). — Emploi de leur produit, *ibid.*

OBLATS. Le trésor public est chargé de payer à la caisse des invalides la somme de 210,000 liv. pour la prestation des oblats, 16 = 21 septemb. 1790.

OBLIGATIONS *en général.* Droits d'enregistrement auxquels elles sont assujetties, 5 = 19 décembre 1790, et 22 frimaire an VII [12 décembre 1798] (II, B. 248, n.º 2224). — L'expédition d'une obligation ne peut etre faite que sur papier timbré, et marqué du timbre proportionnel, 7 = 11 février 1791, 13 brumaire et 6 prairial an VII [3 novembre 1798 et 25 mai 1799] (II, B. 237 et 282, n.ᵒˢ 2136 et 2961).

OBLIGATIONS *des acquéreurs de domaines nationaux.* V. *Domaines nationaux;* — des receveurs des contributions. V. *Receveurs;* — du trésor public. V. *Trésor public.* — Obligations contractées pendant la durée du papier-monnaie. V. *Transactions.*

— (C. Civ.) Réductibilité des obligations contractées par un mineur émancipé, art. 184 *et suiv.* — La femme mariée ne peut s'obliger sans l'autorisation de son mari ou du juge, 217 *et suiv.* — Nullité des obligations contractées par le mari pendant une demande en divorce, 271. — Réductibilité de celles contractées par les mineurs, 484. — Obligations de nature mobilière, 529. — Celles de l'usufruitier, 600. — La propriété des biens s'acquiert et se transmet par l'effet des obligations, 711. — Principes généraux sur les obligations, 1129 *et suiv.* — Dommages et intérêts résultant de l'inexécution d'une obligation, 1146 *et*

suiv. — Obligations conditionnelles, 1168 *et suiv.* — Nullité des obligations contractées sous une condition potestative de la part de celui qui s'oblige, 1174. — Règles sur les obligations alternatives et solidaires, 1189 *et suiv.* — Définition des obligations divisibles et indivisibles, 1217 *et suiv.* — Obligations avec clauses pénales, 1226 *et suiv.* — Comment les obligations s'éteignent, 1234 *et suiv.* — Règles sur la preuve des obligations et sur celle du paiement, 1315 *et suiv.* — Obligations qui naissent des engagemens sans convention, 1370. — Celles qui résultent des délits et quasi-délits, 1382. — Obligations permises ou défendues à la femme en communauté, 1427 *et suiv.* — Ce qui a lieu lorsqu'une obligation donnée en dot est périe entre les mains du mari, 1567. — Obligation du vendeur, 1602 *et suiv.* — Celles de l'acheteur, 1650 *et suiv.* — L'obligation contractée pour le compte d'une société autre que celle de commerce, ne lie que l'associé contractant, 1684. — Règles sur les obligations résultant d'un prêt en argent et en objets de consommation, 1895 *et suiv.*; — d'un dépôt, 1927 *et suiv.*; — du cautionnement, 2034.

— (C. P. C.) Les conventions des parties, insérées au procès-verbal de conciliation, ont force d'obligation privée, art. 54.

— (C. Co.) Obligation que la femme marchande publique peut contracter sans le consentement de son mari, art. 5. — Quelles obligations sont réputées actes de commerce, art. 632. V. *Prescription.*

— (C. P.) Peines pour fabrication d'obligations ou pour leur insertion après coup dans les actes publics, art. 147; — pour extorsion par force de la signature d'un écrit ou d'un acte contenant obligation, 400.

OBSCÉNITÉS. (C. P.) Amende encourue pour distribution de chansons, &c., contenant des obscénités, art. 287.

OBSCURITÉ des lois. (C. Civ.) Elle n'est point un prétexte pour les juges de ne point juger, art. 4.

OBSERVATOIRE de Paris (Réduction de la bibliothèque de l'), et réunion à cet établissement de tous les instrumens d'astronomie appartenant à la nation, 3 = 10 septembre 1790. — Sa nouvelle dénomination, et traitement des professeurs astronomes qui y sont attachés, 31 août 1793 et 11 germinal an II [31 mars 1794]. — L'observatoire est mis dans les attributions du bureau des longitudes, 7 messidor an III [25 juin 1795].

OBSERVATOIRES (L'astronomie est enseignée dans les), 11 floréal an X [1.er mai 1802], art. 25 (III, B. 186, n.º 1488).

OBSTACLES. (C. P. C.) Ce que doit faire le juge de paix, s'il rencontre des obstacles à l'apposition du scellé, art. 921 et 922.

OCTROIS (Anciens). Continuation de leur perception, 28 = 31 janvier, 10 février et 15 mars = 28 mars, 11 = 27 avril, 28 avril = 2 mai, 4 = 15 et 10 = 18 août et 22 décembre 1799. — Augmentation des droits d'octroi sur les eaux-de-vie dans la province d'Artois, 27 = 30 janvier, 10 août = 19 octobre 1791. — Les quittances d'octroi sont sur papier timbré, 7 = 18 février 1791. — Suppression des droits d'octroi, 2 = 17 mars 1791, et 11 septemb. 1793. — Comptes à rendre par les régisseurs des octrois de la ci-devant province de Bourgogne, 2 fructidor an V [19 août 1797] (II, B. 138, n.º 1365).

OCTROIS municipaux et de bienfaisance. Loi sur la manière de juger les contestations relatives à leur paiement, 2 vendémiaire an VIII [24 sept. 1799] (II, B. 313, n.º 3304). —

Leur établissement au profit des communes, pour subvenir aux dépenses communales, 11 frimaire an VII [1.er décembre 1798], art. VI (II, B. 247, n.º 2220), 28 pluviôse et 5 ventôse an VII [17 et 24 février 1800] (II, B. 10 et 17, n.ºs 65 et 115). — Mode d'approbation des tarifs et réglemens pour leur perception, 13 thermidor an VIII [1.er août 1800] (III, B. 35, n.º 232). — Les conseils généraux des communes peuvent, sur leurs octrois, accorder une augmentation de traitement aux archevêques, évêques et curés, 18 germinal an X [8 avril 1802], art. 67 (III, B. 172, n.º 1344). — Une portion du revenu des octrois est affectée à des distributions de pain aux troupes, 24 frimaire an XI [15 décembre 1802 et 24 avril 1806] (III, B. 237, n.º 2208, et IV, B. 88, n.º 1513). — Mode de la mise en jugement des préposés, 29 thermidor an XI [17 août 1803] (III, B. 307, n.º 3088). — L'exécution des lois relatives aux octrois est attribuée au ministre des finances, 28 ventôse an XII [19 mars 1804] (III, B. 353, n.º 3672). — Révision annuelle des tarifs d'octrois et des comptes des villes dont le revenu excède un million, 29 germinal an XII [19 avril 1804] (III, B. 360, n.º 3793). — Fixation des frais de régie des octrois des villes ayant plus de 20,000 francs de revenu, 21 brumaire an XIII [12 novembre 1804] (IV, B. 22, n.º 396). — Avis du Conseil d'état sur l'exécution des tarifs d'octroi, 11 mai 1807 (IV, B. 146, n.º 2430). — Réglement général sur les octrois municipaux, et statuant sur ce qui concerne leur établissement, les tarifs des boissons et liquides, des comestibles, des combustibles, des fourrages, et des matériaux, les perceptions à l'entrée et dans l'intérieur des communes, le passe-debout, le transit, l'entrepôt réel et l'entrepôt fictif, les crédits et restitutions de droits, l'administration et la comptabilité, 17 mai 1809 (IV, B. 239, n.º 4447).—Annullation de deux arrêts de la cour d'appel de Metz, portant renvoi au Conseil d'état de contestations relatives aux droits d'octroi, lesquelles sont de la compétence des juges de paix, 10 août 1809 (IV, B. 242, n.º 4496).— Mode de recouvrement des droits d'octroi sur les régisseurs, fermiers, receveurs et autres préposés à la recette de ces droits, 15 novembre 1810 (IV, B. 327, n.º 6109).— Avis du Conseil d'état relatif aux octrois par abonnement, 26 avril 1811 (IV, B. 366, n.º 6712).— Prorogation du délai dans lequel les tarifs et réglemens relatifs aux octrois doivent être soumis à l'approbation définitive de l'Empereur, 29 juin 1811 (IV, B. 378, n.º 7040).— Mode de perception du prélèvement d'un pour cent ordonné sur les octrois et revenus des communes pour l'hôtel des invalides, 23 juillet 1811 (IV, B. 382, n.º 7127).— Décret qui déclare applicable aux fermiers du droit de pesage et mesurage le décret du 15 novembre 1810 relatif au recouvrement des recettes de l'octroi, 26 septembre 1811 (IV, B. 394, n.º 7291);—qui charge l'administration des droits réunis de la perception des octrois, 8 février 1812 (IV, B. 420, n.º 7662).— Sénatus-consulte qui annulle la déclaration du jury et l'ordonnance d'acquittement relative aux prévenus de dilapidations commises dans la gestion et l'administration de l'octroi d'Anvers, et renvoie les accusés devant une autre cour impériale pour y être jugés sans jury, 28 août 1813 (IV, B. 519, n.º 9543).— Décret qui proroge jusqu'au 1.er janvier 1815, divers modes précédemment autorisés ou établis pour la percep-

tion des octrois, 25 septembre 1813 (IV, B. 526, n.º 9738).

ODÉON (Théâtre de l'). V. Théâtres.

ODEUR insalubre (ateliers qui en répandent une). V. Manufactures.

ŒUFS (Les vendeurs d') ne sont pas tenus de se pourvoir de patentes, 2 = 7 mars 1791.—Formalités dont les œufs sont dispensés lorsque leur sortie n'est pas prohibée et qu'ils ne font pas route vers la frontière, 6 août 1791.—La fourniture des œufs nécessaires aux invalides est donnée à l'entreprise, 30 avril = 16 mai 1792. —La sortie des œufs par mer est provisoirement défendue, 8 pluviôse an X [28 janvier 1802] (III, B. 159, n.º 1223).

OFFICE (Arbitres, défenseurs, experts nommés d'), et procès criminels poursuivis d'office. V. Arbitres, Défenseurs, Experts et Procès.

OFFICES et CHARGES en général. Suppression de leur vénalité et de leur hérédité, 4, 6 et 11 août = 3 novembre 1789, et constitution du 3 = 14 septembre 1791.— Mode de remboursement des gages arriérés, 7 = 12 septembre, 30 octobre = 5 novembre 1790, 6 = 11 février, 2 avril, 4 = 8 mai, 7 = 10 juin, 23 octobre = 13 novembre 1791.— Faculté aux titulaires d'employer leurs reconnaissances de liquidation en acquisitions de domaines nationaux, 7 = 17 novembre, 30 déc. 1790, 9 janvier, 20 = 23 janvier, 21 août = 16 octobre 1791.—Mode de liquidation de la finance de chaque office, et des fonds d'avance et cautionnemens fournis par les titulaires, 6 et 7 = 10 novembre, 7 = 17 novembre, 28 novembre = 10 décembre, 6 = 15 décembre 1790, 20 = 28 janvier, 1.er et 2 = 11 février, 6 = 15 mars, 21 septembre = 16 octobre 1791, 5 janvier, 4 et 6 février = 12 février, 14 = 19 février, 22 octobre 1792, 24 août 1793, 19 vendémiaire et 21 frimaire an II [10 octobre et 11 décembre 1793], 7 pluviôse an II [26 janvier 1794], 29 prairial et 17 thermidor an III [17 juin et 4 août 1795] (I, B. 156 et 169, n.os 915 et 995), 24 frimaire an VI [14 décembre 1797] (II, B. 168, n.o 1604). — Les droits de communication et de casualité des offices ne sont ni communicables ni cessibles, 22 novembre = 1.er décembre 1790. — Les dettes contractées par les communautés pour le rachat d'offices réunis ou supprimés, sont supportés par la nation, 21, 24 décembre 1790, 26 mars = 1.er avril 1791, art. 24 et suiv. — Effets des oppositions formées sur le remboursement des titulaires d'offices, 10 = 18 février 1791. — Les quittances de liquidation et de remboursement sont exemptes du droit d'enregistrement, 10 = 18 février, 3 = 6 avril 1791. — La création et la suppression des offices ne peuvent avoir lieu qu'en vertu d'une loi, 13 = 17 juin 1791.

OFFICES d'agens de change. Leur suppression et mode de liquidation, 14, 19 et 21 avril = 8 mai, et 3 = 6 mai 1791. V. Agens de change.

— d'Amirauté. Leur liquidation, 6 = 10 novembre 1790. V. Amirauté.

— d'Avocats au conseil. Leur suppression et remboursement, 14 = 17 avril, 7 = 15 mai 1791. V. Avocats au conseil.

— domaniaux. Leur suppression et remboursement, 16 = 29 novembre 1789, 9 et 16 = 28 juin 1791, 17 = 21 septembre 1792, 22 août et 1.er octobre 1793, 12 fructidor an II [29 août 1794] (I, B. 49, n.o 262), et 9 germinal an IX [30 mars 1801] (III, B. 77, n.o 612). V. Domaines.

— des Eaux et forêts. Liquidation et remboursement de leurs gages, 30 juillet = 15 août 1792. V. Bois et forêts.

— de Finances. Suppression et rem-

boursement des offices des bureaux de finances, chambres des comptes, receveurs, payeurs et controleurs des rentes &c., 25 avril = 1.er mai, 24 juin = 6 juillet, 6 = 20 juillet, 21 septembre = 16 octobre 1791, 21 décembre 1792, 29 pluviôse an II [17 février 1794].

— des Gabelles. Leur suppression et liquidation, 23 avril = 10 mai 1790, 24 février = 6 mars 1791.

— de Judicature. Leur suppression et liquidation, 11 août = 3 novembre, 16 = 29 novembre 1789, 16 = 24 août, 7 = 11 septembre, 6 = 12 octobre, 30 octobre = 5 novembre, 28 novembre = 10 décembre 1790, 30 décembre 1790 = 9 janvier 1791, 6 = 19 janvier, 20 = 23 janvier, 1.er et 2 = 11 février, 10 = 18 février, 17 = 27 mars, 25 avril = 1.er mai, 27 mai = 1.er juin, 29 juillet = 6 août, 21 septembre = 16 octobre 1791, 29 septembre 1791 = 20 janvier 1792, 5 janvier, 4 et 6 = 12 février, 14 = 19 février, 26 = 28 mars, 17 avril = 1.er mai, 22 octobre, 21 décembre 1792, 8 janvier, 16 et 18 avril, 22 et 24 août et 2 septembre 1793, 7 pluviôse, 3 et 13 germinal an II [26 janvier, 23 mars et 2 avril 1794], 16 floréal et 29 prairial an II [5 mai et 17 juin 1794] (I, B. 6, n.o 28), 7 et 28 fructidor an II [24 août et 14 septembre 1794] (I, B. 45, n.o 241), 25 prairial, 17 thermidor et 21 fructidor an III [13 juin, 4 août et 7 septembre 1795], et 24 frimaire an VI [14 décembre 1797] (II, B. 168, n.o 1604).

— des Justices seigneuriales. Leur remboursement, 31 août 1792 et 22 août 1793. V. Justices seigneuriales.

— des Maisons civiles et militaires du Roi et des Princes fils de France. Leur liquidation, 30 août = 1.er septembre, 17 = 29 septembre 1791, 5 janvier, 4 et 6 = 12 février, 19 =

23 mai 1792, 16 = 27 août 1793. V. *Liste civile* et *Maison du Roi.*

— *militaires.* Liquidation des offices des gouverneurs, lieutenans généraux, lieutenans de Roi, majors des provinces, des commissaires des guerres, &c., 20 = 25 février, 14 = 20 mars, 28 et 29 mai = 3 juin, 20 septembre = 14 octobre, 21 septembre = 16 octobre 1791, 11 = 18 mars, 18 et 29 mars, 26 juin = 1.er juillet, 12 août 1791, 14 prairial et 19 thermidor an II [2 juin et 6 août 1794] (I, B. 34, n.o 193).

— *ministériels.* Suppression et mode de liquidation des offices de greffiers, huissiers, notaires et procureurs, 23 = 29 octobre, 15 = 18, 21 = 25 décembre 1790, 29 janvier = 20 mars, 20 mars = 3 avril, 26 mars = 1.er avril, 29 mars = 3 avril, 10 = 15 avril, 29 septembre = 6 octobre, 15 = 23 octobre 1791, 25 = 30 mai 1792, 29 messidor an II [17 juillet 1794] (I, B. 24, n.o 112), 28 fructidor an II [14 septembre 1794].

— *des Monnaies.* Leur suppression, 30 août = 8 sept. 1791. V. *Monnaies.*

— *municipaux.* Leur suppression et mode de leur liquidation, 13 = 18 février, 30 = 10 juin 1791.

— *de Perruquiers.* Leur suppression et mode de leur liquidation, 28 décembre 1790 = 5 janvier 1791, 2 = 17 mars, 2 = 28 août 1791, 14 = 18 mai, 30 juillet = 7 août 1792 et 16 avril et 9 septembre 1793.

— *de Police.* Leur liquidation et remboursement, 3 = 10 juin 1791.

— *des Receveurs des consignations et commissaires aux saisies réelles.* Leur liquidation, 30 septembre = 19 octobre 1791. V. *Receveurs* et *Commissaires.*

— *des Tiers référendaires.* Les droits réservés sur les procédures, lors de la suppression de ces offices, sont sup-primés, 5 = 19 décembre 1790. V. *Tiers référendaires.*

OFFICIALITÉS (Les) sont supprimées, 7 = 11 décembre 1790.

OFFICIERS *des armées de terre et de mer.* *Voyez,* pour leur nomination, avancement, habillement, solde, pensions et traitement, &c., les articles *Armée* et *Marine.*

— *en Chancellerie.* Ils sont supprimés, à l'exception de deux huissiers, 27 avril = 25 mai 1791.

— *civils pour la police intérieure des villes.* Leurs fonctions et attributions. V. *Police.*

— *des Colonies.* Leur traitement pendant leur séjour en France lorsqu'ils n'ont pas été mandés par le ministre, 27 messidor an V [15 juillet 1797] (II, B. 133, n.o 1292).

— *comptables.* Mode de l'apurement de leurs comptes, et conditions de leur libération. V. *Comptabilité.*

— *des eaux et forêts.* V. *Bois, Eaux et forêts* et *Maîtrises.*

— *ecclésiastiques.* Pensions accordées à ceux qui étaient employés dans les chapitres supprimés, 24 juin = 1.er juillet 1792.

— *de l'Etat civil.* Leurs fonctions relatives à la réception des déclarations de naissances, décès, mariages et divorces, et à la rédaction des actes qui les concernent, 20 septembre et 19 décemb. 1792, 7 vendémiaire an VI [28 septemb. 1797] (II, B. 186, n.o 1134). V. *Etat civil.*

— (C. Civ.) Ils rédigent tous les actes de l'état civil, et ne peuvent y insérer que ce qui doit y être déclaré, art. 34. — Ils donnent lecture des actes aux parties et les signent, 38 ; — déposent au greffe du tribunal le double des registres, 43 ; — sont tenus, sous peine d'amende, de donner avis au procureur impérial de la mention d'un acte relatif à l'état civil qu'ils ont fait en marge d'un acte déjà inscrit, 49; — sont responsables des altérations et faux, et ne doivent faire aucune inscription sur feuilles volantes, 51 et 52; — reçoivent les déclarations de naissance, et en rédigent de suite l'acte, 55 et 56. — Toute personne qui trouve un enfant nouveau-né, le remet à l'officier civil, qui en dresse procès-verbal et l'inscrit sur les registres, 58. — Le ministre de la marine leur adresse copie des actes de naissance rédigés sur les vaisseaux, laquelle copie doit être inscrite de suite sur le registre, 60. — Ils font les publications et affiches des actes de mariage, 63; — mettent leur *visa* sur l'original des oppositions au mariage, 66; — l'inscrivent sur les registres, et font mention en marge des jugemens et actes de main-levée, 67; — se font remettre les actes de naissance ou de notoriété, les actes de consentement ou respectueux prescrits par la loi, et font la célébration du mariage dont ils dressent acte sur-le-champ, 70. — Aucune inhumation ne se fait sans leur autorisation, 77. — Ils rédigent et inscrivent tous les actes de décès, même ceux qui arrivent dans les hôpitaux militaires, dans les prisons et maisons de reclusion, ainsi que par suite d'exécution à mort, 78. — Les jugemens de rectification des actes de l'état civil sont inscrits par eux sur les registres, 101. — Ils sont tenus, sous peine d'amende, de remplir toutes les formalités prescrites pour la publication et la célébration du mariage, 165 et 192. — L'action civile, en cas de fraude dans un acte de l'état civil, est dirigée même contre leurs héritiers, 200. — Sur le vu du jugement définitif qui admet le divorce, ils le prononcent, 258, 266, 290 et 294. V. *Etat civil.*

— (C. P.) Peines que les officiers de l'état civil encourent pour délits relatifs à leurs fonctions, sans préjudice des peines plus fortes prononcées en cas de collusion, art. 192 *et suiv.*

— *étrangers au service de France.* Leur traitement, 30 avril = 16 mai et 27 août 1792. V. *Etrangers.*

— *de l'ortune.* Pension de ceux qui sont âgés de soixante-dix ans, et grade dans lequel sont admis ceux qui prennent du service, 9 = 19 janvier 1791, et 30 avril = 16 mai 1792.

— *des Gardes françaises.* Mode de liquidation de leurs charges, 26 juin 1.er juillet 1792.

— *des Gardes nationales.* V. *Garde nationale.*

— *de Gendarmerie.* V. *Gendarmerie.* (C. I. C.) Ils exercent la police judiciaire et sont considérés comme auxiliaires du procureur impérial, art. 9 et 48. — Ils reçoivent les dénonciations des délits, en dressent des procès-verbaux, &c., 49. — Fonctions qu'ils peuvent exercer avec l'autorisation du procureur impérial, et transmissions qu'ils doivent lui faire, 51 *et suiv.*

— *de Justice.* V. *Juges* et *Tribunaux.* (C. P. C.) Peine encourue par ceux qui outragent ou menacent les officiers de justice dans l'exercice de leurs fonctions, art. 91 et 92. — Comment il est procédé dans ce cas, 555. — Devant quel tribunal sont portées les demandes formées pour frais par les officiers ministériels, 60. — La vente des meubles d'une succession se fait par le ministère d'un officier public, 946. — Les procédures et les actes nuls ou frustratoires qui ont donné lieu à une condamnation d'amende, sont à la charge des officiers ministériels qui les ont faits, 1031.

— (C. P.) Peines contre les officiers de justice qui se seraient introduits dans le domicile d'un citoyen, hors les cas prévus et les formalités prescrites, art. 184.

— *des Maisons du Roi et des princes.*
V. *Liste civile* et *Maison du Roi.*

— *des Mines.* V. *Mines.*

— *ministériels.* V. *Avoués, Greffiers, Huissiers* et *Notaires.* (C. Civ.)
Ceux qui, dans la rédaction d'un acte d'opposition au mariage, n'ont pas rempli toutes les formalités prescrites par la loi, encourent la peine d'interdiction, art. 176. — Les offres réelles doivent se faire par les officiers ministériels ayant, pour ce, caractère, 1258.

— (C. P. C.) Amende encourue par les officiers ministériels, pour omissions, contraventions ou nullités non formellement prononcées par la loi, 1030. — Procédures et actes qui sont à leur charge, 1031. — Dommages-intérêts dont ils peuvent être passibles envers les parties, *ibid.* — Cas où ils peuvent être suspendus de leurs fonctions, *ibid.*

— (C. P.) Peines encourues par les individus qui se permettraient des outrages et des violences envers un officier ministériel ou agent de la force publique, art. 224 et 230.

— *du Ministère public.* V. *Ministère public* et *Procureurs impériaux.*

— *municipaux.* V. *Corps administratifs, Maires et adjoints,* et *Municipalités.* (C. Civ.) Les officiers municipaux peuvent recevoir un testament dans un lieu avec lequel toute communication est interceptée à cause de la peste, art. 985.

— *de Navire.* (C. Co.) Les dispositions relatives aux loyers, pansement et rachat des matelots, leur sont communes, art. 272.

— *de Paix.* Leur établissement à Paris et leurs fonctions, 21=39 septembre 1791, et 6 décembre 1792.

— Ils sont supprimés, 19 vendém. an IV [11 octobre 1795] (I, B. 194, n.° 1160). — Leur rétablissement, 23 floréal an IV [12 mai 1796] (II, B. 47, n.° 399). — Leur nomination, costume et rang dans les cérémonies

publiques, 19 nivôse, 8 germinal et 23 messidor an VIII [9 janvier, 29 mars et 12 juillet 1800] (II, B. 345, n.° 3528, et III, B. 16 et 151, n.os 114 et 1184). — Création de quatre officiers de paix à Hambourg, 10 avril 1812 (IV, B. 428, n.° 7873).

— *du Point d'honneur.* Continuation du paiement de leurs pensions, 28 et 29 mai=3 juin, 27 septemb. = 16 octobre 1791. — Elles sont supprimées, 19 thermidor an II [6 août 1794] (I, B. 34, n.° 193).

— *de Police et de Police judiciaire.* Leurs fonctions et attributions, 19 =22 juillet, 16=29 septembre, 25 septembre=6 octobre 1791, 3 brumaire an IV [25 octobre 1795] (I, B. 204, n.° 1221). V. *Police.*

— (C. Civ.) Les officiers de police constatent les indices de mort violente, en dressent procès-verbal, et l'envoient à l'officier de l'état civil, art. 81 et 82.

— (C. I. C.) Leur énumération, art. 9. — Leurs fonctions comme auxiliaires du procureur impérial, 48 *et suiv.* — Renvoi qu'ils doivent faire au procureur impérial des actes par eux faits sur dénonciation de délits, ou de la dénonciation elle-même, lorsqu'ils sont incompétens, 53 et 54. — Surveillance que le procureur général impérial exerce à leur égard, 279 *et suiv.* — Celle du procureur impérial criminel, 289. — Poursuite et instruction contre eux, à raison de crimes ou délits relatifs à leurs fonctions, 483 *et suiv.*

— (C. P.) Injonction aux gardiens et concierges des prisons d'exhiber leurs registres aux officiers de police, art. 120. — Circonstances dans lesquelles ces officiers sont coupables de forfaiture, 121 et 122. — Défenses qui leur sont faites de s'introduire dans le domicile d'un citoyen hors les cas prévus par la loi, 184.

— *publics.* (C. Civ.) Nature et effet du titre authentique reçu par eux, art. 1317.—Foi due aux copies de titres délivrées par les officiers publics, 1335.— Ils ne peuvent se rendre adjudicataires des biens nationaux dont la vente se fait par leur ministère, 1596. — Cas où la contrainte par corps a lieu contre les officiers publics, 2060.

— (C. P.) Peines qu'ils encourent dans l'exercice de leurs fonctions. V. *Administrateurs, Concussion, Fonctionnaires publics, Soustraction, Violences.*

— *réformés et en retraite.* Leurs pensions et traitemens. V. *Armée* au titre *Solde.*

—*de Santé* des armées de terre et de mer. V. *Armée* et *Marine* au titre *Hôpitaux civils, Chirurgiens, Docteurs en chirurgie et en médecine, et Médecins.* (C. Civ.) Les officiers de santé font les déclarations de naissance, art. 56; — sont appelés pour dresser procès-verbal d'un cadavre trouvé avec indice de mort violente, 81 ; — certifient les états de maladies qui dispensent de paraître devant le juge, 236. — Ils ne peuvent recevoir que des dispositions rémunératoires des personnes qu'ils ont traitées dans leur dernière maladie, 909. — Les officiers de santé des armées peuvent recevoir les testamens des militaires, 982 et 983. — Ils sont créanciers privilégiés, 2101.

—(C. I. C.) Officiers de santé dont le procureur impérial peut se faire assister pour faire un rapport à l'occasion d'une mort violente ou dont la cause est inconnue, et pour constater l'état du cadavre, art. 44. — Serment à prêter par eux, *ibid.* —Cas dans lequel un mandat de dépôt peut être décerné contre un officier de santé, 86.

— (C. P.) Peine contre les officiers de santé qui auraient facilité l'avortement d'une femme enceinte, art. 317; — pour ceux qui délivraient des certificats pour dispenser quelqu'un d'un service public, 160.

— Il leur est défendu de révéler les secrets à eux confiés s'ils ne sont requis de se porter comme dénonciateurs, 378.

— *des troupes provinciales.* V. *Troupes provinciales.*

OFFRANDES *civiques.* V. *Dons patriotiques.*

OFFRES. (C. Civ.) On ne peut offrir en paiement une chose autre que celle qui est due, ni partie de cette chose, art. 1243 et 1244. — Lorsque la dette est d'une chose non déterminée par son espèce, le débiteur n'en peut offrir de la plus mauvaise, 1246.

—(C. P.) Peines encourues par des fonctionnaires publics qui acceptent les offres illicites, art. 177 et 179.

OFFRES *réelles* (Dispositions concernant les) faites pour rachat de redevances seigneuriales, 3 ⹀ 9 mai, 12 ⹀ 19 novembre 1790. — La libération est opérée par des offres réelles suivies de consignation, 1.er fructidor an III [18 août 1795] (II, B. 172, n.º 1035).

— (C. Civ.) Cas où elles peuvent avoir lieu, et règles à observer, art. 1257 *et suiv.*

— (C. P. C.) Les demandes sur les offres réelles sont dispensées du préliminaire de la conciliation, art. 49. — Forme du procès-verbal d'offres, 812 et 813. — Si le créancier refuse les offres, le débiteur peut consigner la somme ou la chose offerte, 814. — Règles d'après lesquelles est formée la demande, soit en validité, soit en nullité des offres, 815. — Effet du jugement qui déclare les offres valables, 816. — Consignations, 817. — Conditions nécessaires pour la validité des offres, 818.

OISE (Département de l'). Son classement dans la division territoriale de la France et sa composition, 15 janvier, 16 et 26 février = 4 mars 1790. — Circonscription de différentes paroisses, 15 = 19 juin 1791. — Validité de la nomination des députés au Corps législatif faite par l'assemblée électorale du département de l'Oise, 14 floréal an VII [3 mai 1799] (II, B. 279, n.° 2894).— Proclamation aux citoyens de ce département sur l'introduction des mesures de longueur, 28 messidor an VII [16 juillet 1799] (II, B. 296, n.° 3148). — Réduction et fixation des justices de paix, 23 vendémiaire, 3 ventôse an X [15 octobre 1801, 22 février 1802] (II', B. 117, n.° 928, et B. 228 bis, n.° 4). — Sont nommés préfets MM. Belderburch, 23 germinal an X [13 avril 1802] (III, B. 175, n.° 1364);—Bruslé, 12 février 1810 (IV, B. 265, n.° 5164);—le comte Regnier de Gronau, 30 septembre 1813 (IV, B. 524, n.° 9704). — Création du dépôt de mendicité, 21 août 1811 (IV, B. 390, n.° 7214).

OLBRECHTS (Le sieur) est nommé membre du Corps législatif, 4 nivôse an VIII [25 décembre 1799] (II, B. 341, n.° 3509), 3 et 4 mai 1811 (IV, B. 367, n.° 6723).

OLÉRON (Ile d'). Loi qui rapporte l'article 4 de celle du 4 germinal an II sur les douanes, en ce qui concerne cette île, 19 nivôse an III [8 janvier 1795] (I, B. 109, n.° 575).—Cette île est désignée comme lieu de détention provisoire pour les individus frappés de déportation par les lois des 19 et 22 fructidor an V, 28 nivôse an VII [17 janvier 1799] (II, B. 253, n.° 2369).

OLIVIER-GÉRENTE (Le représentant du peuple) est mis en état d'arrestation, 3 octobre 1793. — Il est rappelé dans le sein de la Convention nationale, 18 frimaire an III [8 décembre 1794] (I, B. 96, n.° 495).

OLIVIERS. Peines contre les individus qui mènent leurs troupeaux paître dans les plants d'oliviers, 28 sept. = 6 octobre 1791.

OLLIETTE. V. *Navette.*

OMBRONE (Département de l'), formé d'une partie des duchés de Parme et de Plaisance, et des Etats de Toscane : sa réunion à la France et sa composition, 24 mai 1808 (IV, B. 193, n.° 3408). — Le diocèse de ce département fait partie de l'église gallicane, 11 juin 1809 (IV, B. 238, n.° 4439). — Nomination des députés au Corps législatif, 5 juillet 1809 (IV, B. 241, n.° 4481). — Création d'une maison centrale de détention, 29 novembre 1810 (IV, B. 329, n.° 6135);—du dépôt de mendicité, 29 novembre 1811 (IV, B. 405, n.° 7478).

OMISSION. Dispositions relatives à l'omission des formes dans l'instruction criminelle, 16 = 29 septemb. 1791.

— (C. Civ.) Ce qui résulte de l'omission d'un objet de la succession dans un partage, art. 887.

— (C. P. C.) Manière de se pourvoir en cas d'omission dans les comptes, art. 541. — Amende encourue par les officiers ministériels pour omissions, 1030.

ONCLE *et* NEVEU. Les contestations entre eux sont portées par-devant des parens, qui donnent une décision motivée, 16 = 24 août 1790. — Délibération du Conseil d'état et décision sur le mariage du grand-oncle avec la petite nièce, 7 mai 1808 (IV, B. 191, n.° 3308).

— (C. Civ.) Prohibition de mariage entre l'oncle et la nièce, la tante et le neveu; exception en cas de dispense; par qui est levée cette prohibition, 163 et 164.— Les oncles et les tantes peuvent former opposition au mariage de leurs neveux et nièces, 174. — On ne peut leur opposer le défaut de dénonciation du meurtrier d'un défunt dont ils héritent, 728.—L'oncle

mai et 9 juillet 1797] (II, B. 123 et 132, n.ºs 1185 et 1287), 8 nivôse an VI [28 décembre 1797] (II, B. 173, n.° 1641). — Devant qui seront portées les oppositions aux délibérations des administrations, aux jugemens des élus de Bourgogne, et à ceux des commissaires du conseil, 27 avril = 6 juillet 1791, et 17 brumaire an II [7 novembre 1793]. — Les oppositions à la levée des scellés sont renvoyées aux tribunaux par les juges de paix, 6 = 27 mai 1791. — Emploi en acquisition de domaines nationaux, des reconnaissances de finance et de liquidation qui, se trouvant grevées d'oppositions, ne peuvent être payées comptant à la caisse de l'extraordinaire, 16 = 25 juillet 1791. — Les droits des créanciers des émigrés sont conservés par des oppositions formées entre les mains des conservateurs des hypothèques, 30 mars = 8 avril 1792. — Main-levée des oppositions formées en conséquence des jugemens obtenus contre les administrateurs ou officiers municipaux de la Martinique, 21 = 29 juin 1792. — Quelles sont les personnes qui peuvent former opposition au mariage, 20 septembre 1792. — Cas où elles sont admises, *ibid.* — Règles et formes à suivre pour les former, *ibid.* — Effets des oppositions que les créanciers des fonctionnaires publics civils et militaires et des employés peuvent faire sur leurs traitemens, 19 pluviôse an III [7 février 1795] (I, B. 181, n.° 640), 21 ventôse an IX [12 mars 1801] (III, B. 74, n.° 572). — Droits d'enregistrement auxquels sont assujettis les actes d'opposition, 5 = 19 décembre 1790, et 22 frimaire an VII [12 décembre 1798] (II, B. 248, n.° 2224). — Mode des oppositions au remboursement des rentes foncières hypothéquées, 18 = 29 décembre 1790. — Dispositions relatives aux oppositions à former

aux hypothèques, 21 nivôse an IV [11 janvier 1786] (II, B. 18, n.° 106). — Les commissaires-priseurs vendeurs de meubles à Paris, peuvent recevoir et viser toutes oppositions formées aux ventes, 27 ventôse an IX [18 mars 1801] (III, B. 76, n.° 590). — Formes de la main-levée d'oppositions faites pour la conservation des droits des pauvres et des hospices, 11 thermidor an XII [30 juillet 1804] (IV, B. 11, n.° 117). — Les dames de Montfermeil sont déclarées recevables dans leur opposition à un décret, 2 juillet 1812 (IV, B. 441, n.° 8124).

— (C. Civ.) A qui appartient le droit de former opposition au mariage ; formalités relatives aux actes d'opposition, et leur effet, 66, 68, 172 et 173. — Seuls cas où le frère ou la sœur, l'oncle ou la tante, le cousin ou la cousine germains, le tuteur ou le curateur, peuvent la former, et formalités prescrites à ce sujet, 174 et 175. — Forme de l'opposition, 176. — Dans quel délai le tribunal de première instance prononce sur la demande en main-levée, 177. — S'il y a appel, il y est statué dans les dix jours de la citation, 178. — Effet du rejet de l'opposition, 179. — Opposition à la levée des scellés dans une succession ; — les créanciers ont droit de la former, 821. V. *Scellés.* — Effet du paiement fait au préjudice d'une opposition, 1242. — Le dépôt ne peut être remis au déposant, lorsqu'il existe entre les mains du dépositaire une opposition, 1944.

— (C. P. C.) Délai dans lequel on peut former opposition à un jugement rendu par défaut, 20. — Ce que l'opposition doit contenir, et sa notification, *ibid.* — Cas dans lequel le juge de paix peut fixer un plus long délai pour l'opposition, 21. — Raisons qui peuvent faire admettre l'opposition après le délai quand il

de police, 150 et 151; — dans les tribunaux correctionnels, 187. — Elle emporte de droit citation à la première audience, 188. — Pareilles dispositions pour l'opposition aux jugemens rendus par défaut sur l'appel, 208. — Le défaut d'indication d'un témoin sur la liste peut autoriser l'accusé et le procureur général à s'opposer à son audition, 315. — La cour statue sur cette opposition, *ibid.* — La voie de l'opposition est ouverte aux témoins condamnés pour non-comparution ou pour autre cause, 356. — Le prévenu, l'accusé et la partie civile peuvent former opposition à l'arrêt de la cour de cassation, portant réglement de juges, 533. — Élection de domicile nécessaire pour être admis au bénéfice de l'opposition, 535. — Cas dans lequel les arrêts rendus sur des conflits ne peuvent être attaqués par la voie de l'opposition, 537. — Règles et délais pour l'opposition à un arrêt de renvoi, 549. — L'opposition reçue emporte sursis au jugement du procès, 550.

OPPRESSION (La résistance à l') est un droit naturel, 3 = 14 septembre 1791, et constitution de 1793. — Il y a recours au Conseil d'état contre toute entreprise qui, dans l'exercice d'un culte, peut dégénérer contre les citoyens en oppression, 18 germinal an X [8 avril 1802], art. 6 (III, B. 172, n.º 1344).

OPTION. Droit d'option d'un tribunal accordé aux accusés en matière criminelle, 3 brumaire an IV [25 octobre 1795] (I, B. 204, n.º 1221). — Modification de cette disposition, 29 avril 1806 (IV, B 90, n.º 1524). — Les actes d'option des tribunaux d'appel sont soumis au droit de transcription et rédaction, 21 vent. an VII [11 mars 1799] II, B. 268, n.º 2628).

OR et ARGENT. V. *Argenterie*, *Marque d'or et d'argent*, *Matières d'or et d'argent*, *Monnaies*, *Numéraire*, *Vaisselles*.

ORANGE. Le siége du tribunal de district est fixé dans cette ville, 29 oct. = 2 novembre 1791. — Circonscription des paroisses, 16 = 20 août 1791.

ORANGERS. Peines contre quiconque mène des bestiaux dans les plants d'orangers, 28 septembre = 6 oct. 1791.

ORATEUR PLÉBÉIEN. Rapport d'un arrêté contenant un abonnement à ce journal, 18 frimaire an IV [9 déc. 1795].

ORATEURS *du Gouvernement* près le Sénat, le Corps législatif et le Tribunat, pour la présentation à la discussion des projets de lois; leurs fonctions et attributions, 20 nivôse an VIII [10 janvier 1800] (III, B. 1, n.º 1), et 12 fructidor an X [30 août 1802] (III, B. 211, n.º 1943). V. *Conseil d'état* et *Lois*.

ORATOIRES. Il ne peut être établi d'oratoires particuliers sans permission du Gouvernement, 18 germinal an X [8 avril 1802], art. 44, (III, B. 172, n.º 1344). — Mode d'autorisation, 22 décembre 1812 (IV, B. 456, n.º 8401). — Les hospices sont dispensés du droit exigé pour l'érection d'oratoires particuliers, 17 messidor an XII [6 juillet 1804] (IV, B. 7, n.º 76.) V. *Cultes*, *Eglises*, *Messe*.

ORBEC. Etablissement d'un tribunal de commerce dans cette ville, 14 = 28 juin 1791. — Fixation des limites du tribunal de commerce, 4 = 10 juillet 1791.

ORDINATION. Conditions et qualités requises des ecclésiastiques pour être ordonnés par les évêques, et devoirs de ceux-ci relativement à l'ordination, 18 germinal an X [8 avril 1802], art. 26 (III, B. 172, n.º 1344).

ORDONNANCE *du juge*. (C. Civ.) Celle en matière de divorce, art. 238 et 270.

— (C. P. C.) Celle que rend le président d'un tribunal, ou un autre magistrat, pour la police d'un lieu où il est troublé dans ses fonctions, art. 91.—Ordonnance du président qui commet un nouveau rapporteur en cas de décès, démission ou empêchement, 110. — Celle du juge-commissaire pour assigner à l'effet de convenir des pièces de comparaison dans une vérification d'écritures, 199. — Ordonnance pour commencer une enquête, 259; — pour condamner des témoins défaillans, 263; — pour une descente sur les lieux, 297; — pour une nomination d'experts, 307; — pour un interrogatoire sur faits et articles, 329. — Ordonnance du président du tribunal de commerce pour assigner d'heure à heure, &c., et saisir les effets mobiliers, 417.--Enonciation que doit contenir l'ordonnance qui permet une saisie-arrêt, 559. — Ordonnance du juge commis pour faire sommer les créanciers de produire leurs titres dans une contribution, 659. — Ordonnance pour l'ouverture d'un procès-verbal d'ordre, 752; — pour la délivrance des bordereaux de collocation, 759. — Ordonnance sur référé dans les cas d'emprisonnement, 786 et suiv.; — dans ceux qui demandent urgence, 808 et suiv. — Ordonnance pour une saisie-revendication, 826; — pour la délivrance de copie ou expédition d'un acte non enregistré ou resté imparfait, 842; — pour celle d'une seconde grosse, 844; — pour comparution sur une demande en séparation de corps, 875; —pour renvoi au bureau de conciliation, 878; — pour la communication au ministère public, d'une délibération de conseil de famille dont l'homologation est demandée, 886; — pour une levée de scellés, 931; — pour rendre exécutoire un jugement arbitral, 1020 et suiv.

— (C. Co.) Il faut une ordonnance du juge-commissaire, pour

retirer les fonds de la caisse de faillite versés à la caisse d'amortissement, art. 498.

— (C. I. C.) Ordonnance que rend le juge d'instruction pour le paiement de la somme cautionnée, art. 122 et 123; — pour la saisie du prévenu et son écrou dans la maison d'arrêt, art. 125. — Lorsque le prévenu a été admis à la liberté sous caution, au lieu d'une ordonnance de prise de corps, il n'est rendu contre lui qu'une ordonnance de se représenter, 239. — Ordonnance contre un accusé contumax, 465. — Publication et affiche de cette ordonnance, 466. — Elle est adressée au directeur des domaines, ibid.

— (C. P.) Peines contre les juges qui, sans autorisation du Gouvernement, et malgré la réclamation légale de l'autorité administrative, auraient rendu des ordonnances contre les agens ou préposés prévenus de délits commis dans l'exercice de leurs fonctions, art. 129.

ORDONNANCES (Les anciennes) doivent être exécutées jusqu'à ce qu'elles soient abrogées, 21 septembre 1792.

ORDONNANCES de Décharge, modération et réduction des contributions. V. Contributions.

— des Directeurs de jury. V. Directeurs de jury.

— de Justice. Droits d'enregistrement auxquels elles sont assujetties, 22 frimaire an VII [12 décembre 1798] (II, B. 248, n.° 2224.)

— de Paiement. V. Dépenses publiques et Trésor public.

— de Police. Les autorités administratives et municipales, le préfet de police de Paris et les commissaires généraux de police, peuvent rendre des ordonnances pour rappeler l'exécution des lois et réglemens, 19 = 22 juillet 1791, 12 messidor an VIII et 5 brumaire an IX [1.er juillet et 27 octobre 1800] (III, B. 33 et 50, n.os 214 et 373).

— *de Prise de corps.* Juges qui peuvent les rendre, et formalités qu'ils ont à remplir pour les délivrer et les faire mettre à exécution, 16 == 29 septembre, 29 septembre == 21 octobre 1791, et 3 brumaire an IV [25 octobre 1795] (I, B. 204, n.º 1221). — Concours des autorités et de la force publique pour en assurer l'exécution, 7 janvier == 16 mars 1790, 16 janvier == 16 février, 26 et 27 juillet == 3 août, 25 septembre == 6 octobre 1791. V. *Contrainte par corps* et *Mandats d'arrêt.*

ORDONNATEURS. Pièces qui doivent être jointes à leurs ordonnances et mandats, 21 messidor an XII [13 juillet 1804] (III, B. 11, n.º 116). V. *Ministres en général.*

— *des Colonies.* Leur nomination et leur assimilation à ceux des grands ports de mer, 21 == 28 septembre 1791, 28 mars == 4 avril 1792, et 14 février 1793.

— *des Guerres* (Commissaires). V. *Commissaires ordonnateurs.*

— *de la Marine.* Leur nomination, leurs fonctions, traitement, costume et avancement, 3 == 14 septembre, 20 et 21 septembre == 12 octobre, 21 == 28 septembre 1791, 24 == 26 juillet et 22 août 1792, 2 et 3 brumaire an IV [24 et 25 octobre 1791] (I, B. 205, n.ºs 1224 et 1225). V. *Marine militaire.*

ORDRE *et distribution de deniers entre créanciers.* Tribunal qui y procède en cas de vente volontaire ou judiciaire, 11 brumaire an VII [1.er novembre 1798] (II, B. 238, n.ºs 2137 et 2138). — Droits de rédaction et transcription auxquels ils donnent lieu, 22 prairial an VII [10 juin 1799] (II, B. 286, n.º 3014).

— (C. Civ.) La manière de procéder à l'ordre et distribution du prix des immeubles vendus sur la poursuite des créanciers, est réglée par les lois sur la procédure, art. 2218.

— C. P. C. Dans quel délai les créanciers et la partie saisie doivent se régler entre eux sur la distribution du prix d'une vente, art. 749. — Comment il est procédé à l'ordre, lorsque, dans ce délai, ils ne se sont pas réglés entre eux, 750. — Formalités prescrites au requérant l'ordre, 751 ; — au poursuivant, 752. — Dans quel délai les créanciers inscrits sont tenus de produire leurs titres, 753 *et suiv.* — Formalités relatives à l'état de collocation, 755. — Cas où les créanciers produisans encourent la forclusion, 756. — Effet de la négligence des créanciers à produire dans le délai fixé, 757. — Formalités à observer dans le cas où il y a des créances contestées, 758 ; — où il ne s'élève aucune contestation, 759. — Ce que doivent faire les créanciers postérieurs en ordre d'hypothèque aux collocations contestées, 760. — Le créancier qui conteste individuellement, supporte sans répétition les frais de sa contestation particulière, *ibid.* — Règles relatives à la procédure en première instance, 761 et 762 ; — à l'appel, 763 *et suiv.* — Comment et dans quel délai est définitivement arrêté l'ordre des créances contestées, et de celles postérieures, 767. — Collocation des frais de l'avoué qui a représenté les créanciers contestans, 768. — Subrogation au profit du créancier sur lequel les fonds manquent, ou de la partie saisie, 769. — Contre qui ils ont leur recours pour les intérêts et arrérages qui ont couru pendant le cours des contestations, 770. — Délivrance aux créanciers utilement colloqués du bordereau de collocation, 771. — Formalités à observer pour la radiation des inscriptions, 772 *et suiv.* — Règles relatives à la provocation de l'ordre en cas d'aliénation autre que celle par expropriation, 775 ; — à la procédure qui en est la suite, 776 *et suiv.*

— (C. Co.) Comment sont considérés les créanciers qui ne viennent pas en ordre utile, art. 543.

ORDRE (Billets à). V. Lettres de change.

ORDRE (Mot d'). Peine contre le militaire qui l'a communiqué, 30 septembre = 19 octobre 1791, 12 mai 1793, 21 brumaire an V [11 novembre 1796] (II, B. 89, n.º 848).

ORDRE du jour du Corps législatif. Manières diverses de le publier pour régler les délibérations, 18 octobre 1791, 12 janvier, 1.er février et 7 mars 1792, 20 et 25 avril 1793. V. Corps législatifs.

ORDRE judiciaire (Organisation de l'). V. Tribunaux en général.

ORDRE des juridictions (L') ne peut être troublé, 16 = 24 août 1790.

ORDRE PUBLIC. Mesures répressives des actes, écrits, attroupemens et mouvemens séditieux qui le troubleraient, 19 = 22 juillet, 26 et 27 juillet = 3 août 1791 et 3 brum. an IV [25 octobre 1795] (I, B. 204, n.º 1221). V. Attroupemens, Libelles et Police.

— (C. Civ.) On ne peut y déroger par des conventions particulières, art. 6. — Faculté accordée d'établir des servitudes qui ne sont pas contraires à l'ordre public, 686. — La cause du contrat est illicite, quand elle est contraire à l'ordre public, 1133.

— C. P. C. Les causes qui concernent l'ordre public, doivent être communiquées au ministère public, art. 83.

ORDRES (Les trois). Abolition de cette distinction des Français en trois ordres, et prohibition des convocations en assemblées par ordres, 26 = 27 octobre, 3 et 5 = 6 novembre 1789, et 22 décembre 1789 = janvier 1790.

ORDRES arbitraires (Détenus en vertu d'). Ils sont mis en liberté, 26 août = 3 novembre 1789, 16 = 26 mars 1790. — Dispositions pénales contre

ceux qui arrêtent ou retiennent les citoyens en vertu d'ordres arbitraires, 3 = 14 septembre, 25 septembre = 6 octobre 1791, 3 brumaire an IV [25 oct. 1795] (I, B. 204, n.º 1221).

ORDRES des autorités publiques. (C. P.) Peine encourue pour une arrestation illégale faite sur un faux ordre de l'autorité publique, art. 344; — pour vol commis en alléguant un faux ordre de l'autorité civile ou militaire, 381 et 384.

ORDRES de chevalerie en général. Suspension du remboursement de leurs créances, 9 = 19 janvier 1791. — Suppression de tous les ordres; abolition des marques distinctives des chevaliers; prohibition de toute affiliation à des ordres étrangers, 30 juillet = 6 août, 3 = 14 septemb., 13 septembre = 16 octobre 1791, et constitutions de l'an III et de l'an VIII. — Les biens des ordres de chevalerie sont déclarés nationaux, et aliénables, 17 = 28 mars, et 22 octobre 1792. — Ordre de brûler les papiers et titres de ces ordres déposés aux Grands-Augustins, à l'exception de ceux qui intéressent les propriétés nationales, les sciences et les arts, 12 = 16 mai 1792. — Peine encourue par ceux qui sont trouvés revêtus d'une décoration qu'ils n'ont pas le droit de porter, 15 = 16 septembre 1792. — Liquidation et paiement par la nation des créances sur les ordres de chevalerie, 5 mai 1793. — Décret qui déclare nuls tous les baux passés, par anticipation, par les membres ou agens des ordres de chevalerie, 10 mai 1793.

— de la Légion d'honneur. V. Légion d'honneur.

— de Malte. Abolition des dîmes possédées par cet ordre, 11 août = 3 novembre 1789. — Les chevaliers sont tenus de faire la déclaration de leurs bénéfices ou pensions sur bénéfices, 5 = 12 février 1790. — Leurs biens sont déclarés nationaux. V.

Malte. — Traité qui restitue à l'ordre les îles de Malte, de Gozo et Comino, 30 floréal an X [20 mai 1801] (III, B. 193, n.° 1623).

— *de Notre-Dame de Montcarmel et de Saint-Lazare.* Décrets qui déclarent nationaux les biens de ces ordres, fixent les pensions des chevaliers, et règlent le mode de paiement des créanciers, 17 = 28 mars, 19 = 30 septembre 1792, et 5 mai 1793.

— *de la Réunion.* Institution de cet ordre, et règlement sur la décoration, la prestation de serment, et les prérogatives des membres, 18 octobre 1811, 9 mars 1812 et 12 mars 1813 (IV, B. 415, 423 et 484, n.°s 7606, 7746 et 8952).

— *de Saint-Étienne en Toscane.* Abolition de cet ordre, et réunion de ses biens au domaine national, 9 avril 1809 (IV, B. 233, n.° 4303).

— *de Saint-Louis.* Temps de service exigé des officiers de terre et de mer pour obtenir la décoration de cet ordre, et conditions auxquelles elle leur est accordée, 7 = 15 décembre 1790, 7 janvier, 5 = 11 février, 20 septembre = 12 et 14 octobre, 29 septembre = 16 octobre, 11 décembre 1791, 24, 25 janvier et 30 avril = 16 mai, 8 = 11 mai 1792. — Les pensions sur cet ordre ne peuvent être payées aux personnes qui jouissent d'un traitement d'activité, 28 avril = 4 mai 1791. — Abolition du serment exigé pour obtenir la décoration, 16 septembre = 16 octobre 1791. — Les chevaliers sont autorisés à porter la décoration, 30 juillet = 6 août, et 13 septembre = 16 octobre 1791. — Suppression de la caisse de l'ordre, 19 septembre 1792. — Brisement et envoi à la monnaie, du grand sceau d'argent dit de *l'ordre de Saint-Louis,* 15 = 18 novembre 1792. — Ordre de déposer les décorations aux municipalités, 28 juillet et 20 août 1793, et

28 brumaire an II [18 novem. 1793].

— *des Trois-Toisons.* Institution de cet ordre, dont le comte Andréossy est nommé grand-chancelier, 14 oct. 1810 (IV, B. 320, n.° 6038).

ORDRES *monastiques et religieux.* V *Communautés ecclésiastiques,* et *Cultes.*

ORDRES *sacrés* (Les ecclésiastiques qui sont dans les) sont dispensés du service dans la garde nationale, mais sont soumis au remplacement ou à la taxe, 29 septembre = 14 oct. 1791.

ORFÉVRERIE *et* ORFÉVRES. La compétence de la cour des monnaies pour les contestations entre les orfévres et les particuliers, est attribuée aux juges de district, 7 = 11 septembre 1790. — Ordre de présenter un projet pour la police et l'administration de l'orfévrerie, 31 mars = 3 avril 1791. — Liberté de l'exportation des ouvrages d'orfévrerie, 8 = 10 juillet 1791, 15 septembre 1792. — Les colons peuvent tirer de France tous les ouvrages neufs d'orfévrerie, 7 décembre 1792. — Suppression des maisons communes des orfévres, 19 brumaire an VI [9 novembre 1797] (II, B. 156, n.° 1542). — Les orfévres sont tenus d'inscrire les ouvrages déposés chez eux pour être raccommodés ou qui leur sont confiés à titre de nantissement, 16 prairial an VII [4 juin 1799] (II, B. 285, n.° 3003). — Formalités à remplir par les orfévres qui veulent obtenir des permissions pour établir des presses, laminoirs, balanciers et coupoirs, 3 germinal an IX [24 mars 1801] (III, B. 77, n.° 597). V. *Marque d'or et d'argent* et *Matières d'or et d'argent.*

ORGANISTES. Fixation des pensions de ceux des chapitres supprimés, 24 juin = 1.er juillet 1792.

ORGELET (Commune d'). Il y est établi deux nouvelles foires, 13 prairial an IX [2 juin 1801] (III, B. 83, n.° 673).

ORGES. Leur libre circulation dans

l'intérieur et prohibition de leur exportation, 31 décembre 1791, 4 janvier, 22 mai et 8 juin 1792. V. *Grains*.

ORIFLAMME (L'), ou le drapeau porté par les troupes de ligne à la fédération, est déposé dans la salle de l'Assemblée nationale, 15 juillet 1790.

ORIGINAUX *des actes*. (C. P. C.) L'original de l'acte de récusation d'un juge de paix est visé par son greffier, et signé par la partie ou son fondé de pouvoir spécial, art. 45. — Si l'une des parties ne paraît pas en conciliation, il en est fait mention sur l'original de la citation, 58. — Les huissiers sont tenus de mettre à la fin de l'original de l'exploit le coût d'icelui, à peine de cinq francs d'amende, 67. — Les avoués doivent, à peine de rejet lors de la taxe, déclarer au bas des originaux de leurs requêtes et écritures, le nombre des rôles, 104. V. *Minutes*.

ORIGINAUX *des titres*. (C. Civ.) Cas où ils doivent être représentés, art. 1334.

ORIGINE (La servitude d') est abolie, 15 = 28 mars 1790.

ORIGNY (La commune d') est autorisée à s'imposer, en centimes additionnels, les dépenses de reconstruction d'un pont, 2 floréal an X [22 avril 1802] (III, B. 184, n.° 1459).

ORILLARD DE VILLEMANZY. (Le sieur) est nommé membre du Sénat conservateur, 14 décembre 1809 (IV, B. 253, n.° 4845).

ORLÉANS (Duc d'). V. *Bourbons* (Famille des) et *Égalité*.

ORLÉANS. Vente de domaines nationaux à la municipalité, 26 octobre = 10 novembre, 7 = 24 novembre, 7, 22, 26, 27 novembre = 12 décembre, 19 nov. = 1.er déc., 28 novembre = 25 décembre 1790, 1.er décem. 1790 = 5 janv. 1791, 10 et 12 décembre 1790 = 19 janvier 1791. — Circonscription des paroisses de cette ville, 9 = 19 janvier 1791. — Le tribunal chargé de l'instruction et du jugement des crimes de lèse-nation y est établi, 5 = 13 mars 1791. V. *Haute-cour*. — Institution et nomination de cinq commissaires de police, 6 = 13 juillet 1792. — Mesures répressives de l'attentat commis dans cette ville sur la personne de Léonard Bourdon, membre de la Convention nationale, 18, 26 et 27 mars 1793. — Mention honorable du zèle des habitans patriotes qui sont venus au secours du département de la Loire-Inférieure, 24 mars 1793. — Décret qui déclare que la ville n'est plus en état de rebellion, 26 avril 1793. — Etablissement d'un octroi municipal, 26 fructidor an VII [12 septembre 1799] (II, B. 311, n.° 3275); — d'une bourse et d'une chambre de commerce, 26 fructidor an VII [12 septembre 1799], et 13 therm. an IX [1.er août 1801] (II, B. 311, n.° 3275, et III, B. 94, n.° 787); — d'un lycée, 16 floréal an XI [6 mai 1803] (III, B. 294, n.° 2896). — Autorisation d'accepter une ferme offerte en donation aux hospices de cette ville, 19 vendémiaire an IX [11 octobre 1800] (III, B. 47, n.° 352). — Fixation du nombre de courtiers pour le service de la bourse, 3 germinal an XI [24 mars 1801] (III, B. 264, n.° 2569). — Départemens qui fournissent à la dotation de la sénatorerie de cette ville, 18 fructidor an XI [5 septembre 1803] (III, B. 311, n.° 3144). — Le sénateur Roger-Ducos est nommé à la sénatorerie, 5 vendémiaire an XII [28 septembre 1803] (III, B. 323, n.° 3275). — Le maire d'Orléans assiste au serment de l'empereur, 3 messidor an XII [22 juin 1804] (IV, B. 6, n.° 56). — Dispositions relatives à une fondation du professeur de médecine Petit, et à un legs du sieur Brechard, en faveur des pauvres et de l'hospice d'Orléans, 7 prair. an XII [27 mai 1804 et 19 avril 1811] (IV, B. 5 et 368, n.ºs 16 et 6748). — Cette ville est divisée en cinq arrondissemens de justice de paix, leur désignation, 21 août 1806 (IV, B. 115, n.º 1878). — Publication de la bulle d'institution canonique de M. Rousseau, nommé à l'évêché, 10 novemb. 1807 (IV, B. 168, n.º 2864). — Etablissement d'un conseil de prud'hommes, 12 avril 1811 (IV, B. 368, n.º 6747).

ORLÉANS (Canal d'). V. Canaux.

ORMOY (Vente de domaines nationaux à la municipalité d'), 20 et 26 novembre = 1.er et 16 décembre 1790.

ORNANO (Le sieur) est nommé membre du Corps législatif, 4 nivôse an VIII [25 décembre 1799] (II, B. 341, n.º 3509).

ORNANS (Le maire d') est autorisé à acquérir un local pour l'établissement d'une maison commune, 5 nivôse an X [26 décembre 1801] (III, B. 147, n.º 1130).

ORNE (Département de l'). Son classement dans la division territoriale de la France, et sa composition, 15 janv., 16 et 26 fév. = 4 mars 1790. — Circonscription des paroisses de ce département, 5 = 12 juillet 1791. — Le représentant du peuple Génissieu y est envoyé en mission, 18 vendémiaire an III [9 octobre 1794] (I, B. 71, n.º 376). — Validité des opérations faites par l'assemblée électorale, 5 prairial an V [24 mai 1797] (II, B. 124, n.º 1206); — de la nomination des députés au Corps législatif faite par la même assemblée, 13 floréal an VII [2 mai 1799] (II, B. 277, n.º 2853). — La loi du 24 messidor an VII sur la répression du brigandage, est déclarée applicable à quinze cantons de ce département, 11 vendémiaire an VIII [3 octobre 1799] (II, B. 314, n.º

3317). — Réduction des justices de paix, 5 brumaire an X [27 octobre 1801] (III, B. 128, n.º 984). — Tableau des foires établies dans ce département, 28 fructidor an XI [15 septembre 1803] (III, B. 316, n.º 3205). — Désignation des écoles secondaires, 30 vendémiaire an XI [22 octobre 1802], et 28 pluviôse an XII [21 février 1804] (III, B. 226 et 343, n.ºs 2085 et 3601). — Acte du Sénat conservateur qui nomme les membres du Corps législatif pour ce département, 3 octobre 1808 (IV, B 209, n.º 3810). — Création du dépôt de mendicité, 6 août 1809 (IV, B. 242, n.º 4498).

ORNE (Bassin de l'). Droit de navigation sur les rivières dont il est composé, 8 vendémiaire an XIV [30 sept. 1805] (IV, B. 62, n.º 1082).

ORNEMENS d'appartemens. (C. Civ.) Cas où ils sont immeubles, art. 525. — Conditions sous lesquelles l'usufruitier peut, ou ses héritiers, faire enlever les ornemens qu'il aurait fait placer, 599.

ORNEMENS du culte. Vente de ceux qui sont jugés inutiles, 24 février, 8 juin 1793. V. Argenterie, Cultes, Églises.

ORPHELINS des défenseurs de la patrie. Dispositions en leur faveur, 30 mai = 8 juin, 19 septembre = 7 octobre 1792, 18 brumaire et 1.er prairial an II [8 novembre 1793 et 20 mai 1794].

ORTALLE (Le sieur) est nommé membre du Corps législatif, 4 nivôse an VIII [25 décembre 1799] (II, B. 341, n.º 3509).

ORTHEZ. Prorogation de la perception des droits d'octroi dans cette ville, 24 août = 3 décembre 1790.

ORVAL (Abbaye d'). Saisie des chevaux, bœufs, &c., qui se trouvent dans la maison de Blanc-Champagne, dépendant de cette abbaye, 1.er septembre 1792.

OSERAIES (Peines contre ceux qui

mènent des troupeaux dans les), 28 septembre = 6 octobre 1791.

OSIERS. Permission de sortie des osiers pour la Hollande, 8 juillet 1806 (IV, B. 104, n.° 1747).

OSNABRUCK. Le chapitre cathédral de cette ville est maintenu, 27 septembre 1813 (IV, B. 526, n.° 9743).

OSNE (La commune d') est autorisée à faire la cession d'un terrain à elle appartenant, 14 nivôse an X [4 janvier 1802] (III, B. 153, n.° 1198).

OSTENDE. Réunion de cette ville à la France, 9 mars 1793. — Les armées françaises qui y ont vaincu l'armée anglaise ont bien mérité de la patrie, 7 prairial an VI [26 mai 1798] (II, B. 204, n.° 1853) — Etablissement d'une bourse et d'une chambre de commerce, 19 messidor an IX [8 juillet 1801], et 7 floréal an XI [27 avril 1803] (III, B. 90 et 275, n.° 744 et 2747). — Mesures pour parvenir au décombement du chenal du port, 29 floréal an X [19 mai 1802] (III, B. 193, n.° 1621). — Etablissement d'une taxe sur les navires admis à entrer et à séjourner dans le bassin à flot, 12 floréal an XI [2 mai 1803] (III, B. 277, n.° 2757).

OSTFRISE. Validité des actes de l'État civil qui ont été reçus dans cette province par les ministres des cultes, depuis le 1.er mars 1811 jusqu'au 1.er mars 1812 (IV, B. 472, n.° 8609).

OTAGES. Les parens des officiers de l'armée de Dumouriez sont mis en otage, 4 avril 1793. — Différens officiers étrangers sont mis en otage jusqu'à ce que la liberté ait été rendue aux quatre commissaires de la Convention nationale et au ministre Beurnonville, 5 avril 1793. — Renvoi de plusieurs questions relatives à ceux qui sont détenus dans les forteresses d'Allemagne, 3 frimaire an II [23 novembre 1793]. — Les parens des émigrés et les nobles sont détenus comme otages dans les communes où l'on a exercé du bri-

gandage ou commis des assassinats, 24 messidor an VII [12 juillet 1799] (II, B. 295, n.° 3139). — Abrogation de la loi qui prescrit ces mesures, 22 brumaire an VII [12 novembre 1798] (II, B. 325, n.° 3419). — Les otages sont libres sur leur parole; peine qu'ils encourent s'ils la violent, 4 août 1811 (IV, B. 382, n.° 7130).

OTRANTE (Le duc d') est nommé gouverneur général de Rome et des départemens qui composent la trentième division militaire, 3 juin 1810 (IV, B. 290, n.° 5484). — Sa nomination est rapportée, 29 juin 1810 (IV, B. 296, n.° 5600). — Il est nommé gouverneur des provinces Illyriennes, 17 juillet 1813 (IV, B. 514, n.° 9432). — V. Fouché (de Nantes), et Ministre de la police.

OUATES de coton (Droit de sortie des), 3 vendémiaire an XIII [15 septemb. 1804] (IV, B. 17, n.° 287). V. Cotons.

OUCHAMPS (Commune d'). Rétablissement des foires de cette commune, 23 vendémiaire an X [15 octobre 1801] (III, B. 112, n.° 910).

OUCQUES (Bourg d'). Circonscription de la paroisse, 21 = 27 avril 1791.

OUDART (Le sieur) est nommé juge au tribunal de cassation, 13, 14, 15, 16, 17 et 18 germinal an VIII [3, 4, 5, 6, 7 et 8 avril 1800] (III, B. 18, n.° 123).

OUDOT (Le sieur) est nommé juge au tribunal de cassation, 13, 14, 15, 16, 17 et 18 germinal an VIII [3, 4, 5, 6, 7 et 8 avril 1800] (III, B. 18, n.° 123).

OUESSANT (Direction et surveillance des signaux dans l'île d'), 25 août 1792.

OURCQ (Ouverture d'un canal de dérivation de la rivière d'), et fonds affectés au paiement des travaux, 29 floréal et 25 thermidor an X [19 mai et 13 août 1802] (III, B. 193 et 207, n.° 1645 et 1900).

OURTE (Département de l'). Sa réunion à la France, et sa composition, 9 vendémiaire an IV [1.er octobre 1795] (I, B. 186, n.º 1137). — Validité des élections faites par l'assemblée électorale pour le Corps législatif, 17 prairial an V [5 juin 1797] et 13 floréal an VII [2 mai 1799] (II, B. 126 et 277, n.ºs 1224 et 2863). — Réduction et fixation des justices de paix, 9 pluviose, 23 germinal et 15 floréal an X [29 janvier, 13 avril, 5 mai 1802] (III, B. 163, n.º 1239, et 228 bis, n.ºs 8 et 10). — Le sieur Micoud Dumont est nommé préfet, 17 avril 1806 (IV, B. 87, n.º 1504). — Paiement de la redevance imposée sur les exploitations de mines de ce département, 19 octobre 1808 (IV, B. 210, n.º 3812). — Création d'un dépôt de mendicité, 29 août 1813 (IV, B. 521, n.º 9598).

OUTILS. Ils sont insaisissables pour contributions arriérées, 26 septembre = 2 octobre 1791.

— (C. P. C.) Pour quelles créances les outils des artisans, nécessaires à leurs occupations personnelles, peuvent ou non être saisis, art. 592 et 593.

OUTRAGES. Peines encourues pour outrages par gestes ou par menaces envers les magistrats ou les agens de la force publique, 2 = 3 juin 1790, 19 = 22 juillet 1791, 3 brumaire an IV [25 octobre 1795], art. 558 (I, B. 204, n.º 1221), et Code pénal, art. 91 et 222; — pour outrages en public à la pudeur des femmes, 19 = 22 juillet 1791.

OUVERTURE de portes. Les commissaires près les tribunaux pourront l'ordonner, 16 = 24 août 1790. — Dans le cas de refus, les préposés des douanes peuvent les faire ouvrir en présence d'un juge ou d'un officier municipal, 6 = 22 août 1791.

— (C. P. C.) Ouverture de portes pour une saisie-exécution, art.

587; — pour apposition de scellés, 591; — pour une saisie-revendication, 829.

— (Tarif des frais en mat. civ.), art. 6, 31 et 32.

OUVERTURE de requête civile. (C. P. C.) Choses qui, en matière d'arbitrage, ne peuvent être proposées pour ouverture de requête civile, art. 1027. V. Requêtes civiles.

OUVERTURES souterraines. (C. P.) L'entrée par cette sorte d'ouverture est une circonstance aggravante du vol, art. 397.

OUVERTURE des successions (Lieu de l'). (C. Civ.) Il est déterminé par le domicile, art. 111. — Cette ouverture a lieu par la mort naturelle et la mort civile, 718.

OUVERTURES. (C. Civ.) Celles qui peuvent ou non être établies sur la propriété voisine, art. 675.

OUVRAGES. (C. Civ.) Obligation du propriétaire du sol qui en a fait avec des matériaux qui ne lui appartenaient pas, d'en payer la valeur, art. 554. — Droit qu'a le propriétaire d'obliger celui qui a fait des ouvrages avec ses matériaux, de les enlever, ou de conserver les ouvrages, 555. — Ouvrages intermédiaires requis pour certaines constructions entre voisins, 774. — Louage d'ouvrage. V. Devis, Louage, Marchés.

— (C. P. C.) Nomination d'experts dans un tribunal de commerce pour la visite et estimation d'ouvrages, art. 429.

OUVRAGES de littérature, sciences et arts. Récompenses accordées aux auteurs d'ouvrages utiles sur la législation, 12 juillet 1793. — Dispositions relatives à la propriété des auteurs, 17 juillet 1793; — des dépositaires, acquéreurs, héritiers et propriétaires d'ouvrages posthumes, 1.er germinal an XIII [22 mars 1805] (IV, B. 38, n.º 647). V. Auteurs, Imprimerie et Librairie, Propriété littéraires et Théâtres.

— (C. I. C.) Les juges de paix connaissent exclusivement des affiches et annonces d'ouvrages contraires aux mœurs, art. 139.

— (C. P.) Ce qu'on entend par contrefaçon d'ouvrages, et peines pour ces contrefaçons et leur débit, art. 425 et suiv. — Peines contre les directeurs de spectacles ou d'associations qui auraient fait représenter des ouvrages dramatiques au mépris des lois relatives à la propriété des auteurs, 428.

OUVRAGES *périodiques*. V. *Journaux*.

OUVRAGES *de confection, d'entretien et de réparation de canaux, chemins, &c,* V. *Canaux, Chemins, Ponts et chaussées.*

OUVRIERS. Les juges de paix connaissent du paiement de leurs salaires, et de leurs contestations avec leurs maîtres, 16=24 août 1790.—Leurs mémoires sont assujettis au timbre, 7=11 février 1791, 13 brumaire an VII [3 novembre 1798] (II, B. 237, n.° 2136). — Police des assemblées qu'ils tiennent entre eux, 14 juin, 19=22 juillet, 28 septembre =6 octobre 1791. — Mode de paiement des ouvriers créanciers d'établissemens supprimés, et des émigrés, 30 mars=8 avril, 20 novembre 1792. — Les ouvriers employés au service des armées et des manufactures d'armes, sont dispensés du service militaire et de celui de la garde nationale, 14 mars 1793, 18 vendémiaire an II [9 octobre 1793], 10 prairial an III [29 mai 1795]. — Indemnité accordée aux ouvriers de Paris qui assistent aux assemblées de sections, 9 septembre 1793. — Les ouvriers exerçant des professions ou arts maritimes sont mis en réquisition, 14 nivôse an II [3 janv. 1794]. — Dispositions relatives aux sommes dues par les ouvriers aux étrangers avec lesquels la France est en guerre, pour des marchandises sujettes au *maximum*, 16 thermidor et 15

fructidor an II [3 août et 1.er septembre 1794] (I, B. 33 et 51, n.os 181 et 274). — Annullation de tous jugemens et saisies contre les ouvriers, à raison du transport de grains sans acquit-à-caution, provenant de leurs fonds ou du prix de leurs travaux, 24 vendémiaire an III [15 octobre 1794] (I, B. 74, n.° 391). — Formalités à remplir par les ouvriers pour n'être point réputés émigrés, 25 brum. an III [15 novembre 1794] (I, B. 89, n.° 464). — Dispositions et mode d'exécution pour la rentrée en France des ouvriers non nobles sortis de France depuis le 1.er mai 1793, 22 nivôse an III [11 janv. 1795] (I, B. 110, n.° 577).—Les commissaires près les tribunaux sont autorisés à requérir ceux qui seraient nécessaires à l'exécution des jugemens, 22 germinal an IV [11 avril 1796] (II, B. 39, n.° 319). — Cas où les ouvriers sont soumis à la patente, 1.er brumaire an VII [22 octobre 1798], art. 234 (II, B. 234, n.° 2096). — Leurs priviléges sur les immeubles pour constructions par eux faites, 11 brumaire an VII [1.er novemb 1798] (II, B. 237, n.° 2137). — Ils sont soumis à la surveillance spéciale du préfet de police et des commissaires ordinaires et généraux de police, 12 messidor an VIII et 5 brumaire an IX [1.er juillet et 27 octobre 1800] (III, B. 33 et 50, n.os 214 et 373). — Les ouvriers sont éliminés de la liste des émigrés, 28 vendémiaire an IX [20 octobre 1800] (III, B. 48, n.° 359). —Forme des livrets dont les ouvriers travaillant en qualité de compagnons ou garçons, doivent être pourvus, 9 frimaire et 10 ventôse an XII [1.er décembre 1803 et 1.er mars 1804] (III, B. 328 et 347, n.os 3378 et 3638).

—(C. Civ.) Le domicile des ouvriers qui travaillent habituellement chez autrui, est dans la maison de la personne qui les emploie, art. 109.—Conditions à faire avec l'ouvrier selon qu'il a fourni son travail, son industrie et même la matière, 1787 *et suiv*.

— Les ouvriers qui entreprennent directement leur partie, sont astreints aux même règles que les entrepreneurs, 1799. — Délai de la prescription à l'égard des ouvriers, 2271.

— (C. P. C.) Les quittances des ouvriers produites dans un compte, sont dispensées de l'enregistrement, art. 537.

— (C. Co.) Les sommes dues aux ouvriers employés à la construction des navires, sont des dettes privilégiées, art. 191.

— (C.P.) Les réunions d'ouvriers ou journaliers dans les ateliers publics et manufactures, sont punies comme réunions de rebelles, art. 219.

— Peine pour vol commis par un ouvrier, compagnon ou apprenti, dans la maison, l'atelier ou le magasin de son maître, 386. V. *Coalition*.

OUVRIERS *d'artillerie des armées de terre et de mer*. V. *Armée* et *Marine* au titre *Artillerie*; — des ports et arsenaux. V. *Marine* au titre *Ports*; — des poudres et salpêtres. V. *Poudres* et *Salpêtres*.

OYANT *et* RENDANT. V. *Comptes*.

PACAGE.—PAIEMENS.

PACAGE. Liquidation du rachat des droits appartenant aux fiefs tenus en pacage, 15 = 26 mai 1790, 23 décembre 1790 = 5 janvier 1791, 23 février et 22 mars 1791.

— (C. Civ.) Le droit de pacage est du nombre des servitudes discontinues, art. 688.

PACHE (Le sieur) est mis en jugement, 5 prairial an III [24 mai 1795] (I, B. 148, n.º 852).

PACTE. (C. Civ.) Manière d'interpréter un pacte obscur et ambigu en matière de vente, art. 1602.

PACTE SOCIAL (Tontine du). V. *Compagnies financières*.

PACY. Changement d'époque et établissement de deux nouvelles foires dans cette commune, 19 thermidor an IX, [7 août 1801] (III, B. 93, n.º 784).

PAGES. Nombre de lignes que chaque page de papier timbré doit contenir, 13 brumaire an VII [3 novembre 1798, art. 20 (II, B. 237, n.º 2136).

PAGES DU ROI. Le ministre de l'intérieur est chargé de prendre des renseignemens sur les pages qui tiennent maison à Versailles, 25 novembre 1792.

PAIE *des troupes de terre et de mer*. V. *Armée* et *Marine* au titre *Solde*.

PAIEMENT *des dépenses publiques*. V. *Dépenses publiques* et *Trésor public*; — des dîmes. V. *Dîmes*; — des domaines nationaux. V. *Domaines nationaux*; — des pensions et des rentes sur l'Etat. V. *Dette publique*, *Pensions* et *Rentes*; — des transactions pendant le cours du papier-monnaie. V. *Transactions*.

PAIEMENS. (C. Civ.) Principes sur la manière d'effectuer les paiemens et sur leur validité, art. 1235 *et suiv*. — Paiement avec subrogation, 1249. — Imputation des paiemens, 1253 *et suiv*. — Offres de paiement et consignation, 1257 *et suiv*. — Celui qui se prétend libéré doit justifier le paiement, 1315. — Obligation de paiement de la part de l'acheteur, 1650. — Cas où ce paiement peut être suspendu, 1653. V. *Dettes*.

— (C. P. C.) Règles relatives au paiement des dépens et dommages-intérêts, en matière de garantie, art. 185. — Les paiemens que le tiers-saisi a faits avant la dénonciation de la demande en validité, sont valables, 565. — Il doit énoncer les paiemens faits dans la déclaration, 573. — Le débiteur légalement incarcéré obtient son élargissement par le paiement des sommes dues, des intérêts échus, des frais liquidés, de ceux d'emprisonnement, 800. — Offre de paiement, 812 et suiv. — Les sous-fermiers ni les sous-locataires saisis-gagés ne peuvent opposer des paiemens par anticipation, 820. V. *Consignations* et *Offres*.

— (C.Co.) Les lettres de change doivent énoncer l'époque et le lieu du paiement, art. 110. — Elles doivent êtres payées dans la monnaie qu'elles indiquent, 143. — Responsabilité de celui qui paie une lettre de change avant son échéance, 144. — Libération de celui qui paie à l'échéance et sans opposition, 145. — Le porteur ne peut être contraint de recevoir le paiement avant l'échéance, 146. — Conditions pour la validité du paiement d'une lettre de change faite sur une seconde, troisième, quatrième, &c., 147 et 148. — Cas où l'opposition au paiement est admise, 149. — Les paiemens faits à compte sur le montant d'une lettre de change, sont à la charge du tireur et des endosseurs, 156. — Le porteur fait protester pour le surplus, *ibid.* — Les juges ne peuvent accorder aucun délai pour le paiement d'une lettre de change, 157. — Une lettre de change protestée peut être payée par tout intervenant pour le tireur ou pour l'un des endosseurs, 158. — Droits et devoirs de celui qui paie par intervention, 159. — Libération qui résulte de ce paiement, *ibid.* — A qui la préférence doit être accordée en cas de concurrence pour le paiement, *ibid.* — La cessation de paiement constitue un commerçant en état de faillite, 437. — Titres dont la représentation est nécessaire pour un paiement à faire aux créanciers d'un failli, 561.

PAILLARD (Lesieur) est nommé membre du Corps législatif, 4 nivôse an VIII [25 décembre 1799] (II, B. 341, n.° 3509).

PAILLASSES. Celles qui appartiennent aux émigrés sont mises à la disposition du ministre de l'intérieur, 5 août 1793.

PAILLE. Prohibition de son exportation, 9=13 nov. 1790. — Peines encourues par ceux qui allument du feu près des meules de paille, 28 septembre=6 octobre 1791. — Déclarations à faire par les propriétaires de pailles, des quantités qu'ils peuvent vendre, 6=29 avril 1792. — Fourniture de la paille de couchage aux troupes et aux prisonniers de guerre, 19 germinal et 26 floréal an X [9 avril et 16 mai 1802] (III, B. 175 et 188, nos 1362 et 1507).

— (C. Civ.) Les pailles et les engrais sont réputés immeubles par destination, art. 524. — Le fermier sortant doit laisser les pailles de l'année à son successeur, 1778.

— (C.P.C.) Pailles qui ne peuvent être saisies, art. 592 et 593.

PAIMPOL. Établissement d'un tribunal de commerce dans cette ville, 27 septembre=12 octobre 1791.

PAIN. Dispositions relatives à la taxe du pain, 27=30 mai 1790, 19=22 juill. 1791, 3 brumaire et 3 ventôse an IV [25 octobre 1795 et 22 février 1796]. — Le pain ne peut être saisi pour contributions, 26 septembre=2 octobre 1791. — Nature et quantité du pain fourni aux détenus et condamnés, 25 septembre=6 octobre 1791. — Distributions de pain dans les ports aux ouvriers et à leurs familles, 2=6 janvier 1792. — Contributions sur les riches pour diminuer la valeur du pain acquis par les indigens ou faciliter des distributions, 5 avril 1793, 13 germinal an III [2 avril 1795]. — Conditions prescrites aux boulangers pour la fabrication du pain, 25 brumaire et 21 ventôse an II [15 novembre 1793 et 11 mars 1794], 1.cc prairial an III [20 mai 1795] (I, B. 145, n.º 820). V. *Boulangers*.

PAIN *de munition fourni aux troupes*. Sa composition, et mode de distribution, 2 et 8 septembre 1792, 13 nivôse an VIII [3 janvier 1800]. V. *Armée* et *Marine* au titre *Vivres*.

PAINE (Le sieur Thomas). Le titre de citoyen français lui est conféré, 26 août 1792. — Il n'est pas compris dans la loi qui exclut les étrangers de la Convention nationale ; il y est rappelé, 18 frimaire an III [8 décembre 1794] (I, B. 96, n.º 495).

PAIRIES. Leur abolition, 3 = 14 septembre 1791.

PAIX. Fête à l'occasion des préliminaires de paix entre la France et l'Angleterre, 12 vendém. an X [4 octob. 1801] (III, B. 110, n.º 887). — Proclamation sur la paix générale, 18 brumaire an X [9 novembre 1801].

PAIX *et* GUERRE (Principes constitutionnels sur le droit de), 22 = 27 mai 1790 et constitutions du 3 = 14 sept. 1791, titre III, chap. III, sect. I.re art. 2, du 24 juin 1793, art. 121, et du 5 fructidor an III [22 août 1795], art. 331 *et suiv.*

PAIX (Bureaux de). V. *Justices de paix*.

PAIX (Traités de). V. *Traités de paix*.

PAJON (Le sieur) est nommé juge au tribunal de cassation, 13, 14, 15, 16, 17 et 18 germinal an VIII [3, 4, 5, 6, 7 et 8 avril 1800] (III, B. 18, n.º 123).

PAJOU (Le sieur) est chargé de la statue a élever à René Descartes, 2 et 4 octobre 1793.

PALAIS BOURBON (Le) est affecté au Conseil des Cinq-cents, 2.e jour complémentaire an III [18 septembre 1795].—Son inauguration, 1.er pluviôse an VI [20 janvier 1798] (II, B. 179, n.º 1681).

PALAIS ÉPISCOPAUX (Les) sont vendus au profit de la nation, ainsi que les jardins et édifices qui en dépendent,

19 = 25 juill. 1792, 1.er et 4 avril 1793.

PALAIS *du Gouvernement*. Service, police et administration de ces palais, 23 brumaire an X [14 novembre 1801] (III, B. 126, n.º 981), et 28 floréal an XII [18 mai 1804] (IV, B. 1, n.º 1).

PALAIS *de justice* (Les) sont entretenus aux frais des justiciables, 5 = 10 septembre, 16 = 23 octobre 1790, 30 janvier et 25 mars 1791. — Ils sont déclarés domaines nationaux. V. *Domaines nationaux*.

PALAIS DU LUXEMBOURG (Le) est destiné au logement des membres du Directoire exécutif, 2.e jour complémentaire an III [18 septembre 1795]. V. *Luxembourg* (Palais du).

PALAIS-ROYAL (Le) est affecté au Tribunat, 3 nivôse an VIII [24 décembre 1799] (II, B. 339, n.º 3492).

PALAIS DES TUILERIES (Le) est destiné aux séances de la Convention nationale, 14 = 15 septembre 1792 ; — aux séances du Conseil des Anciens, 2.e jour complémentaire an III [18 septembre 1795]. — Il est affecté aux Consuls, 3 nivôse an VIII [24 décembre 1799] (II, B. 339, n.º 3492). V *Tuileries*.

PALEFRENIERS (Les) attachés au service de Louis XVI, conservent la jouissance de leur logement, 24 mars 1793.

PALETTE. Suppression de ce droit, 15 = 28 mars 1790, titre II, art. 17.

PALHIER (Le représentant du peuple) est exclu de toute fonction législative jusqu'à la paix générale, ou jusqu'à sa radiation définitive de la liste des émigrés, 10 pluviôse an IV [30 janvier 1796] (II, B. 23, n.º 145).—Il en est rayé définitivement et rappelé à ses fonctions, 25 germinal an IV [14 avril 1796] (II, B. 41, n.º 337).

PALISSADES. L'héritage entouré de palissades est réputé clos, 28 sept. = 6 octobre 1791.

D 2

PALLIÉRI (Le sieur) est nommé membre du Corps législatif, 27 fructidor an XII [14 septembre 1804] (IV, B. 16, n.º 270).

PALUS (Les aliénations de) faites par contrats d'inféodation, baux ou à rente, sont confirmées et demeurent irrévocables, 22 novembre = 1.ᵉʳ décembre 1790, 10 frimaire an II [30 novembre 1793], et 14 vent. an VII [4 mars 1799], art. 5 (II, B. 263, n.º 2586). — Leur évaluation pour la contribution foncière, 3 frimaire an VII [3 novembre 1798] (II, B. 248, n.º 2224).

PAMPELONE (Le sieur) est nommé membre du Corps législatif, 4 niv. an VIII [25 décembre 1799] (II, B. 341, n.º 3509.)

PAMPHLETS. (C. P.) Peine pour avoir exposé ou distribué des pamphlets, art. 287 et suiv. V. Imprimerie et Librairie, Libelle et Liberté de la presse.

PAMIERS. Translation du district de Mirepoix dans cette commune, 2 prairial an II [21 mai 1794].

PANAGE. Les inspecteurs forestiers donnent leur avis sur le nombre de porcs qu'ils estiment pouvoir être mis en panage, et font procéder aux adjudications, 15 = 29 septembre 1791.

PANCALIERI. Réunion du domaine de Castel-Reinero au territoire de cette commune, 26 vendémiaire an XI [18 octobre 1802] (III, B. 224, n.º 2046.)

PANNEBOETER (Le sieur) est nommé membre du Corps législatif, 19 février 1811 (IV, B. 353, n.º 6546).

PANIS (Le représentant du peuple). Ordre du jour relatif à un refus fait par un juge de paix de recevoir une plainte contre lui, 31 octobre = 1.ᵉʳ novembre 1792. — Il est décrété d'arrestation, 8 prairial an III [27 mai 1795] (I, B. 150, n.º 871).

PANORAMA. Brevet d'importation des tableaux circulaires nommés pano-rama, 14 germinal an VIII [4 août 1800] (III, B. 21, n.º 131.)

PANSEMENT. (C. Co.) Cas où le matelot tombé malade ou blessé a droit au pansement, art. 272 et suiv.
— (Tarif des frais en mat. crim.), art. 21.

PANTHÉON. Fonds affectés pour l'achèvement des travaux de ce monument national, 15 = 18 août, 27 sept. = 12 octobre, 24 = 28 décembre 1791, 18 = 24 février 1792. V. Honneurs publics.

PANTHÉON (Société du). Levée des scellés apposés dans son local, 11 germinal an IV [31 mars 1796] (II, B. 36, n.º 278).

PAOLI (Le sieur) est déclaré traître à la patrie et mis hors la loi, 17 juillet 1793.

PAPE. L'unité de foi et la communion sont entretenues avec le pape par les églises de France, 12 juillet = 24 août 1790. — Serment que la pape doit prêter lors de son exaltation, 17 février 1810 (IV, B. 266, n.º 5168.) V. Brefs, Bulles, Concordat, Cour de Rome, Culte catholique, Rome.

PAPETERIES et Papiers. Abolition des droits perçus sur les papiers, 2 = 17 mars 1791. — Police des papeteries, manufactures et fabriques de papiers nationaux et particuliers, 26 juillet, 6 = 22 août 1791, 24 et 25 = 27 février 1792, 16 fructidor an IV [2 septembre 1796] (II, B. 73, n.º 674). — Vente en faveur des sieurs Richard et Andrieu, de papiers blancs provenant de la régie générale, 16 août 1792. — Triage des papiers et parchemins jugés propres au service de l'artillerie, 3 janvier 1793. — Il est défendu aux ouvriers des fabriques de papier de Courtalin, du Marais, d'Essonne et de Buges, de quitter leurs ateliers, même pour s'enrôler, 7 = 9 sept. 1792 et 8 septembre 1793. — Les papiers imprimés sont exceptés de la loi sur les accaparemens, 27 sept. 1793. —

Il est défendu d'employer, dans la fabrication, des formes ou transparens représentant les attributs de la royauté, 1.er brumaire an II [22 octobre 1793].—Les ouvriers sont mis en réquisition ; réglement à ce sujet, 23 nivôse an II [12 janvier 1794].—Les propriétaires et les fabricans de papiers sont tenus de mettre leurs noms et ceux de leurs manufactures dans les formes dont ils se servent, 28 nivôse an II [17 janvier 1794].—Dispositions concernant la refonte des papiers imprimés, 6 germinal an II [26 mars 1794].—Nombre de papeteries que le ministre des finances est autorisé à employer pour la fabrication du papier des mandats territoriaux, 17 prairial an IV [5 juin 1796] (II, B. 52, n.º 445).—Réunion dans les chefs-lieux de département de tous les papiers acquis à la République, 5 brumaire an V [26 octobre 1796] (II, B. 85, n.º 810).—Rejet de la résolution relative à la perception d'un droit sur les papiers, 2 frimaire an VII [22 nov. 1798].—Dispositions relatives à la fabrication du papier spécialement destiné aux passe-ports, 18 septembre 1807 (IV, B. 163, n.º 2800). V. Passeports.

— (C. Civ.) Sont réputés immeubles les ustensiles employés aux papeteries, art. 524.

PAPIER-MONNAIE. V. Assignats et Mandats, Billets de confiance et de secours, et Transactions.

PAPIER MUSIQUE. V. Musique et Timbre.

PAPIERS. (C. Civ.) Preuve résultant des papiers domestiques, art. 1331.
— Cas où ils peuvent suppléer l'inventaire que le mari est tenu de faire faire des successions échues aux époux en communauté, 1515.
— (C. P. C.) L'huissier saisissant doit requérir l'apposition des scellés sur les papiers, art. 591. — Ce qui s'observe quand on trouve des papiers cachetés dans une maison où se fait l'apposition des scellés, 916.—Ceux qu'on inventorie doivent être cotés et paraphés, ainsi que les livres et registres de commerce, 943.

— (C. Co.) Les papiers du failli doivent être communiqués sans déplacement aux agens, art. 472. V. Scellés.

— (C. I. C.) Le procureur impérial doit se transporter au domicile du prévenu, pour y faire la perquisition des papiers et autres objets jugés utiles à la manifestation de la vérité, art. 36. — Il saisit ceux qui peuvent servir à conviction ou à décharge, et les fait cacheter ou sceller de son sceau, 37 et 38. — Ces opérations se font en présence du prévenu ou de son fondé de pouvoir, et les objets lui sont présentés pour les reconnaître et les parapher, 39 et 87.

— (C. P.) Peines encourues par les gardiens, greffiers, archivistes, pour enlèvement de papiers dans des dépôts à eux confiés, art 249 et suiv. V. Scellés.

PAPIERS nationaux. (C. I. C.) Poursuite des contrefacteurs, art. 5 et 6.

PAPIERS-NOUVELLES. V. Journaux et Timbre.

PAPIERS timbrés. V. Timbre.

PAPIERS à terrier. La régie de l'enregistrement est autorisée à se faire remettre ceux qui sont nécessaires pour le recouvrement des droits incorporels domaniaux, 9 = 20 mars 1791. V. Titres.

PAPIN (Le sieur) est nommé membre du Corps législatif, 4 nivôse an VIII [25 décembre 1799] (II, B. 341, n.º 3509).

PAQUETS confiés aux messageries ou à la poste : prix et police de leur transport. V. Messageries, Postes et Roulage.

— (C. P. C.) Par qui s'ouvrent les paquets qu'on a trouvés cachetés en apposant des scellés, art. 919.

PARADES. Jours fixés pour les grandes

parades et les exercices militaires pendant l'ere républicaine, 14 germinal an II [3 avril 1794] (I, B. 194, n.º 1785).

PARADIS (Le représentant du peuple) est condamné à la déportation, 19 fructidor an V [5 septembre 1797] (II, B. 142, n. 1400).

PARAPETS *des places de guerre.* V. *Fortifications.*

PARAPHERNAUX (Biens). (C. Civ.) Principes sur les biens paraphernaux de la femme, art. 1574 *et suiv.*

PARAPHES. Registres qui doivent être paraphés, 19 ⚌ 22 juillet 1791, 16 ⚌ 29 septembre suivant. — Pièces pour lesquelles cette formalité est nécessaire, 3 brumaire an IV [25 octobre 1795] (I, B. 204, n.º 1221).

— (C. P. C.) Le juge de paix doit parapher les pièces déniées ou arguées de faux, et renvoyer la cause, art. 14. — Paraphe des pièces soumises à une vérification, 196, 198 et 212; — de celles sur lesquelles il y a inscription de faux, 227; — des pièces de comparaison, 234 et 235; — de l'enveloppe d'un testament trouvé cacheté, 916.

— (C. Co.) Livres et registres des commerçans, qui doivent être paraphés, &c., art. 10 et 11. — Le registre du capitaine est assujetti à cette formalité, 224.

— (C. I. C.) Paraphes des pièces arguées de faux ou destinées à servir de comparaison, art. 448 *et suiv.* V. *Pièces* et *Registres.*

PARCELLAIRE. Règles pour la levée des plans destinés à composer le parcellaire d'un territoire de commune, 16 ⚌ 23 septembre 1791. — Les répartiteurs peuvent s'en servir pour distinguer chaque article de propriété, 3 frimaire an VII [23 novembre 1798], art. 43 (II, B. 243, n.º 2197). V. *Cadastre.*

PARCHEMIN (Il sera fait deux expéditions des décrets en), 2 ⚌ 5 novembre 1790. — Quels sont les parchemins qui doivent être rassemblés dans des dépôts et mis sous les scellés, 12 frimaire an II [2 décemb. 1793].

PAR CORPS (Contrainte). V. *Contrainte par corps.*

PARCOURS (Le droit de) est aboli sur les prés, avant la fauchaison de la première herbe, sauf indemnité, 19 avril 1790. — Dispositions relatives à l'exercice du droit de parcours fondé sur les titres, lois et coutumes, 26 ⚌ 30 juin, 12 ⚌ 20 août 1790, 28 septembre ⚌ 6 octobre 1791. — Avis du Conseil d'état sur l'interdiction du droit de parcours aux bouchers de Paris, sur les terres et jachères de la banlieue, 30 frimaire an XII [22 décembre 1803] (III, B. 332, n.º 3466). — Mode de jouissance des droits de pâturage et de parcours dans les bois et forêts, 17 nivôse an XIII [7 janvier 1805] (IV, B. 21, n.º 449).

— (C. Civ.) La clôture fait perdre proportionnellement le droit de parcours, art. 648.

PARCS. Vente des parcs épiscopaux reconnus inutiles, 1.er et 4 avril 1793. — Confiscation de ceux où il se trouve des armoiries, 1.er août 1793, et 18 vendémiaire an II [9 octobre 1793].

PARCS *nationaux.* Défense de chasser dans ceux des maisons royales, 22 ⚌ 30 avril 1790. — Les parcs destinés à la chasse du Roi doivent être clos de murs aux frais de la liste civile, 14 septembre 1790. — Vente de plusieurs de ces parcs, 2 nivôse an IV [23 décembre 1793] (II, B. 14, n.º 75).

— (C. P.) Quelle clôture constitue un terrain réputé parc, art. 391. — Parc de bestiaux, 392.

PARCS *d'artillerie.* V. *Armée* et *Marine* au titre *Artillerie.*

PARDON (Abolition des lettres de), 25 septembre ⚌ 6 octobre 1791.

PARÉ (Le sieur) est nommé membre

de la commission des émigrés, 22 ventôse an VIII [13 mars 1800] (III, B. 11, n.º 78).

PAREATIS. (C. P. C.) Les jugemens rendus en France sont exécutoires dans tout l'empire sans *pareatis*, même hors du ressort du tribunal, art. 547.

PARENS (Les) répondent des délits de chasse et de police de leurs enfans mineurs, 22 = 30 avril 1790. — Réunion et attributions des conseils de famille pour prononcer sur différens entre parens, 16 = 24 août 1790. — Les parens réunis pour donner leur avis ne sont comptés que pour une seule personne relativement au droit d'enregistrement, 5 = 19 décembre 1790. — La représentation d'une personne détenue ne peut être refusée aux parens que dans le cas où le détenu est au secret, constitutions du 3 = 14 sept. 1791, et de l'an III, lois du 16 = 29 sept. 1791, et 3 brum. an IV [25 octobre 1795], art. 588 (I, B. 204, n.º 1221). — Les parens sont entendus dans le cas de meurtre ou de mort suspecte, 16 = 29 septembre 1791, et 3 brumaire an IV [25 octobre 1795], *ibid.* art. 195. — Il est demandé aux témoins, s'ils sont parens des parties, *ibid.* art. 351. — Parens qui ne peuvent être entendus en témoignage les uns contre les autres, *ibid.* art. 358; Code d'instruction criminelle, art. 156 et 322.

— (C. Civ.) Ceux entre lesquels le mariage est prohibé, art. 161. — Quels sont ceux qui peuvent former opposition au mariage ou en demander la nullité, 173, 187 et 188. — Les parens des époux demandeurs en divorce, à l'exception des enfans, peuvent être appelés en témoignage, 250. — Le concours des deux plus proches parens paternels est nécessaire à la mère qui veut faire détenir son enfant, 381. — Les parens forment le conseil de famille convoqué pour nommer un tuteur à un mineur, et délibérer sur ses intérêts, toutes les fois qu'il en est requis, 406. — Un ou plusieurs parens et alliés du mineur, au degré de cousins germains, peuvent requérir son émancipation, 479. — Tout parent est recevable à provoquer l'interdiction de son parent, 490. — Fixation des divers degrés de parenté pour l'ordre des successions, 735. — A défaut de parens au degré successible, les biens d'une succession passent au conjoint survivant ou à l'Etat, 767 et 768. — Les parens ou alliés, jusqu'au quatrième degré inclusivement, ne peuvent être témoins du testament par acte public, 375. — Droits des parens en matière d'hypothèques. V. *Hypothèques.*

— (C. P. C.) Chaque témoin doit, avant son audition, déclarer s'il est parent des parties, art. 35 et 262. — Le procès-verbal de l'audition des témoins et le jugement en dernier ressort doivent contenir la déclaration des témoins, s'ils sont parens des parties, 39 et 40. — Le juge de paix peut être récusé, s'il est parent de l'une des parties, jusqu'au degré de cousin germain inclusivement; si, dans l'année qui a précédé la récusation, il y a eu procès criminel entre lui et les parens en ligne directe de l'une des parties, 44. — Quels sont les parens de l'huissier et de sa femme pour lesquels il ne peut instrumenter à peine de nullité, 66. — Les causes concernant les récusations et renvois pour parenté doivent être communiquées au procureur impérial, 83. — Parens des parties qui ne peuvent être assignés comme témoins, 268. — Parens des parties qui peuvent être reprochés comme témoins, 283. — Renvoi à un autre tribunal, pour cause de parenté, 368 *et suiv.* — Degré de parenté requis pour récuser un juge, 378 et 379. — Lorsque la nomina-

D 4

tion d'un tuteur n'a pas été faite en sa présence, elle lui est notifiée à la diligence du membre de l'assemblée de parens qui a été désigné par elle, art. 882. V. *Enfans, Époux, Pères et Mères.*

PARENS *et alliés.* Degrés de parenté qui empêchent deux individus d'être membres de la même administration, 14 décembre 1789, 21 mai = 27 juin 1790, 7 frimaire an II [27 novembre 1793], 14 therm. an VI [1.er août 1798] (II, B. 217, n.º 1945); — du même tribunal, 16 = 24 août, 7 = 11 septembre 1790, 29 septembre 1793, 23 avril 1807 (IV, B. 144, n.º 2333), 20 avril 1810 (IV, B. 282, n.º 5351). — La parenté des adjoints avec les parties jusqu'au quatrième degré est une cause de récusation, 22 = 25 avril 1790. — Celle des adjoints avec les officiers du ministère public n'en est pas une, *ibid.*—Ni celle de ces adjoints avec les officiers du ministère public, *ibid.* — Degré de parenté qui peut faire récuser un juge de paix, 14 = 26 octobre 1790. — Les parens et alliés jusqu'au degré de cousin germain ne peuvent être en même temps, l'un receveur de district, l'autre administrateur du directoire ou agent national du même district, 17 frimaire an III [7 décemb. 1794] (I, B. 97, n.º 499).—Les assesseurs du juge de paix ne peuvent être ses parens au degré de cousin-germain, et ne peuvent juger ensemble sans le consentement des parties, s'ils sont parens entre eux, 6 = 27 mars 1791.—Degrés de parenté qui empêchent les inspecteurs forestiers d'être employés sous un conservateur, et les gardes forestiers de l'être sous les inspecteurs leurs parens, 15 = 29 septembre 1791.

— (C. I. C.) Demande que le juge d'instruction doit faire aux témoins sur leur parenté ou alliance avec les parties, art. 75.

PARENT-RÉAL (Le sieur) est nommé membre du Tribunat, 4 nivôse an VIII [25 décembre 1799] (II, B. 341, n.º 3509).

PARFUMEURS. Droits d'entrée qui sont perçus sur les bois, les gommes et résines, et les huiles qui sont à leur usage, 2, = 15 mars 1791.

PARI. (C. Civ.) On n'a point d'action pour le paiement d'un pari, 1965.

— (C. P.) Peines pour les paris sur la hausse ou la baisse des effets publics, 421 et 422. V. *Effets publics.*

PARIAGE. V. *Pacage.*

PÂRIS, meurtrier du représentant Michel le Pelletier. Son signalement, 21 janvier 1793; — sa tête est mise à prix, 30 janvier 1793.

PARIS. Arrêté du Conseil d'état qui règle l'ordre et l'administration des travaux de clôture, 4 octobre 1789. — Vente des bâtimens, murs, barrières et terrains qui en dépendent, 26 = 30 mars 1791. — Paiement des travaux relatifs à cette clôture, 11 = 15 avril 1792. — Réglemens pour l'ordre, la surveillance et l'administration de la police, et la répression des troubles et mouvemens séditieux, 5 et 6 novembre 1789, 25 et 26 février, 3, 18, 28 et 30 mars, 1.er avril, 21 juin 5 août, 9 sept. 1793, 26 vend. an III [17 oct. 1794] (I, B. 74, n.º 334), 21 floréal an IV [10 mai 1796] (II, B. 46, n.º 394). V. *Journées mémorables.* — Administration, police et surveillance du Mont-de-piété, 9 octobre 1789, 8 thermidor an XIII [27 juillet 1805] (IV, B. 50, n.º 851). V. *Monts-de-piété.* — Tarifs des droits d'entrée des denrées et marchandises, mode de leur perception, administration, emploi et comptabilité, 18 octobre 1789, 6 = 9 juin, 13 juin 1790, 28 messidor an III [16 juillet 1795] (I, B. 165, n.e 968). V. *Contributions indirectes.* — La municipalité est subrogée aux payeurs des rentes, 11 novembre

1789, 14 = 19 janvier 1791, 14 = 18 mai 1792. V. *Receveurs des rentes* et *Rentes*. — Organisation, composition et attributions de l'administration départementale et du corps municipal, 3, 6, 7, 10, 14, 15, 19, 21 mai = 27 juin, 8 = 18 juin, 21 juillet, 1.er août, 15 = 19 août, 19 = 23 octobre 1790, 10 = 13 août, 30 octobre, 2 septembre, 28 = 30 septembre, 25 = 26 oct., 24 nov. 1792, 3 avril, 10 juin et 27 sept. 1793, 14 fruct. an II [31 août 1794] (I, B. 50, n.º 271), 23 frimaire an III [13 décembre 1794] (I, B. 99, n.º 514), 19 vendémiaire an IV [11 octobre 1795] (I, B. 194, n.º 1160), 4 pluviôse an IV [24 janvier 1796] (II, B. 21, n.º 133), 16 frimaire an VIII [7 décembre 1799] (II, B. 334, n.º 3450), 2 frimaire an XII [24 novembre 1803] (III, B. 328, n.º 3375). V. *Corps administratifs* et *Municipalités*. — Etablissement, administration et police de dépôts de mendicité, d'ateliers de secours, &c., 10 = 18 juin 1790, 9 août 1793. V. *Ateliers, Mendicité*. — Administration des biens et revenus des hôpitaux, hospices et établissemens de bienfaisance, et des fonds qui leur sont affectés, 3 juillet 1790 = 25 mars 1791, 21 = 26 janv., 24 mars 1791, 18 ventôse an III [8 mars 1795], 28 floréal an VIII [18 mai 1800] (III, B. 93, n.º 1565), 29 mars 1811 (IV, B. 360, n.º 6616). V. *Hôpitaux*. — Désignation, acquisition et usage des bâtimens et édifices nationaux consacrés à un service public, 30 juillet = 5 août 1790, 9 = 15 avril 1791, 20 brum. an II [10 novembre 1793]. V. *Cultes*. — Acquisitions de domaines nationaux par la municipalité, et formes de leur revente ou location, 6 = 22 août, 29 octobre = 17 novembre, 6 décembre 1790 = 5 janvier 1791, 21 = 25 décembre 1790, 10 germ. an II [30 mars 1794], 13 fructidor

an III [30 août 1795] (I, B. 175, n.º 1058). V. *Domaines nationaux*. — Le trésor public est déchargé des dépenses municipales de Paris, 10 septembre 1790 = 25 mars 1791, 23 = 28 juillet 1791. — Manière de pourvoir aux dépenses, de percevoir et d'administrer les recettes, et comptabilité, 30 décembre 1790 = 7 janvier, 10 = 17 mars, 16 = 28 juin 1791, 11 = 19 août, 12, 15 août, 17 septembre, 29 décembre 1792, 23 mai 1793, 4 thermidor an X [23 juillet 1802] (III, B. 203, n.º 1850). V. *Dépenses publiques*. — Institution, emplacement et ressort des cours et tribunaux et des justices de paix, 14 = 21 septembre, 3 = 5 novembre 1790, 23 = 28 janvier 27 janvier = 4 février, 13 = 14 mars, 6 et 11 = 18 juillet, 21 sept. = 29 septembre, 21 septembre = 13 novembre 1791, 8 = 13 sept., 15 = 17 novembre 1792, 15 février et 3 mars 1793, 17 nivôse an II [13 et 16 janvier 1794], 19 vendémiaire an III [10 octob. 1794] (I, B. 71, n.º 380), 27 floréal an VI [16 mai 1798] (II, B. 201, n.º 1834), 16 ventôse an XI [7 mars 1803] (III, B. 254, n.º 2388), 29 thermidor an XI [17 août 1803] (III, B. 307, n.º 3094), 8 mars et 25 mai 1811] (IV, B. 360 et 373, n.os 6616 et 6882). V. *Tribunaux*. — Mode de l'assiette, de la répartition et de la perception des contributions directes, foncière, mobilière, personnelle, somptuaire, patentes et portes et fenêtres, 3 = 5 novembre, 8 = 15 décembre 1790, 17 = 19 juin 1791, 3 = 21 septembre 1792, 19 fructidor an IV [5 septembre 1796] (II, B. 74, n.º 686), 26 germinal an XI [16 avril 1803] (III, B. 272, n.º 2710), 13 vendémiaire an XII [6 octobre 1803] (III, B. 319, n.º 3231), 5 ventôse an XII [25 février 1804] (III, B. 347, n.º 3630), 14 brumaire et 2 ventôse an

VIII [5 novembre 1804 et 21 février 1805] (IV, B. 20 et 34, n.os 371 et 570). V. *Contributions directes.* — Convocation et tenue des assemblées pour l'élection des administrateurs et des juges, 10 = 14 novembre, 14 = 19 décembre 1790, 10 = 14 août 1792. — Surveillance et police des voitures de place de l'intérieur et des environs de Paris, 19 = 24 novemb. 1790. V. *Voitures publiques.* — Nouvelle circonscription des paroisses, 13 = 15 janvier, 4 = 11 février 1791. — Acquisitions de terrains pour formation ou agrandissement de marchés et halles, direction des travaux, emploi des fonds, police et surveillance de la tenue, et perception des droits, 27 février 1791. V. *Halles, Marchés.* — Liquidation des maîtrises, jurandes, corps de marchands et communautés d'arts et métiers, 28 mars = 5 avril 1791. V. *Jurandes* et *Maîtrises.* — Surveillance et administration des établissemens d'instruction publique, collèges, écoles, pensionnats, lycées &c., 31 mars = 6 avril, 21 septembre = 12 octobre 1791, 6 = 16 août 1792, 30 juin 1793, 16 nivôse an III [5 janvier 1795] (I, B. 107, n.º 567). V. *Collèges, Instruction publique, Lycées* et *Universités.* — Surveillance de l'exercice des différens cultes et des temples consacrés à cet exercice, 11 avril, 7 = 13 mai 1791. V. *Cultes.* — Police et surveillance des prisons, 30 juin = 6 juillet 1791, 17 septembre 1792, 31 janvier 1793. V. *Prisons.* — Mesures pour le recensement des habitans tant domiciliés qu'étrangers, et surveillance spéciale des étrangers, 23 = 28 juillet, 27 juillet = 1.er août, 25 décembre 1791, 18 et 19 = 20 mai 1792, 4 germinal an II [24 mars 1794], 4 vendémiaire an III [25 septembre 1794] (I, B. 63, n.º 341), 5 thermidor an III [23 juillet 1795] (I, B. 166, n.º 972), 27 ventôse an

IV [1, mars 1796] (II, B. 33, n.º 246). V. *Étrangers.* — Érection, construction et administration des monumens publics, 4 = 10 août 1791, 21 = 25 sept. 1792, 24 juin et 13 juillet 1793, 13 messidor an II [1.er juillet 1794] (I, B. 15, n.º 68), 27 vent. an VII [17 mars 1799] (II, B. 267, n.º 2647). V. *Monumens publics.* — Établissement de vingt-quatre officiers de paix, 21 = 29 septembre 1791. V. *Officiers de paix.* — Inspection du commerce et des manufactures, 27 septembre = 16 octobre 1791. V. *Commerce* et *Manufactures.* — Direction, administration et paiement des travaux publics, 8 = 16 mars 1792. V. *Travaux publics.* — Distribution de secours aux indigens, ou en indemnités de pertes, 4 = 6 avril 1792, 28 mars 1793, 11 nivôse an VIII [1.er janvier 1800] (II, B. 342, n.º 3521). V. *Secours.* — Organisation, solde, commandement et direction de la force armée instituée pour la garde et la police de la ville, 12 et 14 août, 19 = 21 sept., 20 = 22 octobre, 16 novembre 1792, 2 juin 1793. — Levées d'hommes et réquisitions d'effets d'armement, d'habillement et d'équipement, de chevaux, de voitures, de grains et farines pour l'armée, 19 = 23 mai, 26 = 31 mai, 26 = 27 août 1792, 1.er = 9 mai 1793. — Convocation, réunion, permanence et délibérations des sections, 25 = 28 juillet, 3 septembre 1792, 9 septembre 1793, 16 vendémiaire an II [7 octobre 1793], 4 fructidor an II [21 août 1794] (I, B. 41, n.º 228). — Nouvelles dénominations des sections, 14 = 27 août 1792. — Armemens et moyens de défense intérieure et extérieure pour la défense de la capitale; fabrication d'armes, fonte de canons et camp, 30 août 1792, 13 juillet = 14 août 1793. V. *Camp sous Paris.* — Décrets portant que les habitans, les autorités constituées et la force armée ont bien mérité de la patrie, 30 août, 1.er et 6 septembre, 12 = 17 octobre 1792, 12 mars, 2 avril, 1.er mai 1793, 4 frimaire an II [24 novembre 1793]. V. *Honneurs publics.* — Mesures de sûreté publique assurées par l'ordre de fermer les barrières, visiter les passe-ports, &c., 21 juin 1791, 2 septembre 1792, 10 avril 1793. — Mesures pour les approvisionnemens en grains, farine, boissons, bois et autres denrées et marchandises, 6 et 8 déc. 1792, 11 sept. 1793, 7 flor. an IX [27 avril 1801] (III, B. 81, n.º 655). V. *Bois, Boissons* et *Grains.* — Rapports des autorités administratives et municipales avec le Corps législatif, 24 décembre 1792, 2 et 20 avril 1793, 14 fructidor an II [31 août 1794] (I, B. 48, n.º 250). — Service de la garde nationale près le Corps législatif, 13 janvier 1793. V. *Corps législatifs* et *Garde nationale.* — Levée de contributions extraordinaires pour les subsistances, &c., 7 fév. = 23 mars 1793. — Avances faites par le trésor à la municipalité pour subsistances, 27 février = 23 mai 1793. — Partie de la liquidation de la dette publique confiée au département, 2 mars 1793. V. *Dette publique.* — Etablissement des comités de surveillance, leur composition et attributions, 30 mars 1793, 18 brumaire an II [8 nov. 1793]. V. *Comité de surveillance.* — La commission des douze est chargée de prendre des informations sur le complot de calomnier Paris dans les départemens, 21 mai 1793. — La ville de Paris est mise sous la sauve-garde des bons citoyens, 24 mai 1793. — Exécution des travaux pour l'embellissement de la capitale, 5 mai, 5 et 30 juin 1793. — Etablissement et conservation des bibliothèques, archives, dépôts, musées, &c., 31 août 1793, 27 nivôse an II [16 jan-

vier 1794], 17 frimaire an III [7 décembre 1794] (I, B. 97, n.º 500). V. *Archives, Bibliothèques, Institut, Muséum, Observatoire, &c.* — Mode de délivrance et de visa des certificats de civisme, d'indigence, de résidence et de vie, par la municipalité et le département, 29 thermidor an II [16 août 1794] (I, B. 39, n.º 218), 12 et 23 fructidor an II [29 août et 9 septembre 1794] (I, B. 49 et 56, n.ºs 261 et 299), 15 vendémiaire an III [6 octobre 1794] (I, B. 69, n.º 369). V. *Certificats.* — Fonctions et attributions spéciales des comités civils établis dans les sections, 6 et 29 fructidor an II [23 août et 15 septembre 1794] (I, B. 44 et 59, n.ºs 239 et 318). — Exclusion de Paris des étrangers, des non-domiciliés, des ex-nobles, des militaires sans mission, &c., 5, 6, 11 et 12 septemb. 1793, 18 fructidor an II [4 septemb. 1794] (I, B. 54, n.º 282), 3.e et 4.e jour complémentaire an II [19 et 20 septembre 1794] (I, B. 60 et 63, n.º 326, 327 et 341). V. *Etrangers* et *Nobles.* — Comptes à rendre par les gardiens des dépôts et greffes situés dans la commune de Paris, 7 vendémiaire an III [28 septembre 1794] (I, B. 60, n.ºs 324 et 326), 4 vendémiaire an III [25 septembre 1794] (I, B. 65, n.º 348). — Réunion des titres et registres de la police de Paris à la section judiciaire des archives nationales, 17 frimaire an III [7 décembre 1794] (I, B. 65, n.º 500). — Mode de délivrance, et usage des cartes de sûreté, 27 nivôse an III [16 janvier 1795] (I, B. 122, n.º 646), 12 floréal an III [1.er mai 1795] (I, B. 142, n.º 799). V. *Cartes de sûreté.* — Mode de publication des actes de l'état civil, 3 ventôse an III [23 février 1795]. V. *Etat civil.* — Mode de délivrance des permissions de séjour à Paris, 4 floréal an III

[23 avril 1795] (II, B. 14, n.º 785). — Réglemens sur le commerce de la boulangerie, 11 septembre 1793, 1.er prairial an III [20 juin 1795]. V. *Boulangers.*— Etablissement, administration d'un octroi municipal, mode de perception des droits, et surveillance de l'emploi des deniers, 27 vendémiaire, 3 brumaire, 29 frimaire et 29 nivose an VII [18, 24 octobre, 19 décembre 1798 et 18 janvier 1799] (II, B. 232, 236, 249 et 253, n.ºs 2085, 2128, 2258 et 2371). V. *Octrois.* — Institution d'un préfet de police, et ses attributions, 17 et 22 ventôse an VIII [8 et 13 mars 1800] (III, B. 10 et 11, n.ºs 71 et 77), 12 messidor an VIII et 3 brumaire an IX [1.er juillet et 25 oct. 1800] (III, B. 33 et 49, n.ºs 214 et 263), 22 germinal an XI [12 avril 1803] (III, B. 270, n.º 2677). V. *Commissaires* et *Préfet de police.* — Etablissement de nouveaux ponts, 24 ventôse an IX [15 mars 1801] (III, B. 75, n.º 581), 27 mars 1806 (IV, B. 86, n.º 1464). V. *Ponts et chaussées.* — Exposition publique et annuelle dans cette ville des produits de l'industrie française pendant la durée des cinq jours complémentaires, 13 ventôse an IX [4 mars 1801] (III, B. 73, n.º 559). V. *Industrie française.* — Etablissement et police de la bourse de commerce, 3 messid. an IX [22 juin 1801] (III, B. 85, n.º 701). V. *Bourses de commerce.* — Organisation du corps des gardes-pompiers, 17 messidor an IX [6 juillet 1801] (III, B. 89, n.º 739); — des sapeurs pompiers, 18 septembre 1811 (IV, B. 392, n.º 7254). V. *Pompiers.* — Nomination des membres du conseil général de commerce, 2 floréal an XI [22 avril 1803] (III, B. 273, n.º 2736). — Etablissement des bureaux de pesage et mesurage, 6 prairial an XI [26 mai 1803] (III, B. 281, n.º

2772). — Tableau de la distance de la ville de Paris aux chefs-lieux des départemens, 25 thermidor an XI [13 août 1803] (III, B. 312, n.º 3149). — Départemens qui fournissent à la dotation de la sénatorerie de cette ville : le château de Pont-de-Seine est affecté à l'habitation du sénateur, 18 fructidor an XI [5 septembre 1803] (III, B. 311, n.º 3144).—Autorisations de ventes de maisons urbaines appartenant aux hospices de Paris, 24 pluviôse an XII [14 février 1804] (III, B. 342, n.º 3590), 10 mai 1806 (IV, B. 93, n.º 1565), 27 février 1811 (IV, B. 354, n.º 6557). — Concession des terrains qui resteront disponibles après le percement de la rue parallèle à celle de Saint-Florentin, 30 pluviôse an XII [20 février 1804] (III, B. 347, n.º 3614).—Les maires de Paris assistent au serment de l'Empereur, 3 messidor an XII [22 juin 1804] (IV, B. 6, n.º 56). — Clôture des maisons de prêt, 8 therm. an XIII [27 juillet 1805] (IV, B. 50, n.º 850). V. *Maisons de prêt.* — Mode de recouvrement du prix des mois de nourrice des enfans de la ville et de la banlieue, 25 mars et 30 juin 1806 (IV, B. 85 et 103, n.ºs 1445 et 1734). — Dispositions particulières relatives aux théâtres de cette capitale, 8 juin 1806 (IV, B. 101, n.º 1663). V. *Théâtres.*—Aucun forçat libéré, à moins d'une autorisation spéciale du ministre de la police générale, ne peut fixer sa résidence à Paris, 17 juillet 1806, art. 5 (IV, B. 132, n.º 2164). — Publication d'une bulle par laquelle l'église métropolitaine de Paris est érigée en basilique mineure, 31 mai 1807 (IV, B. 148, n.º 2470). — Réglemens à observer pour les constructions autour de Paris, 11 janvier 1808 (IV, B. 174, n.º 2926).—Nouveau tarif des droits de voirie, 27 octobre 1808 (IV, B.

212, n.º 3881).—La ville de Paris est autorisée à faire un emprunt de huit millions, 10 décembre 1808 (IV, B. 216, n.º 3999).—Acceptation de legs faits aux pauvres de l'église réformée et à la diaconie de Paris, 28 mai et 18 juin 1809 (IV, B. 237 et 238, n.ºs 4397 et 4441).—Dispositions relatives à l'introduction des eaux de vie, esprits ou liqueurs dans Paris, et à leur transport dans un rayon de six myriamètres de Paris, 3 février 1810 (IV, B. 293, n.º 5561).—La ville est autorisée à faire un nouvel emprunt, 12 mars 1810 (IV, B. 275, n.º 5271).—Réglement relatif au service de la navigation au passage des ponts à Paris, 22 août 1810 et 28 janvier 1811 (IV, B. 310 et 349, n.ºs 5882 et 6502).—Les constructions à faire dans la rue de Rivoli sont exemptes de contributions pour trente ans, 11 janv. 1811 (IV, B 345, n.º 6463).—M. Bruyères, maître des requêtes, est chargé de la direction des travaux publics, 13 janv. 1811 (IV, B. 344, n.º 6466).—Dispositions relatives à la vente du poisson d'eau douce amené à la halle, 28 janvier 1811 (IV, B. 349, n.º 6501).—Répudiation des dons et legs portés au testament du sieur Bréchard en faveur des pauvres et hospices de Paris, 19 avril 1811 (IV, B. 368, n.º 6748).—Etablissement d'un entrepôt réel pour les cotons de Naples et du Levant, 21 mars 1812 (IV, B. 426, n.º 7802).—Création d'un fonds de retraite et de secours en faveur des pharmaciens des hospices et hôpitaux, 18 mars 1813 (IV, B. 488, n.º 9039).—Organisation de l'état-major de la place, 6 novembre 1813 (IV, B. 532, n.º 9819).—Réglement sur le commerce des vins, 15 décemb. 1813 (IV, B. 543, n.º 9950). V. Entrepôts.—Joseph Bonaparte a le commandement de la garde nationale,

en sa qualité de lieutenant général de l'empire, 28 janvier 1814 (IV, B. 556, n.º 10099).

— (C. P. C.) La commune de Paris doit être assignée en la personne et au domicile du préfet, à peine de nullité, art. 69 et 70.

PARISIS (Les greffiers des tribunaux ne peuvent, en aucun cas, rien percevoir à titre de), 6=27 mars 1791.

PARISOT (Le sieur) est continué dans ses fonctions près la haute cour impériale, 10 février 1812 (IV, B. 421, n.º 7692).

PARLEMENS (Les) sont tenus de rester en vacance : les chambres des vacations continuent l'exercice de leurs fonctions, 3 novembre 1789. — Ils sont supprimés, et les scellés sont apposés sur leurs greffes, 2=11 septemb. 1790. — Liquidation des offices, 7=11 septemb. 1790, et 26 mars=1.er avril 1791. — Les nouveaux tribunaux sont saisis de la connaissance des procès civils et criminels pendans devant les parlemens, 12=19 octobre 1790, 29 janvier= 20 mars 1791. — Les procès criminels commencés avec les anciennes formes, incidemment aux appels civils, par les ci-devant parlemens, doivent être décidés en dernier ressort par les tribunaux qui se trouveront saisis des appels civils, 16 juin 1793.

— d'Aix et de Besançon. Mode de liquidation des offices, 26 mars= 1.er avril, 26 avril=4 mai 1791.

— de Bordeaux. Le président et le procureur général sont mandés à la barre, 4 mars 1790. — Le discours du président de la chambre des vacations est renvoyé au comité des rapports, 8 avril 1790. — Improbation du réquisitoire du procureur général, 24 avril 1790.

— de Bretagne. Nomination des juges pour composer la chambre des vacations, 10 février = 10 mars 1790.

— *de Dijon*. Etablissement d'un tribunal provisoire pour remplacer la chambre des vacations, 21 = 23 juin 1790.

— *de Douai*. Annullation de ses arrêtés des 12 mai et 31 juillet 1789, en ce qu'ils ont rendu les communautés d'habitans responsables des dommages qu'éprouveraient les propriétaires de plantations, 26 juillet = 15 août 1790. — L'article 3 du décret du 11 fév. 1791, relatif aux requêtes civiles, doit être observé pour les arrêts de ce parlement, 28 avril = 8 mai 1791.

— *de Metz*. La chambre des vacations est mandée à la barre, 17 = 18 novembre 1789. — Elle sera remplacée, *ibid.* — Elle est dispensée de se rendre à la barre, 25 novembre 1789.

— *de Paris*. Cessation des fonctions de la chambre des vacations, 15 = 18 août 1790. — Les procès criminels pendans à ce parlement sont renvoyés au tribunal criminel provisoire, 1.er = 5 décembre 1790.

— *de Pau* ou *Navarre*. Classement et remboursement des offices de ce parlement, 27 décembre 1790 = 2 janvier 1791.

— *de Rennes*. La chambre des vacations, par refus d'enregistrement du décret sur la prorogation des vacances des parlemens, est mandée à la barre, excepté M. Thalouet, son président. Tous les membres sont destitués des qualités de citoyen actif, 8 décembre, 15 décembre 1789 = 11 janvier 1790, et 6 février = 10 mars 1790. — Etablissement d'une cour supérieure provisoire, 3 = 4 février 1790.

— *de Rouen*. L'arrêté de la chambre des vacations est déclaré attentatoire à la puissance nationale et renvoyé au Châtelet : remplacement de la chambre, 10 novembre 1789. — Suspension de toute poursuite, 12 novembre 1789.

— *de Toulouse*. Annullation de la disposition insérée dans son arrêt d'enregistrement du décret portant prorogation des vacances des parlemens, 16 janvier 1790. — Les membres de la chambre des vacations et le procureur général sont traduits devant le tribunal chargé de juger les crimes de lèse-nation, 8 = 12 octobre, 6 = 10 novembre 1790. — Exception en faveur de quelques membres, 30 novembre = 2 décembre 1790.

PARME *et* PLAISANCE (États de). Traité de paix entre la France et le duc de Parme, 28 brumaire an V [18 novemb. 1796] (II, B. 109, n.os 1045). — Organisation des autorités judiciaires et administratives, 20 prair. et 2 thermid. an XIII [9 juin et 21 juillet 1805] (IV, B. 53, n.o 871 et 876), et 8 mai 1806 (IV, B. 90, n.o 1530). — Organisation des bureaux et brigades des douanes pour les frontières de ces Etats, 8 fructidor an XIII [26 août 1805] (IV, B. 55, n.o 928). — Le général Junot est nommé gouverneur, 19 janvier 1806 (IV, B. 73, n.o 1279). — Erection des Etats en trois duchés grands-fiefs, 30 mars 1806 (IV, B. 84, n.o 1432). — Etablissement d'un lycée dans la ville de Parme, 25 mai 1806 (IV, B. 93, n.o 1566). — M. le maréchal Pérignon est nommé gouverneur général, 18 septembre 1806 (IV, B. 116, n.o 1945). — Les diocèses des Etats de Parme et de Plaisance font partie de l'église gallicane, 1.er octobre 1807 (IV, B. 170, n.o 2901). — Sénatus-consulte organique, qui réunit à l'empire français les duchés de Parme, de Plaisance, et les Etats de Toscane, 24 mai 1808 (IV, B. 193, n.o 3408). — Le maire de la ville de Parme assiste au serment de l'Empereur, à son avénement au trone, 24 mai 1808 (IV, B. 193, n.o 3408). — Organisation du mont-de-piété de cette ville, 22 novemb. 1811 (IV. B. 405, n.º 7439). V. *Actes publics, Cultes, Lois* et *Plaisance*.

PAROISSES. Prohibition des assemblées par paroisses, 22 décembre = janvier 1790. — Réunion des paroisses mi-parties entre deux provinces, pour ne former qu'une seule municipalité, *ibid*. — Les paroisses sont autorisées à reprendre leurs anciens noms, 20 = 28 juin 1790. — Nouvelle formation et circonscription des paroisses; la réunion d'une paroisse à une autre emporte la réunion des fabriques et des fonctions curiales, 12 juillet = 24 août, 15 = 24 novembre, 19 = 24 novembre 1790, 15 octobre 1791, 18 germinal an X [8 avril 1802] (III, B. 172, n.º 1344). — Suppression des secours accordés par le trésor public aux paroisses, 10 = 21 septembre 1790. — Continuation du paiement des rentes assignées aux pauvres des paroisses sur les domaines, 15 = 23 octobre 1790. — Par qui sont desservies les paroisses de campagne qui manquent de curés ou de desservans, 1.er juillet 1793. — Les paroisses ne doivent avoir qu'une seule cloche, 23 juillet 1793.

PAROISSES *maritimes*. Il en est dressé un état pour régler leur dépendance de chaque quartier des classes et le service des syndics, 21 septembre = 12 octobre 1791.

PAROLE. (C.I.C.) Pour faire des questions à l'accusé, les juges, le procureur général, les jurés et la partie civile doivent demander la parole au président, art. 319.

PAROLE. (Ordre de la) *dans le sein du Corps législatif*. Dispositions réglementaires à ce sujet, 29 juillet 1789, 3 = 14 septembre 1791, 18, 20 et 26 octobre 1791. V. *Corps législatifs*.

PAROLES (Outrages par). V. *Injures* et *Outrages*.

PAROLETTI (Le sieur) est nommé membre du Corps législatif, 5 et 6 janvier 1813 (IV, B. 464, n.º 8545).

PARQUET *des cours et tribunaux*. Attributions, fonctions et service des officiers qui le composent, 27 ventôse an VIII [18 mars 1800] (III, B. 15, n.º 103), 30 mars 1808 (IV, B. 188, n.º 3245), 20 avril, 5 juillet et 18 août 1810 (IV, B. 282, 300 et 309, n.ºs 5351, 5725 et 5876).

PARRICIDE (Le) est conduit au supplice vêtu d'une chemise rouge, et la tête et le visage couverts d'un voile noir, 25 septembre = 6 octobre 1791, et code pénal, n.ºs 13 et 312. — Le meurtre des père, mère et autres ascendans légitimes, est un parricide, *ibid*. art. 299. — Il n'y a pas d'excuse pour ce crime, *ibid*. art. 323.

PARSAC. L'acceptation d'une rente léguée aux pauvres de cette commune est autorisée, 29 brumaire an X [20 novembre 1801] (III, B. 131, n.º 1006).

PART. (C.Civ.) Celle d'un renonçant à une succession accroît à ses cohéritiers, art. 786. — Réglement des parts dans les bénéfices des sociétés, 1853 *et suiv*. — Formalités sans lesquelles on ne peut mettre en vente la part indivise d'un cohéritier dans les immeubles d'une succession, 2205.

PART *de prise*. Forme de la révision et de l'apurement du compte de parts de prises des canonniers, matelots, soldats et gens de mer, 10 = 15 août 1790. — Il est défendu aux marins de vendre à l'avance leurs parts éventuelles, à peine d'une amende contre l'acquéreur, 9 ventôse an IX [28 février 1801], art. 42 (III, B. 71, n.º 548). V. *Prises*.

PARTAGES. Abolition de l'inégalité des partages de biens à raison de la qualité de noble, ou de droit d'aînesse et de masculinité, 15 = 28 mars 1790. V. *Successions.* — Droits d'enregistrement auxquels sont assujettis les actes de partage, 5 = 19 décembre 1790, 22 frim. an VII [12 décembre 1798 (II, B. 248, n.º 2224). — La confection des partages dans lesquels les absens se trouvent intéressés est dans les attributions des notaires, 29 janvier — 11 février, 6 = 27 mars, 29 septembre = 6 octobre 1791. — Abrogation des coutumes qui établissent des différences dans les partages, 8 = 15 avril 1791. — Mode de partage des biens communaux, 10 juin 1793. V. *Biens communaux;* — des biens indivis avec les émigrés, 30 thermidor an IV [17 août 1796] (II, B. 68, n.º 620). V. *Émigrés;* — des bois possédés en indivis par plusieurs communes, 26 avril 1808 (IV, B. 194, n.º 3432). V. *Bois.*

— (C. Civ.) Comment les absens sont représentés dans les partages qui les intéressent, 113. — Préalable sans lequel un tuteur ne peut provoquer un partage intéressant le mineur; où se fait ce partage, 465 et 466. — Le partage peut toujours être provoqué; on peut cependant convenir de le suspendre; effet de cette convention, 815. — Cas où il peut être demandé, quand même l'un des cohéritiers aurait joui séparément de partie des biens de la succession, 816. — Par qui peut être exercée l'action en partage à l'égard des cohéritiers mineurs, interdits et absens, 817. — Cas où le mari peut ou ne peut pas, sans le concours de sa femme, provoquer le partage des objets à elle échus. — Formalités prescrites aux cohéritiers de la femme qui veulent provoquer le partage définitif, 818. — Cas où le scellé sur les effets de la succession est ou n'est pas nécessaire. A la requête et à la diligence de qui il doit, dans le premier cas, être apposé, 819 et 820. — Lorsque le scellé est apposé, tous créanciers peuvent y former opposition, 821. — A quel tribunal sont soumises l'action en partage et les contestations y relatives; où se font les licitations, 822. — Règles applicables au partage des successions entre associés, 1872.

— (C. P. C.) Dans le cas où le partage doit être fait en justice, la poursuite appartient à la partie la plus diligente, 966 et 967. — Règles suivant lesquelles est nommé le tuteur spécial et particulier qui doit être donné à chaque mineur ayant des intérêts opposés, 968. — Estimation des immeubles par experts, 969. — Formalités prescrites pour leur nomination, prestation de serment et rapport, 971. — Cas où un expert suffit, *ibid.* — Règles relatives aux comptes, rapports, formation des masses, prélèvement, composition des lots et fournissement auxquels il est procédé devant un notaire commis à cet effet, 976 *et suiv.* — Formalités à observer dans les partages tendant à faire cesser l'indivision, lorsque des mineurs ou autres personnes non jouissant de leurs droits civils y ont intérêt, 984. — Lorsque tous les copropriétaires ou cohéritiers sont majeurs jouissant de leurs droits civils, ils peuvent s'abstenir des voies judiciaires et procéder de la manière qu'ils aviseront, 985. — Cas où le tribunal commet un des juges pour les opérations du partage, 823. — Par qui et comment est faite l'estimation des immeubles, 824; — celle des meubles, 825. — Cas où les meubles et immeubles sont vendus publiquement; cas où la licitation de ces derniers peut être faite devant un notaire, 826, 827. — A quelle fin les cohéritiers sont renvoyés devant un notaire après la vente des objets de la succession, 828. — Ce que chaque cohéritier rapporte à la masse, 829. — Ce que les cohéritiers à qui il est dû, prélèvent sur cette masse, dans le cas où le rapport n'est pas fait en nature, 830. — Quand et comment il est procédé à la composition des lots, 831 et 832. — Comment se compense leur inégalité, 833. — Par qui ils sont faits, 834. — Ce que chaque copartageant peut proposer avant le tirage des lots, 835. — Formalités prescrites pour la subdivision à faire entre les souches copartageantes, 836. — Ce que doit faire le notaire devant qui les opérations sont renvoyées, 837. — Comment doit être fait le partage dans le cas où tous les cohéritiers ne sont pas présens, ou s'il y a parmi eux des interdits ou des mineurs, même émancipés, 838. — Comment se fait la licitation dans le cas où elle a lieu, 839. — Cas où les partages sont définitifs ou seulement provisionnels, 840. — Personnes qui peuvent être écartées du partage ; moyen à employer à cet effet, 841. — A qui doivent être remis les titres particuliers, ceux d'une propriété divisée, et ceux qui sont communs à toute l'hérédité, 842. — Pour quelles causes les partages peuvent être rescindés, 887. — Comment les père et mère et autres ascendans peuvent faire le partage de leurs biens entre leurs enfans et descendans, 1075 et 1076. — Partage qui ne peut avoir pour objet que les biens présens ; comment se partagent les biens non compris dans le partage lors du décès de l'ascendant, 1076 et 1077. — Cas où le partage est nul, et où il en peut être provoqué un nouveau dans la forme légale, 1078. — Causes pour lesquelles le partage fait par un ascendant peut être attaqué, 1079. — Qui doit faire l'avance des frais et les supporter en définitif, ainsi que les dépens de la contestation, 1080. — Effet des conventions des mineurs et interdits relativement aux partages, 1314. — Mode et effet du partage de la communauté entre époux,

1467 et 1468 ; — de la communauté réduite aux acquêts, 1498. — Faculté qu'a l'époux qui a ameubli un héritage, de le retenir lors du partage en le précomptant sur sa part, 1509. — Nature et effet des clauses par lesquelles on assigne à chacun des époux des parts inégales dans la communauté, 1520. — Mode de partage des fruits des immeubles dotaux après la dissolution du mariage, 1571.

PARTAGES d'opinions. Avis du Conseil d'état sur la manière de les vider dans les tribunaux de première instance et d'appel, 17 germinal an IX [7 avril 1801] (II, B. 78, n.º 624).
— (C. Civ.) En cas de partage d'opinions dans un conseil de famille, celle du juge de paix qui le préside est prépondérante, 416.
— (C. P. C.) Comment est vidé le partage d'opinions entre les juges, 118 et 468. — Cas où le compromis finit par le partage des arbitres, 1012. — Comment, en cas de partage d'opinions, les arbitres autorisés à nommer un tiers, doivent le faire, 1017. V. Opinions.

PARTERRES. Taux de leur évaluation, 3 frimaire an VII [23 novembre 1798], art. 59 (II, B. 243, n.º 2197).

PARTICIPATION. (C. Co). Les associations commerciales en participation sont autorisées, 47 et suiv. V. Associés.

PARTIE civile. (C. I. C.) La demande en liberté provisoire doit lui être notifiée, art. 116. — Elle peut discuter la solvabilité de la caution offerte, 117. — Une expédition en forme exécutoire de la soumission faite par la caution doit lui être remise, 120. — Droits de la partie civile sur les objets servant de cautionnement, 121 et suiv. — Délai dans lequel l'ordonnance de mise en liberté provisoire doit être signifiée à la partie civile, 135. — Dommages-intérêts auxquels la partie civile est condamnée lorsqu'elle succombe dans son

Ordre du jour relatif aux opérations du représentant du peuple Lebon dans ce département, 21 messidor an II [9 juillet 1794] (I, B. 19, n.º 88). — Validité des opérations de l'assemblée électorale pour la nomination des députés au Corps législatif, 19 floréal an VII [8 mai 1799] (II, B. 281, n.º 2933). — Etablissement d'un tribunal spécial, 23 fruct. an IX [10 sept. 1801] (III, B. 101, n.º 258). — Réduction et formation des justices de paix, et rectification des arrêtés qui les ont déterminées, 9 brumaire, 3 et 25 ventôse et 15 floréal an X [31 octobre 1801, 22 février, 16 mars et 5 mai 1802] (III, B. 132, n.º 1013 et B. 22 bis, n.ºs 4, 7 et 10). — M. la Chaise est nommé préfet, 21 ventôse an XI [12 mars 1803] (III, B. 254, n.º 2396). — M. Devilliers du Terrage est nommé commissaire général de police dans les ports de ce département, 12 germinal an XII [2 avril 1804] (III, B. 357, n.º 3745).

PASCAL (Le sieur) est nommé membre du Corps législatif, 6 germinal an X [27 mars 1802] (III, B. 171, n.º 1340).

PASQUIER (Le sieur), maître des requêtes, est nommé membre du conseil du sceau des titres, 12 mars 1808 (IV, B. 186, n.º 3208).

PASSAGE (Le droit de) est aboli sans indemnité, 15 = 28 mars 1790. — Exception, ibid. V. Péage.

— (C. Civ.) Celui dont l'usufruitier a droit de jouir, art. 597. — Cas où on peut avoir droit de passage sur le terrain voisin, 682. — Le passage est du nombre des servitudes discontinues, 688. — La servitude de puiser de l'eau à une fontaine, emporte le droit de passage, 696. — Cas où tous les copropriétaires sont obligés d'exercer le droit de passage par le même endroit, 700.

— (C.P.) Peine contre ceux qui, sans en avoir le droit, auraient passé sur un terrain chargé de grains en tuyau, ou de fruits voisins de leur maturité, art. 475.

PASSAGE d'eau. V. Bacs, Péage.

PASSAGERS dans un vaisseau (Les) sont soumis aux règles de police qui y sont établies, 16, 19, 21 = 22 août 1790. — Les vivres et provisions destinés à leur nourriture sont exempts de tout droit de sortie, 6 = 22 août 1791.

— (C. Civ.) Règles prescrites pour la réception de leurs testamens, art. 995.

PASSAVANT (Commune de). Elle est distraite du département des Vosges pour être réunie à celui de la Haute-Saone et au district de Jussey, 4 = 11 février 1791, et 2 = 3 août 1792.

PASSAVANS pour transport et circulation de denrées et marchandises sujettes aux droits de douanes ou d'octrois. V. Boissons, Douanes, Droits réunis, Octrois et Timbre.

PASSE (Droit de). V. Chemins et Taxe d'entretien des routes.

PASSE (Lettres de). V. Lettres de passe.

PASSE-CHEVAL. Tarif des droits à percevoir sur les passe-cheval dans l'étendue du département de la Seine, 11 fructidor an XI [29 août 1803] (III, B. 309, n.º 3121). V. Bacs.

PASSE-DEBOUT des denrées et marchandises sujettes aux droits de douanes et d'octrois. V. Boissons, Douanes et Octrois.

PASSE DE SACS (Les droits de) sont réglés à 15 centimes, 1.er juillet 1809 (IV, B. 241, n.º 4473).

PASSEMENTERIE (Ouvrages de). Droits d'entrée auxquels ils sont assujettis, 2 = 17 mars 1791. — Les marchandises de passementerie venant de l'étranger doivent être cordées et plombées, 6 = 22 août 1791.

PASSE-PARTOUT. V. Clefs.

PASSE-PORTS. Formalités prescrites aux membres du Corps législatif

E 2

pour obtenir des passe-ports ; mode de délivrance et effets de ces passe-ports, 9 et 15 = 25 octobre et 3 novembre 1789, 27 août, 19 septembre 1792, 24 avril, 7 juillet 1793. — Forme des passe-ports à délivrer aux mendians nationaux et étrangers, 30 mai = 13 juin 1790 ; — de ceux délivrés pour le transport des poudres et munitions de guerre, 4 = 18 juillet 1790. — Les passe-ports ne sont point soumis au droit d'enregistrement, 5 = 19 décembre 1790, 2² frimaire an VII [12 décembre 1798] (II, B. 245, n.º 2224). — Ils doivent être sur papier timbré, 7 = 11 février 1791, et 13 brumaire an VII [3 novembre 1798] (II, B. 237, n.º 2136). — Cas où ils sont exempts du timbre, *ibid.* — Obligations imposées aux fournisseurs de la marine, relativement aux passe-ports qui leur sont délivrés, 6 = 10 avril 1791. — Décrets généraux portant établissement des passe-ports à prendre par les personnes qui veulent sortir de France ou voyager dans l'intérieur, et déterminent les autorités compétentes pour les délivrer, 28 juin 1791, 1.ᵉʳ février = 28 mars, 28 = 29 juillet, 12, 13 et 15 août, 7 décembre 1792, 26 et 28 février 1793, 22 thermidor et 6 fructidor an II [9 et 23 août 1794] (I, B. 35 et 44, n.ᵒˢ 200 et 239), 7 vendémiaire an III [28 septembre 1794] (I, B. 65, n.º 363), 10 vendémiaire an IV [2 octobre 1795] (I, B. 188, n.º 1142), 14 et 17 ventôse an IV [4 et 7 mars 1796] (II, B. 29 et 30, n.ᵒˢ 200 et 204), 16 prairial et 19 thermidor an IV [4 juin et 6 août 1796] (II, B. 65, n.ᵒˢ 593 et 594), 21 vendémiaire an V [12 octob. 1796] (II, B. 154, n.º 1502), 28 vendémiaire et 16 brumaire an VI [19 octobre et 6 novembre 1797] (II, B. 154 et 156, n.ᵒˢ 1502 et 1538), 12 messidor an VIII et 5 brumaire

an IX [1.ᵉʳ juillet et 27 oct. 1800] (III, B. 33 et 50 n.ᵒˢ 214 et 372). —Annullation des soumissions faites aux fermes et régies de rapporter des décharges de passe-ports relatifs aux droits supprimés, 29 mai = 3 juin 1791. — Le ministre des affaires étrangères est autorisé à signer les passe-ports nécessaires pour le service de son département, 30 juillet = 6 août 1791, 23 et 27 août 1792. — Les droits de douanes doivent être acquittés nonobstant tous passe-ports, qui sont supprimés, sauf à convenir avec les puissances étrangères des mesures de réciprocité relativement aux passe-ports qui étaient donnés aux ambassadeurs respectifs, 6 = 22 août 1791, titre 1.ᵉʳ, art. 1.ᵉʳ — Formule des passe-ports des bâtimens de commerce, 29 décembre 1791 = 15 janvier 1792. — Validité des passe-ports signés par M. le duc de Penthièvre en sa qualité d'amiral de France, 22 avril = 15 mai 1792. — Les commissions ou ordres particuliers dont sont porteurs les exprès et courriers dépêchés pour le besoin du service, doivent tenir lieu de passe-ports, 8 = 11 mai 1792. — Forme et modèle de passe-ports étrangers à délivrer aux capitaines de navires étrangers qui abordent dans les ports de France, 22 = 27 mai 1792 et 22 janvier 1793. — La connaissance de l'infraction aux lois sur les passe-ports appartient aux tribunaux ordinaires, 4 = 9 juillet 1792. — Les ordres donnés par le ministre de la guerre, soit aux militaires pour rejoindre leurs postes, soit aux fournisseurs d'armes ou de vivres pour l'armée, sont déclarés équivalens à des passe-ports, 13 août 1792. — Les ministres sont autorisés à signer, de concert, les passe-ports nécessaires pour envoyer des agens, soit à l'intérieur, soit à l'extérieur, 27 = 28 août 1792. — Signatures que doivent porter les passe-ports du commerce maritime, 5=6 septemb. 1792. — Abolition des passe-ports pour l'intérieur, 19 septemb. 1792. — Suspension de l'exécution et de l'effet des passe-ports délivrés par la commune de Paris depuis le 10 août dernier, 25 novembre 1792. — Cette suspension ne s'étend pas aux agens des puissances étrangères accrédités en France, et aux personnes attachées à leur service, 31 mars et 10 avril 1793. — Ordre du jour motivé sur le refus fait d'accorder des passe-ports aux ci-devant nobles, 17 avril 1793. — Mode de délivrance des passe-ports aux agens employés, tant dans l'intérieur qu'à l'extérieur, 10 mai 1793. — Annullation de tous ceux qu'a donnés l'ancienne et la nouvelle municipalité de Bordeaux, 15 vendémiaire an II [6 octobre 1793]. — Nullité de ceux qui proviennent des municipalités des lieux où les Vendéens ont séjourné, 28 frimaire an II [18 décemb. 1793]. — Les arrêtés ou jugemens qui mettent les détenus en liberté, doivent leur en tenir lieu pour se rendre à leur domicile, 22 thermidor an II [9 août 1794] (I, B. 35, n.º 200). — Les citoyens sont obligés de présenter leurs passe-ports à l'entrée et à la sortie de Paris, 12 floréal an III [1.er mai 1795] (I, B. 142, n.º 799). — Dispositions relatives aux formalités à remplir pour les passe-ports des étrangers, marchands, &c., qui viennent à Paris, 5 thermidor an III [23 juillet 1795] (I, B. 166, n.º 972). — Dispositions relatives à ceux que délivrent les ministres et agens des Etats-Unis de l'Amérique, 21 germinal an V [10 avril 1797] (II, B. 117, n.º 1130). — Les commissions des inspecteurs des Conseils des Cinq-cents et des Anciens sont autorisées à en délivrer aux citoyens dont les élections ont été annullées par la loi du 19 fructidor an V, 25

fructidor an V [11 septembre 1797] (II, B. 145, n.º 1422). — Injonction aux voyageurs d'exhiber leurs passe-ports aux membres de la gendarmerie qui les leur demandent, étant revêtus de leur uniforme, 28 germinal an VI [17 avril 1798], art. 127 (II, B. 197, n.º 1805). — Arrêté du Directoire concernant les passe-ports pour les colonies françaises, 19 vendémiaire an VIII [11 oct. 1799] (II, B. 316, n.º 3359). — Dispositions concernant ceux qui sont accordés par les ministres et autres agens diplomatiques des puissances alliées ou neutres, 25 thermidor an VIII [13 août 1800] (III, B. 37, n.º 241). — Les préfets maritimes et les commissaires de marine sont autorisés à proroger le terme des passe-ports accordés aux colons, 18 fructidor an VIII [5 septemb. 1800] (III, B. 41, n.º 270). — Modèle uniforme d'un papier fabriqué spécialement pour les passe-ports à accorder pour voyager dans l'intérieur de la France ou pour en sortir, 18 septembre 1807 (IV, B. 163, n.º 2800). — Décret qui règle la fourniture, la distribution et le prix des passe-ports, 11 juillet 1810 (IV, B. 301, n.º 5729).

— (C. P.) Peines pour avoir fabriqué un faux passe-port, en avoir falsifié un véritable, ou avoir fait usage d'un passe-port faux ou falsifié, art. 153; — pour avoir pris dans un passe-port un nom supposé, 154; — ou pour en avoir délivré un à une personne sans avoir fait attester ses noms et qualités par un citoyen connu, 155. — Les peines établies contre les porteurs de faux passe-ports sont portées au *maximum* à l'égard des vagabonds et des mendians, 381.

PASSERAT DE SILANS (Le sieur) est nommé membre du Corps législatif, 5 et 6 janvier 1813 (IV, B. 464, n.º 8545).

PASSIF. (C. Civ.) De quoi se compose

sont pas assujettis aux droits de patentes, 19 frimaire an VII [9 décembre 1798], art. 6 (II, B. 249, n.º 2252). — Deux tiers de la contribution mobilière sont répartis à raison de la somme des patentes, 3 nivôse an VII [23 décembre 1798], art. 9 (II, B. 250, n.º 2276). — Bons admissibles en paiement des patentes, 23 messidor an VII [11 juillet 1799] (II, B. 294, n.º 3136). — Sont dispensés de la patente, les officiers de santé attachés aux armées, ou brevetés et commissionnés par le Gouvernement, 9 brumaire an VIII [31 octobre 1799] (II, B. 320, n.º 3393); — les porteurs de contraintes, 16 thermidor an VIII [4 août 1800] (III, B. 38, n.º 244); — les marins commandant des navires ou barques faisant le petit cabotage ou la pêche, 25 octobre 1806 (IV, B. 122, n.º 1993). — Les préfets et commissaires généraux de police peuvent se les faire représenter, 12 messidor an VIII et 5 brumaire an IX [1.er juillet et 27 octobre 1800], art. 20 et 22 (III, B. 33 et 50, n.ºs 214 et 373). — Mode de formation annuelle des tableaux des personnes qui sont assujetties à la patente, 15 fructidor an VIII [2 septembre 1800] (III, B. 41, n.º 264). — Les percepteurs des contributions directes sont chargés d'en suivre le recouvrement, 26 brumaire an X [17 novembre 1801] (III, B. 130, n.º 988). — Elles sont payables par douzième de mois en mois, ibid. — Remise accordée aux percepteurs et aux receveurs généraux et particuliers, ibid. — Prorogation de la perception du droit de patentes, et nouvelles dispositions relatives aux descentes de classes, au paiement de la cote des patentables décédés, et aux droits dus par les forains et les meuniers, 13 floréal an X [3 mai 1802] (III, B. 187, n.º 1489). — Avis du Conseil d'état sur des questions relatives aux centimes additionnels aux patentes, 28 février 1809 (IV, B. 228, n.º 4158).

PATENTES pour la course. Dispositions concernant les patentes ou commissions en course expédiées par le gouvernement anglais pendant l'invasion de la Corse, 27 brumaire an V [17 novembre 1796] (II, B. 92, n.º 870).

PATERNITÉ. Les tribunaux sont autorisés à juger définitivement les procès en déclaration de paternité, dans lesquels la preuve testimoniale a été ordonnée et faite antérieurement aux lois sur les enfans nés hors mariage, 4 pluviôse an II [23 janvier 1794]. — Loi sur la paternité, 2 germinal an XI [23 mars 1803] (III, B. 263, n.º 2565).

— (C. Civ.) Le mari est père de l'enfant conçu pendant le mariage, art. 312. — La recherche de la paternité est interdite, 340. V. Filiation, Légitimation, Maternité.

PÂTRES. V. Bergers, Bestiaux et Biens communaux.

PÂTIS. Prix de l'acquisition des pâtis devenus domaines nationaux, 9 = 25 juillet 1790. — Evaluation de ces terrains pour leur cote à la contribution foncière, 3 frimaire an VII [23 novembre 1798], art. 64 (II, B. 243, n.º 2197).

PÂTISSIERS. Il leur est enjoint de verser leurs farines dans les magasins d'approvisionnemens, &c., 1.er prairial an III [20 mai 1795] (I, B. 145, n.º 820).

PATRIE. (Autel de la). V. Autel de la patrie. — Déclaration de la patrie en danger. V. Dangers. — Traîtres à la patrie. V. Conspirateurs et Traîtres.

PATRIMOINE du défunt. (C. Civ.) Les créanciers ont le droit, dans tous les cas, d'en demander la séparation d'avec celui de l'héritier; prescription de ce droit, art. 878 et 879.

PATRIOTES. Secours accordés aux patriotes fugitifs des colonies et des communes occupées par l'ennemi,

21 juin 1793, 13 pluviôse et 14 ventôse an II [1.er février et 4 mars 1794].—Levée des scellés apposés à Paris sur l'emplacement où se tenait la réunion dite des *Patriotes*, 12 germinal an IV [1.er avril 1796] (II, B. 98, n.º 295).

PATRIOTIQUES (Billets). V. *Billets de confiance.*

PATRONAGE *laïque* (Les bénéfices en) sont soumis à toutes les dispositions concernant les bénéfices de patronage ecclésiastique, 12 juillet = 24 août 1790. — Il en est de même des titres et fondations de pleine collation laïque, excepté les chapelles particulières, *ibid.*

PATRONS *de barques et de bateaux.* V. *Barques* et *Bateaux ;* — de navires, V. *Capitaines* et *Navires.*

PATRONS *de paroisses.* Suppression des bancs patronaux existant dans les chœurs des églises et chapelles publiques, 13 = 20 avril 1791.

PATRONS-PÊCHEURS. Confirmation de la juridiction des patrons-pêcheurs de la ville de Cannes, 4 = 20 mars 1791.—Message du Directoire concernant les propriétés de ceux de la ville de Marseille, 14 pluviôse an V [2 février 1797]. — Etablissement d'une juridiction de patrons-pêcheurs à Nice, Villefranche, Menton et Collioure, 3 nivôse an X [24 décembre 1801] (III, B. 143, n.º 1103). V. *Pêcheurs* et *Prud'hommes.*

PATROUILLES. Peines encourues par le commandant d'une patrouille, convaincu d'avoir sciemment caché les découvertes qu'il a faites, 30 septembre = 19 octobre 1791 ; — par les individus surpris en fausse patrouille, 7 août 1793, 4 et 6 prairial an III [23 et 25 mai 1795] (I, B. 147 et 148, n.ºs 841, 849 et 856).

PÂTURAGES ET PACAGES. Les communautés d'habitans ne peuvent, sous aucun prétexte, se mettre en possession du droit de propriété sur les pâturages, sauf leur recours contre toute usurpation, 11 décembre 1789, 15 = 25 mai 1790. — Abolition, sauf indemnité, du droit de pâturage sur les prés avant la fauchaison de la première herbe, 19 avril 1790. — Les droits de pâturage dans les bois ne doivent pas être compris dans les ventes de biens nationaux, 16 = 27 mars 1791. — Règles prescrites pour l'exercice du droit de pâturage dans les bois et forêts, 15 = 29 septembre, 28 septembre = 6 octobre 1791, 5 vendémiaire an VI [26 septembre 1797] (II, B. 149, n.º 1454), 1.er brumaire an VII [22 octobre 1798] (II, B. 235, n.º 2100), 28 pluviôse an VIII [17 février 1800], art. 15 (III, B. 17, n.º 115), 17 nivôse an XIII et 6 frimaire an XIV [7 janvier et 27 novembre 1805] (IV, B. 25 et 67, n.ºs 449 et 1173). — Mode d'évaluation des terrains servant aux pâturages pour fixer leur cote à la contribution foncière, 3 frimaire an VII [23 novemb. 1798], art. 64 (II, B. 243, n.º 2197).

PÂTURE (Vaine). V. *Vaine pâture.*

PAU. Etablissement de juges de commerce dans cette ville, 13 = 20 mai 1791. — Le château avec son parc est réservé au Roi comme hommage rendu par la nation française à la mémoire de Henri IV, 1.er juin 1791, art. 8. — Etablissement d'un lycée, 16 floréal an XI [6 mai 1803] (III, B. 296, n.º 2923). — Départemens qui fournissent à la dotation de la sénatorerie de cette ville, 18 fructidor an XI [5 septembre 1803] (III, B. 311, n.º 3144). — Le sénateur Lespinasse est nommé à la sénatorerie, 2 prairial an XII [22 mai 1794] (IV, B. 20, n.º 343).

PAULINE (La princesse). La principauté de Guastalla lui est donnée : elle la cède au royaume d'Italie, 30 mars et 14 août 1806 (IV, B. 84 et 112, n.ºs 1432 et 1823,).

PAULMIER (Le sieur). Les commissaires de la trésorerie sont chargés de lui expédier par *duplicata* les billets et coupons de billets de loterie qui lui ont été volés, 6 = 21 août 1792.

PAUTRISEL (Le représentant du peuple) est décrété d'arrestation, 6 prairial an III [25 mai 1795] (I, B. 148, n.º 857).

PAUVRES. Dépenses publiques relatives au soulagement des pauvres vieillards, infirmes ou malades. V. *Aumônes*, *Bureaux de bienfaisance*, *Hôpitaux* et *Secours*.——Mesures de police contre les pauvres mendians. V. *Mendicité*. — Dons et legs faits aux pauvres. V. *Dons et Legs*.

— (C. Civ.) Les dispositions entre-vifs ou par testament, faites au profit des pauvres d'une commune, doivent être validées par l'autorisation du Gouvernement, art. 910.

— (C. P. C.) Les causes relatives aux dons et legs qui sont faits au pauvres, doivent être communiquées au ministère public, art. 83.

PAVÉ. L'entretien de celui de Paris est à la charge de la municipalité, 6 juin = 25 mars 1790.—L'entretien du pavé fait partie des dépenses communales, 11 frimaire an VII [1.er décembre 1798], art. 4 (II, B. 247, n.º 2220).—Avis du Conseil d'état sur l'entretien de celui des villes dans les rues non grandes routes, 25 mars 1807, et 7 août 1810 (IV, B. 140 et 307, n.ºs 2270 et 5845).

— (C. Civ.) Celui des chambres est au nombre des réparations locatives, art. 1754.

PAVETTI (Le sieur) est nommé membre du Corps législatif, 22 thermidor an XII [10 août 1804] (IV, B. 13, n.º 184).

PAVIE (Le représentant du peuple) est nommé membre du Corps législatif, 1.er prairial an V [20 mai 1797]

(II, B. 125, n.º 1212). — Il est condamné à la déportation, 19 fructidor an V [5 septembre 1797] (II, B. 142, n.º 1400).

PAVILLON *de France arboré sur les bâtimens de la marine marchande et militaire.* V. *Marine* au titre *Police de la navigation.*

PAW (Le sieur Corneille). Le titre de citoyen français lui est conféré, 26 août 1792.

PAYAN *l'aîné* est mis hors la loi, 11 thermidor an II [29 juillet 1794] (I, B. 31, n.º 160).

PAYE, PAYEMENT. V. *Paie, paiement.*

PAYEURS *en général.* Certificats de résidence et attestations que les payeurs doivent donner aux parties prenantes, 4 = 10 fév. 1792. —Ils sont tenus d'énoncer leurs titres et qualités dans les actes translatifs de propriété, 5 septembre 1807 (IV, B. 159, n.º 2775). V. *Caisses publiques, Dépenses publiques* et *Trésor public.*

PAYEURS *des armées de terre et de mer, et des divisions militaires.* Ils sont nommés par la trésorerie, 27 avril = 1.er mai 1791. —Leurs cautionnemens, traitemens et comptabilité, *ibid.* — Il en est établi un pour l'armée du Midi, 11 = 21 juin 1792. — Ils sont exceptés de la loi sur le recrutement, 21 mars 1793. — Instruction de la trésorerie sur leur gestion et comptabilité, 11 juin 1793. — Deux représentans du peuple sont établis près le payeur de chaque armée, 26 juin 1793. — Versement dans les caisses des payeurs, du numéraire qui se trouve dans les caisses des régimens, 27 août 1793. — Nouvelle fixation des cautionnemens à fournir par les payeurs des divisions militaires et des armées, 7 thermidor an VIII et 13 frimaire an IX [26 juillet et 4 décembre 1800] (III, B. 45 et 57, n.ºs 332 et 415). —Ils jouissent de la franchise et du contre-seing, 17 brumaire an IX [8 novembre

1800] (III, B. 53, n.º 387). — Mode de vérification de leurs caisses et de celles de leurs préposés par des inspecteurs généraux, 19 fructidor an IX [6 septembre 1801] (III, B. 101, n.º 847). — Nouvelle nomination des payeurs divisionnaires et règlement sur leurs fonctions et attributions, 18 frimaire an XII [10 décembre 1803] (III, B. 330, n.º 3436). V. *Armée* et *Marine* au titre I.er et au titre *Solde*.

PAYEURS *généraux des départemens*. Il en est établi un dans chaque département; leur traitement et leur comptabilité, 24 septembre = 12 octobre 1791. — Fixation successive de leur cautionnement en immeubles, en tiers-consolidé et en numéraire, *ibid.* et 16 septembre 1792, 12 juillet 1793, 7 thermidor an VIII [26 juillet 1800] (III, B. 45, n.º 332), 13 germinal an X [3 avril 1802] (III, B. 174, n.º 1349). — Dépenses qu'ils sont chargés d'acquitter et réglement sur leur gestion, 18 décembre 1791. — Leurs principaux commis sont exceptés de la loi sur le recrutement, 14 août 1793. — Leur nomination, 3 frimaire an IV [24 nov. 1795] (II, B. 6, n.º 31). — Mesures à prendre pour que les autorités militaires ne puisent pas dans leurs caisses, 12 therm. an V [30 juillet 1797]. — Rejet de la résolution qui les supprime, 23 nivôse an VI [12 janvier 1798]. — Ils ne peuvent nommer leurs préposés qu'avec l'autorisation du directeur du trésor public qui a le droit de destituer ces préposés, 1.er pluv. an VIII [21 janv. 1800] (III, B. 1, n.º 8). — Leur nomination par le premier Consul, sur la présentation par le ministre des finances, 5 vend. an X [27 septemb. 1801] (III, B. 107, n.º 874). — Les fonds provenant de la taxe d'entretien des routes cessent d'être versés dans les caisses des préposés du payeur général des dépenses diverses,

7 ventôse an X [26 février 1802] (III, B. 165, n.º 1264). — Le ministre du trésor public est autorisé à prendre des arrêtés exécutoires contre les préposés des payeurs généraux, 28 floréal an XI [18 mai 1803] (III, B. 282, n.º 2779).

PAYEURS *de la dette publique*. Leurs fonctions, attributions et comptabilité, 24 août 1793. — Comptabilité du payeur principal, 23 floréal an II (I, B. 14, n.º 64). V. *Dette publique*.

— *des pays d'états*. Fonds qui leur sont accordés pour le paiement des intérêts dus aux créanciers des pays d'états, leurs remises et leur comptabilité, 21 = 29 septembre 1791. V. *Pays d'états*.

— *des pensions à Paris*. Leur suppression, 6 germinal an II [26 mars 1794, art. 17. V. *Pensions*].

— *des rentes*. Leurs attributions relatives à l'emploi des deniers provenant des dons patriotiques, 7 mars, 13 = 25 juin 1790. — Fixation de leur traitement, 14 juillet 1790. — Ils sont chargés du paiement des rentes constituées sur le domaine de la ville de Paris, 21 juillet = 15 août 1790; — de celles accordées par l'État aux pauvres et aux établissemens d'instruction publique, 31 décembre 1790, 7 janvier 1791, 2 = 6 avril 1791 et 7 = 12 février 1792; — de celles attribuées pour gages aux lieutenans généraux et majors de places, 21 septembre = 16 octobre 1791; — de celles appartenant à des communautés, corps et compagnies supprimées, *ibid.* et 22 septembre = 16 oct. 1791. — Règles qui leur sont prescrites pour l'ordre de leurs paiemens, 4 = 10 février, 11 = 15 avril 1792. — Ils sont tenus de fournir un état de la dette constituée, 24 août 1793. — Leur suppression, 24 germinal an II [13 avril 1794]. — Mode de présentation et d'apurement de leurs comptes

26 frimaire, 11 pluviôse et 4 messidor an III [16 décembre 1794, 30 janvier et 22 juin 1795] (I, B. 100, 118 et 158, n.os 521, 623 et 929). —Traitement qui leur est accordé jusqu'à la reddition de leurs comptes, 2 floréal an IV [21 avril 1796] (II, B. 44, n.o 354). — Mode de poursuites à exercer contre les retardataires, 22 messidor an IV [10 juillet 1796] (II, B. 57, n.o 525). — Prorogation du délai pour la reddition des comptes et leur mission pour achever la liquidation arriérée des créances de l'ancien Gouvernement, 20 thermidor an IV et 23 germinal an V [7 août 1796 et 12 avril 1797] (II, B. 64 et 118, n.os 590 et 1135). V. *Rentes.*

—*des rentes du clergé.* Leur suppression, et mode de liquidation et de remboursement de leurs offices, 15 = 19 novembre 1790, 24 juin = 6 juillet 1791 et 17 fructidor an II [3 septembre 1794]. V. *Clergé.*

—*du trésor public* (Les) sont établis au nombre de quatre. — Leurs fonctions, traitement et cautionnement, 16 août = 13 nov. 1791 et 4 pluviôse an VIII [24 janvier 1800] (III, B. 1, n.o 8). — Mode de leur poursuite en cas de faillite ou évasion, 11 août 1792. —Leur comptabilité et leur cautionnement, *ibid.* et 4 germinal et 7 thermidor an VIII [25 mars et 26 juillet 1800] (III, B. 16 et 45, n.o 111 et 332). V. *Dette publique.*

PAYNE (Thomas). V. *Paine.*

PAYS ENNEMIS. Confiscation et administration des biens appartenant aux habitans des pays en guerre avec la France. V. *Étrangers.*

PAYS D'ÉTATS. Abolition de leurs priviléges, 5, 6 et 11 août = 3 novembre 1789. —Il est sursis à toute convocation par ordres, 26 = 27 octobre et 3 novembre 1789. — Les commissions intermédiaires, les syndics, sont autorisés à rendre exécu-

toires les roles d'impositions, 12 = 16 décembre 1789, 12 = 21 janvier 1790, 31 mars = 1.er avril, 10 avril 1791. — Mode d'acquittement des rentes et arrérages de rentes dus par les pays d'états, 15 août = 1.er septembre 1790, 8 = 18 février, 21 = 29 septembre 1791. —Les emprunts ouverts en leur nom sont fermés, 8 = 14 octobre 1790. — Paiement des intérêts dus pour ces emprunts, 14 = 21 mars 1792. — Les rentes sur ces pays peuvent être reconstituées, 29 décembre 1790 = 5 janvier 1791, 17 mai 1792. — Mode de liquidation de leurs dettes, 18 = 25 février, 12 = 17 avril, 24 et 27 décembre 1791 = 1.er janvier 1792, 26 = 28 mars, 29 avril = 1.er mai, 3 = 20 septembre 1792, 9 brumaire an II [30 octobre 1793] et 24 brumaire an III [14 novembre 1794]. — Mode de recouvrement et de comptabilité des percepteurs des impositions indirectes supprimées, 31 mars = 1.er avril, 25 = 29 juillet 1791. — Suppression des pensions accordées par les pays d'états, 28 septembre = 16 octobre 1791. — Mode de comptabilité des trésoriers, receveurs généraux et particuliers, 3 = 19 juillet, 19 septembre 1792, 26 floréal an II [15 mai 1794] (I, B. 3, n.o 8).

PAYS ÉTRANGERS. L'Assemblée demande des renseignemens sur les Français détenus en pays étrangers par des ordres arbitraires, 2 juillet 1790. — Les établissemens français qui possèdent des rentes foncières sur des fonds en pays étrangers, ne peuvent en recevoir le remboursement, 18 = 29 décembre 1790. — Droits d'enregistrement dus pour les actes passés en pays étrangers, 29 septembre = 9 octobre 1791. —Les biens des Français établis en pays étrangers avant le 1.er juillet 1789 sont exceptés des dispositions concernant le séquestre des biens des émigrés, 30 mars = 8 avril 1792, 28 mars 1793, et 25 brumaire an III [15 novembre 1794] (I, B. 89, n.º 464). — Fonds mis à la disposition du ministre de l'intérieur pour secourir les citoyens expulsés ou réfugiés des pays étrangers, 26 mars 1793, 7 germinal an II [27 mars 1794]. — Dispositions concernant les Français voyageant dans les pays étrangers, 16 prair. et 19 thermid. an IV, et 21 vendém. an V [4 juin, 6 août et 12 octobre 1796 (II, B. 65 et 83, n.ºs 593, 594 et 770). — La qualité de citoyen français se perd par la naturalisation en pays étranger, par l'acceptation de fonctions ou de pensions offertes par un gouvernement étranger, constitution de l'an VIII, art. 4. — Dispositions relatives aux Français qui, rappelés de l'étranger, ne rentreront pas en France, 6 avril 1809 (IV, B. 232, n.º 4296). — Avis du Conseil d'état portant solution de diverses questions relatives aux Français naturalisés étrangers, ou servant en pays étranger, 21 janvier 1812 (IV, B. 415, n.º 7602).

— (C. Civ.) Les Français qui résident en pays étrangers sont régis par les lois concernant l'état et la capacité des personnes, art. 3. — Formalités pour rendre valides les actes de l'état civil qui y sont reçus, 47, 48, 170 et 171. — Forme des testamens qui y sont faits, 999 et 1000. — Cas où les jugemens rendus en pays étrangers emportent hypothèque, 2123.

PAYS de nantissement. Nouveau mode de transcriptions des contrats et autres actes qui se faisaient dans ces pays, 19 = 27 septembre 1790, 13 = 20 avril 1791.

PAYS RÉUNIS à la France depuis 1789. La Convention déclare qu'elle n'entend pas nuire aux droits de ces pays, 17 avril 1793. — Mode de publication des lois dans les pays réunis, 18 plu-

viôse an IV [7 février 1796] (II, B. 25, n.º 165). V. Lois.

Série chronologique des réunions.

Comtat d'Avignon, 14 sept. 1791.

Le pays d'Henrichemont, 27 septembre = 4 novembre 1791.

Le pays de Dombes, 27 septembre = 16 octobre 1791.

La Savoie, 27 novembre 1792.

Le comté de Nice, 31 janvier 1793.

La principauté de Monaco, 14 février 1793.

La Belgique et le pays de Liége, 9 vendémiaire an IV [1.er octobre 1795] (I, B. 186, n.º 1137).

Le duché de Bouillon, 4 brumaire an IV [26 octobre 1795] (I, B. 202, n.º 1212).

La république de Mulhausen, 11 ventôse an VI [1.er mars 1798] (II B. 190, n.º 1764)

La république de Genève, 28 floréal an VI [17 mai 1798] (II, B. 215, n.º 1937).

Les quatre départemens de la rive gauche du Rhin, 24 floréal an VIII [14 mai 1800] (III, B. 25, n.º 171), et 11 messidor an X [30 juin 1802] (III, B. 199, n.º 1791).

L'île d'Elbe, 8 fructidor an X [26 août 1802] (III, B. 210, n.º 1932).

Le Piémont, ou départemens audelà des Alpes, 24 fructidor an X [11 septembre 1802] (III, B. 214, n.º 1965).

Les États de Parme, Plaisance, Guastalla et de Toscane, 14 prairial an XIII [3 juin 1805] (IV, B. 49, n.º 815), et 24 mai 1808 (IV, B. 193, n.º 3408).

La république de Gènes, 17 prairial an XIII [6 juin 1805] (IV, B. 49, n.º 816), et 16 vendémiaire an XIV [8 octobre 1805] (IV, B. 62, n.º 1093).

L'île de Capraja, 9 messidor an XIII [28 juin 1805] (IV, B. 53, n.º 872).

Les duchés de Berg et de Clèves, et la principauté de Neuchâtel, 30 mars 1806 (IV, B. 84, n.º 1432).

Les villes de Kehl, de Cassel, Wesel et Flessingue, 25 janvier 1807 (IV, B. 135, n.º 2182), et 21 janvier 1808 (IV, B. 175, n.º 2945).

Les Provinces illyriennes, 14 octobre 1809 (IV, B. 246, n.º 4756).

Les États romains, 17 février 1809 (IV, B. 266, n.º 5168).

Les pays situés sur la rive gauche du Rhin, depuis les limites des départemens de la Roer et de la Meuse-Inférieure, jusqu'à la mer, 24 avril 1810 (IV, B. 281, n.º 5344).

La Hollande, 9 juillet et 13 décembre 1810 (IV, B. 299 et 331, n.ºs 5724 et 6163).

Le Valais, 12 novembre et 13 décembre 1810 (IV, B. 326 et 331, n.ºs 6096 et 6162).

Les villes anséatiques et le Lauembourg, 13 décembre 1810 (IV, B. 331, n.º 6165).

Les arrondissemens de Rées, Munster, Steinfurt et Newhausen, sous le nom de département de la Lippe, 27 avril 1811 (IV, B. 365, n.º 6700). *Voyez* chaque nom de lieu en particulier.

PÉAGE (Les droits de), long et travers, passage, hallage, pertonage, barrage, chamage, &c., sont supprimés, 15 = 28 mars 1790. — Exception en faveur de ceux qui ont été concédés pour frais de construction de ponts, canaux, &c., *ibid.* — Leur suppression sans indemnité, 25 août 1792. — Suppression de l'indemnité de droits de péage accordée à quelques établissemens publics, 10 = 20 septemb. 1790. — Suppression des tarifs de péage tenant lieu de droit de traite dans diverses provinces, et de tous les péages royaux, 30, 31 octobre = 5 novembre 1790, art. 3. — Les droits de péage sont soumis à la contribution foncière, à raison de leur re-

venu net, 21 = 25 février 1791. — Les hôpitaux, maisons de charité et fondations pour les pauvres, doivent recevoir pour 1791 l'équivalent des pertes qu'ils éprouveraient par la suppression du droit de péage, 15 = 10 avril 1791. — Avis du Conseil d'état sur les cas où les huissiers sont exempts du droit de péage, 3 ventôse an XIII [22 février 1805] (IV, B. 35, n.º 579). V. *Canaux, Navigation intérieure* et *Ponts.*

PEAUX. Droits d'entrée auxquels elles sont assujetties, 2 = 15 mars 1791. — Désignation des lieux par où l'on peut exporter les peaux en vert, 6 = 22 août 1791. — Prohibition provisoire de leur exportation, 24 = 26 février 1792. — Temps fixé pour l'exportation pour la Suisse par le bureau d'Héricourt, des peaux de moutons ramaillées, effleurées, passées en chamois, 19 mai 1793. V. *Cuirs.*

PÊCHE *dans les fleuves et rivières.* A quels juges appartient l'exécution des réglemens concernant la police de la pêche, 6, 7 = 11 septembre 1790, tit. XIV, art. 7. — Abolition du droit exclusif de la pêche, 6 juillet 1793 et 8 frimaire an II [28 novembre 1793]. — Arrêté concernant la police du droit de pêche, 28 messidor an VI [16 juillet 1798] (II, B. 213, n.º 1925). — Mise en ferme de la pêche des rivières, et prohibition, à l'égard de ceux qui n'ont point de licences, de pêcher autrement qu'à la ligne flottante tenue à la main, 14 floréal an X [4 mai 1802], art. 12 (III, B. 187, n.º 1490). — Avis du Conseil d'état sur le droit de pêche dans les rivières non navigables, 30 pluviôse an XIII [19 février 1805] (IV, B. 56, n.º 932). — Une commune ne peut aliéner ses droits de pêche, comme formant une dépendance de biens communaux, 19 octobre 1811 (IV, B. 404, n.º 7460). — Police de la pêche de la Loire, 21 janvier 1812 (IV, B. 419, n.º 7650).

— (C. Civ.) Elle est réglée par des lois particulières, art. 715.

PÊCHE *maritime*. Suppression de la place d'agent ou d'inspecteur des pêches, 10 septembre 1790 = 25 mars 1791. — L'exécution des réglemens sur la pêche, en usage à Marseille, est maintenue provisoirement, 8 = 12 décembre 1790; — ainsi que la juridiction des prud'hommes et patrons pêcheurs de Toulon, 9 décembre 1790 = 19 janvier 1791; — de Cannes, 4 = 20 mars 1791. — Primes et encouragemens pour la peche de la morue et du hareng, 7 mars = 10 avril 1791, 17 ventôse an X [8 mars 1802] (III, B. 170, n.º 1310). — Temps pendant lequel la pêche au bœuf et à la traîne ne peut s'exécuter sur les côtes du Languedoc et du Roussillon, 9 = 15 avril 1791. — Réglemens de police, et primes pour la pêche de la baleine et du cachalot, 9 = 25 juillet 1791, 23 = 27 mai 1792, 9 nivôse et 17 prairial an X [30 décembre 1801 et 6 juin 1802] (III, B. 145 et 195, n.ºs 1118 et 1703). — Les poissons salés, ainsi que leurs issues provenant de pêche nationale, sont exemptés de la formalité de la corde et du plomb, 16 = 22 novembre 1792. — Suspension pendant la guerre de la prime accordée à l'exportation des poissons provenant de la pêche nationale, 19 mai 1793. — Les engagemens relatifs à la pêche ne peuvent excéder le terme d'une année, 2 octobre 1793. — Permission de commencer et finir à volonté la pêche du maquereau et du hareng sur les côtes de France, 15 vendémiaire an II [6 octobre 1793. — Envoi au comité de marine et des colonies, de mémoires sur les moyens de faire prospérer la pêche, 24 vendémiaire an III [15 octobre 1794] (I, B. 73, n.º 389). — Eta-

blissement d'une compagnie pour la pêche du corail sur les côtes d'Afrique, 27 nivôse an IX [17 janvier 1801] (III, B. 63, n.º 470). — Permissions de caler des madragues, et police de ces établissemens, 9 germinal an IX [30 mars 1801] (III, B. 77, n.º 611). — Autorisation donnée aux préfets pour tout ce qui est relatif à la pêche en goëmon et varech, 18 thermidor an X [6 août 1802] (III, B. 207, n.º 1885). — Les armateurs de Dunkerque pour la pêche de la morue sur les côtes d'Islande, sont autorisés à faire entrer dans cette ville des sels d'Espagne et de Portugal, 20 vendémiaire an XI [12 octobre 1802] (III, B. 227, n.º 2094). — Prime accordée pour la pêche du hareng d'automne, 13 pluviôse an XI [2 février 1803] (III, B. 246, n.º 2298). — Police de la pêche de la morue à l'île de Terre-Neuve, 15 pluviôse an XI [4 février 1803] (III, B. 248, n.º 3211). — Réduction des droits d'entrée sur les poissons de mer autres que ceux de la pêche anglaise, 4.º jour complémentaire an XI [21 septembre 1803] (III, B. 315, n.º 3201). — Prohibition de la pêche aux bœufs ou à la drége, et de la pêche au ganguy, 21 ventôse an XI [12 mars 1803] (III, B. 260, n.º 2465). — Dispositions relatives aux sels employés à la pêche maritime et en particulier à celle des sardines, des maquereaux, &c. 11 juin 1806 (IV, B. 99, n.º 1657). — Réglemens concernant la pêche du thon sur les côtes de Sardaigne, 7 septembre 1807 (IV, B. 160, n.º 2786). — Réglement de police sur la pêche du hareng et du maquereau sur la côte comprise entre Calais et Barfleur, 8 oct. 1810 (IV, B. 319, n.º 5998). — L'ordonnance du maire de Dieppe, relative aux mesures servant à la livraison du hareng frais, est approuvée, 15 février 1811 (IV, B. 432, n.º 6530). — Dispositions relatives aux pêches de la morue, du hareng et du poisson frais dans les arrondissemens maritimes de Hollande et d'Anvers, 25 avril 1812 (IV, B. 435, n.º 7987).

PÊCHEURS. Forme de la convocation et de la tenue des assemblées des communautés de pêcheurs, 8 = 12 décembre 1790. — Autorités auxquelles est attribuée la connaissance de leurs délibérations, *ibid.* — Droit des pêcheurs catalans et autres étrangers stationnaires à Marseille, *ibid.* — Les pêcheurs sont classés, 31 décembre 1790 = 7 janvier 1791. — Ils ne peuvent refuser le service auquel ils sont propres, sur la réquisition des capitaines et lieutenans de port, 9 = 13 août 1791. V. *Pêche maritime* et *Prud'hommes pêcheurs.*

PÉCULAT. Cas où ce délit doit être poursuivi par le directeur du jury comme officier de police judiciaire, 16 = 29 septembre 1791, et 3 brumaire an IV [25 octobre 1795], art. 142 (I, B. 204, n.º 1221). — Peine contre les fonctionnaires ou officiers publics qui auraient détourné ou soustrait les sommes dont ils sont dépositaires à raison des fonctions qu'ils exercent, 25 septembre = 6 octob. 1791.

PEINES *en général.* La loi ne doit en établir que de strictement et évidemment nécessaires, 26 août = 3 novembre 1789, et constitution de 1791 et de l'an III. — Influence de l'âge des condamnés sur la nature et la durée des peines, 25 sept. = 6 oct. 1791. — Distinction des peines en peines afflictives et infamantes, et en peines de police simple et correctionnelle, *ibid.* et 3 brumaire an IV [25 octobre 1795] (I, B. 204, n.º 1221). — Nul ne doit subir de peines qu'en vertu d'une loi promulguée antérieurement aux crimes ou délits, et les peines doivent leur

être proportionnées, 29 mai et 24 juin 1793.

— (C. Civ.) Il est prononcé des peines contre les Français qui portent les armes contre la patrie, art. 21; — contre les auteurs d'altération et de faux dans les actes de l'état civil, 52. — Les peines afflictives et infamantes prononcées contre un des époux sont une cause de divorce, 232. — Elles excluent de la tutelle, 443. V. *Condamnation.* — On peut ajouter dans une transaction une peine contre celui qui ne l'exécutera pas, 2047.

— (C. I. C.) Cas dans lesquels les tribunaux de police, de première instance, ou la cour impériale, prononcent la peine contre le prévenu, art. 161, 192 et 213. — Même cas relativement aux cours d'assises, 365. = La peine la plus forte est seule prononcée, lorsque l'accusé est convaincu de plusieurs crimes ou délits, *ibid.* — Peines correctionnelles ou de police encourues par les personnes qui ont causé un tumulte accompagné d'injures ou de voies de fait dans les audiences et en tout autre lieu où se fait publiquement une instruction judiciaire, 505. — Délais par lesquels se prescrivent les peines portées par les arrêts ou jugemens rendus en matière criminelle, correctionnelle ou de police, 635, 636 et 639. V. *Action publique* et *civile, Liberté.*

— (C. P.) On ne peut infliger aux auteurs de contraventions, délits ou crimes d'autres peines que celles qui étaient prononcées antérieurement par la loi, art. 4. — Peines considérées en général, et leurs effets, 6 *et suiv.* — Peines en matière criminelle, 12 *et suiv.* ; — en matière correctionnelle, 40 *et suiv.* — Peines et autres condamnations qui peuvent être prononcées pour crimes ou délits, 44 *et suiv.* — Peines de la récidive, 56 *et suiv.* — Les complices d'un crime ou délit sont, en général, punis des mêmes peines que les auteurs, 59.—Seuls cas dans lesquels les peines puissent être mitigées, 65.—Diminution des peines à l'égard des individus âgés de moins de seize ans, 67. — Les fonctionnaires ou officiers publics qui auraient participé à des crimes qu'ils étaient chargés de réprimer, sont punis du *maximum* des peines attachées à ces crimes, 198. — En quoi consistent les peines de police, 464.

PEINES *afflictives et infamantes* (Les) sont la dégradation civique, le carcan, la détention, la reclusion, la gêne, la déportation, la marque, les travaux forcés, les fers et la mort : décrets généraux qui règlent le mode d'instruction, de poursuite et de jugement des prévenus des crimes passibles de ces différentes peines, et mode d'exécution des jugemens qui les prononcent, 16 = 29 septembre, 25 septembre = 6 octobre 1791, et 3 brumaire an IV [25 octobre 1795] (I, B. 204, n.º 1221). — Les condamnations à des peines infamantes n'impriment aucune flétrissure aux parens des condamnés, 21 janvier 1790;—ne peuvent être prononcées que par les tribunaux d'appel composés de sept juges, 12 = 19 octobre 1790; — font perdre la qualité de citoyen français, constitutions de 1791 et de l'an III. — Manière de procéder pour les demandes en abolition ou commutation de peines afflictives ou infamantes, 3 septemb. 1792.—La durée des peines temporaires, compte, lorsqu'il y a lieu à exposition aux regards du peuple, du jour où le condamné a subi cette exposition, 6 octobre 1792. — Défenses d'appliquer aux délits des peines afflictives ou infamantes autres que celles portées par le Code pénal ordinaire, par le Code pénal militaire, ou par les lois révolutionnaires. 10 ventôse an III [28

février 1795] (I, B. 128, n.º 675);

— *des fers*. Décrets généraux qui déterminent les crimes pour lesquels la peine des fers est encourue, la nature de cette peine, sa durée, et les cas où elle peut être commuée, 16 = 29 septembre, 25 septembre = 6 octobre 1791, et 3 brumaire an IV [25 octobre 1795] (I, B. 204, n.º 1221). — Décrets particuliers qui rendent passibles de cette peine les individus qui ne déclarent pas les dépôts d'effets militaires qui leur ont été confiés, 10 septembre 1792; — ceux qui sont trouvés revêtus d'une décoration qu'ils n'ont pas le droit de porter, 15 septembre 1792. — les agens du Gouvernement qui font pour leur compte le commerce des grains, 9 = 10 décembre 1792; — les individus qui dégradent les monumens publics, 6 juin 1793;— les fournisseurs et marchands d'armes qui en vendent sans declaration à leur municipalité, 6 juillet 1793; —Les fonctionnaires publics et préposés qui refusent d'affermer les biens des émigrés, 11 septembre 1793; — ceux qui détournent de leur destination les subsistances et approvisionnemens destinés pour la marine, 25 brumaire an II [15 novembre 1793]. — La peine des fers remplace celle des galères, 6 octobre 1792. — Les condamnés à cette peine sont exposés sur un échafaud, 27 juin 1793. — Ceux qui ont été condamnés par des jugemens antérieurs peuvent se faire juger conformément aux nouvelles lois, 29 juin 1793.

— *de la marque ou flétrissure*. V. *Marque (Peine de la)*.

— *de mort*. La condamnation à la peine de mort ne peut être prononcée qu'aux quatre cinquièmes des voix, 9 octobre = 3 novembre 1789. — Le genre de mort des suppliciés n'est point mentionné sur les registres de l'état civil, 21 janvier

1790.—La peine de mort ne peut être prononcée contre les détenus par lettres de cachet, et dont le jugement porterait cette peine, 16 = 26 mars 1790. — Décrets généraux qui classent et déterminent les crimes qui emportent la condamnation à la peine de mort, 16 = 29 septembre, 25 septembre = 6 octobre 1791, et 3 brumaire an IV [25 octobre 1795] (I, B. 204, n.° 1221). — La peine de mort ne doit être que la simple privation de la vie, 26 = 28 sept. 1791. — Mode d'exécution, 20 = 25 mars, 6 = 7 août 1792. — Décrets particuliers qui prononcent la peine de mort contre les individus qui arborent une autre cocarde que la cocarde nationale, 5 = 8 juillet, 17 septembre 1792 ; — les commandans de places qui se rendent sans nécessité, 25 = 26 juillet 1792 ; — les agens du Gouvernement qui refusent d'exécuter les mesures prises pour la sûreté de l'Etat, 2 septembre 1792 ; — les commissaires du Pouvoir exécutif qui disposent, sans ordre, des farines nationales, 16 sept. 1792 ; — les émigrés pris les armes à la main, 9 octobre 1792 ; — ceux qui tentent ou proposent d'établir la royauté, 4 et 16 décembre 1792, 29 mars 1793 ; — les individus qui s'opposent à la circulation des grains, les exportent, les accaparent, 5, 6 et 25 décembre 1792 ; — qui proposent d'établir la loi agraire, 18 mars 1793 ; — de capituler avec les traîtres à la patrie et les puissances ennemies, 4, 5 et 13 avril 1793 ; — contre les falsificateurs de la déclaration des droits de l'homme et du citoyen, et de l'acte constitutionnel, 1.er juillet 1793 ; — les administrateurs des départemens révoltés qui font procéder à la vente des biens nationaux, sur folle-enchère, 9 juillet 1793] ; — les autorités administratives des villes maritimes qui s'immiscent dans la direction des forces

navales, 20 juillet 1793 ; — les individus surpris en fausse patrouille ou déguisés en femmes, 7 août 1793 ; — les geôliers et gardiens de prisons qui favorisent l'évasion d'un détenu, 13 brumaire an II [3 novembre 1793]. — Abolition de la peine de mort à compter du jour de la publication de la paix générale, 4 brumaire an IV [26 octobre 1795]. — Prorogation de cette peine, 8 nivôse an X [29 décembre 1801] (III, B. 149, n.° 1157).

— (C. P.) La peine de mort est afflictive et infamante, 7. — Le condamné est décapité, art. 12. — L'individu déjà condamné pour crime, qui en commet un second entraînant la peine des travaux forcés à perpétuité, est puni de mort, 56. — Lorsqu'un individu âgé de moins de seize ans, a, par un crime commis avec discernement, encouru la peine de mort, il est déporté ou condamné aux travaux forcés à perpétuité, 67. — La peine de mort est encourue pour avoir porté les armes contre la France, 75 ; — pour avoir recélé ou fait recéler les espions ou soldats ennemis envoyés à la découverte, 83 ; — pour attentats ou complots dirigés contre le chef de l'Etat et sa famille, 86 et suiv.; — ou dont le but serait de troubler l'Etat par la guerre civile, le pillage, &c. 91 et 125. — Elle a lieu pour crime de fausse monnaie, 132 ; — pour contrefaçon du sceau de l'Etat, des billets de banque et effets publics, 139 ; — pour violences commises envers les dépositaires de l'autorité publique, 231 et 233 ; — pour assassinat, parricide, infanticide et empoisonnement, 302 ; — pour crime de castration envers une personne qui a péri avant l'expiration de quarante jours, 316 ; — pour arrestations illégales exécutées avec un faux costume, sous un faux nom, sur un faux ordre, et avec tortures ou menace de mort, 344 ; — pour subornation de témoins dont la déposition entraînerait la peine des travaux forcés à perpétuité, 365; — pour vols commis avec une réunion de cinq circonstances aggravantes, 381; — pour destruction, par le feu ou par l'effet d'une mine, d'édifices, magasins, navires, bois, 434 et 435; — pour destruction d'édifices, ponts, qui a occasionné homicide ou blessures, 437.

— *des travaux forcés.* V. *Travaux forcés.* V. aussi les articles *Carcan, Condamnés, Dégradation civique, Déportation, Détenus, Gêne* et *Reclusion.*

PEINES *militaires,* prononcées par les conseils de guerre, commissions militaires, cours martiales, &c. pour délits et crimes des officiers et soldats des armées de terre et de mer. V. *Armée* et *Marine* au titre *Discipline.*

PEINES *de police simple et correctionnelle.* Elles consistent en amendes et emprisonnement; délits pour lesquels elles sont encourues, et tribunaux qui les prononcent, 19 = 22 juillet, 28 septembre = 6 octobre, 16 = 29 septembre 1791, et 3 brumaire an IV [25 octobre 1795] (I, B. 204, n.º 1221).

PEINTRES. Encouragement en faveur de ceux que le Gouvernement charge d'exécuter des tableaux, 31 janvier 1791. — Suppression de la place et du traitement de peintre de batailles, 20 = 27 mars 1791. — Droits de propriété des peintres sur leurs tableaux, 17 juillet 1793. — Nomination des peintres de la marine, 3 brumaire an IV [25 octobre 1795] (I, B. 205, n.º 1230). — Fixation de leurs frais de voyage et vacations, 29 pluviôse an IX [18 février 1801] (III, B. 68, n.º 529).

PEINTURE. Les artistes français et étrangers sont admis à exposer leurs ouvrages de peinture au Louvre, 21 = 23 août 1791. — Fonds accordés pour le soutien de cet art et de ceux de la sculpture et gravure, 17 = 29 septembre 1791. — Transport dans le dépôt du Louvre, des tableaux et autres monumens des beaux-arts qui sont dans les maisons ci-devant royales et autres édifices nationaux, 19 = 21 septembre 1792. — Nomination d'un jury pour juger les tableaux mis au concours, 9 frimaire an III [29 novembre 1794] (I, B. 94, n.º 983). — La peinture est enseignée dans les écoles spéciales, 3 brumaire an IV [25 octobre 1795] (I, B. 203, n.º 1216). V. *Sciences et Arts.*

— (C. P.) Peines pour contrefaçon de peintures, et pour leur débit, art. 425 *et suiv.;* — pour en avoir exposé ou distribué de contraires aux mœurs, 287 *et suiv.,* et 477. V. *Contrefaçon, Gravures.*

PÉLERINS DE SAINT-JACQUES. Réunion des biens de cette confrérie aux domaines des hospices de Paris, 22 frimaire et 19 germinal an II [12 décembre 1793 et 8 avril 1794], et 29 mars 1811 (IV, B. 360, n.º 6616).

PELET *de la Lozère* (Le sieur) est nommé préfet du département de Vaucluse, 11 ventôse an VIII [2 mars 1800] (III, B. 8, n.º 61); — conseiller d'état, 27 fructidor an X [14 septembre 1802] (III, B. 215, n.º 1960). — Il est chargé de l'instruction des affaires de police pour les départemens compris dans le 3.º arrondissement, 21 messidor an XII [10 juillet 1804] (IV, B. 8, n.º 88).

PELLÉ (Le sieur) est nommé membre du Corps législatif, 4 nivôse an VIII [29 décembre 1799] (II, B. 341, n.º 3509).

PELLETERIES. Droits d'entrée auxquels elles sont assujetties, 2 = 15 mars 1791.

PELLETIER D'AULNAY (Le sieur LE) est nommé préfet du département de Tarn-et-Garonne, 26 novembre 1808 (IV, B. 216, n.° 4002); — d'Eure-et-Loir, 12 mars 1813 (, B. 485, n.° 8965); — de la Stura, 25 mars 1813. (IV, B. 488, n.° 9040).

PELLETIER (Félix LE) est tenu de sortir du territoire continental de la République, 20 brumaire an VIII [11 novembre 1799] (II, B. 329, n.° 3432).

PELLETIER-DE-SAINT-FARGEAU (Le représentant du peuple Michel LE) est tué par un ancien garde du Roi, nommé Pâris, 21 janvier 1793. — Les honneurs du Panthéon lui sont décernés, ibid. — Ses funérailles sont célébrées aux frais de la nation; la Convention nationale y assiste toute entière, ainsi que les corps administratifs et judiciaires, 22 janvier 1793. — Ordre de graver ses dernières paroles sur sa tombe, ibid. — Adresse au peuple français sur l'assassinat de ce représentant, 23 janvier 1793. — La Convention nationale adopte sa fille, au nom de la patrie, 25 janvier 1793. — Erection d'un monument à sa mémoire, ibid. — Hommage fait à la Convention nationale par le sieur David, un de ses membres, d'un grand tableau représentant Michel le Pelletier sur son lit de mort, 29 mars 1793, et 24 et 26 brumaire an II [14 et 16 novembre 1793]. — Ce tableau est placé dans le lieu des séances de la Convention nationale et gravé aux frais de la République. Un exemplaire de chaque gravure est distribué à chaque membre de la Convention et envoyé à chaque administration de département, ibid. — Son buste est placé dans chaque bureau, 30 brumaire an II [20 novembre 1793] — La copie du tableau est remise à la manufacture des Gobelins pour y

être exécuté, 21 floréal an II [10 mai 1794], art. 2.

PEMARTIN (Le sieur) est nommé membre du Corps législatif, 4 niv. an VIII [25 décembre 1799] (II, B. 341, n.° 3509).

PENDULES. (C. Civ.) Elles sont considérées comme meubles meublans, art. 534. V. Horloges.

PÉNIÈRES (Le sieur) est nommé membre du Corps législatif, 1.er prairial an V [20 mai 1797] (II, B. 125, n.° 1212); — est délégué des Consuls dans la 10.e division militaire, 29 brumaire an VIII [20 novembre 1799] (II, B. 330, n.° 3437). — Il est nommé membre du Tribunat, 4 nivôse an VIII [25 décembre 1799] (II, B. 341, n.° 3509).

PENON (Le sieur). Il lui est accordé une indemnité de six cent soixante livres, 17 août 1792.

PENSÉES (La libre communication des) est un des droits de l'homme, 26 août=3 novembre 1789, 3=14 septembre 1793, 29 mai et 24 juin 1793.

PENSION (Maîtres de). (C. Civ.) Leur action, pour le prix de la pension de leurs élèves, se prescrit par un an, art. 2272.

PENSIONNATS. Leur surveillance est confiée aux autorités administratives, 17 pluviôse an VI [5 février 1798] (II, B. 181, n.° 1710).

PENSIONS sur l'Etat en général. Suspension de paiement de toutes pensions dont jouissent les Français absens sans mission du Gouvernement, 4 et 5=14 janv. 1790, 27 juin 1790 = 11 février 1791, 18 = 22 décemb. 1790. — Exception en faveur des familles d'Assas, de Chambord, &c., 20=25 février 1791.— Décrets généraux contenant réglement sur les conditions requises pour obtenir des pensions, gratifications et autres récompenses nationales pour

services militaires et civils, 10, 16,
23, 26 et 31 juillet=22 août 1790,
22=25 février, 18=22 août 1791,
29 janvier, 23=27 mai 1792. —
Certificats de résidence requis pour
obtenir le paiement des pensions,
3=20 septembre 1790, 17=20
janv. 1791, 30 et 31 mars=4 avril,
30 juin=6 juillet 1792, 17 juillet
1793, 14 et 19 pluviôse an II [2 et
7 février 1794], 26 messidor an II
[14 juillet 1794] (I, B. 21, n.º 98).
— Ordre de payer les anciens arrérages dont les décomptes sont
portés sur les brevets, 10=15 décembre 1790, 9=19 janvier 1791.
— Mode de paiement des pensions,
secours et récompenses pécuniaires
accordés sur le trésor public, et formalités prescrites aux pensionnaires
pour obtenir leur paiement, 1.er =
23, 20=25 février, 24 mars=6
avril, 24 juin, 2=20, 14=28 juillet, 13=17 décembre 1791, 24
juillet 1793, 12 brumaire et 7 frimaire an III [2 et 27 novemb. 1794]
(I, B. 80 et 92, n.os 420 et 476),
8 germinal an III [28 mars 1795]
(I, B. 231, n.º 724), 21 vendémiaire an IV [13 octobre 1795]
(I, B. 195, n.º 1166), 15 brumaire
an IV [6 novembre 1795] (II, B.
2, n.º 11), 17 germinal, 5 et 8
messidor an IV [6 avril, 23 et 26
juin 1796 (II, B. 39, 54 et 55,
n.os 307, 483 et 489), 22 et 27
vendémiaire an V [13 et 18 octobre
1796] (II, B. 83 et 84, n.os 771 et
792), 28 vendémiaire et 5 frimaire
an VII [19 octobre et 25 novembre
1798] (II, B. 234 et 242, n.os 2095
et 2196), 22 et 25 floréal an VII
[11 et 14 mai 1799] (II, B. 278,
n.os 2880 et 2884), 3 et 25 prairial
an VII [22 mai et 13 juin 1799] (II,
B. 278 et 282, n.os 2881 et 2955),
27 brumaire et 18 frimaire an VIII
[18 novembre et 9 décembre 1799]
(II, B. 328 et 337, n.os 3431 et
3470). — Mode de liquidation des

pensions qui existent sur des établissemens supprimés, 14=27 avril 1791.
— Formules des brevets de pensions,
28 avril = 4 mai 1791. — Le traitement d'activité exclut de toute
pension sur le trésor public, 28 avril
=4 mai 1791. — Conservation des
pensions des citoyens qui s'enrôlent
pour le service militaire, 22 = 30
octob. 1791. — On ne peut cumuler
pension et traitement, 19 mars 1792.
— Le cumul est autorisé jusqu'à concurrence de la somme de mille liv.,
18 therm an II [5 août 1794] (I, B.
34, n.º 188); — de trois mille livres,
14 et 24 messidor an III [2 et 12
juillet 1795] (I, B. 158 et 163, n.os
937 et 951). — Mode de paiement
des pensions assignées sur toute autre
caisse que le trésor public, 9 = 14
juin, 25 = 27 juin 1792, 21 mai
1793. — Mode de paiement des arrérages des pensions, 25=27 juin
1792, 16 vendémiaire an II [7 octobre 1793], 6 germinal an II [26
mars 1794], 8 vendémiaire an III
[29 septembre 1794] (I, B. 66,
n.º 355), 3 vendémiaire an IV [15
octobre 1795 [(I, B. 195, n.º
1173), 15 vendémiaire an V [6
octobre 1796] (II, B. 82, n.º 758),
2 ventose an V [20 février 1797]
(II, B. 107, n.º 1019), 26 brumaire
et 17 frimaire an VI [16 novembre
et 7 décembre 1797] (II, B. 159 et
164, n.os 1555 et 1594], 13 prairial
et 11 messidor an VII [1.er et 29
juin 1799] (II, B. 284 et 291, n.os
2985 et 3098), 28 germinal an VIII
[18 avril 1800] (III, B. 20, n.º 127),
20 prairial et 27 messidor an X [9
juin et 16 juillet 1800] (III, B. 224,
n.os 1832 et 1853). — Secours
provisoires accordés aux anciens pensionnaires sur le sort desquels il n'a
point été statué, 20=28 juill. 1792.
— Sermens exigés des pensionnaires
de l'Etat, 14=15 août 1792. — Publication des livres rouges des pensions, trouvés dans un cabinet secret

du Roi à Versailles, 28 février 1793.
— Les receveurs de district sont
chargés du paiement des pensions, 6
juin 1793. — Ordre de délivrer les
brevets sur parchemin, 19 juin
1793. — Certificats de civisme exigés des pensionnaires de l'Etat pour
recevoir leur paiement, 19 juin 1793.
— Les pensions ne peuvent être
payées que jusqu'à concurrence
d'une somme de trois mille francs,
19 et 30 juin, 5 juillet 1793. —
Exception en faveur des militaires.
V. ci-après *Pensions militaires*. — Certificats de paiement de la contribution mobilière exigés pour toucher
les pensions, 17 juillet 179 . —
Fixation des époques e paiement
des pensions, 18 pluv. an II [6 fév.
1794].—Mode de rectification des erreurs de noms commises dans les brevets des pensionnaires, 26 mess. an II
[14 juillet 1794] (I, B. 22, n.º 102).
—Dispositions relatives aux citoyens
qui jouissent de pensions en vertu
d'arrêtés de représentans du peuple
en mission, 14 ventôse an III [4
mars 1795] (I, B. 128, n.º 681).
— Recréation des pensions affectées
sur les corps, corporations et établissemens supprimés, 16 germinal an
III [5 avril 1795] (I, B. 134, n.º
742).— Les payeurs établis dans les
départemens sont chargés du paiement des pensions, 11 fructidor an
III [28 août 1795] (I, B. 175, n.º
1055). —Mode de liquidation des
pensions, 15 brumaire an IV [6
novembre 1795] (II, B. 2, n.º 11).
— Emploi des bons reçus en paiement par les pensionnaires, 10 floréal an V [29 avril 1797] (II, B.
120, n.º 1165), 17 messidor an VI
[5 juillet 1798] (II, B. 211, n.º
1908), 27 nivôse et 8 pluviôse an
VII [16 et 27 janvier 1799] (II,
B. 254 et 255, n.ºs 2372 et 2389).
— Règles prescrites aux pensionnaires non liquidés, et secours provisoires qui leur sont accordés, 23

prairial et 14 fructidor an V [11 juin
et 31 août 1797] (II, B. 128 et 142,
n.ºs 1234 et 1398), 13 germinal
an VII [2 avril 1799] (II, B. 269, n.º
2793), 26 brumaire an X [17 novembre 1801 (III, B. 130, n.º 190).
— Désignation des personnes à qui
la nation déclare qu'il sera accordé
des pensions, constitution de l'an
VIII, art 86 (B. 333). — Il n'est
point reçu de transports, cessions
ou délégations de pensions à la charge
de l'Etat, 7 thermid. an X [26 juillet
1802] (III, B. 204, n.º 1867).—
Nouveau mode de création de pensions, et fixation de leur maximum
à 6 mille francs, 11 germinal an XI
[1.er avril 1803] (III, B. 267, n.º
2614). — Suppression des formalités des déclarations de succession ou
de fortune par les pensionnaires, 3
floréal an XI [23 avril 1803] (III, B.
273, n.º 2740). — Règlement sur
la forme des demandes de pensions
pour services publics, 15 floréal an
XI [5 mai 1803] (III, B. 275, n.º
2751), 13 septembre 1806, (IV, B.
117, n.º 1947).— Décret qui prescrit l'énonciation des titres et qualités constitutionnels sur les extraits
ou certificats de pensions, 21 frimaire an XIII [12 décembre 1804]
(IV, B. 23, n.º 413). — Formalités
pour le paiement des pensions non
réclamées pour les deux années qui
précéderont le dernier semestre, 26
fructidor an XIII [13 septemb. 1805]
(IV, B. 58, n.º 1049). — Jusqu'à
quelle concurrence on peut saisir les
pensions accordées par l'Etat, 21
avril 1806 (IV, B. 97, n.º 1649).
—Formalités à remplir par les pensionnaires de l'Etat qui ne peuvent
se transporter au domicile du notaire
certificateur pour l'expédition du
certificat de vie qu'ils doivent fournir, 23 septembre 1806 (IV, B.
117, n.º 1953).— Avis du Conseil
d'état relatif aux fonctionnaires qui,
après avoir été admis à la pension

de retraite , sont remis en activité, 15 février 1811 (IV, B. 352, n.º 6531). — Réglement général prescrivant un nouveau mode de demande, d'inscription et de paiement des pensions, 27 février 1811 (IV, B. 354, n.º 6555).

— (C. P. C.) Jusqu'à quelle concurrence on peut saisir les pensions sur l'Etat, art. 580.

ÉTATS de liquidation de pensions.

Décrets contenant les états des pensionnaires dont les pensions ont été conservées par les Assemblées constituante et législative ou en faveur desquels elles en ont créé de nouvelles, 1.er = 23 février, 20=25 février, 24 mars=6 avril, 2=20, 14=28 juillet, 18=25 août, 17 sept. = 2 octobre, 28 septembre = 9 et 16 octobre 1791, 29 janvier 1792.

PENSIONS civiles. Les pensions des comédiens français et italiens sont rejetées des dépenses du trésor public, 11=21 septembre 1790. — Fixation des pensions de retraite à accorder aux agens politiques en cas de remplacement, 28 janv.=4 février 1791. — Pensions accordées aux employés des administrations, fermes et régies publiques, 8=20 mars, 2=20 juillet, 31 juillet, 20=25 novembre 1791. — Concession de pensions pour traits de courage et de dévouement, 28 septembre = 16 oct. 1791. — Les employés comptables ne peuvent obtenir de pensions qu'ils n'aient justifié qu'ils sont entièrement libérés, 7=18 avril 1792. — Suspension du paiement des pensions assignées sur les fonds destinés aux dépenses secrètes du département des affaires étrangères, 4=7 août 1792. — Fixation des pensions des officiers et agens de l'ordre de Saint-Lazare et de N. D. du Mont-Carmel, 19=30 septembre 1792. — Décret relatif aux pensions de

retraite auxquelles ont droit de prétendre les inspecteurs et visiteurs des rôles supprimés, 22 juillet 1793. — Fixation des pensions de retraite accordées aux employés et préposés supprimés dans les ministères et administrations, 24 juillet 1793 , 1.er pluviôse an III [20 janvier 1796] (I, B. 114, n.º 601), 4 et 21 fructidor an III [21 août et 7 septembre 1795] (I, B. 174 et 176, n.ºs 1044 et 1074), 26 germinal et 2 floréal an V [15 et 21 avril 1797] (II, B. 118 et 119, n.ºs 1138 et 1150).— Dispositions relatives aux personnes qui jouissaient de pensions accordées par les ci-devant municipalités ou corps administratifs, 23 pluv. an II [11 fév. 1794].—Mode de délivrance des certificats d'indigence exigés des veuves et enfans des citoyens morts dans un service requis ou commandé, pour obtenir les pensions auxquelles ils ont droit, 14 vent. an III [4 mars 1795] (I, B. 128, n.º 682). — Les instituteurs et professeurs sont autorisés à cumuler pension et traitement, 3 brumaire an IV [25 octobre 1795] (I, B. 203, n.º 1216). — Mode de liquidation des pensions de retraite des régisseurs et préposés de la régie de l'enregistrement, 30 ventôse an IV [20 mars 1796] (II, B. 34, n.º 256). — Pensions accordées aux veuves et enfans de plusieurs représentans du peuple, 9 floréal an IV [28 avril 1796] (II, B. 44, n.º 369); — aux veuves des agens civils de la marine , 18 mess. an IV [6 juillet 1796] (II, B. 57, n.º 517).—Les pensions payées sur les ordonnances du ministre de l'intérieur doivent être acquittées à la trésorerie, ainsi que les autres pensions , 17 vendémiaire an V [8 octobre 1796] (II, B. 82, n.º 763). —Epoque de laquelle doivent courir les pensions accordées aux veuves ou proches parens des membres de la Convention nationale morts victimes des événemens de la révolution, 17 pluviôse an V [5 février 1797] (II, B. 105, n.º 1000).—Mode de paiement des habitans de la ci-devant Savoie, pensionnés ou ayant droit à des pensions, 21 prairial an VII [9 juin 1799] (II, B. 286, n.º 3012); — des pensionnaires domiciliés dans les départemens belgiques et dans le ci-devant pays de Bouillon, 6 pluviôse an VIII [26 janvier 1800] (III, B. 3, n.º 18).—Arrêté qui attribue au liquidateur général de la dette publique, la liquidation des pensions de tous les employés près des ministères et des administrations, 3 germinal an IX [24 mars 1801] (III, B. 77, n.º 598). — Retenue sur les traitemens des professeurs des lycées et écoles spéciales pour former un fonds de retraite, 11 floréal an X [1.er mai 1802] (III, B. 186, n.º 1488). — Loi relative aux pensions des grands fonctionnaires de l'Empire, 11 septembre 1807 (IV, B. 161, n.º 2789). — Décret concernant les officiers de justice auxquels des infirmités donnent droit à une pension de retraite, 2 octobre 1807 (IV, B. 165, n.º 2813). — Mode de paiement des pensions dans les trois vicairies de Pontremoli, Bagnone et Fivizzano réunis au département des Apennins, 15 janvier 1809 (IV, B. 224, n.º 4091); — de celles accordées sur les revenus des communes, 4 juin 1809 (IV, B. 238, n.º 4335). — Décret qui ordonne un versement annuel de sommes destinées à accroître les pensions des ingénieurs et de leurs veuves, 27 janvier 1810 (IV, B. 264, n.º 5151). — Liquidation et mode de paiement des pensions en Hollande, 18 octobre 1810 et 21 janvier 1812 (IV, B. 322 et 419, n.os 6043 et 7648).—Avis du Conseil d'état relatif à la formation d'un fonds commun de pensions et de secours, en faveur des salariés de

l'Etat, 5 mars 1811 (IV, B. 355, n.º 6565). — Fixation du *maximum* du fonds des pensions civiles, 15 juillet 1811, tit. VI, art. 13 (IV, B. 380, n.º 7104). — Avis du conseil d'état relatif aux pensions de retraite des employés qui, sans être directement attachés au ministère de l'intérieur, dépendent d'une administration départementale ou municipale, 17 novembre 1811 (IV, B. 404, n.º 7463). — Formation d'un fonds commun pour subvenir au paiement des pensions de retraite, et secours qu'il y aura lieu d'accorder aux préposés des ponts à bascule et à leurs veuves et orphelins, 25 janvier 1813 (IV, B. 479, n.º 8705).— Le sieur Maurin, ex-receveur des domaines à Mont-de-Marsan, est privé d'une pension dont il avait droit de jouir, 7 février 1813 (IV, B. 480, n.º 8837). — Décret qui applique aux pharmaciens des hospices et hôpitaux de Paris, le décret du 7 février 1809, portant création d'un fonds de retraite et de secours en faveur des administrateurs et employés de ces établissemens, 18 mars 1813 (IV, B. 488, n.º 9039).

PENSIONS *ecclésiastiques.* Fonds affectés au paiement de ces pensions, 14=20, 22 avril 1790. — Paiement des arrérages des pensions assignées sur le clergé, 18=23 juillet 1790.—Les pensions ecclésiastiques font partie des dépenses publiques, 14, 20=22 août 1790.—Fixation des pensions accordées aux religieux et religieuses, 8, 25 septembre, 4 et 8=14 octobre 1790, 7=16 août, 18 août 1792.—Mode de paiement des pensions du clergé séculier et régulier, 30 novembre=5 décembre 1790, 9=19 janvier, 16 octobre 1791, 13 germinal et 11 messidor an IV [2 avril et 29 juin 1796] (II, B. 38 et 56, n.os 298 et 500), 5 prairial an VI [24 mai 1798] ((II, B. 203, n.º 1847).—Réduction de

F 4

celles des ecclésiastiques non employés, 27 septembre 1792. — Fixation des pensions ou traitemens des évêques, des vicaires épiscopaux et des autres ecclésiastiques, 18 septembre 1793. — Conservation de la pension des religieux qui se rendent aux frontières, 21 mars 1793. — Suppression des pensions accordées aux ecclésiastiques en indemnité de leurs bénéfices supprimés, 21 frim. an II [11 décemb. 1793]. — Suppression des pensions établies sur le clergé, 17 ventôse an II [7 mars 1794]. — Prohibition du cumul des pensions et traitemens accordés à raison de places, bénéfices ou fonctions ecclésiastiques, 2.e jour complémentaire an II [18 sept. 1794] (I, B. 61, n.º 330]. — Mode de liquidation et de paiement des pensions accordées aux religieux et religieuses supprimées dans la ci-devant Belgique, 17 floréal an V [6 mai 1797] (II, B. 121, n.º 1170), et 17 floréal an IX [7 mai 1801] (III, B. 81, n.º 666). — Arrêté sur le paiement des pensionnaires dits ecclésiastiques, dans les départemens dont les tableaux n'ont pas encore été déposés à la trésorerie nationale, 23 ventose an VII [13 mars 1799] (II, B. 266, n.º 2633). — Les fonds des pensions des ecclésiastiques employés, à mesure de leur extinction, sont affectés au remboursement de la dette publique, 6 frim. an VIII [27 novembre 1799] (III, B. 331, n.º 3342). — Loi qui remplace par des pensions les capitaux accordés aux membres du clergé et des établissemens religieux supprimés dans les neuf départemens réunis, 11 ventôse an VIII et 15 brumaire an IX [2 mars et 6 novembre 1800] (III, B. 11 et 53, n.ºs 75 et 388), 17 floréal an IX [7 mai 1801] (III, B. 82, n.º 666). — Arrêté relatif à la renonciation des religieuses à leurs pensions de retraite pour opérer l'af-

franchissement de leurs dots, 27 nivôse an IX [17 janvier 1801] (III, B. 63, n.º 473). — Les pensions accordées aux ministres du culte catholique par l'Assemblée constituante, doivent être précomptées sur leurs traitemens, 18 germinal an X [8 avril 1802] (III, B. 172, n.º 1344). — Arrêté relatif aux pensions ecclésiastiques non liquidées pour défaut de promesse ou prestation de serment, 3 prair. an X [23 mai 1802] (III, B. 191, n.º 1598). — Décret qui applique à tous les individus appartenant autrefois à l'état ecclésiastique, l'art. 1.er du décret du 3 prairial an X relatif aux pensions, 28 messidor an VIII [17 juillet 1800] (III, B. 198, n.º 3591). — Fixation des pensions des membres des corporations religieuses supprimées dans le département de la Lippe, 14 novembre 1811, art. 25 (IV, B. 401, n.º 7434).

PENSIONS militaires. Paiement de celles des officiers dits officiers de fortune, 9 = 19 janv. 1791. — Formes à observer pour constater les services qui donnent droit à leur pension sur la caisse des invalides de la marine, 28, 30 avril = 13 mai 1791. V. Marine au titre Invalides. — Tout officier qui, pendant la guerre, donne sa démission sans cause légitime, ne peut obtenir de pension, 17 = 23 mai 1792. — Fixation des pensions des officiers de la gendarmerie, 11 = 13 septembre 1792. V. Gendarmerie. — Fixation et mode de paiement des pensions de retraite accordées aux généraux, officiers, sous-officiers et soldats des troupes de ligne, et des gardes nationaux volontaires, que leurs blessures forcent de quitter le service, 8 et 10 février, 21 février, 6 juin, 11 août 1793, 21 et 22 pluviôse an II [9 et 10 février 1794], 14 germinal an II [3 avril 1794], 27 thermidor an II [14 août 1794] (I, B. 39, n.º 214), 1.er pluviose an

III [20 janvier 1795] (I, B. 114, n.° 601), 3 brumaire an IV [25 octobre 1795] (I, B. 201, n.° 1200 et 1201), 11 germinal an IV [31 mars 1796] (II, B. 36, n.° 279), 13 frimaire an VIII [4 décembre 1799 (II, B. 332, n.° 3448), 11 prairial an VIII [31 mai 1800] (III, B. 28, n.° 186), — Il est accordé des pensions aux sous-officiers et soldats des armées ennemies qui abandonnent leurs drapeaux, 1.ᵉʳ mars 1793. — Fixation de celles accordées aux veuves et enfans des militaires morts au service, 4 juin, 29 juillet, 11 août, 5 septembre 1793, 21 et 22 pluviôse an II [9 et 10 février 1794], 13 nivose an III [2 janvier 1795] (I, B. 115, n.° 606), 13 pluviôse an III [1.ᵉʳ février 1795] (I, B. 123, n.° 649), 18 ventôse an III [8 mars 1795] (I, B. 129, n.° 690), 22 pluviôse an V [10 février 1797] (II, B. 107, n.° 1010), 29 brumaire et 14 fructidor an VI [19 novembre 1797 et 31 août 1798] (II, B. 170 et 221, n.ᵒˢ 1623, 1981 et 1982), 25 thermidor et 23 fructidor an VII [12 août et 9 septembre 1799] (II, B. 301 et 307, n.ᵒˢ 3205 et 3253), 29 frimaire et 21 pluviôse an VIII [20 décembre 1799 et 10 février 1800 (II, B. 339, n.° 3484, et III, B. 6, n.° 43), 25 frimaire an IX [16 décembre 1800] (III, B. 58, n.° 421), 5 frimaire an X et 8 floréal an XI [26 novembre 1801 et 28 avril 1803] (III, B. 131 et 277, n.ᵒˢ 1009 et 2755). — Réglemens sur les pensions des soldats blessés dans les colonies, 14 avril 1793. — Faculté accordée aux militaires de cumuler pension et traitement, 23 août 1793, 21 messidor an II [9 juillet 1794] (I, B. 23, n.° 106), 16 frimaire an III [6 décembre 1794] (I, B. 96, n.° 494). — Réglement sur les pensions des officiers, sous-officiers et soldats suisses, 29 germinal an II [18 avril 1794], 10 vendémiaire an V

[1.ᵉʳ octobre 1796] (II, B. 80, n.° 746), 10 thermidor an XI [29 juillet 1803] (III, B. 302, n.° 3027). — Remise des titres des pensionnaires des écoles militaires, 21 frim. an III [11 novembre 1794] (I, B. 91, n.° 468). — Mode de liquidation des pensions militaires, 6 germinal an VI [26 mars 1798] (II, B. 194, n.° 1782). — Mode de paiement des pensions représentatives de la maison nationale des invalides, 9 frimaire an VII [29 novembre 1798] (II, B. 249, n.° 2250). — Conversion des pensions militaires en solde et traitement de réforme, 8 nivôse an VIII [29 décembre 1799] (III, B. 44, n.° 295), 7 brumaire et 2 frimaire an IX [29 octobre et 23 novembre 1800] (III, B. 52 et 54, n.ᵒˢ 382 et 396), 16 frimaire et 11 pluviose an XI [7 décembre 1802 et 31 janvier 1803] (III, B 231 et 247, n.° 2133 et 2302). — Avis du Conseil d'état sur la retenue dont la pension d'un militaire peut être susceptible en faveur de sa femme et de ses enfans, 11 janvier 1808 (IV, B. 174, n.° 2937). — Décrets particuliers qui règlent le montant des pensions accordées à des militaires et aux veuves de ceux qui ont été tués au service, 21 mess. an II [9 juillet 1794] (I, B. 23, n.° 106 et 107), 23 nivôse et 20 pluviôse an III [12 janvier et 8 février 1795] (I, B. 120 et 125, n.ᵒˢ 634 et 657), 9 messidor et 20 fructidor an IV [27 juin et 6 septembre 1796] (II, B. 55 et 74, n.ᵒˢ 490 et 688), 21 brumaire an V [11 novembre 1796] (II, B. 90, n.° 854), 6 prairial an VII [25 mai 1799] (II, B. 283, n.° 2972), 13 brumaire, 15 floréal et 13 prairial an VIII [4 novemb. 1799, 5 mai et 2 juin 1800] (II, B. 322, n.° 3406, et III, B. 24 et 28, n.ᵒˢ 161 et 187), 26 prairial, 17 messid. et 28 fructidor an VIII [15 juin, 6 juillet et 15 septembre 1800] (III, B. 29, 32, 34 et 45, n.ᵒˢ 192, 212,

220 et 334), 4 et 27 brumaire an IX [26 octobre et 18 novembre 1800] (III, B. 49 et 54, n.os 266 et 303), 8 et 25 frimaire an IX [29 novemb. et 16 décembre 1800] (III, B. 56 et 58, n.os 407 et 421), 15 nivôse, 2 et 23 ventose an IX [5 janvier, 21 février et 14 mars 1801 (III, B. 61, 70 et 73, n.os 447, 448, 541 et 564), 7 germinal, 7 floréal et 1.er prair. an IX [28 mars, 27 avril et 21 mai 1801] (III, B. 77, 81 et 83, n.os 608, 656 et 671), 3 messidor et 3 fructidor an IX [22 juin et 21 août 1801 (III, B. 87 et 99, n.os 714 et 829), 3 vendémiaire, 17 et 19 frimaire an X [25 septembre, 8 et 10 décembre 1801] (III, B. 107, 138 et 140, n.os 107, 1050 et 1066), 29 frimaire, 5 pluviôse et 19 ventôse an X [20 décembre 1801, 25 janv. et 10 mars 1802] (III, B. 143, 159 et 170, n.os 1099, 1221 et 1314), 3 et 9 germinal et 3 floréal an X [24 et 30 mars et 23 avril 1802] (III, B. 174, et 228, n.os 1346, 1348 et 1477), 18 brumaire et 16 frimaire an XI [9 novembre et 7 décembre 1802] (III, B. 228 et 234, n.os 2114, 2115 et 2185), et 16 frimaire an XIV [7 décembre 1805] (IV, B. 66, n.o 1163).

PENSIONS *entre particuliers*. Retenue que les débiteurs sont autorisés à faire sur ces pensions, 23 novembre = 1.er décembre 1790. — Taux de cette retenue pour l'année 1791, 7 = 10 juin 1791; — pour l'année 1792, 30 juillet = 2 août 1792; — pour 1793, 3 août 1793; — pour l'an III, 23 niv. et 19 vent. an III [12 janv. et 9 mars 1795] (I, B. 111 et 129, n.os 581 et 692); — pour l'an V, 15 pluviôse an V [3 février 1797] (II, B. 114, n.o 991); — pour l'an VII, 4 mess. an VII [22 juin 1799 (II, B. 292, n.o 3107). (La retenue n'a point varié depuis cette époque). — Continuation du paiement des pensions alimentaires fondées par M. Co-

chet de Saint-Vallier, 3 = 15 mai 1791. — Suppression de cette fondation, 22 floréal an III [11 mai 1795]. — Pensions alimentaires accordées aux époux dans le cas de divorce, 20 septembre 1792. — Les pensions faites aux domestiques peu fortunés, depuis le 14 juillet 1789, sont conservées, 5 frimaire an II [25 novembre 1793]. — Rejet de la résolution concernant le paiement des pensions sur particuliers, 10 thermid. an IV et 28 nivôse an V [28 juillet 1796 et 17 janvier 1797]. — Mode de paiement des arrérages dus et échus pendant le cours forcé du papier-monnaie, 15 pluviôse an V et 26 brumaire an VI [3 février et 16 novembre 1797] (II, B. 104, et 159, n.os 991 et 1555). — Les pensions faites à titre de libéralité pendant le papier-monnaie, ne sont point soumises à l'échelle de dépréciation, 11 frimaire an VI [1.er décemb. 1797] (II, B. 161, n.o 1580). — Droits d'enregistrement auxquels sont assujettis les actes portant création de pensions, 22 frimaire an VII [12 décembre 1798] (II, B. 248, n.o 2224). — Dispositions relatives aux pensions des veuves, affectées sur des dotations et des majorats, 20 mars 1810 (IV, B. 270, n.o 3249), et 24 août 1812 (IV, B. 447, n.o 8210), 11 novembre 1813 (IV, B. 537, n.o 9867).

— (C. Civ. Le mari contre lequel la femme forme une demande en divorce, est tenu de lui payer une pension alimentaire, art. 259 et 268. — L'obligation est réciproque dans le cas d'un divorce prononcé, 301. — Celle qui doit être acquittée par le légataire universel de l'usufruit, 610. — Les arrérages d'une pension alimentaire se prescrivent par cinq ans, 2277.

PENSIONS *diverses*. Sur les collèges. V. *Collèges*; — les écoles militaires. V. *Écoles militaires*; — les fermes, postes et messageries. V. *Fermes*, *Messageries* et *Postes*; — la liste civile. V. *Liste civile*; — la loterie. V. *Loteries*; — le Port-Louis. V. *Port-Louis*.

PENTHIÈVRE (M. DE), grand amiral. Ses droits sur le commerce étranger sont supprimés, 2 décembre 1799= 25 mai 1791.

PÉPINIÈRES. Il est défendu d'y faire aucune coupe de bois, sous peine d'être poursuivi, 11 décembre 1789. — Peines contre ceux qui y mênent paitre des bestiaux, 28 septembre =6 octobre 1791. — Suppression de la place de directeur des pépinières situées dans le département de Seine-et-Oise, &c., 16 germinal an II [5 avril 1794]. — Conservation de celle du Roule, *ibid*. — Dispositions relatives à l'entretien de celle qui existe à Liancourt, 14 prairial an II [2 juin 1794].

— (C. Civ.) Sous quelles conditions l'usufruitier peut tirer des arbres d'une pépinière, art. 590.

PÉRARD (Le sieur) est nommé membre de la commission des émigrés, 22 ventôse an VIII [13 mars 1800] (III, B. 11, n.° 78).

PERCEPTEURS *des contributions en général*. V. *Contributions* et *Receveurs*.

— *des contributions directes dans les communes*. Nomination, fonctions, attributions et responsabilité de ces percepteurs, 3 frimaire an VII [23 novembre 1798] (II, B. 243, n.° 2197), 16 thermidor an VIII [4 août 1800 (III, B. 38, n.° 244). — Leurs remises font partie des dépenses communales, 11 frimaire an VII [1.er décembre 1798] (II, B. 247, n.° 2219 et 2220). — Mode de statuer sur leurs réclamations et leurs comptes, 27 pluviôse an IX [16 février 1801] (III, B. 70, n.° 539). — Traitement des douze percepteurs de Paris, assimilés aux receveurs particuliers, et mode de leur perception, 7 ventôse an X [26 fév. 1802] (III, B. 166, n.° 1266).

—Epoque à laquelle les percepteurs ne doivent plus recevoir des contribuables de bons au porteur en paiement des arrérages de rentes, 23 pluviôse an X [12 février 1802] (III, B. 164, n.° 1244). — Versement au trésor public des bons qu'ils ont dans leurs caisses, *ibid*. — Les préfets sont autorisés à traduire devant les tribunaux, sans recours au Conseil d'état, les percepteurs pour faits relatifs à leurs fonctions, 10 floréal an X [30 avril 1802] (III, B. 188, n.° 1496). — Nomination de percepteurs à vie dans les communes dont les rôles s'élèvent au dessus de 15,000 fr. ; leurs remises et cautionnemens, 4 pluviôse an XI et 5 ventôse an XII [24 janvier 1803 et 25 février 1804] (III, B. 243 et 345, n.os 2262 et 3610). — Nouvelles bases de leurs remises et cautionnemens, 30 frimaire an XIII [21 décembre 1804] (IV, B. 25, n.° 434). — Avis du Conseil d'état sur les poursuites à exercer contre les percepteurs à raison des déficits existant dans leurs caisses, 17 mars, 6 juin, 4 nov. 1811 (IV, B. 359, 375 et 400, n.os 6386, 6913 et 7411).— Les villes dans lesquelles les percepteurs ont été assimilés aux receveurs particuliers, sont, Amiens, Angers, Anvers, Bordeaux, Bourges, Bruges, Bruxelles, Caen, Clermont (Puy-de-Dôme), Cologne, Dieppe, Dijon, Gand, le Havre, Lille, Lyon, Marseille, Metz, Nantes, Nanci, Paris, Rouen, Strasbourg, Toulouse et Versailles. V. *Tous ces noms en particulier*.

— (C. P.) Peine contre ceux qui auraient détourné ou soustrait des deniers publics ou privés, art. 169.

PERCEVAL-GRANDMAISON (Le sieur) est nommé membre du conseil des prises, 19 prairial an XI [8 juin 1803] (III, B. 289, n.° 2830).

PERDUES (Choses). (C. Civ.) Des

lois particulières règlent les droits de celui qui les trouve, art. 717.

PÉRÉ des Hautes-Pyrénées (Le représentant du peuple) est nommé membre de la commission législative du Conseil des anciens, 19 brumaire an VIII [10 novembre 1799] (II, B. 325, n.º 3417); — membre du sénat conservateur, 4 nivôse an VIII [25 décembre 1799] (II, B. 341, n.º 3509).

PÉPÉE (Le sieur) est nommé membre du Tribunat, 4 nivôse an VIII [25 décembre 1799] (II, B. 341, n.º 3509).

PÉRÉGUEMENS ou ARPENTEMENS. Les répartiteurs peuvent s'en servir pour distinguer chaque article de propriété, 3 frimaire an VII [23 novembre 1798], art. 43 (II, B. 243, n.º 2197).

PÉREMPTION d'instance. Elle a lieu de droit en justice de paix, et l'action est éteinte quand les parties n'ont pas mis leurs causes en état d'être jugées définitivement au plus tard dans le délai de quatre mois, à partir du jour de la notification de la citation, 14, 18 = 26 octobre 1790, titre VII, art. 7.

— (C. Civ.) Péremption de l'action en réclamation d'état, intentée par les héritiers de l'enfant, art. 330.

— (C. P. C.) Délai après l'expiration duquel une instance non jugée par un juge de paix est périmée de droit, art. 15. — Dommages-intérêts contre le juge, quand la cause est périmée par sa faute, ibid. — Délai après lequel la discontinuation de poursuites éteint l'instance, 397. — Cours de la péremption contre l'État, les établissemens publics et les mineurs, 398. — Requête par laquelle la péremption doit être demandée, 400. — Effets de la péremption, 401 et 469. V. Jugemens.

PÉRÈS (Le sieur) est nommé membre du Corps législatif, 1.er prairial an V [20 mai 1797] (II, B. 125, n.º

1212), et 5 janvier 1813 (IV, B. 464, n.º 8545).

PÈRES ET MÈRES. Les contestations qui s'élèvent entre eux et leurs enfans sont soumises à l'arbitrage de parens, 16 = 24 août 1790. — Ils sont responsables des délits de leurs enfans en matière de délits de chasse et de police municipale et rurale, 22 = 30 avril 1790, 19 = 22 juillet et 28 septembre = 6 octobre 1791. — Les pères et mères des accusés contumax sont autorisés à demander un prélèvement sur leurs biens pour leur fournir des secours, 16 = 29 septembre 1791, et 3 brumaire an IV [25 octobre 1795] (I, B. 204, n.º 1221). — Peines encourues par les enfans qui se rendent coupables de meurtre ou de mutilation envers leurs père et mère légitimes, naturels ou adoptifs, 25 septembre = 6 octobre 1791, 3 brumaire an IV [25 octobre 1795] (I, B. 204, n.º 1221), et Code pénal, art. 312. V. Parricides. — Les pères et mères peuvent faire inscrire leurs enfans absens sur le tableau civique, 29 septembre = 14 octob. 1791. — La loi ne reconnaît d'autre père que celui qui est désigné par le mariage, 19 floréal an II [8 mai 1794]. — On compte au père les contributions payées sur les biens de ses enfans mineurs pour son inscription sur la liste des plus imposés, 19 fructidor an X [6 septembre 1802], art. 67 (III, B. 219, n.º 1964). — Pères et mères de conscrits. V. Armée au titre Conscription; — d'émigrés. V. Émigrés; — de militaires. V. Pensions et Secours.

— (C. Civ.) A défaut de registres de l'état civil, les naissances, mariages et décès peuvent être prouvés par les registres et papiers des père et mère, art. 46. — Surveillance et droits que la mère exerce après la disparition du père, 141. — Le consentement des père et mère est né-

PÉRIER (Le sieur) obtient un brevet d'invention, 3 pluviôse an IX [23 janvier 1801] (III, B. 64, n.° 490).

PÉRIES (Choses). (C. Civ.) Cas où elles sont à la charge du débiteur, art. 1193 *et suiv.*; — du créancier, 1205. — Cas où elles libèrent le débiteur, 1302.

PÉRIÈS de l'Aude (Le représentant du peuple) est décrété d'arrestation, 3 octobre 1793. — Il est rappelé dans le sein de la Convention nationale, 18 frimaire an III [8 décembre 1794] (I, B. 96, n.° 495).

PÉRIGNON (Le général) est nommé membre du Sénat conservateur, 8 germinal an IX [29 mars 1801] (III, B. 77, n.° 610); — à la sénatorerie de Bordeaux, 5 vendémiaire an XII [28 septembre 1803] (III, B. 323, n.° 3275); — gouverneur général des états de Parme et de Plaisance, 18 septembre 1806 (IV, B. 116, n.° 1945).

PÉRIGNON (Le sieur) est nommé caissier de la monnaie de Toulouse, 26 prairial an XI [15 juin 1803] (III, B. 292, n.° 2883).

PÉRIGNY (Le sieur TAILLEVIS DE) est nommé membre du Corps législatif, 5 et 6 janvier 1813 (IV, B. 464, n.° 8545).

PÉRIL. (C. Civ.) Effet de la mise en péril de la dot de la femme, art. 1563. — Périls et risques en matière de vente. V. *Dépérissement, Garantie, Perte, Risques.*

— (C. P. C.) L'exécution d'un jugement peut être ordonnée nonobstant l'opposition, dans le cas où il y aurait péril en la demeure, art. 1555. — Le juge peut, dans ce cas, autoriser une exception aux jours et heures interdits en général pour les significations, 1037.

PERLE. Le bureau de cette ville est ajouté à ceux qui sont ouverts au transit pour les objets de commerce venant de la Suisse, 25 fructidor an VI [11 sept. 1798] (II, B. 226, n.° 2013).

PERLES. Peines contre ceux qui vendent des perles fausses pour fines, 19 = 22 juillet 1791. V. *Diamans.*

PERLET (Le sieur) est autorisé à rentrer sur le territoire français, 13 nivôse an VIII [3 janvier 1800] (II, B. 343, n.° 3523).

PERMANENCE des autorités administratives, des conseils généraux de département, du Corps législatif et des sections de Paris. V. *Corps administratifs, Corps législatifs, Journées mémorables* et *Paris.*

PERMIS. Abolition du droit connu sous le nom de droit de *permis*, et de celui du transport exclusif des voyageurs, &c., 22, 26 = 29 août 1790.

PERMISSION. (C. P. C.) Il faut une permission particulière pour déroger à la règle qui interdit certains jours et heures désignés, suivant les saisons, pour faire des significations, art. 1037.

PERMISSION d'assigner. Il doit être examiné et décidé si elle doit être admise avant que la demande en cassation soit mise en jugement, 27 nov. = 1.er décembre 1790. — Il n'est présenté de requête pour obtenir permission d'assigner, que pour abréger les délais, 6 = 27 mars 1791.

PERNON (Le sieur Camille) est nommé membre du Tribunat, 6 germinal an X [27 mars 1802] (III, B. 171, n.° 1341).

PÉRONNE Circonscription des paroisses de cette ville, 29 mai = 1.er juin 1791. — Confirmation d'une délibération du district, relative à des réquisitions de grains, 28 frimaire an II [18 décembre 1793].

PÉROUSE (Le sieur DE LA). Ordre à donner aux ambassadeurs français près les divers souverains, pour qu'ils aient à les engager, au nom de l'humanité, des arts et des sciences, à charger tous les navigateurs et agens quelconques de la découverte des deux frégates françaises *la Boussole* et *l'Astrolabe*, commandées par lui, 25 février 1791. — Impression, aux frais de la nation, des relations et cartes de la partie de son voyage jusqu'à Botany-Bay, 4 mai 1791. — Ses appointemens continueront à être payés à son épouse, suivant la disposition qu'il en avait faite avant son départ, *ibid.* — Encouragement au sieur du Petit-Thouars, et avance équivalente à deux années de leurs appointemens aux officiers militaires qui doivent s'embarquer avec lui pour la recherche de M. de la Pérouse, 28 = 31 mai 1792.

PERPÉTUELLE DEMEURE (Objets mobiliers à). (C.Civ.) Ils sont immeubles par destination, art. 524.

PERPIGNAN. Établissement du tribunal de commerce, 28 octobre = 7 novembre 1790. — Ordre d'informer et de procéder contre les auteurs des troubles de cette ville, 21 = 22 décembre 1790. — Le district est rappelé à l'observation exacte des principes constitutionnels, et aux devoirs que les lois lui prescrivent, 23 = 25 mars 1791. — Établissement de deux juges de paix, 13 = 20 mai 1791. — Des représentans du peuple y sont envoyés comme commissaires de la Convention nationale, pour y rétablir l'ordre, 23 et 24 = 25 septembre 1792. — Autorisation de vente et d'acquisition par les hospices civils, 5 pluviôse an IX et 14 frimaire an X [25 janvier et 5 décembre 1801] (III, B. 66 et 138, n.ᵒˢ 503 et 1046). — Réglement sur l'exercice de la profession de boulanger dans cette ville, 29 janvier 1814 (IV, B. 557, n.ᵒ 10112).

PERQUISITIONS pour la recherche des bois coupés en délit ou volés. V. *Bois;* — des fabrications de faux assignats ou de fausses monnaies. V. *Assignats* et *Monnaies.*

— (C. Co.) Lorsqu'il y a eu fausse indication de domicile, le protêt doit être précédé d'un acte de perquisition, art. 173.

— (C. I. C.) Le procureur du Roi doit se transporter au domicile du prévenu, pour y faire les perquisitions nécessaires, art. 36. V. *Visites domiciliaires.*

PERRARD (Le sieur) est autorisé à prendre un passe-port, 12 août 1792.

PERREAU (Le sieur) est nommé inspecteur général des écoles de droit de Rennes et de Caen, 10 brumaire an XIII [1.ᵉʳ nov. 1804] (III, B. 20, n.ᵒ 369).

PERRECY. Changement des jours de la tenue des foires de cette commune, 27 prairial an IX [16 juin 1801] (III, B. 84, n.ᵒ 690).

PERREGAUX (Le sieur) est nommé membre du Sénat conservateur, 4 nivôse an VIII [25 décemb. 1799] (II, B. 341, n.ᵒ 3509). — Acceptation d'un legs fait par lui aux pauvres de l'église réformée de Paris, 28 mai 1809 (IV, B. 237, n.ᵒ 4397).

PERRIER (Les frères). Le ministre de la guerre est autorisé à disposer de différentes pièces de canon qu'ils avaient été chargés de fondre, 2 = 3 septembre 1792.

PERRIER (Le sieur) est nommé membre du Corps législatif, 4 nivôse an VIII [25 décembre 1799] (II, B. 341, n.ᵒ 3509).

PERRIER (Le sieur Camille) est nommé préfet du département de la Corrèze, 12 février 1812 (IV, B. 265, n.ᵒ 5164).

PERRIN (Le sieur) est nommé membre du Corps législatif, 4 nivôse an VIII [25 décembre 1799] (II, B. 341, n.ᵒ 3509).

PERRIN (Le sieur) est nommé membre du Tribunat, 6 germinal an X [27 mars 1802] (III, B. 171, n.ᵒ 1341).

PERRIN des Vosges (Le représentant du peuple) est nommé membre de la commission législative du Conseil

cheptel de fer. V. *Cheptel;* — de l'objet vendu. V. *Délivrance;* — de la chose prétée. V. *Prêt;* — du gage. V. *Gage.* — Perte essuyée par un mandataire. V. *Mandant.*

— (C. Co.) Pertes dont le commissionnaire pour les transports par terre et par eau est tenu, art. 98. — Quels dommages et pertes sont aux risques des assureurs, 350. — Autres dont ils ne sont point garans, 351. — Quotité de la perte qui autorise le délaissement des objets assurés, 369. — Le failli qui a supposé des pertes, est réputé banqueroutier frauduleux, 593. V. *Tableau.*

— (C. I. C.) Manière de procéder en cas de perte des pièces ou du jugement d'une affaire, art. 521 *et suiv.* V. *Pièces.*

PERTES *occasionnées par les fléaux de la guerre, l'intempérie des saisons, les incendies, les inondations, &c.* Formalités prescrites à ceux qui en ont souffert pour réclamer des secours ou indemnités, et mode de distribution de ces secours, soit en argent, soit en dégrèvement de contributions, 26 septembre ═ 2 octobre 1791, 20 et 27 février; 19 juillet et 14 août 1793, 1.er brumaire et 11 pluviôse an II [22 octobre 1793 et 30 janvier 1794], 16 messidor, 8 thermidor et 29 fructidor an II [4 et 26 juillet et 15 septembre 1794] (I, B. 6, 31 et 59, n.os 74, 153 et 321), 27 vendémiaire an IV [19 octobre 1795] (I, B. 197, n.o 1182), 19 vendémiaire an VI [10 octobre 1797] (II, B. 152, n.o 1489), et 24 floréal an VIII [14 mai 1800], art. 24 *et suiv.* (III, B. 25, n.o 170). V. *Contributions* et *Secours.*

PERTURBATEURS *du repos public.* (C. I. C.) Par qui s'exercent les mesures contre les perturbateurs dans les audiences, &c., art. 504. — Pareilles mesures de la part des préfets, sous-préfets, maires, &c. &c., en cas de

trouble dans l'exercice de leurs fonctions, 509. V. *Police.*

PERVINQUIERE (Le sieur) est nommé membre du Corps législatif, 3 et 4 mai 1811 (IV, B. 367, n.o 6723).

PESAGE. (C. P. C.) Pesage de marchandises saisies, art. 588. — On pèse et on spécifie par pièces et poinçons l'argenterie saisie, 589. — On en désigne le poids dans un inventaire, 940. V. *Argenterie, Marchandises* et *Poids et Mesures.*

PESAGE (Bureaux de). V. *Poids et Mesures.* — Ponts à bascule pour le pesage des voitures. V. *Voitures.*

PESRAY (Le sieur) est nommé membre du Corps législatif, 1.er prairial an V [20 mai 1797] (II, B. 125, n.o 1212).

PESSELIERE. Changement d'époque pour la tenue des foires de cette commune, 19 thermidor an IX [7 août 1801] (III, B. 96, n.o 795).

PESTALOZZI (Le sieur). Le titre de citoyen français lui est conféré, 26 août 1792.

PESTE. (C. Civ.) Quelles personnes peuvent recevoir les testamens en temps de peste, art. 985.

PÉTERSEN (Le sieur) est nommé membre du Corps législatif, 5 et 6 janvier 1813 (IV, B. 464, n.o 8545).

PÉTHION (Le sieur) est chargé, comme commissaire de l'Assemblée nationale, de prendre les mesures nécessaires pour protéger la sûreté de la personne du Roi et de sa famille, et pour assurer leur retour à Paris, 22 juin 1791. — Il est décrété d'arrestation et déclaré traitre à la patrie, 2 juin et 28 juillet 1793.

PETIT (Le sieur) est autorisé à continuer l'exploitation des mines de houille dans le bois de la ci-devant abbaye de Saint-Ghislain, 23 germinal an IX [13 avril 1801] (III, B. 79, n.o 634).

PETIT (Le sieur), médecin. Dispositions relatives à une fondation faite

par lui en faveur des pauvres malades de la ville d'Orléans, 7 prairial
an XII [27 mai 1804] (IV, B. 5,
n.º 16).

PETIT DE BEAUVERGER (Le sieur) est
nommé préfet du département de
l'Ems-Occidental, 12 mars 1813
(IV, B. 485, n.º 8965); — de celui
du Lot, 9 décembre 1813 (IV, B.
542, n.º 9919).

PETIT-THOUARS (Le sieur DU). Il lui est
accordé une gratification de 10,000
fr., 22 = 25 décembre 1791.

PETIT CRIMINEL (Procès du). Ils sont
portés et jugés à l'audience, 22 = 25
avril 1790.

PETITE COUTUME. Suppression du droit
de), 15 = 28 mars 1790, tit. II,
art. 17.

PÉTITIONS. Réglemens des diverses Assemblées sur la forme de réception
des pétitions et des pétitionnaires, 29
juillet 1789, 15 et 18 oct., 3, 4 et
20 nov., et 17 décembre 1791, 10
février, 19 avril, 21 et 22 septembre,
11 et 23 novembre 1792, 4 janvier,
22 avril, 29 mai, 4 juin 1793, 15
et 21 vendémiaire an II [6 et 12 octobre 1793], 3 nivôse et 17 pluviôse
an II [23 décembre 1793 et 5 février 1794], 12 et 23 vendémiaire
an III [3 et 14 octobre 1794], 14
et 19 germinal an III [3 et 8 avril
1795], 26 et 28 brumaire an VIII
[17 et 19 nov. 1799].—Les citoyens
actifs ont le droit de se réunir pour
rédiger des pétitions, et les adresser
soit au Roi, soit au Corps législatif,
ainsi qu'aux autorités administratives
et municipales, 14 = 18 décembre,
22 décembre 1789 = janvier 1790,
21 mai = 27 juin 1790, 28 février =
17 avril, 10 et 18 = 20 mai 1791, et
constitutions des 3 = 14 septembre
1791, 24 juin 1793, 5 fructidor an
III [22 août 1795] et 22 frimaire an
VIII [13 décembre 1799] (II, B.
333).—Forme dans laquelle les autorités administratives doivent recevoir les pétitions et statuer sur les
objets de demandes qu'elles contiennent, 19 = 25 décembre 1790.
—Les corps administratifs et municipaux ne peuvent recevoir de pétitions sous la dénomination d'un
état ou profession, 14 = 17 juin
1791.—Poursuite et punition des
membres des sociétés, clubs ou associations qui portent des pétitions
en nom collectif, 29 et 30 septembre = 9 octobre 1791.— Défenses aux membres des autorités
constituées de quitter leur poste pour
venir eux-mêmes présenter des pétitions ou adresses, 14 août 1793.—
Ils sont tenus d'envoyer leurs pétitions par la poste, ibid.—Les pétitions, ainsi que les mémoires et
adresses présentés aux autorités constituées, doivent être sur papier timbré, 13 brumaire an VII [3 novembre 1798], art. 12 (II, B. 237,
n.º 2136), et 15 fructidor an VIII
[2 septembre 1800] (III, B. 41, n.º
265).—Celles présentées au Corps
législatif en sont exemptes, ibid.
art. 16.—Cas où celles adressées à
des autorités constituées sont exceptées de cette formalité, ibid.

—(C. Co.) A quelle cour le
failli doit adresser sa pétition pour
être réhabilité, art. 604.— Quittances et pièces que le demandeur
doit joindre à sa pétition, 605.—
Renseignemens qui sont demandés
sur les faits par lui exposés, 606.—
Affiche de la pétition, 607. V.
Réhabilitation.

PÉTITIONS dites des huit mille et des vingt
mille. Leur anéantissement, 8 septembre 1792.

PÉTITIONS (Commission des) établie
dans le Conseil d'état. Sa composition et ses attributions, 20 septembre 1806 (IV, B. 118, n.º 1971).

PÉTITOIRE. (C. P. C.) Le pétitoire
ne peut être cumulé avec le possessoire, art. 25.— Le demandeur au
pétitoire n'est plus recevable à agir
au possessoire, 26.— Conditions re-

quises pour que le défendeur au possessoire puisse se pourvoir au pétitoire, 27. V. *Enquête, Possessoire*.

PETITS-ENFANS. (C. Civ.) Ceux qui
sont nés ou à naître peuvent être
l'objet d'une disposition par acte
entre-vifs ou testamentaire de leurs
aïeuls, art. 1048.

PEUGNÈRES (Commune de). Sa réunion au département du Tarn, 4
thermidor an XI [23 juillet 1803]
(III, B. 299, n.° 3011).

PEUPLE. Les administrateurs et les juges
sont à la nomination du peuple, 14 =
18 décembre, 22 décembre = janvier 1790, 16 = 24 août 1790,
et constitutions. Voy. *Constitutions*.
— Aucune section du peuple ne
peut s'attribuer l'exercice de la souveraineté, 3 = 14 septembre 1791.
— Le peuple est l'unique juge de la
conduite de ses représentans , 16
brumaire an II [6 octobre 1793].

PEUPLE (L'Ami du). V. *Ami du peuple*
et *Marat*.

PEUPLES. Secours et fraternité garantis
aux peuples qui veulent ou voudront
recouvrer leur liberté, 19 novemb.
1792. — Compte à rendre de leurs
demandes en réunion à la France ,
27 février 1793.

PÉVANGE. La concession à rente foncière d'un terrain appartenant à cette
commune est autorisée , 9 nivôse an
X [30 décembre 1801] (III, B. 151,
n.° 1178).

PEXIORA. Cette commune est autorisée
à faire une imposition sur elle-même,
pour la construction d'un aqueduc ,
27 germinal an X [17 avril 1802]
(III, B. 178, n.° 1391).

PEYRE (Le représentant du peuple)
est décrété d'arrestation , 30 octobre
1793.

PEYRIAC. Changement d'époque pour
la tenue des foires de cette commune, 6 messidor an IX [25 juin
1801] (III, B. 87, n.° 717).

PEYSSARD (Le représentant du peuple)
est chargé de surveiller l'école de

mars , et il est revêtu des mêmes
pouvoirs que les représentans du
peuple près les armées, 15 thermid.
an II [2 août 1794] (I, B. 33, n.°
172). — Il est décrété d'arrestation
et d'accusation, 1.er, 2 et 8 prairial
an III [20, 21 et 27 mai 1795] (I,
B. 145, 146 et 150, n.os 819, 832
et 868).

PÉZENAS. Établissement d'un tribunal
de commerce, 10 décembre 1790.
— Disposition particulière qui détermine les différens ressorts de ce
tribunal, 17 = 22 avril 1791. —
Les offices dépendant des ci-devant
justices de cette ville, sont liquidés
comme héréditaires, 29 prairial an
II [17 juin 1794] (I, B. 6, n.° 28).
— Établissement d'une bourse de
commerce, 13 frimaire an X [4
décembre 1801] (III, B. 136, n.°
1027). — Acceptation d'un legs fait
à l'hospice civil, 6 floréal an X [26
avril 1802] (III, B. 179, n.° 1405).

PFEIFFER (Le caporal suisse). Traduction de sa lettre écrite en alle-
mand à sa fille, 12 août 1792.

PHARES. Le ministre de la marine est
chargé de la surveillance et de l'entretien des phares établis pour la sûreté de la navigation, 15 septembre
1792, 2 pluviôse an II [21 janvier
1794].

PHARES (Droits de). La perception
en est attribuée aux régisseurs, 28
avril 1793. — Suppression de ces
droits, 27 vendémiaire an II [18 octobre 1793, art. 29.

PHARMACIE (Ancien collége de). V.
Collége de pharmacie.

PHARMACIE *et* PHARMACIENS. Décrets
relatifs à l'exercice et à la police de
la pharmacie, ainsi qu'à l'établissement et à l'organisation des écoles
destinées à l'enseignement de cet art,
14 = 17 avril 1791, 21 germinal,
25 thermidor an XI [11 avril,
13 août 1803] (III, B. 270 et 306,
n.os 2676 et 3073), et 29 pluviôse
an XIII [18 février 1805] (IV, B,

33, n.º 552). — Costume des professeurs des écoles de pharmacie, 22 fructidor an XII [9 septemb. 1804] (IV, B. 15, n.º 238). — Les pharmaciens sont mis à la disposition des ministres de la guerre et de la marine, 1.ᵉʳ et 25 août 1793. V. *Armée* et *Marine* au titre *Hôpitaux.*

— (C. Civ.) Dispositions entre-vifs ou testamentaires en leur faveur, art. 909. Leurs créances sont privilégiées, 2101. — Leur action pour médicamens est prescrite par un an, 2272.

PHARMACIENS *des hôpitaux de Paris.* Leurs pensions. V. *Hôpitaux* et *Pensions civiles.*

PHELIPPEAUX (Le représentant du peuple) est envoyé dans les départemens du centre et de l'ouest, 24 juin 1793.

PHILIPPE (Le représentant du peuple) est exclu de la représentation nationale, 19 brumaire an VIII [10 novembre 1799] (II, B. 323, n.º 3413).

PHILIPPE-DELLEVILLE (Le représentant) est mis en état d'arrestation, 3 octob. 1793. — Il est rappelé dans le sein de la Convention nationale, 18 frimaire an III [8 décemb. 1794] (II, B. 96, n.º 495).

PHILIPPINES (Compagnie espagnole des). Message du Directoire pour l'autoriser à exporter par Baïonne les objets nécessaires à la construction des frégates, 28 fructidor an V [14 septembre 1797].

PHILISBOURG. Il est accordé à cette ville une somme de trente mille livres pour diverses dépenses publiques, 13 août 1792].

PHILOSOPHES. Le titre de citoyen français est accordé à ceux qui ont défendu la liberté, 24 août 1792.

PHYSIQUE. Examen à subir sur la physique expérimentale pour obtenir une commission d'élève de la régie des poudres, 27 septembre = 19 octobre 1791. — Acceptation de l'offre faite par Jacques-Alexandre-César Charles, de son cabinet de physique, 15 = 20 janvier 1792. — La physique fait partie de l'enseignement dans les écoles centrales, 3 brumaire an IV [25 octobre 1795] (I, B. 203, n.º 1216); — à l'école polytechnique, 25 frimaire an VIII [16 décembre 1799], art. 12 *et suiv.* (II, B. 368, n.º 3475); — dans les lycées, 11 floréal an X [1.ᵉʳ mai 1802], art. 10 (III, B. 186, n.º 1488); — et dans les écoles spéciales, *ibid.* art. 25.

PHYSIQUE (Instrumens de). V. *Instrumens.*

PIAMONTI, *percepteur à Florence* (Le sieur), est déclaré responsable des deniers volés dans sa caisse, 28 décembre 1811 (IV, B. 417, n.º 7613).

PIASTRES (Les) arrêtées par la garde nationale de Cavalaire, seront remises aux propriétaires, 10 = 18 février 1791. — Permissions nécessaires pour l'exportation des piastres, 9 germinal an XI [30 mars 1803] (III, B. 292, n.º 2888). — Les piastres que l'on destine à être converties en monnaie sont exemptes des frais d'affinage, 26 prairial an XI [15 juin 1803] (III, B. 292, n.º 2882).

PICARD (Marie-Antoinette). Répudiation du legs fait par cette demoiselle à la nation, 28 janvier, 9 = 12 février 1792.

PICAULT (Le sieur) est nommé membre du Tribunat, 4 nivôse an VIII [25 décembre 1799] (II, B. 341, n.º 3509).

PICAULT (Le sieur) est délégué des Consuls dans la 12.ᵉ division militaire, 2 frimaire an VIII [23 novembre 1799] (II, B. 330, n.º 3438).

PICCINO (Le canton de) est réuni à la province d'Istrie, 18 septembre 1811 (IV, B. 393, n.º 7259).

PICHEGRU (Le général) est nommé général en chef de l'armée du Nord,

17 pluviôse an II [5 février 1794];
— commandant en chef provisoire
de la garde nationale de Paris, 12 et
15 germ. an III [1.er et 4 avril 1795]
(I, B. 133 et 134, n.os 728 et 738);
— ambassadeur en Suède, 14 germinal an IV [3 avril 1796] (II, B.
37, n.º 287); — membre du Corps
législatif, 1.er prairial an V [20 mai
1797] (II, B. 125, n.º 1212). —
Il est déporté, 19 fructidor an V [5
septembre 1797] (II, B. 142, n.º
1400).

PICHON (Le sieur) est nommé secrétaire de la commission chargée de
traiter avec les plénipotentiaires des
États-Unis, 8 germinal an VIII [29
mars 1800] (III, B. 44, n.º 312);
— commissaire général des relations
commerciales de la France à Phila-
delphie, 4 brumaire an IX [26 octobre 1800] (III, B. 49, n.º 367).

PICKE (Le baron) est nommé préfet
du département des Bouches-de-
l'Escaut, 10 janvier 1811 (IV, B.
342, n.º 6449).

PICOT-LACOMBE (Le sieur) est nommé membre du Corps législatif, 1.er
prairial an V [20 mai 1797] (II,
B. 125, n.º 1212).

PICQUET (Le sieur) est nommé membre du Corps législatif, 1.er prairial
an V [20 mai 1797] (II, B. 125, n.º
1212).

PICTET (Le sieur) est nommé membre du Tribunat, 6 germinal an X
[27 mars 1802] (III, B. 171, n.º
1341).

PICTET-DIODATI (Le sieur) est nommé membre du Corps législatif, 4
nivôse an VIII [25 décembre 1799]
(II, B. 341, n.º 3509).

PIÈCES. Peines contre ceux qui font
usage de pièces fausses, 25 septemb.
= 6 octobre 1791. — Copie des
pièces de la procédure c. : remise à
l'accusé, 3 brum. an IV [25 octobre
1795] (I, B. 204, n.º 1221). —
Manière dont le juge de paix doit
procéder lorsqu'il se trouve des pièces

de conviction, ibid. art. 127 et suiv.
— Les actes de communication de
pièces sont enregistrés sur la minute,
22 frimaire an VII [12 décembre
1798], art. 7 (II, B. 248, n.º 2224).
— Droit d'enregistrement pour les
récépissés de pièces, ibid. art. 68,
§ I.er, n.º 22. — Les actes de dépôt
de pièces sont soumis au droit de rédaction et de transcription, 21 vent.
an VII [11 mars 1799] (II, B. 268,
n.º 2628). — Prix des expéditions
de pièces, ibid. art. 9. V. Accusation,
Actes, Enregistrement, Procédure et
Timbre. — Pièces arguées de faux.
V. Comptabilité.

— (C. Civ.) Sont nulles les transactions faites sur des pièces fausses,
art. 2055. — Délais après lesquels
les juges, avoués et huissiers sont
déchargés des pièces d'un procès,
2276. V. Décharges, Transactions.

— (C. P. C.) Le juge de paix
peut, s'il le croit nécessaire, se faire
remettre les pièces, art. 13. — Copie
des pièces ou de partie des pièces sur
lesquelles la demande est fondée,
doit être donnée avec l'exploit, à
peine de nullité, 65. — Les défenses
du défendeur doivent contenir offre
de communiquer les pièces à l'appui,
77. — Le tribunal peut ordonner
qu'elles seront mises sur le bureau
pour en être délibéré au rapport d'un
juge nommé par le jugement, 93.
— Si l'une des parties ne remet point
ses pièces, la cause sera jugée sur
les pièces de l'autre, 94. — La requête contenant les moyens du demandeur doit être terminée par un
état des pièces produites au soutien,
96. — Dans quel délai le défendeur
doit produire les siennes, 97. —
Formalités prescrites à la partie qui
veut produire de nouvelles pièces,
102. — Délai accordé, dans ce cas,
à l'autre partie pour prendre communication et fournir sa réponse,
103. — Quand le greffier remet les
pièces au rapporteur, 109. — Après

G 3

PIÈCES *d'eau*. Évaluation de leur revenu imposable, 3 frimaire an VII [23 novembre 1798], art. 59 (II, B. 243, n.º 2197).

PIÈCES *de monnaie*. V. *Monnaies*.

PIÈCES *de théâtre*. Elles ne peuvent être censurées par les municipalités, 12 janvier 1793. — La représentation de Mérope est défendue, 31 mars 1793. — Hommage fait à la Convention de la pièce intitulée *la Réunion du 10 août*, 4 frimaire an II [24 novembre 1793]. V. *Théâtres*.

PIÉDOUÉ (Le sieur) est nommé membre du Corps législatif, 1.ᵉʳ prairial an V [20 mai 1797] (II, B. 125, n.º 1212).

PIEDS. (C. P.) Le coupable condamné à mort pour parricide est conduit nu-pieds au lieu de l'exécution, art. 13.

PIEDS-CORNIERS. Aucun concessionnaire ou détenteur n'en peut disposer, 22 novembre = 1.ᵉʳ déc. 1790. — Peines contre ceux qui déplacent ou suppriment les pieds-corniers plantés pour établir les limites entre différens héritages, 28 septembre = 6 octobre 1791, et Code pénal, art. 456.

PIÉMONT. Loi qui affecte un fonds de cent mille fr. pour être distribué à titre de secours aux membres des autorités constituées réfugiés en France, 28 therm. an VII [15 août 1799] (II, B. 301, n.º 3214). — Le général Jourdan est nommé ministre extraordinaire en Piémont, 5 thermidor an VIII [24 juillet 1800] (III, B. 43, n.º 280). — Fixation des justices de paix des six départemens qui le composent, 27 vendémiaire an X [19 octobre 1801] (III, B. 275 *bis*). — Les lois sur la conscription y sont mises en vigueur, 27 ventôse an X [18 mars 1802] (III, B. 169, n.º 1308). — Les agens du Gouvernement ne peuvent y être poursuivis pour des faits relatifs à leurs fonctions, qu'en vertu d'une décision du

Conseil d'état (*ibid.* n.º 1309). — La 27.ᵉ division militaire, composée des départemens du Piémont, forme la 16.ᵉ cohorte, 13 messidor an X [2 juillet 1802], art. 1.ᵉʳ (III, B. 201, n.º 1808). — Il y est créé trois corps d'éclaireurs, 16 fructidor an X [3 septembre 1802] (III, B. 212, n.º 1960). — Les départemens sont réunis définitivement à la France, 24 fructidor an X [11 sept. 1802] (III, B. 214, n.º 1965). — Nombre des députés qu'ils fournissent au Corps législatif et leur classement dans les cinq séries, *ibid.* — Fixation des contributions pour l'an XI, 16 mess. an X [5 juillet 1802] (III, B. 201, n.º 1811). — Emploi des créances piémontaises en acquisition de domaines nationaux, 15 floréal an XII [5 mai 1804] (III, B. 362, n.º 3811), 13 pluviôse an XIII [2 fév. 1805] (IV, B. 32, n.º 536), 30 mai 1806 (IV, B. 94, n.º 1632). — Publication du décret exécutorial concernant la nouvelle circonscription des diocèses, 8 germinal an XIII [29 mars 1805] (IV, B. 44, n.º 723). — Le décret du 4 juin 1806, sur le transport des procédures, est déclaré commun au ci-devant Piémont, 12 août 1806 (IV, B. 113, n.º 1848). — Dispositions relatives au dépôt des titres domaniaux, 19 septembre 1806 (IV, B. 117, n.º 1949). — Avis du Conseil d'état sur plusieurs réclamations des juifs de ce pays, 10 septembre 1808 (IV, B. 206, n.º 3773). — Sénatus-consulte qui proroge la suspension du jury dans les départemens, 10 septembre 1808 (IV, B. 203, n.º 3737). — Avis du Conseil d'état sur plusieurs questions relatives aux engagistes de domaines, 21 octobre 1809 (IV, B. 248, n.º 4776). — Décret portant réglement de l'administration de la justice criminelle, 9 septembre 1810 (IV, B. 311, n.º 5913).

PIERRAULT (Paiement d'une liquidation particulière au sieur), 19 = 24 juin 1792.

PIERREFITE (Vente de domaines nationaux à la commune de), 30 novembre = 25 décembre 1790.

PIERRERIES (Les) qui proviennent des bâtimens ennemis pris par des bâtimens de l'État, appartiennent aux équipages capteurs, 9 ventôse an IX [28 fév. 1801] (III, B. 71, n.º 548). V. *Diamans.*

— (C. Civ.) Les pierreries ne sont pas comprises sous le mot *meubles,* art. 533.

— (C. P.) Peine pour avoir vendu, comme fine, une pierre fausse, art. 423.

PIERRES. Les agens du Gouvernement ne peuvent en extraire dans la propriété d'autrui, que le propriétaire ne soit préalablement averti et indemnisé, 28 septembre = 6 octobre 1791.

— (C. P.) Quelles peines encourent ceux qui jettent des pierres ou d'autres corps durs contre les murs ou dans les jardins d'autrui, et qui occasionneraient, par cette imprudence, la mort ou la blessure d'animaux, art. 475, 476 et 479.

PIERRES à ardoises. V. *Ardoises.*

PIERRES à feu et à fusil. Leur exportation est permise, 23 = 28 septembre 1793, 6 prairial an X [26 mai 1802 (III, B. 191, n.º 1601).— Elle est prohibée, 25 vendém. an VII et 19 brumaire an VIII [16 octobre 1798 et 10 novembre 1799] (II, B. 223 et 326, n.ºs 2090 et 3423). — Mesures pour assurer les approvisionnemens de pierres qu'exige le service des armées sans nuire à leur exportation, 5 avril 1813] (IV, B. 526, n.º 9736).

PIERRES *gravées.* Remise au cabinet des médailles des pierres antiques qui se trouvent au Garde-meuble, 26 mai = 1.ᵉʳ juin 1791, art. 6.

PIERRES à plâtre (Carrières de). V. *Carrières.*

PIET (Le sieur) est nommé membre du Corps législatif, 1.ᵉʳ prairial an V [20 mai 1797] (II, B. 125, n.º 1212).

PJÉTRI (Le sieur) est nommé préfet du département du Golo, 11 ventôse an VIII [2 mars 1800] (III, B. 8, n.º 61).

PIEYRE (Le sieur) est nommé préfet du département du Loiret, 21 mars 1806 (IV, B. 81, n.º 1392).

PIGEON (Le sieur) est nommé membre du Corps législatif, 4 nivôse an VIII [25 décembre 1799] (II, B. 341, n.º 3509).

PIGEONS (Les) doivent être renfermés aux époques fixées par les communautés, 11 août = 3 novem. 1789.

— Chacun a le droit de les tuer sur son terrain pendant le temps prescrit pour les enfermer, *ibid.*

— (C. Civ.) Ceux des colombiers sont immeubles par destination, art. 524. — A qui appartiennent les pigeons qui passent dans un autre colombier, 564.

PIGNEROL. Établissement d'un tribunal de première instance dans cette ville, 10 prairial an XIII [30 mai 1805] (IV, B. 47, n.º 775).

PIGNORATIFS (Contrats). Droit pour leur enregistrement, 5 = 19 décembre 1790.

PILATRE (Le sieur) est nommé membre du Corps législatif, 4 nivôse an VIII [25 décembre 1799] (II, B. 341, n.º 3509).

PILIERS. (C. Civ.) Les moulins et autres usines fixés par des piliers sont immeubles, art. 519 et 531.

PILLAGE. Ordre de surseoir à l'exécution du jugement des instigateurs des pillages, et d'envoyer copie des procédures à l'Assemblée nationale, 10 = 14 août 1789. — Peines prononcées contre ceux qui provoquent le pillage, 18 juillet 1791. — Fonctions des juges de paix relativement aux pillages commis lors des échouemens, bris ou naufrages, 9 = 13 août 1791, tit. I.er, art. 10. — Peines contre les auteurs de toute espèce de pillage et dégât de marchandises, effets et propriétés mobilières, 25 sept. = 6 oct. 1791, 17 juin 1793, 1.er germ. an III [21 mars 1795] (I, B. 131, n.º 712). — Peine contre le soldat qui se rend coupable de pillage dans une place prise d'assaut, 30 septembre = 19 octobre 1791, 12 mai 1793 et 21 brumaire an V [11 novembre 1796] (II, B. 89, n.º 848). — Peine de mort pour pillage commis sur les propriétés particulières par des individus attachés aux armées, 27 juillet 1793. — Mesures répressives des pillages des grains, farines ou subsistances, 16 et 17 prairial an III [4 et 5 juin 1795] (I, B. 153, n.ºs 896 et 897). — Responsabilité des communes dans le territoire desquelles il a été commis des pillages, 10 vendémiaire an IV [2 octobre 1795] (I, B. 186, n.º 1142). — (C. Co.) Les dommages et pertes causés par le pillage d'un navire, sont à la charge de l'assureur, art. 350. — (C. P.) Peines contre ceux qui font partie de bandes armées pour piller les propriétés, art. 96, 440 et suiv.; — et contre les personnes qui refuseraient de prêter les secours dont elles auraient été requises en cas de pillage, 475.

PILLE (Le général) est nommé commandant de la 8.e division militaire, 4 vendémiaire an VI [25 septembre 1797] (II, B. 149, n.º 1450).

PILLET (Le sieur) est nommé membre du Corps législatif, 4 nivôse an VIII [25 décembre 1799] (II, B. 341, n.º 3509).

PILON. (C. P.) Les écrits ou gravures contraires aux mœurs sont mis sous le pilon, art. 477.

PILORIS. Démolition de ceux qui avaient été érigés à titre de justice seigneuriale, 13 = 20 avril 1791, tit. I, art. 18 et suiv.

PILOTAGE et PILOTES. L'administration du pilotage de Dunkerque est tenue de faire verser une somme de cinquante mille francs dans la caisse municipale, 11 = 15 mai 1791. — Réglement sur le service du pilotage, et sur la nomination, l'avancement, la solde et les fonctions des pilotes côtiers, lamaneurs et timonniers, et de leurs aides, 21 = 22 août, 15 = 21 septembre 1790, 31 décembre 1790 = 7 janvier 1791, 22 avril = 15 mai, 28 avril = 15 mai, 22 juin = 6 juillet, 21 et 30 juillet = 10 août, 30 juillet = 6 août 1791, 20 juin = 15 août 1792, 17 mai 1793, 6 nivôse an III [26 décembre 1794], 3 brumaire an IV [25 octobre 1795] (I, B. 205, n.ºs 1223, 1227 et 1230), et 12 décembre 1806 (IV, B. 129, n.º 2074).

— (C. Co.) Les droits de pilotage sont des dettes privilégiées, art. 191. — L'assureur n'est pas tenu du pilotage, tonnage et lamanage, 354. — Ils ne sont pas considérés comme avaries, 406.

PINCE à marquer les tabacs. V. Tabacs.

PINCES. (C. P.) Peines contre ceux qui laissent des pinces dans les champs, art. 271 et 272.

PINEAU (Le sieur). Son installation comme accusateur public du tribunal criminel du département de la Loire-Inférieure, 12 = 15 février 1792.

PINET aîné (Le représentant du peuple) est décrété d'arrestation, 1.er prairial an III [20 mai 1795] (I, B. 145, n.º 819); — et d'accusation, 2 prairial an III [21 mai 1795] (I, B. 146, n.º 832).

PINTE. Les propriétaires et les cultivateurs qui vendent des vins de leur cru à la pinte, sont tenus de se pourvoir de patente, 2 = 17 mars 1791. — Le nom de cadil est donné à cette mesure, 30 nivôse an II [19 janvier 1794]. V. Poids et Mesures.

PIOMBINO. Les sujets de cette principauté sont admis à jouir en France, et dans le royaume d'Italie, des droits de succession, donation, &c., 6 août 1811 (IV, B. 384, n.º 7149).

PIONNIERS. Formation, dans l'armée des côtes de la Rochelle, de vingt-quatre compagnies de pionniers et d'ouvriers pour les opérations extraordinaires de la guerre contre les rebelles, 26 juillet 1793.

PIORY (Le représentant du peuple) est mis en arrestation, 22 thermidor an III [9 août 1795] (I, B. 170, n.º 1008).

PIQUES. Les municipalités sont chargées d'ordonner une fabrication de piques aux dépens du trésor public, 1.ᵉʳ = 3 août 1792.—Dispositions relatives à l'acquittement des frais de fabrication, &c., 12 septembre 1792, 25 mars, 24 juillet 1793.—Tous les citoyens doivent être armés au moins de piques, 27 mars 1793.

PIQUES (Les) qui ne sont point marqués et estampillés sont réputés de fabrique anglaise, 3 fructidor an IX [21 août 1801] (III, B. 97, n.º 806).

PIQUET (Le sieur) n'est point compris dans le décret du 19 mars 1791, qui ordonne l'arrestation des officiers municipaux de la ville de Douai, 12 = 17 avril 1791.

PIQUET. En quoi consiste la peine militaire du piquet, art. 4 de la loi du 14, 15 septembre = 29 octobre 1790.—Elle est supprimée, 4 = 9 mai 1792.

PIRATES. Tout individu natif d'un pays allié ou neutre, qui ferait partie des équipages des bâtimens ennemis, est traité comme pirate, 8 brumaire an VII [29 octobre 1798] (II, B. 235, n.º 2118).

PIRON (Le sieur). Ses biens sont confisqués, 7 pluviôse an II [26 janvier 1794].

PISANY DE LA GAUDE (Le sieur). Publication d'une bulle portant son institution canonique à l'évêché de Namur, 24 messidor an XII [13 juillet 1804] (IV, B. 8, n.º 100).

PISCATORY (Le sieur) est nommé caissier des dépenses journalières du trésor public, 9 germinal an IX [30 mars 1801] (III, B. 78, n.º 613).

PISON-DUGALAND (Le sieur) est nommé membre du Corps législatif, 1.ᵉʳ prairial an V [20 mai 1797] (II, B. 125, n.º 1212), 4 nivôse an VIII [25 décembre 1799] (II, B. 341, n.º 3509).

PISTOLETS. Il est permis de les exporter à l'étranger, 23 = 28 septembre 1791.—La sortie des pistolets d'arçon est prohibée, 12 juin = 21 juillet 1792. V. Armes.

PISTOLETS à vent. V. Armes.

PITHIVIERS. Rectification faite aux cantons formant les justices de paix de l'arrondissement de cette ville, 21 août 1806 (IV, B. 115, n.º 1878).

PITOIS (Le sieur) est nommé caissier des dépenses journalières, 16 germinal an VIII [6 avril 1800] (III, B. 21, n.º 139).

PITT (Williams) est déclaré ennemi du genre humain, 7 août 1793.

PLACARDS (La publication des lois se fait par), 2 = 5 novembre 1790.—Les lois sur les pensions ne s'impriment pas en placards, 20 janvier = 9 février 1792.—Poursuite des auteurs, distributeurs et complices d'un placard commençant par ces mots, Sans-culotte, fais battre la générale, 17 ventôse an II [7 mars 1794].—Ordre de porter au Directoire exécutif un placard imprimé à Lyon, 3 messidor an VII [21 juin 1799]. V. Affiches.

—(C. P. C.) En quels lieux sont apposés ceux qui portent l'annonce d'une vente, art. 617.—Indications qu'ils doivent contenir, 618.—Exploit par lequel l'application en est constatée, 619.—Placards pour vente de bâtimens de mer et de rivière, 620.—Placards indicatifs de la vente de fruits et récoltes saisis,

629. — Ceux qui s'apposent en cas de saisie de rentes constituées, 645 et suiv.; — et en cas de saisies immobilières, 684. — Les originaux du placard ni le procès-verbal d'apposition ne doivent être grossoyés, 686. — Visa de l'original par le maire, 687. — Notification du placard aux créanciers inscrits, 695. — Réaffiche de placards, 703, 732, 739. — Placards pour revente sur enchère, 836; — et pour celle de biens de mineurs, 961.

— (C. P.) Peines pour avoir excité à la rebellion par des placards, 217. V. *Discours.*

PLACE *de la Liberté.* V. *Bastille.*

PLACE *des Victoires.* Il est ordonné d'enlever les quatre statues enchaînées aux pieds de la statue de Louis XIV, 20 = 23 juin 1790.

PLACEMENT *de cause* (Il n'est point préjudicié au droit de vingt-cinq centimes accordé aux huissiers audienciers pour chaque), 21 ventôse an VII [11 mars 1799], art. 13 (II, B. 268, n.° 2628).

PLACEMENT *de fonds dans les hospices civils et autres établissemens,* 23 juin 1806 (IV, B. 102, n.° 1676).

PLACES *et emplois publics.* V. *Commis; Employés* et *Fonctionnaires publics.*

PLACES *dans les églises.* Il en est réservé aux autorités civiles et militaires, 18 germinal an X [8 avril 1802], art. 47 (III, B. 172, n.° 1344). V. *Chaises.*

PLACES *de guerre.* (C. Civ.) Leurs portes, murs, fossés, remparts, font partie du domaine public, 540. — Terrains, fortifications et remparts des anciennes places de guerre, qui appartiennent à l'État, 541.

— (C. P.) A quelles peines sont condamnés les individus qui ont pratiqué des intelligences et manœuvres tendant à livrer aux ennemis, des villes, forteresses, places, postes, ports, magasins, arsenaux, vaisseaux ou bâtimens de l'État, 77. V. *Armée* au titre *Places de guerre.*

PLACES *dans les halles, marchés, &c.* Le produit de leur location fait partie des recettes communales, 11 frim. an VII [1.er décemb. 1798], art. 7 (II, B. 247, n.° 2220).

PLACES *maritimes.* (Les municipalités des) sont chargées de veiller sur les étrangers et hommes inconnus qui aborderaient dans ces places, et d'en donner le signalement aux commandans et intendans des ports, 7 = 9 septembre 1790.

PLACES *publiques.* Nul ne peut prétendre aucun droit de propriété ni de voirie sur les places des bourgs ou villages, 26 juillet et 15 août 1790. — La sûreté et la commodité du passage sur les places publiques sont un objet de police municipale, 16 = 24 août 1790. — Elles sont considérées comme des dépendances du domaine public, 22 novembre = 1.er décembre 1790. — Dispositions relatives à la propriété des arbres qui y sont plantés, *ibid.* et 13 = 20 avril 1791 et 18 août 1792. V. *Arbres.* — On y affiche l'inventaire des marchandises et effets restés dans les douanes, 6 = 22 août 1791, titre IX, art. 4. — On y fait l'exécution des condamnés, 25 septembre = 6 octobre 1791. — Elles ne sont pas cotisables, 3 frimaire an VII [23 novembre 1798] (II, B. 243, n.° 2197). — Les préfets et commissaires généraux sont chargés de les faire surveiller, 12 messidor an VIII [1.er juillet 1800] (III, B. 33, n.° 214), et 5 brumaire an IX [27 octobre 1800 (III, B. 60, n.° 373).

— (C. P.) Les individus condamnés au carcan subissent cette peine sur la place publique, art. 22. — Les places où les exécutions doivent se faire sont désignées dans les arrêts de condamnation, 26.

PLACET *ou* PLÉEL (Droit de). V. *Plaids.*

PLACETS. Interdiction de l'usage des

placets pour appeler les causes, 21 ventose an VII [11 mars 1799] (II, B. 268, n.º 2628).

PLAIDER (Autorisation de) donnée aux communes. V. *Autorisation* et *Communes.*

PLAIDOIRIE. Tout citoyen peut défendre lui-même sa cause, verbalement ou par écrit, 16 = 24 août et 27 novembre = 1.er déc. 1790. — Réglement sur la plaidoirie dans les cours et dans les tribunaux, 2 juillet 1812 (IV, B. 440, n.º 8101).

— (C. P. C.) Les parties, assistées de leurs avoués, peuvent plaider leur cause, art. 85. — Cas où le tribunal a le droit de leur interdire cette faculté, *ibid.* — Causes que les juges, les procureurs généraux et impériaux, et leurs substituts, peuvent plaider, 86. — Les plaidoiries sont publiques, 87. — Cas où elles peuvent être secrètes, *ibid.* — Quand il y a eu partage d'opinions, l'affaire est de nouveau plaidée en présence du magistrat appelé pour le vider, 118. — Les récusations de juges doivent être faites avant le commencement de la plaidoirie, 382.

— (C. Co.) Autorisation nécessaire de la partie pour plaider dans un tribunal de commerce, 627.

PLAIDOYERS. (C. P.) Lorsque, dans les écrits relatifs à la défense des parties, ou dans les plaidoyers, on s'est permis des imputations ou des injures, les juges peuvent en ordonner la suppression ou faire des injonctions, ou suspendre les auteurs de leurs fonctions, art. 377.

PLAIDS. Ils sont abolis, et il est défendu de continuer ceux commencés, 15 = 28 mars 1790.

PLAIDS, PLACET *ou* PLÉEL (Le droit de) est rachetable, et sera payé jusqu'au rachat effectué, 15 = 28 mars 1790. — Instruction sur le mode de ce rachat, 15 = 19 juin 1791. — Ce droit est aboli sans indemnité, 18 juin, 6 juillet 1792.

PLAINTE *à la loi* (Formalité de la). Elle est supprimée et remplacée dans les pays de nantissement, 19 = 27 septembre 1790. — Forme dans laquelle peuvent être intentées et instruites comme procès les actions ci-devant sujettes à cette formalité, 13 = 20 avril 1791.

PLAINTE-PROPRIÉTAIRE (Formalité de la. Forme dans laquelle peuvent s'intenter et s'instruire comme procès les actions ci-devant sujettes à cette formalité, 13 = 20 avril 1791.

PLAINTES *en matière criminelle.* Aucune plainte ne peut être présentée au juge qu'en présence de deux adjoints amenés par le plaignant, 9 octobre = 3 novembre 1789. — Il peut en être reçu contre les députés arrêtés en flagrant délit, 26 = 27 juin 1790. — Les plaintes contre les officiers municipaux ne doivent être adressées au corps législatif que dans le cas de déni de justice, 3 = 8 septembre 1790. — Les juges de paix et les officiers de gendarmerie sont autorisés à recevoir les plaintes, à les rédiger, et à y donner suite si le plaignant ne s'est pas désisté dans les vingt-quatre heures, 16 = 29 septembre 1791. — Mode de jugement des procédures criminelles commencées sur des plaintes suivies d'informations antérieures à l'époque de l'installation des tribunaux criminels, 10, 12 et 13 = 18 janvier 1792, et 15 mars 1792. — Nouveau mode de présentation, réception et poursuite de plaintes portées devant les divers officiers de police judiciaire, à raison des délits ou crimes, 3 brumaire an IV [25 octobre 1795] (I, B. 204, n.º 1221), et 7 pluviôse an IX [27 janvier 1801] (III, B. 66, n.º 505).

PLAINTES *en matière ecclésiastique.* Les archevêques et évêques connaissent des plaintes contre la conduite et les décisions de leurs suffragans, 18 germinal an X [8 avril 1800], art. 15 (III, B. 172, n.º 1344).

PLAINTES *contre les délits des militaires et des marins.* Formalités relatives à l'énonciation et à l'instruction des), 21 = 22 août, 22 septembre = 29 octobre 1791. V. *Armée* et *Marine* au titre *Discipline.*

PLAINTES. (C. Civ.) Dans le cas de plainte en faux principal, l'exécution de l'acte argué de faux est suspendue, art. 1319.

« — (C. I. C.) Celui qui se prétend lésé par un crime ou délit, peut en rendre plainte et se constituer partie civile, art. 60. — Devant quel juge d'instruction cette plainte doit être rendue, *ibid.* — Mode de transmission des plaintes lorsqu'elles n'ont pas été rendues devant le juge d'instruction, 64. — Cas dans lequel la partie lésée peut s'adresser au tribunal correctionnel, *ibid.* — Les dispositions relatives aux dénonciations sont communes aux plaintes, 65. — Conditions nécessaires pour que les plaignans soient réputés partie civile, 66. — Leur désistement n'est plus valable après le jugement, 67. — Domicile à élire dans l'arrondissement communal où se fait l'instruction, 68. — Cas où le juge d'instruction doit renvoyer la plainte pour cause d'incompétence, 69. — Communication de la plainte au procureur impérial, 70. — Audition des témoins, 71 *et suiv.* — La partie civile peut, au lieu de plainte, se borner à une citation énonciative des faits, 183. — Le procureur général impérial tient registre des plaintes à lui adressées directement, 275. — Les plaintes et dénonciations en faux peuvent toujours être suivies, lors même que les pièces qui en sont l'objet ont servi de fondement à des actes judiciaires ou civils, 451. V. *Dénonciations, Rapports.*

PLAISANCE (Le sieur). Confirmation de la saisie d'une somme en numéraire qu'il exportait du territoire français, 20 vendémiaire an II [11 octobre 1793].

PLAISANCE (Le duc DE) se rend à Amsterdam en qualité de lieutenant général de la Hollande pour la France, 19 juillet 1810 (IV, B. 299, n.º 5724). V. *Lebrun.*

PLAISANCE. Le maire de cette ville est admis à assister au serment de l'Empereur à son avénement au trône, 24 mai 1808 (IV, B. 193. n.º 3408). — Prorogation des délais concernant la rédaction des actes publics en langue française, 4 mars 1808 (IV, B. 184, n.º 3174). — La cour de justice criminelle est supprimée, 21 septembre 1808 (IV, B. 210. n.º 3813). — Organisation du mont-de-piété, 15 janvier 1813 (IV, B. 471, n.º 8599). V. *Parme.*

PLAISIRS *du Roi.* V. *Chasse.*

PLANCHER-LE-BAS (Commune de). Ses habitans sont autorisés à exporter annuellement vingt-cinq mille quatre cent quintaux pesant de tan, moyennant un droit de dix sous par millier, 14 = 17 juin 1790.

PLANCHERS. (C. Civ.) Propriétaires à la charge desquels sont les planchers d'une maison à plusieurs étages et appartenant à diverses personnes, art. 664.

PLANCHES (Canton de). Annullation de l'élection du juge de paix, 6 nivôse an XI [27 décembre 1802] (III, B. 241, n.º 2241).

PLANCHES *aux assignats.* Message du Directoire sur leur brisement, 29 pluviôse an IV [18 février 1796]. V. *Assignats.*

PLANCHES *de cloisons.* (C. Civ.) Leurs réparations sont réparations locatives, art. 1754.

PLANCHES *de cuivre.* V. *Cuivre.*

PLANCHES *d'imprimerie.* Celles des estampes et des images obscènes sont confisquées et brisées, 19 = 22 juillet 1791.

(C. P.) Dans le cas d'édition contrefaites, les planches, moule ou matrices des objets contrefaits sont confisqués, 427. V. *Contrefaçon.*

PLANCHES *de sapin.* V. *Sapin.*

PLANCY (Le sieur DE) est nommé préfet du département de la Doire, 14 floréal an XIII [4 mai 1805] (IV, B. 43, n.° 716); — du département de la Nièvre, 30 mai 1808 (IV, B. 194, n.° 3436); — du département de Seine-et-Marne, 30 novembre 1810 (IV, B. 329, n.° 6136).

PLANS. Par qui doivent être réglés les frais de levée de plans, de mesurage et d'expertise en matière de contribution, 4, 21 = 28 août 1790, art. 54. — Par qui sont supportés les frais de la levée du plan territorial d'une commune, *ibid.* art. 59. — Dépôt des plans existant dans les greffes des maîtrises des eaux et forêts, 15 = 29 septembre 1791. — Peine contre ceux qui auraient livré à l'ennemi des plans de fortifications, arsenaux, &c, 25 septembre, 6 octobre 1791, et Code pénal, art. 81 et 82. — L'administration des domaines nationaux est autorisée à faire graver au trait les plans des grands établissemens nationaux existant à Paris, 5 juin 1793. — Ordre de déposer au secrétariat du district les plans et arpentages qui pourraient donner des renseignemens sur les propriétés territoriales des émigrés, 17 juillet 1793, art. 10. — Les répartiteurs peuvent se servir de plans pour distinguer chaque article de propriété, 3 frimaire an VII [23 décembre 1798], art. 43 (II, B. 243, n.° 2197).

PLANTATIONS. Temps pendant lequel on ne peut augmenter la taxe des terres en friche où des plantations de divers genres ont été faites, 20 et 23 novembre = 1.er décembre 1790, et 3 frimaire an VII [23 novembre 1798] (II, B. 143, n.° 2197).—Base des cotisations sur des terrains déjà

en valeur où des plantations d'arbres fruitiers ou des semis de bois ont été faits, *ibid.* — Les plantations qui avoisinent les canaux de navigation ne sont point comprises dans l'évaluation générale des revenus du canal pour la contribution foncière, 21 = 25 février 1791. — Elles sont soumises à toutes les règles fixées pour les autres biens-fonds, *ibid.* — Dispositions réglementaires pour les plantations dans les dunes de Gascogne, et sur les chemins publics, V. *Arbres, Chemins* et *Dunes.*

(C. Civ.) Celles que le propriétaire a le droit de faire, art. 552. — Droit du propriétaire sur les plantations existant sur sa chose, 553. — Obligations du propriétaire du sol qui a fait des plantations avec des matériaux qui ne lui appartenaient pas, d'en payer la valeur, 554. — Droit qu'a le propriétaire d'obliger celui qui a fait des plantations avec ses matériaux, de les enlever ou de conserver les plantations d'arbres, 555. V. *Arbres.*

PLANTES. Mention honorable de l'hommage fait à la Convention, de l'Histoire des plantes des Pyrénées, 15 floréal an II [4 mai 1794]. V. *Jardins botaniques.*

PLANTES *des rivages de la mer.* (C. Civ.) Lois particulières pour régler les droits sur les plantes et herbages qui croissent sur les rivages de la mer, art. 717. V. *Mer.*

PLANTS. Peines contre les dévastateurs de plants venus naturellement ou faits de main d'homme, 28 septembre = 6 octobre 1791, titre II, art. 29, et Code pénal, art. 444.

PLAQUES *de cheminées.* V. *Cheminées:* — *des gardes champêtres.* V. *Gardes champêtres.*

PLASSCHAERT (Le sieur) est nommé membre du Corps législatif, 4.e jour complémentaire an XIII, 2 vendémiaire an XIV [21 et 25 septemb. 1805] (IV, B. 61, n.° 1075).

PLATEL (Le sieur). Il lui est accordé une indemnité pour frais de voyage, 21 = 26 février 1791.

PLÂTRE. (C. Civ.) Les effets mobiliers scellés en plâtre sont immeubles, art. 525.

PLÂTRE (Pierres à). Il n'est rien innové à leur extraction, 12 = 28 juillet 1791. V. *Carrières.*

PLÉEL *ou* PLACET (Droit de). V. *Plaids.*

PLÉMUR. La foire de cette commune est transférée dans celle de Lamence, 13 brumaire an X [4 novembre 1801] (III, B. 122, n.º 956).

PLESSIS-PACY (Vente de domaines nationaux à la commune de), 12 = 19 janv. 1791.

PLESSIS-PIQUET (Vente de domaines nationaux à la municipalité de), 26 novembre = 12 décembre 1790.

PLÉVILLE-PELAY (Le sieur) est nommé ministre de la marine et des colonies, 28 messidor an V [16 juillet 1797] (II, B. 135, n.º 1314); — membre du Sénat conservateur, 3 nivôse an VIII [24 décembre 1799] (II, B. 341, n.º 3509).

PLOBSHEIM (Commune de). Erection d'une chapelle pour le culte, 19 août 1813 (IV, B. 517, n.º 9526).

PLOERMEL (La commune de) est autorisée à accepter deux pièces de terre offertes en donation à l'hospice civil, 6 floréal an X [26 avril 1802] (III, B. 179, n.º 1406).

PLOMB. Ordre de convertir en balles le plomb qui existe à Versailles, 11 septembre 1792. = Droit d'entrée du plomb ouvré, laminé et en grenaille, et permission d'exporter les plombs ouvrés, laminés et en grenaille, fabriqués en France, 23 octobre 1811 (IV, B. 400, n.º 7408). — Le plomb en saumon envoyé des provinces illyriennes en France n'est assujetti qu'au simple droit de balance, 20 septembre 1812 (IV, B. 461, n.º 8449).

PLOMBAGE. Abolition des marques et plombs qui étaient apposés aux étoffes et autres objets provenant des fabriques et manufactures, 2 = 17 mars 1791. — Marchandises qui sont soumises au plombage, 6 = 22 août 1791, tit. III, art. 3. — Prix de chaque plomb, *ibid.* art. 5, 5 brumaire an II [26 octobre 1793], et 20 fructidor an III [11 septembre 1795] (I, B. 176, n.º 1073). — Etablissement de bureaux de douane pour la visite et le plombage des marchandises expédiées à l'étranger, 25 vent. an VIII [16 mars 1800] (III, B. 11, n.º 85).

PLOMBAT (Le sieur) est décrété d'accusation, 12 = 13 avril et 2 = 6 mai 1792.

PLOUVIER (Le sieur P. F.) est admis au titre et aux droits de citoyen français, 10 juin 1793.

PLUIE (Eaux de). (C. Civ.) Comment s'établissent les toits pour l'écoulement des eaux de pluie, art. 681.

PLUMITIF. (C. P. C.) On doit faire mention de l'élection de domicile sur le plumitif d'audience du tribunal de commerce, art. 422.

PLUMMER (Le sieur) est admis à jouir des droits de citoyen français, 6 décembre 1813 (IV, B. 542, n.º 9917).

PLURALITÉ *des bénéfices* (La) est abolie, 4, 5, 6 et 11 août = 3 novemb. 1789. V. *Bénéfices.*

PLURALITÉ *des suffrages*, nécessaire pour l'élection des représentans de la nation, 3 = 14 septembre 1791.

PLUS IMPOSÉS. V. *Listes des plus imposés.*

PLUS-VALUE *de la chose vendue.* (C. Civ.) V. *Ventes.*

PÔ (Département du). Sa réunion à la France, 24 fruct. an X [11 septembre 1802] (III, B. 214, n.º 1965). — Sont nommés préfets les sieurs Loisel, 14 floréal an XIII [4 mai 1805] (IV, B. 43, n.º 715); — Vincent, 15 janvier 1808 (IV, B. 174, n.º 2938); — Alexandre Lameth, 19 février 1809 (IV, B. 226, n.º 4136). — Formules relatives à l'exportation des soies et ouvrages de coton provenant de ce département, 4 thermid. an XIII [23 juillet 1805] (IV, B. 51, n.º 856). — Nomination des députés au Corps législatif, 5.º jour complémentaire an XIII [20 septembre 1805] (IV, B. 58, n.º 1056). — Mode d'exercice des fonctions des directeurs du jury, 23 avril 1807 (IV, B. 144, n.º 2336). — Création du dépot de mendicité, 31 mars 1809 (IV, B. 231, n.º 4275). — Administration de la justice criminelle, 16 mai 1810 (IV, B 287, n.º 5412). — Etablissement de deux bureaux de perception de l'octroi de navigation du Pô, et fixation des droits à percevoir dans ces bureaux, 17 mai 1811 (IV, B. 374, n.º 6890). — Création d'une commission des eaux non navigables ni flottables, 4 juillet 1813 (IV, B. 512, n.º 9424).

Pô (Bassin du). Etablissement et organisation du droit de navigation, 17 mai 1811 (IV, B. 370, n.º 6776).

Pô (Fleuve du). Dispositions relatives à des moulins construits sur le bras gauche de ce fleuve, 7 messidor an XII [26 juin 1804] (IV, B. 7, n.º 69). — Suppression des droits de transit, de péage, et autres auxquels la navigation du Pô était soumise, 30 avril 1806 (IV, B. 89, n.º 1515).

Pô (Magistrat du). V. *Magistrat du Pô.*

POCHON (Le sieur). Il lui est accordé un brevet d'invention et de perfectionnement pour des procédés relatifs au lavage et au séchage du linge dans les buanderies communes, 17 germinal an VII, 21 messidor an VIII [6 avril 1799, 10 juillet 1800] (II, B. 270, n.º 2798, et III, B. 33, n.º 215).

POÊLES (Les) sont soumis à une imposition, 7 thermidor an III [25 juill. 1795] (1, B. 167, n.º 679).

POÊLES *à sel.* Suppression des droits domaniaux qui se percevaient annuellement sur les poêles à sel dans les ci-devant provinces belgiques, 17, 20 = 27 septembre 1790.

POELMANN (Le sieur Lambert-Herms). Il lui est permis de substituer à son nom celui de *Freericks*, 15 janvier 1813 (IV, B. 477, n.º 8734.

POIDS *et* MESURES (Les droits de) sont abolis sans indemnité, 15 = 28 mars 1790. — Ordre de remettre aux municipalités les étalons, poinçons et matrices, *ibid.* — Mesures pour parvenir à l'établissement d'un système uniforme de poids et mesures, 8 mai = 22 août 1790. — Instruction sur les fonctions des administrations, relativement à la réformation et recréation des poids et mesures, 12 = 20 août 1790. — Les étalons des poids et mesures en usage dans les départemens sont envoyés à l'académie des sciences, 8 = 15 décemb. 1790. — La grandeur du quart du méridien terrestre est adoptée pour base du nouveau système de mesures, 20 = 26 mars 1791. — Les corps administratifs et les officiers de police ont le droit de faire ou d'ordonner des visites chez les marchands pour la vérification des poids et mesures, 19 = 22 juillet 1791, 1.er vendémiaire an IV [23 septemb. 1795] (1, B. 183, n.º 1120), 12 messidor an VIII [1.er juillet 1800], art. 26 (III, B. 33, n.º 214), et 5 brumaire an IX [27 octobre 1800], art. 21 (III, B. 50, n.º 373). — Peines que fait encourir la vente à faux poids et mesures, 19 = 22 juillet, 26 septembre = 6 octobre 1791, 1.er vendémiaire an IV [23 septemb. 1795] (1, B. 183, n.º 1120). — Paiement des travaux relatifs au système d'uniformité, 8 = 12 août 1791, 17 septembre 1792, 29 brumaire an II [19 novembre 1793]. — Compte à rendre du travail de l'académie des sciences sur les poids et mesures, 3 avril 1792. — Injonction aux autorités constituées de protéger les travaux des commissaires chargés de la fixation du nouveau système, 10 juin 1792, 31 mars 1793. — Établissement de ce système dans toute la France et mode de son exécution, 1.er août 1793, 18 germinal an III [7 avril 1795] (I, B. 135, n.º 749), 13 brumaire an IX [4 novembre 1800] (III, B. 52, n.º 383). — Difformation des poinçons qui sont au dépôt de la commission générale des monnaies, pour en marquer les poids et balances, 17 août 1793. — Fabrication d'étalons prototypes des poids et mesures pour toute la France, 1.er brumaire an II [23 octobre 1793. — On n'est point obligé d'ôter les signes de royauté ou de féodalité qui peuvent se trouver sur les poids et mesures, 16 brumaire an II [6 novembre 1793]. — Division des poids au-dessus du grave, 28 frimaire an II [18 décembre 1793]. — Nomination des membres d'un jury pour décider les questions relatives au nouveau système horaire, 4 fruct. an II [21 août 1794] (I, B. 43, n.º 232). — Nomination des membres de l'agence temporaire des poids et mesures, 23 germinal an III [11 avril 1795] (I, B. 135, n.º 750). V. Agence temporaire. — — Principe constitutionnel sur l'uniformité des poids et mesures, constitution de l'an III, art. 371. — Dispositions relatives à la substitution graduelle des nouveaux poids et mesures aux anciens, 1.er vendémiaire an IV [23 septemb. 1795] (I, B. 183, n.º 1120). — L'artiste chargé de la fabrication des poids et balances, est nommé par l'administration des monnaies, 22 vendémiaire an IV [14 octobre 1795] (I, B. 197, n.º 1175). — Messages du Directoire concernant l'exécution du système des poids et mesures, 30 pluviôse an IV, 7 brumaire, 13

messidor an V 17 brumaire an VI [19 février, 28 octobre 1796, 1.er juillet et 7 novembre 1797.] — Proclamation relative à l'emploi du nouveau système de mesure pour le bois de chauffage, 27 pluviôse an VI [15 février 1798] (II, B. 183, n.º 1728). — L'administration centrale de chaque département est chargée de commettre un de ses membres, pour, de concert avec l'ingénieur en chef des travaux publics et les professeurs de mathématiques et de physique de l'école centrale, &c., opérer l'achèvement des travaux commencés sur les poids et mesures, 3 nivôse an VI [23 décembre 1797] (II, B 173, n.º 1635). — Établissement de bureaux de pesage, mesurage et jaugeage publics, et fixation des droits qui y sont perçus, 27 brumaire an VII et 7 brumaire an IX [17 novembre 1798, 29 octobre 1800] (II, B. 240, n.º 2178, et III, B. 50, n.º 374), 29 floréal et 14 fructidor an X [19 mai, 1.er septembre 1802 (III, B. 192 et 212, n.ºs 1605 et 1955), 6 prairial, 2.e jour complémentaire an XI, et 2 nivôse an XII [26 mai, 19 septembre, 24 décembre 1803] (III, B. 281, 316 et 335, n.ºs 2772, 3207 et 3505). — Envoi au ministre de l'intérieur, des tableaux de comparaison des anciennes mesures avec les mesures nouvelles, 29 brumaire an VII [19 novembre 1798] (II, B. 242, n.º 2191). — Rejet de pétitions tendant à introduire des changemens dans les bases du système métrique, 12 germinal an VII [1.er avril 1799] — Proclamations aux habitans de divers départemens sur l'introduction des nouveaux poids et mesures, 19 germinal, 8 messidor, 11 therm. an VII [8 avril, 26 juin, 29 juillet 1799]. (II, B. 270, 296 et 297, n.ºs 2802, 3148 et 3169). — Règles de comptabilité, conformément au nouveau système des poids et mesures, 17 floréal an VII [6 mai 1799] (II, B. 278, n.º 2878). — Application du calcul par franc et fractions de franc à la comptabilité publique, 26 vendémiaire an VIII [18 octobre 1799] II, B. 317, n.º 3372). — Valeurs définitives du mètre et du kilogramme, 19 frimaire an VIII [10 déc. 1799] (II, B. 334, n.º 3456). — Application du système des poids et mesures au tarif de la poste aux lettres, 27 frimaire an VIII [18 déc. 1799] (II, B. 338, n.º 3477); — à la perception des droits de douanes, 14 fructidor an IX [1.er septembre 1801] (III, B. 101, n.º 836); — aux rations des chevaux des différens services de l'armée, 9 vendém. an X [1.er octob. 1800] (III, B. 107, n.º 877). — Il est permis aux balanciers de donner aux poids telle forme que ceux qui en font usage voudront adopter, pourvu qu'ils soient faits d'après les divisions et subdivisions voulues par les lois, 7 floréal an VIII [27 avril 1800] (III, B. 44, n.º 323). — Apposition de poinçons sur chaque poids et mesure, pour en constater l'exactitude, 29 prairial an IX [18 juin 1801] (III, B. 85, n.º 698). — Les sous-préfets sont chargés de la garde des étalons des poids et mesures, ibid. — Époque de la mise en activité des nouveaux poids et mesures pour les rations des troupes, et les administrations des hôpitaux militaires et des invalides, 3 nivose an X [24 décembre 1801] (III, B. 143, n.º 1105). — Le dixième du droit de pesage, jaugeage et mesurage, est destiné aux frais de vérification des poids et mesures, et au traitement des agens préposés à cette vérification, 29 floréal an X [19 mai 1802] (III, B. 192, n.º 1605). — Compte à rendre de la perception de ce dixième, 2 février 1808 (IV, B. 179, n.º 2984). — Formes à observer pour le pesage, 23 juin 1806 (IV, B. 102, n.º 1674). — Compte

à rendre du dixième du produit du droit de pesage et mesurage destiné aux dépenses de l'établissement des poids et mesures, 2 février 1808 (IV, B. 179, n.º 2984). — Époque à laquelle le traitement des inspecteurs des poids et mesures doit cesser d'être à la charge des départemens, et doit être acquitté sur le dixième des droits de pesage, mesurage et jaugeage, formant un fonds commun, 7 sept. 1809 et 3 août 1810 (IV, B. 246 et 307, n.os 4755 et 5842). — Refus provisoire d'autorisation pour le paiement de dépenses relatives à l'inspecteur et au vérificateur des poids et mesures dans le département du Haut-Rhin, 28 août 1810 (IV, B. 313, n.º 9947). — Le décret du 15 novembre 1810, relatif au recouvrement des recettes de l'octroi, est applicable aux fermiers du droit de pesage et mesurage, 26 septembre 1811 (IV, B. 394, n.º 7291). — Confection d'instrumens de pesage et mesurage, qui présentent soit les fractions, soit les multiples des unités de poids et mesures les plus en usage dans le commerce, et accommodés aux besoins du peuple, 12 février 1812 (IV, B. 421, n.º 7691).

— (C. Civ.) Les choses vendues au poids sont aux risques du vendeur, art. 1585.

— (C. Co.) Le poids des objets à transporter doit être exprimé dans les lettres de voiture, art. 102.

— (C. P.) Peines infligées pour usage de faux poids ou de fausses mesures, par lesquels on aurait trompé sur la quantité des choses vendues, art. 423. — Cas où l'acheteur peut être privé de toute action contre le vendeur, 424. — Action publique pour punition de la fraude, ibid. — Amende et emprisonnement pour emploi dans les magasins, boutiques, halles, foires ou marchés, de faux poids ou de fausses mesures, ou de poids ou de mesures différens de ceux qui sont établis par les lois en vigueur, 479 et 480. — Confiscation de ces faux poids et mesures, 481.

POIDS des monnaies. V. Monnaies; — des voitures. V. Voitures.

POILS. Droits à payer à l'entrée des poils filés en écheveaux, 2 = 15 mars 1791. — Suspension du droit de 20 pour cent sur les poils de chameau et de chèvre, 23 brumaire an III [13 novembre 1794] (I, B. 85, n.º 446 et 448). — L'exportation du poil de lapin est prohibée, 5 pluviôse an V [24 janvier 1797] (II, B. 102, n.º 972).

POINÇONS. Renvoi devant le jury d'accusation, de ceux qui seraient prévenus de fabrication ou envoi de faux poinçons, 19 = 22 juillet 1791, tit. I.er, art. 25. — Il n'y a lieu à délibérer sur un mémoire relatif à la peine à infliger aux personnes qui ont fait usage de poinçons contrefaits pour marquer l'or et l'argent, 6 floréal an II [25 avril 1794]. — Les poinçons des langues étrangères déposés à l'imprimerie des lois en sont retirés, 4 brumaire an IV [26 octobre 1795]. V. Assignats, Marque d'or et d'argent, Matières d'or et d'argent, Monnaies et Poids et mesures.
— (C. P.) Peines encourues pour avoir contrefait ou falsifié des poinçons servant à marquer les matières d'or et d'argent, et contre ceux qui auraient fait usage de poinçons falsifiés, art. 140 et 141.

POING. (C. P.) Avant l'exécution, on coupe le poing droit au coupable condamné à mort pour parricide, art. 13.

POINT d'honneur (Les rentes et pensions des officiers du) leur seront payées jusqu'à leur mort, et l'état en sera rendu public, 28 et 29 mai = 3 juin 1791. — Ces rentes et pensions sont supprimées, 19 thermidor an

II [6 août 1794] (I, B. 34, n.º 193). V. Officiers du point d'honneur.

POINTEL (Le sieur, est nommé membre du Corps législatif, 1.er prairial an V [20 mai 1797] (II, B. 125, n.º 1212).

POINTE (Registre de). Il est tenu par le greffier, et signé à chaque séance par lui et le président du tribunal, 2 = 11 septembre 1790, 18 février 1791.

POINTE-À-PITRE (Le port de) reçoit le nom de Port de la Liberté, 25 fructidor an II [11 septembre 1794] (I, B. 56, n.º 305).

POIRÉ. V. Boissons.

POIRET (Le sieur). Il lui est accordé une pension de six cents francs, 3 nivôse an VIII [24 décembre 1799] (II, B. 340, n.º 3196).

POISON. La détention perpétuelle est prononcée contre les individus détenus par lettres de cachet pour crime de poison, 16 = 26 mars 1790. — Confirmation des réglemens concernant la vente des poisons, 19 = 22 juillet 1791. — L'homicide commis volontairement par poison est qualifié de crime d'empoisonnement, 25 septembre = 6 octobre 1791. — Peine contre ceux qui s'en rendent coupables, ibid. V. Empoisonnement.

POISSANT (Le sieur) est nommé l'un des douze régisseurs nationaux de l'enregistrement, domaines et droits réunis, 22 juillet 1792.

POISSON (Le sieur) est nommé membre du Corps législatif, 4 nivôse an VIII [25 décembre 1799] (II, B. 341, n.º 3509).

POISSONS. Les droits de leyde ou de dîme sur les poissons sont abolis sans indemnité, ainsi que les droits perçus à raison de leur apport ou dépôt dans les foires, halles et marchés, 15 = 28 mars 1790. — Continuation de la perception des droits sur les ventes de poissons dans plusieurs villes, 19 = 23 juillet 1790.

—Les vendeurs de poisson sans boutique ni échoppe ne sont pas tenus de se pourvoir de patentes, 2 = 17 mars 1791. — Peine pour empoisonnement de poissons, 25 sept. = 6 octobre 1791. —Les poissons salés provenant de pêches nationales sont exemptés de la formalité de la corde et du plomb, 16 novembre 1792. — Envoi dans les ports des arrêtés du comité de salut public relatifs à la vente du poisson frais, 15 floréal an III [4 mai 1795]. — L'exportation du poisson est permise, 2 nivôse an VII [22 décembre 1798] (II, B. 250, n.º 2268). — Droits d'entrée en France et aux colonies françaises sur le poisson venant de l'étranger, 9 floréal an VII [28 avril 1799], art. 8 (II, B. 273, n.º 2838), et 17 ventôse, 2 thermidor an X, 4.ᵉ jour complémentaire an XI [8 mars, 21 juillet 1802, 21 septembre 1803] (III, B. 170, 203 et 315, n.ᵒˢ 1310, 1847 et 3201). — Son entrepôt dans le port de Marseille, 6 messidor an X [25 juin 1802] (III, B. 199, n.º 1781). — Dispositions relatives à la vente du poisson d'eau douce amené à la halle de Paris, 28 janvier 1811 (IV, B. 349, n.º 6501).

POISSONS *des étangs*. (C. Civ.) Ils sont immeubles, art. 524. —Cas où ceux qui passent dans un autre étang appartiennent au propriétaire, 564.
— (C. P.) Peine de la réclusion pour empoisonnement de poissons dans les étangs, viviers et réservoirs, art. 452.

POISSY (Caisse de). V. *Caisse de Sceaux et de Poissy.*

POITEVIN - MAISSEMY (Le sieur) est nommé préfet du département du Mont-Blanc, 18 ventôse an XII [9 mars 1804 (III, B. 347, n.º 3639); —de la Somme, 30 novemb. 1810 (IV, B. 329, n.º 6136).

POITIERS. Cette ville est autorisée à s'imposer une somme de douze cents livres pour être employée au paie-

ment des pauvres valides occupés aux travaux de charité, et à la subsistance des mendians invalides, 13 = 19 mars 1790. — Le principal et les professeurs du collège, nommés par les autorités constituées de la ville, sont autorisés à exercer provisoirement leurs fonctions, 3 = 11 février 1791. — Circonscription des paroisses, 4 = 11 février 1791. — Secours accordé à l'Hôtel-Dieu, 7 = 11 mai 1792, — et indemnité à l'hospice, 26 août 1792.—Etablissement d'un octroi municipal, 28 prairial an VII [16 juin 1799] (II, B. 289, n.º 3041); — d'un lycée, 16 floréal an XI [6 mai 1803] (III, B. 296, n.º 2924).— Publication de la Bulle d'institution canonique qui nomme M. de Pradt à l'évêché, 8 thermidor an XIII [27 juillet 1805] (IV, B. 53, n.º 878). —Départemens qui fournissent à la dotation de la sénatorerie de cette ville, 18 fruct. an XI [5 sept. 1803] (III, B. 311, n.º 3144). — Le sénateur Vaubois est nommé à cette sénatorerie, 5 vendém. an XII [28 septembre 1803] (III, B. 323, n.ᵛ 3275).

POIVRE. Droits d'entrée et de consommation sur les poivres, 3 thermidor an X [22 juillet 1802] (III, B. 203, n.º 1849, et *errata* du Bulletin 204), 20, 29 vendémiaire, 24 messidor an XI [12, 21 octobre 1802, 13 juillet 1803] (III, B. 222, 224 et 298, n.ᵒˢ 2029, 2048 et 2096 , 4 mars 1806 (IV, B. 78, n.º 1371). — Droits sur les poivres importés par le commerce français au-delà du cap de Bonne-Espérance, 22 vendémiaire an XII [15 octobre 1803] (III, B. 353, n.º 3649).

POLDERS *et* WATERINGUES. Levée de sommes additionnelles aux contributions directes du département de l'Escaut, pour subvenir aux travaux d'entretien et de réparation des polders 23 thermidor an VIII [11 août 1800]

(III, B. 37, n.º 240), 22 novembre 1808 (IV, B. 214, n.º 3938). — Secours accordés aux propriétaires de polders et wateringues dans ce département, pour l'achèvement des travaux défensifs de leurs propriétés, 29 floréal an X [19 mai 1802] (III, B. 193, n.º 1622). — Réglemens sur l'administration, la police et l'entretien des polders en général, 11 janvier, 16 décembre 1811, (IV, B. 344 et 410, n.ºs 6452 et 7524). — Le sieur Maillard est nommé directeur des polders, 13 janvier 1811 (IV, B. 344, n.º 6457).

POLICE *administrative et municipale, correctionnelle ou judiciaire, rurale et de sûreté générale.*

§. 1.ᵉʳ

Police administrative et municipale.

Les décrets organiques des autorités administratives et municipales, classent dans leurs attributions la surveillance et le maintien de la police dans leur territoire et la connaissance du contentieux, 14 = 18 décembre, 22 décembre 1789 = janvier 1790, 20 mars = 20 avril, 12 = 20 août 1790. — Les objets de police confiés à la vigilance et à l'autorité des corps municipaux sont tout ce qui intéresse la sûreté, la salubrité et la tranquillité publique, 16 = 24 août 1790, 19 = 22 juillet 1791, 21 fructidor an III [7 septembre 1795], 10 vendémiaire an IV [2 octobre 1795] (I, B. 188, n.º 1142), 3 brumaire an IV [25 octobre 1795] (I, B. 204, n.º 1221), 28 pluviôse an VIII [17 fév. 1800] (III, B. 17, n.º 115). — Mode de procéder contre les délinquans, nature des peines qui peuvent être infligées, et moyens et forme d'appel des jugemens, *ibid.* — Etablissement des commissaires de police, leurs

marques distinctives et leurs attributions, 20 = 28 juin, 21 = 29 septembre 1791. V. *Commissaires de police.* — Institution d'officiers de police sous le nom d'officiers de paix, 21 = 29 septembre 1791. V. *Officiers de paix.* — Attributions données aux membres des bureaux centraux pour accélérer l'action de la police, 21 flor. an IV [10 mai 1796] (II, B. 46, n.º 394). V. *Bureaux centraux.* — Droits de timbre et formalités d'enregistrement auxquels sont assujettis les actes et jugemens, 13 brumaire et 22 frimaire an VII [3 novembre et 12 décembre 1798] (II, B. 237 et 248, n.ºs 2136 et 2224). — Loi qui détermine les fonctions du ministère public près les tribunaux de police, et fixe les attributions des commissaires de police et des adjoints de maire, 27 ventôse an VIII [18 mars 1800] (III, B. 15, n.º 104). — Rétablissement des communes dans la jouissance des amendes de police, 26 brumaire an X [17 nov. 1801] (III, B. 130, n.º 989) — Exercice de la police dans les communes dont le territoire s'étend dans deux départemens, 3 ventôse an X [22 février 1802] (III, B. 164, n.º 1257). — Avis du Conseil d'état sur la correspondance des magistrats de l'ordre judiciaire avec les maires et les commissaires de police, 26 août 1806 (IV, B. 114, n.º 1857). — L'autorité administrative et municipale étend sa surveillance sur la fabrication, le commerce et l'usage des armes. V. *Armes;* — la convocation et la tenue des assemblées politiques. V. *Assemblées politiques;* — la conservation des bois et forêts de l'Etat, des communes et des établissemens public. V. *Bois et Forêts;* — la circulation, la vente et le débit des boissons. V. *Boissons;* — la tenue des bourses de commerce. V. *Bourses de commerce;* — l'administration des bureaux de nourrices. V.

Nourrices; — la gestion des bureaux de bienfaisance. V. *Bureaux de bienfaisance;* — la police des canaux. V. *Canaux;* — la délivrance des cartes de sûreté. V. *Cartes de sûreté;* — l'ordre dans les cérémonies publiques. V. *Cérémonies;* — la délivrance· des certificats d'indigence, de propriété, de résidence et de vie. V. *Certificats;* — la police des chemins et grandes routes V. *Chemins;* — du commerce et des manufactures. V. *Commerce* et *Manufactures;* — la formation des conseils de prud'hommes. V. *Prud'hommes;* — la contrebande. V. *Contrebande;* — l'assiette, la répartition, la perception des contributions. V. *Contributions;* — l'exercice et la police des cultes. V. *Cultes;* — les desséchemens et défrichemens. V. *Desséchemens;* — les domestiques. V. *Domestiques;* — les douanes. V. *Douanes;* — les enfans trouvés et abandonnés. V. *Enfans trouvés;* — la tenue des registres de l'état civil. V. *État civil;* — les étrangers voyageant ou résidant en France. V. *Étrangers;* — l'administration des fabriques d'église. V. *Fabriques d'église;* — la police des fêtes publiques, civiles et religieuses, ainsi que des foires, marchés et halles. V. *Fêtes, Foires, Halles* et *Marchés;* — l'organisation et le service de la garde nationale. V. *Garde nationale;* — la libre circulation et la vente des grains, fourrages, denrées et marchandises, pour l'approvisionnement des communes. V. *tous ces mots en particulier;* — la police et l'administration des hôpitaux, hospices et établissemens de bienfaisance. V. *Hôpitaux;* — l'imprimerie et la librairie. V. *Imprimerie;* — les écoles, collèges et autres établissemens d'instruction publique. V. *Instruction publique;* — la publication des lois. V. *Lois;* — les loteries clandestines. V. *Loteries;* — la marque d'or et d'argent, la médecine, la chirurgie et la pharmacie, la mendicité, les mines, les monnaies, les monts-de-piété, les maisons de prêt, de jeu, et les monumens publics des sciences et des arts, la navigation intérieure, les octrois, les passe-ports, les patentes, les poids et mesures, les pompiers, les ponts - et - chaussées, les postes aux chevaux et aux lettres, les poudres et salpêtres, les prisons, les réquisitions d'armes, de subsistances et de transport pour le service militaire, le roulage et les voitures publiques, les secours, les sociétés et réunions politiques, les théâtres et jeux publics, les travaux publics, les usines et la voirie. V. *tous ces mots en particulier* et *Tribunaux de police municipale.*

§. 2.

Police correctionnelle ou judiciaire.

Classification des délits punissables par voie de police correctionnelle, et peines qui doivent leur être appliquées, 19═22 juillet 1791, tit. II, art. 1.er *et suiv.* — Forme de procéder et composition des tribunaux, *ibid.* art. 43 *et suiv.* — Application des confiscations et amendes, *ibid.* art. 70 *et suiv.* — Sont justiciables de la police correctionnelle les ouvriers et artisans qui se rassemblent pour délibérer, 14═17 juin 1791; — les personnes prises en flagrant délit, les brigands attroupés, et les individus qui s'opposent à l'exécution des lois et des mandats de justice et à la perception des contributions, 26 et 27 juillet ═ 3 août, 26 septemb.═2 octobre 1791; — les porteurs de contraintes qui se rendent coupables de malversations, 26 septembre ═ 2 octobre 1791; — les personnes qui prennent ou donnent les qualités et titres supprimés, 27 septemb.═16 octobre 1791; — les

Français qui prennent un nom supposé dans les passe-ports, 1.er février = 28 mars 1792 ; — les provocateurs, instigateurs et complices de mouvemens séditieux, 13 = 23 mars 1792 ; — les coupables de délits d'escroquerie et d'abus de confiance et de crédulité, 7 frimaire an II [27 novembre 1793] ; — les individus qui insultent les juges dans l'exercice de leurs fonctions, 3 brumaire an IV [25 octobre 1795] (I, B. 204, n.º 1221) ; — ceux qui font usage de fusils et pistolets à vent, 2 nivôse an XIV [23 décembre 1805] (IV, B. 67, n.º 1185). — Fonctions et attributions spéciales des officiers et juges de police pour la recherche, l'arrestation, la poursuite et le jugement de tous les individus prévenus et coupables de délits en matière de police correctionnelle, 3 = 14 septembre, 16 = 29 septemb., 25 sept. = 6 octobre 1791, 10, 12 et 13 = 18 janvier et 11 août 1792, 18 nivôse an II [7 janvier 1794], 25 prairial an III [13 juin 1795], 3 brumaire an IV [25 octobre 1795] (I, B. 204, n.º 1221), 27 ventôse an VIII [18 mars 1800] (III, B. 15, n.º 103), 3 ventôse an X [22 fév. 1802] (III, B. 164, n.º 1257). — Durée de la détention pour amendes prononcées en police correctionnelle, 5 octobre 1793. — Avis du Conseil d'état sur l'opposition et l'appel considérés relativement aux jugemens rendus par défaut en police correctionnelle, 18 février 1806 (IV, B. 78, n.º 1370) ; — sur la question de savoir si, sur l'appel émis par la partie civile, les cours criminelles peuvent réformer les dispositions non attaquées de jugemens rendus en matière correctionnelle, 25 octobre 1806 (IV, B. 126, n.º 2044). — Mode de recouvrement des frais de justice au profit du trésor public en matière de police correctionnelle, 5 septembre 1807 (IV, B. 158, n.º

2743). — De quelle manière les cours doivent connaître des délits de police correctionnelle dont seraient prévenus de grands officiers de la Légion d'honneur, des généraux commandant une division ou un département, des archevêques, des évêques, des présidens de consistoire, des membres de la cour de cassation, de la cour des comptes, des cours impériales et des préfets, 20 avril 1810 (IV, B. 282, n.º 5351).

— (C. l. C.) Objet de la police judiciaire, art. 8. — Par quels officiers elle est exercée, 9. — Fonctions des commissaires de police, des maires et de leurs adjoints, relativement à cette police, 11 et suiv. — Attributions des gardes champêtres et forestiers, 16 et suiv. — Compétence des procureurs impériaux, 22 et suiv.

§. 3.

Police rurale.

Décret concernant les biens et usages ruraux et la police rurale, contenant réglement sur tout ce qui comprend les principes généraux sur la propriété territoriale, les baux des biens de campagne, les diverses propriétés rurales, les troupeaux, les clôtures, le parcours et la vaine pâture, les récoltes, les chemins, les gardes champêtres, la classification des délits ruraux, et les peines à prononcer contre les délinquans, 28 septembre = 6 octobre 1791. — Mesures de police prescrites pour la répression des délits ruraux et forestiers, 23 thermidor an IV [10 août 1796] (II, B. 66, n.º 601). V. *Agriculture, Bois et Forêts* et *Gardes champêtres*.

§. 4.

Police de sûreté générale de l'État.

Décrets et proclamations contenant des mesures de sûreté pour le rétablissement de la tranquillité publique, la main-forte à donner par la garde nationale, par les troupes de ligne et par la gendarmerie, l'arrestation et la mise en jugement des agitateurs, des rebelles et des séditieux, 10 == 14 août 1789, 23 == 26 février, 28 mai, 2 == 3 juin, 28 juill. == 1.er août 1790, 28 janvier == 4 février, 16 juillet, 26 et 27 juill. == 3 août 1791, 14 mars, 21 juin, 11, 15 et 30 août, 3, 15 et 19 septembre 1792, 22 janv., 12, 18, 19 et 21 mars, 7 avril, 16 et 26 mai, 5 juillet, 1.er, 3 et 4 août 1793, 7 janvier et 13 mars 1794, 7 fructidor an II [24 août 1794], 1.er germinal an III [21 mars 1795] (I, B. 131, n.° 712), 21 et 30 floréal an IV [10 et 19 mai 1796] (II, B. 46 et 48, n.os 395 et 409), 5 prairial et 24 fructidor an IV [24 mai et 10 septembre 1796] (II, B. 50 et 75, n.es 421 et 700). — Pouvoirs des commissaires envoyés par le Gouvernement dans les départemens insurgés ou troublés par des mouvemens séditieux, et mode de paiement des frais occasionnés pour l'envoi des forces nécessaires pour les réprimer, 29 septembre 1792, 22 janvier, 23 mars, 22 mai 1793. — Les autorités publiques sont déclarées responsables des atteintes portées aux propriétés et à la sûreté des personnes, 5 mars 1793. — Mode de déclaration de la patrie en danger, et mesures de police prescrites dans ce cas, 5, 11 == 12, 20, 25 et 31 juillet 1792. V. *Dangers de la patrie.* — Visites domiciliaires pour découvrir les individus, les armes et les écrits qui peuvent troubler la tranquillité publique, 10 août 1792. V. *Visites domiciliaires.* — La police de sûreté générale est confiée momentanément aux municipalités, 11 août 1792. — Organisation, fonctions et attributions des comités de surveillance établis dans les communes, 21 mars 1793. V.

Comités révolutionnaires. — Mesures pour la dissolution de toute force armée illégalement réunie, 12 août 1793. — Mode de surveillance des étrangers, 6 septembre 1793. V. *Étrangers.* — Éloignement de Paris, des places fortes et des frontières, de tous les individus qui peuvent troubler la tranquillité publique, 12 septembre 1793, 27, 28 et 29 germinal an II [16, 17 et 18 avril 1794], 3.e jour complémentaire an II [19 septembre 1794] (I, B. 60, n.° 324), 18 frimaire an III [8 décembre 1794] (I, B. 97, n.° 503). — Mise en arrestation de personnes suspectes, 17 septembre 1793. V. *Suspects.* — Prohibition des déguisemens qui troublent l'ordre public, 8 brumaire an II [29 octobre 1793]. — Punition des villes en état de révolte, ou qui donnent asyle et secours à des rebelles, 1.er et 11 brumaire an II [22 octobre et 1.er novembre 1793]. — Mesures de surveillance auxquelles sont soumis les citoyens qui se sont soustraits à l'exécution des mandats d'arrêt, les fonctionnaires publics suspendus ou destitués, et les envoyés, commissaires ou membres des autorités constituées, rebelles à la loi, 2 thermidor an II [20 juillet 1794] (I, B. 24, n.° 117), 5 ventôse an III [23 février 1795] (I, B. 126, n.° 666), 19 brumaire an VII [9 novembre 1798] (II, B. 240, n.° 2171). — Prohibition des correspondances en nom collectif entre sociétés, 25 vendém. an III [16 octobre 1794] (I, B. 73, n.° 390). — Poursuite des auteurs, vendeurs et distributeurs d'affiches, placards et écrits incendiaires, 16 et 17 ventôse an II [6 et 7 mars 1794], 13 prairial an III [1.er mai 1795]. — Désarmement des individus qui ont participé aux crimes du règne de la terreur, 21 germinal an III [10 avril 1795] (I, B. 134, n.° 748). V. *Journées mémorables.* — Mesures répressives des assassinats commis par réaction, 29 vendémiaire an IV [21 octobre 1795] (I, B. 198, n.os 1187 et 1188), 24 messidor et 14 fructidor an VII [12 juillet et 31 août 1799] (II, B. 295 et 305, n.os 3139 et 3239). V. *Otages*. — Création d'un ministère chargé de la police générale, 12 nivôse an IV [2 janvier 1796] (II, B. 16, n.º 94). V. *Ministre de la police*. — Formation d'un état, par commune, de tous les individus rentrés sur le territoire français, 7 pluviôse an IV [27 janvier 1796] (II, B. 21, n.º 137). — Arrestation de journalistes, scellés sur leurs papiers, suppression de journaux et écrits périodiques, et mise des journaux sous la surveillance de la police, 19 et 30 pluviôse an IV, [8 et 19 février 1796], 19 fructid. an V [5 septembre 1797] (II, B. 142, n.º 1400). V. *Journaux*. — Dispositions pénales relatives aux provocations à l'avilissement et à la dissolution du Gouvernement, 27 germinal an IV [16 avril 1796] (II, B. 40, n.º 325). — Les dépenses de la police générale font partie des dépenses publiques de l'État, 11 frimaire an VII [1.er décembre 1798] (II, B. 247, n.º 2220). — Institution d'un préfet de police à Paris, et ses attributions, 17 ventôse et 12 messidor an VIII [8 mars et 1.er juillet 1800] (III, B. 13 et 33, n.os 90 et 2114). V. *Préfet de police*. — Institution et fonctions des commissaires généraux et directeurs de police, 5 brumaire an IX [27 octobre 1800] (III, B. 50, n.º 573). V. *Commissaires* et *Directeurs de police*. — Peine de déportation prononcée contre les individus prévenus d'attentats contre le Gouvernement et la sûreté générale, 14 et 15 nivôse an IX [4 et 5 janvier 1801] (III, B. 60, n.º 440). V. *Conspirateurs* et *Déportation*. — Division de la France en quatre arrondissemens généraux de police, 21 messidor an XII [10

juillet 1804] (IV, B. 8, n.os 85 et suiv.). — Temps de nuit pendant lequel la gendarmerie ne peut entrer dans les maisons des citoyens, 4 août 1806 (IV, B. 110, n.º 1806). — Établissement, régime et administration des prisons d'état, 8 mars 1810 (IV, B. 271, n.º 5252). — Réglement sur l'organisation de la police générale de la France, 25 mars 1811 (IV, B. 388, n.º 7188). — Établissement près le dépôt de Saint-Denis, d'un commissaire de police chargé de la surveillance des détenus, et de l'instruction des affaires qui les concernent, 3 avril 1811 (IV, B. 361, n.º 6626). V. *Mendicité* (Dépôts de) et *Prisons*. — Avis du Conseil d'état relatif à la faculté de porter des armes en voyage, 17 mai 1811 (IV, B. 370, n.º 6769). V. *Port d'armes*. — Mode de prestation de serment des directeurs généraux, commissaires généraux et spéciaux de police, 22 juin 1811 (IV, B. 378, n.º 7037). V. *Surveillance de la haute police*.

— (C. Civ.) Les lois de police obligent tous ceux qui habitent le territoire, art. 3. — Mesures de police pour constater la mort violente, 81. — Lois de police relatives aux fouilles et constructions, que doit observer le propriétaire, 552. — Choses communes dont les lois de police règlent la jouissance, 714.

— (C. P. C.) Police des audiences, 87 et suiv. V. *Réglemens*.

— (C. I. C.) Comment et par qui la police s'exerce relativement aux perturbateurs dans les audiences, ou en tout autre lieu où se fait une instruction judiciaire, art. 504. — Pareille mesure de la part des préfets, sous-préfets, maires, adjoints et officiers de police judiciaire, en cas de trouble dans l'exercice des fonctions de leur ministère, 509.

POLICE *d'assurance*. Dimension et prix du papier timbré sur lequel elle doit être inscrite, 6 prairial an VII [25 mai 1799] (II, B. 282, n.º 2961), et 3 janvier 1809 (IV, B. 222, n.º 4066).

— (C. Co.) Plusieurs assurances peuvent être contenues dans la même police, art. 333. — Ce que doit indiquer la police dans les assurances pour les Echelles du Levant, &c., 337. — On doit désigner dans la police, les marchandises sujettes à détérioration ou susceptibles de coulage, 355. — Délai pour la prescription d'actions dérivant d'une police d'assurance, 432. V. *Contrat d'assurance.*

POLICE *des cours* et *tribunaux.* V. *Cours* et *Tribunaux ;* — militaire. V. *Armée* au titre *Discipline ;* — de la navigation. V. *Marine* au titre *Police ;* — des spectacles. V. *Théâtres.*

POLIGNAC (Les sieur et dame DE). Annullation et révocation de l'aliénation à eux faite de la baronnie de Fénestranges, et de la liquidation de l'indemnité du droit de huitain dépendant du fief de Puy - Paulin, 14 = 18 février 1791.

POLIGNY (Commune de). Annullation des arrêtés du préfet du département du Jura, qui envoient l'hospice de cette commune en possession de redevances à portion de fruits, mêlées de cens, 30 frimaire an XII [22 décembre 1803] (II, B. 332, n.º 3467).

POLISSARD (Le sieur) est exclu de toute fonction législative jusqu'à la paix générale, 10 pluviôse an IV [30 janvier 1796] (II, B. 23, n.º 147). — Il est rayé définitivement de la liste des émigrés, 20 prairial an IV [8 juin 1796] (III, B. 53, n.º 461). — Il est rappelé dans le sein du Corps législatif pour y reprendre ses fonctions, 1.er prairial an V [20 mai 1797] (II, B. 124, n.º 1196). — Sa déportation est ordonnée par l'article 13 de la loi du 19 fructidor an V [5 septembre 1797] (II, B. 142,

n.º 1400). — Il est réintégré dans ses droits de citoyen, 29 pluviôse an VIII [18 février 1800] (III, B. 6, n.º 51). — Il est nommé membre du Corps législatif, 9 et 10 août 1810 (IV, B. 307, n.º 5847).

POLVEREL (Le sieur), *commissaire à Saint - Domingue.* Approbation des mesures qu'il a prises dans cette colonie, 6 mars 1793.

POLYGONES (Formation de) pour l'instruction des canonniers gardes nationaux, 13 = 18 mars 1792.

POLYTECHNIQUE (École). V. *École. polytechnique.*

POMME (Le représentant du peuple) est envoyé en mission dans les ports d'Honfleur, Cherbourg, Port-Malo, Nantes et Paimbœuf, 22 brum. an III [12 novembre 1794] (I, B. 85, n.º 443).

POMMERET (Le sieur). Ratification d'un acte en forme de compromis passé entre lui et l'agent du trésor public, 26 = 27 juin 1791.

POMMEREUL (Le sieur) est nommé préfet du département d'Indre-et-Loire, 9 frimaire an IX [30 novembre 1800] (III, B. 60, n.º 482); — du Nord, 16 frimaire an XIV [7 décembre 1805] (IV, B. 70, n.º 1228); — directeur général de la librairie, 11 janvier 1811.

POMMES DE TERRE. Dispositions relatives à leur culture, 23 nivôse an II [12 janvier 1794].

POMPES *funèbres.* V. *Inhumations, Sépultures.*

POMPIERS. Le service des pompiers des villes est un objet de dépense locale, 5 novembre 1792. — Les pompiers de Paris sont casernés et reçoivent la subsistance militaire, 18 thermidor an III [5 août 1795]. — Organisation du corps des gardes-pompiers, 17 messidor an IX [6 juillet 1801] (III, B. 89, n.º 739). — Création d'un corps de sapeurs-pompiers, 18 septembre 1811 (IV, B. 392, n.º 7254).

POMPIERS *de la marine*. Fixation de leurs frais de voyage, 29 pluviôse an IX [18 février 1801] (III, B. 68, n.º 5129).

POMPONNE (Commune de). L'époque de la foire est changée, 5 floréal an IX [25 avril 1801] [III, B. 81, n.º 609).

PONCÉ (Commune de). Ses limites, 13 vendémiaire an XII [6 oct. 1803] (IV, B. 319, n.º 3234).

PONCIN (Canton de). Il est réuni à l'arrondissement de Nantua, 26 mars 1806 (IV, B. 85, n.º 1433).

PONDICHERY (Ile française de). V. *Colonies*.

PONS. Le tribunal du district est chargé d'instruire la procédure relative aux excès commis dans la paroisse Saint-Thomas, et au vol fait chez le sieur Messier de Jonzac, 23 décembre 1790 = 5 janvier 1791.

PONS *de Verdun* (Le sieur) est nommé membre de la Commission des émigrés, 22 ventôse an VIII [13 mars 1800] (III, B. 11, n.º 78) ; — substitut du commissaire du Gouvernement près le tribunal de cassation, 17 pluviôse an IX [6 février 1801] (III, B. 67, n.º 517).

PONSARD (Le sieur) est nommé membre du Corps législatif, 1.er prairial an V [20 mai 1797] (II, B. 125, n.º 1212).

PONSIN (Le sieur). Il lui est accordé une gratification de six mille livres, 22 août 1791.

PONT-L'ÉVÊQUE (Établissement d'un tribunal de commerce pour le district de), 17 = 23 octobre 1790.

PONT MORAND *à Lyon*. V. *Lyon*.

PONT-A-MOUSSON (Annullation des élections faites par le district de), 22 septembre = 19 octobre 1792.

PONT-DE-RUAN (Commune de). Reconstruction du pont et établissement d'une taxe au passage de ce pont, 4.e jour complémentaire an XI (21 septembre 1803 (III, B. 151, n.º 3209).

PONT-SAINT-ESPRIT-LÈS-BAŸONNE. Rétablissement du péage au pont de la commune) ; 13 nivôse an X [3 janvier 1802 (III, B. 153 ; n.º 1189).

— Réduction du droit de passage à ce pont, 14 ventôse an XI [5 mars 1803] (III, B. 253, n.º 2365).

PONT-SUR-SEINE (Le château de) est destiné à la sénatorerie de Paris, 18 fructidor an XI [5 septemb. 1803] (III, B. 311, n.º 3145).

PONT-DE-VAUX. Cette commune es autorisée à élever, à ses frais, un monument à la mémoire du général Joubert, 23 thermidor an VIII [11 août 1800] (III, B. 38, n.º 245).

PONTAC (La commune de) est autorisée à vendre à l'enchère plusieurs portions de terrain et a en employer le prix à l'acquisition d'une partie de maison destinée à l'élargissement de la place publique, 9 nivôse an X [30 décembre 1801] (III, B. 151, n.º 1175).

PONTAGE. L'extension d'un poutage accordé au seigneur de Croï sur la rivière de Dieuze, est déclarée nulle, 13 juillet = 6 septembre 1790. — Les droits de pontage sont abolis, 27 vendémiaire an II [18 octobre 1793], art. 29.

PONTARLIER. La sortie des fourrages est prohibée à l'étranger depuis la hauteur de cette ville jusqu'au département des Bouches-du-Rhône, 8 juin 1792. — Le ci-devant procureur syndic du district de Pontarlier est destitué, 18 frimaire an II [8 décembre 1793]. — Le bureau de cette ville est ajouté à ceux qui sont désignés pour le transit des marchandises expédiées de Hollande en Suisse, 30 germinal an V [19 avril 1797] (II, B. 119, n.º 1147).

PONTCHARRAUX (Le sieur) est autorisé à rentrer sur le territoire français, 13 nivôse an VIII [3 janvier 1800] (II, B. 343, n.º 3523).

PONTECORVO. Message au Sénat relativement à l'érection de ce duché en faveur du maréchal Bernadotte, 5 juin 1806 (IV, B. 100, n.º 1459).

PONTHIAN D'HARCAMPS (Veuve), dame BRUNELLE. Acceptation d'un legs fait par cette dame pour diverses fondations dans la ville d'Aix-la-Chapelle, 2 nivôse an XIV [23 décembre 1805] (IV, B. 22, n.º 1211).

PONTIVY. Etablissement d'un octroi municipal dans cette ville, 19 brumaire an VIII [10 novembre 1799] (III, B. 326, n.º 3421); — d'un lycée, 1.ᵉʳ vendémiaire an XII [24 septembre 1803] (III, B. 318, n.º 3217).

PONTOISE. Vente de domaines nationaux à la municipalité de cette ville, 26 novembre = 12 décembre 1790. — Le directoire du district est autorisé à acquérir la maison appelée le Grand-vicariat, pour y faire son établissement et celui du tribunal, 17 = 23 février 1791. — Indemnité accordée à l'hospice, 26 août 1792.

PONTONAGE (Le droit de) est aboli sans indemnité, 15 = 28 mars 1790. V. Péage.

PONTONNIERS (Organisation du corps des), 28 floréal an III [17 mai 1795] (I, B. 149, n.º 859), 23 fructidor an VII [9 septembre 1799], art. 21 (II, B. 309, n.º 3264). — Les dispositions de l'arrêté du 21 messidor an IX, qui accordent des congés, leur sont applicables, 27 messidor an IX [16 juillet 1801] (III, B. 90, n.º 752). — Nombre de rations de fourrages accordé aux officiers en temps de guerre, 19 germinal an X [9 avril 1802] (III, B. 175, n.º 1362).

PONTORSON (Reconstruction du pont de), 18 floréal an X [8 mai 1802] (III, B. 188, n.º 1506).

PONTREMOLI (Le diocèse de) fait parti de l'église gallicane, 23 novembre 1808 (IV, B. 216, n.º 4001).

PONTS. Les droits accordés pour dédommagement des frais de construction de ponts, continuent d'être payés, 15 = 28 mars 1790. — Ils sont supprimés, 25 août 1792 et 17 juillet 1793. — Rapport à faire sur l'état des ponts commencés, 7 mars 1792. — L'entretien des ponts fait partie des dépenses communales, 11 frimaire an VII [1.ᵉʳ décembre 1798], art. 4 (II, B. 247, n.º 2220). — Rejet d'un projet de loi relatif aux ponts à construire par des particuliers, 8 germinal an VIII [29 mars 1800]. — Le Gouvernement autorise pendant dix ans l'établissement des ponts dont la construction serait entreprise, 14 floréal an XI [4 mai 1803] (III, B. 187, n.º 1490). — Compétence des ministres de l'intérieur, de la guerre et de la marine, relativement aux travaux à faire aux ponts, 13 fructidor an XIII [31 août 1805] (IV, B. 61, n.º 1069). — Annullation, pour excès de pouvoir, d'un arrêté par lequel le préfet du département de l'Aube avait fixé la répartition de dépenses relatives aux réparations d'un pont, 7 octobre 1807 (IV, B. 167, n.º 2865). — Mode d'exécution des travaux d'entretien et de réparation des ponts dormans et des ponts-levis établis sur des parties de routes qui traversent les fortifications, 31 janvier 1813 (IV, B. 477, n.º 8738).

— (C. P.) Peine contre ceux qui auraient volontairement détruit des ponts, art. 534.

PONTS À BASCULE. Leur établissement sur les grandes routes pour la vérification du poids des voitures de roulage, 29 floréal an X [19 mai 1802 (III, B. 192, n.º 1607). — Fixation d'un fonds commun pour subvenir au paiement des pensions de retraite et secours qu'il y aura lieu d'accorder aux préposés des ponts à bascule et à leurs veuves et orphelins, 25 janvier 1813 (IV, B. 479, n.º 8795). V. *Voitures*.

PONTS ET CHAUSSÉES. Organisation et composition de l'administration centrale, 31 décembre 1790 = 19 janvier 1791. — Objets d'enseignement, mode d'admission des élèves, nombre et appointemens des inspecteurs et ingénieurs, *ibid.* et 30 août = 28 octobre 1791, 22 = 30 mai, 19 juin = 1.er juillet 1792. — Mode d'acquit des dépenses de l'administration, 18 = 25 février, 16 août = 13 novembre 1791, 10 = 17 septembre 1792, 21 février 1793. — Remboursement de différentes sommes faisant partie de l'arriéré du departement, 27 mars = 1.er avril, 3 = 10 avril 1791. — Instruction adressée par le Roi concernant le service des ponts et chaussées, réglant tout ce qui comprend les objets généraux attribués à l'administration centrale, les fonds à appliquer aux travaux, les projets des ouvrages, l'exécution et réception des ouvrages les comptes à rendre de leur situation, 17 avril 1791. — L'administration est mise dans les attributions du ministre de l'intérieur, 4 et 6 = 18 août 1791. — Sa nouvelle organisation et composition, *ibid.* — Attributions spéciales des ingénieurs relativement à la levée des plans du territoire, 21 = 28 août, art. 31, 16 = 23 septembre 1791. — Dispositions relatives à l'entretien des digues et canaux des îles et territoires maritimes, 3 = 20 septembre 1792. — Les élèves sont consignés à leur poste, et mis à la disposition du ministre de la guerre, 6 et 9 mars 1793. — Ils sont exceptés du recrutement, 23 mars 1793. — Les ingénieurs restent à la disposition du ministre de l'intérieur, 28 mars 1793. — Les écoles, à Paris, sont transférées au Louvre, 4 juin 1793; — ensuite dans la maison Duchâtelet, 14 prairial an IV [2 juin

1796 (II, B. 52, n.º 440). — Décret qui approuve l'arrêté du Conseil exécutif pour la construction de diverses jetées, et qui met 880,000 liv. à la disposition du ministre de la marine pour le paiement desdites constructions, 24 juin 1793. — Nomination à la place d'inspecteur général, 10 frimaire an II [30 novembre 1793. — Renouvellement des commissions de tous les agens et préposés de l'administration, 22 nivôse an II [11 janvier 1794]. — Sommes mises à la disposition de l'administration pour l'exécution des travaux dont elle est chargée, 17 = 25 juillet 1791, 16 septembre 1792, 4 pluviôse an III [23 janvier 1795]. — Loi qui augmente le traitement des ingénieurs, 16 ventôse an III [6 mars 1795] (I, B. 129, n.º 688). — Les communes sont responsables des dégâts commis sur les ponts et chaussées de leur territoire, par des attroupemens, 10 vend. an IV [20 octobre 1795] (I, B. 183, n.º 1142). — Institution d'une école des ponts et chaussées; nombre et examen des élèves, 30 vendémiaire an IV [22 octobre 1795] (I, B. 200, n.º 1196). — Les élèves et ingénieurs des bâtimens de la marine sont pris parmi les élèves des ponts et chaussées, 2 brumaire an IV [24 octobre 1795] (I, B. 205, n.º 1239). — Arrêté du Directoire qui détermine un mode pour la correspondance relative au service des ponts et chaussées, 9 pluviôse an VI [28 janvier 1798] (II, B. 179, n.º 1696. — Loi relative aux ingénieurs et élèves des écoles d'application dépendant du ministère de l'intérieur, qui sont de l'âge de la réquisition ou de la conscription, 29 frimaire an VIII [20 décemb. 1799] II, B. 339, n.º 3487). — Un conseiller d'état est chargé de l'administration des ponts et chaussées, quant à l'instruction seulement, 5 nivôse an VIII [26 décemb.1799]

(II, B. 340, n.° 3504). — Les places des sous-ingénieurs des travaux maritimes sont données aux élèves, 17 ventose an VIII [8 mars 1800], art. 5 (III, B. 44, n.° 311). — Les marchés des entrepreneurs sont soumis au droit fixe d'un franc pour leur enregistrement, 7 germinal an VIII [28 mars 1800] (II, B. 18, n.° 120). — Caution à fournir pour être admis à l'entreprise des travaux des ponts et chaussées, 1.er floréal an VIII [21 avril 1800] (III, B. 22, n.° 148). — Emploi des ingénieurs des ponts et chaussées aux travaux maritimes, 7 floréal an VIII [27 avril 1800] (III, B. 23, n.° 158). — Costume des ingénieurs et des élèves des ponts et chaussées, 8 mess. an VIII [27 juin 1800] (III, B. 31, n.° 205). — Les ingénieurs constatent, par des procès-verbaux qu'ils envoient aux sous-préfets, les contraventions en matière de grande voirie, 29 flor. an X [19 mai 1802] (III, B. 102, n.° 1606). — Loi relative au curage des canaux et rivières non navigables et à l'entretien des digues qui y correspondent, 14 floréal an XI [4 mai 1803] (III, B. 278, n.° 2763). — Réparations des digues et jetées entre Vandhuyne, Blankenberg et Heyst, 12 ventose an XII [3 mars 1804] (III, B. 351, n.° 3660). — Organisation du corps des ingénieurs des ponts et chaussées, 7 fructidor an XII [25 août 1804] (IV, B. 68, n.° 1068). — Cas dans lequel le service des ingénieurs des ponts et chaussées est fait par les officiers du génie militaire, 13 fructidor an XIII [31 août 1805] (IV, B. 61, n.° 1069). — Annullation d'une adjudication de travaux à une chaussée et de l'imposition d'une taxe faite sous l'autorisation du Gouvernement, 16 frimaire an XIV [7 décembre 1805] (IV, B. 67, n.° 1177). — Création de neuf auditeurs près la direction générale des ponts et chaussées, et d'une commission connue sous le nom de *Magistrat du Rhin*, 27 octobre 1808 (IV, B. 212, n.° 3882). — Décret qui ordonne un versement annuel de sommes destinées à accroître les fonds des retraites des employés de l'administration centrale des ponts et chaussées, et les pensions des ingénieurs et de leurs veuves, 27 janvier 1810 (IV, B. 264, n.° 5151). — Etablissement d'impositions par la voie des centimes additionnels pour confection des travaux des ponts et chaussées, 20 juin 1810 (IV, B. 296, n.° 5606). — Service des ponts et chaussées dans les départemens au delà des Alpes, 30 juillet 1810 (IV, B. 304, n.° 5780). — M. le comte de Laborde, maître des requêtes, est chargé du service des ponts et chaussées du département de la Seine, 13 janvier 1811 (IV, B. 344, n.° 6459). — Augmentation aux cadres du corps des ponts et chaussées, 20 février 1811 (IV, B. 353, n.° 6547).

POPPELSDORF (Le château de) est destiné à la sénatorerie de Trèves, 18 fructidor an XI [5 septembre 1803] (III, B. 311, n.° 3145).

POPULATION (La) sert de base au nombre des assemblées primaires qui se tiennent dans les villes, 22 décembre=janvier 1790; — et à la représentation nationale, constitution de 1791 et de l'an III. — Règles pour en avoir un état exact, 8 janvier 1790. — Le traitement du sieur Lequesne, pour le dépôt relatif à la population, est supprimé, et le dépôt réuni à l'administration générale, 21 juillet = 15 août 1790 et 25 mars 1791. — Dispositions relatives aux états de population pour servir à la police intérieure des communes, à la formation du Corps législatif et à la répartition de la contribution foncière, 12=20 août 1790, 16=20 juillet 1791, 11 et 20 août 1793, 4 brumaire, 2 germinal an IV, 26 octobre 1795, 22 mars 1796] (I, B. 203, n.º 1219, et II, B. 35, n.º 261), 3 nivôse an VII [23 décemb. 1798] (II, B. 250, n.º 2270).

PORCELAINES. (C. Civ.) Celles qui sont ou ne sont pas du nombre des meubles meublans, art. 534.

PORCHER *de l'Indre* (Le représentant du peuple) est envoyé en mission dans divers départemens, 2 nivôse an III [22 décembre 1794] (I, B. 203, n.º 535); — est nommé membre de la commission législative du Conseil des anciens, 19 brumaire an VIII [10 novembre 1799] (II, B. 325, n.º 2407); — du Sénat conservateur, 3 nivôse an VIII [24 décembre 1799] (II, B. 341, n.º 3509).

PORCS. Les inspecteurs forestiers donnent leur avis sur le nombre des porcs qui peuvent être mis en pacage dans les forêts, 15 = 29 septembre 1791. — Peines contre ceux qui les empoisonnent, 25 septembre = 6 octob. 1791, et Code pénal, art. 452. — Responsabilité à l'égard des dégâts commis par ces animaux dans les bois, 28 septembre = 6 octob. 1791, tit. II, art. 38. — Saisie de ceux qui se trouvent dans la maison de Blanchampagne, 1.er septembre 1792. — Défense d'en introduire jusqu'au 1.er frimaire an III, dans les bois nationaux où se trouvent des hêtres, 28 fructid. an II [14 septemb. 1794] (I, B. 58, n.º 315).

PORENTRUY. Dispositions relatives à la garde des forts, postes et frontières du côté du territoire de Porentruy, 23 juillet 1791. — Il est envoyé dans cette ville trois commissaires, 10 février 1793. — Réunion du pays de Porentruy à la France, sous le nom de département du *Mont-Terrible*, 23 mars 1793. — Etablissement à Porentruy d'un bureau de garantie des matières d'or et d'argent, 17 nivôse an VII [6 janvier 1799]. — Dispositions relatives

aux rentes emphytéotiques dans ce pays. V. *Féodalité*.

PORRIQUET (Le sieur) est nommé juge au tribunal de cassation, 13, 14, 15, 16, 17 et 18 germinal an VIII [3, 4, 5, 6, 7 et 8 avril 1800] (III, B. 18, n.º 123).

PORT. (C. Co.) Dommages et intérêts dont est tenu le capitaine qui a déclaré le navire d'un port plus grand qu'il n'était en effet, art 289. V. *Tonnage*.

PORT D'ARMES (Le) est défendu aux gens sans aveu, 10 = 14 août 1789; — dans les assemblées primaires, 2 = 3 juin 1790; — aux personnes qui se présentent à la barre de l'Assemblée, ou d'une autorité publique, 21 juin 1792. — Il est autorisé en faveur des préposés des douanes, 6 = 22 août 1791; — des personnes qui voyagent, 17 mai 1811 (IV, B. 370, n.º 6769). — Le préfet de police de Paris reçoit les déclarations et délivre les permis de port d'armes, 12 messidor an VIII [1.er juillet 1808], art. 18 (III, B. 33, n.º 114), et 11 juillet 1810 (IV, B. 301, n.º 5729). — Interdiction du port des fusils et pistolets à vent, 2 nivôse an XIV [23 décembre 1805] (IV, B. 67, n.º 1185). — Remise en vigueur de la déclaration du 23 mars 1720 concernant le port d'armes, 12 mars 1806 (IV, B. 79, n.º 1379). V. *Armes* et *Chasse*.

— (C. P.) Déchéance du droit de port d'armes prononcée contre les individus condamnés aux travaux forcés à temps, à la reclusion et au carcan, art. 28. — L'exercice du droit de port d'armes peut être interdit par les tribunaux jugeant correctionnellement, 42 et 43.

PORT-LOUIS. Distribution d'une somme de 62,558 liv. aux personnes précédemment comprises dans les états de secours affectés à cette ville, 5 = 15 mai 1791. — Dispositions relatives aux pensions sur le Port-Louis,

18=22 août 1791.—Érection d'une paroisse, 30 mai, 7 et 14 juin= 1.er juillet 1792.—Le nom de cette ville est changé en celui de Port-de-la-Liberté, 24 octob. =9 novembre 1792.

PORT-BAIL. Récompenses accordées aux préposés des douanes de cette commune pour secours donnés à des marins, 23 vendémiaire an V [14 octobre 1796] (III, B. 83, n.º 775).

PORT-DE-LA-MONTAGNE. V. *Toulon.*

PORT-SUR-SAONE (Commune de). Ordre du jour motivé sur la demande de cette commune, tendant à y établir des foires, 15 mai 1793.

PORTAL (Le sieur . Impression de son ouvrage intitulé *Instruction sur le traitement des asphyxiés*, 17 messidor an IV [5 juillet 1796] (II, B. 57, n.º 509).

PORTALIS (Le sieur) est décrété d'accusation, 18 = 20 juillet 1792; condamné à la déportation, 19 fructidor an V [5 septembre 1797] (II, B. 142, n.º 1400). — Il est réintégré dans ses droits de citoyen, 29 pluviôse an VIII [18 fév. 1800] (III, B. 6, n.º 51); — nommé conseiller d'état, 5.e jour complémentaire an VIII [22 septemb. 1800] (III, B. 45, n.º 337). — Il est chargé des affaires concernant les cultes, 16 vendémiaire an X [8 octobre 1801] (III, B. 110, n.º 895). — Il est nommé ministre des cultes, 21 messidor an XII [10 juillet 1804] (IV, B. 8, n.º 90).

PORTALIS (Le sieur) fils est nommé membre du conseil du sceau des titres, 12 mars 1808 (IV, B. 186, n.º 3208); — directeur général de la librairie, 12 février 1810 (IV, B. 265, n.º 5165).

PORTE (Le représentant du peuple) est exclu de la représentation nationale, 9 brumaire an VIII [10 nov. 1799] (II, B. 323, n.º 3413).— Il est autorisé à rentrer sur le territoire français, 13 nivôse an VIII [3 janvier 1800] (II, B. 343, n.º 3523),

PORTE-DRAPEAUX. Appointemens de ceux des régimens suisses, 31 juillet 1790. — Remplacement de ceux réformés, 23 sept. = 29 oct. 1790. — Les porte-drapeaux des troupes provinciales sont admis comme officiers dans la gendarmerie nationale, s'ils ont au moins six années de service, 4 =20 mars 1791.

PORTEFAIX. Ils ne peuvent refuser le service auquel ils sont propres, sur les réquisitions des capitaines et lieutenans de port, 9 =13 août 1791, titre III, art. 15.

PORTE-FEUILLE *anglais.* Il est déposé aux archives nationales, 5 août 1793.

PORTE-FEUILLES. (C. Co.) Les scellés peuvent être apposés sur les porte-feuilles du failli, art. 451. V. *Scellés.*

PORTE-OTTOMANE (La). V. *Turquie.*

PORTE-SEL. Il n'y a lieu à liquider les porte-sels de Rouen, 26 août = 19 octobre 1791.

PORTES (Le sieur) est nommé membre du Corps législatif, 1.er prairial an V [20 mai 1797] (II, B. 125, n.º 1212).

PORTES. Les préposés des douanes ne peuvent procéder à l'ouverture des portes des lieux où ils font des recherches, qu'en présence d'un juge ou officier municipal, 6 = 22 août 1791, titre XIII, art. 36. — Les portes ne sont point saisies pour contributions arriérées, 26 septembre = 2 octobre 1791.

(C. Civ.) Celles des places de guerre et des forteresses font partie du domaine public, art. 540. — Les portes sont du nombre des servitudes apparentes, 689.—Sont réparations locatives celles à faire aux portes, 1754.

— (C. P. C.) Etablissement de gardien aux portes dont l'ouverture est refusée à l'huissier chargé de faire une saisie-exécution, art. 587. —

Cette ouvertuee est faite en présence du juge de paix ou commissaire de police, du maire ou de son adjoint, qui signent le procès-verbal de l'huissier, *ibid.* — Référé qui a lieu dans le cas où le juge de paix trouve fermées les portes de la maison où il se propose d'apposer des scellés, 921.

PORTES *et* FENÊTRES (Contribution sur les). Son établissement, 4 frimaire an VII [24 novembre 1798] (II, B. 242, n.° 2195). — La taxe est doublée pour l'an VII; taxe particulière des portes cochères et charretières, et de celles des magasins de marchandises, 18 ventose an VII [8 mars 1799] (II, B. 264, n.° 2615). — Etablissement d'une subvention extraordinaire de guerre sur cette contribution, 6 prairial an VII [25 mai 1799] (II, B. 282, n.° 2969). — Fixation et répartition de cette contribution pour les années XI et XII, 15 floréal an X et 4 germinal an XI [5 mai 1802 et 25 mars 1803] (III, B. 187 et 264, n.° 1489 et 2571). — Perception de trente centimes additionnels au principal de la contribution, 11 novembre 1813 (IV, B. 531, n.° 9811). — Doublement de la contribution, 9 janvier 1814 (IV, B. 551, n.° 10032).

PORTEURS *de contraintes pour les contributions.* V. *Contraintes* et *Contributions directes.*

— (C. P.) Toute attaque contre eux ou toute résistance avec violence, constitue le crime de rebellion, art. 209.

PORTEURS *de lettres de change.* V. *Lettres de change.*

PORTIER (Le sieur). Annullation de son élection au titre de candidat pour le Corps législatif, 19 février 1808 (IV, B. 181, n.° 3065).

PORTIERS. Tout portier de maison non habitée, et dans laquelle vient se loger un individu étranger à la ville de Paris, est tenu d'en faire la déclaration à l'administration municipale,

27 ventôse an IV [17 mars 1796] (II, B. 33, n.° 246). — Peine contre eux en cas de négligence ou de fausse déclaration, *ibid.*

PORTIERS *des places de guerre et établissemens militaires.* V. *Armée* au titre *Places de guerre, Concierges, Consignes.*

PORTIEZ *de l'Oise* (Le représentant du peuple) est envoyé en mission près les armées du Nord et de Sambre-et-Meuse, 26 vendémiaire an III [17 oct. 1794] (I, B. 80, n.° 418); — est nommé membre du Tribunat, 4 nivôse an VIII [25 décemb. 1799] (II, B. 341, n.° 3509).

PORTION *congrue.* Abolition des dîmes établies en remplacement de la portion congrue, 6 et 11 août = 3 nov. 1789. — Continuation de la perception des droits casuels jusqu'à ce qu'il ait été statué sur l'augmentation de la portion congrue, *ibid.* et 14, 20 = 22 avril 1790. — Déduction de la portion congrue sur la masse des revenus ecclésiastiques, 24 juillet = 24 août et 23 oct. = 5 novembre 1790. — Décret relatif aux biens abandonnés par des ecclésiastiques aux ci-devant seigneurs pour jouir de la portion congrue, 14 nivôse an II [3 janvier 1794].

PORTION ET PART. (C. Civ.) Celles des enfans légitimes et naturels dans les biens de leurs pères et mères, et des héritiers dans les successions, art. 761, 845, 875 et 928. V. *Partages, Successions.*

PORTION *virile.* (C. Civ.) Celle qu'on peut prendre lorsqu'on accepte une communauté à laquelle divers héritiers ont renoncé, art. 1475.

PORTS *de mer.* Mode d'exécution des marchés faits pour les travaux et fournitures des ports, 14 = 25 janvier 1790. — Mode de procéder contre les ouvriers des ports prévenus de délits, 21 = 22 juin, 20 septemb. = 12 octobre 21 = 24 novembre, 1790. — Les sommes nécessaires à leur entretien sont fixées annuellement par le Corps législatif, 26 juin = 7 juillet, 30 juin = 2 juillet 1790. — Fonds affectés pour cet entretien et les divers travaux maritimes, et mode de paiement, 18 = 25 février 1791, 7 mars 1792. — Libre circulation des poudres et munitions de guerre destinées au service des ports, 4 = 18 juillet 1790. — Mesures de police et de sûreté à prendre contre les étrangers qui y abordent, 7 = 9 septembre 1790. — Fonctions attribuées dans les ports aux états - majors d'escadres, 22 avril = 15 mai 1791. — Suppression des offices et commissions de conducteurs et interprètes dans les ports francs, 12, 19 et 21 avril = 15 mai 1791. — Réglement sur la police des ports de commerce, 9 = 13 août 1791. — Suppression des priviléges et franchises des ports de Baïonne et de Dunkerque, 6 = 22 août 1791, 11 nivôse et 7 ventôse an III [31 décembre et 25 février 1795] (I, B. 105, n.º 552). — Le Corps législatif a le droit de permettre ou de défendre l'introduction des forces navales étrangères dans les ports, constitution de 1791 et de l'an III. — Travaux auxquels les condamnés aux fers sont employés dans les ports, 25 septembre = 6 octobre 1791. — Les maîtres de quais peuvent être capitaines et lieutenans de port, 5 = 11 décembre 1791. — Acquisition du port de Montmarin, 29 juin 1792. — Embargo mis dans tous les ports sur les bâtimens et corsaires de commerce, 22 juin 1793. — Confirmation de la dénomination donnée de *Port-de-la-Liberté* au port de la Pointe-à-pitre, et de celle de *Fort de la Victoire* au fort du Gouvernement, 25 fructidor an II [14 septembre 1794] (I, B. 56, n.º 305). — Les denrées et marchandises non prohibées, importées dans les ports de France par la voie du commerce extérieur,

seront déclarées à la municipalité du lieu où elles arriveront, 6 frimaire an III [26 novembre 1794] (I, B. 92, n.º 473). — Annulation des commissions pour les transports d'un port à un autre de la Méditerranée, 27 nivôse an III [16 janvier 1795] (I, B. 113, n.º 591). — L'administration des ports est mise sous l'autorité du ministre de la marine, 2 brumaire an IV [24 octobre 1795] (I, B. 205, n.º 1224). — Division des ports militaires en grands ports et en ports secondaires, et leur administration, *ibid.* — Les lois et réglemens relatifs à la conservation de la santé dans les ports de la Méditerranée, sont remis en vigueur, 9 mai 1793, 7 messidor an VI [25 juin 1798] (II, B. 209, n.º 1895). — L'entretien et la réparation des ports font partie des dépenses publiques, 11 frimaire an VII [1.er décembre 1798]. — Les préfets maritimes sont chargés de leur sûreté, 7 floréal an VIII [27 avril 1800] (III, B. 23, n.º 148). — Composition des états - majors des ports de Brest, Toulon, Rochefort, Lorient et le Havre, 7 thermidor an VIII [26 juillet 1800], art 4 (III, B. 35, n.º 231). — Nombre d'hôpitaux qui seront établis dans les ports de Toulon, Rochefort et Brest, 17 nivôse an IX [7 janvier 1801] (III, B. 62, n.º 456). V. *Marine* au titre *Ports de mer.*

— (C. Civ.) Ils sont des dépendances du domaine public, art. 538.

— (C. P.) Peines contre ceux qui ont pratiqué des intelligences pour livrer des ports à l'ennemi, art. 77 *et suiv.* ; — qui, à la tête de bandes armées, auraient tenté de les envahir, 96.

PORTUGAL. Le traité conclu le 22 thermidor an V, entre la France et le Portugal, est censé non avenu, 5 brumaire an VI [26 octobre 1797] (II, B. 154, n.º 1516). — Restitution des prises faites sur le Portugal, 5 brumaire an X [27 octobre 1801] (III, B. 121, n.º 939). — Promulgation du traité de paix entre la France et le Prince régent du royaume de Portugal, 19 frimaire an X [10 décembre 1801] (III, B. 140, n.º 1064). — Les armateurs de Dunkerque pour la pêche de la morue sur les côtes d'Irlande, sont autorisés à faire entrer dans cette ville des sels de Portugal, 20 vendémiaire an XI [12 octobre 1892] (III, B. 227, n.º 2094). — Libre exportation des grains pour le Portugal, 25 prairial an XII et 13 brumaire an XIII [14 juin, 4 novembre 1804] (IV, B. 5 et 20, n.ᵒˢ 33 et 370).

POSSEL (Le sieur), ordonnateur de la marine à Toulon : ordre de l'arrêter, 5 juillet 1791. — Il est disculpé, 26 juillet 1791.

POSSESSION. (C. Civ.) Envoi en possession des biens d'un absent, art. 120. — Servitudes qui peuvent ou non s'établir par la possession, 690. — Le cohéritier qui fait le rapport d'un immeuble peut en retenir la possession jusqu'au remboursement de ce qui lui est dû, 867. — Le légataire universel se fait envoyer en possession par une ordonnance du président du tribunal, 1008. — La possession d'une chose peut être l'objet d'un contrat, 1127. — Celle d'objets mobiliers vendus à deux personnes successivement, rend propriétaire celle qui a eu la première cette possession, 1141. — Effets de la possession appuyée d'actes récognitifs et confirmatifs, 1337. — Il s'opère un nouveau bail, quand, à l'expiration du premier, le preneur est laissé en possession, 1738. — Le privilége ne subsiste sur le gage qu'autant que le créancier a le gage en sa possession, 2076. — Pour pouvoir prescrire, il faut une possession continue et non interrompue, paisible, publique,

non équivoque, et à titre de propriétaire, 2229. — Possession en matière de vente. V. Garantie. — Possession indue. V. Restitution de fruits.

— (C. P. C.) Possession requise pour intenter une action possessoire, art. 23. — Si la possession est déniée, l'enquête qui est ordonnée ne peut porter sur le fond du droit, 24. V. Héritage, Tierce-opposition. — Dispositions relatives à l'envoi en possession des biens d'un absent, 8, 9.

— (Tarif des frais en mat. civ.), art. 78.

POSSESSION d'état. (C. Civ.) Les époux qui l'invoquent ne sont pas dispensé de présenter l'acte de célébration de mariage, art. 195. — Effets de la possession d'état relativement à la légitimité des enfans issus de deux individus décédés après avoir vécu publiquement comme mari et femme, 197. — Comment elle s'établit, 321. V. État politique.

POSSESSOIRES (Actions). Leur connaissance est attribuée au juge de paix, avec appel si leur demande excède cinquante livres, 16 = 24 août 1790. — La cédule de citation pour ces actions est demandée au juge de paix du lieu, 14 = 26 octobre 1790. — Il se transporte avec les témoins sur les lieux, lorsqu'il s'agit de ces actions, ibid.

— (C. P. C.) Citations pour actions possessoires, art. 5 — Délai passé lequel les actions possessoires ne sont plus recevables, 23. — Le possessoire et le pétitoire ne peuvent être cumulés, 25. — Conditions sans lesquelles le défendeur au possessoire ne peut se pourvoir au pétitoire, 27. V. Enquête, Pétitoire.

POSTE. Peines auxquelles s'exposent, en abandonnant leur poste ou en ne s'y rendant pas, les officiers et soldats des armées de terre et de mer, 21 = 22 août 1790, 30 septembre = 17 octobre 1791, 2 avril 1792, 12 mai 1793 ; — les gardes nationaux,

29 septembre = 14 octobre 1791 ;
— les fonctionnaires publics, 10
août 1792. V. *Armée* et *Marine* au
titre *Discipline*.

POSTÉRITÉ. (C. Civ.) Entre quelles
personnes et comment se divise la
succession d'une personne morte
sans postérité, art. 746 et 767.

POSTES *et* MESSAGERIES. Résiliation de
l'abonnement fait par l'administration des domaines avec les fermiers
des postes, 19 juin 1790 = 25 mars
1791. — Suppression de diverses dépenses de l'administration des postes,
ibid. — Continuation du service des
postes aux lettres et aux chevaux et
des messageries, 8 juillet = 8 août
1790. — Création d'un commissaire
du Roi, pour remplir les fonctions
des ci-devant intendans des postes et
messageries, et formation d'un directoire des postes, 22, 23, 24, 26
= 29 août 1790. — Les corps administratifs ni les tribunaux ne peuvent
rien changer à la marche du service
des postes et messageries ; les demandes et plaintes y relatives doivent être adressées au Pouvoir exécutif, *ibid.* — Les vérifications sont
faites par les directoires de département, et les contestations pour
l'exécution des décrets et des tarifs
de perception, sont portées devant
les juges ordinaires des lieux, *ibid.*
— Les instances sur le fait des postes
et messageries, pendantes avant le
9 juillet, sont jugées définitivement
par le conseil, 6 = 9 septembre
1790. — Le traitement et la place
d'agent ou d'inspecteur des postes
sont supprimés, 21 juillet = 15 août
et 25 mars 1791. — Organisation et
composition de l'administration ; nomination aux places de président,
d'administrateurs et d'inspecteurs ;
leurs traitemens, 19 avril, 13 mai,
18, 26 et 28 sept. 1792, 7 août
6, 10 et 13 sept. 1793, 4 fruct.
an III [21 août 1795]. — Tarifs du
prix des places des voyageurs, et du

transport des marchandises, 1.er
mai 1793, 17 vendémiaire et 1.er
brumaire an II [8 et 22 octobre
1793], 3 fruct. an III [20 août 1795]
(I, B. 172, n.° 1039), 6 nivôse
an IV [27 décembre 1795] (II, B.
15, n.° 87). — Forme des commissions à délivrer aux préposés,
8 janvier 1793. — Les employés
sont dispensés d'assister aux assemblées politiques, 9 mars 1793. — Ils
sont exempts du recrutement, 4 mai
1793. — Paiement du mobilier des
anciens fermiers des messageries,
14 juillet 1793. — Sommes affectées
au service des postes et des messageries, 19 août 1793, 30 fructidor
an III [16 sept. 1795]. — Paiement
des pensions mises à la charge de
l'administration, 17 septemb. 1793.
— Fixation des dépenses des bureaux,
et traitement des employés, 23 nivôse an II [12 janvier 1794]. — Nomination d'une commission pour per-
fectionner le service, et mesures
provisoires pour en assurer l'exactitude, 13 février et 1.er mai 1793. —
Poursuite et punition des directeurs
et autres agens qui vendraient les
bulletins et actes publics qui leur
sont confiés, 11 frimaire an II [1.er
décemb. 1793. — La résiliation des
baux des messageries ne doit point
empécher la continuation du service
public, 3 et 17 germinal an II [23
mars et 6 avril 1794]. — Les directeurs sont tenus de donner par préférence des places aux personnes assignées pour venir en déposition au
tribunal révolutionnaire, 21 messid.
an II [9 juillet 1794]. — Tout particulier est autorisé à conduire ou
faire conduire les voyageurs, &c.,
25 vendémiaire an III [16 octobre
1794] (I, B. 74, n.° 393). — Epu-
ration des différentes administrations
et surveillance des abus qui se sont
glissés dans cette partie, 19 et 28
frimaire an III [9 et 18 décembre
1794]. — Nomination d'une com-

mission pour examiner leur situation, 26 germinal an III [15 avril 1795].
— Fixation du salaire des facteurs des messageries, 24 nivôse an III [13 janvier 1795].—Etablissement d'une administration générale des postes en remplacement des agences, et nomination des membres, 16 thermidor an III [3 août 1795] (I, B. 169, n.º 993). — Les anciens administrateurs sont déchargés de la somme de huit mille quatre cents livres d'intérêts pour retard des versemens, 15 fructidor an III [1.er septembre 1795].
— Etablissement d'un caissier général pour les recettes des différens bureaux de la poste aux lettres et des messageries, 17 fructidor an III [3 septembre 1795] (I, B. 175, n.º 1065). — Les anciens régisseurs sont déclarés quittes et déchargés de leur gestion, 30 vendémiaire an IV [22 octob. 1795].—Révision des lois relatives à l'administration générale des postes, et état de leur produit fixé à douze millions, 16 brum. an V [6 novembre 1796] (II, B. 87, n.º 830).
— Le produit des postes est délégué au paiement des fonds placés dans l'emprunt contre l'Angleterre, 3 germin. an VI [23 mars 1798] (II, B. 194, n.º 1780). — Fonctions du commissaire du Directoire exécutif près l'administration des postes, 9 prairial an VI [28 mai 1798] (II, B. 206, n.º 1869). — Les registres des fermiers des postes doivent être timbrés, 13 brumaire an VII [3 novemb. 1798] (II, B. 237, n.º 2136).
— La place d'inspecteur général est donnée au sieur Duvidal, ensuite au sieur Benezet, 14 nivôse an VIII et 23 brumaire an X [4 janvier 1800 et 14 novembre 1801] (III, B. 44 et 126, n.os 301 et 975). — Cautionnemens auxquels sont assujettis les directeurs, administrateurs et employés, 23 janvier et 8 mars 1793, 7 ventôse an VIII [26 février 1800] (III, B. 10, n.º 66). — Les

fonctions attribuées à la commission des postes et messageries, sont réunies à celles de la direction générale de la liquidation de la dette publique, 13 prairial an X [2 juin 1802] (III, B. 196, n.º 1721). — Organisation du service des postes en Hollande, 18 octobre et 14 décemb. 1810 (IV, B. 322 et 333, n.os 6043 et 6208).

§. 1.er

Poste aux chevaux.

Indemnités accordées aux maîtres de poste à raison de la suppression de leurs priviléges et des pertes qu'ils essuient dans leur service, 25 avril 5 mai 1790, 16 27 mars 1791, 31 août 1792, 19 février, 4 et 27 août 1793, 17 vendémiaire an II [8 octobre 1793, 29 brumaire an III [19 novembre 1794], 27 nivôse et 9 ventôse an III [16 janvier et 27 février 1795] (I, B. 112 et 128, n.os 587 et 674), 3 germinal an III [23 mars 1795] (I, B. 132, n.º 717), 2 brumaire an IV [24 octobre 1795]. — Suppression de leurs gages créés par l'édit de 1715, 19 juin 1790.—Les ministres de l'intérieur et des finances sont autorisés à se faire fournir des courriers et des chevaux pour les courses nécessaires, 13 août 5 septembre 1790.—Les maîtres de poste qui ont traité avec les fermiers des messageries, sont tenus d'entretenir des chevaux pour leur service, et ne peuvent faire aucune entreprise de transport et de roulage que de concert avec les fermiers, 10 avril 1791, 9 mai 1793. — Les maîtres de poste sont chargés de la conduite des malles, 6 12 septembre 1791, 20 frimaire an III [10 décembre 1794], et 30 ventôse an XIII [21 mars 1805] (IV, B. 37, n.º 643). — Fixation du salaire des postillons et courriers, 10 décembre 1792, 29 mars 1793. — Tarif du prix des chevaux de po

31 août 1792, 9 avril 1793, 17 nivôse an III [6 janvier 1795] (I, B. 107 , n.º 568), 3 thermidor et 3 fructidor an III [21 juillet et 20 août 1795] (I, B. 105, n.º 970 , 6 nivôse an IV [27 décembre 1795] (II, B. 15, n.º 85), 23 frimaire an VIII [14 décembre 1799] (II, B. 336, n.º 3464), 20 floréal an XIII [10 mai 1805] (IV, B. 42, n.º 684). — Le ministre de la guerre est autorisé à se servir des chevaux de poste pour conduire des pièces de canon, 2 et 3 septembre 1792. — Suppression du privilége de poste royale ou poste double dont jouissaient les maîtres de poste de Paris, Versailles, Lyon et Brest, 4 septembre 1792. — Le droit de demi-poste est rétabli en faveur de la poste de Brest, 17 septembre 1792. — Le droit entier est conservé à la poste de Paris, 3 germinal an III [23 mars 1795]. — Formation d'un établissement de courriers, 19 = 21 septembre 1792. — Réunion de la poste aux chevaux à celle des lettres, 9 avril 1793. — Décret contenant réglement sur le service de la poste aux chevaux, 23 et 24 juillet 1793. — Les indemnités accordées aux maîtres de poste ne leur sont payées qu'à mesure du remplacement dans leurs écuries des chevaux nécessaires au service, 27 août 1793. — A Paris et sur les routes qui conduisent aux armées, les autorités peuvent faire fournir, par voie de réquisition, les fourrages et avoines nécessaires au service des relais, 17 vendémiaire an II [8 octobre 1793]. — Etablissement de nouveaux relais sur la route de Clermont à Nîmes et à Montpellier, 17 germinal an II [6 avril 1794]. — Dispositions relatives à la caution exigée des maîtres de poste auxquels il a été accordé des secours pour le service de leurs relais, 16 floréal an III [5 mai 1795] (I, B. 142, n.º 801). — Etablissement d'une administration générale en remplacement des agences de la poste aux chevaux et des messageries, 16 thermidor an III [3 août 1795] (I, B. 169, n.º 993). — Arrestation du maître de la poste de Weissembourg, prévenu de conspiration contre la sûreté extérieure de l'État, 6 prairial an IV [25 mai 1796] (II, B. 52, n.º 438). — Message relatif au rétablissement des relais de poste de la frontière de Valenciennes, 22 messidor an IV [10 juillet 1796]. — La poste aux chevaux est mise en ferme, 9 vendémiaire an VI [30 septembre 1797] (II, B. 148, n.º 1447). — Message du Directoire relatif à l'organisation de la poste, 25 brumaire an VI [15 novembre 1797]. — Rejet des résolutions relatives à cette organisation, 18 germinal an VI et 18 vendémiaire an VII [7 avril et 9 octobre 1798]. — Nouvelle organisation et composition de toutes les parties du service, 19 frimaire et 1.er prairial an VII [9 décembre 1798 et 20 mai 1799] (II, B. 249 et 283, n.ºs 2252 et 2964). — Dispositions pénales contre les maîtres de poste qui font de fausses déclarations sur le nombre de leurs chevaux, 4.e jour complémentaire an VII [20 septemb. 1799] (II, B. 312, n.º 3298). — Portion de terrain affectée au service du relais de poste du Poteau, 25 pluviôse an IX [14 février 1801] (III, B. 7, n.º 537). — Uniforme des préposés, 25 vendémiaire an XII [18 octobre 1803] (III, B. 322, n.º 3274). — Les maîtres de poste sont autorisés à percevoir vingt cinq centimes par cheval des voitures publiques qui ne sont pas servies par la poste, 15 ventôse an XIII [6 mars 1805] (IV, B. 36, n.º 598). V. *Voitures publiques.*

§. 2.

Poste aux lettres.

L'assemblée refuse l'offre faite par les

administrateurs de la franchise des ports de lettres des députés, 24 octobre 1789. — Inviolabilité du secret des lettres, et peines encourues par ceux qui y portent atteinte, 5 décembre 1789 et 10＝14 août, 22 et 26＝29 août 1790, 10＝20 juillet, 25 septembre＝6 octobre 1791, 3 brumaire an IV [25 octobre 1795] (I, B. 204, n.º 1221). — Exception pour des raisons politiques, 18 et 25 avril, 7 juin 1793, 3 brumaire an IV [25 octobre 1795], art. 638 (I, B. 204, n.º 1221), et Code pénal, art. 187. — Etablissement près l'Assemblée nationale d'un bureau de contre-seing des lettres et paquets des députés, 12＝19 octobre 1790. — Dispositions réglementaires sur les franchises et contre-seings des ministres et des autorités administratives, judiciaires et militaires, 12＝19 octobre 1790, 6＝8 juin, 20＝25 septemb. 1792, 6 et 12 juillet 1793, 9 et 27 vendémiaire, et 12 brumaire an VI [30 septembre, 18 octobre et 2 novembre 1797] (II, B. 148 et 153, n.ºs 1447 et 1497), 5 frimaire an VI [25 nov. 1797] (II, B. 161, n.º 1576), 27 prairial an VIII [16 juin 1800] (III, B. 30, n.º 195], 15 brumaire IX [6 novembre 1800] (III, B. 53, n.º 387), 24 avril 1806, art. 20 (IV. B. 88, n.º 1513). — Taxe pour les distances au-delà de douze cents kilomètres, 20 avril 1810 (IV, B. 283, n.º 5352). — Mesures prescrites pour le décachetement et le brûlement des lettres blanches inconnues, 19＝24 novembre 1790, 10 décemb. 1791, 23 et 24 juillet 1793. — Défenses aux messageries et voitures publiques de se charger de lettres missives, de journaux, &c., 10 avril 1791, 2 nivôse an VI [22 décembre 1797] (II, B. 170, n.º 1624), 7 fructidor an VI [24 août 1798] (II, B. 220, n.º 1973), 26 ventôse an VII [16 mars 1799] (II, B. 267,

n.º 7646), 27 prairial an IX [16 juin 1801] (III, B. 84, n.º 696), 2 messidor an XII [21 juin 1804] [IV, B. 6, n.º 55]. — Le service de la poste aux lettres ne doit souffrir aucune interruption, 21 juin 1791. — Taxe des lettres, paquets, et envois d'or et d'argent, 17＝22 août 1791, 23 et 24 juillet 1793, 27 niv. an III [16 janv. 1795] (I, B. 112, n.º 588), 3 et 12 thermid. an III [21 et 30 juill. 1795] (I, B. 165, n.º 970), 6 niv. et 6 messidor an IV [27 décemb. 1795 et 24 juin 1796] (II, B. 15 et 55, n.ºs 86 et 487), 5 nivôse an V [25 décembre 1796] (II, B. 98, n.º 927), 27 frimaire an VIII [18 décembre 1799] (II, B. 338, n.º 3477), 24 floréal an X [14 mai 1802] (III, B. 187, n.º 1790). — Etablissement de courriers de la poste aux lettres sur les différentes routes, 6＝12 septembre 1791. — Dispositions relatives à la correspondance des commissaires des guerres par la poste, 20 septembre＝14 oct. 1791. — Taxe des lettres destinées pour l'armée, 23＝27 juin 1792, 3 mess. et 5 therm. an IV [21 juin et 23 juillet 1796] (II, B. 59 et 60, n.ºs 548 et 558). — Cas où le départ des courriers et le service de la poste sont suspendus, 21 juin 1791, 10 août 1792. V. *Journées mémorables.* — Augmentation de deux courriers par semaine de Toulouse à Baïonne, 29 janvier 1793. — Gratification accordée aux courriers de la malle de Lyon, 16 février 1793. — Réunion de la poste aux chevaux à celle des lettres, 29 mars 1793. — Les commis et employés dans les bureaux de l'administration ou des directeurs des postes, ne peuvent jouir d'aucune franchise des ports de lettres et paquets, 7 avril 1793. — Décret relatif aux lettres chargées ou non chargées dans les bureaux de poste, à l'adresse des personnes portées sur la liste des émigrés, 9 mai 1793. — Somme

14

fixée pour le service des facteurs et garçons de bureau de la poste, 19 août 1793. — Ordre de renvoyer à Paris les lettres adressées à l'étranger, et retenues dans les bureaux de poste des frontières, 13 floréal an II [2 mai 1794]. — Fixation du port des lettres sorties par les bureaux de petites postes, 21 prairial an III [9 juin 1795] (I, B. 155, n.º 910). — Remboursement des ports de lettres et paquets adressés aux fonctionnaires de l'ordre judiciaire, et compte qui leur est ouvert à cet effet, 5 prairial et 25 messidor an IV [24 mai et 13 juillet 1796] (II, B. 50 et 59, n.ᵒˢ 423 et 537). — Les lettres et paquets adressés à la haute-cour nationale et aux accusateurs nationaux sont exempts de la taxe, 4 fructidor an IV [21 août 1796] (II, B. 71, n.º 645). — Moyen établi pour faciliter la correspondance entre les ministres et les autorités qui ne sont pas servies directement par la poste, 4 nivôse an V [24 décembre 1796] (II, B. 98, n.º 924). — Mise en ferme de la poste aux lettres et suppression du contre-seing, 9 et 27 vendémiaire an VI [30 septembre et 18 octobre 1797] (II, B. 148 et 153, n.ᵒˢ 1447 et 1497). — Réglement de l'indemnité due aux membres du Corps législatif pour la suppression de la franchise du contreseing, 5 frimaire an VI [25 novembre 1797] (II, B. 161, n.º 1576). — Taxe et paiement du port des lettres adressées aux administrations ou par elles dans l'étendue de leur arrondissement, 13 et 29 pluviôse an VI [1.ᵉʳ et 17 fév. 1798] (II, B. 180, et 184 n.ᵒˢ 1673 et 1734). — Suppression de bureaux de poste aux lettres dans différentes communes, 11 messidor an VI [29 juin 1798] (II, B. 209, n.º 1899). — Délai après lequel les lettres non payées ou non retirées du bureau, sont mises au rebut, excepté pour

celles adressées aux fonctionnaires publics collectivement, 5 vendémiaire an VII [26 septembre 1798] (II, B. 229, n.º 2046). — Arrêté concernant le port des lettres adressées aux juges de paix, aux accusateurs publics, aux commissaires près les tribunaux et aux directeurs du jury d'accusation, 9 frimaire an VII [29 novembre 1798] (II, B. 245, n.º 2215). — Le port des lettres des administrations municipales fait partie des dépenses communales, 11 frimaire an VII [1.ᵉʳ décembre 1798] (II, B. 247, n.º 2220). — Mesures pour assurer le service de la poste à l'égard des membres du Directoire et des ministres, 29 nivôse an VII [18 janvier 1799] (II, B. 255, n.º 2397). — Fixation des heures pour la remise des lettres au bureau général, 11 brumaire an VIII [2 novemb. 1799] (II, B. 320, n.º 3399). — Annullation du bail de la poste aux lettres, et son administration par une régie intéressée, 25 frimaire an VIII [16 décembre 1799] (II, B. 337, n.º 3472). — Organisation de l'administration, 14 nivôse an VIII [4 janvier 1800] (III, B. 44, n.º 302). — Mode des poursuites judiciaires à exercer contre les agens de l'administration, 9 pluviôse an X [29 janvier 1802] (III, B. 159, n.º 1227). — Tarif pour la correspondance maritime et coloniale, 19 germinal an X [9 avril 1802] (III, B. 190, n.º 1548). — Le produit des postes aux lettres est affecté à l'amortissement de ce qui excéderait les cinquante millions des cinq pour cent consolidés, 21 floréal an X [11 mai 1802], art. 9 (III, B. 189, n.º 1547). — Taxe particulière des lettres expédiées pour l'Angleterre, 4 messidor an X [23 juin 1802] (III, B. 198, n.º 1762); — pour l'Italie, 14 floréal an XI [4 mai 1803] (III, B. 278, n.º 2764), et 19 septemb. 1806 (IV, B. 116, n.º 1946); — pour la

Hollande, 4 juin 1809 (IV, B. 438, n.º 4433). — Réglement pour la taxe ou l'affranchissement des lettres et paquets relatifs aux pays desservis par les postes de France, 14 fructidor an X [1.ᵉʳ septembre 1802] (III, B. 211, n.º 1944).—Pour quels magistrats la franchise et le contre-seing ont lieu relativement aux procédures criminelles, 18 juin 1811, art 98, 100, 101 et 102 (IV, B. 377, n.º 7035).

POSTES *militaires.* (C. P.) Peines contre ceux qui auraient pratiqué des intelligences pour livrer des postes à l'ennemi, art. 77 *et suiv.*; — qui, à la tête de bandes armées, auraient tenté de les envahir, art. 96. V. *Armée* au titre *Places de guerre.*

POSTILLONS. Devoirs, salaires et pensions des postillons attachés au service de la poste aux chevaux, 6 = 12 septembre 1791, 19 frimaire et 1.ᵉʳ prairial an VII [9 décembre 1798 et 20 mai 1799] (II, B. 249 et 283, n.ᵒˢ 2252 et 2964). V. *Poste aux chevaux.* — Ils sont dispensés du service de la garde nationale, 13 floréal an VII [2 mai 1799] (II, B. 276, n.º 2845).

POSTULATION. Dispositions pénales contre les individus qui se livrent à la postulation, et contre leurs complices, 19 juillet 1810 (IV, B. 302, n.º 5738). — (C. P. C.) Formalités prescrites pour l'exécution des jugemens dans le cas où l'avoué à qui ils devaient être signifiés, a cessé de postuler, art. 148. — Ce que doit faire, dans le même cas, la partie qui a obtenu un jugement par défaut, 162.

POSTHUME. (C. Civ.) La survenance d'un enfant posthume opère la révocation de toutes donations entre-vifs, art. 960 et 966.

POSTHUMES (Ouvrages). V. *Imprimerie* et *Librairie.*

POT. Les propriétaires qui vendent des boissons de leur cru en pot ou à la pinte, sont tenus de se pourvoir de patentes, 2 = 17 mars 1791.

POT-AU-FEU (Le) ne peut être saisi pour contributions arriérées, 25 septembre = 2 octobre 1791.

POTASSES. Le traitement des employés de la régie des poudres est composé de remises sur la fabrication des potasses, 29 septembre = 19 octobre 1791. — Fixation du prix de la potasse fournie à Paris, aux départemens et à la régie des poudres et salpêtres, 14 = 23 mai 1792, 9 février 1793 et 27 pluv. an VIII [16 février 1800] (III, B. 7, n.º 52).

POTEAUX. Les individus condamnés aux fers, à la réclusion, à la gêne ou à la détention, sont attachés à un poteau placé sur un échafaud, 25 septembre = 6 octobre 1791, partie I.ʳᵉ, tit. I.ᵉʳ, art. 28.—Suspension de la loi du 22 août 1791, relative à la plantation de poteaux indicatifs du territoire des deux lieues limitrophes de l'étranger, 28 pluviôse an III [16 février 1795] (I, B. 125, n.º 659). — Il en est planté pour fixer la limite constitutionnelle pour les troupes, 19 thermidor an V [6 août 1797] (II, B. 136, n.º 1342).

POTS-DE-VIN (Réduction des) en proportion de la valeur de la dîme, 14 et 20=22 avril 1790. — Restitution de ceux donnés par les fermiers des droits casuels, 3 = 9 mai 1790. — Mode de paiement de ceux promis par les fermiers des biens ecclésiastiques, 11 = 24 août 1790.

POUDRE *à poudrer.* Mode de perception des droits sur celle qui vient de l'étranger, 1.ᵉʳ septembre 1790. — Défense d'importer celle de Gènes, 13 ventôse an IV [3 mars 1796].

POUDRERIE *de Grenelle.* V. *Grenelle.*

POUDRERIES. Leur nombre et lieux de leur établissement, 5 ventôse an VI [23 février 1798]. — Elles sont inspectées par des officiers supérieurs d'artillerie, nommés par le premier inspecteur, 28 pluviôse an VIII [17 février 1800] (III, B. 7, n.º 52).

PO JDRES *et* SALPÊTRES. Mesures pour assurer la libre circulation des poudres destinées à l'approvisionnement des ports, des places de guerre et du commerce, 4 = 18 juillet, 15 août 1790, 25 messidor et 1.ᵉʳ fructidor an VII [13 juillet et 18 août 1799] (II, B. 295 et 302, n.ᵒˢ 3144 et 3215). — Liquidation et comptabilité des régisseurs, 21 et 22 juillet = 1.ᵉʳ août 1791. — Peine afflictive contre tout homme coupable d'en avoir transporté à bord sans ordre ou permission, 21 = 22 août 1790. — Peines des galères pour en avoir volé ou recélé à bord, ou pour en avoir volé ou tenté d'en voler dans la soute aux poudres, *ibid.* — L'état de ce qui a été fabriqué depuis 1790, doit être fourni à l'Assemblée nationale, 31 octobre 1790. — Décret qui permet au sieur Weiland-Stath d'établir, à ses frais, des nitrières, fabriques de salpêtre et moulin à poudre, 1.ᵉʳ = 9 janvier 1791. — La gendarmerie escorte les convois de poudre de guerre, 16 janvier = 16 février 1791, et 28 germinal an VI [17 avril 1798] (II, B. 197, n.º 1805). — Les régisseurs sont tenus à fournir un cautionnement de cent mille francs, 21 et 22 juillet = 1.ᵉʳ août 1791. — Remboursement de leurs fonds d'avance et de leurs cautionnemens, *ibid.* — Autorisation de les exporter à l'étranger, 23 = 28 septembre 1791. — Décrets généraux relatifs à la fabrication des poudres et salpêtres, et à l'organisation et au service de la régie, à la police et discipline des ateliers, au traitement et au mode d'avancement des employés, et tarifs des prix de vente, 23 septembre = 19 octobre 1791, 14 = 23 mai, 31 mai = 8 juin, 3 et 18 septembre 1792, 9 février, 10 juin, 1.ᵉʳ juillet, 28 et 31 août, 21 septemb. 1793, 17 germinal an III [6 avril 1795] (I, B. 134, n.º

745), 13 et 27 fructidor an V [3 août et 13 septembre 1797] (II, B. 141 et 146, n.ᵒˢ 1386 et 1427), 1.ᵉʳ jour complémentaire an V [17 septembre 1797] (II, B. 146, n.º 1428), 27 pluviôse et 25 germinal an VIII [16 février et 15 avril 1800] (III, B. 7, n.ᵒˢ 52 et 145), 10 prair. an XI et 5 germinal an XII [30 mai 1803 et 26 mars 1804] (III, B. 282, n.ᵒˢ 2780, et III, B. 357, n.º 3736), 25 prair. an XIII [14 juin 1805] (IV, B. 48, n.º 811), 12 août 1806 et 10 septembre 1808 (IV, B. 131 et 205, n.ᵒˢ 1847 et 3769). — Ordre de faire une expérience du procédé du sieur Recologne, pour la fabrication des poudres et salpêtres, 31 janvier 1792. — Paiement de l'indemnité accordée aux salpêtriers pour leurs fournitures de 1790 et 1791, 14 = 23 mai 1792. — Autorisation pour l'introduction en France du salpêtre étranger, 31 mai = 8 juin 1792. — Ordre de faire des épreuves de la poudre du sieur Veyland-Stath et de celle de la régie, 29 mai = 6 juin 1792. — L'exportation de la poudre de chasse est prohibée, 12 juin = 21 juillet 1792. — Le sieur Dutertre est autorisé à établir une fabrique de poudre dans le moulin qu'il possède sur la rivière de Sèvres, près Niort, 11 = 16 août 1792. — Compte à rendre de la quantité de poudres existant dans les magasins de l'arsenal de Paris, 11 août 1792. — Décret concernant les approvisionnemens de salpêtre et de poudre, 11 mars 1793. — Mode de remboursement des cautionnemens fournis par les comptables de la régie, 7 juin 1793. — Faculté donnée aux salpêtriers commissionnés, de faire, pendant la durée de la guerre, des fouilles de salpêtre dans les caves, selliers, granges, écuries, bergeries, remises, colombiers et autres lieux couverts qui ne servent pas de logement personnel, 5 juin 1793. —

Décret qui met à la disposition du Conseil exécutif toutes les terres et matières salpêtrées, 28 août 1793. — Nomination d'une commission pour surveiller la fabrication des poudres, 24 frimaire an II [14 décembre 1793. — Mesures pour multiplier les fabriques de salpêtre, 14 frimaire et 13 pluviôse an II [4 décembre 1793 et 1.er février 1794]. — Peines prononcées contre ceux qui entravent ces mesures, 13 pluviôse an II [1.er février 1794]. — Nomination des commissaires nationaux des armes et poudres, 17 pluviôse an II [5 février 1794]. — Le nom de la régie des poudres et salpêtres est changé en celui d'agence nationale, 7 vent. an II [22 fév. 1794]. —Suppression de l'agence, 26 mess. an II [14 juillet 1794] (I, B. 21, n.º 95). — Il est défendu de faire usage de la poudre dans les fêtes publiques pendant toute la durée de la guerre, 9 fructidor an II [26 août 1794] (I, B. 46, n.º 246) ; — d'établir à l'avenir aucun atelier de salpêtre dans les bâtimens où il y a des bibliothèques, muséum, cabinets d'histoire naturelle, &c., 9 frimaire an III [29 novembre 1794] (I, B. 94, n.º 482). — Mode pour l'exploitation des salpêtreries, 17 germinal an III [6 avril 1795] (I, B. 134, n.º 744). — La trésorerie nationale est autorisée à passer en dépense aux receveurs de district, les sommes qu'ils ont payées pour la fabrication du salpêtre dans les communes, 1.er floréal an III [20 avril 1795] (I, B. 139, n.º 776). —Suppression de la commission, 18 fructidor an III [4 septembre 1795] (I, B. 176, n.º 1067). — Arrêté portant nomination des administrateurs généraux des poudres et salpêtres, 15 brumaire an VI [5 novemb. 1797] (II, B. 156, n.º 1537). — Uniforme des régisseurs, employés et ouvriers de la régie, 25 ventôse an VI [15 mars 1798] (II,

B. 191, n.º 1773). — Mode de remplacement des matériaux salpêtrés provenant de démolitions, 9 messidor an VI [27 juin 1798] (II, B. 209, n.º 1897). — Les dépenses relatives à la recherche et fabrication des poudres et salpêtres, font partie des dépenses publiques, 11 frimaire an VII [1.er décembre 1798] (II, B. 267, n.º 2220). — Nomination de nouveaux administrateurs généraux, 28 germ. an VIII [18 avril 1800] (III, B. 21, n.º 146). — La vente et la distribution des poudres et salpêtres sont surveillées par le préfet de police de Paris, et par les commissaires généraux, 12 messidor an VIII et 5 brumaire an IX [1.er juillet et 27 octobre 1800] (III, B. 33 et 50, n.ºs 214 et 373). — Mode de remboursement des sommes payées par les salpêtriers pour le transport des salpêtres, et les terres et démolitions salpêtrées, 17 thermidor an VIII [5 août 1800] (III, B. 36, n.º 238). — État à dresser, et vérification des paiemens faits sur les dépenses propres à l'administration de la régie, 13 brumaire an X [4 novembre 1801] (III, B. 122, n.º 953). — Exemption de service militaire en faveur des chefs d'atelier de salpêtre et de leur principal ouvrier, 7 ventôse an X [26 février 1802] (III, B. 166, n.º 1267). — Mode de délivrance de la poudre de guerre pour les bâtimens de commerce, 27 prairial an X [16 juin 1802] (III, B. 197, n.º 1744). — Réserve du bois de bourdaine pour la confection du charbon propre à la fabrication de la poudre, 25 fructidor an XI et 16 floréal an XIII [12 septembre 1803 et 6 mai 1805] (III, B. 312, n.º 3170, et IV, B. 43, n.º et 719).—Prohibition de la vente des poudres de guerre, 23 pluviôse an XIII [12 février 1805] (IV, B. 31, n.º 529). — Remise à la régie des droits réunis d'un état nominatif des salpétriers travaillant pour le compte de l'administration, 16 février 1806 (IV, B. 137, n.º 2216). — Forme de la mise en jugement des préposés de l'administration, 28 février 1806 (IV, B. 79, n.º 1375). — Avis du Conseil d'état portant que l'arrêt du conseil du 9 juillet 1718, relatif aux salpétriers, ne doit plus avoir force de loi, 12 janvier 1811 (IV, B. 345, n.º 6476). — La régie des droits réunis est chargée de la recherche des poudres fabriquées hors des poudrières du Gouvernement, 24 août 1812 (IV, B. 447, n.º 8209); — de surveiller la fabrication, la circulation et la vente des salpétres, 16 mars 1813 (IV, B. 486, n.º 9010).

POUGÉARD DU LIMBERT (Le sieur) est nommé préfet du département de la Haute-Vienne, 11 ventôse an VIII [2 mars 1800] (III, B. 8, n.º 61); — membre du Tribunat, 6 germinal an X [27 mars 1802] (III, B. 171, n.º 1341; — préfet du département de l'Allier, 7 octobre 1807 (IV, B. 165, n.º 2814).

POUILLY-SUR-SAONE. Etablissement de trois nouvelles foires dans cette commune, 27 brumaire an X [18 novembre 1801] (III, B. 131, n.º 996).

POUJET (Le sieur) est tenu de restituer les sommes qu'il avait reçues du ministre de la marine, 22 avril = 4 mai 1791.

POULAIN (Le sieur Célestin) est délégué des Consuls dans la 12.ᵉ division militaire, 29 brumaire an VIII [20 novembre 1799] (II, B. 330, n.º 3437).

POULAIN (Le sieur) est nommé membre du Corps législatif, 4 nivôse an VIII [25 décembre 1799] (II, B. 341, n.º 3509).

POULAIN-GRANDPREY (Le sieur) est nommé membre du Corps législatif, 1.ᵉʳ prairial an V [20 mai 1797] (II, B. 251, n.º 1212); — est exclu de la représentation nationale, 19 brum. an VIII [10 novembre 1799] (II, B. 323, n.º 3413). — Il est tenu de se rendre à la Rochelle, 20 brumaire an VIII [11 novembre 1799] (II, B. 329, n.º 3432.)

POULTIER (Le représentant du peuple) est envoyé dans le département des Bouches-du-Rhône, 27 juin 1793.

POULTIER (Le sieur) est nommé membre du Corps législatif, 4 nivôse an VIII [25 décembre 1799] (II, B. 341, n.º 3509.)

POURSOIN (Le droit de) est supprimé, 15 = 28 mars 1790.

POURSUITE (La servitude de) est abolie sans indemnité, 15 = 28 mars 1790.

POURSUITES JUDICIAIRES civiles. Il est sursis aux poursuites commencées contre les communautés ecclésiastiques, 27 = 28 mars 1790. — Il est permis d'en exercer contre ceux qui refusent la communication d'un bail de biens nationaux, 9 = 25 juillet 1790. — Formalités du timbre et de l'enregistrement auxquelles sont assujettis les actes de poursuites faites en exécution d'expéditions délivrées par les notaires, 5 = 19 décembre 1790, 7 = 11 février 1791, 13 brumaire et 22 frimaire an VII [3 novembre et 12 décembre 1798] (II, B. 237 et 248, n.ᵒˢ 2136 et 2224.) — Comment elles s'exercent contre les communes limitrophes qui n'ont pas agi d'après une réquisition, 26 et 27 juillet = 3 août 1791.

— criminelles. V. Procédure criminelle.

— d'office. Cas dans lesquels elles s'exercent par les juges de paix et les officiers du ministère public, 3 brum. an IV [25 octobre 1795] (I, B. 204, n.º 1221), et 18 juin 1811 (IV, B. 377, n.º 7035).

— (C. Civ.) Domicile auquel on doit les faire, 111. — Les poursuites faites contre l'un des débiteurs solidaires d'une obligation, n'empêchent pas le créancier d'en exercer

de pareilles contre les autres, 1206.
— Les premières poursuites interrompent la prescription à l'égard de tous, *ibid.* — Circonstance dans laquelle il doit être sursis aux poursuites contre le débiteur, 1244.— La contrainte par corps n'empêche pas les poursuites sur les biens, 2069.

—(C.P.C.) A qui doit appartenir la poursuite d'une saisie de rente faite par deux créanciers, 653. — Privilége pour les frais de poursuite d'une distribution par contribution, 662;—pour ceux d'une saisie-immobilière, 716. — A qui appartient la poursuite d'une saisie immobilière dans le cas où il en a été fait deux, 719. — Lequel des saisissans peut poursuivre dans le cas de radiation de la première saisie, 725. — Auquel des deux demandeurs appartient la poursuite d'un partage, 967.

—(C. I. C.) Il y a deux manières d'exercer la poursuite contre l'action civile, 3. —Poursuite et instruction contre des juges pour crimes et délits par eux commis hors de leurs fonctions, 483 *et suiv.*

POURSUITES *contre les agens du Gouvernement, et les préposés des administrations de l'enregistrement, de la loterie et des postes.* V. *Agens du Gouvernement,* et les articles *Enregistrement* (Régie de l'), *Loterie* et *Postes aux lettres.*

—*contre les contribuables.* V. *Contributions directes* et *indirectes.*

POURSUIVANT *en matière d'expropriation forcée.* V. *Expropriation forcée.*

POURVOI *contre les arrêtés des corps administratifs.* V. *Conseil d'état, Corps administratifs* et *Ministres;* — contre les arrêts des cours et des tribunaux. V. *Cassation;* —en réglement de juges. V. *Réglement de juges.*

—(C. Civ.) Le pourvoi en cassation est supensif, art. 263. V. *Appel, Cassation.*

—(C. Co.) Le pourvoi en cassation peut avoir lieu relativement à un jugement arbitral, art. 52.

— (C. I. C.) Manière dont on procède sur le pourvoi en réglement de juges, art. 525 *et suiv.*

POUSSIELGUE (Le sieur) est nommé commissaire des revenus nationaux, 6 thermidor an III [24 juillet 1795] (I, B. 171, n.º 1015.)

POUTRES. (C. Civ.) Leur rétablissement est au nombre des grosses réparations, art. 606. — On peut placer des poutres dans un mur mitoyen, 657.

POUVOIR (L'excès de) des autorités administratives est réprimé par les ministres, 27 avril = 25 mai 1791, 10 vendémiaire an IV [2 octobre 1795] (I, B. 192, n.º 1153), et Constitutions de 1791, de l'an III et de l'an VIII. V. *Constitutions, Corps administratifs* et *Ministres;* — des cours et tribunaux, par la cour de cassation et le ministre de la justice 27 novembre = 1.er décembre 1790, 27 ventôse an VIII [18 mars 1800] (III, B. 15, n.º 1031), et 16 therm. an X [4 août 1802] (III, B. 206, n.º 1876); —des ecclésiastiques, par le Conseil d'état, 18 germinal an X [8 avril 1802] (III, B. 172, n.º 1344). V. l'article *Compétence.*

— (C. P.) Peines encourues par les fonctionnaires de l'ordre judiciaire et de l'ordre administratif, pour avoir excédé leurs pouvoirs, art. 127, 130, 131.

POUVOIR *civil* (Rapports entre le) et l'autorité militaire, 8 = 10 juillet 1791. V. *Corps administratifs.*

— *constituant.* V. *Constitutions* et *Corps legislatifs.*

— *discrétionnaire.* Exercice de ce pouvoir par le président du tribunal criminel, 3 brumaire an IV [25 octobre 1795], art. 276 (I, B. 204, n.º 1221).

— *exécutif.* V. *Gouvernement, Ministres* et *Roi.*

— *judiciaire.* Il ne peut, en aucun cas, être exercé par le Roi ni par le Corps législatif, 1.er = 5 octobre et 3 novembre 1789, constitutions de 1791 et de l'an VIII.—Il ne peut connaître des actes des autorités administratives, 22 décembre 1789=janvier 1790, 1.er=3 juin, 11=18 août 1790, 16 fructidor an III [2 septembre 1795] (1, B. 175, n.º 1064). V. *Cours* et *Tribunaux*.

— *législatif.* V. *Corps législatifs* et *Lois.*

— (C. P.) Quelles peines encourent les juges, les procureurs généraux ou impériaux, leurs substituts et les officiers de police judiciaire qui se seraient immiscés dans l'exercice du pouvoir législatif, art. 127; — les préfets, sous-préfets, maires et autres administrateurs, pour semblable délit, 130.

— *municipal.* Fonctions et attributions qui lui sont propres, 21 mai = 27 juin 1790. V. *Communes*, *Corps administratifs*, *Maires* et *Municipalités.*

POUVOIRS (La séparation des) est la base de la constitution et de la garantie sociale, 26 août = 3 novembre 1789, et constitutions de 1791 et de l'an III. V. *Constitutions.*

POUVOIRS *des députés au Corps législatif.* Mode de leur vérification. V. *Corps législatifs.*—Annullation des pouvoirs impératifs qui leur sont donnés, 19 = 21 avril 1790.

POUVOIRS *et* PROCURATIONS. Droits d'enregistrement auxquels ils sont assujettis, 5=19 décembre 1790, et 22 frimaire an VII [12 décembre 1798] (II, B. 248, n.º 2224). V. *Fondés de pouvoirs.*

— (C. Civ.) Durée des pouvoirs de l'exécuteur testamentaire, art. 1031 *et suiv.* — Le mandataire ne peut outrepasser ses pouvoirs, 1989.

— (C. P. C.) Il faut un pouvoir spécial pour être autorisé à accepter ou donner des offres, un aveu ou un consentement, art. 352; — pour signer une demande en récusation de juges, 384; — pour une saisie immobilière et un emprisonnement,

556. — La remise de l'acte ou du jugement à exécuter suffit à l'huissier dans les autres cas, *ibid.* — Pouvoir dont l'avoué est tenu de justifier à défaut d'acceptation de l'adjudicataire pour lequel il a enchéri, 709.

— (C. Co.) Comment doit être donné le pouvoir nécessaire pour plaider une cause devant un tribunal de commerce, art. 627.

— (C. I. C.) Le pouvoir que la partie condamnée a délivré pour un recours en cassation, peut rester annexé à la déclaration, art. 417. — Registre sur lequel la déclaration doit être inscrite, *ibid.*

POYFÉRÉ-DE-CERE (Le sieur) est nommé membre du Corps législatif, 9 et 10 août 1810 (IV, B. 307, n.º 5847).

PRADES. Époque de la tenue des foires de cette commune, 16 frimaire an XI [7 décembre 1802] (III, B. 234, n.º 2186).

PRADT (M. DE). Publication de la bulle d'institution canonique qui le nomme à l'évêché de Poitiers, 8 thermidor an XIII [27 juillet 1805] (IV, B. 53, n.º 878).

PRAIRE-MONTAULT (Le représentant du peuple) est déporté, 19 fructid. an V [5 septembre 1797] (II, B. 142, n.º 1400); — il lui est permis de rentrer en France, 29 pluviôse an VIII [18 février 1800] (III, B. 6, n.º 51).

PRAIRIES *et* PRÉS. Les droits qui se perçoivent sur les prés avant la fauchaison de la première herbe, sont abolis sans indemnité, 19 avril 1790. — Les prairies communes ou particulières sont l'objet de la surveillance des autorités administratives, 13 = 18 juin, 12=20 août 1790. = Les propriétaires des prés ci-devant possédés à deux ou plusieurs herbes sont maintenus dans la jouissance du droit de couper les seconde, troisième et quatrième herbes, 25 = 30 juin 1790. — Cours d'eau servant à l'ar-

rosement des prés. V. *Cours d'eau.*
— Prix de l'acquisition des prés devenus biens nationaux, 9=25 juill. 1790. — Dispositions relatives aux actions en cantonnement de la part des propriétaires de prés, 19 = 27 septembre 1790; — à la propriété des arbres plantés dans les prés, 13 =20 avril 1791. — Les domaines corporels consistant en prés sont administrés par la régie de l'enregistrement, 19 août = 12 septembre 1791. — Les droits de parcours et de vaine pâture sur les prairies n'ont lieu qu'après la fauchaison, 28 septembre = 6 octob. 1791. — Mode d'estimation des prés dépendant des domaines engagés, 14 ventôse an VII [4 mars 1799] (II, B. 263, n.º 2586). — Évaluation du revenu imposable des prairies naturelles et artificielles, 3 frimaire an VII [23 novembre 1798], art. 62 et 63 (II, B. 243, n.º 2197). V. *Prairies.*

— (C. Civ.) Le bail d'un pré est censé fait pour une année lorsqu'il n'y a point d'écrit, art 1774.

PRAL (Le sieur) est autorisé à lever une légion, 9 septembre 1792.

PRAT-BERNON (Le sieur) est renvoyé devant le tribunal de cassation pour statuer sur sa demande en restitution de biens, 24 messidor an III [12 juillet 1795] (I, B. 163, n.º 952).

PRATI (Le sieur) est nommé membre du Corps législatif, 27 fructidor an XII [14 septemb. 1804] (IV, B. 16, n.º 270).

PRÉAGE (Le droit de) perçu sur les prés avant la fauchaison de la première herbe, est aboli, 19 avril 1790.

PRÉALABLE. (C. P. C.) Les demandes incidentes sont jugées par préalable, s'il y a lieu, art. 338.

PRÉAMBULE *d'un compte.* (C. P. C.) S'il excède six rôles, l'excédant ne passe pas en taxe, art. 531. V. *Comptes.*

PRÉAMBULE *de décret définitif.* Objets qui doivent y être énoncés, 3 = 14 septembre 1791. V. *Lois.*

PRÉBENDES (Les) sont supprimées, ainsi que les demi-prébendes, 12 juillet =24 août 1790.

PRÉCAUTION. (C. P.) Peines pour dommages causés par l'emploi d'armes sans précaution, art. 479.

PRÉCHONNE (La commune de) est autorisée à accepter un legs fait aux pauvres, 27 germinal an X [17 avril 1802] (III, B. 180, n.º 1407).

PRÉCIPUT. (C. Civ.) Manière dont on peut déclarer qu'un don ou un legs est à titre de préciput, art. 919. — Règles sur le préciput conventionnel, 1515 et suiv. V. *Rapports.*

PRÉDÉCÈS. Mode pour statuer sur le prédécès de plusieurs individus se succédant de droit, et morts dans la même exécution, 20 prairial an IV [8 juin 1796] (II, B. 52, n.º 453).

PRÉDICATEURS (Les) doivent prêter le serment auquel sont tenus les ecclésiastiques fonctionnaires publics, 5 février =27 mars 1791.

PRÉDICATIONS (Les), telles que sermons, stations, ne peuvent être faites que par des ecclésiastiques autorisés par l'évêque, 18 germinal an X [8 avril 1802], art. 20 (III, B. 172, n.º 1344).

PRÉEMPTION. Les préposés des douanes peuvent retenir par droit de préemption, au compte de la nation, les marchandises au prix de la valeur déclarée, avec un dixième en sus, 4 germinal an II [24 mars 1794], tit. V. —Défenses d'exercer ce droit sur les matières premières que les fabricans peuvent justifier avoir fait venir de l'étranger pour alimenter leurs fabriques, 26 vendémiaire an III 17 octobre 1794] (I, B. 75, n.º 398). — Dispositions relatives à l'exercice de ce droit, 4 nivôse an III [24 décembre 1794] (I, B. 104, n.º 538).

PRÉFECTURES. V. *Préfets.*

PRÉFÉRENCE. (C.Civ.) Celle que le gage confère sur les autres créanciers, art. 2073. — Quelles sont les causes légitimes de la préférence, et manière dont elle se règle entre les créanciers, 2094 et suiv.

— (C. P. C.) Frais pour lesquels l'acquéreur doit être employé de préférence dans l'ordre du prix d'un immeuble aliéné autrement que par expropriation forcée, art. 777.

PRÉFET de la Seine (Le) est chargé de l'administration des travaux du canal de dérivation de la rivière d'Ourcq, 25 thermidor an X [15 août 1802] (III, B. 207, n.º 1900). V. Paris et Seine (Département de la).

— (C.P.C.) A Paris, les communes doivent être assignées, à peine de nullité, en la personne et au domicile du préfet, art. 69 et 70.

PRÉFET de police de Paris. Son institution et sa nomination, 28 pluv. et 17 vent. an VIII [17 fév. et 8 mars 1800] (III, B. 10 et 17, n.os 71 et 115). — Ses fonctions, son costume et son traitement, 17 ventôse an VIII [8 mars 1800] (III, B. 13, n.º 90).—La franchise et le contre-seing lui sont accordés, 27 prair. an VIII et 15 brum. an XI [16 juin 1800 et 6 nov. 1802] (III, B. 30 et 53, n.os 185 et 387). — Arrêté qui détermine et classe ses attributions, 12 messidor an VIII [1.er juillet 1800] (III, B. 33, n.º 214); — qui étend son autorité sur tout le département de la Seine, et sur les communes de Saint-Cloud, Meudon et Sèvres, 3 brumaire an IX [25 octobre 1800] (III, B. 49, n.º 263). — La police de la bourse est sous sa surveillance, 29 germinal an IX et 27 prairial an X [19 avril 1801 et 16 juin 1802] (III, B. 79 et 197, n.os 642 et 1740).—Réglement sur les fonctions des auditeurs attachés à son administration, 21 janvier 1810 (IV, B. 262, n.º 5136).

— (C.I.C.) Actes que le préfet de police de Paris peut faire en matière de police judiciaire, art. 10. — Epoques auxquelles il est tenu de faire la visite des prisons et des maisons d'arrêt et de justice, 612. — La surveillance de la nourriture et la police de ces maisons lui appartiennent, 613.

PRÉFETS apostoliques dans les colonies. Leur suppression, 10 août 1792.

PRÉFETS coloniaux. Fonctions et attributions de ceux des îles de la Martinique, de Sainte-Lucie, de Tabago et de la Guadeloupe. Voyez ces noms en particulier.

PRÉFETS de départemens. Loi organique portant établissement d'une préfecture dans chaque département, et réglant les fonctions et attributions des préfets, des conseils de préfecture, et des conseils généraux de département, ou le mode de leur nomination, leur traitement, 28 pluviôse an VIII [17 février 1800] (III, B. 17, n.º 115). — Décrets qui règlent le mode d'installation des préfets, leur prestation de serment, le local destiné à leur logement et au placement de leurs bureaux, leur tournée annuelle dans leur département, leur obligation d'y résider, leur droit de remplacer les sous-préfets, le mode de leur remplacement en cas d'absence, et leur costume, 17 ventôse an VIII [8 mars 1800] (III, B. 13, n.º 90), 17 nivôse an IX [7 janvier 1801] (III, B. 63, n.º 457), 13 germinal an IX [3 avril 1801] (III, B. 78, n.º 615), 27 pluviôse an X [16 février 1802] (III, B. 164, n.º 1249). — Tableau général des chefs-lieux de préfectures et de sous-préfectures, 17 ventôse an VIII [8 mars 1800] (III, B. 13, n.º 90). — Réglement sur les dépenses des préfectures, 26 ventôse an VIII [17 mars 1800] (III, B. 14, n.º 97). — Attributions des préfets relatives à la répartition, à la perception et à la rentrée des contributions directes, et à l'emploi des centimes additionnels, 1.ᵉʳ germinal an VIII [22 mars 1800] (III, B. 14, n.º 98), 16 thermidor et 15 fructidor an VIII [4 août et 22 septembre 1800] (III, B. 38 et 41, n.ᵒˢ 244 et 264), 5 floréal an IX [25 avril 1801] (III, B. 80, n.º 647), 3 germinal et 13 floréal an X [24 mars et 3 mai 1802] (III, B. 171 et 187, n.ᵒˢ 1330 et 1489), 22 octobre 1811 (IV, B. 398, n.º 7379), 21 septembre 1812 (IV, B. 461, n.º 8450). V. *Contributions*. — Leur droit de procéder à la confection des listes de jurés, 6 germinal an VIII [27 mars 1800] (III, B. 18, n.º 116), 7 pluviôse an IX [27 janvier 1801] (III, B. 65, n.º 500). V. *Jurés*. — Leur droit de nommer les maires et adjoints des communes au-dessous de cinq mille habitans, 19 floréal an VIII [9 mai 1800] (III, B. 26, n.º 173), 18 floréal an X [8 mai 1802] (III, B. 189, n.º 1544), 5 germinal an XI [26 mars 1803] (III, B. 264, n.º 2570). V. *Maires*. — Leurs attributions relatives à la réunion des conseils généraux de département, et des conseils d'arrondissement et municipaux, 19 floréal et 5 prairial an VIII [9 et 25 mai 1800] (III, B. 25 et 90, n.ᵒˢ 167 et 326), 15 ventôse an X et 5 germinal an XI [6 mars 1802 et 26 mars 1803] (III, B. 167 et 258, n.ᵒˢ 1289 et 2441), 4 floréal an X [24 avril 1802], (III, B. 176, n.º 1377), 4 thermidor an X [25 juillet 1802] (III, B. 203, n.º 1850), 5 germinal an XI [26 mars 1803] (III, B. 258, n.º 2441), 7 ventôse an XII [27 février 1804] (III, B. 345, n.º 3611). V. *Assemblées politiques*. — Franchise et contre-seing dont jouissent les préfets, 27 prairial an VIII [16 juin 1800] (III, B. 30, n.º 195). V. *Poste aux lettres*. —Leurs attributions relatives à l'administration, l'adjudication, la vente et le paiement des domaines natio-

naux, 7 thermidor an VIII [26 juillet 1800] (III, B. 34, n.º 224), 15 floréal an X [5 mai 1802] (III, B. 187, n.º 1491). V. *Domaines nationaux*. — Les commissaires généraux de police exercent leurs fonctions sous l'autorité des préfets, 5 brumaire an IX [27 octobre 1800] (III, B. 50, n.º 373). V. *Commissaires de police*. —Leur surveillance sur l'administration, les biens et revenus des hospices et des établissemens de bienfaisance, 4 ventose an IX [23 février 1801] (III, B. 73, n.º 550). V. *Hôpitaux*. — Leurs attributions relatives à la confection des listes de notabilité des plus imposés, 13 ventôse an IX [4 mars 1801] (III, B. 72, n.º 549). V. *Assemblées politiques* et *Listes* ; — aux bourses de commerce, agens et courtiers de change, 28 ventose et 29 germinal an IX [19 mars et 19 avril 1801] (III, B. 76 et 79, n.ᵒˢ 592 et 642). V. *Bourses de commerce*. — Leur compétence pour prononcer sur les contestations relatives au paiement des fournitures faites pour le compte du Gouvernement, 19 thermidor an IX [7 août 1801] (III, B. 93, n.º 783). — Prépondérance de leur voix dans les délibérations du conseil de préfecture, 19 fructidor an IX [6 septemb. 1801] (III, B. 101, n.º 843). — Mode de paiement de leurs traitemens, 25 vendémiaire an X [17 octobre 1801] (III, B. 136, n.º 923). — Règles de leur conduite dans les cas de conflit d'attribution, 13 brumaire an X [4 novembre 1801] (III, B. 121, n.º 950). V. *Conflits*. —Mode de comptabilité des sommes mises à leur disposition, 13 brumaire an X [4 novembre 1801] (III, B. 122, n.º 953). — Leurs attributions relatives aux demandes d'impositions locales faites par les communes, 3 pluviôse an X [23 janvier 1802] (III, B. 159, n.º 1219). V. *Contributions locales* ; —

K

aux dépenses départementales, 5 germinal an X [24 mars 1802] (III, B. 171, n.° 1332), 2 nivose an XI [23 décembre 1802] (III, B. 238, n.° 2223). V. *Dépenses publiques;* — aux cas d'abus des supérieurs ecclésiastiques, 18 germinal an X [8 avril 1802] (III, B. 172, n.° 1344). V. *Abus;* — au traitement et logement des ministres des cultes, *ibid.* et 11 fructidor an XI [29 août 1803] (III, B. 310, n.° 3131). V. *Cultes;* — aux émigrés amnistiés, 6 floréal an X [26 avril 1802] (III, B. 178, n.° 1401). V. *Émigrés.* — Leurs droits de surveillance sur les établissemens d'instruction publique, 11 floréal et 4 messidor an X [1.er mai et 23 juin 1802] (III, B. 186 et 198, n.° 1488 et 1764). V. *Instruction publique.* — Leurs attributions relatives à la levée de la conscription, 28 floréal et 18 thermidor an X [18 mai et 6 août 1802] (III, B. 191 et 209, n.os 1595 et 1922). V. *Armée* au titre *Conscription;* — à l'établissement des bureaux de pesage et de mesurage, 29 floréal an X [19 mai 1802] (III, B. 192, n.° 1605). V. *Poids et mesures.* — Leur compétence en matière de grande voirie, 29 floréal an X [19 mai 1802] (III, B. 192, n.° 1606 et 1607). V. *Voirie.* — Objets de la dette publique soumis à leur liquidation, 13 prairial an X [2 juin 1802] (III, B. 196, n.° 1721), 9 vendémiaire an XI [1.er octobre 1802] (III, B. 220, n.° 2015). V. *Dette publique.* — Leurs attributions relatives au mode de constater l'insolvabilité, ou l'absence des redevables du trésor public, 6 messidor an X [25 juin 1802] (III, B. 199, n.° 1786). — Ils règlent et arrêtent les dépenses communales, 4 thermidor an X [23 juillet 1802] (III, B. 207, n.° 1850). — Leurs attributions relatives à la convocation, à la tenue, et aux délibérations des assemblées de canton et des col-

léges électoraux, 19 fruct. an X [6 septembre 1802] (III, B. 213, n.° 1964). V. *Assemblées politiques;* — à l'exercice de la médecine, 19 ventose an XI [10 mars 1803] (III, B. 256, n.° 2436). V. *Médecine.* — Leur compétence pour statuer sur les contestations relatives à la perception des droits sur les spectacles, 10 thermidor an XI [29 juillet 1803] (III, B. 301, n.° 3023). V. *Théâtres.* — Leur rang dans les cérémonies publiques et leurs fonctions relatives aux honneurs à rendre, 24 messidor an XII [13 juillet 1804] (IV, B. 10, n.° 110). V. *Cérémonies.* — Leur compétence en matière de travaux publics, 13 fructidor an XIII et 16 frimaire an XIV [31 août et 7 décembre 1805] (IV, B. 61 et 67, n.os 1069 et 1177). V. *Ponts et chaussées* et *Travaux publics.* — Leurs attributions relatives à l'administration des fabriques des églises, 30 décemb. 1809 (IV, B. 303, n.° 5777). V. *Fabriques;* — à l'imprimerie et à la librairie, 5 février 1810 (IV, B. 264, n.° 5401). V. *Imprimerie;* — à l'exploitation des mines, minières et carrières, 21 avril 1810 (IV, B. 285, n.° 5401). V. *Mines.* — Nouvelle fixation des traitemens des préfets, divisés en trois classes, et des frais d'administration des préfectures, 11 juin 1810 (IV, B. 294, n.° 5568). — Formalités prescrites aux préfets pour faire les acquisitions nécessaires aux départemens, arrondissemens et communes, 5 avril 1811 (IV, B. 266, n.° 6710). — Leur compétence en matière de contestation relative à une inscription hypothécaire prise en vertu d'un acte de remplacement de conscrit, 29 mai 1811 (IV, B. 375, n.° 6912). — Classes dans lesquelles sont placés les préfets des départemens anséatiques, 4 juillet 1811 (IV, B. 381, n.° 7113). — Leur compétence en matière de vente de biens indivis entre le Gouvernement et les particuliers, 26 septembre 1811 (IV, B. 394, n.º 7293), 12 juin 1813 (IV, B. 505, n.º 9272). — Fonctions des préfets du grand-duché de Berg, relativement aux archives et au mobilier des tribunaux supprimés, 17 décembre 1811 IV, B. 412, n.º 7550). — Avis du Conseil d'état sur la question de savoir si les arrêtés des préfets, fixant les débets des comptables des communes et des établissemens publics, sont exécutoires sur les biens des comptables sans l'intervention des tribunaux, 24 mars 1812 (IV, B. 429, n.º 7899). — Cas et mode de citation des préfets devant les cours et tribunaux pour être entendus en témoignage, 4 mai 1812 (IV, B. 434, n.º 7981). — Avis du Conseil d'état relatif au jugement des demandes en réclamation contre les décisions des préfets sur les difficultés entre les municipalités et la régie des domaines pour l'exécution de la loi du 20 mars 1813, relative à la vente des biens des communes, 7 juillet 1813 (IV, B. 510, n.º 9409). Voyez, pour les nominations des préfets depuis l'établissement des préfectures, les noms des départemens Ain, Aisne, &c., et chacun des noms de personnes en particulier.

— (C. Civ.) Les préfets sont exempts de tutelle, art. 427.

— (C. I. C.) Les préfets peuvent faire personnellement, ou faire faire par les officiers de police judiciaire, les actes nécessaires pour constater les crimes et en livrer les auteurs aux tribunaux, art. 10. — Leurs fonctions sont incompatibles avec celles de juré, 384. — Demande que doit adresser au préfet celui qui, hors des classes désignées pour y choisir les jurés, desire être porté sur la liste, 386. — Quand les préfets doivent former sur leur responsabilité une liste de jurés, 387.

— De combien de citoyens cette liste doit être composée, ibid. — A qui le préfet envoie la liste réduite, 388. — Les préfets doivent, chaque année, adresser à la cour d'assises un tableau des personnes admissibles aux fonctions de jurés dans leur département, 395. — Les noms des jurés condamnés à l'amende doivent être envoyés aux préfets, 396. — Les préfets ont la surveillance des prisons et des maisons d'arrêt et de justice, 605. — Ils en nomment les gardiens, 606. — Ils signent et paraphent le registre des gardiens des prisons pour peines, 607. — Ils doivent visiter les maisons de justice, les prisons et les prisonniers du département, 611.

— (C. P.) Peines encourues par les préfets pour avoir excédé leurs pouvoirs, art. 127, 131 et 132.

PRÉFETS maritimes. Leur institution, nomination, fonctions et traitement, 7 floréal, 1.er et 7 thermidor an VIII [27 avril, 20 et 26 juillet 1800] (III, B. 23, 35 et 43, n.os 158, 231 et 277). — Leurs fonctions n'interrompent point l'activité de service, 29 thermidor an VIII [17 août 1800] (III, B. 39 n.º 250). — Leur uniforme, 7 fructidor an VIII [25 août 1800] (III, B. 40, n.º 257). — Leurs attributions relatives à la délivrance des passe-ports aux colons, 18 fructidor an VIII [5 septembre 1800 (III, B. 41, n.º 270]; — aux délibérations du conseil de santé, 17 nivôse an IX [7 janvier 1801] (III, B. 60, n.º 416). — Fixation de leurs frais de voyages et vacations, 29 pluviôse an IX [18 février 1801] (III, B. 68, n.º 529). — Les compagnies de gendarmerie près les ports et arsenaux sont sous leurs ordres, 12 thermidor an IX [31 juillet 1801] (III, B. 95, n.º 792). — Leurs fonctions relativement aux déclarations et certificats exigés des armateurs pour jouir de la prime accordée pour la pêche de la morue, 17 ventôse an X [8 mars 1802] (III, B. 170, n.º 1310). — Avis du Conseil d'état sur le rang qu'ils doivent avoir dans les cérémonies publiques, 12 août 1807 (IV, B. 156, n.º 2670).

PRÉLATION (Les droits de) sont abolis, 15 = 28 mars 1790.

PRÉLATURES de la cour de Rome (Dotations affectées aux). V. Rome.

PRÉLÈVEMENT. (C. Civ.) Quels sont ceux que les cohéritiers peuvent faire sur la masse d'une succession, art. 830. — Prélèvemens occasionnels sur les biens de la communauté entre époux, 1433. — Les prélèvemens de la femme partageant la communauté, s'exercent avant ceux du mari, 1471. — Portion de mobilier susceptible d'être prélevée lors de la dissolution de la communauté, 1503. — Clause de prélèvement avant partage, 1515.

— (C. P. C.) Prélèvement auquel il est procédé par le notaire chargé d'un partage, 976 et suiv.

PRÉLIMINAIRES de paix. Fête à l'occasion de la signature de ceux entre la France et l'Angleterre, 12 vendémiaire an X [4 octobre 1801] (III, B. 110, n.º 887).

PRÉMÉDITATION. L'homicide commis avec préméditation est un assassinat, 25 septembre = 6 octobre 1791, part. I.re, tit. II, section I.re, art. 11.

— (C. P.) Peine encourue pour raison de violences exercées envers des magistrats, des officiers ministériels, des agens de la force publique, ou des citoyens chargés d'un ministère public, art. 228 et suiv. — Ce qu'on entend par préméditation, 297. V. Assassinat, Guet-apens.

PREMIÈRE INSTANCE (Les juges de) sont sédentaires, 30 avril 1790. V. Juges et Tribunaux.

PRENEUR. (C. Civ.) Cas dans lequel le preneur à bail a droit de souslouer, art. 1717. — Obligations principales dont il est tenu, 1728. — Cas où l'emploi que le preneur fait de la chose louée, peut donner lieu à la résiliation du bail, 1729. — Ce qui résulte de l'existence ou de la non-confection d'un état des lieux, 1730 — Dégradations et pertes dont le preneur répond, 1732 et suiv. — Règles applicables aux preneurs de baux à cheptel, 1806 et suiv. V. Baux et Fermages.

PRÉNOMS. Peines contre quiconque porterait d'autres prénoms que ceux exprimés dans son acte de naissance, 6 fructidor an II [23 août 1794], et 19 nivôse an VI [8 janvier 1798] (II, B. 177, n.º 1660). — On ne peut adopter pour prénoms que les noms en usage dans les différens calendriers et ceux des personnages connus dans l'histoire ancienne, 11 germinal an XI [1.er avril 1805] (III, B. 267, n.º 2614). V. Noms.

PRÉNOMS des accusés et témoins. V. Accusés et Témoins.

PRÉPARATOIRES (Actes et jugemens). V. Actes et Jugemens.

PRÉPOSÉS. (C. Civ.) Responsabilité des maîtres et des commettans, pour le dommage causé par leurs domestiques et préposés, art. 1384. V. Commis.

PRÉPOSÉS du Gouvernement. (C. P.) Les juges ou officiers du ministère public ou de police, qui rendraient ou requerraient, sans autorisation du Gouvernement, des ordonnances ou des mandats contre ses agens ou préposés, prévenus de crimes ou délits commis dans l'exercice de leurs fonctions, encourraient la peine d'une forte amende, art. 129. V. Agens du Gouvernement.

PRÉPOSÉS de la police. (C. P.) Quelles peines encourent les agens de la police qui usent de violence dans l'exercice de leurs fonctions, 186. V. Police.

PRÉS et PRAIRIES. V. Prairies.

PRESBYTÈRES. L'Assemblée se réserve

de statuer sur les moyens de remplacer les dîmes pour subvenir aux frais de réparations, reconstruction et entretien des presbytères, 4, 5, 6 et 11 août = 3 nov. 1789. — Attributions des corps administratifs relativement aux travaux de réparation et de reconstruction des presbytères, 14 = 18 décembre 1789, 22 décembre 1789 = janvier 1790, 21 mai = 27 juin, 28 juin = 2 juillet 1790. — Les presbytères des cures dépendant des communautés ecclésiastiques en sont distraits, 20 = 25 décembre 1790. — Les presbytères qui servaient au logement des personnes employées au service des églises supprimées ou changées en simples oratoires, sont déclarés biens nationaux, 6 = 15 mai 1791. — Le Pouvoir exécutif n'a pas besoin de l'autorisation du Corps législatif pour faire les dépenses nécessaires à leur réparation, 28 juillet 1792. — Ceux des communes qui ont renoncé au culte public sont destinés au soulagement de l'humanité souffrante et à l'instruction publique, 25 brumaire an II [15 novembre 1793]. — Dispositions relatives à la vente des presbytères, 14 pluviôse an III [2 février 1795], 23 nivôse an IV, 14 brumaire an V [13 janvier et 4 novembre 1796], 26 fructidor an V [12 septembre 1797] (II, B. 145, n.° 1423). — Remise des presbytères non aliénés aux curés et aux desservans des succursales, avec les jardins y attenans, et autorisation de leur en procurer d'autres en cas de vente, 18 germinal an X [8 avril 1802] (III, B. 172, n.° 1344).

PRESCRIPTION *en matière civile*. Les droits féodaux rachetables sont soumis, pour le principal, à la prescription établie pour les immeubles, 15 = 28 mars 1790. — La citation devant le bureau de paix à l'effet d'interrompre la prescription, lors-

qu'elle a été suivie de l'ajournement, 16 = 24 août 1790. — La prescription a lieu pour les domaines dont l'aliénation est permise, 22 novemb. = 1.er décembre 1790. — Taux du rachat des rentes devenues rachetables par l'effet de la prescription, 18 = 29 décembre 1790. — Mesures à prendre par la régie pour empêcher la proscription des droits domaniaux incorporels, 9 = 20 mars, 19 août = 12 sept. 1791. — Époque pendant laquelle la prescription est suspendue contre la nation pour les droits dépendant des biens nationaux, 1.er = 6 juillet 1791. — Nature de la prescription établie en faveur et contre la régie des douanes, 6 = 22 août 1791. — La date des actes sous signature privée ne pourra être opposée pour preuve de prescription contre la demande des droits ouverts pour transmission de meubles, 29 septembre = 9 octobre 1791. — — Temps après lequel celle des droits sur les actes publics aura lieu, *ibid.* — Les arrérages de rentes se prescrivent par cinq années, 20 août 1792. — La prescription éteint l'hypothèque, 9 messidor an III [27 juin 1795] (I, B. 164, n.° 963). — Cas dans lequel la prescription peut être opposée par les héritiers des religionnaires fugitifs, 4 nivôse an V [24 décembre 1796] (II, B. 98, n.° 922). — Elle s'acquiert par dix années contre les actions en revendication des biens adjugés judiciairement, 11 brumaire an VII [1.er novembre 1798] (II, B. 238, n.° 2138). — Prescription pour les droits d'enregistrement, 22 frimaire an VII [12 décemb. 1798] (II, B. 248, n.° 2224); — pour créances des colons de Saint-Domingue, 19 fructidor an X [6 septembre 1802] (III, B. 212, n.° 1961); — pour les droits réunis, 1.er germinal an XIII [22 mars 1805] (IV, B. 28, n.° 646). — pour les droits d'inscription et de transcription hypothécaires, 24 mars 1806 (IV, B. 85, n.° 1439); — pour les droits de greffe, 12 juillet 1808 (IV, B. 197, n.° 3523). — Avis du Conseil d'état sur les formalités à remplir par les réclamans d'arrérages de rentes sur l'Etat pour interrompre la prescription de cinq ans, 13 avril 1809 (IV, B. 284, n.° 4320). —

PRESCRIPTION *en matière correctionnelle et criminelle.* Toute action pour délit de chasse est prescrite par le laps d'un mois, 22 ≡ 30 avril 1790; — par celui de dix ans, pour les délits militaires non poursuivis, 22 septembre ≡ 29 octobre 1790, 20 septembre et 12 octobre 1791. — Délais après lesquels sont prescrites les poursuites contre les délits ruraux et forestiers, 15 ≡ 29 septembre, 28 septembre ≡ 6 octobre 1791; — l'exécution des jugemens de condamnation, 25 septembre ≡ 6 octobre 1791, et 3 brumaire an IV [25 octobre 1795] (I, B. 204, n.° 1221).

(C. Civ.) Effet de la prescription à l'égard du condamné, art. 32. — Dans quel délai se prescrivent les actions en pétition d'hérédité, et d'autres droits relativement à un absent, 137; — l'action en réclamation d'état à l'égard de l'enfant, 330; — l'action du mineur contre son tuteur, relativement aux faits de la tutelle, 475. — Les terrains des places de guerre appartiennent à l'Etat, si la propriété n'en a point été prescrite contre lui, 541. — Cas où le droit du propriétaire ne nuit point à la propriété acquise par un tiers, par prescription, soit d'un souterrain ou de toute autre partie de bâtiment, 553. — Les îles, îlots et attérissemens formés dans les fleuves et rivières appartiennent à l'Etat, s'il n'y a prescription contraire, 560. — L'usufruit s'éteint par le non-usage pendant trente ans, 617. — L'usufruit qui n'est pas accordé à

des particuliers ne dure que trente ans, 619. — Nature et effet de la prescription acquise sur la chute et le cours d'eau, 641 *et suiv.* — Cas où il y a prescription de l'action en indemnité relative au droit de passage sur le fonds d'autrui, 685. — Effet des titres constitutifs et récognitifs qui ne peuvent s'acquérir par prescription, 695. — Cas où la prescription est ou non acquise, 706 *et suiv.* — La propriété s'acquiert par la prescription, 712. — Par quel temps se prescrit la faculté d'accepter ou de répudier une succession, 789; — l'action en recours du créancier d'une succession bénéficiaire non opposant, contre les légataires, 809; — la convention de suspendre le partage, 817; — le droit de demander la séparation des patrimoines du défunt d'avec celui de l'héritier, 877 *et suiv.;* — la garantie entre cohéritiers pour la solvabilité du débiteur d'une rente, 886; — la demande en révocation d'une disposition entre-vifs ou testamentaire pour cause d'ingratitude, 957 et 1047; — la révocation d'une donation par survenance d'enfant, 966. — L'acte qui interrompt la prescription à l'égard du créancier, profite aux autres, 1199. — Elle est interrompue par les poursuites faites contre l'un des débiteurs solidaires, 1206. — Son effet sur l'extinction des obligations, 1234; — relativement aux immeubles et à l'aliénation d'immeubles dotaux, 1560 *et suiv.* — Elle éteint les privilèges et hypothèques, 2180. — Définition de la prescription, 2219. — On ne peut d'avance y renoncer; on peut renoncer à la prescription acquise, 2220. — La renonciation à la prescription est expresse ou tacite; de quoi cette dernière est le résultat, 2221. — Celui qui ne peut aliéner ne peut renoncer à la prescription, 2222. — Les juges ne peuvent pas suppléer d'office le moyen résultant de la prescription, 2223. — Elle peut être opposée en tout état de cause : exception, 2224. — Qui sont ceux qui peuvent opposer la prescription, 2225. — Choses qui ne peuvent être soumises à la prescription, 2226. — L'Etat, les établissemens publics et les communes sont soumis aux mêmes prescriptions que les particuliers, 2227. — Ce que c'est que la possession, 2228. — Conditions sans lesquelles on ne peut prescrire, 2229. — Cas où l'on est présumé posséder pour soi et à titre de propriétaire, 2230. — Cas où, même quand on a commencé à procéder pour autrui, on est présumé posséder à titre de propriétaire, 2231. — Quels sont les actes qui ne peuvent fonder ni possession, ni prescription, 2232 et 2233. — A quelle époque, en cas de violence, commence la possession utile, 2233. — Le possesseur actuel qui prouve avoir possédé anciennement, est présumé avoir possédé dans le temps intermédiaire, 2234. — Ce qu'on peut faire pour compléter la prescription, 2235. — Qui sont ceux qui ne prescrivent jamais, 2236 et 2237. — Exception, 2236. — On peut prescrire une chose transmise par des fermiers, dépositaires et autres détenteurs précaires, 2239.—En quel sens on ne peut prescrire contre son titre, 2240. — En quel sens on le peut, 2241. — Comment peut être interrompue la prescription, 2242. — Cas où il y a interruption naturelle, 2243. — Comment se forme l'interruption civile, 2244.—Cas où la citation en conciliation interrompt la prescription, 2246. — Dans tous les cas la citation en justice interrompt la prescription, 2246. —Cas où l'interruption est regardée comme non avenue, 2247. — La reconnaissance que le débiteur ou le possesseur fait du droit de celui contre

lequel il prescrivait, interrompt la prescription, 2248. — Comment s'interrompt la prescription contre plusieurs débiteurs solidaires et contre leurs héritiers, 2249. — Cas où l'interpellation faite à l'un des héritiers d'un débiteur solidaire n'interrompt pas la prescription à l'égard des autres cohéritiers ; elle ne s'interrompt que pour la part de cet héritier, ibid. — Comment on peut interrompre la prescription pour le tout à l'égard des autres codébiteurs, ibid. — Comment on interrompt la prescription contre la caution d'un débiteur, 2250. — Cas où la prescription court contre toutes personnes, 2251. — Elle ne court pas contre les mineurs et interdits, 2252. —Elle ne court point entre époux, 2253.—Cas où elle court contre la femme mariée, 2254.—Exception, 2255.—Cas où la prescription est suspendue pendant le mariage, 2256. — Quand commence à courir la prescription à l'égard d'une créance conditionnelle, à l'égard d'une action en garantie, et à l'égard d'une créance à jour fixe, 2257. — A l'égard de quoi la prescription ne court pas contre l'héritier bénéficiaire, 2258. — Elle court contre une succession vacante, ibid. — Elle court encore pendant les trois mois pour faire inventaire, et les quarante jours pour délibérer, 2259. — Comment se compte la prescription, et à quelle époque elle est acquise, 2260. — Dans les prescriptions qui s'accomplissent par jours, les jours complémentaires sont comptés, 2261. — Toutes les actions tant réelles que personnelles sont prescrites par trente ans, 2262. —Après vingt-huit ans de la date du dernier titre, le débiteur peut être contraint à en fournir un nouveau à ses frais, 2263. — Cas où celui qui acquiert de bonne foi, et par juste titre, un immeuble, en prescrit la propriété par dix ans, et par vingt ans, 2265. — Comment se compte la prescription dans le cas précédent, 2256. — Le titre nul par défaut de forme ne peut servir de base à la prescription de dix et vingt ans, 2267. — La bonne foi est toujours présumée; c'est à celui qui allègue la mauvaise foi à la prouver, 2268. — Il suffit que la bonne foi ait existé au moment de l'acquisition, 2269. — Après dix ans l'architecte et les entrepreneurs sont délivrés de la garantie des gros ouvrages, 2270. — Quelles sont les actions qui se prescrivent par six mois, 2271. — Celles qui se prescrivent par un an, 2272. — Cas où l'action des avoués se prescrit par deux et par cinq ans, 2273. — A quelle époque la prescription, dans les cas ci-dessus, cesse de courir, 2274. — Dans quels cas et à qui peut être déféré le serment pour cause de prescription, 2275. — Temps après lequel les juges, avoués et huissiers sont déchargés des pièces qui leur ont été confiées, 2276. — Quelles sont les actions qui se prescrivent par cinq ans, 2277. — Toutes les prescriptions ci dessus courent contre les mineurs et interdits, sauf leur recours contre leurs tuteurs, 2278. — En fait de meubles, la possession vaut titre; except.on, 2279. — Cas où le propriétaire originaire d'une chose volée, ne peut se la faire rendre, qu'en remboursant au possesseur le prix qu'elle lui a coûté, 2280. — Comment doivent être réglées les prescriptions commencées à l'époque de la publication de la présente loi, 2281. — Prescription trentenaire, 2282.

— (C. P. C.) Cas dans lequel la prescription est interrompue par la citation en conciliation, art. 57.

— (C. Co.) Prescription qui a lieu relativement aux actions contre les associés non liquidateurs et leurs veuves, héritiers ou ayans-cause, art. 64. — Délai après lequel sont prescrites les actions contre les commissionnaires et voituriers, à raison de la perte ou de l'avarie des marchandises, 108. — Prescription contre les actions relatives aux lettres de change et billets à ordre pour faits de commerce, 189. — On peut néanmoins exiger que les débiteurs affirment, sous serment, qu'ils ne sont plus redevables, ibid. — Déclaration que les veuves, héritiers ou ayans-cause sont seulement tenus de faire, ibid. — Le capitaine ne peut acquérir la propriété du navire par voie de prescription, 430. — Délai pour la prescription de l'action en délaissement et de toute autre dérivant d'un contrat à la grosse ou d'une police d'assurance, 431 et 432. — Prescription des actions en paiement de fret de navire, de nourriture, de salaire, &c. 433. — La prescription ne peut avoir lieu, s'il y a cédule, obligation, arrêté de compte ou interpellation judiciaire, 434.

— (C. I. C.) Laps de temps par lequel se prescrivent les peines portées par les arrêts ou jugemens rendus en matière criminelle, art. 605. — Département dans lequel le condamné ne peut résider après la prescription, ibid. — Délai pour la prescription des peines prononcées en matière correctionnelle, 636. — Prescription de l'action publique ou civile, résultant de crimes emportant peine afflictive ou infamante, 637 et 638. — Prescription pour les peines prononcées en matière de police, 639; — et pour l'action publique ou civile résultant de ces sortes de contraventions, 640. — Les condamnés par défaut ou par contumace dont la peine est prescrite, ne peuvent se présenter pour purger le défaut ou la contumace, 641. — Délai pour la prescription des condamnations civiles prononcées par les arrêts ou par les jugemens rendus en matière criminelle, correctionnelle ou de police, et devenus irrévocables, 642. — Il n'est point dérogé par le Code aux lois particulières relatives à la prescription des actions résultant de certains délits ou de certaines contraventions, 643.

PRÉSÉANCE *dans les cérémonies publiques.* V. *Cérémonies publiques.*

PRÉSENCE (Les droits de) dans les assemblées municipales, sont abolis, 21 mai = 27 juin 1790. — Nombre des membres qui doivent être présens pour qu'un corps constitué puisse délibérer, constitution de l'an VIII, art. 90.

(C. Co.) Le protêt doit énoncer la présence ou l'absence de celui qui est tenu de payer une lettre de change, art. 174.

PRÉSENS. Il est défendu aux membres de la municipalité et aux préposés de l'octroi de recevoir des présens, 21 mai = 27 juin 1790, 27 vendémiaire an VII [18 octobre 1798] (II, B. 232, n.° 2085).

— (C. Civ.) Les frais et les présens de noces ne sont pas sujets à rapport, art. 852.

— (C. P.) Quelle peine encourent les fonctionnaires publics qui auraient reçu des présens pour faire un acte de leur fonction non sujet à salaire, art. 177.

PRÉSENTATION (Les droits de) aux municipalités sont abolis, 21 mai = 27 juin 1790. — De même les priviléges de présentation de la gendarmerie, 16 janvier = 16 fév. 1791. — Les minutes et registres sur lesquels sont portées les présentations sont soumis au timbre, 29 septemb. = 9 octobre 1791. — Droits d'enregistrement auxquels sont soumises les présentations qui se prennent au greffe, 27 ventôse an IX [18 mars 1801], art. 16 (III, B. 76, n.° 585).

— (C. P. C) Les parties peuvent se présenter volontairement devant le juge de paix auquel elles soumettent la décision de leur différent, art. 7. — Présentation de compte, 634.

— (C. Co.) Une lettre de change à vue est payable à sa présentation, art. 130.

PRÉSIDENS *des cours d'assises.* (C. I. C.) A quels magistrats cette présidence est déférée dans le département où siége la cour impériale et dans les autres, art. 252 et 253. — C'est le président de la cour d'assises qui doit fixer l'ouverture de cette cour, 260. — Il faut une ordonnance du président pour qu'on puisse juger à la cour d'assises les accusés arrivés, après son ouverture, dans la maison de justice, 261. — Comment il est remplacé lorsqu'il ne peut remplir ses fonctions, après la notification de la liste des jurés, 263. — Quelles fonctions ce président peut déléguer, 266 et 283. — Autres qu'il doit exercer personnellement, 267. — Il a la police de l'audience, *ibid.* — Pouvoir discrétionnaire dont il est investi pour découvrir la vérité, 268 *et suiv.* — Délai fixé pour l'interrogatoire de l'accusé par le président de la cour d'assises ou par le juge qu'il a délégué, 296. — Le président est tenu de surveiller l'exécution des dispositions relatives à la délivrance des copies de pièces des procès criminels, 305. — Décision à donner par lui sur une prorogation du délai pour soumettre l'affaire à la décision du jury, 306. — Il peut ordonner la jonction de plusieurs actes d'accusation contre différens accusés d'un même délit, 307. — Questions qu'il fait à l'accusé comparaissant à la cour d'assises, 310. — Avertissement qu'il donne à son conseil, 311. — Discours qu'il adresse aux jurés, 312. — Il appelle individuellement les jurés pour la prestation de serment, *ibid.* — Il avertit l'accusé d'être at-

nistratifs, *Corps législatifs*, *Cours et tribunaux*, *Directoire exécutif*, *Sénat et Tribunat*.

PRÉSIDIAUX (Les siéges) sont supprimés, 7 = 11 septembre 1790. — Les procès civils et les procès criminels qui y sont pendans, sont renvoyés aux nouveaux tribunaux, 12 = 19 oct. 1790. — Les procureurs sont admis de plein droit aux fonctions d'avoués, 29 janv. = 20 mars 1791. — Les registres et minutes des présidiaux sont déposés au greffe des tribunaux de district, 6 = 27 mars 1791.

PRESLY (La commune de) est érigée en succursale à la charge du trésor public, 23 janvier 1813 (IV, B. 4771, n.º 8736).

PRÉSOMPTIONS. (C. Civ.) Cas où elles servent à admettre la preuve de filiation, art. 325. — La présomption de survie est déterminée par les circonstances du fait, et à leur défaut, par la force de l'âge ou du sexe, 720. — Le dol ne se présume pas, et doit être prouvé, 1116. — Nature et effets des présomptions établies ou non établies par la loi, 1350 et 1353. — (C. Co.) Cas où la présomption des pertes ou de l'arrivée du navire annulle l'assurance, art. 365. — (C. I. C.) La dénonciation n'est pas une présomption suffisante pour décerner un mandat d'amener contre un individu ayant domicile, art. 40.

PRESSE (Liberté de la). V. *Imprimerie et Librairie* et *Liberté de la presse*.

PRESSES. Permissions nécessaires aux orfévres, horlogers, graveurs, fourbisseurs, serruriers et autres ouvriers, pour établir des presses, 3 germinal an IX [24 avril 1801] (III, B. 77, n.º 597).

PRESSOIRS. Les droits de banalité des pressoirs sont supprimés, 15 = 28 mars 1790. — Estimation des pressoirs banaux, 3 = 9 mai 1790. — (C. Civ.) On les considère comme immeubles par destination, art. 524.

PRESSY-SOUS-DOUDIN. V. *Doudin*.

PRESTATION. (C. Civ.) Dans quels cas on peut compenser les prestations en grains ou denrées avec des sommes liquides et exigibles, art. 1291.

PRESTATIONS *féodales*. Défenses d'en exiger des colons et métayers, 1.er brumaire an II [22 octobre 1793]. — Avis du Conseil d'état sur la suppression des prestations établies par des titres constitutifs de redevances seigneuriales et droits féodaux, 30 pluviôse an XI [19 février 1803] (III, B. 251, n.º 2340). — Suppression des prestations féodales dans les 27.ᵉ et 28.ᵉ divisions militaires, 19 mars 1808 (IV, B. 188, n.º 3251).

PRESTATIONS *foncières*. Les domaines nationaux sont déclarés francs de toute prestation foncière, 9 = 25 juillet 1790. — Les propriétaires dont les fonds sont grevés de prestations, font, en les acquittant, une retenue proportionnelle à leur contribution foncière, 23 novembre = 1.er décembre 1790. — Dans les lieux où la dîme ne se percevait qu'après et en même temps que les prestations foncières, la suppression de la dîme ne profite qu'au propriétaire du sol, 7 = 10 juin 1791. — Cas où elle profite tant au propriétaire du sol qu'à celui desdites prestations, *ibid*. V. *Rentes foncières*.

PRESTIMONIES (Les) sont éteintes et supprimées, 12 juillet = 24 août 1790.

PRÊT. (C. Civ.) La demande en restitution d'un prêt à usage ne peut être admise en compensation, art. 1293. — Combien il y a de sortes de prêts, 1874. — Nature du prêt à usage, 1875. — Il est essentiellement gratuit, 1876. — Le prêteur demeure propriétaire de la chose prêtée, 1877. — Ce qui peut être l'objet du commodat, 1878. — Les engagemens formés par cette convention passent aux héritiers de l'emprunteur et du prêteur, 1879. — Obligations de l'emprunteur, 1880. — Cas où il sera tenu de la perte de la chose prêtée, même arrivée par cas fortuit, 1881 *et suiv.* — Cas où l'emprunteur n'est pas tenu de la détérioration de la chose prêtée, 1884. — L'emprunteur ne peut retenir la chose par compensation de ce que le prêteur lui doit, 1885. — L'emprunteur ne peut répéter la dépense qu'il a faite pour user de la chose, 1886. — Cas où plusieurs emprunteurs sont solidairement responsables de la même chose envers le prêteur, 1887. — Engagemens du prêteur à usage, 1888. — Cas où il peut obliger l'emprunteur à lui rendre la chose prêtée, 1889. — Quelles sont les dépenses relatives à la chose prêtée, que le prêteur est tenu de rembourser à l'emprunteur, 1890. — Cas où le prêteur est responsable des défauts de la chose prêtée, 1891. — Nature du prêt de consommation, 1892. — La perte d'une chose prêtée à consommation, de quelque manière qu'elle arrive, est pour l'emprunteur, 1893. — Choses qu'on ne peut pas donner à titre de prêt de consommation, 1894. — Comment doit se faire la restitution d'une somme prêtée, 1895. — Comment doit se faire celle des lingots et des denrées, 1896 et 1897. — Obligations du prêteur, 1898. — Il ne peut redemander les choses prêtées avant le terme convenu, 1899. — Cas où le juge peut accorder un délai pour la restitution des choses prêtées, 1900. — Dans quel cas et comment le juge peut fixer à l'emprunteur un terme de paiement, 1901. — Engagemens de l'emprunteur, 1902. — Comment il doit payer la valeur des choses empruntées qu'il est dans l'impossibilité de rendre, 1903. — Dans quel cas et depuis quelle

époque l'emprunteur doit l'intérêt de la valeur de la chose prêtée, 1904. — Choses pour le prêt desquelles il est permis de stipuler des intérêts, 1905. — L'emprunteur ne peut répéter, ni imputer sur le capital, des intérêts qu'il a payés, quoique n'étant pas stipulés, 1906. — Fixation de l'intérêt légal et de l'intérêt conventionnel, 1907. — La quittance du capital donnée sans réserve des intérêts, en fait présumer le paiement, et en opère la libération, 1908. — Dans quel cas le prêt prend le nom de constitution de rente, 1909. — Cette rente peut être ou perpétuelle ou viagère, 1910. — La première est essentiellement rachetable : fixation du délai pour le rachat, 1911. — Cas où le débiteur d'une rente perpétuelle peut être contraint au rachat, 1912. — Cas où le capital d'une rente perpétuelle devient exigible, 1913. — Règles concernant les rentes viagères, 1994.

— (C. P. C.) Quelle hypothèque ont les prêteurs des fonds qui ont servi à payer le prix d'un immeuble aliéné après avoir été saisi, art. 693.

— (C. Co.) Les sommes prêtées au capitaine pour les besoins du bâtiment pendant le dernier voyage, sont des frais privilégiés, art. 191. — Il en est de même des sommes prêtées à la grosse pour radoub, victuailles, armement et équipement du navire avant son départ, *ibid.* — Manière de constater les sommes prêtées, 192.

PRÊT *à la grosse.* (C. Civ.) Il est régi par les lois maritimes, art. 1964.

— (C. Co.) Tout acte de prêt à la grosse peut être négocié par la voie de l'endossement, s'il est à ordre, art. 313. — Sur quoi s'étend la garantie de paiement, 314. — Prêt prohibé, 319. — Objets qui sont affectés, par privilège, au capital et aux intérêts de l'argent donné à la grosse, 320 *et suiv.* — Seuls cas où le prêteur à la grosse supporte la perte des marchandises chargées sur un autre navire que celui qui est désigné au contrat, 324. — Perte entière qui ôte la faculté de réclamer le montant du prêt, 325. — Pertes qui ne sont pas à la charge du prêteur, 326 — Avaries auxquelles les prêteurs contribuent, à la décharge des emprunteurs, 330. V. *Contrats à la grosse.*

PRÊT *à intérêt* (Le) est autorisé, 3 = 12 octobre, et 3 novembre 1789. — Emploi en prets à intérêts des capitaux provenant de rentes faites aux hospices, 3 vendémiaire an VII [24 septembre 1798] (II, B. 229, n.º 2044). — Epoque jusqu'à laquelle ils peuvent être faits par toute personne, avec entière liberté aux prêteurs et emprunteurs de déterminer la quotité de l'intérêt, 15 janvier 1814 (IV, B. 553, n.º 10049). V. *Intérêt de l'argent.*

PRÊT *des troupes.* V. *Armée* au titre *Solde.*

PRÊT (Maisons de). V. *Maisons de prêt.*

PRÊTE-NOM. Défense aux agens de change et courtiers de commerce de prêter leur nom pour une négociation à des citoyens non commissionnés, 27 prairial an X [16 juin 1802], art. 10 (III, B. 197, n.º 1740). — (C. Co.) Le failli qui a fait des acquisitions à la faveur d'un prête-nom, est réputé banqueroutier frauduleux, art. 3.

PRÊTEURS *de fonds pour cautionnemens.* V. *Cautionnemens.*

PRÊTRES *catholiques.* V. *Clergé, Cultes, Déportation, Églises, Mariage, Messe, Serment.*

PREUVE. (C. Civ.) Moyen d'établir la preuve des naissances, mariages et décès, à défaut de registres de l'état civil, art. 46; — de faire valoir celle de l'intention de changer de domicile, 104. — Nature de la preuve exigée d'un individu qui réclame un droit échu à un absent, 135. — Le demandeur en divorce qui nie qu'il

y a eu réconciliation, est tenu d'en faire preuve, soit par écrit, soit par témoins, 274. — Nature des preuves qui établissent la filiation d'enfant légitime et la possession d'état, 319 et 324. — Le dol doit être prouvé, 1116. — Preuve nécessaire pour établir la novation, 1273. — Preuve de la remise de la dette de la part du créancier, 1282. — Preuve exigée pour établir l'existence des cas fortuits, 1302; — pour obtenir le remboursement de ce qui a été payé aux incapables qui ont obtenu la restitution contre leurs conventions, 1312. — Nature et effet de la preuve des obligations et du paiement, 1315. — Les énonciations étrangères à la disposition d'un acte ne peuvent servir que d'un commencement de preuve, 1320. — Preuve à établir de l'erreur qui s'est glissée dans un acte sous seing privé, 1327. — Preuve résultant des registres et livres des marchands, écrits et papiers domestiques, 1329 *et suiv.*; — des copies et expéditions de titres, 1335. — Cas où la preuve testimoniale et le commencement de preuve sont ou non admis, 1341. — Cas où les présomptions dispensent ou non de preuves, 1352 *et suiv.* — L'aveu de la partie ne peut être révoqué à moins qu'on ne prouve qu'il a été la suite d'une erreur de fait, 1356. — Preuve résultant du serment, 1365. — Les pères et mères, instituteurs et artisans, qui prouvent qu'ils n'ont pu empêcher le fait qui donne lieu à leur responsabilité du dommage causé par leurs enfans, élèves et apprentis, sont déchargés de cette responsabilité, 1384. — Preuves qui peuvent suppléer l'inventaire des successions échues aux époux, et que le mari est tenu de faire faire, 1415; — qui peuvent suppléer l'inventaire après la mort naturelle ou civile des époux, 1442. — Preuve à laquelle est admise la femme ou ses héritiers pour établir, à défaut d'inventaire, la valeur du mobilier qui lui est échu pendant le mariage, 1504. — La preuve testimoniale n'est point admise contre et outre le contenu en l'acte de société, 1834.— Elle est reçue pour un mandat donné verbalement, 1985.—Elle n'est pas reçue en matière de bail verbal. V. *Baux*.—Preuve en matière de dépôt V. *Dépôts*.

— (C.P.C.) Les moyens de faux doivent contenir les preuves sur lesquelles on prétend établir le faux ou falsification, art. 229. — Comment sont articulés les faits dont une partie demande à faire preuve, 252. — Fait dont le tribunal peut ordonner d'office la preuve, 254.—Ce que doit contenir le jugement qui ordonne la preuve, 255. — La preuve contraire est de droit, 256. — Dans les contestations qui ont pour objet la récusation des experts, la preuve par témoins peut être ordonnée, 311. — Cas où le tribunal peut l'ordonner en matière de récusation de juge, 389.—Ce que peut faire le tribunal, si le récusant n'apporte preuve par écrit, ou commencement de preuve des causes de la récusation, *ibid.*

— (C. Co.) On n'admet point la preuve par témoins à l'égard des actes de société, quand il s'agirait d'une somme au-dessous de 150 fr., art. 41 — La preuve testimoniale peut être admise pour constater les achats et les ventes, 109. V. *Livres*.

— (C.I.C.) Comment sont prouvées les contraventions en matière de police, art. 154. — Actes contre lesquels la preuve par témoins n'est pas admissible, *ibid.* — Comment se fait la preuve des délits correctionnels, 189. — Réunion des juges de la cour impériale, à l'effet d'examiner si les preuves ou indices sont assez graves pour la mise en accusation du prévenu, 221.

PREUVE *testimoniale*. V. *Témoins*.

PREUVES *de noblesse.* V. *Noblesse.*

PRÉVARICATIONS dans l'exercice des fonctions publiques administratives, judiciaires, militaires et ecclésiastiques. V. *Corps administratifs, Cours et Tribunaux, Fonctionnaires publics, Peines* et *Procédure criminelle.*

PRÉVENUS *de délits, de crimes, d'émigration,* &c. V. ces mots en particulier et les articles *Accusés* et *Procédure.*

PRÉVENUS. (C.P.C.) Cas où le président du tribunal doit délivrer mandat d'amener contre les prévenus de faux, art. 239.

—(C.I.C.) Sur le compte rendu par le juge d'instruction, la chambre du conseil déclare qu'il n'y a pas lieu à poursuivre un prévenu, ou, suivant les cas, elle le renvoie à la police municipale ou correctionnelle, ou prend une autre décision quelconque, 127 *et suiv.* — Le prévenu et les personnes civilement responsables d'un délit proposent leur défense à l'audience du tribunal correctionnel, et ils peuvent faire leur réplique aux conclusions du procureur impérial, 190. — Délai pour la remise des mémoires du prévenu au procureur général de la cour impériale, 217.— Le prévenu ne paraît point à la chambre du conseil où les juges examinent le procès, 223.—Cas dans lesquels le procureur impérial peut ordonner des poursuites contre un prévenu, et de quelle manière il est procédé, 235 *et suiv.* — Le prévenu a droit de se pourvoir en règlement de juges, en incompétence ou en renvoi, 539 *et suiv.* V. *Accusés.*

PRÉVÉRAND (Le sieur) est maintenu dans sa place de receveur du district de Villefranche, 1.er juin 1791.

PRÉVÉRAND (Le sieur). Ordre du jour sur sa pétition tendant à demander l'interprétation de l'art. 4 du §. III de la loi du 20 septembre 1792 relative au divorce, 17 frimaire an II ; 7 décembre 1793.

PRÉVOST-DELACROIX (Le sieur) est nommé membre du Corps législatif, 1.er prairial an V [20 mai 1797] (II, B. 125, n.º 1212).

PRÉVÔTALES (Juridictions). V. *Juridictions prévôtales.*

PRÉVÔTÉ *de l'hôtel* (La juridiction de la) est provisoirement conservée, 20 = 23 avril 1790 et 29 janvier = 20 mars 1791. — Sa suppression, et mode de liquidation et de remboursement des offices, 10 = 15 mai 1791, 9 mai 1793 et 7 nivôse an II [27 décembre 1793]. — Les cavaliers de cette prévôté sont admis dans la gendarmerie des tribunaux, 2 = 5 septembre 1792.

PRÉVÔTÉ *générale des bandes.* Mode de la liquidation des officiers, 26 juin = 1.er juillet 1792.

PRÉVÔTÉ *générale des monnaies.* Montant de la liquidation de l'office du prévôt général, 5 = 18 févr. 1791. — Les cavaliers commissionnés sont admis dans la gendarmerie, 21 février = 7 mars et 2 septembre 1792.

PRÉVÔTÉS *de marine* (Les) sont maintenues jusqu'à ce qu'il ait été pourvu à la police de la navigation des ports, et ne connaissent que de cet objet, 7 = 11 septembre 1790. — Mode qu'elles suivent pour le jugement et la punition des délits commis dans les vaisseaux, 7 = 9 septemb. 1790. — Suppression des compagnies des prévôtés de la marine et leur incorporation dans la gendarmerie attachée aux ports et arsenaux, 20 septembre = 12 octobre 1791. — Retraite accordée aux prévôts qui n'ont point été remplacés, *ibid.* V. *Gendarmerie.*

PRÉVÔTS *des états-majors de la cavalerie et des dragons.* Mode de liquidation de leurs charges, 26 juin = 1.er juillet 1792.

PRÉVÔTS *généraux de la maréchaussée.* Fixation de la retraite de ceux qui n'ont point été placés dans la gendarmerie, 16 janvier = 16 février 1791, et de ceux qui ne peuvent être faits colonels divisionnaires, 22 juin = 20 juillet 1791. V. *Maréchaussée.*

PRIERES. (C. P.) Peine contre ceux qui, par des prières, auraient provoqué à des crimes ou délits, art. 203.

PRIERES *publiques.* Formule de celle qui sera faite dans toutes les églises pour la prospérité de la France et de son Chef, et autorisation à prendre par les curés pour en ordonner dans leurs églises, 18 germinal an X [8 avril 1802] (III, B. 172, n.º 1344).

PRIESTLEY (Le docteur). Le titre de citoyen français lui est conféré, 26 août 1792.

PRIEUR (Le sieur) est nommé juré au tribunal extraordinaire, 26 septemb. 1793.

PRIEUR *de la Marne* (Le représentant du peuple) est décrété d'arrestation et d'accusation, 1.er, 2 et 8 prairial an III [20, 21 et 27 mai 1795] (III, B. 145, 146 et 150, n.os 819, 832 et 868).

PRIEURÉS. Leur suppression, 12 juillet = 24 août 1790.

PRIEURÉS *de l'ordre de Malte.* Mode de liquidation du rachat des droits féodaux qui en dépendent, 3 = 31 juillet 1790. V. *Malte.* (Ordre de)

PRIMES. Fonds affectés au paiement et mode de paiement des primes accordées pour l'encouragement de l'agriculture, du commerce, de l'acquisition des domaines nationaux, de l'importation des grains, de la pêche de la baleine, du cachalot et de la morue, de la destruction des loups et de l'exploitation du salpêtre. V. *Agriculture, Baleine et Cachalot, Commerce, Domaines nationaux de toute nature et de toute origine, Domaines, Encouragement, Grains, Marchés de Sceaux et de Poissy, Morue, Nantukois, Nègres, Loups, Pêche maritime, Poudres et Salpêtres, et Sciences et arts.*

—(C. Co.) Le taux des primes accordées pour les voyages de mer ou de rivières est certifié par les courtiers d'assurance, art. 79. — Primes d'assurance sur armement et équipement, &c., qui sont au nombre des frais privilégiés, 191. — Manière de les constater, 192. — Quotité à laquelle peut être fixée la prime de réassurance, 342. — Par qui est fixée l'augmentation de primes stipulée en temps de paix pour un temps de guerre, et dont la quotité n'a pas été déterminée par le contrat d'assurance, 343. — Cas où la prime est acquise à l'assureur, 351. — A quoi est réduite la prime de l'assureur, relativement aux marchandises qui doivent aller et revenir, 356. — Cas où une double prime est payée par l'assureur ou par l'assuré, 368.

PRIMOGÉNITURE (La royauté est déléguée à la race régnante, par ordre de), 3 = 14 septembre 1791.

— (C. Civ.) Les enfans succèdent sans distinction de primogéniture, art. 745. V. Aînesse (Droit d').

PRIMORDIAL (Titre). (C. Civ.) Ses effets, art. 1337.

PRINCE (Le titre de) est aboli, 19 = 23 juin 1790, 3 = 14 sept. 1791.

— Exception en faveur de l'héritier présomptif du trône, 3 = 14 septembre 1791. — Ce titre est rétabli par le décret d'institution des majorats, 1.er mars 1808 (IV, B. 186, n.º 3206).

PRINCE impérial. V. Roi de Rome.

PRINCE-PRIMAT (Le). Le cardinal Fesch est choisi par son éminence pour son coadjuteur et successeur, 5 juin 1806 (IV, B. 100 n.º 1658). — Ses états sont constitués sous le titre de grand duché de Francfort, 1.er mars 1810 (IV, B. 274, n.º 5256). V. Francfort.

PRINCE ROYAL. Nom de l'héritier présomptif du trône de France; ses droits et privilèges, 3 = 14 septembre, 13 septembre = 16 octobre

1791. — Mode de nomination de son gouverneur, 10 août 1792.

PRINCES étrangers possessionnés en France. Décrets qui règlent les indemnités qui leur sont accordées pour les droits féodaux supprimés, 28 octobre = 5 novembre 1790, 19 = 28 juin 1791.

— Révocation de ces décrets, et dispositions relatives au séquestre des biens de ceux qui sont en guerre avec la France, 16 décembre 1792, 11 et 29 janvier, 2 février, 9 et 14 mai, 15 juillet 1793, 16 brumaire et 9 ventôse an II [6 novemb. 1793 et 27 février 1794]. V. Emigrés, Étrangers et Traités de paix.

PRINCES français. Les membres de la famille royale ajoutent cette dénomination à leur nom de naissance, 3 = 14 septembre 1791. V. Apanages, Bourbons, Constitutions, Dotation de la couronne, Liste civile et Louis XVI.

— (C. I. C.) Ils ne peuvent être cités comme témoins sans un décret spécial, art. 510 et suiv. — Ce décret désigne le cérémonial à observer à leur égard, 513.

PRINCESSES françaises. Leur dot, 30 janvier 1810 (IV, B. 263, n.º 5141).

PRINCIPAUTÉS. Leurs privilèges sont abolis en France, 11 août = 3 novembre 1789.

PRINCIPAUTÉS de Monaco et de Salm. V. Monaco et Salm.

PRINCIPAUX locataires. V. Locataires.

PRISE d'assaut des villes de guerre. V. Armée au titre Places de guerre.

PRISE DE CORPS (Les décrets de) ne peuvent être prononcés que par trois juges, 9 octobre = 3 novembre 1789.

— Un décret d'accusation du Corps législatif a l'effet d'un décret de prise de corps, 10 = 15 mai 1791. — Les geoliers sont tenus d'inscrire sur leurs registres les ordonnances de prise de corps, constitution de l'an VIII, art. 78 (II, B. 333). V. Contrainte par corps.

—(C. I. C.) Cas dans lequel la chambre du conseil décerne contre le prévenu une ordonnance de prise de corps qui est adressée au procureur général de la cour impériale, art. 133 et 134.—Ce que doit contenir cette ordonnance, 134. Cas dans lesquels la cour impériale doit annuller l'ordonnance de prise de corps rendue par les premiers juges, et en décerner une nouvelle, 231.—Formalités à observer pour cette ordonnance, 232.—Son insertion dans l'arrêt de mise en accusation, 233.—Cas dans lequel il y a lieu à décerner l'ordonnance de prise de corps, par suite d'une instruction faite à la cour impériale, 239.

—(Tarif des frais en mat. crim.), art. 71.

PRISE DE FAIT ET CAUSE. (C. P. C.) Circonstance dans laquelle elle peut avoir lieu par le garant, art. 182. V. Intervention.

PRISE À PARTIE (Les demandes en) sont jugées par le tribunal de cassation, 27 novembre = 1.er décembre 1790, 3 brumaire an IV [25 octobre 1795] (I, B. 204, n.º 1221), constitution du 22 frimaire an VIII [13 décembre 1799] (II, B. 333), et loi du 27 ventôse an VIII [18 mars 1800], art. 60 (III, B. 15, n.º 103).

—(C. P. C.) Les demandes en prise à partie sont dispensées du préliminaire de la conciliation, art. 49.—Les causes en prise à partie doivent être communiquées au procureur impérial, 83.—Cas où les juges peuvent être pris à partie, 505.—Formalités relatives à la prise à partie pour déni de justice, 506 à 508.—A quel tribunal elle est portée, 509.—Permission préalable sans laquelle aucun juge ne peut être pris à partie, 510.—Formalités prescrites à ce sujet, 511.—Peine encourue par la partie ou son avoué qui emploie des termes injurieux contre le juge, 512.

—Effet du rejet de la requête, 513; —de son admission, 514.—Obligation imposée, dans ce dernier cas, au juge pris à partie, ibid.—Dispositions relatives au jugement de la prise à partie, 515.—Peine encourue par le demandeur qui est débouté, 516.

PRISE de possession. V. Envoi en possession.

PRISÉE et VENTE DE MEUBLES. V. Commissaires priseurs, Meubles, Notaires et Ventes publiques.

PRISES maritimes. V. Armemens en course, Bâtimens ennemis, Conseil des prises, Navires, Sauvetage.

—(C. Co.) Les pertes et dommages résultant de la prise d'un navire, sont à la charge des assureurs, art. 350.—On peut, en cas de prise, délaisser les objets assurés, 369.—Si l'assuré n'a pu donner avis de la prise à l'assureur, il a la faculté de racheter les effets sans attendre son ordre, 395.

PRISON (Peine de). V. Emprisonnement, Prisonniers et Prisons.

PRISONNIERS en général. Mode et frais de leur translation, 16 janvier = 16 février, 15 février = 2 mars, 18 = 25 février, 10 avril 1791, 17 pluviôse an II [5 février 1794], 8 germinal an VIII [29 mars 1800] (III, B. 18, n.º 121), 16 février 1807 (IV, B. 140, n.º 2244).—Mesures contre les attroupemens pour la délivrance des prisonniers, 26 et 27 juillet = 3 août 1791.—Mise en liberté de tous détenus dans les prisons, quels qu'ils soient, contre lesquels il n'y a ni mandats d'amener, ni décret d'accusation, 23 novembre 1792.—Salaire des gardiens des prisonniers, 17 septembre 1793.—La représentation des prisonniers ne peut être refusée à leurs parens ou amis, à moins qu'ils ne soient détenus au secret, 16 = 29 septembre 1791, 3 brumaire an IV [25 octobre

1795, art. 588 (I, B. 204, n.º 1221). V. *Détenus.*

PRISONNIERS *pour délits ruraux et forestiers.* Elargissement des prisonniers pour fait de chasse, 11 août = 21 septembre et 3 novembre 1789.

— *pour délits et crimes politiques et révolutionnaires.* Mise en liberté de ceux détenus à Orange, 20 novembre = 1.ᵉʳ décembre 1790. — Translation à la haute cour nationale à Orléans des prisonniers prévenus du crime de lèse-nation, 9 mars 1791. — Translation dans les prisons du château de Saumur, des personnes détenues dans les prisons de la haute cour nationale, 2 et 5 septembre 1792. *Nota.* Ces prisonniers sont conduits à Versailles où ils sont massacrés le 9 septembre. — La commune de Paris est responsable de la sûreté des prisonniers, 17 septembre 1792. *Nota.* On les avait massacrés dans les prisons le 2 septembre et les jours suivans. — Dispositions concernant les effets contenus dans les malles des prisonniers de la haute cour, 12 novemb. 1792. — Les prisonniers prévenus de conspiration sont transférés à Paris, 18 mars 1793. — Les prisonniers élargis à Paris par suite des événemens des 2 et 3 septembre 1792, ne peuvent être repris pour les causes de leur détention, 16 juin 1793. — Peine de mort contre ceux qui favorisent l'évasion des prisonniers, 13 brumaire an II [3 novembre 1793]. — Toutes les personnes détenues ont la même nourriture, 26 brumaire an II [16 novembre 1793]. — Renvoi au comité de sûreté générale pour faire arrêter tous les signataires d'une circulaire adressée aux citoyens des départemens, datée du 3 septembre 1792, portant provocation au massacre des prisonniers, 13 prairial an III [1.ᵉʳ juin 1795]. — Mode pour constater le décès des prisonniers d'Orléans massacrés à Versailles, 4

fructidor an VII [21 août 1799] (II, B. 302, n.º 3222).

— *pour dettes et pour mois de nourrice.* Leur mise en liberté, 2 septembre 1792, 9 mars et 12 avril 1793. V. *Nourrice.*

— (C. P. C.) Le débiteur constitué prisonnier ne peut demander de délai pour l'exécution du jugement, ni jouir de celui qui lui a été accordé, art. 124.

— *d'État.* Ordre à tous les gouverneurs, commandans et supérieurs des maisons de force, de dresser un état de tous les prisonniers, énonciatif de leurs noms et de leur âge, ainsi que des ordres en vertu desquels ils sont détenus, 12 = 15 janvier 1790. — Mise en liberté de ceux qui sont détenus en vertu de lettres de cachet, 16 = 26 mars 1790.

— *de guerre.* Décret qui autorise des représailles sur les prisonniers, dans le cas où un Français pris par l'ennemi serait mis à mort, 5 mars 1814 (IV, B. 562, n.º 10207). V. *Armée* et *Marine* au titre *Prisonniers de guerre.*

PRISONS, *Maisons d'arrêt, de correction, de détention, de justice, &c.* Leur inspection, l'amélioration de leur régime, leur salubrité et leur police sont confiées aux autorités administratives, 22 décembre 1789 = janvier 1790, 12 = 20 août 1790, 16 = 29 septembre 1791, 31 janvier et 16 juillet 1793, 2 nivôse an II [22 décembre 1793], 3 brumaire an IV [25 octobre 1795] (I, B. 204, n.º 1221). — Les registres des geôliers et conciérges doivent être sur papier timbré, 7 = 11 février 1791. — Obligations des chapelains attachés aux prisons, 15 = 17 avril 1791. — Les maisons de justice sont séparées des maisons de correction, 19 = 22 juillet 1791. — Destination particulière des maisons de correction, et travaux qui y sont établis, 19 = 22 juillet 1791, 9 = 13 mai

1792; — des maisons d'arrêt établies près chaque tribunal civil, 16 = 29 septembre 1791, 3 brumaire an IV [25 octobre 1795] (I, B. 204, n.º 1221). — Établissement près chaque tribunal criminel d'une maison de justice; sa destination et sa police, 16 = 29 septembre 1791; 3 brumaire an IV [25 octobre 1795] (I, B. 204, n.º 1221). — Mesures particulières de sûreté pour les prisons de la haute cour, 26 août 1792. V. *Haute cour.* — Translation dans les prisons et maisons d'arrêt établies par la loi, de tous les détenus dans des maisons qui ne sont ni prisons, ni maisons d'arrêt, 8 octobre 1792. — Le ministre de la justice est chargé de se faire délivrer l'état de toutes les maisons où il y a des détenus pour démence, fureur ou toute autre cause, 13 novembre 1792. — Fonds affectés à la réparation des prisons, à leur amélioration et entretien, et mode de paiement, 28 frimaire an II [18 décembre 1793], 16 et 23 brumaire an IV [7 et 14 novembre 1795] (II, B. 5, n.ºs 21 et 23), 17 brumaire an VI [7 novembre 1797], 11 frimaire an VII [1.er décembre 1798] (II, B. 247, n.º 2220), 25 vendémiaire an X [17 octobre 1801] (III, B. 116, n.º 925), 16 février 1807 (IV, B. 140, n.º 2244), 11 juin 1810 (IV, B. 294, n.º 5568), et 18 juin 1811 (IV, B. 377, n.º 7035). — Peines pour bris de prison, 23 ventôse an II [13 mars 1794]. — Défense à tout gardien de maison d'arrêt ou de justice d'y recevoir aucun individu mis illégalement en état d'arrestation, 4 vendémiaire et 3 brumaire an IV [26 septembre et 25 octobre 1795] (I, B. 183 et 204, n.ºs 1123 et 1221). — Les gardiens sont exempts du service de la garde nationale, 13 floréal an VII [2 mai 1799], chap. VIII (II, B. 276, n.º 3845). — La police des prisons est dans les attributions spéciales du préfet de police de Paris et des commissaires généraux de police, 12 messidor an VIII et 5 brumaire an IX [1.er juillet et 27 octobre 1800] (III, B. 33 et 50, n.ºs 214 et 373). — Acquisition d'une maison pour former un chemin de ronde pour la sûreté de la maison d'arrêt des Madelonnettes, sise à Paris, 5 nivôse an X [26 décembre 1801] (III, B. 147, n.º 1128). — Gratification accordée en cas de reprise d'un condamné aux fers ou à la détention, qui se serait échappé de prison, 18 ventôse an XII [9 mars 1804] (III, B. 351, n.º 3662). — Alimens des débiteurs de l'État détenus en prison, 4 mars 1808 (IV, B. 184, n.º 3176). — Nécessité du vote exprès des conseils généraux, pour mettre à la charge des départemens les dépenses de premier établissement et de grosses réparations des prisons, 7 octobre 1809 (IV, B. 246, n.º 4755).

Prisons érigées en maisons centrales de détention.

Établissement de maisons centrales de détention, où sont réunis les condamnés à la réclusion, à la gêne et à la détention par les cours et tribunaux des départemens du Nord, 13 floréal an IX [3 mai 1801] (III, B. 81, n.º 663); — de l'Ain, des Hautes-Alpes, de la Drôme, de l'Isère, du Léman et du Mont-Blanc, 13 ventôse an XI [4 mars 1803] (III, B. 252, n.º 2358); — de l'Ariége, de la Dordogne, de la Haute-Garonne, du Gers, de la Gironde, des Landes, du Lot, de Lot-et-Garonne, des Basses-Pyrénées et des Hautes-Pyrénées, 16 fructidor an XI [3 septembre 1803] (III, B. 311, n.º 3142); — de Maine-et-Loire, de la Mayenne, de la Sarthe, de la Loire-Inférieure, d'Indre-et-Loire, de Loir-et-Cher, de la Vendée, des Deux-Sèvres et de la Vienne, 26 vendémiaire an XIII [18 octobre 1804] (IV, B. 19, n.º 329); — de l'Hérault, des Pyrénées-Orientales, de l'Aude, du Tarn, de l'Aveiron, de la Lozère, du Gard et de l'Ardèche, 23 fructidor an XIII [10 septembre 1805] (IV, B. 57, n.º 1041); — de la Marne, des Ardennes, de la Meuse, de la Haute-Marne, de l'Aube, de la Côte-d'Or, de l'Yonne, de la Nièvre et de Saone-et-Loire, 16 juin 1808 (IV, B. 195, n.º 3466); — de la Dyle, de la Meuse Inférieure, de Sambre-et-Meuse, de l'Ourte, de la Roer, de Rhin-et-Moselle, de la Sarre, du Mont-Tonnerre, de l'Escaut, des Deux-Nèthes, de la Lys, de Jemmape, du Nord et du Pas-de-Calais, 4 mai 1809 (IV, B. 236, n.º 4387); — de la Manche, d'Ille-et-Vilaine, des Côtes-du-Nord, du Morbihan et du Finistère, 4 mai 1809 (IV, B. 236, n.º 4385); — de Rome, du Trasimène, de l'Arno, de l'Ombrone et de la Méditerranée, 29 novembre 1810 et 18 avril 1812 (IV, B. 329 et 432, n.ºs 6135 et 7930); — du Cher, de l'Indre, de la Haute-Vienne, de la Charente et de la Charente-Inférieure, 8 décembre 1810 (IV, B. 334, n.º 6211); — de la Marne, de la Haute-Marne, de la Meuse, des Ardennes, de la Nièvre, de la Côte-d'Or, de l'Aube, de l'Yonne et de Saone-et-Loire, 24 janvier 1811 (IV, B. 347, n.º 6485); — du Haut et du Bas-Rhin, du Doubs, du Jura, de la Haute-Saone, des Vosges, de la Meurthe et de la Moselle, 23 février 1811 (IV, B. 355, n.º 6563); — de Seine-et-Marne, de l'Aisne, de l'Oise, de Seine-et-Oise et du Loiret, 21 août 1811 (IV, B. 389, n.º 7199); — de l'Eure, de la Somme, de la Seine-Inférieure, de l'Orne

et d'Eure-et-Loir, 3 janvier 1812 (IV, B. 414, n.º 7592); — des Bouches-du-Rhin, des Bouches-de-l'Escaut et du Simplon, 9 avril 1812 (IV, B. 428, n.º 7871); — du Pô, de Montenotte, de Marengo, de la Doire, de la Sésia, et de la Stura, 23 août 1812 (IV, B. 448, n.º 8227); — d'Ille-et-Vilaine, des Côtes-du-Nord, du Morbihan et du Finistère, 23 août 1812 (IV, B. 448, 8228); — de l'Allier, du Cantal, de la Corrèze, de la Creuse, de la Loire, de la Haute-Loire, du Puy-de-Dôme et du Rhone, 14 janvier 1813 (IV, B. 473, n.º 8618).

—(C. Civ.) Les gardiens des détenus sont tenus de donner avis de leur décès à l'officier de l'état civil, art. 84. — La femme adultère est condamnée à être recluse dans une maison de correction, 290 et 308. — Autorisation nécessaire à la validité des obligations de la femme pour tirer son mari de prison, 1427. — Forme de l'aliénation de l'immeuble dotal pour tirer de prison le mari ou la femme, 1558.

—(C. P. C.) Les geoliers doivent transcrire sur leurs registres le jugement qui autorise l'arrestation de la personne qui leur est amenée, art. 790. — Faute de représentation de ce jugement, ils peuvent refuser de la recevoir, ibid.

—(C. Co.) Dépôt de la personne du failli dans la maison d'arrêt, art. 455.

—(C. I. C.) Le geolier d'une maison d'arrêt est tenu de recevoir les prévenus qu'on lui amène, en lui exhibant le mandat d'arrêt ou de dépôt, et il en donne décharge à l'huissier ou agent de la force publique, art. 107 et 111. — Cas dans lequel l'accusé doit être transféré de la maison d'arrêt dans la maison de justice, 243. — Pièce sur laquelle le gardien d'une maison de justice peut recevoir le condamné qui se constitue en état, 421. — Il y a, dans chaque arrondissement, des prisons établies pour peines, 603. — Il y a près de chaque tribunal de première instance, une maison d'arrêt pour y détenir les prévenus, 603. — Elle est distincte de la prison, 604. — Les préfets en ont la surveillance et en nomment les gardiens, 605 et 606. — Registres que les geoliers doivent tenir, 607. — Ils doivent inscrire sur ce registre les mandats d'arrêt, ordonnances de prise de corps, arrêts ou jugemens de condamnation, concernant les personnes qu'on leur amène, 608. — Par qui l'acte de remise est signé, et à qui il en est délivré une copie, *ibid.* — Actes en vertu desquels les gardiens peuvent seuls recevoir des individus sans être regardés comme coupables d'une détention arbitraire, 609. — Ces actes doivent être transcrits sur le registre, ainsi que ceux d'après lesquels s'effectue la sortie du prisonnier, 610. — Tous les prisonniers d'un département doivent, au moins une fois par an, être visités par le préfet, 611. — Quelles personnes doivent veiller à ce que leur nourriture soit suffisante et saine, 613. — Mesures de rigueur qui peuvent être exercées contre les prisonniers, pour raison de menaces, injures ou violences, 614. — Obligations particulières des gardiens et geoliers, 615 et 618.

— (C. P.) Les femmes condamnées aux travaux forcés sont employées dans une maison de force, art. 16. V. *Reclusion, Travaux forcés.* — Les maisons de correction sont celles dans lesquelles on renferme les individus condamnés à la peine d'emprisonnement, 40. — On y détient aussi les individus ayant moins de seize ans, qui ont commis avec discernement des crimes ou délits emportant des peines afflic-

tives ou infamantes, 67. — Quelles peines encourent les gardiens et concierges des maisons de dépôt, d'arrêt, de justice ou de peine, qui auraient reçu un prisonnier sans mandat ou jugement, ou sans ordre provisoire du Gouvernement, et ceux qui l'auraient retenu ou qui auraient refusé de le représenter à l'officier de police, ou de lui exhiber leurs registres, 120. — Peines contre les geoliers qui auraient laissé évader des détenus, 237 *et suiv.* — La loi punit comme réunion de rebelles celle des prisonniers prévenus, accusés ou condamnés, 219. — Peine pour avoir favorisé, en fournissant des instrumens ou des armes, une évasion avec violence ou bris de prison, 241 et 243. — Peines contre les détenus ainsi évadés, 245.

— (Tarif des frais en mat. crim.). Acte d'écrou à payer comme *extrait* aux concierges des prisons, art. 46.

PRISONS *d'état.* Décret qui les établit, et en règle la surveillance, l'administration et la police, 3 mars 1810 (IV, B. 271, n.° 5252).

PRISONS *militaires.* Décrets qui en attribuent la surveillance aux commissaires des guerres et en règlent l'administration et la police, 21 = 22 août, 22 septembre = 29 octob. 1790, 8 = 10 juillet, 20 sept. = 14 octobre 1791, 28 janvier 1793, 28 nivôse an III [17 janvier 1795] (I, B. 116, n.° 611), 26 floréal an X [16 mai 1802] (III, B. 188, n.° 1507), 29 thermidor an XI [17 août 1803] (III, B. 308, n.° 3105), et 5 avril 1811 (IV, B. 361, n.° 6624).

PRIVAS. Etablissement d'une poste aux chevaux dans cette ville, 4 septemb. 1792.

PRIVATION *des droits civils.* (C. Civ.) Circonstances qui font encourir cette privation, art. 17 *et suiv.* V. *Droits civils.*

PRIVILÉGES. Abolition de tous les priviléges pécuniaires, personnels ou réels en matière d'imposition, 4, 6, 7, 8, 11 août = 21 septemb. 1789, 28 = 31 janv. 1790, et 3 = 14 sept. 1791 ; — en matière de juridiction, 16 = 24 août 1790 et 17 déc. 1811 (IV, B. 412, n.º 7550). — Suppression des priviléges des maîtres de poste, 25 avril = 5 mai 1790. V. *Poste aux chevaux* ; — du privilége exclusif des carrosses de Paris, 19 = 24 novembre 1790. — Abolition de ceux de cléricature, de scolarité, du scel des châtelets de Paris, Orléans et Montpellier, des bourgeois de Paris, &c. 6, 7 = 11 septembre 1790, tit. XIV, art. 13. — Médaille frappée en mémoire de l'abandon des priviléges, 8 et 9 = 15 décemb. 1790. — Les priviléges exclusifs pour inventions et découvertes sont maintenus, 30 décembre 1790 = 7 janvier 1791. V. *Brevets d'invention.* — Abolition des priviléges des marchands suivant la cour, 1.er ventôse an II [19 février 1794].

PRIVILÉGES *et hypothèques.* Définition du privilége, ses effets, et comment il s'obtient, 11 brumaire an VII [1.er novembre 1798] (II, B. 238, n.º 2137). — Priviléges de la régie des douanes sur les biens des comptables et des redevables, 6 = 22 août 1791 ; — du trésor public pour le recouvrement des contributions, 12 novembre 1808 (IV, B. 213, n.º 3886) ; — des bailleurs de fonds de cautionnemens d'offices, charges et emplois, sur les titulaires, 22 décembre 1812 (IV, B. 454, n.º 8373).

— (C. Civ.) Règles relatives à la subrogation des priviléges du créancier contre le débiteur, art. 1250. — Effet de la consignation déclarée bonne et valable sur les priviléges du créancier, 1263. — Effet de la novation relativement aux priviléges, 1278 *et suiv.* — Cas où les priviléges peuvent autoriser, au préjudice des

tiers, la réclamation d'une créance susceptible d'être éteinte par la compensation, 1299. — Créanciers sur lesquels la femme et ses héritiers n'ont point de privilége pour la répétition de sa dot, 1572. — Quel est le privilége que le gage donne au créancier, 2073. — Définition du privilége, 2095. — Comment se règle la préférence entre les créanciers privilégiés, 2096. — Cas où les créanciers privilégiés sont payés par concurrence, 2097. — Le trésor public ne peut acquérir de privilége au préjudice des droits antérieurement acquis à des tiers, 2098. — Sur quoi peuvent être les priviléges, 2099. — Quelles sont les créances privilégiées sur la généralité des meubles, et dans quel ordre elles s'exercent, 2101. — Quelles sont les créances privilégiées sur certains meubles, et dans quel ordre elles s'exercent, 2102. — Créances privilégiées sur les immeubles ; ordre dans lequel elles s'exercent, 2103. — Priviléges qui s'étendent sur les meubles et les immeubles, 2104. — Dans quel ordre se fait le paiement, lorsqu'à défaut de mobilier, les privilégiés se présentent pour être payés sur le prix de l'immeuble, en concurrence avec les créanciers privilégiés sur l'immeuble, 2105. — Comment se conservent les priviléges, 2106. — Quelles sont les créances qui sont exceptées de la formalité de l'inscription, 2107. — Comment le vendeur conserve son privilége sur l'immeuble dont il a transmis la propriété ; quelles sont les obligations du conservateur des hypothèques, quant aux créances résultant du contrat de vente, tant en faveur du vendeur qu'en faveur du prêteur, 2108. — Comment le cohéritier ou copartageant conserve son privilége sur les biens de chaque lot, ou le bien licité, pour la soulte et retour de lot ou pour le prix de la licitation,

tion des prix décennaux, 24 fructidor an XII [11 septembre 1804] (IV, B. 16, n.º 269), et 28 novemb. 1809 (IV, B. 250, n.º 4799.

PROCÉDURE *en général.* Décret qui ordonne la réforme du Code de procédure, 16 = 24 août 1790. V. *Code.* — Le tribunal de cassation annulle les procédures dans lesquelles les formes ont été violées, 27 novembre = 1.er décembre 1790. V. *Cassation.* — Toutes les pièces relatives à une procédure doivent être écrites sur papier timbré, 7 = 11 février 1791, et 22 frimaire an VII [12 décemb. 1798] (II, B. 237, n.º 2136). V. *Timbre.* — Dispositions relatives aux procédures qui se trouvent sous les scellés, 6 pluviôse an II [25 janvier 1794]. — Loi qui prescrit la manière de procéder au rétablissement des minutes de jugemens non exécutés, et de procédures dont la perte a été occasionnée par force majeure, 29 floréal an II [18 mai 1794]. — relative aux procédures qui, après avoir été détruites ou égarées, ont été réparées en vertu de jugemens exécutés avant la publication de la loi ci-dessus, 28 prairial an II [16 juin 1794] (I, B. 6, n.º 27). — Les tribunaux ne peuvent connaitre des actes d'administration, et leurs procédures à cet égard sont nulles, 16 fructidor an III [2 septembre 1795], B. 175, n.º 1064). — Avis du Conseil d'état sur l'instruction des procès intentés avant et depuis le 1.er janvier 1807, 16 février 1807 (IV, B. 139, n.º 2243). — Époque à compter de laquelle les procès intentés devant les tribunaux de la Toscane doivent être instruits conformément aux dispositions du Code de procédure, 13 octobre 1809 (IV, B. 246, n.º 4557).

PROCÉDURE *civile.* Décrets qui maintiennent l'exécution des anciennes lois sur la forme de la procédure civile, 12 = 19 octobre 1790, 18

fructidor an VIII [5 septemb. 1800] (III, B. 41, n.º 268). — Forme de l'apposition des scellés, des procès-verbaux et des ordonnances de référé, 29 janvier = 11 février 1791. — Dispositions relatives aux inventaires, comptes, partages, liquidations, réglemens et taxe des dépens, 29 janvier = 11 février 1791. — Les procès commencés avant l'installation des tribunaux sont portés à ceux qui doivent en connaitre, sans autre procédure et sans qu'il soit besoin de passer au bureau de paix, 6 = 27 mars 1791. — Forme de la procédure à suivre dans les tribunaux des villes où l'ordonnance de 1667 n'a été ni publiée ni exécutée, 28 avril = 8 mai 1791. — Les procès civils pendans aux amirautés sont portés, les uns aux tribunaux de commerce, et les autres aux tribunaux de district, 9 = 13 août 1791. — Forme des citations devant les bureaux de conciliation, 21 septembre = 13 novembre 1791. — Abolition de toutes actions civiles et privées, et des jugemens qui s'en sont ensuivis, pour faits relatifs à la révolution, 22 août 1793. — Délai pour se pourvoir par voie d'appel contre les condamnations, en vertu de lettres patentes ou arrêts de propre mouvement et autres du Conseil du Roi, 20 septembre 1793. — Nouvelle forme pour l'instruction des affaires devant les tribunaux civils, et suppression des fonctions d'avoué, 3 brumaire an II [24 octobre 1793]. — Décret qui détermine les cas où les jugemens peuvent être annullés en matière civile, 4 germinal an II [24 mars 1794]. — Aucune défense ne peut être admise par les tribunaux, si la partie ne justifie du paiement de l'amende encourue au bureau de paix, 21 germinal an II [10 avril 1794]. — Les appels des jugemens de première instance ne sont pas reçus, s'il n'est donné copie en tête de l'exploit d'ajournement du certificat du bureau de paix, 24 germinal an II [13 avril 1794]. —Loi sur les fins de non-recevoir contre les détenus révolutionnairement, 9 nivôse an III [29 décembre 1794]. — Ces détenus peuvent se pourvoir par appel, opposition ou cassation, contre les jugemens rendus contre eux, nonobstant toute prescription, 16 germ. an III [5 avril 1795] (I, B. 134, n.º 740). —Interruption de toute prescription contre les condamnés depuis leur arrestation, 21 prairial an III [9 juin 1795] (I, B. 154, n.º 908). — Dans toutes les matières civiles, les témoins sont entendus à l'audience publique, 7 fructidor an III [24 août 1795] (I, B. 174, n.º 1048). — Dispositions sur les appels des jugemens rendus par les tribunaux civils, 19 vendémiaire an IV [11 octobre 1795] (I, B. 194, n.º 1160). — Mode de récusation des juges, 23 vendémiaire an IV [15 octobre 1795] (I, B. 197, n.º 1176). — Mode de procéder sur les réclamations relatives aux arrêtés des comités de la Convention, 8 germinal an IV [28 mars 1796] (II, B. 36, n.º 275). — Arrêté concernant les appels des jugemens par défaut, 9 messid. an IV [27 juin 1796] (II, B. 56, n.º 497). — Mode de procéder de la part des personnes déchues de l'effet d'arrêtés des comités ou députés en mission, statuant sur des objets du ressort de l'ordre judiciaire, et révoqués par des lois postérieures, 3 vendémiaire an V [24 septembre 1796] (II, B. 79, n.º 727). — Manière de procéder au choix du tribunal d'appel en matière civile, 7 nivôse an V [27 décembre 1796] (II, B. 99, n.º 933). — Loi relative aux déchéances d'appel, 21 frimaire an VI [11 décembre 1797] (II, B. 169, n.º 1613). — Forme des actions juridiques à intenter par les hôpitaux pour le recouvrement des immeubles qui leur sont donnés, 7

mess. an IX [26 juin 1801] (III, B. 86, n.º 712); — de celles à intenter contre les communes, 17 vendém. an X [9 octobre 1801] (III, B. 110, n.º 896). — Arrêté relatif aux enquêtes faites depuis la publication du décret du 3 brumaire an II, 4 pluviôse an XI [24 janvier 1803] (III, B. 243, n.º 2260). — Mode d'exercer les actions juridiques contre les banques, 24 germinal an XI [14 avril 1803] (III, B. 271, n.º 2698). — Manière dont les contestations entre différentes sections d'une même commune doivent être suivies devant les tribunaux, 24 germinal an XI [14 avril 1803] (III, B 271, n.º 2699). — Délais des assignations pour les colonies, 28 germinal an XI [18 avril 1803] (III, B. 273, n.º 2733). — Avis du Conseil d'état en interprétation de l'article 696 du Code de procédure, concernant les saisies, 18 juin 1809 (IV, B. 238, n.º 4440). — Décret contenant des dispositions relatives à la procédure en matière de saisie immobilière, 2 février 1811 (IV, B. 351, n.º 6514). V. *Actes*, *Code de procédure*, *Cours*, *Jugemens*, *Juges* et *Tribunaux*.

PROCÉDURE *correctionnelle*. Forme de procéder en police correctionnelle, et classification des délits et des peines en cette matière, 19 = 22 juillet 1791, et 3 brumaire an IV [25 octobre 1795] (I, B. 204, n.º 1221). — Règles prescrites pour les appels des jugemens de police correctionnelle, 18 février 1806 (IV, B. 78, n.º 1370), 12 janvier 1810 (IV, B. 257, n.os 4995). V. *Procédure criminelle*.

PROCÉDURE *criminelle*. Décrets contenant réforme de l'ancienne procédure criminelle, abolissant l'usage de la question et de la sellette, et prescrivant de nouvelles formes pour l'instruction publique et le jugement des délits et des crimes, 9 octobre = 3 novembre 1789, 12 = 16 janvier, 22 = 25 avril 1790. — Attribution au châtelet de Paris de la connaissance des crimes de lèse-nation, 14 octobre = 13 nov. 1791. V. *Châtelet de Paris* et *Lèse-nation* (Crimes de). — Forme de l'appel des jugemens prévôtaux, 24 décembre 1789 = 5 janvier 1791. V. *Juridictions prévôtales.* — Mode de procéder contre les attroupemens séditieux et brigandages à main armée, 2 = 3 juin 1790. V. *Attroupemens.* — Forme des jugemens et punition des forçats, 7 = 9 septembre 1790. V. *Forçats.* — Les frais de poursuites faites d'office sont à la charge du trésor public, 19 = 27 septembre 1790. — Mode de poursuite des fabricateurs de faux assignats, 4 = 10 novembre 1790. V. *Assignats* (Faux). — Attribution provisoire en matière criminelle accordée aux tribunaux de district, 12 = 19 octobre 1790. — Les copies d'une procédure criminelle sont exemptes de la formalité du timbre, 7 = 11 février 1791. — Poursuite de ceux qui donnent publicité ou exécution aux actes de la cour de Rome non autorisés par le Corps législatif, 9 = 17 juin 1791. — Suspension de toute poursuite contre un député, jusqu'à ce qu'elle ait été autorisée par le Corps législatif, 13 = 17 juin, 3 = 14 septembre 1791. V. *Corps législatifs.* — Abolition des procédures pour faits relatifs à la révolution, 14 = 15 septembre 1791. — Institution des jurés et forme de procéder devant eux, 16 = 29 septembre, et 29 septembre = 6 octobre 1791. V. *Jurés.* — Formes prescrites pour le jugement des procédures criminelles commencées antérieurement à l'institution des tribunaux criminels, 15 mars 1792. — Loi contenant des mesures pour simplifier les procédures criminelles portées au tribunal de cassation, 7, 10 = 15 avril 1792. — Décret relatif aux récusations que

peuvent faire les accusés en matière criminelle, 29 mai = 6 juin 1792; — à l'instruction de la procédure contre les fabricateurs de faux brevets, 29 août = 1.er septembre 1792. — Mode de statuer sur les demandes en abolition ou commutation de peines afflictives ou infamantes, 3 septembre 1792, 15 brumaire an II [5 novembre 1793]; — de procéder contre les accapareurs de grains, 25 décembre 1792. V. *Grains.* — Abolition des procédures instruites pour insurrections relatives aux subsistances et aux droits féodaux, 11 et 12 février 1793. V. *Féodalité* et *Grains.* — Décret relatif aux procédures criminelles en première instance qui ont été annullées, 14 mars 1793. — Mode de procéder contre les chefs ou instigateurs de rebellion, 10 mai 1793. V. *Conspirateurs;* — contre les accusés condamnés comme auteurs du même délit, et dont les condamnations ne peuvent se concilier et prouvent l'innocence de l'une ou l'autre partie, 15 mai 1793. — Manière de terminer les procès criminels commencés avec les anciennes formes, incidemment aux appels civils par les ci-devant parlemens, 16 juin 1793. — Les condamnés aux fers ou à la reclusion sont autorisés à se faire rejuger conformément aux nouvelles lois, dans les tribunaux criminels des départemens où ils sont détenus, 29 juin 1793. — Les jugemens en matière criminelle, quoique rendus dans les formes civiles, sont sujets à la révision, 29 juillet 1793. — Décret qui attribue aux directeurs du jury les fonctions d'officiers de police pour les délits relatifs aux subsistances, 9 vendémiaire an II [30 septembre 1793]; — relatif aux procès criminels dans lesquels l'envahissement du territoire français empêche de produire les preuves nécessaires à la manifestation de la vérité, *ibid.* — Mode de jugement des affaires relatives à la fabrication de fausse monnaie, 1.er brumaire an II [22 octobre 1793]. V. *Monnaies;* — des procès criminels élevés incidemment aux procès civils, 6 brumaire an II [27 octobre 1793]. — Mode de poursuite des délits d'escroquerie et d'abus de la crédulité, 7 frimaire an II [27 novem. 1793]. V. *Escroquerie.* — Forme de procéder contre les prévenus de malversation dans les grandes régies et ventes de biens nationaux, *ibid.* V. *Domaines nationaux.* — Décret sur la question de savoir si les actes d'accusation de faux témoignage doivent être portés devant des jurés spéciaux, *ibid.* V. *Témoins.* — Mode de poursuite des fonctionnaires publics et autres individus qui ont trahi l'État dans les parties du territoire envahies par l'ennemi, 26 frimaire an II [16 décembre 1793]; — des prévenus d'embauchage, 30 frimaire an II [20 décembre 1793]. — Décret portant qu'il n'y a pas lieu à délibérer sur une question relative à une procédure dans laquelle sont cumulés trois délits, 17 nivôse an II [6 janvier 1794]. — Les dénonciateurs peuvent être entendus comme témoins dans les procédures criminelles, 7 ventôse an II [25 février 1794]. — Mode de procéder contre les prévenus qui résistent à la justice, ou l'insultent, 15 germ. an II [4 avril 1794]; — contre ceux dont les délits emportent peine afflictive ou infamante, en faveur desquels il a été déclaré n'y avoir lieu à accusation, 28 germinal an II [17 avril 1794]; — contre ceux qui ont fait usage de poinçons contrefaits pour marquer l'or et l'argent, 6 floréal an II [25 avril 1794]. V. *Marque d'or et d'argent.* — Formalités à observer lorsque des témoins essentiels sont dans l'impossibilité de comparaître devant les jurés, 2 messidor an II [20 juin 1794] (I,

B. 8, n.º 40). V. *Témoins.* — Procédure contre les contumaces, 4 thermidor an II [22 juillet 1794] (I, B. 26, n.º 121). — Loi qui rend commune aux procès commencés avant l'installation des tribunaux criminels, les dispositions de celle du 18 prairial sur la manière d'entendre les témoins militaires, 7 thermidor an II [25 juillet 1794] (I, B. 32, n.º 163). — Mode de liquidation des indemnités dues aux greffiers des tribunaux de district pour frais d'expédition d'affaires criminelles, 16 fructidor an II [2 septembre 1794] (I, B. 51, n.º 277). — Une accusation intentée par un particulier lésé par un délit de nature à blesser l'ordre public, doit être poursuivie, nonobstant la réconciliation des parties, 6 vendémiaire an III [27 septembre 1794] (I, B. 64, n.º 346). — La question relative à l'intention doit être posée dans toutes les affaires soumises au jury, 14 vendémiaire an III [5 octobre 1794] (I, B. 68, n.º 364). V. *Question intentionnelle.* — Dans le cas de doute sur le caractère des délits, le comité de législation est chargé de distinguer ceux qui sont de la compétence du tribunal révolutionnaire, 28 vendémiaire an III [19 octobre 1794] (II, B. 76, n.º 402). — Aucune femme prévenue d'un crime emportant peine de mort, ne peut être mise en jugement qu'il n'ait été vérifié qu'elle n'est pas enceinte, 23 germinal an III [12 avril 1795] (I, B. 136, n.º 756). — Le comité de législation est chargé de provoquer l'action des tribunaux criminels contre tous individus prévenus de crimes et d'actes d'oppression, &c., 20 floréal an III [9 mai 1795] (I, B. 143, n.º 805). — Mode de procéder contre les individus coupables des crimes de meurtres et d'assassinats commis depuis le 1.er septembre 1792, 4 messidor et 5.e jour complémentaire an III [22 juin et 21 septembre 1795] (I, B. 158 et 181, n.ᵒˢ 927 et 1113). — La déclaration des condamnés suffit pour saisir le tribunal de cassation et empêcher la déchéance, 14 thermidor an III [1.ᵉʳ août 1795] (I, B. 169, n.ᵒ 990). — Loi qui spécifie les cas où un prévenu peut être cité devant un directeur de jury, et détermine ceux où l'acte d'accusation peut être dressé par le jury, 22 vendémiaire an IV [14 octobre 1795] (I, B. 193, n.ᵒ 1159). — Mode pour accélérer l'expédition des procès criminels dans les communes où il y a plusieurs directeurs de jury, 22 nivôse an IV [12 janvier 1796] (II, B. 18, n.ᵒ 107). — Formalités à suivre dans le jugement d'un délit pour lequel il aurait été formé plusieurs actes d'accusation contre différens accusés, 18 germinal an IV [7 avril 1796] (II, B. 39, n.ᵒ 309). — Loi qui fixe la manière de recevoir les dépositions des membres du Corps législatif et du Directoire cités en témoignage, 20 thermidor an IV [7 août 1796] (II, B. 64, n.ᵒ 591). — Mode de procéder contre les rebelles saisis dans un rassemblement armé, 24 fructid. an IV [10 septembre 1796] (II, B. 75, n.ᵒ 698). — Mode de paiement des frais des procédures criminelles à la charge de l'État, 2 brumaire an V [23 octob. 1796] (II, B. 85, n.ᵒ 805); — d'expédition de ces procédures, 30 nivôse an V [19 janvier 1797] (II, B. 102, n.ᵒ 967). — Dans les affaires criminelles, les juges et jurés doivent rester aux débats commencés jusqu'au jugement, 13 germinal an V [2 avril 1797] (II, B. 116, n.ᵒ 1120). — Les tribunaux criminels et correctionnels saisis d'une procédure par option, renvoi ou réglement de juges, doivent donner avis de leur décision ou jugement au tribunal criminel de l'arrondissement du lieu du délit, 18 floréal an V [7 mai 1797] (II, B. 121, n.ᵒ

1171). — Mode d'instruction des procédures relatives aux pièces arguées de faux, déposées à la comptabilité nationale, 10 messidor an V [28 juin 1797] (II, B. 130, n.ᵒ 1262). — Manière de procéder au jugement des procès criminels dans lesquels il y a partage entre les jurés, 8 frimaire an VI [28 novemb. 1797] (II, B. 163, n.ᵒ 1584). — Cas où les copies de procédures sont exemptes du timbre, 13 brumaire an VII [3 novembre 1798] (II, B. 237, n.ᵒ 2136). — Adjonction de jurés et de juges pour suivre les débats dans les procès criminels d'une étendue considérable, 25 brumaire an VIII [16 novembre 1799] (II, B. 327, n.ᵒ 3426). — Manière dont est faite la reconnaissance d'un individu condamné, évadé et repris, 22 frimaire an VIII [13 décembre 1799] (II, B. 336, n.ᵒ 3463). — Mode de délivrance des copies des pièces de procédure, demandées par les accusés, 29 frimaire an VIII [20 décembre 1799] (II, B. 339, n.ᵒ 3483). — Nouveau mode de poursuite des délits en matière criminelle et correctionnelle, 7 et 18 pluviôse an IX [27 janvier et 7 février 1801] (III, B. 66 et 68, n.ᵒˢ 505 et 527). — Manière de citer en témoignage les membres du Sénat, du Tribunat, du Corps législatif, &c., 7 thermidor an IX [26 juill. 1801] (III, B. 92, n.ᵒ 761). — Poursuites criminelles contre les agens du Gouvernement et des administrations, 9 pluviôse, 27 ventôse et 10 floréal an X [29 janvier, 18 mars et 30 avril 1802] (III, B. 159, 169 et 188, n.ᵒˢ 1223, 1226, 1227, 1309 et 1496), 10 et 29 thermidor an XI [29 juillet et 17 août 1803] (III, B. 300 et 307, n.ᵒˢ 3017 et 3089), 28 messidor an XIII [17 juillet 1805] (IV, B. 51, n.ᵒ 855), 28 février et 9 août 1806 (IV, B. 79 et 111, n.ᵒˢ 1375 et 1822]. — Mode de poursuite des délits emportant peine de flétrissure, 23 floréal an X [13 mai 1802] (III, B. 190, n.º 1574); — des receveurs prévenus de vol de deniers publics, 27 prairial an X [16 juin 1802] (III, B. 197, n.º 1741); — des contrebandiers, 16 frimaire et 13 floréal an XI [7 décembre 1802 et 3 mai 1803] (III, B. 231 et 278, n.ºs 2132 et 2761). — Procédure relative aux actes argués de faux, 25 ventôse an XI [16 mars 1803] (III, B. 258, n.º 2440); — à la contrefaçon du timbre national et à la fabrication de faux billets de banque, 25 ventôse an XII [16 mars 1804] (III, B. 353, n.º 3670). — Mode de réglement des frais de justice criminelle, 24 févr. 1806] (IV, B. 76, n.º 1350). — Nouvelles mesures relatives à la procédure en matière criminelle et correctionnelle, 29 avril 1806 (IV, B. 90, n.º 1524). — Avis du Conseil d'état sur la question de savoir si, sur l'appel émis par la partie civile, les cours criminelles peuvent réformer les dispositions non attaquées de jugemens rendus en matière correctionnelle, 25 octobre 1806 (IV, B. 126, n.º 2044). — Mode d'instruction des affaires criminelles jusqu'au 1.er janvier 1810, 2 février 1809 (IV, B. 224, n.º 4098). — Mesures provisoires pour l'instruction et le jugement des procès relatifs aux crimes et délits commis dans le département de Tarn-et-Garonne, 1.er avril 1809 (IV, B. 231, n.º 4276). — Avis du Conseil d'état portant que les officiers disponibles prévenus d'un délit commun, doivent être traduits devant les tribunaux ordinaires, 12 janvier 1811 (IV, B. 345, n.º 6466); — relatif aux appels des jugemens rendus en matière criminelle et correctionnelle, par les anciens tribunaux du département des Bouches-du-Rhin, 25 mai 1811 (IV, B. 373, n.º 6884). — Réglement pour l'administration de la jus-

tice en matière criminelle, de police correctionnelle et de simple police, et tarif général des frais, 18 juin 1811 et 7 avril 1813 (IV, B. 377 et 497, n.ºs 7035 et 9106). — Mode d'instruction et de jugement des affaires criminelles du département de l'Ems-Oriental, 9 septemb. 1811 (IV, B. 388, n.º 7194). — Mode de poursuite des délits commis dans les établissemens dépendant de l'université, 15 nov. 1811, art. 54 (IV, B. 402, n.º 7452). — Avis du Conseil d'état portant que l'article 2 de la loi du 22 floréal an II, relatif à ceux qui, après l'exécution des actes émanés de l'autorité publique, emploieraient, soit des violences, soit des voies de fait, pour interrompre cette exécution ou en faire cesser l'effet, doit être considéré comme abrogé par l'article 484 du Code pénal de 1810, 8 février 1812 (IV, B. 421, n.º 7688). — Avis du Conseil d'état relatif au jugement des officiers faits prisonniers de guerre qui, après avoir faussé leur parole, sont repris les armes à la main, 4 mai 1812 (IV, B. 433, n.º 7947). — Sénatus-consulte qui annule la déclaration du jury et l'ordonnance d'acquittement relative aux prévenus des dilapidations commises dans la gestion et l'administration de l'octroi d'Anvers, et renvoie les accusés devant une autre cour pour y être jugés sans jury, 28 août 1813 (IV, B. 519, n.º 9543). — Mode de poursuite des Français qui, à quelque titre que ce soit, ont accompagné les armées ennemies dans l'invasion du territoire, et de ceux qui auront porté les signes ou les décorations de l'ancienne dynastie dans les lieux occupés par l'ennemi et pendant son séjour, 24 février 1814 (IV, B. 560, n.º 10190). — (C. P.) Peines contre les greffiers, archivistes ou dépositaires qui, par leur négligence, auraient laissé soustraire ou enlever des procédures criminelles, art. 254.

— (Tarif des frais en mat. crim.), art. 2, 9, 56 et 60.

PROCÈS civils. Abolition de ceux qui sont relatifs aux droits féodaux et seigneuriaux supprimés, 15 = 28 mars 1790, 13 = 20 avril, 18 juin = 6 juillet 1791, 5 et 9 septembre 1792; — aux droits d'aides, gabelles et autres droits fiscaux, 22 = 24 mars, 19 avril, 6 = 14 mai, 21 mai = 27 juin 1790, 29 mai = 3 juin 1791; — aux domaines nationaux, 27 = 28 mai 1790; — de ceux qui existent entre les communautés supprimées, ou entre les particuliers et communautés auxquelles l'administration de leurs biens est restée, 23 octobre = 5 nov. 1790; — de ceux qu'a intentés la compagnie des Indes à raison de son privilége, 20 juin = juill. 1791; — de ceux qui suivent par les syndics des corps et communautés d'arts et métiers, ou qui leur sont intentés pour raison des droits de jurandes et maitrises, 17 septembre = 16 octobre 1791; — de ceux qui existent à raison des prétentions à la noblesse, 12 mars 1793. — Suspension des procès entre les enfans naturels et leurs parens, 31 juillet 1793. V. Procédure civile.

— (C. Civ.) Frais de procès dont est ou n'est pas tenu l'usufruitier, art. 613. — Procès en matière de transport. V. Transport.

— (C. P. C.) Tout juge peut être récusé, si, dans l'année qui a précédé la récusation, pour le juge de paix, et dans les cinq ans, pour les autres juges, il y a eu procès criminel entre eux et l'une des parties ou son conjoint, ou ses parens et alliés en ligne directe; s'il y a procès civil entre le juge, sa femme, &c., et l'une des parties ou son conjoint, art. 44 et 378. — Tous procès qui seront intentés depuis le 1.er janvier 1807, époque de la mise à exé-

cution du Code, seront instruits conformément à ses dispositions, 1041.

PROCÈS des communes. Formalités prescrites aux communes pour être autorisées à intenter ou à soutenir des procès, 14 = 18 décembre 1789, 21 mai = 27 juin, 23 octobre = 5 novembre 1790, 28 pluviôse an VIII [17 février 1800] (III, B. 17, n.o 115). V. Communes. — Les procès des communes à raison des biens communaux sont soumis à l'arbitrage, 2 octobre 1793. V. Biens communaux.

PROCÈS criminels. Leur instruction est publique, 9 octobre = 3 novembre 1789. — Les procès de petit criminel sont portés et jugés à l'audience, 22 = 25 avril 1790. — Les procès pendant devant les tribunaux supprimés sont renvoyés devant les tribunaux qui les remplacent, 12 = 19 oct. 1790. — Ceux qui sont venus par appel des siéges du ressort du parlement de Paris doivent être jugés par un tribunal provisoire, 1.er = 5 décembre 1790. — Proclamation relative à l'installation des six tribunaux établis à Paris pour instruire et juger tous les procès criminels existant avant le 26 janvier 1791, 29 mars, 17 = 29 septembre 1791. — Abolition des procès criminels existant relativement à la liberté de la presse et aux voies de fait contre la circulation des grains, 3 septembre 1792; — pour provocation au duel, 17 septembre 1792 et 10 juin 1793; — pour faits relatifs à la révolution, 3 août 1793. V. Amnistie et Procédure criminelle.

PROCESSIONS. L'Assemblée constituante assiste en corps à celle du Saint-Sacrement, 1.er juin 1790. — Abolition de celle du vœu de Louis XIII, 14 août 1792. — Défense d'en faire dans les villes où il existe un culte non catholique autorisé, 18 germinal an X [8 avril 1802] (III, B. 172, n.o 1344).

PROCÈS-VERBAUX *en général.* Ils sont soumis à la formalité du timbre et de l'enregistrement, 5 = 19 décembre 1790, 7 = 11 février 1791, 13 brumaire et 22 frimaire an VII [3 novembre et 12 décembre 1798] (II, B. 237 et 248, n.os 2136 et 2224). — Exceptions, 16 thermidor an VIII [4 août 1800] (III, B. 38, n.º 244).

— *d'affiches.* V. *Affiches.*

— *des asssemblées communales, primaires, electorales, &c.* V. *Assemblées politiques.*

— *des Assemblées nationales:* — *Constituante.* Dispositions réglementaires sur leur rédaction, lecture, discussion, approbation, impression et distribution, 29 juillet, 29 août et 10 décembre 1789, 6 juillet, 14 août, 7 septembre, 21 octobre 1790, 14 janvier, 26 et 31 mars, 7 et 20 juin, 3 = 14 septembre 1791; — *Législative,* 8 octobre et 28 décembre 1791; — *Convention,* 6 octobre, 16 novembre 1792, 7 mars, 30 avril, 7 et 16 août 1793, 21 fructidor et 3.e jour complémentaire an II [7 et 19 septembre 1794], 3 brumaire et 14 nivôse an III [24 octobre 1794 et 3 janvier 1795], 28 et 29 pluviôse et 8 ventôse an III [16, 17 et 26 février 1795], 22 germinal et 7 floréal an III [11 et 26 avril 1795], 3 fructidor an III et 1.er brumaire an IV [20 août et 23 octobre 1795], 4, 7 et 8 brumaire et 12 germinal an IV [26, 29 et 30 octobre 1795 et 21 mars 1796]. — Mode d'impression des tables des procès-verbaux, 2 floréal an VI [21 avril 1798] (II, B. 198, n.º 1809), 6 floréal an VII [25 avril 1799] (II, B. 273, n.º 2833). V. *Corps législatifs.*

— *des bureaux de paix.* V. *Bureaux* et *Justices de paix.*

— *des corps administratifs et municipaux.* V. *Corps administratifs* et *Municipalités.*

— *de délits.* V. *Gendarmerie, Officiers de police* et *Police.*

— *d'adjudication de domaines nationaux.* Taxation du prix des rôles de grosses, 21 et 26 juillet 1790. V. *Domaines nationaux.*

— *d'experts.* V. *Experts.*

— *d'inventaire, partages et scellés.* V. ces mots en particulier.

— *d'ordre et distribution de deniers entre les créanciers.* V. *Créanciers, Hypothèques* et *Ordre.*

— *de porteurs de contraintes.* V. *Contraintes.*

— *de saisie de marchandises.* V. *Boissons, Douanes* et *Saisies.*

— (C. Civ.) Enonciation que doivent contenir les procès-verbaux de consignation et de dépôt, art. 1259. — Procès-verbaux destinés à assurer la date des actes sous seing privé, 1328.

— (C. P. C.) Dans quels cas le greffier de justice de paix dresse procès-verbal de l'audition des témoins, art. 39; — et d'une visite des lieux avec gens de l'art, 42. — Signature de ces procès-verbaux, *ibid.* — Procès-verbal de comparution en conciliation, 54. — On n'en dresse point lorsque l'une des parties ne comparaît pas, 58. — Copie du procès-verbal de non-conciliation à joindre à l'exploit d'ajournement, 65. — Procès-verbaux à dresser par les procureurs généraux et impériaux en cas de contravention aux dispositions relatives à la signature des minutes des jugemens, 140. — Procès-verbal de dépôt au greffe, d'une pièce dont la signature est déniée, 196; — de communication au défendeur et à l'avoué, avec paraphe, 198; — de prestation de serment d'experts pour la vérification des pièces de comparaison apportées par les dépositaires, 204. — Procès-verbal par lequel le greffier se charge de pièces de comparaison, 205. — Procès-verbal de vérification d'écritures.

ibid. — Il ne doit être délivré gratuitement qu'une seule copie des procès-verbaux constatant le délit, 305. — Procès-verbal que le greffier doit dresser de la séance dans laquelle la cour d'assises a prononcé un arrêt, 372. — Signature de ce procès-verbal, *ibid.* — Procès-verbal d'exécution, 378. — Procès-verbal qui doit être dressé par le greffier au moment du dépôt d'une pièce arguée de faux, 448. — Lorsque les témoins ne savent pas signer, il en est fait mention au procès-verbal qui constate les explications par eux données sur des pièces arguées de faux, 457. — Le greffier de la cour d'assises doit dresser un procès-verbal de description des pièces de conviction remises aux propriétaires, 471. — Procès-verbal qui est dressé à raison des délits contraires au respect dû aux autorités constituées, 504 et 509. — Procès-verbal qui est destiné à recommander à la commisération du chef de l'Etat un individu condamné par la cour spéciale, 595. — Procès-verbal qui doit être dressé lorsqu'un magistrat fait mettre en liberté une personne détenue arbitrairement, 616.

PROCLAMATIONS. Le pouvoir exécutif ne peut faire aucune loi, même provisoire, mais seulement des proclamations pour en ordonner ou en rappeler l'observation, 1.er = 5 oct. et 3 novembre 1789, 20 octobre 1789 = 29 août 1790, et 3 = 14 septembre 1791. — Les décrets acceptés ou sanctionnés, et promulgués sous le titre de *proclamations*, sont lois du royaume, 2 = 5 novembre 1790. — Les actes des autorités administratives ne peuvent être intitulés *proclamations*, 15 = 27 mars 1791. V. *Adresses.*

PROCURATEURS *de la nation* (Grands). V. *Grands procurateurs.*

PROCURATIONS (Les) pour la représentation dans les assemblées primaires ne sont point admises, 22 décembre=janvier 1790, 21 mai = 27 juin 1790. — Droit d'enregistrement des procurations, 5=19 décembre 1790, et 22 frimaire an VII [12 déc. 1798], art. 68, §. 1.er, n.o 36 (II, B. 248, n.o 2224). — Nul ne peut prendre l'inscription civique par procuration, 29 septembre—14 octobre 1791. — Formalités à remplir pour obtenir un certificat de résidence par procuration, 25 brumaire an III [15 novembre 1794] (I, B. 89, n.o 464). — Les révocations de procurations peuvent être faites et expédiées sur la même feuille que la procuration, 15 mars 1812 (IV, B. 438, n.o 8023). V. *Fondés de pouvoirs.*

— (C. Civ.) Ceux qui ne sont pas obligés de comparaître en personne, peuvent être remplacés par un fondé de procuration dans les actes de l'état civil, art. 36. — Dépot et paraphe de ces procurations, 44. — Quelle procuration est nécessaire pour autoriser à former opposition au mariage, 66; — à attaquer le mariage contracté par le conjoint d'un absent, 139; — à comparaître pour le défendeur en divorce, 243; — à représenter un parent dans une assemblée de famille convoquée pour la nomination d'un tuteur, 412; — à accepter une donation, 933. — Le mandant peut toujours révoquer la procuration par lui donnée au mandataire, 2004.

— (C. P. C.) La déclaration d'un tiers saisi et son affirmation peuvent être faites par procuration spéciale, art. 572.

— (C. Co.) Cas où l'endossement n'opère pas le transport, et n'est considéré que comme une simple procuration, art. 138.

— (C. I. C.) La procuration en vertu de laquelle une dénonciation a été faite, doit y rester annexée, art. 31. — On peut comparaître par un fondé de procuration spéciale devant les tribunaux de police, 152.

PROCUREUR de la commune. Forme de son élection, et ses fonctions et attributions en matière administrative et de police municipale, 14 = 18 décembre 1789, 18=26 mars, 22 = 30 avril, 16=24 août 1790, 19 = 22 juillet 1791. — Incompatibilité de ses fonctions avec les fonctions administratives et judiciaires, 8 = 10 juin 1790, 25=30 janvier 1791. — Suppression des procureurs de communes, remplacés par des commissaires près les administrations municipales, 21 fructidor an III [7 septembre 1795] (I, B. 185, n.º 1128). V. Communes, Corps administratifs et Municipalités, et Paris pour ce qui concerne le procureur de la commune de cette ville.

PROCUREUR syndic de district et PROCUREUR général syndic de département. Forme de leur élection, et leurs fonctions et attributions, 22 déc 1789 = janvier 1790, 9 = 25 juillet, 6 = 14 octobre, 23 octobre = 5 novembre 1790, 2 = 17 mars, 15 = 27 mars, 13 = 17 juin, 19 = 22 juill., 26 et 27 juillet = 3 août, 29 septembre = 14 octobre 1791. — Fixation et mode de paiement de leur traitement, 2 = 11 septembre 1790. — Incompatibilité de leurs fonctions avec celles de juge, 2 = 11 septembre 1790, 14 août 1792. — Mode de leur remplacement, 15 = 27 mars, 13 = 17 juin 1791, 30 décembre 1791 = 3 février 1792. — Marque distinctive qui leur est assignée dans l'exercice de leurs fonctions, 12 = 22 juillet 1792. — Leur suppression et leur remplacement par les commissaires près les administrations centrales, 21 fructidor an III [7 septembre 1795].

PROCUREUR général près la cour de cassation. (C. Civ.) Il est dispensé de la tutelle, art. 427.

— (C. I. C.) Le procureur géné-

ral près la cour de cassation vise les demandes par lesquelles des condamnés qui veulent se pourvoir en cassation, sollicitent l'autorisation de se rendre dans la maison de justice du lieu où siége la cour, art. 421. — Extrait qu'il doit envoyer au grand-juge, des arrêts portant rejet de demandes en cassation, 439. — Dénonciation qu'il peut être chargé par le grand-juge, de faire à la section criminelle, relativement à des actes judiciaires contraires à la loi, 441. — Lorsqu'il n'a pas été réclamé contre un arrêt sujet à cassation, le procureur général peut, même après l'expiration du délai, le faire casser, 442. — Dénonciation de témoins condamnés pour faux témoignage, 445. — Le grand-juge peut donner ordre au procureur général de poursuivre les crimes ou délits emportant la peine de forfaiture, à raison desquels il y a dénonciation contre un tribunal entier de commerce ou de première instance, ou contre des membres des cours impériales, 486. — Réquisitoire à faire par ce magistrat lorsqu'il ne trouve pas tous les renseignemens nécessaires dans les pièces à lui transmises, 487. — Les arrêts qui ont statué sur une demande en réglement de juges, sont notifiés à sa diligence, 532. — Réquisitions de ce magistrat pour le renvoi d'une affaire devant une autre cour ou un autre tribunal, 542.

PROCUREUR général des requêtes de l'hôtel. Liquidation et remboursement de son office, 5 = 18 février 1791.

PROCUREURS des chambres des comptes. Leur suppression et remboursement de leurs offices, 14 juillet, 16 = 25 août, 17 = 29 septembre 1791.

PROCUREURS des élections et maîtrises. Classement de leurs offices, 26 mars = 1.er avril 1791.

PROCUREURS fiscaux (Les) sont éligibles aux places de juges, 2 = 11 septembre 1790. — Ceux des juridictions seigneuriales sont admissibles aux fonctions d'avoués, 29 janvier=20 mars 1791.

PROCUREURS *au grand conseil* (Le) peuvent exercer les fonctions d'avoués auprès du tribunal de cassation, 14=17 avril 1791. — Remboursement de leurs offices, 31 août =6 septembre 1791.

PROCUREURS *des lycées*. Leur nomination et fonctions, 11 floréal an X [1.er mai 1802] (III, B. 186, n.º 1488).

PROCUREURS *aux parlemens et autres siéges royaux* (Les) sont supprimés, 2=11 septembre 1790. — Liquidation de leurs offices, 21 et 24 décembre 1790 = 23 février 1791. — Ils sont admis à exercer les fonctions d'avoués près les nouveaux tribunaux, 29 janvier=20 mars, 6= 27 mars 1791. — Classement de leurs offices, liquidation et mode de remboursement, 26 mars, 1.er avril 1791. V. *Liquidation* et *Offices*.

PROCUREURS *du Roi près les cours et tribunaux*. V. *Commissaires du Gouvernement*. Le sénatus-consulte organique du 28 floréal an XII [18 mai 1804], leur donne le titre de *procureurs généraux* pour les cours d'appel, et de *procureurs impériaux* pour les tribunaux civils de première instance.

§. 1.er

Fonctions et attributions des procureurs généraux, relativement à la tenue des audiences, à la distribution des causes, à l'instruction et au jugement des affaires et à la chambre des vacations, 30 mars 1808 (IV, B. 188, n.º 3245). — Leurs attributions relatives à l'exercice de l'action de la justice criminelle dans toute l'étendue de leur ressort, et au maintien de l'ordre dans tous les tribunaux; leur surveillance sur tous les officiers de police judiciaire et officiers ministériels, et sur l'exécution des lois, des arrêts et des jugemens, 20 avril

et 6 juillet 1810 (IV, B. 282 et 300, n.os 5351 et 5725). — Leur costume et leur traitement, 6 et 30 janvier 1811 (IV, B. 342 et 349, n.os 6446 et 6504).

—(C. Civ.) Les procureurs généraux ne peuvent devenir cessionnaires de procès de la compétence de leur tribunal, art. 1597. — Leurs conclusions sur les jugemens relatifs au divorce par consentement mutuel, 293. — Compte qu'ils peuvent se faire rendre des motifs qui ont déterminé l'ordre d'arrestation d'un mineur, 382.

— (C. P. C.) Les procureurs impériaux ne peuvent se charger de la défense des parties, 86. — Causes que cependant ils peuvent plaider, *ibid.* — Ils doivent, tous les mois, se faire représenter les minutes des jugemens pour les vérifier, art. 140. —Procès-verbaux à dresser en cas de contravention, *ibid.*

— (C. Co.) Renseignemens que les procureurs généraux doivent se procurer sur les demandes en réhabilitation, art. 606. — Arrêt qui intervient sur leur poursuite, 610.

—(C. I. C.) Le procureur général nomme le commissaire de police qui doit faire le service près du tribunal de police, art. 144. — Les procureurs impériaux doivent lui rendre un compte sommaire des jugemens de police rendus pendant chaque trimestre, et qui ont prononcé la peine d'emprisonnement, 178. —Autres jugemens dont les mêmes magistrats doivent lui envoyer un extrait, 198. — Délai dans lequel le procureur général est tenu de mettre l'affaire en état et de faire son rapport, 217. — Circonstances qui exigent de sa part la réquisition du renvoi de l'affaire à la haute cour impériale ou à la cour de cassation, 220. —Ce magistrat doit se retirer après le dépôt de sa réquisition écrite et signée, 224. — Ce que doit exposer l'acte d'accusation rédigé par le procureur général, 241. — Avis qu'il doit donner de l'arrêt de renvoi à la cour d'assises ou à la cour spéciale, 245. — Nouvelles charges dont copie doit être adressée au procureur général par l'officier de police judiciaire ou par le juge d'instruction, 248. — Réquisition à faire en conséquence par ce magistrat, *ibid.* — Les fonctions du ministère public sont remplies par lui ou l'un de ses substituts, dans les assises du département où siége la cour impériale, 252. — Cas dans lequel il est censé avoir renoncé à la faculté de se pourvoir contre l'arrêt portant renvoi à la cour d'assises, 261. — Seules personnes qu'il puisse poursuivre par lui-même ou par son substitut, 791. — Peine qu'il encourrait en portant à la cour d'autres actes d'accusation que ceux qui ont été rédigés dans les formes prescrites, *ibid.* — Soins que le procureur général ou son substitut doit apporter à ce que les actes préliminaires soient faits assez tôt pour que les débats puissent avoir lieu à l'ouverture des assises, 272. — Il assiste aux débats, requiert l'application de la peine, et il est présent à la prononciation de l'arrêt, 273. — Il charge le procureur impérial de poursuivre les délits dont il a connaissance, 274. — Il reçoit les dénonciations et les plaintes, en tient registre, et les transmet aux procureurs impériaux, 275. — Il fait les réquisitions qu'il juge utiles, et les signe, 276 et 277. — Il peut recourir en cassation contre l'arrêt rendu par la cour d'assises, sans égard à ses réquisitions, 278. — Officiers de police judiciaire et autres fonctionnaires soumis à sa surveillance, 279 *et suiv.* — La loi le charge de veiller à l'exécution des dispositions relatives à la délivrance des copies des pièces d'un procès, 305. — Il demande une prorogation de délai, lors-

qu'il a des motifs pour desirer que l'affaire ne soit pas portée à la première assemblée du jury, 306. — Il peut requérir la jonction de plusieurs actes d'accusation contre différens accusés d'un même délit, 307. — Réquisition qu'il peut faire quand l'acte d'accusation renferme plusieurs délits non connexes, 308. — Le procureur général expose dans les débats le sujet de l'accusation, et présente la liste des témoins, dont les noms, la profession et la résidence ont dû être préablement notifiés, 315. — Il peut s'opposer à l'audition d'un témoin non désigné dans l'acte de notification, *ibid.* — Il a la faculté de requérir le président de faire tenir note des additions ou changemens qui existeraient entre la déposition d'un témoin et ses déclarations antérieures, 318. — Il peut demander au témoin et à l'accusé les éclaircissemens qu'il croit nécessaires, en s'adressant à cet effet au président, 319. — Il a la faculté de faire citer ceux des témoins indiqués par l'accusé, dont il croit que la déclaration peut tendre à la découverte de la vérité, 321. — Il peut, pendant l'examen, prendre note de ce qui lui paraît important dans les dépositions des témoins, ou dans la défense de l'accusé, 328. — Cas dans lequel le procureur général remplit les fonctions d'officier de police judiciaire, 330. — Il peut récuser l'interprète nommé à l'accusé ou à des témoins, à raison de la différence de langage, ou parce qu'ils sont sourds-muets, 332. — Réquisitions du procureur général contre le témoin non-comparant aux assises, 355. — Le procureur général doit être entendu sur les fins de non-recevoir ou défense des parties, 358. — Sa réquisition pour l'application de la loi quand l'accusé a été déclaré coupable, 362. — Délai dans lequel le procureur général peut déclarer au greffe qu'il demande la cassation d'un arrêt, 373. — La condamnation est exécutée par ses ordres, et il a le droit de requérir l'assistance de la force publique, 376. — Cas dans lesquels il doit surseoir à l'exécution d'un premier arrêt de condamnation, jusqu'à ce qu'il ait été statué sur un second procès, 379. — Les fonctions de procureur général sont incompatibles avec celles de juré, 384. — Les préfets doivent lui envoyer la liste des jurés après sa réduction, 388. — — Récusations de jurés qu'il peut exercer, 399 *et suiv.* — Cas dans lequel le procureur général commet l'un de ses substituts pour faire, en ce qui le concerne, l'instruction d'un procès contre des complices non en état d'accusation, 433. — A qui le procureur général ou son substitut doit adresser l'ordonnance rendue contre un accusé contumax, et l'extrait du jugement de condamnation, 466 et 472. — Le recours en cassation n'est ouvert contre les jugemens de contumace qu'au procureur général impérial, ou à la partie, dans ce qui la regarde, 473. — Le procureur général doit faire citer à la cour impériale les juges de paix et les membres des tribunaux de première instance qui ont commis des crimes ou délits emportant une peine correctionnelle, 479 et 483. — Il désigne le magistrat qui exerce en cette occasion les fonctions d'officier de police judiciaire, 480. — Cas dans lequel il doit lui-même exercer ces fonctions, 484. — Il peut se pourvoir en cassation contre l'arrêt qui a prononcé l'identité d'un individu condamné, évadé et repris, 520. — Fonctions qu'il exerce près de la cour spéciale, 565, 568, 584 et 595. — Fonctions qu'il est tenu de remplir lorsqu'il est instruit qu'on détient un individu dans un lieu non destiné à servir de maison d'arrêt, de justice ou de prison, 616 et 617. — Con-

clusions qu'il donne sur les demandes en réhabilitation, 622. — Transmission au grand-juge de l'avis de la cour, lorsqu'il est favorable à la réhabilitation, 629.

§. II.

Fonctions et attributions des procureurs impériaux ou substituts des procureurs généraux, relativement à la tenue des audiences, à la distribution des causes, à l'instruction et au jugement des affaires, et à la chambre des vacations, 30 mars 1808 (IV, B. 188, n.º 3245). — Leurs attributions sous la direction des procureurs généraux, relativement à l'exercice de l'action de la justice civile et criminelle dans toute l'étendue de leur ressort, et au maintien de l'ordre dans tous les tribunaux inférieurs; leur surveillance sur l'exécution des lois, des arrêts et des jugemens, 20 avril et 18 août 1810 (IV, B 282 et 309, n.ºs 5351 et 5876). — Leur costume et leur traitement, 6 et 30 janvier 1811 (IV, B. 342 et 349, n.ºs 6446 et 6504).

— (C. Civ.) Les procureurs impériaux ou substituts des procureurs généraux doivent vérifier les registres de l'état civil, et dénoncer les contraventions, art. 53. — Ils donnent leurs conclusions sur l'homologation d'un acte de notoriété, 72; — et sur les rectifications à faire aux actes de l'état civil, 99. — Ils surveillent les intérêts des absens, 112 *et suiv.* — Ils poursuivent les officiers de l'état civil pour mariages illégalement célébrés, 156. — Ils provoquent la nullité de mariages contractés en contravention à la loi, 184, 190 *et suiv.* — Leurs conclusions sur une demande en divorce pour cause déterminée, 234. — Réquisition qu'ils peuvent avoir à faire sur l'administration des enfans pendant l'instance et lors de l'admission du divorce, 267 et 302. — Leurs con-

M 3

magistrats doivent donner aux procureurs généraux près les cours impériales, avis des délits dont ils ont connaissance, 27 — Ils doivent pourvoir à l'envoi, à la notification et à l'exécution des ordonnances rendues par le juge d'instruction, 28. — Mode de procéder des procureurs impériaux dans l'exercice de leurs fonctions, 29 *et suiv.* — Ce que doit faire le procureur impérial lorsqu'il y a concurrence entre lui et d'autres officiers de police judiciaire, 5 *et suiv.* — Il doit transmettre au juge d'instruction les plaintes qui lui ont été adressées, 64. — Cas dans lesquels il a des conclusions à donner ou des réquisitions à faire, 80, 81 et 85. — Le procureur impérial dans l'arrondissement duquel un prévenu a été trouvé, décerne un mandat de dépôt contre lui, 100. — Ce qu'il doit faire ensuite, 101 *et suiv.* — Ses fonctions relativement à l'admission du cautionnement pour la liberté provisoire d'un prévenu, 114, 117, 121 *et suiv.* — Les comptes rendus par le juge d'instruction sur les affaires dont il est chargé, sont communiqués au procureur impérial pour faire ses réquisitions, 127. — Ce magistrat doit envoyer sous vingt-quatre heures les pièces au greffe du tribunal chargé de prononcer, 132 et 133. — Cas dans lequel il peut s'opposer à l'élargissement d'un prévenu, 135. — Il désigne pour une année le membre du conseil municipal qui doit suppléer l'adjoint du maire dans l'exercice des fonctions du ministère public, 167. — Il peut requérir une nouvelle audition de témoins sur l'appel d'un jugement du tribunal de police, 175. — Il doit déposer au greffe des tribunaux correctionnels, l'extrait à lui adressé des jugemens de police qui ont prononcé l'emprisonnement, 178. — Il en rend un compte sommaire au procureur général près la cour impériale, *ibid.* —

Le tribunal de première instance peut être saisi de la connaissance de tous les délits en matière correctionnelle, par une citation faite à sa requête, 182. — Exposé et résumé des affaires avec conclusion, 190. — Représentation qui doit tous les mois être faite aux procureurs impériaux, des minutes des jugemens rendus en matière correctionnelle, 196. — Les jugemens sont exécutés à leur requête, 197. — Par qui sont faites, en leur nom, les poursuites pour le recouvrement des amendes et confiscations, *ibid.* — Ils doivent envoyer au procureur général de la cour impériale un extrait des jugemens, 198. — Les procureurs impériaux ont la faculté d'appeler des jugemens rendus en police correctionnelle, 202. — Ce qu'ils doivent faire lorsqu'il a été interjeté un appel, 207. — Ils doivent envoyer tous les huit jours au procureur général une notice des affaires survenues, 249.

§. III.

Fonctions et attributions des procureurs impériaux criminels, relatives à l'exercice de l'action criminelle, 20 avril et 6 juillet 1810 (IV, B. 282 et 300, n.ºs 5351 et 5725), et Code d'instruction criminelle, art. 253, 284 *et suiv.* — Leur résidence, *ibid.* — Mode de remplacement, 288. — Surveillance des officiers de police judiciaire, 289. — Comptes qu'ils doivent rendre chaque trimestre aux procureurs généraux, 290. — Fonctions qu'ils exercent près la cour spéciale, 565. — Ce qu'ils sont tenus de faire quand on les a instruits d'une détention illégale, 616 et 617.

PROCUREURS *du Roi des eaux et forêts.* V. *Bois et Forêts, Maîtrises.*

PRODIGUES. (C. Civ.) Actes qu'ils ne peuvent passer sans être assistés d'un conseil judiciaire, art. 513. V. *Conseil judiciaire.*

PRODUCTION. (C. P. C.) Celle des

pièces qui se déposent au greffe dans un procès par écrit, art. 96 *et suiv.* — Détails après lesquels il peut être procédé au jugement, sur la seule production d'une des parties, 98 *et suiv.* — Production de nouvelles pièces sans requêtes ni écritures, 102. — Registre des productions, 108. — Remise des pièces au greffe après le rapport, 114. — Sommation aux créanciers de produire dans un ordre, 753. — Frais de production tardive à supporter par les créanciers, 757.

— (Tarif des frais en mat. civ.), art. 29, 71, 73, 90 et 95.

PRODUCTIONS (Inventaire de). Dans les lieux où il en est fait un, il consiste en un simple état sommaire qui ne peut être taxé plus de quinze sous, 6 = 27 mars 1791.

PRODUCTIONS *des arts et du luxe.* Il est permis à tout Français de les exporter, 21 ventôse an III [11 mars 1795].

— *territoriales.* Les propriétaires et les cultivateurs ne sont pas tenus de se pourvoir de patente pour la vente de leurs productions, 2 = 17 mars 1791. — Ils peuvent en disposer à leur gré, 5 = 12 juin, 28 septembre = 6 oct. 1791. — Peines contre les coupables de larcins dans un terrain cultivé, autres que ceux qui sont mentionnés au Code pénal, 19 = 22 juillet 1791. V. *Récolte.*

PRODUITS. (C. Civ.) Cas où le possesseur de mauvaise foi doit rendre les produits de la chose au propriétaire, art. 549. — Produits dont l'usufruitier a droit de jouir, 582 *et suiv.*

— *de l'industrie française.* V. *Industrie.*

PROFANATIONS *dans les lieux consacrés aux cultes.* V. *Cultes.*

PROFESSEURS *des divers établissemens d'instruction publique.* Mode de paiement de leurs appointemens, 15 = 23 oct. 1790, 22 = 27 mai 1792, 5 mai, 4 septembre 1793, 23 pluviôse an V [11 février 1797], 25 vendémiaire an X [17 oct. 1801] (III, B. 116, n.° 925). — Serment qu'ils sont tenus de prêter, 15 = 17 avril 1791. — Dispositions concernant les professeurs des collèges provisoirement occupés par des congrégations ecclésiastiques, 23 = 28 octobre 1791. — Lettres de doctorat nécessaires pour être reçu professeur ou suppléant de professeur, 22 ventôse an XII [13 mars 1804] (III, B. 355, n.° 3678). V. *Collèges, Écoles, Instruction publique, Lycées, Séminaires, Université.*

— *des églises protestantes.* Leur nomination, 18 germinal an X [8 avril 1802] (III, B. 172, n.° 1344).

— *des facultés.* Les professeurs des facultés de droit sont éligibles aux places de juges, mais ils sont tenus d'opter, 2 = 11 septembre 1790. — Par qui sont nommés les professeurs des différentes facultés, 17 mars 1808 (IV, B. 185, n.° 3179). V. *Écoles de droit* et *Université.*

— *de la marine.* V. *Marine* au titre *Écoles.*

— *de morale.* Il n'y a lieu à délibérer sur les projets de résolution tendant à les assimiler aux ministres des cultes pour leur imposer des obligations communes, 23 nivôse an IV [13 janvier 1796].

— *des élèves de navigation.* Fixation de leurs frais de voyages et vacations, 29 pluviôse an IX [18 février 1801] (III, B. 68, n.° 529).

PROFESSION. (C. Civ.) On doit, dans les actes de l'état civil, énoncer la profession des parties et celle des témoins, art. 57, 63, 71, 73. — Effet de la profession du mari pour le rapport de la dot constituée à la femme, 1573.

— (C. P. C.) La profession du demandeur doit être indiquée dans les citations, art. 1; — et dans les exploits d'ajournement, 61. — Les témoins sont aussi tenus de déclarer

la leur, 35. — Profession des requé-
rans à indiquer dans les procès-verbaux d'apposition de scellés, 914 ; —
dans les inventaires, 943.

— (C. I. C.) Les accusés et les
témoins sont tenus de déclarer leur
profession. V. *Accusés* et *Témoins*.

PROFESSIONS. Aucune des professions
utiles n'emporte dérogeance, 11 août
= 21 septembre 1789. — Les assemblées par professions sont défendues,
14 décembre 1789, 21 mai = 27
juin 1790. — Quiconque exerce une
profession doit se pourvoir d'une patente, 2 = 17 mars 1791. — Il n'y a
point de profession publique susceptible d'exclure de l'éligibilité, 13 =
17 juin 1791 ; — même aux fonctions de représentant de la nation,
3 = 14 septembre 1791. — Les citoyens d'une même profession ne
peuvent, lorsqu'ils se trouvent as-
semblés, se nommer ni président
ni secrétaires, 14 = 17 juin 1791. —
La loi surveille les professions, constitution de l'an III. — Comment sont
assujetties à la patente les professions
non désignées dans le tarif, 1.er brumaire an VII [22 octobre 1798]. V.
Métiers, Ouvriers, Patentes.

PROFESSIONS *maritimes*. Tout citoyen
peut les exercer, 31 décemb. 1790.
— Leur classement, *ibid.*

PROFITS. (C. Civ.) Ceux que l'héritier
a pu retirer de conventions passées
avec le défunt, ne sont pas sujets à
rapport, art. 853. — On peut donner
à cheptel toutes sortes d'animaux susceptibles de profit, 1802. — L'estimation donnée au cheptel dans le
bail n'a d'autre objet que la fixation
du profit, 1805. V. *Cheptel.*

— (C Co.) Tableau des profits
que le bilan doit contenir, art. 471.

PROHIBITION. (C. Civ.) Dans quels
degrés de parenté le mariage est
prohibé, art. 161 *et suiv.* — Cas dans
lesquels peuvent être levées les prohibitions, 164. — L'adoptant ne peut
épouser l'adopté, 348.

PROHIBITIONS *d'importation* et *d'exportation de marchandises.* V. *Denrées,
Douanes et Marchandises.*

PROJEAN (Le représentant du peuple)
est envoyé près l'armée des Pyrénées-
Orientales, 17 brumaire an III [7 novembre 1794] (I, B. 83, n.° 435).

PROJECTILES. V. *Armes.*

PROJETS *de lois et décrets.* Forme de
leur proposition, délibération, rédaction et adoption, constitution du
3 = 14 septembre 1791 et de l'an
VIII, et lois des 5 et 19 nivôse an
VIII [26 décembre 1799 et 9 janvier 1800] (II, B. 340, n.° 3504,
et III, B. 1, n.° 1). — Tous les
projets de décrets concernant des
questions générales doivent être imprimés, 6 novembre 1792. V. *Lois.*

PROMESSE *de fidélité à la constitution.*
Elle est exigée des fonctionnaires
publics, 21 nivôse an VIII [11 janvier 1800] (III, B. 1, n.° 2).

PROMESSES. Les écrits portant promesse de payer des sommes déterminées, doivent être sur papier timbré, 7 = 11 février 1791. — Dispositions relatives à ces écrits lorsqu'ils
viennent de l'étranger, *ibid.* — Nullité des promesses des agens et courtiers de change pour commerce,
négociations, &c., 12 = 19 et 21
avril = 8 mai 1791. — Annullation
des promesses de pensions ou traitement pour cause de démission
d'emploi des anciennes fermes ou
régies, 24 et 29 mai, 3 juin 1791.
— Peine contre ceux qui, par promesses, provoquent au crime, 25
septembre = 6 oct. 1791, et Code
pénal, art. 60. — Formule de la promesse des jurés, des témoins et de
l'interprète, 3 brumaire an IV [25
octobre 1795] (I, B. 204, n.° 1221).
— Droit pour l'enregistrement des
promesses d'indemnités non déterminées, 22 frimaire an VII [12 décembre 1798], art. 68, S. I, n.° 36
(II, B. 248, n.° 2224).

(C. Civ.) Forme et effets des pro-

messes sous seing privé, art. 1326.
— Règles sur les promesses de vente,
1589 et suiv. V. Billets.

— (C. Co.) Cas dans lesquels les
lettres de change sont réputées simples promesses, art. 112 et 113. —
Le faux témoin pour des promesses
est condamné aux travaux forcés,
art. 364

PROMESSES d'assignats et mandats. V.
Assignats.

PROMIS (Le sieur) est nommé caissier
de la monnaie de Turin, 26 prairial
an XI [15 juin 1803] (III, B. 292,
n.º 2883).

PROMOTIONS. Dispositions concernant
les officiers du génie promus extraordinairement aux grades supérieurs à
ceux dont ils étaient revêtus, 13
fructidor an II [30 août 1794] (I,
B. 49, n.º 265). V. Armée et Marine
au titre Avancement.

PROMULGATION des lois (Formule et
mode de). V. Lois.

— des déclarations de guerre et des
traités de paix, de commerce et d'alliance. V. Guerre et Traités de paix.

PRON-LE-ROI (La commune de) est
appelée Pron-l'Oise, 28 septembre
1793.

PRÔNE des paroisses. On y fait lecture
des lois et des actes du Gouvernement, 11 décembre 1789, 23 = 26
février, 15 = 26 mai, 2 = 3 juin
1790.—Prières que les curés doivent
y faire pour la prospérité de l'État et
de son chef, 18 germinal an X [8
avril 1802], art. 51 (III, B. 172,
n.º 1344). — Il leur est défendu de
faire au prône aucune publication
étrangère à l'exercice du culte, si ce
n'est celles qu'ordonne le Gouvernement, ibid. art. 53.

PRONONCÉ des jugemens. V. Jugemens.

PRONOSTIQUEURS. V. Devins.

PROPORTIONNEL (Droit d'enregistrement). V. Enregistrement.

PROPOS séditieux. Peine contre tout
homme coupable de propos séditieux

sur un vaisseau, 21 = 22 août 1790.
V. Discours.

PROPOSITION des lois. V. Lois.

— des déclarations de guerre et des
traités. V. Guerre et Traités de paix.

PROPOSITION d'erreur ou action en révision de jugement. V. Conseil d'état.

PROPRE MOUVEMENT (Arrêts de). V.
Arrêts.

PROPRETÉ. La propreté de Paris est
remise aux soins de la municipalité,
21 mai = 27 juin 1790. — Les frais
de propreté des villes font partie des
dépenses communales, 11 frimaire
an VII [1.er décembre 1798], art. 4
(II, B. 247, n.º 2220).

PROPRIÉTAIRES et PROPRIÉTÉ. Garantie
constitutionnelle des droits de propriété, 26 août = 3 novemb. 1789,
et constitutions du 3 = 14 septembre
1791 et de l'an III, art. 358. — Faculté de priver un propriétaire de sa
propriété pour cause d'utilité publique, mais avec une juste et préalable indemnité, ibid. et 1.er et 4
avril 1793, 18 août et 16 septembre
1807 (IV, B. 156 et 162, n.ºs 2675
et 2797), et 8 mars 1810 (IV, B.
273, n.º 5255). — Les propriétaires
et les propriétés sont mis sous la sauve-
garde des lois et la surveillance des
autorités administratives, et mode
de poursuite et de jugement des individus qui portent atteinte aux propriétés par vol, recélement ou pillages, 14 = 18 décembre 1789, 23
= 26 février, 2 = 3 juin, 13 = 16
juin 1790, 16 janvier = 16 février,
19 = 22 juillet, 26 et 27 juillet = 3
août, 25 septembre = 6 octobre, 28
septembre = 6 octobre 1791, 23
juin et 3 septembre 1792, 5, 18 et
29 mars, 31 mai 1793, 21 ventôse
et 1.er germinal an III [11 et 21 mars
1795] (I, B. 131, n.º 712), 10
vendémiaire an IV [2 octobre 1795]
(I, B. 188, n.º 1142), 3 brumaire
an IV [25 octobre 1795] (I, B.
204, n.º 1221), 27 germinal an IV
[16 avril 1796] (II, B. 40, n.º 325),

25 frimaire an VIII [16 décembre 1799] (II, B. 337, n.º 3471). — Propriété foncière exigée pour être électeur et député, 22 décembre 1789 = janvier 1790, 3 = 14 septembre 1791. — Faculté de rachat des dîmes et droits féodaux et seigneuriaux accordée aux propriétaires de ces droits, 15 = 28 mars 1790. V. *Dîmes*, *Féodalité* et *Fiefs*. Droits des propriétaires riverains sur les arbres plantés le long de leurs propriétés, 26 juillet = 15 août 1790. V. *Arbres* et *Chemins*. — Le ministère public est entendu dans toutes les causes qui intéressent les propriétés de la nation et des communes, 16 = 24 août 1790. — Attributions exclusives des tribunaux pour prononcer sur des questions de droit de propriété, 19 = 27 septembre 1790, 28 août 1792, et 2 juillet 1812 (IV, B. 441, n.º 8123). V. *Compétence*. — Déclarations à faire par les propriétaires pour l'assiette de la contribution foncière, 23 novembre = 1.ᵉʳ décembre 1790. V. *Contributions directes*. — Droits d'enregistrement auxquels sont assujettis les actes relatifs aux acquisitions, ventes, échanges, partages, &c., de propriétés mobilières et immobilières, 5 = 19 décembre 1790. V. *Enregistrement*. — Les propriétaires peuvent vendre, sans patente, leurs bestiaux et denrées, mais doivent s'en munir pour vendre en détail les boissons de leur cru, 2 = 17 mars 1791. V. *Patentes*. — Peines contre les propriétaires de maisons qui ne se conforment pas aux réglemens de police relatifs à la sûreté, à la tranquillité et à la salubrité publique, 19 = 22 juillet 1791, 26 février 1793. — Les propriétaires ruraux sont libres de varier à leur gré la culture de leurs terres, et de disposer de leurs productions, 28 septembre = 6 octobre 1791. — Dispositions relatives au bornage, aux cours et prises d'eau, au parcours et aux clôtures, *ibid*. — Établissement des gardes champêtres pour la conservation des propriétés rurales, 20 messidor an III [8 juillet 1795] (I, B. 161, n.º 941). — Mesures pour la conservation des propriétés des défenseurs de la patrie, 6 brumaire an V [27 octobre 1796] (II, B. 85, n.º 811). — Peines encourues par les propriétaires qui négligent les mesures prescrites pour les maladies épizootiques, 27 messidor an V [15 juillet 1797] (II, B. 133, n.º 1294). — Arrêté relatif aux formalités à observer pour les transactions entre des communes et des particuliers sur des droits de propriété, 21 frimaire an XII [13 déc. 1803] (III, B. 331, n.º 3449).

— (C. Civ.) Définition de la propriété, art. 544. — Cas et conditions sous lesquels on peut être contraint de céder sa propriété, 545. — Droit d'accession à la propriété d'une chose, 546 *et suiv*. — Comment la propriété des biens s'acquiert et se transmet, 711 et 712. — Effet de la cession du débiteur sur la propriété de ses biens à l'égard des créanciers, 1269. — Diverses manières d'acquérir la propriété, 1370. — Le mandat doit être exprès pour un acte de propriété, 1988. V. *Sol*, *Trésor*.

— (C. P.) Crimes et délits contre les propriétés, 379 *et suiv*.

PROPRIÉTÉS *communales*. V. *Biens communaux* et *Communes*.

— *indivises*. V. *Indivis*.

— *industrielles*. V. *Brevets d'invention*.

— *littéraires*. V. *Auteurs*.

PROQUEZ (Le sieur). Répudiation d'un legs fait par lui aux hospices civils de Nancy, 28 mai 1812 (IV, B. 437, n.º 8003).

PROROGATION. Le Gouvernement a le droit de proroger le Corps législatif, 16 thermidor an X [4 août 1802], art. 75 (III, B. 206, n.º 1876).

PROROGATION *de délai.* Cas où l'accusateur public et l'accusé peuvent en demander une au tribunal criminel, 16 = 29 septembre 1791, 3 brumaire an IV [25 octobre 1795], art. 333 (I, B. 204, n.º 1221).

— (C. Civ.) Prorogation du délai que la veuve peut demander pour faire sa renonciation à la communauté, art. 1458. — Comment peut être prouvée la prorogation d'une société, 2039. — Celle qu'accorde le créancier au débiteur ne décharge pas la caution, 1866.

PROROGATION *d'enquête.* (C. P. C.) Cas où il y a lieu à proroger la durée d'une enquête, art. 279 et 280. — Demande en prorogation d'une enquête sommaire, 409.

PROSCRIPTION. (C. P.) Peine contre les ouvriers qui, au moyen de proscription, veulent faire cesser les travaux, art. 415 et 416. V. *Coalition.*

PROSTITUTION. Peine contre ceux qui auraient excité ou facilité la prostitution de la jeunesse, 25 septembre = 6 octobre 1791, et Code pénal, art. 334. V. *Mœurs.*

PROTECTION. Suppression du droit de protection levé sur les Juifs, 20 juillet = 7 août 1790.

— (C. Civ.) Protection que le mari doit à sa femme, art. 213.

PROTESTANS (Les) sont déclarés admissibles aux emplois civils et militaires, 24 décembre 1789. — Les protestans d'Alsace sont confirmés dans les droits dont ils ont joui, 17 = 24 août 1790. — Ceux de la confession d'Ausbourg sont maintenus dans l'exercice public de leur culte dans l'étendue des terres de Blamont, Clermont, Héricourt et Chatelot, 9 = 18 septembre 1790. — Les biens des protestans des confessions d'Ausbourg et Helvétique sont exceptés de la vente des biens nationaux, 1.er = 10 décembre 1790. — Par qui se fait la liquidation des rentes et droits appartenant à des établissemens pro-

testans, 18 = 29 décembre 1790.

— Les protestans qui étaient cidevant membres des municipalités, les docteurs et licenciés ès lois peuvent être élus juges, 2 = 11 septembre 1790. — Les biens des protestans sont rendus à leurs héritiers ou ayans-cause, à la charge d'en justifier, 10 = 18 juillet, et 9 = 15 décembre 1790. — Dispositions concernant les enfans nés et à naître des mariages mixtes entre des catholiques et des protestans, 14 = 19 décembre 1790. — Ordre du jour sur la demande qu'il soit accordé des secours aux ministres protestans âgés de soixante-dix ans et pères de famille, 2.e jour complémentaire an II [18 septembre 1794]. V. *Culte protestant* et *Religionnaires fugitifs.*

PROTESTATIONS. Dispositions relatives aux protestations contre la constitution, 23 septembre = 19 octobre 1791. — Les officiers généraux qui protestent contre des décrets ne peuvent plus être employés, 27 = 29 janvier 1791. — Droit d'enregistrement des protestations, 22 frimaire an VII [12 décembre 1798], art. 68, §. I.er, n.º 36 (II, B. 248, n.º 2224).

— (C. P. C.) Le défaut de protestation, lors de la signification d'un jugement, n'ôte pas à l'intimé la faculté d'en interjeter appel, art. 443.

— (C. Co.) Le propriétaire d'une lettre de change perdue, et dont le paiement est refusé, conserve ses droits par un acte de protestation, art. 153. — Formalités sans l'observation desquelles il y a fin de nonrecevoir contre les protestations, 435. V. *Nullité.*

PROTÊTS (Les) ne peuvent être signifiés s'ils n'ont les formalités du timbre, 7 = 11 février 1791. — Droit pour leur enregistrement, ainsi que pour les interventions à protêt, 22 frim. an VII [12 décembre 1798], art 68, §. I.er, n.º 30 (II, B. 248, n.º 2224,

V. *Billets à ordre* et *Lettres de change.*
— (C. Co.) Quel acte est nommé protêt faute d'acceptation , art. 119. — Obligation des endosseurs et du tireur d'après la signification de ce protêt, 120. — Délai pour la confection et notification d'un acte de protestation en cas de refus de paiement d'une lettre de change perdue , 153. — Protêt faute de paiement, 162. — Par qui peuvent être faits les protêts faute d'acceptation ou de paiement, 173. — Formalités à observer pour ces actes, et énonciations qu'ils doivent contenir, 173 et 174. — Seul cas où le protêt puisse être suppléé par un autre acte de la part du porteur de la lettre de change, 175. — Formes à observer par les notaires et les huissiers, relativement aux protêts, 176. — Le compte de retour doit être accompagné du protêt, ou d'une expédition de cet acte, 181. V. *Intérêts.*

PROTUTEUR (C. Civ.) Il en est nommé un au mineur domicilié en France, qui a des biens dans les colonies, et réciproquement, art. 417.

PROUVEUR (Le sieur) est nommé préfet du département d'Indre-et-Loire, 23 germinal an XII [13 avril 1804] (III, B. 358, n.º 3750).

PROVENCE. Remboursement à cette province de la dépense des troupes, 26 août═1.ᵉʳ septembre 1792.

PROVINCES. Abolition de tous leurs priviléges particuliers, 4, 5, 6 et 11 août 1789.— Les dispositions du décret sur la législation domaniale ne sont exécutoires, à l'égard des provinces réunies à la France postérieurement à l'ordonnance de 1566, qu'en ce qui concerne les aliénations faites depuis la date de leur réunion, 22 novembre═1.ᵉʳ décembre 1790. — Versement des recettes des anciennes provinces au trésor public, 22 décembre 1790. — Epoque de l'abolition des droits de messageries et de voitures d'eau possédés par les Etats des ci-devant provinces, 6 et 7 ═19 janv. 1791. — Il est réservé de statuer sur leurs dettes particulières et sur les fonds qui pourraient leur être appliqués, 18═25 fév. 1791. — Suppression des Gouvernemens des provinces, 20═25 février 1791. — Mode de liquidation des dettes arriérées des ci-devant provinces, 3 septembre 1792. — Conversion en solde de retraite des pensions des officiers employés à leur commandement, 28 fructidor an VII [14 septembre 1797], art. 53 (II, B. 301, n.º 3268). V. *Etats provinciaux, Intendans des provinces.*

PROVINCES *illyriennes,* V. *Illyrie.*

PROVINCES-UNIES (Renvoi relatif au drapeau des), 17 prairial an III [5 juin 1795]. — Jour de l'admission de leurs plénipotentiaires, 3 messid. an III [21 juin 1795]. — Les sieurs Blaw et Mayer sont reconnus pour tels, 4 *du même mois.* — Message du Directoire relatif à leur logement, et maison destinée à cet effet, 25 et 30 germin. an IV [14 et 19 avril 1795] (II, B. 44, n.º 353). V. *Hollande.*

PROVINCIAUX (Etats). V. *Etats provinciaux.*

PROVINCIAUX (Régimens). V. *Régimens provinciaux.*

PROVINS. Etablissement d'un tribunal de commerce dans cette ville, 10 décembre 1790. — Le directoire de district est autorisé à acquérir les bâtimens nécessaires à son établissement, 4═12 juin 1791. — Autorisation de concéder par bail emphytéotique un terrain appartenant à la ville, 18 messidor an X [7 juillet 1802] (III, B. 202, n.º 1024).

PROVISEURS *des lycées.* Leur nomination, traitement, attributions et fonctions, 11 floréal an X [31 mai 1802], art. 13 *et suiv.* (III, B. 186, n.º 1488). V. *Lycées.*

PROVISION. (C. P. C.) Quels jugemens de justice de paix sont exécutoires par provision, art. 17.

Toulon est maintenue provisoirement, 3==9 sept. et 8==12 décemb. 1790. — Tous les ports des côtes de la Méditerranée peuvent obtenir de semblables juridictions sur la demande des corps administratifs et municipaux, 8==12 décemb. 1790. — Il en est établi une à Cassis, 8 == 12 décembre 1790; — à Cette, 6==9 janvier 1791; — à Saint-Tropès, 9==15 avril 1791; — à Martigues, 16 == 20 avril 1791 ; — à Agde, à Serigan et à Graissan, 9==20 mars 1792 ; — à Antibes, Bendol et Saint-Nazaire, 3==4 avril 1792 ; — à Saint-Laurent, Bages et Leucate, 23 messidor an IX [12 juillet 1801] (III, B. 90, n.º 750); — à Nice, Villefranche, Menton et Collioure, 2 nivôse an X [23 décembre 1801] (III, B. 143, n.º 1103); — à la Seyne, 26 prairial an XI [15 juin 1803] (III, B. 292, n.º 2885). — Confirmation des juridictions de prud'hommes-pêcheurs ci-devant établies, et particulièrement de celles de patrons-pêcheurs de Toulon, 9 décembre 1790==19 janv. 1791. — Message du Directoire concernant les juridictions de prud'hommes-pêcheurs, 24 vendémiaire an V [15 octobre 1796]. — Ordre du jour sur ce message, 20 frimaire an V [10 décembre 1796]. — La juridiction établie à Martigues est commune à tous les pêcheurs du quartier maritime dont cette ville est le chef-lieu, 23 messidor an IX [12 juillet 1801] (III, B. 90, n.º 750). — Réunion de la juridiction des prud'hommes-pêcheurs de Villefranche à celle de Nice, 19 mars 1814 (IV, B. 565, n.º 10243).

PRUD'HOMMES (Conseils des). Etablissement d'un conseil à Lyon, portant réglement sur la composition et les attributions de cette juridiction, 18 mars 1806 (IV, B. 83, n.º 1423). — Nouveau réglement sur le mode de nomination des membres des-tinés à composer le conseil des prud'hommes de Lyon, 3 juillet 1806 (IV, B. 104, n.º 1742). — Réglement général sur l'institution des conseils de prud'hommes dans les villes de commerce, et sur leurs attributions, 11 juin 1809 (IV, B. 240, n.º 4450). — Nouvelle rédaction du décret ci-dessus, 20 février 1810 (IV, B. 272, n.º 5254). — Addition, 3 août 1810 (IV, B. 307, n.º 5843).

État des Villes où il est établi des Conseils de Prud'hommes.

Lyon, 18 mars 1806 (IV, B. 83, n.º 123), 8 novembre 1810 (IV, B. 328, n.º 6134). — Rouen, 20 juin 1807 (IV, B. 150, n.º 2552). — Nîmes, 27 septembre 1807 (IV, B. 165, n.º 2809). — Avignon, 2 février 1808 (IV. B. 179, n.º 2983). — Aix-la-Chapelle, 1.er avril 1808 (IV, B. 189, n.º 3261). — Troyes, 7 mai 1808 (IV, B. 192, n.º 3362). — Mulhausen, 7 mai 1808 (IV, B. 192, n.º 3363). — Thiers, 19 août 1808 (IV, B. 200, n.º 3627). — Sedan, 23 août 1808 (IV, B. 201, n.º 3680). — Carcassonne, 22 octobre 1808 (IV, B. 213, n.º 3888). — Saint-Quentin, 21 décembre 1808 (IV, B. 220, n.º 4031). — Limoux, 15 octobre 1809 (IV, B. 248, n.º 4772). — Reims, 28 novembre 1809 (IV, B. 251, n.º 4824). — Tarare, 22 décembre 1809 (IV, B. 256, n.º 4937). — Lille, 29 mai 1810 (IV, B. 290, n.º 5486), 6 juillet 1810 (IV, B. 302, n.º 5731). — Lodève, 22 juin 1810 (IV, B. 298, n.º 5663). — Saint-Étienne, 22 juin 1810 (IV, B. 298, n.º 5664). — Clermont, 6 juillet 1810 (IV, B. 301, n.º 5728). — Louviers, 7 août 1810 (IV, B. 307, n.º 5844). — Roubaix, 7 août 1810 (IV, B. 310, n.º 5877). — Gand, 28 août 1810 (IV, B. 310, n.º 5939).

— Marseille, 5 septembre 1810 (IV, B. 316, n.º 5939). — Amplepuis, 6 janvier 1811 (IV, B. 342, n.º 6448). — Creveld, 19 janvier 1811 (IV, B. 347, n.º 6481). — Alais, 12 avril 1811 (IV, B. 370, n.º 6759. — Cologne, 26 avril 1811 (IV, B. 370, n.º 6760). — Saint-Chamond, 14 juillet 1811 (IV, B. 383, n.º 7132). — Orléans, 12 avril 1812 (IV, B. 368, n.º 6747). — Mamers (Sarthe), 4 mai 1812 (IV, B. 437, n.º 7999). — Cambrai, 21 septembre 1812 (IV, B. 460, n.º 8445). — Rome, 22 décembre 1812 (IV, B. 454, n.º 8372). — Gladbach (Roer), 3 janvier 1813 (IV, B. 467, n.º 8562). — Kaldenkirchen (Roer), 11 janvier 1813 (IV, B. 477, n.º 8732). — Bruges (Lys), 1.er mars 1813 (IV, B. 484, n.º 8949). — Alençon, 28 avril 1813 (IV, B. 500, n.º 9177). — Montjoie (Roer), 17 mai 1813 (IV, B. 503, n.º 9245). — Duren (Roer), 17 mai 1813 (IV, B. 503, n.º 9246). — Strasbourg, 17 mai 1813 (IV, B. 503, n.º 9247). — Stolberg (Roer), 17 mai 1813 (IV, B. 503, n.º 9248). — Leyde (Bouches-de-la-Meuse), 29 août 1813 (IV, B. 521, n.º 9597). — Bolbec (Seine-Inférieure), 8 octobre 1813 (IV, B. 528, n.º 9780).

PRUDHON (Le représentant du peuple) est exclu de la représentation nationale, 9 brumaire an VIII [10 novembre 1799] (II, B. 323, n.º 3413). — Il est tenu de se rendre à la Rochelle, 20 brumaire an VIII [11 novembre 1799] (II, B. 329, n.º 3432).

PRUNELÉ (Le sieur DE) est nommé membre du Corps législatif, 3 et 4 mai 1811 (IV, B. 367, n.º 6723).

PRUNIS (Le sieur) est nommé membre du Corps législatif, 29 thermidor et 2 fructidor an XII [17 et 20 août 1804] (IV, B. 13, n.º 193).

PRUSSE. Le président et le procureur général syndic du département de la Meuse sont décrétés d'accusation pour avoir obtempéré à l'ordre qui leur a été notifié au nom du Roi de Prusse, 5 = 6 septembre 1792. — Ratification et publication du traité de paix conclu le 16 germinal an III entre la France et la Prusse, 25 germinal et 2 floréal an III [14 et 21 avril 1795] (I, B. 135 et 142, n.ºs 757 et 798). — Ratification du traité conclu le 28 floréal, 8 prairial an III [27 mai 1795 (I, B. 151, n.º 880). — Le transit par la commune de Meyel des marchandises expédiées de la Hollande par la Prusse est autorisé, 9 messidor an IV [27 juin 1795] (II, B. 56, n.º 496). — Le général Beurnonville est nommé ministre plénipotentiaire à Berlin, 9 nivôse an VIII [30 décembre 1799] (II, B. 44, n.º 300). — Permission de courre sus aux bâtimens appartenant au roi de Prusse et à ses sujets, et ordre de confisquer et de vendre tous ceux qui se trouvent dans les ports de France, 6 octobre 1806 (IV, B. 124 et 127, n.ºs 1999 et 2052). — Injonction aux Français qui sont au service militaire de la Prusse de rentrer en France, 7 octobre 1806 (IV, B. 120. n.º 1980). — Traité de paix entre la France et la Prusse, 27 juillet 1807 (IV, B. 151, n.º 2557). — Abolition des droits d'aubaine et de détraction à l'égard des sujets prussiens, 2 décembre 1811 (IV, B. 406, n.º 7477).

PRYTANÉE français. Ordre du jour sur une pétition présentée par l'administration de cet établissement, 13 brumaire an VIII [4 novembre 1799]. — Rapport du ministre de l'intérieur sur son organisation, et arrêté qui le divise en quatre grands collèges, 1.er germinal an VIII [22 mars 1800] (III, B. 14, n.º 99). — Établissement dans chacune des villes de Bruxelles et de Lyon, d'un collége formant une nouvelle division du prytanée, 19 germinal et 27 fructidor an VIII [9 avril et 14 septembre 1800] (III, B. 43 et 44, n.os 292 et 317). — Admission et emploi des élèves de Paris, Saint-Cyr et Compiègne, 3 nivôse an IX [24 décembre 1800] (III, B. 60, n.° 439). — L'administration du prytanée est autorisée à accepter un terrain offert par les sieurs Tilliard et Volland, libraires à Paris, 29 vendémiaire an XI [21 octobre 1802] (III, B. 224, n.° 2052). — Le titre de prytanée français est affecté seulement au ci-devant collége de Saint-Cyr, 15 vendémiaire an XII [8 oct. 1803] (III, B. 321, n.° 3050). — Mode d'administration de ses biens et revenus, 19 nivôse an XIII [9 janvier 1805] (IV, B. 25, n.° 430). — Vente des immeubles formant sa dotation, 8 pluviôse an XIII [28 février 1805] (IV, B. 30, n.° 503).

PUBLICATION des adjudications de bois. V. Bois; — des lois. V. Lois; — de mariage. V. Mariage; — des saisies et des ventes. V. Saisies et Ventes.

PUBLICITÉ des comptes des ministres. V. Ministres; — du culte catholique. V. Cultes; — de l'instruction des procès criminels. V. Procédure criminelle; — des séances des corps administratifs et du Corps législatif. V. ces deux mots en particulier.

PUDEUR (Attentats à la). V. Mœurs.

PUER (Port de). V. Rambert (Compagnie).

PUGNIÈRE (Le droit de) est aboli sans indemnité, 15 = 28 mars 1790.

PUINÉS. Abolition des inégalités résultant de la qualité de puîné en ligne directe ou collatérale, 8 = 15 avril 1791.

PUISAGE. (C. Civ.) Le droit de passage résulte de cette servitude discontinue, art. 688 et 696.

PUISSANCE ecclésiastique. L'édit du mois de mars 1682 sur la déclaration faite par le clergé de France, de ses sentimens touchant la puissance ecclésiastique, est déclaré loi générale de l'État, 25 février 1810 (IV, B. 269, n.° 5221).

— maritale. (C. Civ.) Il ne peut être dérogé par le contrat de mariage aux droits qui en résultent, art. 1388.

— paternelle. Les majeurs ne sont plus soumis à la puissance paternelle, 28 août 1792.

— (C. Civ.) L'enfant à tout âge doit honneur et respect à ses père et mère, art. 371. — Jusqu'à quelle époque il reste sous leur autorité, 372. — Qui exerce cette autorité durant le mariage, 373. — Cas où l'enfant peut quitter la maison paternelle, sans la permission de son père, 374. — Moyens de correction que peut employer le père qui a des sujets de mécontentement très-graves sur la conduite d'un enfant, 375 à 381. — Epoque jusqu'à laquelle les père et mère ont la jouissance des biens de leurs enfans, 384. — Charges de cette jouissance, 385. — Cas où cette jouissance n'a pas lieu, 386. — Biens auxquels elle ne s'étend pas, 387. — On ne peut déroger par le contrat de mariage aux droits résultant de la puissance paternelle, 1388.

PUISSANCES étrangères. Le Roi est prié de leur faire connaître le décret concernant les étrangers détenus dans les galères de France, 20 = 27 mai 1790. — Un pensionnaire de l'Etat ne peut recevoir de pension d'une puissance étrangère, 3 = 22 août 1790. — Projet de loi à présenter sur l'extradition des prévenus de certains crimes entre elles et la France, 19 février 1791. — Les militaires français qui ont servi chez les puissances amies de la France, sont admissibles aux emplois de l'armée et de la gendarmerie, 4 = 20 mars 1791, 29 novembre 1791,

8 janvier 1792. — La constitution est notifiée aux puissances étrangères, 23 avril 1791; — ainsi que la volonté de la nation française de vivre en bonne intelligence avec elles, 21 juin 1791. — Droit qu'a le Pouvoir exécutif de signer avec elles des traités, 3 = 16 septembre 1791, et constitution de l'an III, art. 331. — Peine contre ceux qui auraient pratiqué des machinations ou entretenu des intelligences avec les puissances étrangères, 25 septembre = 6 octobre 1791. — Ordre aux ministres de rendre compte à l'Assemblée de l'état du royaume dans ses relations avec les puissances 6 octobre 1791. — Le Roi est prié de leur faire connaître la déclaration de l'Assemblée contre les Français qui prendraient part à un congrès tendant à modifier la constitution, 14 janvier 1792. — Séquestre des biens des puissances en guerre avec la France, 9 mai 1793. — Les traités des puissances neutres unies à la France ne doivent souffrir aucune atteinte, 13 nivôse an III [2 janvier 1795] (I, B. 107, n.° 559). — Les églises protestantes ne peuvent avoir aucune relation avec les puissances étrangères, 18 germinal an X [8 avril 1802], art. 2 (III, B. 172, n.° 1344). — Ceux qui veulent profiter de l'amnistie accordée pour fait d'émigration, doivent déclarer les places, titres, décorations, traitemens ou pensions qu'ils ont obtenus des puissances étrangères et y renoncer formellement, 6 floréal an X [26 avril 1802], art. 5 (III, B. 178, n.° 1401).

PUITS. (C. Civ.) Distance que l'on doit observer en creusant un puits près d'un mur de séparation, art. 674.

PULDERBORSCH. Changement d'époque pour la tenue de la foire de cette commune, 3 fructidor an IX

[21 août 1801] (III, B. 97, n.° 811).

PULVÉRAGE. Abolition sans indemnité des droits de pulvérage levés sur les troupeaux passant dans les chemins publics des seigneuries, 15 = 28 mars 1790, tit. II, art. 10.

PUNITIONS de discipline. V. Armée et Marine au titre Discipline.

PUPILLES. V. Mineurs et Minorité, Tutelle et Tuteurs.

PURGATION des hypothèques. V. Hypothèques.

PUXIEUX. La concession à rente d'un terrain appartenant à cette commune, est autorisée, 7 nivôse an X [28 décembre 1801] (III, B. 149, n.° 1149).

PUY (Le). Établissement d'une poste aux chevaux dans cette ville, 4 septembre 1792. — Autorisation de la vente à l'enchère d'un terrain à elle appartenant, 29 germinal an X [19 avril 1802] (III, B. 180, n.° 1412).

PUY-DE-DÔME (Département du). Son classement dans la division territoriale de la France et sa composition, 15 janv., 16 et 26 février = 4 mars 1790. — Il est accordé un secours de quarante-cinq mille livres à ce département pour les dégâts occasionnés par les eaux, 8 = 12 décembre 1790. — Le siége de l'administration départementale est fixé à Clermont, où elle occupe, provisoirement l'ancien palais de la cour des aides, 30 octobre = 2 novembre 1790, 17 = 19 janvier 1791. — Circonscription des paroisses, 13 = 20 mai, 1.er = 12, 15 = 19 juin 1791. — Le papier timbré du département du Puy-de-Dôme est employé dans ceux du Rhône, du Loiret et du Var, 24 septembre 1793. — Validité de la nomination des députés au Corps législatif faite par l'assemblée électorale, 12 floréal an VII [1.er mai 1799] (II, B. 273, n.° 2843). —

Réduction et fixation des justices de paix, 10 brumaire et 9 pluviôse an X [1er novemb. 1801 et 29 janvier 1802] (III, B. 137, n.º 1034, et B. 228 bis, n.º 2). — Fixation des limites de ce département, 8 vendémiaire an XI [30 septemb. 1802] (III, B. 220, n.º 2005). — Désignation des écoles secondaires, 5 frimaire an XI [26 nov. 1802] (III, B. 233, n.º 2150). — Sont nommés préfets : le sieur de la Tourette, 23 germinal an XII [13 avril 1804] (III, B. 358, n.º 3748) ; — le sieur Ramond, 11 mars 1806 (IV, B. 79, n.º 1377) ; — le sieur de Coniades, 5 janvier 1814 (IV, B. 551, n.º 10,034).

PUYMARTIN-MARCASSUS (Le sieur) est nommé membre du Corps législatif, 4.ᵉ jour complémentaire an XIII et 2 vendémiaire an XIV [21 et 25 septembre 1805] (IV, B. 61, n.º 1075).

PUY-PAULIN. Annullation et révocation de la liquidation de l'indemnité du droit de huitain dépendant de ce fief, 14 = 18 février 1791.

PYRAMIDES. V. Colonnes, Monumens, Musées.

PYRÉNÉES (Département des BASSES). Son classement dans la division territoriale de la France et sa composition, 15 janvier, 16 et 26 février = 4 mars 1790. — Circonscription des paroisses, 29 mai = 12 juin 1792. — Validité d'une partie des élections faites par l'assemblée électorale, 25 floréal an VII [14 mai 1799] (II, B. 281, n.º 2941). — Réduction et fixation des justices de paix, 9 pluviôse, 15 floréal an X [29 janvier, 5 mai 1802] (III, B. 162, n.º 1237, et B. 228 bis, n.º 10). — Etablissement d'un tribunal spécial, 13 ventôse an X [4 mars 1802] (III, B. 199, n.º 1765). — Le sieur Castellane est nommé préfet, 23 germinal an X [13 avril 1802] (III, B. 175, n.º 1369). — Il est remplacé par le sieur Devaussay, 10 août

1810 (IV, B. 307, n.º 5848). — Désignation des écoles secondaires, 8 pluviôse an XI [28 janvier 1803] (III, B. 245, n.º 2287). — Les juifs de ce département sont compris dans l'exception portée par l'art. 19 du décret du 17 mars 1808, 22 juillet 1808 (IV, B. 207, n.º 3779). — Sénatus-consulte organique qui augmente le nombre des députés à fournir au Corps législatif par ce département, 4 novembre 1808 (IV, B. 212, n.º 3883).

PYRÉNÉES (Département des HAUTES). Son classement dans la division territoriale de la France et sa composition, 15 janvier, 16 et 26 février = 4 mars 1790. — Dispositions relatives au complément des nouveaux bataillons de gardes nationaux fournis par ce département, 14 = 16 mai 1792. — Mention honorable du civisme et du courage des habitans de ce département, 11 mai 1793, art. 4. — Annullation d'un arrêté des administrateurs, 16 août 1793. — Le représentant du peuple Isoard est envoyé en mission dans ce département, 14 pluviôse an III [2 février 1795] (I, B. 118, n.º 628). — Validité de la nomination du député au Corps législatif faite par l'assemblée électorale, 14 floréal an VII [3 mai 1799] (II, B. 279, n.º 2897). — Révocation du receveur des contributions, 19 floréal an VIII [9 mai 1800] (III, B. 25, n.º 169). — Sont nommés préfets : le général Serviez, 13 ventose an IX [4 mars 1801] (III, B. 73, n.º 561) ; — le sieur Chazal, 27 fructidor an X [14 septembre 1802] (III, B. 215, n.º 1975) ; — le baron d'Arbaud-Joucques, 12 mars 1813 (IV, B. 485, n.º 8965). — Réduction et fixation des justices de paix, 7 frimaire et 25 pluviôse an X [28 novembre 1801, 14 février 1802] (III, B. 152, n.º 1188, et B. 228 bis, n.º 3). — Désignation des écoles secondaires, 7 pluviôse an XII [28 janvier 1804] (III, B. 338, n.º 3549). — Les mesures prescrites pour la recherche et la saisie des denrées coloniales et marchandises anglaises sont exécutoires dans ce département, 1.er janvier 1813 (IV, B. 464, n.º 8546).

PYRÉNÉES-ORIENTALES (Département des). Son classement dans la division territoriale de la France, et sa composition, 15 janvier, 16 et 26 février=4 mars 1790.—Sont nommés préfets : le général Martin, 13 ventôse an IV [4 mars 1801] (III, B. 73, n.º 560); — le sieur Delamalle, 12 mars 1813 (IV, B. 485, n.º 896); — le baron Duhamel,

13 août 1813 (IV, B. 515, n.º 9467). — Réduction et fixation des justices de paix, 19 nivôse, 25 ventôse an X [9 janvier, 16 mars 1802] (III, B. 161, n.º 1235, et B. 228 bis, n.º 7). — Libre sortie des chèvres pour l'Espagne, 18 brumaire an XI [9 novembre 1802] (III, B. 225, n.º 2069). — Désignation des écoles secondaires, 13 frimaire an XI [4 décembre 1802] (III, B. 234, n.º 2178).—Etablissement et nouvelle fixation de foires dans plusieurs communes, 16 frimaire an XI [7 décembre 1802] (III, B. 234, n.º 2186).

PYRITES. V. Mines.

QUAIS.—QUARTIERS-MAÎTRES.

QUAIS. (C. Civ.) Objets saisis dont l'adjudication se fait sur les quais où ils se trouvent, art. 620.

QUAKENBRUCK (Saisie de sucre à). Jugement de cette saisie, 16 septembre 1811 (IV, B. 391, n.º 7223).

QUALIFICATIONS. V. Noblesse et Noms.

QUALITÉS. (C. Civ.) Il faut, pour succéder, avoir les qualités requises, art. 725. — L'héritier qui a pris cette qualité dans un acte, est censé avoir accepté la succession, 778. — Délai pendant lequel un héritier ne peut être contraint à prendre qualité, 797 et suiv.

— (C. P. C.) Signification de celles qui doivent servir à la rédaction des jugemens, art. 142. — Temps pendant lequel l'original de la signification doit rester entre les mains des huissiers audienciers, 143.—Mention à faire par l'huissier de la déclaration de l'avoué qui veut s'opposer aux qualités, 144. — Réglement qui intervient sur cette opposition, 145.

—(C. P.) Les aubergistes doivent inscrire sur leurs registres le nom, la qualité, &c., des personnes qu'ils logent, art. 475.

QUARANTAINE. Dispositions concernant celle à laquelle sont soumis les bâtimens qui arrivent dans les ports de la Méditerranée, 7 messidor an V [25 juin 1797] (II, B. 209, n.º 1895).

QUART (L'officier commandant le). Ses fonctions et attributions, 21 = 22 août 1791.

QUART (Les droits de) sont remboursés, 7 = 11 septembre 1790.

QUART-BOUILLON (Les droits de) sont supprimés, 21 = 30 mars 1790.

QUART DE RÉSERVE des bois des communes et des établissemens publics. Dispositions relatives à leur coupe, à leur vente et au versement du prix qui en provient, 7 = 23 juin 1790, 15 = 29 septembre 1791, et 31 juillet = 3 août 1792. V. Bois.

QUARTIERS des classes de la marine. V. Classes et Marine au titre Inscription maritime.

QUARTIERS-MAÎTRES d'artillerie. V. Armée au titre Artillerie.

— *des Gardes nationales.* V. *Garde nationale.*

— *de Gendarmerie.* V. *Gendarmerie.*

— *de Marine.* Conditions requises pour être promu à ce grade, et leur solde, 15 = 21 septembre 1790, 31 décembre 1790 = 7 janv. 1791, 30 janvier = 11 février 1791.

— *des régimens de ligne.* Service requis pour être promu à ce grade; mode de leur nomination, avancement et solde, 23 = septembre = 29 oct. 1790, 31 décem. 1790, 7 janvier 1791, 3 = 5 août 1792 et 14 germinal an III [3 avril 1795] (I, B. 136, n.º 752). — Avis du Conseil d'état relatif aux délits d'un quartier-maître dénoncé par le conseil d'administration de son régiment, 16 germinal an XII [6 avril 1814] (III, B. 359, n.º 3761).

— (C. Civ.) Ils remplissent les fonctions d'officiers de l'état civil, art. 89.

— *des Régimens suisses.* V. *Suisses.*

QUARTIERS *maritimes* (Division des arrondissemens maritimes en), 3 brumaire an IV [25 octobre 1795] (I, B. 205, n.º 1222). V. *Arrondissemens maritimes* et *Marine* au titre *Inscription maritime.*

QUASI-CONTRATS. (C. Civ.) Effet d'un commencement de preuve à l'égard des obligations qui naissent des quasi-contrats, art. 1348. — Leur nature et leur effet, 1371.

QUASI-DÉLITS. (C. Civ.) Nature et effet des quasi-délits, art. 1382. V. *Délits.*

QUATORZE *juillet 1789* (Journée et anniversaire du). V. *Journées mémorables.*

QUATRE CAS (Indire aux). V. *Indire.*

QUATRE MEMBRES. Abolition de ce droit et autres de même nature qui étaient perçus dans les provinces de Flandre, Hainault, Artois, Lorraine et Trois-Evêchés, 2 = 17 mars 1791, art. 1.

QUATREMÈRE-QUINCY (Le représentant du peuple) est nommé membre du Corps législatif, 1.er prairial an V [20 mai 1795] (II, B. 125, n.º 1212); — est déporté, 19 fructidor an V [5 septembre 1797] (II, B. 142, n.º 1400).

QUENFIC (Le représentant du peuple) est décrété d'arrestation, 3 octobre 1793. — Il est rappelé dans le sein de la Convention nationale, 18 frimaire an III [8 décembre 1794] (I, B. 96, n.º 493).

QUERCITRON (Droit d'entrée sur l'écorce de chêne-blanc nommée), 15 germinal an XII [5 avril 1804] (III, B. 359, n.º 3739).

QUESNEL (Le sieur est nommé membre du Corps législatif, 1.er prairial an V [20 mai 1797] (II, B. 125, n.º 1212).

QUESNOY (Le) Le directoire du district de cette ville est autorisé à louer les bâtimens nécessaires à son établissement, 20 = 27 avril 1791. — L'assemblée électorale du département du Nord y tient ses séances, 24 août 1792. — Les troupes qui en ont fait le siège ont bien mérité de la patrie, 30 thermidor an II [17 août 1794] (I, B. 40, n.º 224). — Fixation définitive dans cette ville, de l'administration et du tribunal qui y étaient précédemment établis, 23 fructidor an II [9 sept. 1794] (I, B. 56, n.º 300). — Approbation des mesures prises pour la restitution de cette place, 1.er vendémiaire an III [22 septembre 1794] (I, B. 62, n.º 339).

QUESEN Le sieur) est nommé membre du Corps législatif, 19 février 1811 (IV, B. 353, n.º 6546).

QUESTEURS *du Corps législatif.* V. *Corps législatifs, Tribunat.*

QUESTION (La) est abolie dans tous les cas, 9 octobre = 3 novembre 1789.

QUESTIONS *d'état.* La connaissance des contestations sur l'état civil des enfans nés hors mariage, et des procès existant sur des questions d'état, est attribuée aux tribunaux de district, 25 nivôse an III [14 janvier 1795] (I, B. 112, n.º 1585).

(C. Civ.) Tribunaux compétens pour statuer sur les questions d'état, et procédure à ce sujet, art. 326 et suiv.

(C. P. C.) On ne peut compromettre sur les questions d'état, art. 1004.

QUESTIONS *de fait et de droit* (Les) doivent être proposées avec précision dans la rédaction des jugemens sur appel ou en première instance, 16 = 24 août 1790.

QUESTION *intentionnelle* (La) doit être posée dans toutes les affaires soumises à un jury de jugement, 14 vendémiaire an III [5 octobre 1794] (I, B. 69, n.º 364). — Ordre du jour motivé sur la question proposée par le tribunal révolutionnaire, *Est-ce l'intention contre-révolutionnaire ou l'intention criminelle* que le tribunal doit soumettre au jury dans les affaires de sa compétence ? 14 floréal an III [3 mai 1795]. — Nature des questions qui sont dans le cas d'être posées dans les affaires criminelles, 3 brumaire an IV [25 octobre 1795], art. 373 (I, B. 204, n.º 1221). — Il n'en peut être posé de complexe, *ibid.* art. 377. — Il n'en peut être posé sur des faits qui ne seraient pas portés dans l'acte d'accusation, *ibid.* art. 378. — Rejet de la résolution du 11 frimaire, portant qu'elle ne sera plus posée, 9 ventôse an V [27 février 1797].

QUESTIONS *en matière criminelle.* (C. I. C.) Comment doivent être posées les questions qui résultent de l'acte d'accusation, art. 337 et suiv. — Remise des questions aux jurés avec les pièces du procès, 341.

QUÊTE (La) est interdite aux religieux, 19 = 26 mars 1790.

QUÊTE-MOUTURE ou *chasse des meuniers* (Le droit prohibitif de la) est

supprimé sans indemnité, 15 = 28 mars 1790.

QUETTEHOU. Etablissement de deux nouvelles foires dans cette commune, 29 brumaire an X [20 novembre 1801] (III, B. 131, n.º 999).

QUILVAISE, espèce de tenure mainmortable. Les dispositions concernant la main-morte doivent avoir lieu en Bretagne pour cette tenure, 15 = 28 mars 1790. V. *Main-morte.*

QUIÉTINEAU (Le sieur). Renseignemens et informations à prendre sur sa conduite dans l'affaire de Thouars, 11 mai 1793.

QUILLEBŒUF. Etablissement d'un tribunal de commerce dans cette ville, 2 = 6 août 1791. — D'une école d'hydrographie, 2 octobre 1793. — Rétablissement de l'ancien magasin de sauvetage au port de cette ville, 3 mai 1810 (IV, B. 286, n.º 5404).

QUIMPER. Circonscription des paroisses, 9 = 17 avril 1791. — Concession au département de la marine d'une mine de houille située près de cette ville, 17 prairial an IX [6 juin 1801] (III, B. 82, n.º 678). — Publication de la bulle d'institution canonique de l'évêque, 21 mars 1806 (IV, B. 94, n.º 1574).

QUIMPERLÉ. Cette ville est autorisée à faire un approvisionnement de cinquante tonneaux de blé froment et autant de seigle, et à emprunter la somme nécessaire à l'achat qui doit être remboursé par les deniers à provenir de la recette, 31 octobre [7 novembre 1790]. — Circonscription des paroisses, 13 = 20 mai 1791.

QUINCAILLERIE. Droits d'entrée de celles qui doivent être cordées et plombées, et qui viennent de l'étranger, 6 = 22 août 1791, titre III, art. 3. — Les fabricans sont autorisés à frapper leurs ouvrages d'une marque particulière, 23 nivôse an IX [13 janvier 1801] (III, B. 62, n.º 460). — Port servant d'entrepôt réel à la quincaillerie, 11 messidor an X [30 juin 1802] (III, B. 207, n.º 1878).—Moyens de prévenir ou réprimer la contrefaçon des marques apposées sur les ouvrages de quincaillerie, 5 septembre 1810 (IV, B. 312, n.º 5940). V. *Coutellerie, Marque.*

QUINCAMPOIX. Démarcation de territoire entre cette commune et celle de Morvillers, 14 nivôse an XI [4 janvier 1803] (III, B. 241, n.º 2246).

QUINCEY. Poursuites des auteurs et complices du forfait commis au château de cette ville, 25 juillet 1789.

QUINETTE (Le représentant du peuple) est nommé commissaire de la Convention nationale près l'armée du Nord, 30 mars 1793; — a dignement rempli la mission dont il était chargé, 26 pluviôse an IV [15 février 1796] (II, B. 28, n.º 184). — Il est nommé ministre de l'intérieur, 4 messidor an VII [23 juin 1799] (II, B. 289, n.º 3049).

QUINT, REQUINT *et* DEMI-RLQUINT. Suppression de ces droits, et fixation du mode et du taux de leur rachat, 15 = 28 mars, 14 = 17 mai, 9 = 25 juillet 1790, 13 = 20 avril, 15 = 19 juin, 15 septembre = 6 octobre 1791, 28 septembre = 6 octobre 1791, et 18 juin = 16 juillet 1792.

QUINTALAGE (Le droit de) est supprimé, 15 = 28 mars 1790.

QUINTIN. Etablissement d'un tribunal de commerce dans cette ville, 27 août = 7 décembre 1791.

QUINZE-VINGTS (Enclos des). Décrets relatifs à la vente de cet enclos, aux contestations entre les administrateurs et les acquéreurs, et à l'apurement des comptes de cette vente, 7 = 15 avril, 7 = 10 juillet 1791, 2 = 6 janvier, 26 = 27 juin, 30 décembre 1792, 31 janvier et 9 juillet 1793.

QUINZE-VINGTS (Hôpital des). Il est sursis au paiement de la rente de 250,000

fr. dont jouissait cet hôpital, jusqu'à ce qu'il ait été rendu compte de sa situation, 10 = 21 septembre 1790. — Dispositions réglementaires sur l'administration, les dépenses, les rentes et les biens de cet hôpital, 18 = 25 février, 12 et 13 = 15 mars, 7 = 15 avril 1791, 30 décembre 1792, 27 et 31 janvier, 28 mars, 9 mai et 21 juin, et 22 juillet 1793, 2 floréal an II [21 avril 1794]. — Sommes accordées pour le soulagement des aveugles, et fixation des secours et traitement alimentaire de chacun d'eux, 2 floréal an II [21 avril 1794], 16 pluviôse et 20 floréal an III [4 février et 9 mai 1795], et 13 nivôse an IV [3 janvier 1796] (II, B. 17, n.º 97). V. *Aveugles.*

QUIROT (Le représentant du peuple) est exclu de la représentation nationale, 19 brumaire an VIII [10 novembre 1799] (II, B. 323, n.º 3413).

QUITTANCES *en général.* Elles sont assujetties au timbre; distinction de celles qui doivent être données séparément sur une même feuille, et de celles que l'on peut réunir, 7 = 18 février 1791, 13 brumaire an VII [3 novembre 1798] (II, B. 237, n.º 2136). — Quittances exemptes de la formalité du timbre, 7 = 11 février 1791.—Le timbre des quittances données par des particuliers à des particuliers est à la charge de ceux à qui les quittances sont délivrées, 10 = 17 juin 1791, art. 9. — Peines encourues par ceux qui, volontairement, par malice ou vengeance, et à dessein de nuire, détruisent des quittances, 25 septembre = 6 octobre 1791, et 3 brumaire an IV [25 octobre 1795] (I, B. 204, n.º 1221). — Formalités et droits d'enregistrement auxquels les quittances doivent être assujetties, 5 = 19 décembre 1790, et 22 frimaire an VII [12 décembre 1798] (II, B. 248, n.º 2224).

— (C. Civ.) Effet des quittances données sans réserve de la solidarité, art. 1211 et suiv. — Les frais de quittances sont à la charge du débiteur, 1248. — Forme de la quittance donnée au débiteur qui a employé l'emprunt pour se libérer, 1250. — Effet de l'imputation dans les quittances de paiement, 1255 et 1256. — Écritures au dos des quittances qui peuvent opérer la libération du débiteur, 1332. — Cas où la femme peut toucher ses revenus sur ses simples quittances, 1534. — Causes pour lesquelles la femme peut être autorisée à toucher portion de ses revenus sur ses quittances, 1550. — La quittance du capital d'un prêt à intérêt opère la libération lorsqu'il est sans réserve, 1908.

— (C. P. C.) Quittances qui, produites dans un compte, sont dispensées de l'enregistrement, art. 537. — Celles qui doivent être rapportées pour obtenir la délivrance d'un jugement d'adjudication, 715. — Radiation à consentir par le créancier colloqué, en donnant quittance du montant de sa collocation, 772.

— (C. Co.) Quittances et pièces exigées pour obtenir la réhabilitation, art. 605.

QUITTANCES *comptables.* Droits d'enregistrement auquel elles sont assujetties, 5 = 19 décembre 1790, 22 frimaire an VII [12 décembre 1798 (II, B. 248, n.° 2224).

— *de Contributions.* Elles ne sont pas sujettes au timbre, et les duplicata se délivrent sans frais, 10 = 20 juillet 1791. — Modèles de ces quittances, 26 septembre = 2 octobre 1791.

— *de Décimes.* Celles de la moitié des décimes de 1789 sont reçues en compensation de la capitation personnelle pour les fonds nobles, 26 février = 3 mars 1790.

— *d'Acquisition de domaines natio-*

naux. Droit de contrôle auquel elles sont assujetties, 9 = 25 juillet 1790. V. *Domaines nationaux.*

— *de Dons gratuits.* Elles sont reçues en déduction des impositions ecclésiastiques, 30 mars = 27 mai 1791.

— *de Finances d'offices.* Droit à percevoir par les notaires, 28 novembre = 10 décembre 1790 — Remboursement de celles sur les emprunts de 1782, 1787 et 1793, 27 décembre 1790 = 2 janvier 1791, 3 et 24 août et 11 septembre 1793. — Formalités pour la conversion des récépissés des pièces nécessaires pour constater la propriété des rentes sur l'État, en quittances de finance, 29 décembre 1790 = 5 janv. 1791, art. 3. — Celles qu'on présente à la liquidation sont déchargées sur les registres du contrôle général avant la délivrance de la reconnaissance de liquidation, 24 = 28 mai 1791. — Annullation des quittances de finance des greffes et offices domaniaux, 8 pluviôse an II [27 janvier 1794].

— *de Liquidation de la dette publique.* Elles peuvent être sous signature privée, et sont dispensées de la formalité de l'enregistrement, 10 = 18 février, 3 = 6 avril 1791. — Formalités prescrites pour leur validité, 24 = 27 mai 1791.

— *des Offices de jurés-priseurs.* Elles sont remises au comité de liquidation, 21 = 26 juillet 1790.

— *de Patentes.* Elles sont écrites sur papier timbré, 2 = 17 mars 1791, et 1.er brumaire an VII [22 octobre 1798], art. 21 (II, B. 234 n.° 2096). — Leur modèle, 26 septembre = 2 octobre 1791. V. *Patentes.*

— *de Rachat de droits féodaux et seigneuriaux.* Droit de contrôle auquel elles sont assujetties, 15 = 28 mars, 3 = 9 mai 1790. — Les quittances de rachat des rentes irrachetables sont enregistrées et paient quinze sous, 19 = 29 décembre 1790.

— *de Remboursement* (Les quittances de) de contrats de constitution ou obligations, peuvent être faites et expédiées à la suite des contrats, 7 = 11 février 1791. — Elles sont exemptes du droit d'enregistrement, 10 = 18 février 1791. — Elles y sont assujetties, 29 septembre = 9 octobre 1791.

— *de Rentes sur l'État*. Mode de leur délivrance par les payeurs des rentes, 4 = 10 fév. 1791. V. *Rentes*.

RABAIS. — RACHAT.

RABAIS (Adjudication de travaux au). V. *Travaux publics*.

RABASSE (Le sieur) est nommé membre du Corps législatif, 4 nivôse an VIII [25 décembre 1799] (II, B. 341, n.º 3509).

RABASTENS. Indemnité accordée et acceptation de capitaux de rentes offerts en donation à l'hospice de cette commune, 26 août 1792 et 25 thermidor an IX [13 août 1801] (III, B. 96, n.º 802).

RABATTEMENT *de décret* (Le) est aboli, 25 août 1792 et 12 février 1793. — Mode de procéder pour les actions en rabattement, 17 germinal an II [6 avril 1794], 1.er vendémiaire an IV [23 septembre 1793], et 26 brumaire an VI [16 novembre 1797] (II, B. 159, n.º 1554).

RABAUT-SAINT-ÉTIENNE (Le sieur), député à l'Assemblée constituante, est décrété d'arrestation et déclaré traître à la patrie, 2 juin et 28 juillet 1793.

RABAUT-POMMIERS (Le représentant du peuple) est décrété d'arrestation, 3 octobre 1793. — Il est rappelé dans le sein de la Convention nationale, 18 frimaire an III [8 décembre 1794] (I, B. 96, n.º 495). — Il est délégué des Consuls dans la 10.e division militaire, 2 frimaire an VIII [23 novembre 1799] (II, B. 330, n.º 3438); — est nommé membre du Corps législatif, 4 nivôse an VIII [25 décembre 1799] (II, B. 341, n.º 3509).

RABAUT *le jeune* (Le sieur) est nommé membre du Corps législatif, 1.er prairial an V [20 mai 1797] (II, B. 125, n.º 1212).

RABET (Le représentant du peuple) est décrété d'arrestation, 3 octobre 1793.

RABETTE (Droits de douanes sur les pains ou tourteaux de), 1.er pluviôse an XI et 3 frimaire an XII [21 janvier et 25 novembre 1803] (III, B. 243 et 327, n.ºs 2255 et 3374).

RABBINS (Bénédiction nuptiale donnée par les). V. *Juifs*.

RACHAT *des droits casuels, féodaux et seigneuriaux, et des redevances et rentes foncières*. Décrets qui fixent le mode et le taux de ce rachat, 15 = 28 mars, 3 = 9 mai, 3 = 31 juillet, 9 = 26 juillet, 17 et 20 = 27 septembre, 14 = 19 novembre, 18 = 29 décembre 1790, 23 décembre 1790 = 5 janvier, 9 = 20 mars, 15 = 20 avril, 26 mai = 1.er juin, 15 = 19 juin, 19 août = 12 septembre, 14 et 15 septembre = 9 octobre 1791, 18 juin = 6 juillet, 30 juillet = 1.er août, 20 et 25 août 1792. V. *Féodalité* et *Rentes*. — Faculté donnée aux propriétaires riverains et aux communautés d'habitans de racheter les arbres existant dans les rues ou chemins publics, 26 juillet = 15 août 1790. V. *Arbres* et *Chemins*.

— (C. Civ.) Rachat de rente perpétuelle, art. 530. — Récompense due à l'un des époux lorsqu'il a été pris une somme sur la communauté pour opérer le rachat de services

teur des hypothèques, ne peut être rayée que du consentement des créanciers ou en vertu de jugemens, art. 696. — Dans le cas de radiation d'une saisie immobilière, le plus diligent des saisissans postérieurs peut poursuivre sur la saisie, 725. — État d'une procédure d'ordre dans lequel le juge commissaire peut ordonner la radiation des inscriptions des créanciers non utilement colloqués, 759. — Radiation à consentir par le créancier colloqué, 772. — Justification après laquelle l'inscription d'office peut être rayée, 774. V. *Liquidations*, *Pièces*.

— (Tarif des frais en mat. civ.), art. 90.

— (Tarif des frais en mat. crim.), art. 71.

RADOUB. (C. Co.) Comment le fret est dû dans le cas de nécessité de radoub du navire pendant le voyage, art. 296. V. *Capitaines*, *Fret*, *Navires*, *Primes*.

RAFFINERIES. Celles des poudres et salpêtres, acquises et construites aux dépens de la nation, sont portées au tableau des domaines nationaux, et les titres de propriété déposés avec ceux desdits domaines, 27 septemb. == 19 octobre 1791. V. *Sucre*.

RAGMEY (Le sieur) est nommé juge au tribunal extraordinaire, 26 septembre 1793.

RAGON-GILLET (Le sieur) est nommé membre du Corps législatif, 4.ᵉ jour complémentaire an XIII et 2 vendémiaire an XIV [21 et 25 septembre 1805] (IV, B. 61, n.º 1075), 3 et 4 mai 1811 (IV, B. 367, n.º 6723).

RAGONNEAU (Le sieur) est nommé membre de la commission des émigrés, 22 ventôse an VIII [13 mars 1800] (III, B. 11, n.º 78).

RAGUSE. Perception dans cette ville d'un droit de courtage et de commission pour subvenir aux dépenses de la chambre de commerce, 22 dé-

cembre 1812 (IV, B. 454, n.º 8374).

RAINGEARD (Le sieur) est nommé membre du Corps législatif, 4 nivôse an VIII [25 décembre 1799] (II, B. 341, n.º 3509).

RAINNEVILLE. Vente de domaines nationaux à la municipalité de cette commune, 30 novembre == 25 décembre 1790.

RAISINS. Droits de sortie des raisins exportés par les frontières des six départemens de la 27.ᵉ division militaire, 16 messidor an XI [5 juillet 1803] (III, B. 296, n.º 2934).

RAISON *sociale*. (C. Co.) Les noms des associés peuvent seuls en faire partie, art. 21. V. *Commandataire*.

RAISSON (Le sieur) est nommé membre de la commission des subsistances et approvisionnemens, 5 brumaire an II [26 octobre 1793].

RALLIEMENT. Celui des autorités constituées et de la force publique est à la Convention nationale, 9 thermidor an II [27 juillet 1794] (I, B. 31, n.º 155).

RALLIEMENT (Signe de). Peines contre les individus qui en portent d'autres que la cocarde nationale, 2 prairial an III [21 mai 1795] (I, B. 146, n.º 833). — Arrestation des individus qui portent sur leur chapeau les mots de ralliement des factieux, 4 prairial an III [23 mai 1795] (I, B. 147, n.º 842). — Ils sont jugés par une commission militaire et punis de mort, *ibid*.

RALLIER (Le sieur) est nommé membre du Corps législatif, 4 nivôse an VIII [25 décembre 1799] (II, B. 341, n.º 3509), 4.ᵉ jour complém. an XIII et 2 vendém. an XIV [21 et 25 sept. 1805] (IV, B. 61, n.º 1075).

RAMBERT (Le sieur) est autorisé à réparer le pont du Puer et à y percevoir un droit sur les objets d'importation et d'exportation, 21 mars 1806 (IV, B. 83, n.º 1425).

RAMBOUILLET (Le château de) est

réservé au Roi ainsi que ses dépendances, 1.er juin 1791, art. 111.— Résiliation des baux à loyer passés pour le service des pages de l'écurie et de la vénerie, 7 mars 1793, art. 8. — Le canton de cette ville forme le 6.e arrondissement du département de Seine-et-Oise, 19 juillet 1811 (IV, B. 382, n.° 7124).

RAMBUTEAU (Le sieur) est nommé préfet du département du Simplon, 12 mars 1813 (IV, B. 285, n.° 8965); — de celui de la Loire, 8 janvier 1814 (IV, B. 551, n.° 10035).

RAMEL (Le représentant du peuple) est envoyé en mission près les armées qui sont en Hollande, 8 pluviôse an III [27 janvier 1795] (I, B. 117, n.° 614).

RAMEL (Le sieur), commandant des grenadiers du Corps législatif, a bien mérité de la patrie pour avoir contribué à déjouer une conspiration contre l'État, 14 pluviôse an V, 2 février 1797 (II, B. 104, n.° 989). —Il est déporté comme conspirateur, 19 fructidor an V [5 septemb. 1797] (II, B. 142, n.° 1400).

RAMEL (Le sieur) est nommé membre du Corps législatif, 4 nivôse an VIII [25 décembre 1799] (II, B. 341, n.° 3509).

RAMOND (Le sieur) est nommé membre du Corps législatif, 28 ventôse an VIII [19 mars 1800] (III, B. 11, n.° 88); — préfet du département du Puy-de-Dôme, 11 mars 1806 (IV, B. 79, n.° 1377).

RAMPILLON (Le sieur) est nommé membre du Corps législatif, 1.er prairial an V [20 mai 1797] (II, B. 125, n.° 1212), 4 nivôse an VIII [25 décembre 1799] (II, B. 341, n.° 3509).

RAMPON (Le général) est nommé membre du Sénat, 8 nivôse an IX [29 décemb. 1800] (III, B. 61, n.° 445); — à la sénatorerie de Rouen,

5 vendémiaire an XII [28 septembre 1803] (III, B. 323, n.° 3273).

RANCIE (Mines de fer de). V. Mines.

RANÇON : Formule d'un traité de), 2 prairial an XI [22 mai 1803] (III, B. 281, n.° 2771, p. 377).

RANDON DE LA TOUR (Le sieur). Sa place et ses honoraires, comme administrateur du trésor public, attaché au département de la maison du Roi, sont supprimés, 12 = 19 novembre 1790. — Compte à rendre par lui, 26 décembre 1790. — Le séquestre est mis sur ses biens, 7 pluviôse an II [26 janvier 1794].

RANG et PRÉSÉANCE dans les cérémonies publiques. V. Cérémonies.

RANSE (Rivière de la). Sa réunion à la Vilaine. V. Canaux.

RAPIDITÉ (C. P.) Peine contre les rouliers, charretiers, voituriers et conducteurs qui auraient contrevenu à la loi par la rapidité, la mauvaise direction ou le chargement des voitures et des animaux, art. 475, 476 et 479.

RAPPORT dans les partages et successions. V. Partages et Successions.

RAPPORTS d'affaires soumises à la décision des tribunaux en matière civile et criminelle. Ils sont faits publiquement par un juge, qui n'énonce point ses opinions, 9 octobre = 3 novembre 1789, 16 = 24 août, 22 novembre = 1.er décembre 1790, 13 = 14 mars 1791, et 30 mars 1808 (IV, B. 188, n.° 3245).

— (C. P. C.) On ne peut mettre aucune cause en rapport qu'à l'audience et à la pluralité des voix, art. 95. —Procédure, 96 et suiv. —Circonstances et délais dans lesquels les pièces sont remises au rapporteur, 109. — Comment celui-ci en est chargé, ibid. —Comment un autre rapporteur est commis, lorsque le premier décède ou ne peut faire le rapport, 110. — Comment se font les rapports, 111.—Notes que les défenseurs peuvent seulement faire remettre au président après le rapport, *ibid.* —Jugement, 113.—Remises des pièces au greffe, 114. — L'assignation en reprise d'instance ou constitution de nouvel avoué doit indiquer le nom du rapporteur, s'il y en a, 316. — Même disposition pour la signification du jugement par défaut rendu sur la demande en reprise d'instance ou constitution de nouvel avoué, 350. — Si l'affaire est en rapport, le renvoi à un autre tribunal pour parenté ou alliance doit être demandé avant que l'instruction soit achevée ou que les délais soient expirés, 369. · Le jugement de renvoi indique le jour auquel le renvoi doit être fait par le juge nommé par ledit jugement, 371. — Dans quel délai celui qui veut récuser un juge doit le faire, si l'affaire est en rapport, 362. V. *Jugemens.*

RAPPORTS *des capitaines de vaisseaux.* Devant quels officiers de justice sont fa ts ces rapports, soit au retour d'un voyage, soit dans le cas de relâche, 9 == 13 août 1791.

— (C. Co.) Ce que doit énoncer et devant qui doit être fait le rapport du capitaine à son arrivée, art. 242 et 243. — Le capitaine doit faire un rapport au consul de France, lorsqu'il aborde dans un port étranger, 224. — Rapport en cas de naufrage, 246 *et suiv.* V. *Dettes, Droits.*

RAPPORTS *des comités des Assemblées nationales.* V. *Comités* et *Corps législatifs.*

RAPPORTS *d'experts.* V. *Experts.*

— (C. P. C.) Jugement qui ordonne une nouvelle expertise, art. 302.—Sa remise avec les pièces aux experts, 317. — Rédaction du rapport, *ibid.* — Il n'est formé qu'un seul avis, 318. — Dépôt de la minute, 319. — Taxe des vacations, et exécutoire, *ibid.* — Signification du rapport et poursuite de l'audience, 321. — Cas d'une nouvelle expertise, 322. — En matière de com-

merce, le rapport des arbitres et experts est déposé au greffe du tribunal, 431. — Ce que doivent indiquer les sommations pour être présent aux rapports d'experts, 1034. — Rapport des experts nommés pour l'estimation de biens immeubles, 955 *et suiv.* V. *Experts.*

— (Tarif des frais en mat. civ.), art. 15, 70, 78 et 92.

— (Tarif de frais en mat. crim.), art. 17.

RAPPORTS *et procès-verbaux de délits.* Officiers de justice et de police qui sont chargés de les faire : leur rédaction, présentation et affirmation, 22 == 30 avril, 19 == 25 déc. 1790, 19 == 22 juillet, 28 septembre == 6 octobre 1791, 3 brumaire an IV [25 octob. 1795] (I, B. 204, n.° 1221). — Droits d'enregistrement et de greffe auxquels ils sont assujettis, 22 frimaire et 21 ventôse an VII [12 décembre 1798 et 11 mars 1799] (I, B. 248 et 266, n.os 2224 et 2628). — Rapports sur les saisies en matière de douanes et droits réunis. V. *Douanes* et *Droits réunis.*

— (C. I. C.) Officiers qui doivent recevoir les rapports, dénonciations et plaintes relatifs aux contraventions de police, art. 11. — Décisions à prendre par la chambre du conseil, suivant le résultat des rapports faits par le juge d'instruction, 128 *et suiv.* — Rapports contre lesquels la preuve par témoins est ou n'est pas admissible, 154. V. *Procès-verbaux, Procureur général près la cour impériale.*

RAPT. (C. Civ.) V. *Ravisseur.*

— (C. P.) Peines pour rapt de mineurs, art. 354 *et suiv.* V. *Mineurs.*

RASSADES *et autres verroteries.* Etablissement d'un entrepôt réel pour ces marchandises, 11 thermidor an X [30 juillet 1802] (III, B. 207, n.° 1878).

RASSEMBLEMENT. Le port de toute espèce d'armes est défendu dans les lieux de rassemblement, 2 == 3 juin

1790. — Mesures de police contre les rassemblemens séditieux. V. *Attroupemens.*

RASTADT (Indemnités accordées à la légation de), 1.er nivôse an VIII [22 décembre 1800] (II, B. 339, n.º 3490).

RASTADT (Congrès de). V. *Congrès.*

RAST-MAUPAS (Le sieur) obtient un brevet d'invention, 14 germinal an VIII [4 avril 1799] (III, B. 21, n.º 130).

RATAUD (Le sieur) est nommé membre du Corps législatif, 1.er prairial an V [20 mai 1797] (II, B. 125, n.º 1212).

RATEAU (Le sieur) est nommé juge au tribunal de cassation, 13, 14, 15, 16, 17 et 18 germinal an VIII [3, 4, 5, 6, 7 et 8 avril 1800] (III, B. 18, n.º 123).

RATELAGE (Droit de). Restriction apportée à l'exercice de ce droit : il est interdit dans tout enclos rural, 28 septembre—6 octobre 1791.

— (C. Civ.) Défense de rateler avant que les récoltes soient enlevées, ou avant le lever et après le coucher du soleil, art. 471 et 473. V. *Glanage.*

RATHENEL (Commune de). Sa réunion au district de Mâcon, 4—11 février 1791.

RATIFICATION d'actes. V. *Actes;* — d'engagemens, V. *Engagemens;* — de traités de paix. V. *Traités de paix.*

RATIFICATION (Lettres de). V. *Lettres de ratification.*

RATIFICATION (C. Civ.) Celui qui s'est porté fort pour un tiers, doit une indemnité, si celui-ci refuse de ratifier l'engagement, art. 1120. — La ratification du créancier valide le paiement fait à une personne non munie de pouvoir, 1239. — Effet que produit la ratification du mineur devenu majeur, 1311. — Circonstances dans lesquelles l'acte de ra-

tification est ou non valable, 1338 et suiv.

RATIONS de pain, de fourrages, &c. V. *Armée* et *Marine* au titre *Vivres.*

RATTAKOUSKI (Le sieur) obtient mainlevée du séquestre apposé sur ses biens situés dans le département du Mont-Tonnerre, 29 août 1807 (IV, B. 157, n.º 2738).

RATURES. Celles qui se trouvent dans les comptes de finances doivent être signées et approuvées par les comptables, 8 — 12 février 1792.

— (C. Civ.) Celles des actes civils doivent être approuvées, art. 42.

— (C. Co.) Il ne doit point être fait de ratures dans les livres des agens de change et courtiers, art. 84.

— (C. I. C.) Par qui doivent être approuvés les renvois et ratures qui se trouvent sur une information, art. 78.

— (C. P.) Le procès-verbal qui est dressé pour constater l'état de pièces arguées de faux, doit faire mention des rations, surcharges et interlignes, art. 227.

RAUCOURT (Principauté de). Exécution des sous-baux des domaines et droits qui en dépendent, 22 — 27 janvier 1792.

RAUL (Le sieur). Le maire de Werthausen est autorisé à lui concéder un terrain communal, 29 germinal an X [19 avril 1802] (III, B. 180, n.º 1418).

RAVAGE (Le droit de) sur les prés avant la fauchaison de la première herbe, est aboli, 19 avril 1790. — Les procès pour ce droit non décidés en dernier ressort, ne peuvent être jugés que pour les frais de procédure, *ibid.* — Les hôpitaux, maisons de charité et fondations pour les pauvres doivent recevoir, pour 1791, l'équivalent de la perte qu'ils éprouvent par la suppression du droit de ravage, 5 — 10 avril 1791.

RAVAGES de l'ennemi (Pertes par l'effet des). V. *Pertes* et *Secours.*

RAVAL (Le sieur). Le châtelet de Paris est chargé de connaître, jusqu'au jugement définitif, des fausses lettres de change acceptées par lui, 17 = 21 avril 1790.

RAVARAN (Le sieur Christiani DE) est nommé préfet du département de Loir-et-Cher, 9 mai 1811 (IV, B. 370, n.º 6727).

RAVIER (Le sieur). Ordre du jour sur sa pétition, motivé sur la disposition du décret du 29 septembre 1791 concernant la nouvelle organisation du notariat, 7 mars 1793.

RAVISSEUR. (C. Civ.) Il peut être déclaré père, lorsque l'époque de l'enlèvement se rapporte à celle de la conception, art. 340.

RAYBAUD (Le sieur) est nommé membre du Corps législatif, 1.er prairial an V [20 mai 1797] (II, B. 125, n.º 1212).

RAYMOND (Le sieur). Il est tenu, ainsi que ses agens, de cesser ses fonctions à Saint-Domingue, 15 prairial an V [3 juin 1797] (II, B. 127, n.º 1226).

RAYNAL (L'abbé). Le décret de prise de corps rendu contre lui par le parlement de Paris, est déclaré contraire aux droits de l'homme, et comme non avenu, 15 = 18 août 1790.

RAYON d'attaque des places de guerre. Sa fixation, 10 juillet 1791, et 24 décembre 1811 (IV, B. 411, n.º 5743).

RAYON constitutionnel (Fixation du) dans lequel les troupes ne peuvent entrer sans l'autorisation du Corps législatif, constitution de l'an III. V. Armée au titre Mouvement.

RÉAL (Le conseiller d'état) est chargé de l'instruction et de la suite des affaires relatives à la tranquillité et à la sûreté intérieure de la République, 11 pluviôse an XII [1.er février 1804 (III, B. 388, n.º 3555). — de l'instruction des affaires de police pour les départemens compris dans le 1.er arrondissement, 21 messidor an XII [10 juillet 1804] (IV, B. 8, n.º 86).

RÉARPENTAGE. Cas où il a lieu, 15 = 29 septembre 1791.

RÉASSIGNATION Dans quel cas elle est ordonnée par le juge de paix, 14 = 26 octobre 1790.

(C. P. C.) Cas où le défendeur ne comparaissant point, le juge de paix ordonne qu'il sera réassigné, art. 5. — Le témoin défaillant est réassigné à ses frais, 263. — Si le témoin réassigné est encore défaillant, il est condamné, et par corps, à une amende de cent francs : le juge-commissaire peut même décerner contre lui un mandat d'amener, art. 264. — Cas où il doit être déchargé de l'amende et des frais de réassignation, 265.

RÉASSURANCE. (C. Co.) L'assureur peut faire réassurer par d'autres les effets qu'il a assurés, art. 342. — Prime de réassurance, ibid.

REBAIS. Arrêté qui change le jour de la tenue de la foire de cette commune, 23 brumaire an X [14 novembre 1801] (III, B. 126, n.º 976).

RÉBECQUI (Le sieur). Une indemnité lui est accordée pour frais de voyage et de séjour à Paris, 15 août 1792. — Il n'y a pas lieu à accusation contre lui, ibid.

REBELLES et REBELLION contre l'autorité publique et l'exécution des lois et des mandemens de justice. Mesures répressives de la rebellion, tribunaux auxquels est attribuée la connaissance des crimes de rebellion, et peines encourues par les rebelles, 9 octobre = 3 novembre 1789, 28 février = 17 avril, 26 et 27 juillet = 3 août, 25 septembre = 6 octobre, 26 septembre = 2 octobre 1791, 27 mars, 10 mai, 16 août et 1.er octobre 1793, 1.er brumaire et 25 pluviôse an II [22 octobre 1793 et 13 février 1794], 30 prairial an III [18 juin 1795] (I, B. 157, n.º 924), 3 brumaire an IV [25 octobre 1795] (I, B. 204, n.º 1221), 19 frimaire an VIII [10 décembre 1799] (II, B. 336, n.º 3462), et 19 pluviôse an XIII [8 février 1805] (IV, B. 32, n.º 537). — Toute cocarde, autre que la cocarde nationale, est un signe de rebellion : poursuite et punition de ceux qui la porteront, 5 = 8 juillet 1792, et 2 prairial an III [21 mai 1795] (I, B. 144, n.º 833). — Jugement des chefs et de leurs complices saisis dans des rassemblemens armés, 14 thermidor an III [1.er août 1795], 1.er vendémiaire an IV [23 septembre 1795], (I, B. 183, n.º 1119), 24 fractidor an IV [10 septembre 1796] (II, B. 75, n.º 698), 19 fructidor an VI [5 sept. 1797, (II, B. 142, n.º 1400. — Les individus qui ont rempli des fonctions civiles ou militaires parmi des rebelles, sont exclus des assemblées primaires, 5 ventôse an VI [23 février 1798] (II, B. 185, n.º 1741). — Ceux qui en ont été les chefs ne peuvent être élus par les assemblées électorales, 6 germinal an VI [26 mars 1798] (II, B. 192, n.º 1778). — Tous les rebelles qui livrent un de leur chefs sont soustraits à toute poursuite judiciaire pour le fait de rebellion, 26 fructidor an VII [12 septembre 1799] (II, B. 308, n.º 3258).

— (C. P. C.) Il est dressé procès-verbal de rebellion par tout officier public insulté dans l'exercice de ses fonctions, art. 555. — Manière de procéder en cas de rebellion par le débiteur, 785.

— (C. I. C.) Les crimes de rebellion à la force armée sont de la compétence des cours spéciales, art. 553 et 554.

— (C. P.) Attaque ou résistance envers les officiers ministériels, qui est qualifiée de crime ou délit de re-

bellion, art. 209. — Différentes peines auxquelles donnent lieu les diverses sortes de rebellions, 210 et suiv. — Peines encourues par les provocateurs de rebellion, 217. — Réunions considérées comme réunions de rebelles, 219. — Epoques auxquelles les peines pour rebellion sont subies par les prisonniers qui les ont encourues, 220. — Les chefs peuvent être condamnés à rester sous la surveillance spéciale de la haute police, 221.

REBOURS (Le sieur) est mis hors de la loi, 11 thermidor an II [29 juillet 1794] (I, B. 31, n.º 160).

REBUT des fournitures défectueuses. V. Armée aux titres Marchés et Fournitures.

RECÈLEMENT et RECELEURS. Peines encourues par les receleurs d'objets volés, et de cadavres de personnes homicidées, 25 septembre = 6 octobre 1791, 3 brumaire an IV [25 octobre 1795] (I, B. 204, n.º 1221). — Par les receleurs d'ecclésiastiques condamnés à la déportation. V. Clergé et Déportation; — de conscrits réfractaires et de déserteurs. V. Armée aux titres Conscription et Discipline.

— (C. Civ.) Celui qui a recélé des effets d'une succession ne peut plus y renoncer, art. 792. — Il ne peut plus profiter du bénéfice d'inventaire, 801. — Effet du recèlement d'objets de la communauté à l'égard de la veuve, des héritiers et de l'époux, 1460 et 1477. V. Divertissement.

— (C. Co.) Poursuite à exercer contre la femme d'un failli, qui aurait détourné, diverti ou recélé des effets mobiliers et bijoux, art. 555.

— (C. P.) Les personnes qui ont recélé des choses enlevées sont punies comme complices de ce crime ou délit, art. 62 et 63. — Peines pour avoir recélé des espions ou des soldats ennemis envoyés à la découverte, 83 ; — pour avoir recélé des individus coupables de délits emportant peine afflictive, 248 ; — et pour recèlement du cadavre d'une personne homicidée, 350.

RECENSE (Poinçon de). V. *Marque d'or et d'argent*.

RECENSEMENT *des grains*. V. *Grains*; — des habitans des villes. V. *Communes; Police* et *Population* ; — des scrutins dans les assemblées politiques. V. *Scrutin*.

RECEPAGE (Fonctions des conservateurs des forêts, relativement au), 15 = 29 sept. 1791. — Dispositions pour les travaux du recepage des bois des communautés d'habitans, *ibid*.

RÉCÉPISSÉS. Comptes à rendre de la somme à laquelle montent les récépissés des contrats au profit de diverses maisons religieuses, 16 avril 1792. — Forme des récépissés à donner pour les pièces déposées à l'effet de constater la propriété de rentes sur l'Etat, 29 décemb. 1790 = 5 janv. 1791. — Cessation de délivrance de récépissés de liquidation et rapport des récépissés en circulation pour la reconstitution et inscription des rentes au grand-livre, 24 août 1793, art. 25. — Dispositions concernant l'envoi pour comptant à la trésorerie nationale, de récépissés et bons en paiement des contributions, 18 fructidor an II [4 septembre 1794] (I, B. 54, n.° 285). — Cas où les récépissés sont exempts du timbre, 13 brumaire an VII [3 novembre 1798], art. 16 (II, B. 237, n.° 2136). — Droit pour l'enregistrement des récépissés de pièces, 22 frimaire an VII [12 décembre 1798], art. 68, §. 1.er, n.° 22 (II, B. 248, n.° 2224). — Les récépissés délivrés aux comptables publics sont exempts de l'enregistrement, *ibid*. art. 70. §. III, n.° 7.

— (C.P.C.) Dans les procès par écrit, les communications sont prises au greffe sur les récépissés des avoués, art. 106. — Cas où la communication est faite entre avoués sur récépissé, 189.

RÉCEPTION (Droits de). Leur abolition, 31 mai = 27 juin 1790. — Mode de remboursemen. des frais de réception des titulaires d'offices et des officiers ministériels, 7 = 11 septembre et 24 décembre 1790 = 23 février 1791.

RECETTES. C.P.C.) Celles que doit comprendre un compte, art. 533. V. *Comptes*.

— (C Co.) Les agens de change ni les courtiers ne peuvent recevoir ni payer pour le compte de leurs commettans, art. 85.

— (C. P.) Les recettes des représentations d'ouvrages dramatiques faites au mépris des réglemens concernant la propriété des auteurs, sont confisquées, art. 428.

RECETTES *communales, départementales et municipales*. Loi qui règle le mode administratif de ces recettes, détermine et classe les objets dont elles se composent, et en règle la perception, l'emploi et la comptabilité, 11 frimaire an VII [1er décembre 1798] (II, B. 247, n.° 2220), 28 pluviôse an VIII [17 février 1800] (III, B. 17, n.° 115), et 12 août 1806 (IV, B. 114, n.° 1856).

RECETTES *publiques*. Les états en sont rendus publics par la voie de l'impression, 19 septembre 1789, constitutions des 3 = 14 septembre 1791, de l'an III et de l'an VIII. — Division des recettes en recettes ordinaires et extraordinaires : les recettes ordinaires se versent au trésor public, 21 décembre 1789 = janv.er 1790, 22 décembre 1790, 14 = 17 avril 1791. V. *Trésor public*. — Les recettes extraordinaires se versent dans une caisse particulière, dite caisse de l'extraordinaire, 21 décembre 1789 = janvier 1790, 6 = 12 décembre 1790. V. *Caisse de l'extraordinaire*. — Objets dont se composent les recettes publiques, et mode de présentation des comptes généraux et particuliers, 11 frimaire an VII [1.er décembre 1798] (II, B. 247, n.º 2220), 1.er pluv. an VIII et 19 niv. an IX [6 = 21 janv. 1800 et 9 janv. 1801] (III, B. 1, n.º 8, et 63 , n.º 463).—Versement des recettes extraordinaires à la caisse d'amortissement, 19 ventôse an X [10 mars 1802] (III, B. 170, n.º 1315). V. *Caisse d'amortissement.* — Mode de contrôle des recettes faites par les receveurs généraux et particuliers des contributions, sur les états mensuels qu'ils adressent au ministre du trésor, 27 prairial an X [16 juin 1802] (III, B. 197, n.º 1741). V. *Receveurs.*

RECEVEURS, CAISSIERS, PAYEURS et TRÉSORIERS *en général.* Instruction de l'Assemblée nationale sur leurs fonctions et leur traitement, 12 = 20 août 1790. — Poursuites relatives aux décès, faillites, évasion ou abandon pour toute autre cause des receveurs des deniers publics, 14 = 24 novembre 1790, 11 août = 17 octobre 1792, 5 juin 1793.— Droits d'enregistrement auxquels sont assujettis leurs cautionnemens, 5 = 19 décembre 1790, 22 frimaire an VII [12 décembre 1798] (II, B. 248, n.º 2224). V. *Cautionnemens.*—Tous les receveurs sont tenus de rendre compte de leur fortune acquise depuis la révolution, 6 septembre 1793. — Comptes à rendre par tous les percepteurs des recettes extraordinaires établis sans une autorisation directe et spéciale de la loi, 13 frim. an III [3 déc. 1794] (I, B. 94, n.º 486). — Messages du Directoire et projet de résolution relatifs aux vols des caisses des receveurs, 27 nivôse, 11 messidor et 7 thermidor an V et 17 messidor an VI [16 janvier, 29 juin et 25 juillet 1797, et 5 juillet 1798]. — Formalités prescrites pour les saisies-arrêts ou oppositions entre les mains

des receveurs ou administrateurs de caisses ou deniers publics, 18 août 1807 (IV, B. 155, n.º 2663). — Le mode établi pour le recouvrement du débet des comptables est commun à leurs agens ou préposés, lorsque ceux-ci ont fait personnellement la recette des deniers publics, 12 janvier 1812 (IV, B. 345 , n.º 6464).

—(C. P. C.) Les receveurs ne sont point assignés en déclaration, mais ils délivrent un certificat constatant s'il est dû à la partie saisie, et énonçant la somme, si elle est liquide, art. 569.

RECEVEURS *des amirautés.* Vérification de leurs caisses, et apurement de leurs comptes, 9 = 13 août 1791 et 22 = 27 mai 1792. V. *Amirautés.*

RECEVEURS *des bénéficiers, chapitres et communautés religieuses.* Amende prononcée contre ceux qui refusent de communiquer les baux des biens dépendant des bénéfices, 19 = 25 juillet 1790. V. *Clergé.*

RECEVEURS *du clergé.* Paiemens qu'ils sont autorisés à effectuer, et leur comptabilité, 18 = 23 juillet 1790. — Le reliquat du compte du receveur général doit être versé à la caisse de l'extraordinaire, 6 = 12 décembre 1790.—Compte à rendre par ce receveur, 26 décembre 1790 = 5 janvier 1791. V. *Clergé.*

RECEVEURS *des communautés d'habitans* (Les) sont tenus de verser chaque mois dans la caisse du district la totalité de leur recette, 23 novembre = 1.er décembre 1790, et 16 août = 13 novembre 1791.

RECEVEURS *des communes.* Leur institution, fonctions, devoirs, comptabilité et cautionnemens, 11 frimaire an VII [1.er décembre 1798] (II, B. 247, n.º 2220), 4 thermidor an X [23 juillet 1802] (III, B. 203, n.ºs 1850), 12 et 21 août 1806 (IV, B. 113 et 114, n.ºs 1850 et 1856), 27 février 1811 (IV, B. 354, n.º 6558).

— Poursuites à exercer par ces receveurs pour la rentrée et la perception des revenus des communes, 9 vendémiaire an XII [12 octobre 1803] (III, B. 321, n.º 3260). — Décret qui alloue au sieur de Billy, receveur municipal de la ville de Calais, des dépenses précédemment rejetées de ses comptes, et qui ordonne sa réintégration dans ses fonctions de receveur, 14 août 1811 (IV, B. 387, n.º 7174). — Fixation du traitement des receveurs municipaux des communes qui ont dix mille francs au plus de revenu, 24 août 1812 (IV, B. 447, n.º 8208). RECEVEURS *des contributions directes*, institués sous le nom de *receveurs généraux et particuliers des finances*, remplacés ensuite par les *receveurs de district*, auxquels ont succédé les *receveurs généraux de département et particuliers d'arrondissement*, et les *percepteurs*. Les receveurs des contributions directes sont chargés de la perception de la contribution patriotique ; leur comptabilité à cet égard, 6 = 9 octobre 1789, 25 février = 4 mars 1791, 16 = 23 mars 1792. — Les fermages et loyers des domaines et droits réels des apanages sont versés dans leurs caisses, 13 avril, 20 et 21 décembre 1790 = 6 avril 1791 ; — ainsi que les revenus des biens ecclésiastiques, 14 et 20 = 22 avril, 11 = 24 août, 18 = 21 septembre 1790. — Ils sont tenus de fournir chaque mois un état de leur recette, 1.er = 20 juin, 3 = 14 septembre 1790. — Le montant des ventes des domaines et bois, et des quarts de réserve des bois des communautés, est versé dans leur caisse, 6 et 7 = 23 juin 1790. — Ils sont chargés de présenter aux directoires de district les registres des impositions pour en constater le recouvrement, 13 = 22 juillet 1790. — Mesures qui leur sont prescrites pour le recouvrement des impositions ar-riérées, 8 août 1790. — Ils sont chargés du paiement des indemnités accordées pour les dîmes supprimées, 23 octobre = 5 novembre, 1.er = 10 décembre 1790. — Suppression des ci-devant receveurs généraux et particuliers des finances, et nomination des receveurs de district, 12 et 14 = 24 novembre 1790. — Leur cautionnement, responsabilité, gestion et comptabilité, *ibid.* et 30 novembre = 5 décembre, 20 décemb. 1790, 17 = 23 février, 3 mai = 8 juin, 8 et 9 = 15 mai, 1.er juin, 16 août = 13 novembre 1791, 28 décembre 1791 = 4 janvier 1792, 30 janvier = 3 février, 11 = 15 avril, 25 juillet 1792, 5 février 1793, 19 fructidor an II [5 septembre 1794] (I, B. 55, n.º 292), 11 messidor an III [29 juin 1795] (I, B. 159, n.º 932), 16 germinal et 2 fructidor an IV [5 avril et 19 août 1796] (II, B. 38 et 69, n.ºs 302 et 636). — Incompatibilité de leurs fonctions avec celles d'administrateurs, de juges et de députés, 27 novembre = 1.er décembre 1790, 3 = 14 septembre 1791. V. *Incompatibilité*. — Les receveurs des domaines et bois versent dans leurs caisses le montant de leurs recettes, 19 = 25 décembre 1790, 7 = 13 juillet 1792. — Visa des contraintes décernées par les receveurs des districts, 23 décembre 1790 = 5 janvier 1791. — Ils sont chargés de payer les pensions dues par l'État aux ecclésiastiques, 11 = 19 janvier 1791. — Mesures qui leur sont prescrites pour l'envoi de leurs recettes, 27 janvier = 4 février, 10 et 27 = 30 mars 1791 = 22 mai 1793. — Leur comptabilité particulière relative à la recette des droits incorporels, 9 = 20 mars, 19 août = 12 septembre 1791. — Proclamation du Roi concernant l'arrêté des comptes des receveurs particuliers des ci-devant provinces de Bourgogne, de

Flandre, de Hainaut et d'Artois, pour la capitation et les vingtièmes des exercices antérieurs à 1790, 3 avril 1791. — Les produits des droits d'enregistrement, du timbre et des douanes sont versés dans les caisses des receveurs de district, 8 = 15 mai 1791. — Ils ne peuvent être en même temps percepteurs ou agens des contributions indirectes, 8, 27 mai = 1.er juin 1791. — Ils sont chargés de la rédaction et de l'envoi des bordereaux de ventes de biens nationaux sur lesquelles les municipalités ont un 16.e, 9 = 17 juin 1791. — La ville de Paris est maintenue dans le droit d'avoir six receveurs de contributions foncière, mobilière et autres, 17 = 19 juin 1791. — Les receveurs de district sont chargés de recevoir le montant des recettes des receveurs des droits de navigation, 9 = 13 août 1791. — Leurs traitemens et remises, 23 octobre = 13 novembre 1791, 16 juillet, 23 septembre 1793, 30 nivôse an IV [20 janvier 1796] (II, B. 20, n.º 127). — Estampille dont ils doivent se servir pour annuller les assignats, 20 = 25 novembre 1791. — Le produit des grains et farines vendus par les municipalités est versé dans leurs caisses, 9 = 14 mars, 25 novembre 1792; — ainsi que celui des sels et tabacs, 22 = 26 mars 1792. — Ils sont autorisés à échanger des assignats contre du numéraire, et des matières d'or et d'argent, 26 = 29 avril 1792. — Ils sont chargés de payer la solde des vétérans et les pensions des invalides, 30 avril = 16 mai 1792; — la taxe des témoins appelés devant la haute-cour, 29 mai = 16 juin 1792. — Les assignats provenant des revenus des émigrés sont versés dans leurs caisses, 24 = 28 juillet 1792. — Fixation de leurs cautionnemens, 16 = 17 septembre 1792, 16 germinal an IV [5 avril 1796] (II, B. 37, n.º 289), 6 fri-

maire an VIII [27 novembre 1799] (II, B. 331, n.º 3342), 28 nivôse an VIII [18 janvier 1800] (II, B. 1, n.º 6). — Ils sont chargés du paiement de toutes les pensions civiles, militaires et autres, 6 juin 1793; — des indemnités accordées aux commissaires des assemblées primaires, 14 août 1793. — Ce qui leur est prescrit relativement aux dépôts faits dans leurs caisses, 23 septembre 1793. — Etablissement auprès des caisses de receveurs de district, d'une garde permanente pour veiller à leur conservation, 7 pluviôse an II [26 janvier 1794]. — Comptes à rendre par les anciens receveurs de district, 30 germinal an II [19 avril 1794]. — Poursuites à exercer contre les receveurs coupables de falsification de leurs rôles, 26 septembre = 2 octobre 1791, 28 prairial an II [16 juin 1794] (I, B. 5, n.º 23). — Nomination de deux inspecteurs des envois des receveurs, 1.er messidor an II [19 juin 1794] (I, B. 6, n.º 29). — Les parens et alliés jusqu'au degré de cousin germain inclusivement, ne peuvent être en même temps, l'un receveur de district, et l'autre administrateur du directoire ou agent national du même district, 17 frimaire an III [7 décembre 1794] (II, B. 97, n.º 499). — Les sommes payées par les receveurs pour la fabrication du salpêtre leur sont passées en dépense, 1.er floréal an III [20 avril 1795] (I, B. 139, n.º 776). — Leur nomination par le Directoire, constitution de l'an III, art. 153. — Les receveurs du département de la Seine sont autorisés à recevoir des contribuables les bons du quart, 19 floréal an VI [8 mai 1798] (II, B. 199, n.º 1823). — Loi sur les taxations des receveurs généraux des départemens et de leurs préposés, 17 fructidor an VI [3 septembre 1798] (II, B. 222, n.º 1993). — Remise qui leur est accordée sur les recettes départementales, 11 frimaire an VII [1.er novembre 1798] (II, B. 247, n.º 2220). — Ils sont, ainsi que leurs préposés, dispensés du service de la garde nationale, 23 floréal an VII [12 mai 1799] (II, B. 276, n.º 2845). — Ils sont tenus de souscrire des obligations pour le montant des contributions, 6 frimaire an VIII [27 novembre 1799] (II, B. 331, n.º 3342), 28 nivôse an VIII [18 janvier 1800] (III, B. 1, n.º 6).—Mode de remboursement de leurs cautionnemens en cas de cessation de fonctions, 23 ventôse an VIII [14 mars 1800] (III, B. 11, n.º 82). — Création des receveurs particuliers d'arrondissement, leurs obligations et cautionnemens, 27 ventôse et 24 germinal an VIII [18 mars et 14 avril 1800] (III, B. 15 et 21, n.ºs 105 et 143). — Fixation et mode de paiement des intérêts des cautionnemens, 27 floréal an VIII [17 mai 1800] (III, B. 27, n.º 176), 9 frimaire an IX [30 novembre 1800] (III, B. 57, n.º 412). — Les receveurs jouissent de la franchise et du contre-seing dans leur arrondissement, 27 prairial an VIII [16 juin 1800] (III, B. 39, n.º 195), 17 brumaire an IX [8 novembre 1800] (III, B. 53, n.º 387). — Fonctions qui leur sont attribuées relativement aux contraintes à exercer contre les percepteurs et les contribuables, 16 thermidor an VIII [4 août 1800] (III, B. 38, n.º 244). — Bordereau qu'ils doivent dresser des ordonnances de dégrèvement, décharge ou modérations restées entre leurs mains, 14 fructidor an VIII [1.er septembre 1800] (III, B. 53, n.º 385). — Les conseils de préfecture statuent sur les réclamations de ceux dont les caisses ont été pillées et volées, ou dont les rôles ont été brûlés avant leur recouvrement, 27 pluviôse an IX [16 février 1801] (III, B. 70,

n.º 539). — Etablissement d'inspecteurs généraux chargés de vérifier leurs caisses, 19 fructidor an IX [6 septembre 1801] (III, B. 101, n.º 847). — Un double des procès-verbaux de la vérification est adressé aux ministres du trésor public et des finances, 5 vendémiaire an X [27 septembre 1801] (III, B. 107, n.º 874). — Ils font des soumissions pour le recouvrement des patentes, 26 brumaire an X [17 novembre 1801] (III, B. 130, n.º 988). — Remise accordée sur leur produit, ibid. — Bons à vue que les receveurs généraux souscrivent pour l'abonnement des maires au Bulletin des lois, 19 frimaire an X [10 décembre 1801] (III, B. 136, n.º 1034). — Arrêté qui ordonne de traduire devant les tribunaux un ex-receveur général des contributions, prévenu d'avoir détourné les deniers de sa caisse, 3 pluviôse an X [23 janvier 1802] (III, B. 159, n.º 1210). — Epoque à laquelle les receveurs ne doivent plus recevoir des contribuables des bons au porteur en paiement des arrérages de rentes, 23 pluviôse an X [12 février 1802] (III, B. 164, n.º 1244). — Versement au trésor public des bons qu'ils ont dans leurs caisses, ibid. — Les fonds provenant de la taxe d'entretien des routes sont versés directement dans la caisse des receveurs généraux, 7 ventôse an X [26 février 1802] (III, B. 165, n.º 1264). — Bons à vue qu'ils souscrivent pour cette recette, ibid. — Les receveurs généraux et particuliers qui n'ont pas fourni leur cautionnement en immeubles, ou l'ont fourni, peuvent le donner ou le convertir en tiers consolidé, 13 germinal an X [3 avril 1802] (III, B. 174, n.º 1349). — Formes à observer pour la mise en jugement des percepteurs des contributions, 10 floréal an X [30 avril 1802] (III, B. 188, n.º 1496).

— L'intérêt des cautionnemens en numéraire est fixé pour l'an X à 6 pour cent, 20 floréal an X [10 mai 1802] (III, 180, n.° 1545).—Mode de contrôle des recettes faites par les receveurs généraux et particuliers sur les contributions indirectes, 27 prairial an X [16 juin 1802] (III, B. 197, n.° 1741). — Ils jouissent de la remise d'un tiers de centime par franc sur les produits de la masse d'entretien des routes, 6 messidor an X [25 juin 1802] (III, B. 199, n.° 1787). — Etablissement de receveurs particuliers dans les villes et communes dont les rôles s'élèvent au dessus de quinze mille francs, 4 pluviose an XI [24 janvier 1803] (III, B. 243, n.° 2262). V. Percepteurs.—Nouvelle fixation du cautionnement des receveurs, 5 vent. an XII [25 fév. 1804] (III, B. 345, n.° 3610). —Décret concernant les recettes non soumissionnées que les receveurs généraux versaient au trésor public en bons à vue, 2 messidor an XII [21 juin 1804] (IV, B. 6, n.° 54). Fonds destinés au paiement des remises et traitemens des receveurs généraux et particuliers, 2 ventôse an XIII [21 février 1805] (IV, B. 34, n.° 570). — Injonction aux receveurs généraux de département et aux receveurs d'arrondissement d'énoncer leurs titres et qualités dans les actes translatifs de propriété, 5 septembre 1807 (IV, B. 159 n.° 2775). — Réglement sur le service des receveurs pour le compte de la caisse d'amortissement, 11 septemb. 1808 (IV, B. 206, n.° 3774). — Leur responsabilité pour défaut de poursuites contre des percepteurs en debet, 4 novembre 1811 (IV, B. 400, n.° 7411). — Rejet de la demande d'un receveur particulier d'arrondissement, tendant à être relevé de la responsabilité d'un ex-percepteur, 20 sept. 1812 (IV, B. 456, n.° 8398). — Avis du Conseil d'état concernant les percepteurs à vie qui se trouveraient dans le cas d'être rappelés depuis le sénatus-consulte sur la levée des 300,000 conscrits, 26 décembre 1813 (IV, B. 549, n.° 10005). — Prorogation de délai pour certaines inscriptions hypothécaires à prendre par les anciens receveurs de la contribution foncière hollandaise et des polders, dans l'arrondissement de Zierickzée, 6 janvier 1814 (IV, B. 552, n.° 10045).

RECEVEURS *des contributions indirectes* Incompatibilité de leurs fonctions avec les fonctions municipales, 14 = 18 déc. 1789. V. *Incompatibilité*. — Ils sont tenus de donner aux autorités administratives tous les renseignemens qu'elles leur demandent sur le produit des impositions et droits, 2 = 14 octobre 1790. — Ils versent les deniers de leur récolte dans les caisses des receveurs de district, 16 août = 13 novembre 1791. — Comptabilité du receveur général des entrées de Paris, 28 messidor an III [16 juillet 1795] (I, B. 165, n.° 968).

— *des Consignations*. Il leur est défendu de remettre aucun dépôt, si on ne justifie du paiement des contributions, 5 = 18 août 1791. — La vénalité et l'hérédité de leurs offices sont supprimées, 30 septembre = 19 octobre 1791. — Les directoires de district sont autorisés à en établir avec cautionnement dans les lieux où il n'en existait pas, *ibid.* — Les receveurs sont tenus de faire viser les effets au porteur dont ils sont dépositaires, 27 août 1792; — de verser à la trésorerie les sommes consignées dans leurs caisses, 23 septembre 1793; — de délivrer des certificats aux parties prenantes, 27 brumaire an II [17 novembre 1793]. — Liquidation de leurs offices, et mode de reddition de leurs comptes, 13 et 16 germinal an II [2 et 5 avril

1794]. — Les sommes versées dans leurs caisses doivent être payées en mêmes espèces, 30 pluviôse an V [18 février 1797] (II, B. 107, n.º 1015). V. *Consignations* et *Dépôts*.

RECEVEURS *des décimes.* Paiemens qu'ils sont autorisés à effectuer, et comptes à rendre par eux, 18 = 23 juillet 1790, 15 = 19 janvier 1791, 5 et 16 fructidor an III [22 août et 2 septembre 1795] (I, B. 174 et 176, n.ºs 1046 et 1066). — Ils sont tenus de verser à la caisse de l'extraordinaire la totalité des deniers étant en leurs mains pour reliquat de comptes par eux précédemment rendus, 14 = 21 septembre 1790. — Mode de leur liquidation, 4 = 15 mai 1791. V. *Décimes.*

— *de District.* V. *Receveurs des contributions indirectes.*

— *des Domaines.* Ils sont chargés de continuer à acquitter les frais de justice criminelle, 19 = 27 septemb. 1790. — Ils sont tenus de verser leurs recettes dans les caisses des receveurs de district, 19 = 25 décembre 1790. — Mode de reddition et d'apurement des comptes des receveurs des domaines des princes apanagés, 11 messidor an III et 22 vendémiaire an IV [29 juin et 14 octobre 1795] (I, B. 158 et 195, n.ºs 932 et 1167). V. *Domaines.*

— *des Douanes.* V. *Douanes.*

— *des Droits réunis.* V. *Droits réunis.*

— *des Economats.* V. *Economats.*

— *de l'Enregistrement.* Incompatibilité de leurs fonctions avec celles de notaire, procureur, greffier, huissier et juge, 5 = 19 décembre 1790. — Ils sont chargés de la perception des amendes judiciaires, et de police civile, rurale et forestière, *ibid.* et 19 = 22 juillet, 15 = 29 septembre, 28 septembre = 6 octobre 1791. — Leurs fonctions, attributions et droits, 16, 18 = 27

mai 1791, &c. V. *Enregistrement* (Régie de l').

— *des Épices et amendes.* Leurs droits sont supprimés, 5 = 19 décembre 1790.

— *des Finances, généraux et particuliers.* Mode de reddition de leurs comptes, et liquidation de leurs finances, 20 = 25 décembre 1790, 4 = 15 mai, 9 = 16 juillet, 10 = 17 décembre 1791, 3 = 19 juillet, 10 et 21 décemb. 1792, 31 janvier, 30 mai 1793, 27 brumaire an II [17 novemb. 1793]. — Ils sont mis en état d'arrestation dans une maison commune pour y rendre leurs comptes et solder le reliquat de ces comptes, 4 et 5 frimaire an II [24 et 25 novembre 1793], 1.er et 21 pluviôse an II [20 janvier et 9 février 1794], 4 et 27 germinal, et 28 messidor an II [24 mars, 16 avril, et 16 juillet 1794]. — Autorisation de rembourser plusieurs receveurs généraux, 26 messidor an III [14 juillet 1795]. — Mode de l'apurement définitif des comptes des receveurs généraux et particuliers, 9 fructidor an III et 3 vendémiaire an IV [26 août et 25 septemb. 1795] (I, B. 174 et 185, n.º 1054 et 1129).

— *généraux de département.* V. *Receveurs des contributions directes.*

— *des Hôpitaux et autres établissemens de bienfaisance.* V. *Hôpitaux.*

— *des Imposition:.* V. *Receveurs des contributions directes.*

— *de la Loterie nationale.* V. *Loteries de France anciennes et nouvelles.*

— *municipaux.* V. *Receveurs de communes.*

— *des droits de Navigation.* Les marchandises et effets provenant des débris de naufrages ou épaves, et les hardes des marins décédés, sont remis entre leurs mains, 30 mai = 8 juin 1792. V. *Navigation.*

— *des Octrois.* V. *Octrois.*

— *des Ordres de Saint-Lazare et de*

Notre-Dame-du-Mont-Carmel. V. *Ordres de chevalerie en général.*

— *particuliers d'arrondissement.* V. *Receveurs des contributions directes.*

— *des Pays d'états.* Ceux qui n'ont pas rendu leurs comptes sont exclus des administrations de département et de district, 20 mars et 19 = 20 avril 1790. — Ce qui leur est prescrit relativement au paiement des intérêts dus aux créanciers de ces ci-devant pays, 21 = 29 septembre 1791. — Droits qui leur sont attribués, *ibid.* — Compte qu'ils rendront de ce paiement, *ibid.* Mode de leur comptabilité, 3 = 19 juillet et 19 septembre 1792. V. *Pays d'états.*

— *des Provinces.* Ils sont tenus de rendre leurs comptes aux nouvelles administrations, 28 décembre 1789 = 10 avril 1790.

— *des Tailles et taillons.* Liquidation de leurs offices, 27 germinal an II [6 avril 1794].

— *de la Taxe d'entretien des routes.* V. *Chemins* et *Taxe d'entretien des routes.*

— *du Trésor public.* Leur nomination, fonctions et traitement, 16 août = 13 novembre 1791. V. *Trésor public.*

RECHANGE. (C. Co.) Comment il s'effectue, art. 177. De quelle manière il se règle à l'égard du tireur et des endosseurs, 179. — Les rechanges ne peuvent être cumulés, 183. — Cas où il n'est point dû de rechange, 186.

RECHARGEMENT. (C. Co.) Dans quel cas le chargeur est obligé de payer les frais de rechargement, 201.

RECHERCHES. Toutes recherches sont défendues contre les députés pour raison de ce qu'ils ont dit, écrit ou fait dans l'exercice de leurs fonctions, 23 juin 1789 = 3 février 1791, et constitutions des 3 = 14 septembre 1791, et 5 fructidor an III [22 août 1795]. — Droits de

recherches dus aux receveurs de l'enregistrement et aux greffiers, 29 septembre = 9 octobre 1791, 21 frimaire et 21 ventôse an VII [19 décembre 1798 et 11 mars 1799], art. 58 (II, B. 24, et 266, n.os 2223 et 2628). — Heures auxquelles la gendarmerie peut faire des recherches dans les maisons pour constater des vols, des délits, &c., 4 août 1806 (IV, B. 110, n.º 1806). V. *Police* et *Visites domiciliaires.*

— (C. Civ.) La recherche de la paternité est interdite, art. 340. Celle de la maternité ne l'est pas, 341.

RÉCIDIVE (Peine de la) pour les délits de police municipale, 19 = 22 juillet 1791; — de police rurale, 28 septembre = 6 octobre 1791; — pour les crimes, 25 septemb. = 6 octobre 1791, 3 brumaire an IV [25 octobre 1795] (I, B. 204, n.e 1221), 25 frimaire an VIII [16 décembre 1799] (II, B. 337, n.º 3471); — contre les forçats, 17 thermidor an XIII [5 août 1805] (IV, B. 52, n.º 869).

— (C.P.C.) Les parties peuvent être condamnées à l'amende en cas de récidive dans le manque de modération et de respect devant un juge de paix, art. 10.

— (C.I.C.) En cas de récidive dans leur négligence, le procureur général doit dénoncer à la cour impériale les officiers de police judiciaire et les juges d'instruction, art. 281. — Sur l'autorisation de la cour, il les fait citer à la chambre du conseil, *ibid.* — Injonction et condamnation aux frais que la cour prononce, *ibid.* — Cas dans lequel il y a récidive, 282. V. *Réhabilitation.*

— (C. P.) Peines encourues pour crimes et délits commis par récidive, art. 56 et suiv. — Contraventions de police dont la récidive entraîne toujours l'emprisonnement, 471, 474, 475 et 478.

RÉCLAMATIONS. Celles qui ont lieu contre les autorités administratives ne sont adressées au Corps législatif que dans le cas de déni de justice, 3 = 8 septembre 1790.

(C. P.) Peines encourues par les membres des autorités judiciaires ou administratives qui auraient persisté à connaître d'une affaire malgré les réclamations légales des parties intéressées, art. 129 et 131. V. *Vagabondage.*

— *en matière de contributions, pour décharge, dégrèvement et modération.* V. *Contributions directes* et *Patentes.*

— *en matière ecclésiastique.* Les archevêques connaissent des réclamations contre la conduite et les décisions de leurs suffragans, 18 germinal an X [8 avril 1802] (III, B. 172, n.º 1344).

— *des Effets mobiliers déposés dans les greffes et conciergeries des tribunaux,* 11 germinal an IV [31 mars 1796] (II, B. 36, n.º 281).

— *d'État.* (C. Civ.) Tribunaux compétens pour statuer sur les réclamations d'état et procédure à ce sujet, art. 326 *et suiv.* V. *État politique.*

— *d'Indemnités et de secours pour pertes.* V. *Indemnités, Pertes* et *Secours.* Formalités prescrites pour la validité des réclamations en indemnité faites par les capitaines de navires, art. 435 et 436.

— *contre la Formation des listes des citoyens ayant droit de voter dans les assemblées et des plus imposés.* V. *Assemblées politiques, Citoyens actifs* et *Listes.*

— *contre l'Inscription sur les listes d'émigrés.* V. *Émigrés.*

— *en matière de succession.* (C. Civ.) Chaque copartageant est admis à en proposer contre la formation des lots, art. 835. — Délai passé lequel les réclamations ne sont pas admises

au sujet du règlement des parts des associés. V. *Société.*

RECLUSION (La peine de la) remplace, à l'égard des filles et des femmes, la peine des fers; elle est afflictive et infamante, 25 septembre = 6 octobre 1791, et 3 brumaire an IV [25 octobre 1795] (I, B. 204, n.º 1221). — Mode d'application de cette peine, et ses effets, *ibid.* — Effets de cette peine prononcée contre les prêtres réfractaires, 30 ventôse an II [20 mars 1794]. V. *Clergé.* — Établissement de maisons centrales de détention pour les condamnés à la reclusion. V. *Prisons.*

— (C. Civ.) Le jugement qui prononce le divorce peut condamner la femme adultère à la reclusion dans une maison de correction, art. 298 et 308. — Le père peut faire renfermer son enfant pour inconduite, 376. — Formalités à observer par le tuteur qui veut provoquer la reclusion du mineur, 468.

— (C. I. C.) Ce n'est qu'après cinq ans, depuis l'expiration de la peine, que les condamnés à la reclusion peuvent demander leur réhabilitation, art. 619. V. *Réhabilitation.*

— (C. P.) La reclusion est au nombre des peines afflictives et infamantes, art. 7. — Dans quelle maison les condamnés subissent cette peine, et sa durée, 21 et 23. — Incapacité résultant de la condamnation à la reclusion, 28. — Les condamnés restent, pendant toute leur vie, sous la surveillance de la haute police, 47. — La reclusion considérée sous le rapport de la récidive, 56; — relativement au condamné âgé de moins de seize ans, 67; — et à l'égard des septuagénaires, 70, 71 et 72.— Crimes dont la simple proposition est punie de la reclusion, 90.—Cette peine est encourue pour non-révélation d'un crime de lèse-majesté, dont le projet était connu, 103 et 104. — La même peine est infligée pour avoir fait un usage préjudiciable aux intérêts de l'État, de timbres nationaux, de marteaux forestiers ou de poinçons destinés à la marque des matières d'or et d'argent, 141; — pour avoir commis un faux en écriture privée ou s'être servi de la pièce fausse, 150 et 151; — pour le crime de concussion, 174. — La même peine a lieu contre le juge prononçant en matière criminelle, ou le juré qui se serait laissé corrompre, 181; — contre le fonctionnaire public, l'agent ou le préposé du Gouvernement, qui, par une réquisition ou un ordre, aurait abusé de son autorité au détriment de la chose publique, 188. — Crimes ou délits de rebellion qui sont punis de la reclusion, 210. — Même peine pour faux témoignage, 362 et 363; — pour différentes sortes de vols, 386 et suiv.; — pour contrefaçon ou altération de clefs par un serrurier, 392; — pour communication de secrets d'une fabrique à des étrangers, 418; — pour manquement du service des armées par la faute des personnes chargées de la fourniture, 430; — pour destruction d'édifices, de ponts, &c., 437; — pour destruction d'actes de l'autorité publique, ou d'effets de commerce ou de banque, 439; — pour avoir pris part à un pillage ou dégât de denrées ou marchandises, 441.

RÉCOLEMENT. (C. P. C.) L'huissier chargé d'une saisie qui a été déjà faite, peut procéder au récolement des objets que le gardien est tenu de lui représenter, art. 611. — Faculté de récolement et de vente donnée à tout opposant ayant titre exécutoire, lorsque le saisissant n'a pas fait vendre dans la huitaine de la signification de la saisie, 612. — Ce que doit contenir le procès verbal de récolement qui précède la vente, 616.

— (Tarif des frais en mat. civ.), art. 35 et 37.

RÉCOLEMENT *des coupes de bois*. V. *Bois:* — des objets compris dans une saisie. V. *Saisies;* — des témoins. V. *Témoins.*

RECOLOGNE (Le sieur) Dispositions relatives à son expérience sur la fabrication du salpêtre, 31 janvier 1792.

RÉCOLTES. La connaissance des dommages faits aux récoltes est dans les attributions des juges de paix, 16 = 24 août 1790. — Mesures de police contre les dévastateurs des récoltes, dont l'exécution est confiée à la gendarmerie, 16 janvier = 16 février 1791. V. *Gendarmerie.* — Les propriétaires sont libres de les conserver à leur gré, et nulle autorité ne peut en suspendre ou intervertir les travaux, 5 = 12 juin 1791. — Peines contre les individus qui ravagent, brûlent ou détruisent les récoltes, 25 et 28 sept. = 6 oct. 1791, 3 brum. an IV [25 octobre 1795] (I, B. 204, n.º 1221), et Code pénal, art. 444. — Dégrèvement de contributions accordé à ceux dont les récoltes ont été détruites, 26 septembre = 2 octobre 1791, et 3 frimaire an VII [23 novembre 1798] (II, B. 243, n.º 2197). — Il est sursis à l'exécution du traité relatif à l'échange des récoltes entre les Français et les habitans de l'électorat de Trèves, 16 = 19 juillet 1792. — Annullation des jugemens en vertu desquels des fermiers sont privés de leur récolte, 1.er messidor an II [19 juin 1794] (I, B. 7, n.º 35). — Établissement de gardes champêtres pour la conservation des récoltes, 20 messidor an III [8 juillet 1795] (I, B. 161, n.º 941) — Droits d'enregistrement pour les ventes et adjudications de récoltes sur pied, 22 frimaire an VII [12 décemb. 1798] (II, B. 248, n.º 2224). — Le conseil municipal règle le partage des récoltes communes, 28 pluviôse an

VIII [17 février 1800] (III, B. 17, n.º 115).

— (C. Civ.) Les récoltes pendantes par les racines, sont immeubles, art. 520. — Dans quel cas la perte totale ou partielle d'une récolte donne lieu à l'indemnité, 1769 et suiv. — Les frais de récolte sont des créances privilégiées, 2102.

— (C. P. C.) Devant quel juge de paix on peut citer pour dommages aux récoltes, art. 479. V. Dommages, Destruction.

RECOMMANDATION. (C. P. C) Le jugement par défaut est réputé exécuté, lorsque le condamné a été recommandé, art. 159. — Quelles personnes peuvent recommander le débiteur mis en prison, 792. — Formalités à observer, 793. — Le recommandant n'est pas tenu de consigner les alimens, ibid. — La nullité d'un emprisonnement n'emporte pas celle des recommandations, 796.

— (C. Co.) Circonstance dans laquelle le failli ne peut être recommandé en vertu d'un jugement du tribunal de commerce, art. 455. V. Écrou.

— (C. I. C.) La cour spéciale peut recommander à la commisération du Souverain l'accusé condamné, 595.

RÉCOMPENSE. (C. Civ.) Cas dans lequel il n'y a pas lieu à récompense, pour raison des fruits, ni de la part de l'usufruitier, ni de celle du propriétaire, art. 585. — Circonstances dans lesquelles l'un des époux en communauté a droit à une récompense, 1403 et suiv. — Cas où le légataire d'un effet mobilier à lui donné par le mari en communauté peut demander récompense, 1423. — La femme peut en réclamer une pour les amendes encourues par son mari, et acquittées par la communauté, 1424. — Récompense que la femme peut réclamer lors de la dissolution de la communauté, pour la vente d'un immeuble à elle appartenant, 1436. — Autres cas dans lesquels la récompense a lieu, 1437 et suiv. — Ces récompenses sont rapportées dans les partages de communauté entre époux, 1468 et suiv.

— (C. P.) Le faux témoin qui aurait reçu des récompenses ou des promesses, est condamné aux travaux forcés à temps, avec confiscation des objets reçus, art. 364.

RÉCOMPENSES nationales. Il en est accordé de différentes espèces pour services publics, civils et militaires. V. Armes d'honneur, Artistes, Indemnités, Légion d'honneur, Pensions et Sciences et Arts.

RÉCONCILIATION. (C. Civ.) L'action en divorce est éteinte par la réconciliation des époux; mais une nouvelle demande peut être formée, art. 272 et suiv.

RECONDUCTION (Tacite). V. Tacite reconduction.

RECONNAISSANCE (Fête de la). Sa célébration, 3 brumaire an IV [25 octobre 1795] (I, B. 203, n.º 1216).

RECONNAISSANCE de dépôt. Droit de timbre proportionnel auquel elle est assujettie, 1.er avril 1808 (IV, B. 189, n.º 3262).

RECONNAISSANCE échevinale (Les formalités de) sont supprimées; leur remplacement dans les pays de nantissement, 19 = 27 septemb. 1790.

RECONNAISSANCE d'écrit privé faite par jugement. Elle est susceptible de conférer hypothèque, 11 brumaire an VII [1.er novembre 1798] (II, B. 238, n.º 2137), Code civil, art. 2123, et Code de procédure, art. 193 et suiv.

RECONNAISSANCE d'un fait en matière criminelle. Manière dont elle se fait, constitution de 1791 et de l'an III.

RECONNAISSANCE de l'identité des individus condamnés, évadés et repris. (C. I. C.) Par quelle cour est faite cette reconnaissance, art. 518. — L'individu repris peut se pourvoir en cas

jury n'est soumise à aucun recours, art. 350. V. *Cassation.*

RECOURS *en cassation.* V. *Cassation ;* — au Conseil d'état. V. *Conseil d'état :* — en inconstitutionalité. V. *Inconstitutionnels* (Actes).

RECOUVREMENT. (C. Civ.) Récompenses dues pour sommes prises sur la communauté, afin d'obtenir le recouvrement du bien personnel de l'un des époux. V. *Contrats de mariage.*

— (C. Co.) Les agens d'une faillite font le recouvrement des effets du porte-feuille à courte échéance, art. 463. — Les syndics provisoires peuvent de même procéder au recouvrement des dettes actives avec l'autorisation du commissaire délégué, 492.

— *des Contributions directes* et *indirectes.* V. *Contributions, Recettes* et *Trésor public.*

RECOUVREMENS *des notaires.* Mode de les faire sur les minutes, 29 septembre = 6 octobre 1791.

— *des Officiers ministériels.* Ils sont évalués dans la liquidation de leurs offices, 24 décembre 1790 = 25 février 1791.

RECRUES *et* RECRUTEMENT *de l'armée de ligne et de l'armée navale.* V. *Armée de terre* aux titres *Conscription, Engagement et Recrutement,* et *Marine* au titre *Inscription maritime.*

RECTEURS *de l'université et des académies.* V. *Académies, Instruction publique* et *Université.*

RECTIFICATION *des erreurs de noms et de prénoms sur le grand-livre de la dette publique.* V. *Dette publique* et *Grand-livre ;* — des registres de l'état civil, Code civil, art. 99, et Code de procédure, 855, 857 et 858.

RÉCUSATION (Mode de) des arbitres et des experts, Code de procédure, art. 308 *et suiv.,* 430 et 1014 ; — des Interprètes, Code d'instruction criminelle, art. 332 ; — des juges, Code de procédure, art. 83, 197,

237 et 310. V. *Juges ;* — des juges de de paix, Code de procédure, art. 44 *et suiv.* V. *Juges de paix ;* — des jurés, Code d'instruction criminelle, art. 399 *et suiv.* V. *Jurés.*

RÉDACTION *des jugemens.* Parties qu'elle doit contenir, 16 = 24 août 1790, et Code de procédure, art. 142 ; — des projets de lois, constitution de l'an VIII, art. 26 et 52. V. *Lois.*

RÉDACTION *et transcription* (Droit de). Actes assujettis à ce droit sur la minute, 21 ventôse an VII [11 mars 1799] (II, B. 266, n.° 2628). V. *Greffe* (Droits de).

REDEVABLES *et* COMPTABLES *du trésor public.* V. *Comptabilité* et *Trésor public.*

REDEVANCES. Droits d'enregistrement des remboursemens de redevances de toute nature, 22 frimaire an VII [12 décembre 1798] (II, B. 248, n.° 2224).

— *convenancières.* V. *Domaines congéables.*

— *de la Dîme.* V. *Dîmes.*

— *dues aux émigrés.* V. *Émigrés.*

— *emphytéotiques.* V. *Emphytéose.*

— *féodales et seigneuriales.* V. *Féodalité.*

— *foncières.* Elles sont rachetables, et il est défendu d'en créer à l'avenir de non remboursables, 4, 5 et 11 août = 3 novembre 1789 ; 18 = 29 décem. 1790 et 20 août 1792. — Les biens nationaux sont vendus exempts de toute redevance foncière, 14 = 17 mai 1790. — La nation demeure chargée de leur rachat, *ibid.* et 9 = 25 juillet, 15 = 23 octobre 1790, 16 = 27 mars 1791.

— *sur les Mines.* V. *Mines.*

REDDITION *de comptes.* (C. Civ.) Reddition d'un compte de tutelle, art. 469 *et suiv.* V. *Tutelle.*

— (C. P. C.) Poursuite des comptables en reddition de comptes, art. 527 *et suiv.* — Jugement qui l'ordonne, 530.

RÉDHIBITOIRES (Vices). (C. Civ.) Délai pour intenter l'action qui en résulte, art. 1648 et 1649.

RÉDI DE LA GRANGE (Le sieur) est nommé à une place de lieutenant de gendarmerie, 9 = 14 juillet 1792.

REDON (Le sieur) est nommé commissaire de la commission de la marine et des colonies, 14 germinal an III [3 avril 1795] (I, B. 158, n.º 936); — sénateur, 5 fév. 1810 (IV, B. 264, n.º 5156).

REDOUTES. Réparation de celles qui sont établies le long des côtes, 2 avril 1793.

RÉDUCTION. (C. Civ.) Cas dans lequel les engagemens du mineur émancipé peuvent être réduits, art. 484. — Effets de cette réduction pour le mineur, 485 et suiv. — Principes sur la réduction des donations et legs, 920. — Les donations faites aux époux par leur contrat de mariage, sont, à l'ouverture de la succession, réductibles aux portions disponibles, 1090. — Cas dans lesquels il y a lieu a réduire les inscriptions, 2161 et suiv. V. Hypothèques, Inscriptions hypothécaires.

RÉDUCTION de contributions (Les demandes en) sont soumises au conseil de préfecture, 28 pluviôse an VIII [17 février 1800] (III, B. 17, n.º 115). V. Contributions.

— au Jury militaire. Forme de cette réduction, 22 septembre = 29 octobre 1790.

— de Paie ou de solde. Cette réduction est une peine afflictive, 21 = 22 août 1791. — Délits qui emportent cette peine, ibid. — Elle est une peine de police pour les délits commis dans les arsenaux, 20 septembre = 12 octobre 1791.

RÉÉLECTION à la législature. Quand elle peut avoir lieu, constitution du 3 = 14 septembre 1791.

RÉELLES (Affaires). Les juges de district en connaissent en première instance, excepté celles de la compétence des juges de paix et de com-

merce, 16 = 24 août 1791. — Matières et offres réelles. V. Matières et Offres.

RÉÉLIGIBILITÉ des membres des corps administratifs, du Corps législatif, des Consuls, du Tribunat. V. tous ces mots en particulier.

RÉES (L'arrondissement de) est compris dans le département de la Lippe, et fait partie du ressort de la cour de Liége, 27 avril 1811 (IV, B. 365, n.º 6700). — Organisation judiciaire de cet arrondissement, et mise en activité des lois françaises, 10 février 1811 (IV, B. 351, n.º 6521).

RÉEXPORTATION des marchandises et denrées. V. Douanes.

RÉFÉRENDAIRES (Tiers). V. Tiers référendaires.

RÉFÉRÉS. Ceux qui sont relatifs à l'apposition des scellés apposés par les commissaires du Chatelet sont portés devant un des juges des tribunaux de Paris, 29 janvier = 11 fév. 1791. — Référés qui ne sont pas assujettis au droit de mise au rôle, 12 juillet 1808 (IV, B. 197, n.º 3523).

— (C. P. C.) Référé qui a lieu sur la demande d'un gardien, à l'effet d'obtenir sa décharge, art. 606 et 607; — et sur celle à fin de privilége de la part du propriétaire pour raison de loyers à lui dus par la partie saisie, 661. — Référé qui peut avoir lieu sur la réquisition d'un débiteur contre lequel on exerce la contrainte par corps, 786. — Manière de procéder sur les référés qui ont lieu dans des cas d'urgence et sur des difficultés relatives à l'exécution de titres provisoires, 806 et suiv. — Ordonnances sur référé et leur exécution, 809 et suiv. — Référé sur opposition à une saisie-revendication, 829; — sur refus de la part d'un notaire ou autre dépositaire, de délivrer copie, expédition ou seconde grosse d'un acte, 84 et suiv. — Référé en cas de contestation sur la délivrance de l'expédition ou d'une double grosse d'un acte, 845; — sur un compulsoire, 852; — sur des obstacles et des difficultés relatifs à une apposition de scellés, 920; — sur des contestations élevées lors de la confection d'un inventaire, 944; — lors d'une vente, 948.

RÉFORMATION *des actes de l'état civil.* V. *État civil.*

— *des actes faux.* (C. P. C.), art. 241. V. *Faux;* — des jugemens. V. *Jugemens;* — des lois civiles, 16=24 août 1790. V. *Lois.*

RÉFORME (Congés et traitemens de). V. *Armée* et *Marine* aux titres *Congés* et *Solde.*

RÉFRACTAIRES (Conscrits et prêtres). V. *Armée* au titre *Conscription*, et *Clergé.*

REFUGE (Maisons de). V. *Maisons de refuge.*

RÉFUGIÉS (Secours accordés aux) de la Belgique, des colonies, de la Corse, des départemens de l'Ouest, des pays réunis, du Piémont, &c. V. *Secours*, et tous ces mots en particulier.

REFUS *de sanction des décrets.* Il est suspensif : sa durée et sa formule, 3= 14 septembre 1791. V. *Lois.*

— *de Secours demandé par des bâtimens en détresse.* Punition de ceux qui s'en rendent coupables, 21=22 août 1790.

— *de Serment.* V. *Sermens.*

— (C. Civ.) Quand l'héritier institué ou le légataire refuse de recueillir un legs fait par un testament qui en aurait révoqué d'antérieurs, cette circonstance n'empêche pas que la révocation n'ait lieu, art. 1037. — Le refus de recevoir du débiteur donne lieu à des offres, 1257. V. *Offres.*

— (C. P. C.) Ce qui se fait en cas de refus d'ouverture d'une pièce ou d'un meuble, au moment d'une saisie-exécution, art. 591. — Refus d'offres, 814. —Refus de délivrance d'une expédition d'acte,

839 *et suiv.* — Amende encourue par les personnes publiques en cas de refus de *visa* des significations à elles faites, 1039. V. *Portes.*

— (C. Co.) Les motifs du refus de payer, et l'impuissance ou le refus de signer, doivent être énoncés dans l'acte de protêt d'une lettre de change, art. 174. V. *Acceptation.*

REGAINS. Il ne peut être prétendu aucun droit de pâturage sur les regains, lorsqu'ils ne sont pas attribués par titres, 19 avril 1790.

RÉGALIENS (Les droits) ne sont ni communicables, ni cessibles, 22 nov.= 1.er décembre 1790. — Leur révocation, 13 août, 20 et 21 décembre 1790=6 avril 1791.

RÉGARDIER (Le sieur) est nommé commissaire de la comptabilité nationale, 19 prairial an V [7 juin 1797] (II, B.127, n.° 1228).

RÉGENCE *et* RÉGENT *de France.* Etablissement d'un régent lorsque le Roi est mineur ou en démence, constitution du 3=14 sept. 1791. — Qualités requises pour en remplir les fonctions : droits, prérogatives et devoirs du régent, *ibid.* — Les femmes sont exclues de la régence, *ibid.* — Peines contre tout complot et attentat contre la personne du régent, 25 septemb. =6 octobre 1791. — Déchéance des droits à la régence, 30 et 31 octobre=6 novembre 1791 et 18 et 19=20 janv. 1792. — Dispositions relatives à la régence sous le Gouvernement impérial, 28 floréal an XII [18 mai 1804] (IV, B. 1, n.° 1), 5 février 1813 (IV, B. 474, n.° 8668). — Lettres patentes qui confèrent le titre de régente à l'impératrice Marie-Louise, 30 mars et 2 novembre 1813 et 23 janvier 1814 (IV, B. 490, 530 et 556, n.os 9066, 9791 et 10097).

RÉGENS *de la banque de France.* V. *Banque de France;* — des colléges. V. *Colléges.*

RÉGIES : — *des charrois militaires.* V. *Armée*

aux titres *Charrois*, *Convois* et *Transports*; — des contributions directes et indirectes. V. *Contributions*; — des douanes. V. *Douanes*; — des droits réunis. V. *Droits réunis*; — des économats. V. *Économats*; — de l'enregistrement et des domaines. V. *Enregistrement* (Régie de l') ; — des étapes militaires. V. *Armée* au titre *Vivres*; — générale. V. *Ferme et Régie générale*; — des hôpitaux militaires. V. *Armée* au titre *Hôpitaux*; — des hypothèques. V. *Hypothèques*; — des poudres et salpêtres. V. *Poudres et salpêtres*; — des biens des religionnaires fugitifs. V. *Religionnaires fugitifs*; — des subsistances et vivres militaires. V. *Armée* au titre *Vivres*; — des sels et tabacs des départemens au-delà des Alpes. V. *Sels et Tabacs*; — du timbre. V. *Timbre*; — des traites. V. *Traites*.

— (C. P.) Peines encourues par les officiers publics, fonctionnaires ou agens du Gouvernement, qui auraient pris quelque intérêt dans des entreprises ou régies dont ils avaient l'administration entière ou partielle, art. 175.

RÉGIME *dotal.* (C. Civ.) Les époux peuvent déclarer s'ils entendent se marier sous le régime de la communauté ou sous le régime dotal, art. 1391. — Principe sur ce dernier régime, 1540 *et suiv.* — Droits du mari sur les biens dotaux , et inaliénabilité du fonds dotal, 1549 *et suiv.* — Restitution de la dot, 1564 *et suiv.* — Biens paraphernaux, 1574 *et suiv.* — Stipulation d'une société d'acquêts, 1581.

— (C. P. C.) Les causes des femmes non autorisées par leurs maris , doivent, lorsqu'il s'agit de leur dot et qu'elles sont mariées sous le régime dotal, être communiquées au ministère public, art. 83. V. *Dot*, *Femmes*.

— (C. Co.) Seuls cas dans lesquels on puisse hypothéquer ou alié-

ner les biens stipulés dotaux des femmes marchandes publiques , quand elles sont mariées sous le régime dotal, art. 7. — Obligations imposées aux époux qui se sont mariés sous le régime dotal, et dont l'un est commerçant, 67 *et suiv.*

RÉGIME *féodal.* Son abolition, 15=28 mars 1790. V. *Féodalité*.

— *hypothécaire.* Son organisation, 9 messidor an III [27 juin 1795] (1, B. 164, n.º 963).

RÉGIMENS *de l'armée de ligne de France.* Forme de leur députation à la fédération du 14 juillet, 9 = 10 juin 1790. — Toutes associations délibérantes, excepté le conseil d'administration, y sont supprimées, 6 = 8 août 1790. — Forme de la vérification de leurs comptes, *ibid.* — Leur organisation et composition , 18 = 23 août 1790. — Toute propriété de régiment est supprimée, 2 , sept. — 29 octobre 1790, 28 et 29 mai = ; juin 1791. — Changemens des cravates blanches de leurs drapeaux et étendards, 22 octobre 1790 — Les accusateurs publics sont chargés de poursuivre les auteurs des enlèvemens d'effets et de deniers qui se font dans les régimens, 9 et 12 novembre 1791. — Les citoyens qui s'engagent peuvent choisir le régiment qui leur convient, 19 = 21 mars 1792. — Établissement d'un régime uniforme entre les volontaires nationaux et les régimens de ligne, 21 février 1793.—Organisation des régimens en demi-brigades, 21 février et 12 août 1793. V. *Armée*.

— *d'Agénois.* Sa conduite, relativement aux troubles de Saint-Jean-d'Angély, est approuvée, 30 novembre 20 décembre 1790.

— *d'Alsace* (Cinquante - troisième). Le président de l'Assemblée nationale est chargé de lui écrire une lettre de satisfaction , 12 = 20 juillet 1791. — Il prend l'uniforme français, *ibid.* — Les avances faites sur

conduite pendant les troubles de Carcassonne, 3 = 14 octobre 1790.

— de *Mestre-de-camp*. Mesures pour réprimer l'insubordination de ce régiment dans la ville de Nancy, 16 août 1790. — Il est licencié, 7 = 12 décembre 1790. — Son remplacement et sa recomposition, 27 décembre 1790 = 5 janvier 1791. — Décret qui déclare que ce régiment n'a jamais démérité de la patrie, 4 = 6 septembre 1792.

— de *Noailles*. L'Assemblée approuve sa conduite et son zèle pendant les troubles de Carcassonne, 9 juillet, 3 = 10 et 16 août, 3 = 14 octobre 1790.

— de *Paris*. Sa suppression et son droit aux récompenses militaires, 4 = 20 mars 1791. — Il n'y a lieu à délibérer sur les diverses demandes des sous-officiers et soldats de ce régiment, 17 germinal an II [6 avril 1794].

— de *Penthièvre, dragons*. Le Roi est prié de retirer la compagnie qui est en garnison à Avignon, 16 = 19 janvier 1791.

— de *Poitou*. Improbation de l'insubordination de ce régiment, et des voies de fait contre le sieur de Bevy, son lieutenant-colonel, 14 = 17 août 1790. — L'Assemblée nationale le recommande à la clémence du Roi, 7 septembre 1790.

— *provincial de Corse*. Sa suppression et son droit aux récompenses militaires, 4 = 20 mars 1791.

— de *la Reine*. Remboursement à M. de Roucy, ancien colonel de ce régiment, de la somme de 30,000 livres que les sous-officiers et soldats avaient exigée de lui, 27 octobre = 7 novembre 1790.

— du *Roi*. Mesures à prendre pour réprimer son insubordination dans la ville de Nancy, 16 août 1790. — Son licenciement est ordonné, 7 = 12 décembre 1790. — Son remplacement par un nouveau régiment,

et sa composition, 27 décembre 1790 = 5 janvier 1791. — Décret qui déclare que ce régiment n'a jamais démérité de la patrie, 4 septembre 1792. — Suppression de la partie du bataillon rassemblée à Saint-Denis, et son droit aux récompenses militaires, 4 = 20 mars 1791. — Rang que ce régiment doit occuper dans l'armée, 9 juillet 1793.

— de *Rouergue* (58.ᶜ). Inexécution de l'amnistie envers des soldats de ce régiment, 18 octobre 1791.

— de *Royal-Champagne*. Son serment fédératif avec la garde nationale d'Hesdin, 7 mai 1790. — Improbation des actes d'insubordination des sous-officiers et cavaliers de ce régiment, 7 août 1790. — Il est envoyé deux commissaires à Hesdin pour prendre connaissance de ces actes d'insubordination, 4 = 5 septembre 1790. — Décret qui déclare nulles et comme non avenues les cartouches délivrées aux cavaliers et sous-officiers de ce régiment, 11 = 15 décembre 1790.

— *Royal-Comtois*. La sentence rendue en 1773 contre ce régiment, est et demeure comme non avenue, 7 = 10 juillet 1791.

— *Royal-Corse*. La ville de Grenoble exprime le vœu de conserver ce régiment, 6 juillet 1790.

— *Royal-Liégeois* (160.ᶜ). Mesures prises contre les excès et désordres commis par ce régiment dans la ville de Béfort, 30 décembre 1790. — Il est justifié de ces délits, 20 = 23 janvier 1791. — Il est licencié, 9 septembre 1792.

— *Royal-Lorraine*. Sa conduite pendant les troubles de Saint-Jean-d'Angely est approuvée, 30 novemb. = 10 décembre 1790.

— *Royal-Marine*. Il lui est ordonné de rentrer dans le devoir, 13 juin 1790.

— *Royal-Navarre*. Éloge de son

zèle lors de l'incendie de Limoges, 17 = 21 septembre 1790.

— *Royal-Picardie.* Sa conduite lors des troubles de la ville d'Angers est approuvée, 14 = 21 septemb. 1790.

— *Royal-Piémont,* cavalerie. Approbation de sa conduite à Saint-Pierre-le-Moustier, 29 mai = 6 juin 1790.

— *Royal-Pologne.* Le président de l'Assemblée est chargé de lui écrire une lettre de satisfaction, 26 février 1791.

— *de Salis-Grisons.* Remplacement des grades d'officiers ou d'état-major vacans dans ce régiment, 24 juin = 1.er juillet 1792. — Injonction au ministre de la guerre de rendre compte sans délai des motifs qui ont forcé les capitaines à donner leur démission, 13 août 1792.

— *de Saxe, hussards.* Sa désertion, 18 = 28 mai 1792.

— *de Soissonnais.* Il est alloué à chaque soldat 15 livres pour lui tenir lieu d'un sarrau, 19 = 21 septembre 1790. — Le Roi est prié de le retirer d'Avignon, 16 = 19 janvier 1791.

— *de Touraine.* Sa bonne conduite à Perpignan, 27 mai 1790. — Les pièces qu'il dépose contre M. de Mirabeau jeune sont renvoyées aux comités militaires et des rapports, 26 juin 1790.

— *de Ventimille.* La ville de Douai exprime le vœu de conserver ce régiment, 29 = 30 mai 1790.

— *de Vermandois.* Sa bonne conduite à Perpignan, 27 mai 1790.

— *de Walsch.* Le président de l'Assemblée est chargé d'écrire une lettre de satisfaction au commandant des deux compagnies en quartier à Vannes, 19 février 1791.

— *4.e Régiment.* Désertion d'un brigadier et de six cavaliers, 26 = 27 décembre 1791.

— *9.e* Mention honorable du don que font des soldats de ce régiment, 23 janvier 1793. — Destitution de plusieurs officiers, sous-officiers et soldats de ce régiment, 7 février 1793.

— *10.e* Réintégration dans ce régiment de plusieurs sous-officiers renvoyés par des conseils de discipline tenus irrégulièrement, 19 = 22 avril 1792.

— *12.e de cavalerie.* Mesures pour la poursuite des mouvemens qui ont eu lieu dans ce régiment, 14 août 1791. — Réintégration de plusieurs sous-officiers, 19 = 22 avril 1792.

— *14.e* Il est accordé un drapeau au second bataillon, 12 février 1793.

— *20.e* La conduite de ce régiment lors de l'arrestation de plusieurs particuliers à Perpignan, est approuvée, 3 et 4 = 8 janvier 1792.

— *26.e* Confirmation de son licenciement, 13 fructidor an II.

— *27.e* Eloges donnés à la conduite tenue par trois compagnies pendant leur séjour dans la ville de Mende, 28 mars = 1.er avril 1792.

— *60.e* Le sieur Guy-Lacroix, renvoyé arbitrairement de ce régiment, y est réintégré, 12 = 15 avril 1792.

— *70.e* La conduite de ce régiment lors de l'arrestation de plusieurs particuliers à Perpignan est approuvée, 3 et 4 = 4 janvier 1792.

— *85.e,* ci-devant *Foix.* Le président est chargé de lui écrire une lettre de satisfaction, 12 = 20 juillet 1791. — Les fonds avancés sur la masse lui sont remboursés, *ibid.*

— *101.e* Poursuite des auteurs du vol de la caisse de ce régiment, 27 août = 7 septembre 1792.

— *d'Artillerie.* Leur nombre est fixé à sept, 2 = 15 décembre 1790. V. *Armée* au titre *Artillerie.*

— *coloniaux.* Ces régimens sont sous la direction du département de la guerre, 11 = 20 juillet 1790. — Détermination du temps de service nécessaire aux officiers pour obtenir la décoration militaire, 21 = 25 février 1791. — Leur licenciement, et formation de six régimens de ligne pour les remplacer, 29 septembre = 16 octobre 1791. — Le Pouvoir exécutif est chargé de rendre compte de l'état des habillemens envoyés aux régimens de la Martinique et de la Guadeloupe, 15 juillet 1792. — Les régimens coloniaux sont formés et organisés en régimens de ligne, 27 août 1792. — Paiement de l'indemnité due aux sous-officiers du régiment de l'Ile-de-France et de Pondichéry, 9 septembre 1792. V. *Colonies.*

— *étrangers.* Sur quel pied sont remboursés leurs propriétaires, qui justifient que leur régiment est arrivé au service de France tout armé et équipé, 28 et 29 mai = 3 juin 1791. — Les régimens d'infanterie allemande, irlandaise et liégeoise, font partie de l'infanterie française, et en portent l'uniforme, 21 = 29 juillet 1791.

— *des Grenadiers royaux.* Suppression des treize régimens, 4 = 20 mars 1791. — Les grenadiers royaux sont susceptibles d'être admis dans la gendarmerie nationale et dans les troupes auxiliaires, *ibid.*

— *hollandais.* Changement d'uniforme de ceux qui sont incorporés dans l'armée française, 9 février 1811 (IV, B. 351, n.° 6519).

— *de la Marine.* Leur suppression, 9 pluviôse an II [28 janvier 1797]. V. *Marine* au titre *Troupes de la Marine.*

— *provinciaux.* Dispositions relatives à la décoration militaire de ces régimens, 9 = 19 janvier 1791. — Les soixante-huit bataillons de garnison sont supprimés, 4 = 20 mars 1791. — Admission des sous-officiers et soldats dans la gendarmerie nationale et dans les troupes auxiliaires, *ibid.* — Les officiers peuvent obtenir des places dans l'armée de ligne, 31 mai = 8 juin 1792. V. *Troupes provinciales.*

— *suisses et grisons.* Loi qui détermine le nombre et la composition de ces régimens, et fixe les appointemens des officiers, et la paie des sous-officiers et soldats, 31 juillet 1790. — Poursuite de l'insubordination du régiment de Château-Vieux dans la ville de Nanci, 16 août 1790. — Il est sursis à toute nomination aux emplois vacans dans le régiment de Salis-Marchelin Grisons, 5 = 10 novembre 1790. — Conservation des appointemens et de la solde des régimens suisses et grisons jusqu'au renouvellement de leurs capitulations, 18 août, 28 septembre = 21 octobre 1791. — Négociations à entamer pour faire jouir les soldats du régiment de Château-Vieux, détenus aux galères, du bienfait de l'amnistie, 28 septembre 1791. — Information à prendre sur la conduite des officiers du régiment d'Ernest dénoncés par la municipalité de Marseille, 7 = 13 novembre 1791. — Les quarante soldats du régiment de Château-Vieux, détenus aux galères de Brest, sont compris dans l'amnistie, et mis en liberté, 31 décembre 1791 = 12 fév. 1792. — Mode d'après lequel il sera procédé au remplacement de tous les grades d'officier ou d'état-major vacans dans le régiment de Salis-Marchelin Grisons, 24 juin = 1.er juillet 1792. — Les régimens suisses ou des pays alliés de la Suisse sont déclarés n'être plus comme tels au service de France, 20 août 1792. V. *Suisses.*

RÉGISSEURS (Les) des terres ne sont pas réputés domestiques, 20 mars = 20 avril, 21 mai = 27 juin, et 12 = 22 août 1790.

RÉGISSEURS *des diverses régies publiques.* V. *Régies.*

REGISTRES. (C. Civ.) Comment doivent être tenus ceux des actes de l'état civil, art. 40 *et suiv.* — Vérification

an VIII [14 décembre 1799] (III, B. 3, n.º 33).

— des *Agens de change et Courtiers de commerce.* Ils doivent contenir 'état de toutes les opérations de banque, finance et commerce, 14, 19 et 21 avril = 8 mai 1791, et 27 prairial an X [16 juin 1802] (III, B. 197, n.º 1740).

— des *Autorités publiques.* Dispositions relatives au timbre et à la dimension des diverses sortes de registres de ces autorités, 12 décembre 1790 = 18 février 1791, art. 3, 5, 14, 18 *et suiv.*, 7 = 11 février, 10 = 17 juin, 29 septembre = 9 octobre 1791, et 13 brumaire an VII [3 novembre 1798], art. 8, n.º 1, et art. 12, n.º 2 (II, B. 237, n.º 2136).

— *civiques.* Leur institution, et forme de leur tenue, 19 fructidor an X [6 septembre 1802] (III, B. 213, n.º 1964), et 17 janvier 1806 (IV, B. 72, n.º 1255).

— de *Commerce ou de Négoce.* Les juges ne peuvent les coter ni parapher si la patente ne leur est présentée, 2 = 17 mars 1791.

— des *Communes et établissemens publics.* Les préposés de l'enregistrement ont le droit de se les faire représenter, 4 messidor an XIII [23 juin 1805] (IV, B. 49, n.º 826).

— des *Droits réunis.* Délai après lequel la régie des droits réunis est déchargée de la garde de ses registres de recettes, 1.er germinal an XIII [23 mars 1805] (IV, B. 38, n.º 646).

— *ecclésiastiques.* Les registres tenus par les ministres du culte ne peuvent suppléer ceux de l'état civil, 18 germin. an X [8 avril 1802], art. 55 (III, B. 172, n.º 1344). V. *Cultes, État civil.*

— *de l'état civil.* V. *État civil.*

— des *Gardes forestiers.* Forme des registres d'ordre qu'ils doivent tenir, 15 = 29 septembre 1791.

— *hypothécaires.* V. *Hypothèques.*

— des *Gardiens des maisons d'arrêt et prisons.* Ils sont signés et paraphés par le président du tribunal, 16 = 29 septembre 1791, et 3 brumaire an IV [25 octobre 1795] (I, B. 204, n.º 1221). — L'acte de remise de la personne est inscrit sur ce registre en présence de l'exécuteur de l'ordre, *ibid.* V. *Prisons.*

RÉGLEMENS *de dépens* (Les), en exécution d'arrêts et de jugemens définitifs, rendus par les ci-devant parlemens et autres tribunaux supprimés, sont portés devant les juges de district des lieux où résidaient ces tribunaux, 29 janvier = 11 février 1791.

— *à l'extraordinaire.* Combien il faut de juges pour les prononcer, 9 octobre et 3 novembre 1790.

— *de Juges.* Les demandes en réglement de juges sont portées devant le tribunal de cassation : mode de jugement, 27 novembre = 1.er décembre 1790, 3 = 14 septembre 1791, 27 ventôse an VIII [18 mars 1800] (III, B. 15, n.º 103).

— (C. P. C.) Les demandes en réglement de juges sont dispensées du préliminaire de la conciliation, art. 49. — Elles sont communiquées au ministère public, 83. — Quel tribunal doit en connaître, lorsque le différent est porté devant deux ou plusieurs tribunaux de paix ressortissant au même tribunal ; s'ils relèvent de tribunaux différens ; si ces tribunaux ne ressortissent pas à la même cour d'appel ; si le différent est porté devant deux ou plusieurs tribunaux de première instance ressortissant à la même cour d'appel, ou si le conflit existe entre plusieurs cours, 363. — Formalités relatives au jugement portant permission d'assigner en réglement, 364. — Fixation du délai pour assigner ou pour comparaître, 365. — Effet de la négligence du demandeur à assigner dans les délais prescrits, 366. — Dommages-intérêts dont il est passible, lorsqu'il succombe, 367.

— (Tarif des frais en mat. civ.), art. 78.

— (C. I. C.) Comment sont instruites et jugées les demandes en réglement de juges, et cas dans lesquels il y a lieu à être réglé de juges par la cour de cassation, art. 525 *et suiv.* — La partie civile, le prévenu ou l'accusé qui succombe dans une demande en réglement de juges par lui introduite, peut être condamné à une amende de trois cents francs, 541.

RÉGLEMENS. Ceux qui excitent le peuple à proposer des réglemens sur le prix des denrées, sont déclarés ennemis de la constitution, 2 = 3 juin 1790. — Les tribunaux ne peuvent faire de réglemens, 16 = 24 août, 19 = 22 juill. 1791. — Les actes des directoires ou conseils de département et de district ne doivent pas être intitulés du nom de *Réglemens*, 15 = 27 mars 1791. — Les citoyens d'un même état ne peuvent faire de réglemens lorsqu'ils se trouvent réunis, 14 = 17 juin 1791. — Le Gouvernement fait ceux nécessaires pour assurer l'exécution des lois, constitution de l'an VIII, art. 44. — Le Conseil d'état est chargé de rédiger ceux d'administration publique, 52. — Les ministres procurent leur exécution, 54. — Ils en sont responsables, 72. — La provocation des réglemens d'administration appartient aux ministres, 5 niv. an VIII [26 décembre 1799] (II, B. 340, n.° 5504).

— (C. Civ.) Il n'est pas permis aux juges de prononcer par voie de disposition générale et réglementaire, art. 5.

— (C. P. C.) Réglemens à faire jusqu'à la mise en activité du Code de procédure civile, pour la taxe

des frais, la police et la discipline des tribunaux, art. 1042.

— (C. P.) C'est par un réglement d'administration publique, que doit être déterminé l'emploi du produit des travaux des détenus pour délits correctionnels, art. 41. — Défenses faites aux magistrats et autres fonctionnaires de l'ordre judiciaire et de l'ordre administratif, d'excéder respectivement leurs pouvoirs en faisant des réglemens, 127 et 130.

— *ecclésiastiques.* La contravention aux lois et réglemens de la part des ecclésiastiques est un cas d'abus contre lequel il y a recours au Conseil d'état, 18 germinal an X [8 avril 1802], art. 5 (III, B. 72, n.° 1344). — Les évêques rédigent les réglemens relatifs aux obligations, et ils sont approuvés par le Gouvernement, *ibid.* art. 69.

— *militaires.* Ceux que peuvent faire à la guerre les généraux en chef et les commandans de corps d'armée, 30 septembre = 19 octob. 1791, et 11, 12 = 16 mai 1792.

— *de Police.* Les officiers municipaux peuvent, en tout temps, visiter les lieux publics pour connaître des contraventions aux réglemens de police, 19 = 22 juillet 1791. — Ils ne peuvent faire de réglemens, mais ils peuvent, ainsi que le préfet de police de Paris et les commissaires généraux de police, rappeler, par des ordonnances, l'exécution des réglemens, *ibid.* et 12 messidor an VIII [1.er juillet 1800] (III, B. 33, n.° 124), et 5 brumaire an IX [27 octobre 1800] (III, B. 50, n.° 373).

— (C. P.) Peine contre ceux qui, par inobservation des arrêts et réglemens de police, auraient causé un homicide, art. 319. — Amendes encourues pour contraventions à ces mêmes réglemens, 471, 475 et 479. — Peines pour violation des réglemens sur les manufactures et le commerce, 413 *et suiv.* V. *Lois.*

REGNAUD *de Saint-Jean-d'Angely* (Le sieur) est nommé conseiller d'état, 4 nivose an VIII [25 décemb. 1799] (II, B. 343, n.º 3522); — président de la section de l'intérieur audit conseil, 27 fructidor an X [14 septembre 1802] (III, B. 215, n.º 1972); — procureur général de la haute cour impériale, 17 messidor an XII [6 juillet 1804] (IV, B. 9, n.º 105); — secrétaire de l'état de la famille impériale, 9 août 1807 (IV, B. 156, n.º 2667).

REGNAULT (Le sieur) est nommé commissaire de police à Paris, 22 ventôse an VIII [12 mars 1800] (III, B. 11, n.º 77).

RÉGNIER (Le représentant du peuple) est pleinement justifié et honorablement déchargé des imputations qui lui ont été faites au nom de la commune de Haguenau, 5 = 11 octobre 1791. — Il est mis en état d'arrestation, 3 octobre 1793. — Il est rappelé dans le sein de la Convention nationale, 18 frimaire an III [8 décembre 1794] (I, B. 96, n.º 495). — Il est nommé membre de la commission législative du Conseil des anciens, 19 brumaire an VIII [10 novembre 1799] (II, B. 325, n.º 3417); — membre du Sénat conservateur, 4 nivôse an VIII [25 décembre 1799] (II, B. 341, n.º 3509). — Il n'accepte point cette fonction, *ibid.* — Il est nommé conseiller d'état et est chargé spécialement des domaines nationaux, *ibid.* (II. B. 343, n.º 3522); — grand-juge et ministre de la justice, 27 fructidor an X [8 septembre 1802] (III, B. 215, n.º 1967). — Lettres patentes qui lui confèrent le titre de duc, 15 août 1809 (IV, B. 247, n.º 4764). — Un congé de trois semaines lui est accordé, 13 janvier 1813 (IV, B. 505, n.º 9273). — Il est nommé président du Corps législatif, 29 novembre 1813 (IV, B. 538, n.º 9872).

REGNIER DE GRONEAU (Le comte) est nommé secrétaire général du conseil du sceau des titres, 16 septembre 1810 (IV, B. 316, n.º 5963); — préfet du département de l'Oise, 30 septembre 1813 (IV, B. 524, n.º 9704).

REGNIER *de Marseille* est mis hors la loi, 5.ᵉ jour complémentaire an II [21 septembre 1794] (I, B. 61, n.º 332).

REGNIER DE MONBLAINVILLE (Le sieur). Il lui est accordé une gratification de trois mille livres, 22 août 1791.

REGRATTIERS (Les) sont autorisés à remettre le sel qu'ils n'auront pas vendu, 22 = 30 mars 1790.

RÉGUIS (Le sieur) est nommé membre du Corps législatif, 4 nivose an VIII [25 décembre 1799] (II, B. 341, n.º 3509).

RÉGULARITÉ *des formes* (Les commissaires près les tribunaux sont tenus de requérir pendant le cours de l'instruction pour la), 16 = 24 août 1790, et 3 = 14 septembre 1791.

RÉHABILITATION *des condamnés*. Sa forme et ses effets, 25 septembre = 6 octobre 1791.

— (C. Co.) Ceux qui ont fait faillite ne peuvent, avant la réhabilitation, être agens de change ou courtiers, art. 83. — En homologuant un concordat, le tribunal déclare le failli excusable et susceptible d'être réhabilité, 526. — Lorsqu'il y a union de créanciers, c'est le tribunal qui prononce sur cette question, 531. — A quelle cour le failli doit adresser sa demande en réhabilitation, 604. — Quittances et pièces que le demandeur doit joindre à sa pétition, 605. — Renseignemens qui sont demandés sur les faits par lui exposés, 606. — Affiche de la pétition, 607. — Opposition qui peut être formée, pendant la durée de l'affiche, à la réhabilitation, 608. — Renseignemens que le procureur impérial et le président du tribunal de commerce doivent transmettre au procureur général de la cour d'appel, 609. — Arrêt qui intervient, 610. — En cas de rejet, la demande ne peut plus être reproduite, *ibid.* — Lecture publique de l'arrêt de réhabilitation, et sa transcription sur les registres des tribunaux d'arrondissement et de commerce, 611. — Personnes qui ne sont point admises à la réhabilitation, 612. — Dans quel cas le banqueroutier simple peut être réhabilité, 613. — Le commerçant failli et non réhabilité ne peut se présenter à la bourse, 614.

— (C. I. C.) Dans quels cas les condamnés peuvent être réhabilités, art. 619. — Délai avant l'expiration duquel la demande en réhabilitation ne peut être formée, *ibid.* — Conditions nécessaires pour être admis à la former, 620. — Au greffe de quelle cour se dépose la demande avec les attestations exigées, 621. — Instruction sur la demande, 622 *et suiv.* — Journaux dans lesquels la notice de cette demande doit être insérée, 625. — Lettres qui s'expédient quand la réhabilitation est prononcée, 631. — Effets de la réhabilitation, 633. — Le condamné pour récidive n'est pas admis à la réhabilitation, 634.

REHAUSEN (M. DE). Refus de l'admettre en qualité de chargé d'affaires du roi de Suède, 18 thermidor an IV [5 août 1796] (II, B. 64, n.º 586).

REHERREY (La commune de) est autorisée à concéder à rente foncière un terrain à elle appartenant, 9 nivôse an X [30 décembre 1801] (III, B. 151, n.º 1172).

RÉIMPOSITION. Cas où elle a lieu à la charge des communautés, 26 septembre = 2 octobre 1791. — Le percepteur est tenu de rembourser les contribuables au profit desquels elle a été faite, 26 floréal an VIII [16 mai 1800] (III, B. 25, n.º 170).

RÉIMPORTATION *des denrées et marchandises.* V. *Douanes.*

REIMS. Circonscription des paroisses de cette ville, 27 avril = 4 mai 1791. — Le directoire du district est autorisé à acquérir les bâtimens nécessaires à son établissement, à celui du tribunal, des prisons, du bureau de conciliation et de la gendarmerie nationale, 19 = 25 juillet 1791. — Cette ville a bien mérité de la patrie, 14 = 26 août 1791. — Les manufacturiers y jouissent de l'exemption de droits sur les laines préparées qu'ils envoient à l'étranger et qu'ils font entrer en France, 14 = 21 juin 1792. — L'Assemblée nationale applaudit à la surveillance et au zèle du conseil général, 18 août 1792. — Un représentant du peuple y est envoyé en mission, 6 frimaire an III [26 novembre 1794] (I, B. 92, n.º 475). — Etablissement d'un octroi municipal, 27 frimaire an VIII [18 décembre 1799] (II, B. 338, n.º 3479); — d'une bourse de commerce, 17 messidor an IX [6 juillet 1801] (III, B. 89, n.º 737). — Changement d'époque pour la tenue d'une foire, 15 vendémiaire an X [7 octobre 1801] (III, B. 110, n.º 889). — Etablissement d'un lycée, 16 floréal an XI [6 mai 1803] (III, B. 298, n.º 2954). — Le maire de cette ville assiste au serment de l'Empereur, 3 messidor an XII [22 juin 1804] (IV, B. 6, n.º 56). — Publication de la bulle d'institution canonique de l'évêque, 21 mars 1806 (IV, B. 94, n.º 1579). — Etablissement d'un conseil de prud'hommes, 28 novembre 1809 (IV, B. 251, n.º 4824).

REINE DE FRANCE (Marie-Antoinette). Son douaire est fixé à quatre millions, 9 juin 1790. — Les fils puînés de France et leurs enfans et descendans ne peuvent rien prétendre sur les biens qu'elle laissera après sa mort,

22 novembre = 1.er décemb. 1790, et 21 décemb. 1790 = 6 avril 1791. V. *Bourbons*, *Louis XVI* et *Marie-Antoinette*.

REINHARD (Le sieur) est nommé ministre des relations extérieures, 2 thermidor an VII [20 juillet 1799] (II, B. 296, n.° 3156).

RÉINTÉGRANDE (La recette des amendes dans le cas de) est faite par les préposés de la régie de l'enregistrement, 5 = 19 décembre 1790.

— (C. Civ.) Objets pour lesquels la contrainte par corps peut avoir lieu en cas de réintégrande, art. 2060.

RÉINTÉGRATION *dans les droits de citoyen français*. V. *Citoyen français* et *Étrangers*.

REJET. (C. P. C.) Comment il est statué sur le rejet de la pièce arguée de faux, art. 220. — Effet du rejet du désaveu, à l'égard de celui qui l'a demandé, 361.

RÉJOUISSANCES *publiques* (Le maintien du bon ordre dans les) est un objet de police municipale, 16 = 24 août 1790.

RELÂCHE. (C. Co.) Déclarations à faire par les capitaines de navire en cas de relâche dans des ports français ou étrangers, art. 245.

RELÂCHES *forcées*. Déclarations que doivent faire dans ce cas les capitaines et maîtres de navires, barques et autres bâtimens, 6 = 22 août 1791.

RELAIS *de la mer*. (C. Civ.) Ils dépendent du domaine public, art. 538. — Le droit d'alluvion accordé aux propriétaires voisins des fleuves et rivières, n'a pas lieu à l'égard des relais de la mer, 557. — V. *Alluvion*, *Concessions*, *Lais et relais de mer*, *Mer*.

RELAIS *de postes*. Nul autre que les maîtres de poste ne peut établir de relais particuliers, à peine de restitution, 19 frimaire an IX [10 décembre 1800] (III, B. 249, n.° 2252). V. *Poste aux chevaux*.

RELATIONS *du Corps législatif avec le Roi* (Mode des), 3 = 14 septembre 1791. V. *Corps législatifs*.

RELATIONS *commerciales*. Réglement pour leur service, 3 flor. an VIII [23 avril 1800] (III, B. 44, n.° 331). — Autorisation de celles du royaume d'Italie avec la France par la route du Simplon, 19 juin 1811 (IV, B. 378, n.° 7036).

RELATIONS *extérieures*. Le Roi seul peut entretenir des relations politiques au dehors, et conduire les négociations, constitution du 3 = 14 septembre 1791. — Déclaration de l'Assemblée sur la volonté de la nation française de maintenir les anciennes relations avec les puissances étrangères, 21 juin 1791. — Acte du Corps législatif contenant l'exposé des motifs qui dirigent la conduite du Gouvernement dans l'exercice du droit de guerre, 29 décembre 1791 = 20 avril 1792. — Déclaration par laquelle la Convention promet fraternité et secours à tous les peuples qui voudront se rendre libres, 19 = 20 novembre, 15, 17 et 22 décembre 1792, et 31 janv. 1793. — La France ne reconnaît comme ministre d'une puissance étrangère aucun émigré, 27 novembre 1792. — Saisie et séquestre des biens des princes étrangers et des gouvernemens possessionnés en France, et qui sont en guerre avec elle, 2 février = 9 mars 1793. — Décret qui déclare que le peuple Français ne s'immiscera en aucune manière dans le gouvernement des autres puissances, mais qu'il ne souffrira pas qu'aucune puissance s'immisce dans le gouvernement intérieur de la France, 13 avril = 24 juin 1793. — Impression dans toutes les langues, d'un manifeste de la Convention à tous les peuples et à tous les gouvernemens, 16 avril 1793. — Fixation des indemnités à accorder

aux alliés de la France, 3 mai 1793.
— Formation et composition d'un bureau diplomatique et commercial, 30 mai 1793.— Les Français qui placent des fonds sur les comptoirs et banques des pays en guerre avec la France sont déclarés traîtres à la patrie, 1.er août 1793.— Décret qui prescrit la conduite à tenir par les généraux des armées à l'égard des pays et des individus subjugués par les armes de la France, 15 septemb. 1793 ;— concernant les relations de la France avec les autres gouvernemens, 27 brumaire an II [17 novembre 1793].—Les individus nés en pays étrangers sont exclus du droit de représenter le peuple français, 5 nivôse an II [25 décembre 1793].— Loi qui règle la direction des opérations diplomatiques, 27 ventôse an III [17 mars 1795] (I, B. 130, n.º 705). — Arrêté concernant les Français qui ont accepté des fonctions publiques à eux offertes par des gouvernemens étrangers, 22 pluviôse et 26 ventôse an VII [10 février et 16 mars 1799] (II, B. 258 et 267, n.ᵒˢ 2450 et 2645). — Organisation du département des relations extérieures, et division en grades de tous les emplois, 3 floréal an VIII [23 avril 1800] (III, B. 44, n.º 321). V. Constitutions, Gouvernement, Puissances étrangères et Traités de paix.

RELEVOISON (Le droit de) est déclaré rachetable, puis supprimé sans indemnité, 15 = 28 mars 1790, et 18 juin = 6 juillet 1792.

RELIEF (Le droit de) est déclaré rachetable. Mode et taux du rachat, 15 = 28 mars 1790, 15 = 19 juin 1791. — Les domaines nationaux vendus sont déclarés exempts de ce droit, 14 = 17 mai, et 9 = 25 juillet 1790. — Il est supprimé sans indemnité, 18 juin = 16 juillet 1791.

RELIEF de laps de temps. Le tribunal de cassation connaît des demandes en obtention de lettres de relief de laps de temps formées avant son installation, 19 août et 10 décembre 1792, et 29 brumaire an II [19 novembre 1793]. — Dispositions relatives aux individus que leur détention illégale a privés du bénéfice des lettres de relief de laps de temps avant l'installation du tribunal de cassation, 11 nivôse an II [31 décembre 1794]. — Il n'en est plus admis pour se pourvoir en cassation, 2 brumaire an IV [24 octobre 1795] (I, B. 201, n.º 1198).

RELIEURS. Réglemens à proposer sur cette profession, 5 février 1810, titre XVIII, art. 48 (IV, B. 264, n.ᵉ 5155).

RELIGIEUX et RELIGIEUSES. Abolition de leurs vœux, 13 = 19 février 1790. — Leurs pensions et traitemens, ibid. et 27 juin 1790 = 11 février 1791, 11 = 24 août, 28 octobre = 7 novembre, 6 = 12 décembre 1790, 7 = 9 janvier 1791. — Ils sont appelés à recueillir les successions qui leur sont échues, à compter du 14 juillet 1789, 5 brumaire et 17 nivôse an II [26 octobre 1793 et 6 janvier 1794]. V. Associations religieuses, Belgique, Bénéfices, Clergé, Communautés ecclésiastiques et religieuses, Ordres religieux et Pensions ecclésiastiques.

RELIGION catholique, apostolique et romaine (La) est déclarée la religion du Gouvernement et de la grande majorité des Français, 13 avril 1790 et 18 germinal an X [8 avril 1802] (III, B. 172, n.º 1344). V. Clergé et Cultes.

RELIGIONNAIRES fugitifs (Les biens des) sont rendus à leurs héritiers, successeurs et ayans-droit. Formalités qui leur sont prescrites pour rentrer dans la possession de ces biens et les retirer des mains des fermiers préposés à leur régie, 10 = 18 juillet, 9 = 15 décembre 1790, 20 septembre 1792, 17 juillet et 21 août

1793, et 1.er jour complémentaire an III [17 septembre 1795] (I, B. 179, n.º 1095). — Les religionnaires fugitifs jouissent des droits de citoyen en rentrant en France, 3 = 14 septembre 1791. — Cas dans lesquels la prescription pourra être opposée par les héritiers, 4 nivôse an V [24 décembre 1796] (II, B. 98, n.º 922). — Arrêtés relatifs au mode de recouvrement et de délivrance des biens, 28 frimaire et 29 germinal an VI [18 décembre 1797 et 18 avril 1798].

RELIQUAT *de compte de tutelle.* (C. Civ.) Il porte intérêt du jour de la clôture du compte, art. 474.

— (C P. C.) La contrainte par corps peut être prononcée pour reliquat de compte de tutelle, &c., art. 126. — Le reliquat doit être fixé par le jugement qui intervient sur une instance de compte, 540.

RÉMARD (Rivière de). Moyens d'en faciliter la navigation, 18 = 22 août 1791.

REMBOURSEMENS. Il est pourvu au paiement des intérêts des remboursemens suspendus, 11 novembre 1789. — Convocation du conseil général de la commune pour délibérer sur l'emploi du prix des remboursemens, 14 décembre 1789.— Le mode de remboursement des fonds d'avance des administrations des domaines est suspendu, 4 avril 1792. — Un remboursement n'est consommé que lorsque les offres réelles ont été suivies de consignation, 1.er fructidor an III [18 août 1795] (I, B. 172, n.º 1035). — Emploi par les communes et les hospices, des fonds provenant de remboursement, aliénation ou soulte d'échange, 29 nivôse, 29 pluviôse et 14 ventôse an XIII [19 janvier, 18 février et 5 mars 1805] (IV, B. 33, 36 et 37, n.ºs 547, 593 et 607), et 7, 23, 30 avril 1806 (IV, B. 95,

n.ºs 1613 à 1645). V. *Communes, Fabriques, Hôpitaux.*

— (C. Civ.) Le produit de la chose n'appartient au propriétaire qu'en remboursant les frais auxquels ce produit a donné lieu, art. 548. — Remboursement auquel est tenu le propriétaire qui conserve les constructions et plantations faites sur son fonds par un tiers, 555. — Cas où le propriétaire est tenu au remboursement des matériaux et maind'œuvre des constructions et plantations faites sur son fonds, *ibid.* — Effet du remboursement de services fonciers dus à des héritages propres à l'un des époux en communauté, 1433. — L'acquéreur adjudicataire a son recours contre le vendeur, pour le remboursement de ce qui excède le prix stipulé par son titre, 2191. V. *Capitaux* et *Rachat.*

REMBOURSEMENS *de la dette publique.* V. *Dette publique ;* — des droits féodaux et seigneuriaux. V. *Féodalité ;* — des obligations contractées pendant le cours du papier-monnaie. V. *Transactions ;* — des offices. V. *Offices ;* — des reconnaissances de liquidation. V. *Reconnaissances de liquidation ;* — des rentes et redevances. V. *Redevances* et *Rentes.*

REMÈDES. Suppression de la distribution de remèdes dans les provinces, aux frais du trésor public, 10 = 21 septembre 1790.

REMEDES *secrets.* Défense d'en faire aucune vente ou distribution à moins qu'elle ne soit permise par le Gouvernement, 21 germinal an XI [11 avril 1803], art. 36 (III, B. 270, n.º 2676), 25 prairial an XIII [11 juin 1805] (IV, B. 48, n.º 813), et 18 août, 26 avril 1810, 9 avril 1811 (IV, B. 305, 338 et 363, n.ºs 5874, 6305 et 6656).

REMERCIEMENS. L'Assemblée nationale législative vote des remerciemens aux membres de l'Assemblée constituante, 4 octobre 1791 ; — à la nation anglaise et au lord Effingham, 5 novemb; 1791; — à la nation anglaise, au gouverneur de la Jamaïque et à l'état de Pensylvanie, pour les secours accordés à la colonie de Saint-Domingue, 28 mars 1792.

RÉMÉRÉ. Droit pour l'enregistrement des retraits de réméré, 5 = 19 décembre 1790. — Dispositions relatives aux rentes viagères vendues avec faculté de réméré, 13 brumaire an III [2 novembre 1794] (I, B. 81, n.º 423).

— (C. Civ.) On ne peut stipuler le réméré pour un terme excédant cinq années, art. 1660. V. *Rachat*.

REMISE. (C. Civ.) L'obligation s'éteint par la remise volontaire de la dette, art. 1234 *et suiv.* — Effets résultant de la remise d'un titre contenant obligation, 1282 *et suiv.* — Cas dans lequel il peut y avoir lieu à une remise sur le prix d'un bail à ferme, 1769 *et suiv.* V. *Contrainte par corps, Titres*.

— (C. Co.) La loi répute actes de commerce les remises d'argent de place en place, art. 632. V. *Adjudication, Revendication*.

REMISE *de pièces*. (C. P. C.) Communication de la condamnation à la remise des pièces avec dommages-intérêts, art. 107. — Communication de l'ordonnance pour contraindre à la remise des pièces, 191. V. *Communication*.

REMISES. Somme à la disposition des départemens pour être employée en remises d'impositions, 29 septembre 1791. — Taux des remises accordées aux préposés des hypothèques, 21 ventôse an VII [11 mars 1799], art. 15 (II, B. 266, n.º 2627). V. *Hypothèques*; — aux greffiers des tribunaux civils et de commerce sur les droits de greffe (*ibid.* n.º 2668). V. *Greffe* (Droits de); — aux percepteurs et aux receveurs des contributions directes sur le prix des patentes, 26 brumaire an X [17 no-

vembre 1801] (III, B. 130, n.º 988). V. *Contributions directes* et *Receveurs*. — Réduction des remises payées par le trésor public, et exceptions à ce sujet, 1.er thermidor an VII [19 juillet 1799]. — Il n'est point accordé de remise sur les droits d'enregistrement, 22 frimaire an VII [12 décembre 1798], art. 50 (II, B. 248, n.º 2024). — Manière de statuer sur les remises demandées par un contribuable pour des pertes, 24 floréal an X [14 mai 1802] (III, B. 25, n.º 170). — Partage entre les receveurs généraux et particuliers et les receveurs de l'enregistrement, de la remise du centime par franc sur le produit de la taxe d'entretien des routes, 6 messidor an X [25 juin 1802] (III, B. 199, n.º 1787).

RÉMISSION *des peines* (Lettres de). Leur abolition, 25 septembre = 6 octobre 1791.

REMOLLON. Etablissement de deux nouvelles foires dans cette commune, 27 brumaire an X [18 novembre 1801] (III, B. 131, n.º 997).

REMONTES (Masses destinées aux), 1.er = 11 février 1791. — Le haras de Rozière est destiné aux remontes, 27 septembre = 19 octobre 1791. — La masse des remontes est de la première classe, 23 fructidor an VIII [10 septembre 1800] (III, B. 42, n.º 275). V. *Armée* aux titres *Cavalerie* et *Solde*.

RÉMOVILLE. Indemnité accordée à l'hospice de cette commune, 26 août 1792.

REMPARTS (Les anciens) qui ne sont pas places fortes, font partie du domaine public, 22 novembre = 1.er décembre 1790, et Code civil, art. 540. — Sous quelles conditions sont confirmées les inféodations des terrains dépendant des remparts des villes, 14 ventôse an VII [4 mars 1799], art. 5 (II, B. 263, n.º 2586).

REMPLACEMENT. (C. Civ.) Celui du

tuteur d'un interdit peut se demander et s'obtenir au bout de dix ans, art. 508. — Remplacement d'arbres auxquels est tenu l'usufruitier, 590 *et suiv.*

—(C.P.C.) Par qui les procureurs impériaux et leurs substituts peuvent être remplacés en cas d'absence , art. 84.

— (C. I. C.) Mode de remplacer, en cas d'empêchement, le président de la cour d'assises, art. 263. — Remplacement des juges de la cour impériale et des juges de première instance, 264. — Par qui le procureur impérial criminel peut être remplacé en cas d'empêchement momentané, 288.

REMPLOI. Il a lieu pour le rachat des droits dépendant des fiefs des pupilles , 3 = 9 mai 1790. — Le prix du rachat ne peut etre délivré aux personnes sujettes au remploi, qu'en vertu d'une ordonnance du juge, *ibid.*—Les redevables de rentes foncières qui ne veulent pas demeurer garans du remploi, peuvent consigner le prix du rachat de ces rentes, 18 = 29 décembre 1790.

—(C.Civ.) Causes, formes et effets du remploi au profit de l'un des époux en communauté, art. 1433 , 1434. —Cas où le mari est ou n'est pas garant du défaut d'emploi ou de remploi du prix de l'immeuble aliéné par sa femme séparée , 1450. — Prélèvement qui a lieu lors du partage de la communauté entre époux, des biens acquis en remploi, ou du prix de ceux aliénés et dont il n'a point été fait de remploi, 1470. — La femme qui renonce à la communauté reprend l'immeuble qui lui a été acquis en remploi, et le prix des immeubles aliénés dont le remploi n'a pas été fait, 1493.—La vente peut avoir lieu entre époux, quand la cession que fait le mari à la femme, même non séparée, a pour cause un remploi, 1595.

(C. Co.) Immeubles sur lesquels seuls la femme dont le mari était commerçant à l'époque du mariage, a hypothèque pour le remploi des biens apportés en dot et aliénés, art. 551.

RENANS. Le bureau de la Cibourg est substitué à celui de Renans pour les formalités du transit de l'Helvétie , 13 brumaire an IX [4 novembre 1800] (III, B. 50, n.º 376).

RENARD (Le sieur) est nommé juré au tribunal criminel extraordinaire , 26 septembre 1793.

RENARDS. Ordre de faire la chasse à ces animaux, 19 pluviôse an V [7 février 1797.

RENAUD - LASCOURS (Le sieur) est nommé membre du Corps législatif, 4 nivôse an VIII [25 décemb. 1799] (II , B. 341 , n.º 3509).

RENAUDIN (Le sieur) est nommé juré au tribunal criminel extraordinaire, 26 septembre 1793.

RENAULT (La fille) est traduite au tribunal révolutionnaire, 26 prairial an II [14 juin 1794] (I, B. 2, n.º 6).

RENAULT (Le sieur) est nommé membre du Corps législatif, 4 nivôse an VIII [25 décembre 1799] (II , B. 341 , n.º 3509).

RENDANT. (C.P.C.) Il ne peut employer pour dépenses communes que les frais de voyage, les vacations de l'avoué qui aura mis en ordre les pièces du compte, les grosses et copies, les frais de présentation et affirmation, art. 532. V. *Comptes.*

RENÉ (Le sieur) est autorisé à changer son nom de famille et à prendre celui d'*Orée,* 24 décembre 1811 (IV, B. 410 , n.º 7526).

RENGAGEMENS (Dispositions concernant les), 9 = 25 mars 1791. V. *Armée* au titre *Engagement.*

RENNES. Etablissement d'une cour supérieure provisoire dans cette ville, 3 = 4 février 1790. — Nomination de cinq juges de paix, 28 octobre 1790. — Circonscription des pa-

roisses, 1.er = 6 avril 1791. — Etablissement de quatre commissaires
de police, 6 = 13 juillet 1792 ; —
d'un octroi municipal, 13 vendémiaire an VIII [5 octobre 1799]
(II, B. 315, n.° 3332); — d'une
bourse de commerce, 7 fructidor an
IX [25 août 1801] (III, B. 98, n.°
823); — d'un lycée, 24 vendémiaire
an XI [16 octobre 1802] (III, B.
286, n.° 2793). — Départemens
qui fournissent à la dotation de la
sénatorerie de cette ville, 18 fructidor an XI [5 septembre 1803]
(III, B. 311, n.° 3144). — L'évêché
de Saint-Pol-de-Léon est désigné
pour servir de maison d'habitation
à cette sénatorerie (*ibid*. n.° 3345).
— Le sénateur Cornudet y est
nommé, 5 vendémiaire an XII [28
septembre 1803] (III, B. 323, n.°
3275). — Approbation des arrêtés
par lesquels les hospices de Rennes
ont été provisoirement envoyés en
possession de différens biens, 18
fructidor an XI [5 septembre 1803]
(III, B. 311, n.° 3146). — Le maire
assiste au serment de l'Empereur,
3 messidor an XII [22 juin 1804]
(IV, B. 6, n.° 56). — Approbation
de l'institution et des statuts de la
maison de refuge, 14 août 1811
(IV, B. 395, n.° 7307). — Création d'une maison centrale de détention, 23 août 1812 (IV, B. 448,
n.° 8228).

RENOMMÉE (Commune). V. *Commune renommée*.

RENONCIATION. Les propriétaires de
fiefs peuvent demander la nullité de
la renonciation qu'ils auraient été
forcés de donner de leurs droits non
supprimés, sans avoir besoin de
lettres de rescision, 15 = 28 mars
1790. — Droits d'enregistrement
auxquels sont assujettis les actes de
renonciation, 22 frimaire an VII
[12 décembre 1799], art. 7 (II, B.
268, n.° 2224).

— (C. Civ.) La femme d'un absent peut exercer le droit de renoncer
à la communauté, art. 124. — Les
créanciers de l'usufruitier peuvent
faire annuller sa renonciation à l'u-
sufruit, 622. — Renonciation à une
succession : on peut représenter celui
à la succession duquel on a renoncé,
744. — Cas où la renonciation au
profit d'un ou de plusieurs héritiers
emporte acceptation, 780. — Où et
comment elle doit être faite, 784.
— L'héritier qui renonce est censé
n'avoir jamais hérité, 785. — Qui
profite de la part du renonçant,
lorsqu'il y a plusieurs cohéritiers, et
lorsqu'il est seul, 786. — Cas où les
enfans viennent de leur chef et partagent par tête une succession à laquelle on renonce, 787. — Dans
quel cas et jusqu'à quelle concurrence la renonciation est annullée en
faveur des créanciers, 788. — Par
quel temps se prescrit la faculté
d'accepter ou de répudier une succession, 789. — Dans quel cas et
dans quel délai les héritiers qui ont
renoncé peuvent encore accepter la
succession, 790. — On ne peut,
même par contrat de mariage, renoncer à la succession d'un homme
vivant, 791. — Dans quel cas les
héritiers sont déchus de la faculté de
renoncer à une succession, 792. —
Ce que peut retenir ou réclamer
l'héritier qui renonce à la succession, 845. — Les époux ne peuvent
faire, dans le contrat de mariage, de
renonciation dont l'objet serait de
changer l'ordre légal des successions,
1389. — Règles et conditions relatives à la renonciation et à la communauté entre époux, 1453 et 1492.
— Effet de celle de l'un des héritiers
de la femme dans le partage de la
communauté, 1475. — Les époux
peuvent stipuler qu'en cas de renonciation à la communauté, la
femme reprendra ses apports francs et
quittes, 1497. — Effet de cette clause,
1514; — de celle de non-renon-

ciation, à l'égard du préciput, 1515.
— Cas où la clause par laquelle on
assigne à chacun des époux des parts
inégales dans la communauté, donne
à la femme la faculté d'y renoncer,
1524. — La renonciation à tous
droits, actions et prétentions, en
matière de transaction, ne s'entend
que de ce qui a rapport au différent
qui y a donné lieu, 2048. — Celle
du créancier à l'hypothèque éteint
les priviléges et hypothèques, 2180.
— (C. P. C.) Renonciation de
la femme à la communauté, après
une séparation de biens, art. 874.
— Comment est faite la renonciation
à la communauté ou à la succession,
art. 979.

RENOUVELLEMENT *des diverses autorités
publiques.* V. *Assemblées politiques,
Corps administratifs* et *Corps législatifs.*

RENTE (Baux à). V. *Baux.*

RENTES *en général.* Droits d'enregistrement auxquels sont assujettis les
actes relatifs aux rentes, 5 = 19
décembre 1790, et 22 frimaire an
VII [12 décembre 1798] (II, B.
248, n.º 2224). — Mode de rectification des erreurs de noms et de
prénoms qui se trouvent dans les
contrats, 26 septembre = 16 octobre 1791.

— *apanagères.* V. *Apanages.*
— *du Clergé et sur le clergé.* V.
Clergé, §. 2.
— *des Compagnies, corps et communautés supprimés.* Les arrérages des
rentes qu'ils doivent, continueront
d'être acquittés comme par le passé,
7 = 11 sept. 1790, 8, 12 et 14 = 27
avril, 9 = 17 juin 1791. — Conditions
auxquelles ces corps et compagnies
peuvent recevoir le remboursement
de celles qui leur sont dues, 23 octobre = 5 novembre 1790. — Les
rentes perpétuelles et viagères constituées pour des emprunts sont déclarées légitimes, et doivent être
payées par les receveurs de district,
ibid. V. *Clergé,* §. II. *Communautés*

d'arts et métiers, *Communautés ecclésiastiques, Compagnies, Pays d'états,
Secrétaires du Roi.*
— *des Communes et des établissemens de bienfaisance, d'instruction publique, &c.* Mode de paiement de
celles que l'Etat doit à ces divers
établissemens, 2 = 6, 5 = 10 avril,
20 = 25 mai 1791, 17 et 19 = 22
janvier, 7 = 12 février 1792, 15
brumaire et 14 ventôse an IX [6 novembre 1800 et 5 mars 1801] (III,
B. 52 et 73, n.ºs 384 et 550). —
Les rentes dont la reconnaissance et
le paiement se trouvent interrompus,
sont affectées aux besoins des hospices, 4 ventôse an IX [23 février
1801] (III, B. 73, n.º 550). — Les
hospices ont droit aux arrérages et
au principal desdites rentes, 7 messidor an IX [26 juin 1801] (III,
B. 80, n.º 712). — Ces dispositions sont rendues communes aux
bureaux de bienfaisance, 9 fructidor
an IX [27 août 1801] (III, B. 98,
n.º 824). — Les établissemens publics doivent convertir en rentes sur
l'Etat le montant des remboursemens qui leur sont faits, et du prix
des ventes et aliénations de leurs
biens, 7, 23 et 30 avril 1806 (IV,
B. 95, n.ºs 1643, 1644 et 1645),
23 et 26 décembre 1809 (IV, B.
258, n.ºs 5111 et 5112). — Les
rentes dues aux communes et créées
pour concession de bancs sous les
halles, ne sont pas féodales par elles-
mêmes, et les tribunaux peuvent
seuls connaître des contestations relatives à leur possession, 18 août 1807
(IV, B. 156, n.º 2676). V. *Colléges,
Communes, Fabriques des églises, Hôpitaux* et *Séminaires.*
— *convenancières.* V. *Domaines congéables.*
— *des Corporations militaires.* Les
rentes appartenant à des corporations
dont les caisses sont supprimées,
sont éteintes au profit de la nation,
19 septembre 1792.

— sur les *Domaines*. V. *Domaines de l'État et de la Couronne*, et *Domaines nationaux*.

— *des Écoles militaires*. V. *Écoles militaires*.

— *des Émigrés* et sur les *Émigrés*. V. *Émigrés*.

— *emphytéotiques*. Elles sont rachetables sauf la preuve contraire, 15 = 28 mars 1790, et 15 = 19 juin 1791. — Avis du Conseil d'état sur celles qui ont été créées dans le territoire de Bâle et dans le pays de Porentruy, 23 septembre 1810 (IV, B. 317, n.º 5985). V. *Emphytéose*.

RENTES *de l'État* et sur *l'État*, *perpétuelles* et *viagères*.

§. 1.er

Rentes dues à l'État.

Mode de vente et prix d'acquisition des rentes devenues nationales, 9 = 25 juillet 1790. — Aliénation des rentes emphytéotiques ou à vie, 18 = 27 avril 1791. — La liquidation de leur rachat est confiée aux assemblées administratives, et le prix doit en être versé dans les caisses des receveurs de district, 18 = 29 septembre 1791. — Les arrérages des rentes devenues nationales sont versés dans la caisse de l'extraordinaire, 10 = 20 juillet et 21 septembre = 14 oct. 1791. — Vente des rentes constituées en argent, 13 = 14 septembre 1792. — Nouveau mode de rachat et d'aliénation des rentes dues à l'État, 13 thermidor an III [31 juillet 1795], 21 niv. et 18 ventôse an VIII [11 janvier et 9 mars 1800 (III, B. 1 et 41, n.ºs 3 et 94), 27 prairial et 14 fructidor an VIII [16 juin et 1.er septembre 1800] (III, B. 31 et 14, n.ºs 200 et 263). — Avis du Conseil d'état sur la compétence en matière de contestations relatives à la féodalité ou non-féodalité des rentes nationales transférées par le Gouverne-

ment, 14 mars 1808 (IV, B. 188 n.º 3250). — Décret qui autorise l'aliénation des rentes sur particuliers dont la caisse d'amortissement est cessionnaire, 9 décembre 1809 (IV, B. 253, n.º 4841). V. *Dette publique.*

§. 2.

Rentes dues par l'État.

Mesures prescrites pour la continuation du paiement des arrérages de rentes à leur échéance, 22 janvier = 28 mars 1790, 17 = 27 avril 1791. — Le produit des dons patriotiques est affecté au paiement des rentes de cent livres et au-dessous, 25 avril = 10 mai 1790. — Les rentes sous le titre d'*augmentation de gage* sont rejetées de l'état des charges et rentes; mode de leur remboursement, 15 = 23 octobre 1790. — Les rentes dues par l'État sont affranchies de toutes contributions, 4 = 10 déc. 1790. — Remboursement par la caisse de l'extraordinaire, des rentes de 12 à 20 livres, 23 = 30 janvier 1791. — Les arrérages et capitaux de rentes sont reçus en paiement de la contribution patriotique, 20 = 27 avril 1791. — Les quittances des rentes payées par le trésor public sont sur papier timbré, 7 = 11 février 1791. — Remboursement des rentes dont le produit est au-dessus du denier vingt, 5 = 15 mai 1791. — Le trésorier de l'extraordinaire est autorisé à recevoir les arrérages échus des contrats de rente sur l'État, trouvés sous les scellés lors des inventaires des biens déclarés nationaux, 10 = 20 juillet 1791. — Certificats de résidence exigés pour recevoir le paiement des rentes, 10 = 17 décembre 1791, 4 = 10 février et 12 sept. 1792. — La trésorerie est chargée de payer les dépenses arriérées du bureau d'enregistrement des contrats de rentes,

17 sept. 1792. — Les personnes qui n'ont d'autre fortune qu'une rente de 100 liv. et au-dessous, sont exemptes du paiement des deux cinquièmes, 21 frimaire an II [11 décembre 1793]. — La trésorerie est chargée du paiement des rentes sur l'hôtel-de-ville, 24 germinal an II [13 avril 1794]. — Mode de liquidation de celles dues à des rentiers qui n'ont pu produire leurs titres constitutifs, 11 floréal an III [30 avril 1795]. — Nouveau mode de paiement des rentes dues par l'État, 3 messidor an III [21 juin 1795]; — du paiement des arrérages, 29 ventôse an IV [19 mars 1796] (II, B. 45, n.º 383), 15 vendémiaire an V [6 octobre 1796] (II, B. 82, n.º 758), 2 ventôse an V [20 février 1797] (II, B. 107, n.º 1019), 28 germinal an VIII [18 avril 1800] (III, B. 20, n.º 127). — Remplacement des rentes dues aux hospices civils, et qui ont été aliénées au profit du trésor public, 20 ventôse an V [10 mars 1797] (II, B. 113, n.º 1079). — Les bons délivrés aux rentiers sont admissibles en paiement de leurs contributions, 16 messidor an V [4 juillet 1797] (II, B. 131, n.º 1276). — Les rentes sur l'État sont payables en francs, 17 floréal an VII [6 mai 1799] (II, B. 278, n.º 2878). — Les arrérages des rentes viagères, à mesure de leur extinction, servent à amortir la dette publique, 6 frimaire an VIII [27 novembre 1799] (II, B. 331, n.º 3342). — Timbre des bons des arrérages de rentes, 27 prairial an VIII [16 juin 1800] (III, B. 27, n.º 178). — Avis du Conseil d'état sur le mode de rectification des erreurs de noms et de prénoms dans les titres de propriété des rentes perpétuelles et viagères, 16 messidor an VIII [5 juillet 1800] (III, B. 45, n.º 329). — Suppression des bons au porteur pour le paiement des arrérages, 27

messidor an X [16 juillet 1802] (III, B. 204, n.º 1833). — Décret concernant l'énonciation des titres et qualités constitutionnels sur les extraits ou certificats de rentes et de pensions, 21 frimaire an XIII [12 décembre 1804] (IV, B. 23, n.º 413). — Consolidation et remboursement partiels des rentes perpétuelles du ci-devant Piémont, 15 janv. 1810 (IV, B. 261, n.º 5129). V. *Dette publique.*

§. 3.

Rentes viagères.

DISPOSITIONS relatives aux pensions qui ont été converties en rentes viagères, 3 = 22 août 1790; — aux rentes viagères créées pour arrérages de pensions suspendues, 20 = 25 fév. 1791. — Liquidation des rentes constituées au profit des religieux et religieuses, 24 août = 16 octobre 1791. — Décret qui ordonne que, dans le cas où des citoyens sur la tête desquels il existe des rentes viagères, périraient au service de l'État, ces rentes seront constituées à leurs pères et mères, 10 août 1792. — Mode de rectification d'erreurs de noms et prénoms existant dans les titres et contrats de rentes viagères, 17 = 27 mai et 2 septembre 1792, 19 mars et 30 mai 1793. — Suppression de la rente d'un million constituée en 1784 au profit de Louis XVI, sur sa tête et sur celle de Louis-Stanislas-Xavier son frère, 6 septembre 1792. — Fixation des époques de paiement des rentes viagères, 18 pluviôse an II [6 février 1794]. — Remise des titres et prohibition de leur vente, cession, transport et partage, 1.er germinal an II [21 mars 1794]. — Confection d'un grand livre de la dette viagère, 25 floréal et 8 messidor an II [14 mai et 26 juin 1794] (I, B. 14, n.ºs 64 et 65). — Mode de liquidation des délégations dont le gage repose sur des rentes viagères, et paiement des arrérages, 11 fruct. an II [28 août 1794] (I, B. 49, n.º 254). — Prorogation du délai pour la remise des titres, 4.ᵉ jour complémentaire an II [20 septembre 1794] (I, B. 62, n.º 335). — Dispositions relatives aux ventes avec faculté de réméré, 13 brumaire an III [3 novembre 1794] (I, B. 81, n.º 423). — Mode de liquidation et d'inscription de la dette viagère, 8 floréal et 21 messidor an III [27 avril et 9 juillet 1795] (I, B. 140 et 162, n.ᵒˢ 788 et 944), et 1.ᵉʳ fructidor an III [18 août 1795] (I, B. 174, n.º 1041).—Réversibilité et liquidation des rentes viagères des défenseurs de la patrie sur la tête de leurs parens, 8 nivôse an VI [28 déc. 1797] (II, B. 173, n.º 1641). — Liquidation de celles qui sont assises sur les têtes genevoises, génoises, hollandaises et lyonnaises, *ibid.*—Certificats de vie exigés des créanciers viagers, 9 frimaire an XI [30 novembre 1802] (III, B. 230, n.º 2128). — Décret concernant les rentes viagères dont les arrérages n'auraient pas été réclamés pendant trois ans, 8 ventôse an XIII [27 février 1805] (IV, B. 35, n.º 585). V. *Dette publique.*

— *féodales et seigneuriales.* Ces rentes sont soumises, jusqu'à leur rachat, pour leur principal, à la prescription établie pour les immeubles réels, 15 = 28 mars 1790. — Elles sont déclarées rachetables; mode et taux du rachat, *ibid.* et 11 = 24 août, 14 = 15 nov., 18 = 29 décembre 1790, 23 décembre 1790 = 5 janvier 1791, 19 et 23 juillet = 12 septembre, 15 septembre = 16 octobre 1791, 20 août 1792, 8 août 1793. — Liquidation des rentes stipulées par des actes connus sous le nom de *baux à locatairie perpétuelle*, 15 brumaire an II [5 novembre 1793]. V. *Féodalité.*

RENTES *foncières.* Ces rentes de toute nature, et à quelque personne qu'elles soient dues, sont rachetables, mode et taux du rachat, 4, 5, 6 et 11 août = 3 novembre 1789, 18 = 29 décemb. 1790, 20 août 1792, 3 germinal an II [23 mars 1794]. — Où doivent être imposés les propriétaires de rentes foncières, 1.ᵉʳ 16 mai 1790.—Les biens nationaux vendus en sont exempts, 14 = 17 mai 1790. V. *Domaines nationaux.* — Retenue que les propriétaires de fonds grevés de rentes foncières sont autorisés à faire en les acquittant, 23 novembre = 1.ᵉʳ décemb. 1790. V. *Retenue.* — Décret relatif à l'imposition des rentes constituées et foncières dans la Champagne, 26 novembre = 1.ᵉʳ décembre 1790. —Les cueilloirs et cueillerets pour la perception des rentes foncières ne sont plus regardés que comme des registres purement domestiques, 12 = 19 janvier 1791.—Droit d'enregistrement auquel sont assujetties les rentes foncières, 29 septembre = 9 octobre 1791. — Mode de rachat des rentes constituées en grains avant 1789, 7 nivôse an III [27 décembre 1794] (I, B. 105, n.º 544). — Les arrérages non payés ne confèrent hypothèque que pour une année et le terme courant, 9 messidor an III [27 juin 1795] (I, B. 164, n.º 963). — Suspension provisoire du remboursement des rentes créées avant le 1.ᵉʳ janvier 1792, 25 messidor an III [13 juillet 1795] (I, B. 165, n.º 966). V. *Transactions pendant le cours du papier-monnaie.* — Dispositions relatives aux intérêts dus pour celles qui sont payables moitié en nature, lorsqu'elles sont constituées en viager, pour vente de fonds de terre, et que le capital n'est plus remboursable, 3 brumaire an IV [25 octobre 1795] (I, B. 199, n.º 1194). — Mode de paiement des rentes payables en grains, et des arrérages, 15 germinal an IV et 15 pluviôse an V [4 avril 1796 et 4 février 1797] (II, B. 27 et 104, n.os 290 et 991). — Loi relative aux rentes foncières assises sur des édifices incendiés, ou sur des héritages dévastés par suite de la guerre de la Vendée, 14 nivôse an VI [3 janvier 1798] (II, B. 173, n.o 1644). — Les rentes sont soumises à la subvention de guerre quoiqu'elles soient exemptes de la retenue des impositions, 27 brumaire an VIII [18 novembre 1799] (II, B. 328, n.o 3430). — Décret qui approuve deux décisions du ministre des finances sur le mode d'évaluation des rentes et des baux stipulés payables en nature, 26 avril 1808 (IV, B. 190, n.o 3296).

— sur l'Hôtel-de-ville. Les payeurs sont chargés de payer celles qui sont dues aux fabriques, écoles, colléges et pauvres des paroisses, 2 = 6 avril 1791. — État des rentes qui doivent être payées des fonds de la caisse patriotique, 7 et 20 mars = 1.er avril, 25 avril = 10 mai, 13 = 20 juin 1790. — Suppression de la formalité de l'enregistrement au greffe des rentes sur l'hôtel-de-ville, et renvoi aux payeurs des rentes, du paiement des rentes constituées, 21 juillet = 15 août 1790 et 25 mars 1791. — Les payeurs sont chargés d'acquitter les rentes du clergé, les charges assignées sur les fermes générales, et les rentes dues par les ci-devant pays d'états, 15 août = 1.er septembre 1790. — Ils sont autorisés à acquitter les rentes au dessous de cent livres, 10 = 20 juillet 1791. — La connaissance des contestations entre les rentiers et les payeurs est attribuée au tribunal de police municipale, 21 = 29 septembre 1791. — États à fournir par les payeurs pour servir à l'inscription de la dette consolidée, 24 août 1793.

— des pays d'états. Ordre de continuer le paiement des rentes sur

les états de Bretagne, 10 = 16 septembre 1789. — Mode de paiement des intérêts dus aux créanciers des ci-devant pays d'états, et rénovation des titres, 21 septembre = 26 octobre 1791. — Formalités prescrites aux créanciers de ces rentes pour obtenir leur paiement, 15 septembre 1792.

— entre particuliers. (C. Civ.) Les rentes perpétuelles et viagères sont meubles, art. 529. — Elles sont essentiellement rachetables, 530. — Faculté qu'a le créancier de régler la clause du rachat, ibid. — Rentes viagères dans les arrérages appartiennent à l'usufruitier, 588. — Celles qui doivent être acquittées par le légataire universel de l'usufruit, 610. — Les rentes hypothéquées sur les immeubles d'une succession peuvent être remboursées, 872. — En cas de partage d'une succession, la garantie de la solvabilité du débiteur d'une rente ne peut être exercée que dans les cinq ans qui suivent le partage, 886. — Lorsqu'une rente viagère a été léguée à titre d'alimens, les intérêts courent au profit du légataire dès le jour du décès, 1015. — Intérêts auxquels les arrérages de rentes donnent lieu, 1155. — Objets pour lesquels la rente viagère peut être constituée à titre onéreux et moyennant une somme d'argent, 1968. — Cas où elle peut l'être à titre purement gratuit, et formes dont elle doit être alors revêtue, 1969. — Cas où elle est réductible, 1970. — Cas où elle est nulle, ibid. — Sur la tête de qui elle peut être constituée, 1971. — Elle peut l'être sur une ou plusieurs têtes, 1972. — Cas où elle n'est point assujettie aux formes requises pour les donations, 1973. — Cas où le contrat ne produit aucun effet, 1974 et 1975. — A quel taux elle peut être constituée, 1976. — Dans quel cas le constitué peut demander la restitution du contrat, 1977. —

Le défaut de paiement des arrérages ne l'autorise pas à demander le remboursement du capital ou à rentrer dans le fonds par lui aliéné; quels sont ses droits dans ce cas-là, 1978.
— Obligations du constituant, 1979.
— Dans quelle proportion elle est acquise au propriétaire, 1980. — Cas où elle peut être insaisissable, 1981. — Elle ne s'éteint pas par la mort civile du propriétaire, 1982.
— Préalable sans lequel il n'en peut demander les arrérages, 1983. — Temps après l'expiration duquel le débiteur d'une rente peut être contraint à fournir à ses frais un nouveau titre, 2263. —Prescription des arrérages de rentes perpétuelles ou viagères et de ceux des pensions alimentaires, 2277.
— (C. P. C.) Les demandes en paiement des arrérages de rentes sont matières sommaires, art. 404. —Formalités relatives aux saisies de rentes sur des particuliers, 636 et suiv.

RENVOI. (C. P. C.) Cas dans lesquels le juge de paix renvoie la cause devant les juges qui doivent en connaître, art. 14. — Les demandes en renvoi sont dispensées du préliminaire de conciliation, 49. — Elles doivent être communiquées au ministère public, quand elles ont pour cause la parenté ou l'alliance, 83. — Cas où une partie peut demander son renvoi devant les juges compétens, 168. — Époque à laquelle cette demande doit être formée, 169. — Renvoi de droit à raison d'incompétence sur la matière, 170. — Autres cas de renvoi, 171. — Jugement sommaire des demandes en revoi, 172. — Circonstance dans laquelle il y a lieu à renvoyer devant le tribunal des personnes assignées en garantie, 181.
— Procédure pour renvoi d'un tribunal à un autre, à raison de parenté ou d'alliance, 368 et suiv. Jugement préparatoire, 371. —Renvoi par les tribunaux de commerce dans le cas d'incompétence, 424; — et dans celui où une pièce est arguée de faux, 427. — Où se fait, en cas d'infirmation sur l'appel, le renvoi d'une demande en reddition de compte, 528. — Devant quel tribunal est envoyée la connaissance du fond par le tribunal qui a provisoirement statué sur des difficultés élevées relativement à l'exécution des jugemens, 554.
— (C. I. C.) Cas dans lesquels l'inculpé doit être renvoyé au tribunal de police ou au tribunal correctionnel, art. 129, 130, 160 et 182. — Circonstance qui doit faire purement et simplement renvoyer le prévenu, 191. — Lorsque le fait n'est qu'une contravention de police, si le renvoi n'a pas été demandé, le tribunal applique la peine par un jugement en dernier ressort, 192.
— Si le fait est de nature à mériter une peine afflictive ou infamante, le tribunal correctionnel renvoie le prévenu devant le juge d'instruction compétent, 193.— Renvoi de l'affaire par la cour impériale, pour cause d'incompétence, à la haute-cour impériale ou à la cour de cassation, 220. — Cas dans lesquels la cour impériale doit renvoyer le prévenu au tribunal de simple police, au tribunal de police correctionnelle, aux assises ou à la cour spéciale, 230 et 231. — Elle indique le tribunal qui doit en connaître, ibid. — Signification de l'arrêt de renvoi, 242. — Où l'accusé doit être transféré après cette signification, 243.
— Fonctionnaires qui doivent être instruits de ce renvoi, 245. — Lorsque la cour impériale a décidé qu'il n'y avait pas lieu au renvoi, le prévenu ne peut être traduit aux mêmes cours, à raison du même fait, s'il n'est survenu de nouvelles charges, 246. — Le délai pour la réunion des pièces au greffe où doit siéger la cour d'assises, est compté du moment où

l'arrêt de renvoi devant cette cour a été signifié à l'accusé, 292.—Circonstance dans laquelle, après la déclaration des jurés, l'affaire peut être renvoyée à une autre session, 352.—Autre cas qui donne lieu au même renvoi, 354.—Devant quels cours et tribunaux la cour de cassation prononce le renvoi des procès criminels, 429 et suiv.—Causes pour lesquelles la cour de cassation peut, en matière criminelle, correctionnelle et de police, et sur la réquisition du procureur général ou des parties intéressées, renvoyer la connaissance d'une affaire à une autre cour ou à un autre tribunal, 542 et suiv.—L'arrêt qui a rejeté une demande en renvoi, n'en exclut pas une nouvelle fondée sur des faits postérieurs, 552.—Lorsque, parmi les prévenus de crimes qui, par la simple qualité des personnes, sont attribués à la cour spéciale, il s'en trouve qui ne soient point justiciables de cette cour, les parties sont renvoyées devant les cours d'assises, 555.

RENVOI en surveillance. (C. P.) Le renvoi sous la surveillance de la haute police est une peine commune aux matières criminelles et correctionnelles, art. 11.—Effets de ce renvoi, 44 et 45. V. Surveillance de la haute police.

RENVOI d'un tribunal à un autre pour cause de suspicion. V. Suspicion.

RENVOIS et RATURES. V. Ratures.

RÉPARATION d'honneur. (C. Civ.) Elle peut être demandée par le témoin contre lequel les reproches n'ont pas été justifiés, 289; — par le juge récusé sans causes valables, 390.

— (C. P.) Outrages et violences envers les dépositaires de l'autorité et de la force publique qui donnent lieu à une réparation d'honneur, art. 222 et suiv.

RÉPARATIONS civiles. La connaissance de celles pour blessure causées par un matelot, officier-marinier ou d'équipage, est réservée aux tribunaux, 21 = 22 août 1790. — Les peines civiles sont prononcées indépendamment des peines spécifiées dans le Code pénal, 25 septembre = 6 oct. 1791, I.re partie, tit. I.er, art. 34.

— (C. I. C.) Les objets servant de cautionnement sont affectés, par privilége, aux réparations civiles, art. 121. V. Priviléges.

— (C. P.) Outrages et violences envers les dépositaires de l'autorité et de la force publique, qui donnent lieu à une réparation, art. 222 et suiv.—Réparations civiles pour refus d'un service dû légalement, art. 234. — Sortes de soustractions pour lesquelles ceux qui les ont commises ne sont tenus qu'à des réparations civiles, 380. V. Dommages-intérêts, Restitution, Soustraction.

RÉPARATIONS locatives (La connaissance des) est de la compétence du juge de paix, avec appel si la demande excède cinquante livres, 16 = 24 août 1790.—La cédule de citation est demandée au juge de paix du lieu, 14 = 26 oct. 1790.

— (C. Civ.) Celles à la charge de l'usufruitier, art. 605. — Les grosses réparations sont à la charge du propriétaire du fonds grevé d'usufruit, ibid. — Exception, ibid. — Nature des grosses réparations, 606. —Cas où l'usager est assujetti à celles d'entretien, 635.—Règles relatives aux réparations des murs mitoyens et aux dépenses qui en résultent, 655 et suiv. — Les réparations usufruitières sont à la charge de la communauté entre époux, 1409. — Forme de l'aliénation de l'immeuble dotal pour faire de grosses réparations, 1558. — Les réparations locatives sont créances privilégiées, 2102.

— (C. P. C.) Indication du juge de paix devant lequel doivent être portées les demandes pour réparations locatives, art. 3. — L'exécution d'un jugement peut être ordonnée sans caution, lorsqu'il s'agit de réparations urgentes, 135.

— (C. P.) Peines pour accidens causés par le défaut de réparations des maisons ou édifices, art. 179.

RÉPARTITEURS *et* RÉPARTITION *des contributions foncière, mobilière, personnelle et somptuaire.* Nomination, attributions et fonctions des répartiteurs, et mode de répartition, 18 prairial an V [6 juin 1797] (II, B. 127, n.° 1227), 3 frimaire, 5 nivôse et 2 messidor an VII [23 novembre, 25 décembre 1798 et 20 juin 1799] (II, B. 243, 250 et 292, n.°ˢ 2197, 2270 et 3105). V. *Contributions directes.*

RÉPARTITION. (C. Co.) Celle des pertes et dommages causés par la nécessité de jeter en mer une partie du chargement d'un navire, art. 416. — Comment cette répartition est exécutoire, *ibid.* — Comment se fait la répartition en cas de pertes de marchandises mises dans des barques pour alléger le navire, 427. — Les créanciers défaillans ne peuvent rien prétendre aux répartitions consommées lorsqu'ils se présentent, 513. — Répartition du mobilier du failli entre les créanciers, 558 *et suiv.* — Ils doivent être instruits de l'ouverture de la répartition, 560. V. *Contributions de deniers, Jet, Perte.*

REPAS *de corps.* Défense aux officiers, sous-officiers et soldats d'en donner ni d'en recevoir, 24 mai, 30 juin, 8 = 10 juillet 1791, titre III, art. 61.

RÉPERTOIRES. Ceux des officiers, des secrétaires des autorités administratives, des notaires, huissiers et autres officiers publics et ministériels, doivent être timbrés, 13 brumaire an VII [3 novembre 1798], art. 12 (II, B. 237, n.° 2136). — Répertoires à colonnes qu'ils doi-

vent tenir pour les actes qu'ils reçoivent, 22 frimaire an VII [12 décembre 1798], art. 49 (II, B. 248, n.° 2224). — Ils doivent les représenter aux préposés de l'enregistrement à toute réquisition, art. 52. — Cote et paraphe de ces répertoires, art. 53. V. *Huissiers* et *Notaires.*

RÉPÉTITION. (C. Civ.) Circonstance dans laquelle on peut répéter des sommes payées, art. 1235. — La répétition de deniers consignés entre les mains de personnes publiques entraîne la contrainte par corps, 2060.

REPEUPLEMENT *dans les bois* (Fonctions des conservateurs pour le), 15 = 29 septembre 1791.

RÉPONSE. (C. P. C.) Délai pour la signification des réponses aux défenses, art. 78. — Poursuite de l'audience après l'expiration de ce délai, 80. — Réponse à la requête de production dans une affaire par écrit, 27. — La cause qui s'instruit par écrit est en état, quand le délai pour les réponses aux productions est expiré, 343.

REPOS (Jours de) *et fériés.* Peines encourues par ceux qui se livrent à des opérations et à des travaux prohibés les jours de repos, ou qui empêchent de les observer, 7 vendémiaire an IV et 17 thermidor an VI [29 octobre 1795 et 4 août 1798] (I, B. 186, n.° 1123, et II, B. 216, n.° 1943). V. *Dimanches* et *Fêtes.*

REPRÉSAILLES *contre l'ennemi.* Décret qui les autorise, 8 mars 1814 (IV, B. 562, n.° 10207).

— (C. Co.) Les dommages et les pertes qui en peuvent résulter, sont à la charge des assureurs, art. 350.

— (C. P.) Ceux qui, par des actes que le Gouvernement n'a pas approuvés, auraient exposé des Français à éprouver des représailles, sont punis du bannissement, art. 85.

REPRÉSENTANS *du peuple français, dé-*

putés au Corps législatif. V. Corps
législatifs.

REPRÉSENTATION nationale. V. Corps
législatifs.

REPRÉSENTATION de pièces de théâtre.
Celle de Mérope est défendue, 31
mars 1793. V. Théâtres.

REPRÉSENTATION dans les successions. V.
Successions.

RÉPRIMANDE. On peut réprimander
l'accusé contumax qui se représente
et qui est déclaré absous, 16 = 29
septembre 1791.

REPRIS de justice. Le mendiant déjà
repris de justice est condamné à
l'emprisonnement, 19 = 22 juillet
1791. — Peines contre les repris de
justice qui sont convaincus d'un second crime, 25 septembre = 6 octobre 1791. — Cas où ils sont flétris
sur l'épaule gauche de la lettre R,
23 floréal an X [13 mai 1802],
art. 1.er (III, B. 190, n.° 1594).

— (C. I. C.) Les repris de justice
ne peuvent être mis en liberté provisoire, art. 115.

REPRISE d'instance (Enregistrement et
droit de rédaction et de transcription des actes de), 22 frimaire et 21
vent. an VII [12 décemb. 1798, 11
mars 1799] (II, B. 248 et 268, n.os
2224 et 2628). V. Instance.

— (C. P. C.) Dans quel délai
doit être donnée l'assignation en reprise d'instance, art. 346. — Formalités prescrites à ce sujet, 347. —
Dans le cas où la partie assignée en
reprise conteste, 348; — où elle ne
comparaît pas, 349. — Mode de signification du jugement par défaut
rendu sur une demande en reprise
d'instance, 360; — de l'opposition à
ce jugement, 351.

— (C. P. C.) Comment s'éteint
l'instance, lorsqu'il y a lieu à demande en reprise d'instance, 397. —
Assignation des veuves et héritiers
en reprise d'instance devant les tribunaux de commerce, 426. V. Instance.

REPRISES des époux. (C. Civ.) Biens sur
lesquels les époux exercent leurs reprises lors du partage de la communauté, art. 1472. — Nature de celles
que peut faire la femme qui y renonce, 1493. — Cas où le mari ne
peut exercer la reprise du mobilier
qui lui est échu pendant le mariage,
1504. — Les apports mobiliers de la
femme ne peuvent être repris que
déduction faite de ses dettes personnelles, 1514. — La reprise des apports peut avoir lieu lorsqu'il est stipulé entre époux que la totalité de la
communauté appartiendra au survivant, 1523.

— (C. Co.) Reprise que la femme
est autorisée à exercer en cas de faillite du mari, 545 et suiv.

— (Tarif des frais en mat. civ.),
art. 29 et 71.

REPRISES faites sur l'ennemi (Dispositions relatives aux), 25 pluviôse an
V [15 février 1797], et 12 vendémiaire an VI [3 octobre 1797] (II,
B. 150, n.° 1459).

REPROCHES. Quand l'accusé allègue
des reproches contre les témoins, il
doit prêter serment, 9 octobre et 3
novembre 1789. V. Témoins.

— (C. P. C.) Les parties sont
tenues de fournir et signer les reproches avant la déposition des témoins, art. 36. — Dans quels cas peuvent être recevables après la déposition commencée, ibid. — Époques à
laquelle ils peuvent être proposés dans
les enquêtes faites dans les tribunaux,
270. — Formalités pour les reproches
après les dépositions, 282. — Contre
qui les reproches peuvent être proposés, 283. — Manière dont il est
statué sur les reproches, 287. — Justification à faire des reproches avant
l'audition, 289. — Réparation et
dommages - intérêts que le témoin
peut prétendre, ibid. — Comment
se fait la preuve des reproches, 200.
— En cas d'admission des reproches,
la déposition du témoin n'est pas lue,

291.—Reproches contre les témoins dans une enquête sommaire, 413. V. *Preuves* et *Témoins*.

— (C. I. C.) C'est à l'audience du tribunal correctionnel que les reproches sont proposés contre les témoins, et jugés, art. 190.

RÉPUBLIQUES: —*Batave*. V. *Hollande;* — Cisalpine. V. *Cisalpine;* — Française. V. *Constitutions* et *Gouvernemens;* — de Gènes ou Ligurienne. V. *Gènes;* — Helvétique. V. *Suisse.*

REQUÊTE. Il n'est présenté de requête pour obtenir permission d'assigner, que pour abréger les délais, 6 = 27 mars 1791, art. 34. — Les ordonnances sur requête doivent être enregistrées sur les minutes, 22 frimaire an VII [12 décembre 1798] (II, B. 248, n.º 2224). — Les droits en sont acquittés par les parties, art. 29. V. *Ordonnances.*

— (C. P. C.) La requête contenant les moyens du demandeur doit être terminée par un état des pièces produites au soutien, art. 96. — Les avoués doivent, à peine de rejet lors de la taxe, déclarer au bas des originaux et copies de leurs requêtes, le nombre des rôles, 104. — Ce que doit contenir la requête par laquelle on forme opposition à un jugement par défaut, 161. —Les moyens fournis postérieurement à la requête ne doivent point entrer en taxe, 162. — Les faits dont on demande à faire preuve, sont articulés, déniés ou reconnus par un simple acte sans requête, 252. — L'interrogatoire sur faits et articles n'est ordonné que sur requête, 325. — Ce que doit contenir la requête en intervention, 339. —Celle par laquelle un avoué forme des demandes incidentes, ne doit contenir que des conclusions motivées, 406.

REQUÊTE *civile.* Recette et recouvrement de l'amende pour récusation de requête civile, 5 = 19 décemb. 1790. —Forme de présentation et d'admission d'une requête civile, 11 et 12 = 18 février 1791.—La règle établie pour les requêtes civiles est observée pour la révision intentée ou à intenter contre les arrêts du ci-devant parlement de Douai, 28 avril = 8 mai 1791. —Cette disposition est étendue aux arrêts du ci-devant sénat de Chambéry, 25 thermidor an IV [12 août 1796] (II, B. 67, n.º 606). — Cas et forme dans lesquels les préposés de la conservation forestière se pourvoient par la voie de la requête civile, 15 = 29 septembre 1791. — Suppression de la formalité d'une consultation signée d'avoués, pour se pourvoir en requête civile, 19 août 1793. —Consignation d'amende pour se pourvoir en requête civile. V. *Amendes.* — Extinction de toutes contestations existant dans des tribunaux où l'on se serait pourvu en requête civile pour raison de retraits féodaux, 1.er frimaire an II [21 novembre 1793].

— (C. P. C.) Causes pour lesquelles on peut se pourvoir en requête civile, art 480. — Cas où l'État, les communes, les établissemens publics, et les mineurs, sont reçus à se pourvoir, 481. — Disposition relative au cas où il n'y a ouverture que contre un chef de jugement, 482. — Comment et dans quel délai la requête civile est signifiée, à l'égard des majeurs, 483; à l'égard des mineurs, 484; — à l'égard des individus absens du territoire européen de l'Empire, pour un service de terre ou de mer, ou employés dans les négociations extérieures pour le service de l'État, 485; — à l'égard de ceux qui demeurent hors de la France continentale, 486; — à l'égard de la succession de la partie condamnée, si elle est décédée dans les délais fixés pour se pourvoir, 487. — De quel jour courent les délais, lorsque les ouvertures de requête civile sont le faux, le dol, ou la dé-

couverte de pièces nouvelles, 488;
— lorsqu'il y a contrariété de jugement, 489. — A quel tribunal est
portée la requête civile, 490 et 491.
— Comment elle est formée, 492
et 493. — Somme que doit préalablement consigner toute partie qui
veut se pourvoir en requête civile,
494. — Exception, ibid. — Autres
formalités sans lesquelles elle n'est
point reçue, 495. — Cas où l'avoué
de la partie qui a obtenu le jugement est constitué de droit sans
nouveau pouvoir, 496. — Effet de
la requête civile, 497. — Elle est
communiquée au ministère public,
498. — Moyens qui peuvent être
discutés, 499. — Effet du rejet de la
requête civile, 500; — de son admission, 501. — Forme de son enté-
rinement, ibid. — A quel tribunal
est porté le fond de la contestation
sur laquelle le jugement rétracté a
été rendu, 502. — Jugemens contre
lesquels aucune partie ne peut se
pourvoir en requête civile, à peine
de nullité, 503. — Cas où la contrariété de jugemens donne ouverture à cassation, 504.

REQUÊTES en cassation. Forme de leur
présentation et de leur admission,
27 novemb. = 1.er décemb. 1790,
et 27 vent. an VIII [18 mars 1800],
art. 6 (III, B. 15, n.º 103). —
Ordre du jour sur deux questions
relatives à la validité des délais de
requête en cassation, 19 vendém.
an III [10 octob. 1794]. V. Cassation
et Tribunal de cassation.

REQUÊTES adressées aux corps administratifs. V. Corps administratifs et Pétitions.
— de l'Hôtel. Elles sont supprimées, 7 = 11 septembre 1790. —
Montant de la liquidation de l'office
de procureur général, 5 = 18 fév.
1791. — Montant de la liquidation
d'un office de greffier en chef, 8 =
15 mai 1791.
— du Palais. Elles sont supprimées,
7 = 11 septembre 1790.

REQUÊTES (Maîtres des). V. Maîtres
des requêtes.

REQUINT. V. Quint.

RÉQUISITION (Première). Sa levée,
son organisation, et son emploi pour
la défense de l'État, 14 et 23 août
1793. V. Armée au titre Conscription,
S. I.er

RÉQUISITION (Voie de). Les commissaires près les tribunaux exercent
seulement par cette voie leur ministère, 16 = 24 août 1790, et 3 =
14 septembre 1791.

RÉQUISITION de la force publique (Le
droit de) est conféré aux officiers
municipaux en cas de trouble, 10
= 14 août 1789. V. Corps administratifs, Force publique, Garde nationale, Gendarmerie et Tribunaux.

RÉQUISITION judiciaire et Réquisitoire.
(C. P. C.) Les parties peuvent faire
aux experts nommés pour une visite
les dires et réquisitions qu'elles jugent convenables, art. 317. — Deux
réquisitions sont nécessaires pour
constater un déni de justice, 507.
Réquisitoire d'après lequel le président du tribunal commet le juge
devant lequel on procède à un
ordre, art. 751. — Ce que doit contenir l'acte de réquisition de mise
aux enchères, 832. — Réquisition
pour une apposition de scellés, 909.
— (C. I. C.) Cas dans lesquels le
procureur impérial est tenu de requérir le juge d'instruction, d'ordonner
une information, et même de se
transporter dans le lieu où un délit
a été commis, art. 47. — Actes que
les juges de paix et les autres officiers de police peuvent faire, lorsqu'ils sont requis de la part d'un
chef de maison, 49. — Le procureur
impérial doit adresser son réquisitoire au juge d'instruction, en lui
transmettant les dénonciations qu'il
a reçues de la part des officiers de
police judiciaire, 54. — Dans le cas
de flagrant délit, le juge d'instruction peut requérir la présence du

RÉQUISITIONS de grains, denrées et marchandises pour le compte de l'Etat et le service public. Les autorités administratives sont compétentes pour faire ces réquisitions, et régler tout ce qui concerne les livraisons, 26 == 29 juin 1792, 30 pluviôse an III [18 février 1795] (I, B. 125, n.° 66). — Peines encourues par ceux qui suspendent l'effet des réquisitions, se refusent à l'exécution des ordres, et y apportent des obstacles, 18 germinal an II [7 avril 1794], 3 pluviôse et 26 ventôse an III [22 janvier et 16 mars 1795] (I, B. 114 et 130, n.os 604 et 704). — Le droit de réquisition ne peut s'exercer sur les matières premières que les fabricans justifient avoir fait venir de l'étranger pour l'aliment de leurs fabriques, 26 vendémiaire et 6 frimaire an III [17 octobre et 26 novembre 1794] (I, B. 75 et 92, n.° 398 et 473). — Les denrées et subsistances nécessaires aux armées peuvent être mises en réquisition, 19 brumaire an III [9 novembre 1794, I, B 84, n.° 439]. — Etablissement du compte général de l'emploi des matières et denrées requises pour le service public, 19 brumaire an III [9 novembre 1794] (I, B. 84, n.º 441). — Cas où il est accordé des indemnités aux cultivateurs qui, en vertu de réquisitions, transportent leurs grains d'un lieu à un autre, 23 brumaire an III [13 novembre 1794] (I, B. 88, n.º 449). — Vente à l'enchère des marchandises mises en réquisition, et qui se trouvent dans les magasins de l'état, 13 nivôse an III [2 janvier 1795] (I, B. 107, n.º 559). — Loi qui détermine sur quelles communes peuvent porter les réquisitions des districts pour l'approvisionnement des marchés, 16 nivôse et 18 ventôse an III [5 janvier et 8 mars 1795] (I, B. 106 et 129, n.ºs 558 et 691). — Mode de réquisition des foins et pailles pour la subsistance des chevaux des armées, 7 vendémiaire an IV [29 septembre 1795] (I, B. 191, n.º 1152). — Prohibition et abolition de toutes réquisitions particulières, 4 frimaire an IV [25 novembre 1795] (II, B. 6, n.º 33). — Le prix des réquisitions exercées depuis le 1.ᵉʳ brumaire an IV est précompté sur le montant des contributions, 3 vendémiaire an V [24 septemb. 1796] (II, B. 79, n.º 726). — Les bons de réquisition sont admissibles en paiement des contributions directes et de domaines nationaux, 16 brum. an V [6 nov. 1796] (II, B. 87, n.º 839), et de la subvention de guerre, 27 brumaire an VIII [18 novembre 1799] (II, B. 328, n.º 3430). — Suspension provisoire de l'admission des bons de réquisition en paiement des contributions directes, 29 frimaire an VIII [20 décembre 1799] (II, B. 339, n.º 3485). — Ils sont de nouveau déclarés admissibles en paiement des contributions de l'an VIII, 4 pluviôse et 22 germinal an VIII [24 janvier et 12 avril 1800] (III,

B. 2 et 21, n.ºs 16 et 142). — Mode d'emploi des bons délivrés pour l'habillement, l'équipement et l'armement des conscrits, 9 floréal an VIII [29 avril 1800] (III, B. 22, n.º 157). — Mode de réception des fournitures par voie de réquisition, 15 décembre 1813 (IV, B. 543, n.º 9947).

RÉQUISITIONS *de personnes.* Tous les citoyens français depuis l'âge de dix-huit ans jusqu'à quarante accomplis, non mariés ou veufs sans enfans, sont mis en réquisition pour le service militaire, 24 février 1793. — Mise en réquisition des officiers de santé, chirurgiens et pharmaciens, 1.ᵉʳ août 1793; — des ouvriers employés dans les manufactures d'assignats, 8 septemb. 1793; — des charpentiers et autres ouvriers en bâtimens, 14 nivôse an II [3 janvier 1794]; — de tous les individus qui contribuent à la manipulation et au transport des denrées et marchandises de première nécessité, 15 floréal an II [4 mai 1794]; — de ceux qui sont dans l'usage de s'employer aux travaux de la récolte, 11 prairial an II [30 mai 1794]. — Les jeunes gens de seize ans et au dessous qui sont détenus, sont mis à la disposition du ministre de la marine, 26 frimaire an III [16 décembre 1794] (I, B. 100, n.º 522). — Les commissaires près les tribunaux sont autorisés à requérir des ouvriers pour les travaux nécessaires à l'exécution des jugemens, 22 germinal an VI [11 avril 1798] (II, B. 39, n.º 319).

RÉQUISITOIRE. V. *Réquisition judiciaire.*

RESCISION (Action en) *pour cause de lésion.* Droits d'enregistrement auxquels sont assujettis les actes, 5 — 19 décembre 1790. — Comment s'estiment les fonds dont la vente donne lieu à la rescision, 4 février 1793. — Levée de la suspension des actions en rescision de contrats de vente pour cause de lésion d'outre moitié, 3 germinal an V [23 mars 1797] (II, B. 115, n.º 1099). V. *Action en rescision* et *Transactions*.

— (C. Civ.) Causes pour lesquelles les partages peuvent être rescindés, art. 887. — Actes contre lesquels l'action en rescision est ou n'est pas admise, 888 et 889. — Manière de juger s'il y a lésion, 890. — A quel préalable le défendeur à la demande en rescision peut en arrêter le cours, et empêcher un nouveau partage, 891. — Cas où le cohéritier n'est pas recevable à intenter l'action en rescision pour dol ou violence, 892. — Forme de l'action en rescision, pour défaut ou invalidité du consentement donné aux contrats, 1117. — Causes et effets de l'action en rescision des conventions, 1304. — De la ratification d'une obligation qui donne lieu à la rescision, 1338. — Rescision de la vente pour cause de lésion : cas où elle peut être demandée, 1674. — Comment on peut savoir s'il y a lésion d'outre-moitié, 1675. — Délai passé lequel la demande en rescision pour lésion n'est plus recevable même de la part des femmes mariées, absens, interdits et mineurs, 1676. Cas où la preuve de la lésion ne peut être admise que par jugement, 1677. — Cette preuve doit être faite par un rapport de trois experts, qui dresseront un seul procès-verbal commun, et donneront un seul avis, 1678. — Comment doit être conçu le procès-verbal en cas d'avis différens, 1679. — Cas où les trois experts seront nommés d'office, 1680. — Droit de l'acquéreur, dans le cas où l'action en rescision est admise; ce droit s'étend au tiers-possesseur, 1681. — Obligations de l'acquéreur, dans le cas où il garde la chose, et dans celui où il la rend, 1682. — La rescision pour lésion n'a pas lieu en faveur de l'acheteur, 1683. — Elle n'a pas lieu pour les

ventes qui ne peuvent être faites que d'autorité de justice, 1684. — Les règles pour l'exercice de l'action en rescision sont les mêmes que pour les cas où plusieurs ont vendu conjointement ou séparément, et où le vendeur ou l'acheteur a laissé plusieurs héritiers, 1685. — La rescision en matière de transaction a lieu, lorsqu'il y a erreur dans la personne, ou sur l'objet de la contestation, 2052. — Cas où l'hypothèque peut y être soumise, 2125. — Elle n'a pas lieu pour échange. V. *Échange*.

RESCISOIRE. (C. P. C.) On ne peut, sous peine de nullité, se pourvoir par requête civile contre un jugement rendu sur le rescisoire, art. 503.

RESCRIPTIONS (Les) sont sur papier timbré, 7 = 11 février 1791. — Celles sur les contributions sont acquittées à présentation par la caisse de l'extraordinaire, 5 = 30 mars 1791. — Contraintes à exercer contre les receveurs généraux qui ont souscrit des rescriptions, 3 = 19 juillet 1792. — Création de rescriptions de vingt-cinq francs, 18 pluviôse an IV [7 février 1796]. — Mesures pour assurer l'extinction de rescriptions rentrées au trésor public, 27 pluviôse an IV [16 février 1796] (II, B 28, n.º 186). — Les rescriptions tiennent lieu de mandats territoriaux, 29 ventôse an IV [19 mars 1796]. — Leur vérification, 16 germinal an IV [5 avril 1796] (II, B. 38, n.º 302). — Échange des rescriptions destinées au paiement des dépenses extraordinaires de la guerre et de la marine, 15 thermidor an V [2 août 1797] (II, B. 136, n.º 1338). — Rescriptions délivrées aux fournisseurs, 3 fructidor an V [20 août 1797] (II, B. 138, n.º 1367). — Vente des rescriptions bataves appartenant à l'État, 10 fructidor an V [27 août 1797] (II, B. 139, n.º 1381). — Les rescriptions sur les caisses nationales sont exemptes de l'enregistrement, 22 frimaire an VII [12 décembre 1798] (II, B. 248, n.° 2224). — Mode d'acquittement de celles à délivrer sur le produit des coupes de bois, 14 ventôse an VIII [5 mars 1800] (III, B. 10, n.° 68). — Rescriptions délivrées aux acquéreurs de biens nationaux qui se présentent à la caisse d'amortissement pour échanger du tiers consolidé contre des bons de deux tiers, 23 prairial an IX [12 juin 1801] (III, B. 84, n.° 680). — Echange des bons d'habillement de conscrits en rescriptions admissibles en paiement de domaines nationaux, et de la subvention de guerre, 5 frimaire an X [26 novembre 1801] (III, B. 131, n.° 1010). — Echange des bons au porteur des arrérages contre des rescriptions nominativement admissibles en paiement des contributions des années VII et VIII, 23 pluviôse an X [12 février 1802] (III, B. 164, n.° 1244).

RESCRITS *de la cour de Rome.* Aucun rescrit ne peut être publié, imprimé et mis à exécution qu'avec l'autorisation du Gouvernement, 9 = 17 juin 1791, et 18 germinal an X [8 avril 1802] (III, B. 172, n.° 1344).

RÉSERVE (Armée, compagnies et légions de). V. *Armée* aux titres *Compagnies de réserve* et *Conscription.*

RÉSERVES. (C. Civ.) Effet des quittances données sans réserve de la solidarité, art. 1211 *et suiv.* — La réduction des dispositions entre vifs ne peut être demandée que par ceux au profit desquels la loi fait la réserve, 921. — Il est permis au donateur de faire la réserve à son profit, 949. — Les frais de la demande en délivrance de legs sont à la charge de la succession, sans néanmoins qu'il puisse en résulter de réduction de la réserve légale, 1016. — Effet des quittances données sans réserve de la solidarité, 1211 *et suiv.* — Effet des réserves

faites par le créancier auquel le débiteur a fait une délégation, 1275 et 1276; — par le créancier qui fait remise de la dette à l'un des coobligés, 1285.

RÉSERVES *de chasse* (Les) sont abolies, 11 août = 3 novembre 1789.

RÉSERVES *d'eau* (Les) sont comprises dans l'évaluation des revenus et charges des canaux pour la contribution foncière, 21 = 25 février 1791.

RÉSERVOIRS. (C. P.) Peines pour vol ou empoisonnement de poissons dans les réservoirs, art. 388 et 452. V. *Champs, Empoisonnement.*

RÉSIDENCE (Les droits perçus par les seigneurs à cause de la), sont abolis sans indemnité, 15 = 28 mars 1790. — Obligation de la résidence imposée à ceux qui sont revêtus d'un office ou d'un emploi ecclésiastique, 12 juillet = 24 août 1790, titre IV, art. 1.er *et suiv.*, et 18 germinal an X [8 avril 1802], art. 20 (III, B. 172, n.° 1344); — aux juges de paix et aux membres des cours et tribunaux, 25 août = 11 septembre 1790, art. 3, 28 floréal an X [18 mai 1802] (III, B. 191, n.° 1596), 6 juillet = 18 août 1810, art. 22 et 29 (IV, B. 300 et 309, n.os 5725 et 5876); — aux fonctionnaires publics, 22, 29 mars = 12 sept. 1791; — aux notaires, 29 sept. = 6 octobre 1791. — Temps de résidence en France nécessaire pour être admis dans la garde du Roi, 3 = 14 septembre 1791; — pour être citoyen français, constitution de l'an III, art. 8, et de l'an VIII, art. 2. — Certificats de résidence exigés des officiers de la marine pour pouvoir être compris dans une nouvelle formation, 6 = 12 février 1792. — Les départemens jugent les difficultés sur la résidence des pensionnaires, 20 = 28 juillet 1792. — Dispositions concernant les certificats de résidence des officiers militaires démissionnaires, destitués ou suspendus, 9 ventôse an II [27 fév. 1794]. — Conditions qui établissent la résidence qui donne droit de voter dans les assemblées primaires, 19 ventôse an V [9 mars 1797] (II, B. 110, n.º 1046). — Compte à rendre par l'inspecteur général de la gendarmerie au ministre de la police, de ce qui est relatif aux changemens de résidence, 8 germinal an VIII [29 mars 1800], art. 7 (III, B. 18, n.º 121). — Le préfet de police délivre les certificats de résidence, 12 messidor an VIII [1.er juillet 1800], art. 5 (III, B. 33, n.º 214). V. *Certificats de résidence.*

— (C. Civ.) Résidence exigée pour l'exercice des droits civils. V. *Domicile, Droits civils.*

— (C. P. C.) La citation se donne devant le juge de paix de la résidence du défendeur, lorsqu'il n'a pas de domicile, art. 2. — On assigne au lieu de leur résidence actuelle les personnes qui n'ont aucun domicile en France, 69. — A défaut de la résidence, l'exploit s'affiche à la porte de l'auditoire du tribunal où la demande est portée, *ibid.*

— (C. I. C.) Résidence du procureur impérial criminel, art. 285.

RÉSIDENS *de France.* Formule de leur serment civique, et notification de l'acte de prestation au Corps législatif, 16 novembre = 1.er décembre 1790.

RÉSIGNATION (Les pensions créées pour les curés en suite de) sont comptées pour leur valeur réelle, 24 juillet = 24 août 1790.

RÉSILIATION *d'adjudication ou vente.* Dispositions relatives aux contestations ayant pour objet la résiliation d'une vente judicielle, 25 vendémiaire an IV et 11 ventôse an V [17 octobre 1795 et 1.er mars 1797] (I, B. 197, n.º 1199, et II, B. 111, n.º 1051). — Dispositions concernant la résiliation des baux à ferme des do-

maines nationaux, 12 ventôse an V [2 mars 1797] (II, B. 111, n.º 1053). — Cas et mode de résiliation des baux à ferme passés pendant la dépréciation du papier-monnaie, 9 fructidor an V [26 août 1797] (III, B. 212, n.º 1910). V. *Baux.*

— (C. Civ.) Cas dans lequel une éviction partielle peut faire résilier une vente, art. 1636. — Le défaut de déclaration de servitudes non apparentes, peut aussi donner lieu à la résiliation du contrat, 1638. — Circonstances qui donnent lieu à la résiliation d'un bail à ferme, 1760 *et suiv.* — La résiliation d'un marché à forfait pour la construction d'un bâtiment, ne peut être faite que par la volonté du maître, 1793.

— (C. Co.) Cas de faillite qui donne à l'assureur et à l'assuré la faculté de demander la résiliation du contrat, art. 346.

RÉSILIEMENS (Droits d'enregistrement des) purs et simples, 22 frimaire an VII [12 décembre 1798], art. 68, §. I.er, n.º 40 (II, B. 248, n.º 2224).

RÉSINES (Droits d'entrée et de sortie des), 2 = 15 mars 1791, et 14 fructidor an X [1.er septembre 1802] (III, B. 212, n.º 1952). — Les résines sont comprises dans la loi sur l'accaparement, 29 août 1793.

RÉSISTANCE *à la loi* (La) est un crime, 26 août = 3 novembre 1789, 3 = 14 septembre 1791, et constitution de l'an III.

RÉSISTANCE *à l'oppression* (La) est un des droits de l'homme, 26 août = 3 novembre 1789, 3 = 14 septembre 1791, constitutions de 1793 et de l'an III.

RESNIER (Le sieur) est nommé membre du Sénat conservateur, 3 nivôse an VIII [24 décembre 1799] (II, B. 341, n.º 3509).

RÉSOLUTION (Toute proposition de loi s'appelle), constitution de l'an III, art. 79. — Dispositions relatives à l'impression et à la publication des

résolutions et des projets de résolution , 12 vendémiaire an IV [4 octobre 1795](I, B. 192, n.º 1154).
— Leur insertion au feuilleton, *ibid.*
—(C. Civ.) Causes qui peuvent opérer la résolution d'une vente, art. 1654 *et suiv.*; — et celle du contrat de louage, 1741.

RESPECT. Peines contre les individus qui manquent au respect dû à la justice et aux autorités constituées, 19 = 22 juillet, 25 septembre = 6 octobre, 29 septembre et 18 octobre 1791, 3 brumaire an IV [25 octobre 1795], art. 55 (I, B. 204, n.º 1221), Code de procédure art. 10 et 88, et Code d'instruction criminelle, art. 504 *et suiv.*
— (C. Civ.) Le respect est dû, à tout âge, par l'enfant à ses père et mère, art. 471.

RESPECTUEUX (Actes). V. *Actes respectueux.*

RESPONSABILITÉ *des agens du Gouvernement et des fonctionnaires publics, des ministres et des particuliers.*

§. 1.er

Agens du Gouvernement et Fonctionnaires publics.

Les commandans des forts et prisons d'état sont responsables des détentions en vertu d'ordres arbitraires, 16 = 26 mars 1790. — Les autorités municipales sont responsables des dommages causés par des attroupemens qu'elles ont négligé de dissiper, 23 = 26 février, 2 = 3 juin 1790, 10 vendémiaire an IV [2 octobre 1795] (I, B. 188, n.º 1142). V. *Attroupemens, Communes, Corps administratifs et Municipalités;* — de la suspension de l'exécution des lois, 23 septembre = 5 octobre 1790. V. *Lois;* — des obstacles apportés à la circulation des grains, 6 = 12 octobre 1790. V. *Grains;* — des ventes illégales de domaines nationaux , 7

= 14 octobre 1790. V. *Domaines nationaux.* — Les agens du Gouvernement sont responsables des abus de pouvoir, dilapidations de fonds, et concussions, 1 = 12 septembre 1790. — Les autorités administratives sont responsables dans le cas de négligence à vérifier l'état des caisses des receveurs, 14 = 24 novembre 1790. V. *Receveurs;* — à répartir et à recouvrer les contributions, 13 janvier = 18 février 1791. V. *Contributions directes.* — Responsabilité des secrétaires-greffiers de la gendarmerie, 16 janvier = 16 février 1791. V. *Gendarmerie.* — La régie des douanes est responsable du fait de ses préposés, 6 = 22 août 1791. V. *Douanes.* — Nature de la responsabilité des receveurs des droits de navigation, 9 = 13 août 1791. V. *Navigation;* — des receveurs de la trésorerie, 16 août = 13 novembre 1791. V. *Trésor public;* — des essayeurs des monnaies, 30 août = 8 septembre 1791. V. *Monnaies;* — des inspecteurs, conservateurs et gardes des bois et forêts, 15 = 29 septembre 1791. V. *Bois et forêts;* — des officiers de police en cas d'arrestation arbitraire et de détention illégale, 16 = 29 septembre 1791, et 3 brumaire an IV [25 octobre 1795] (I, B. 204, n.º 1221); — des gardes champêtres pour négligence dans la remise de leurs rapports, 28 septembre = 6 octobre 1791; — des chefs de la garde nationale qui ont provoqué ou permis des délibérations sur les affaires d'état ou d'administration, 29 septembre = 14 octobre 1791; — des commissaires des guerres pour extension donnée aux logemens militaires, 23 mai = 6 juin 1792; — des agens extérieurs de la France pour la publicité de leur correspondance, 26 vendémiaire an VII [17 octobre 1798] (II, B. 236, n.º 2127). — Les fonctions de sénateur, de membre du Corps législatif, de consul, de tribun, de conseiller d'état, ne donnent lieu à aucune responsabilité, constitution de l'an VIII, art. 69. — Les cautionnemens des conservateurs des hypothèques sont affectés à leur responsabilité, 11 brumaire et 21 ventôse an VII [1.er novembre 1798 et 11 mars 1799] (II, B. 238 et 266, n.os 2137 et 2628). — Les receveurs particuliers d'arrondissement sont responsables du déficit des caisses des percepteurs, 17 mars 1811 (IV, B. 359, n.o 6586).

§. 2.

Ministres.

Arrêté de l'Assemblée constituante sur la responsabilité des ministres, 31 juillet 1789. — Nature de la responsabilité particulière des ministres de la guerre et de la marine, 21 mars, 28 avril, 26 juin = 7 juillet 1790. — Les ministres sont responsables des gratifications accordées sans l'approbation du Corps législatif, 3 — 22 août 1790 ; — de la publication des lois non délibérées et rédigées dans les formes prescrites, 13 = 17 juin 1791. — Forme des actes législatifs, et dispositions constitutionnelles sur la responsabilité des ministres, 13 = 17 juin, 3 = 14 septembre, 25 septembre = 6 octobre 1791. — Responsabilité solidaire des ministres, 23 = 25 juillet 1792. V. Ministres.

§. 3.

Particuliers.

Les pères et mères sont responsables des délits de chasse et de police de leurs enfans, 22 = 30 avril 1790, 19 = 22 juillet, 28 septembre = 6 octobre 1791. V. Pères et Mères. — Les auteurs et les entrepreneurs de théâtres sont responsables des pièces qu'ils font représenter, 13 = 19 janvier 1791. V. Théâtres. — Les

aubergistes, hôteliers et logeurs sont civilement responsables des délits commis par ceux qui logent chez eux, 19 = 22 juillet 1791. — Les maîtres sont civilement responsables des condamnations pécuniaires prononcées contre leurs domestiques et ouvriers pour délits de police municipale et rurale, 19 = 22 juillet, 28 septembre = 6 octobre 1791. — Les auteurs et imprimeurs sont responsables des abus de la liberté d'écrire et d'imprimer, constitutions des 3 = 14 septembre 1791 et de l'an III.

— (C. Civ.) Responsabilité des fonctionnaires de l'état civil, art. 50 et suiv. ; — de la tutrice qui se remarie et de son nouveau mari, 395 et 396 ; — des tuteur et protuteur d'un mineur domicilié en France, qui possède des biens dans les colonies, 417 ; — des héritiers d'un tuteur, 419 ; — des tuteurs nommés pour l'exécution des dispositions testamentaires, 1073 ; — de l'usufruitier relativement à l'usurpation d'un tiers sur le fonds sujet à l'usufruit, 614. — Responsabilité à laquelle donnent lieu les dommages résultant des délits et quasi-délits, 1382. — Celle du mari résultant du dépérissement des biens de sa femme causé par défaut d'actes conservatoires, 1428 ; — de prescriptions et détériorations, 1562. — Responsabilité des architectes et entrepreneurs à l'égard des bâtimens construits à prix fait, 1792 ; — des conservateurs des hypothèques. V. Hypothèques ; — du créancier à l'égard de la caution ; cas où elle a lieu. V. Caution ; — à l'égard des événemens. V. Événemens ; — des locataires pour cause d'incendie arrivé à la chose louée, 1733 et 1734 ; — des personnes qui ont emprunté conjointement la même chose, 1887. V. Prêt.

— (C. P. C.) Responsabilité des commissaires - priseurs et des huissiers pour le prix des adjudications auxquelles ils ont procédé, art. 625.

— (C. I. C.) Devant quel tribunal doivent être citées les personnes civilement responsables de délits forestiers, art. 19.

— (C. Co.) Responsabilité du propriétaire du navire, art. 216. — Comment elle cesse, *ibid.* — En quoi consiste la responsabilité du capitaine, 221, 222, 228 *et suiv.*

— (C. P.) Les aubergistes et les hôteliers sont civilement responsables des restitutions, des indemnités et des frais adjugés pour raison de crimes commis par des individus logés chez eux sans y avoir été inscrits, art. 73. — Injonction aux cours et tribunaux de se conformer, pour les autres cas de responsabilité civile qui se présenteraient dans les affaires criminelles, correctionnelles et de police, aux dispositions du Code civil, art. 75.

RESSORT (Les juges connaissent en premier et dernier) de toutes affaires mobilières et personnelles jusqu'à mille livres de principal, et des affaires réelles jusqu'à cinquante livres, ainsi que de toutes matières réelles ou mixtes, si les parties consentent à être jugées sans appel, 16 — 24 août 1790. V. *Compétence, Cours de justice* et *Tribunaux*.

— (C. P. C.) Les jugemens rendus en France sont exécutoires, même hors du ressort du tribunal, dans le territoire français, sans *pareatis*, art. 547.

(C. I. C.) On fait mention, dans les jugemens des tribunaux de police, s'ils sont rendus en dernier ressort ou en première instance, art. 163.

— Cas dans lequel le jugement du tribunal de police est en dernier ressort, 192.

RESTAURATEUR (Prix de la patente de), 2 = 17 mars 1791.

RESTAURATEUR *de la liberté française* (Louis XVI est proclamé le), 4 et 11 août = 3 novembre 1789.

RESTITUTION. Toute restitution prononcée par la police correctionnelle emporte la contrainte par corps, 19 = 22 juillet 1791. — Prescription des demandes en restitution de droits formées contre la régie des douanes, 6 = 22 août 1791. — Dans quelles circonstances les biens d'un accusé contumax lui sont restitués, 16 = 29 septembre 1791 et 3 brumaire an IV [25 octobre 1795] (I, B. 204, n.° 1221). — Restitution des biens des condamnés, 21 prairial an III [9 juin 1795] (I, B. 154, n.° 908). V. *Condamnés;* — des biens des prêtres déportés, 22 fruct. an III [8 sept. 1795] (I, B. 178, n.° 1084). V. *Clergé, §. II;* — des biens non vendus des émigrés, après leur radiation. V. *Emigres.*

— (C. Civ.) Lorsqu'une donation est révoquée, le donataire est tenu de restituer les objets aliénés, art. 958. — Il n'y a pas lieu à compensation pour une dette provenant d'une restitution, 1293. — Restitution pour cause de nullité ou de rescision des conventions, 130, *et suiv.* — On doit restituer les choses reçues par erreur, 1376. — Restitution de la dot par le mari ou ses héritiers, 1564. — Comment se fait la restitution d'un prêt, 1895 et 1899; — celle des choses confiées à titre de dépôt, 1932 *et suiv.* — La contrainte par corps a lieu pour restitution de fruits indûment perçus, 2060. — On ne peut exiger la restitution d'un gage, qu'après l'entier paiement du débiteur envers le créancier nanti, 2082. V. *Grevés de restitution.*

— (C. P. C.) Les juges ont la faculté d'ordonner la contrainte par corps pour restitutions à faire par suite de reliquats de comptes de tutelle, &c., art. 126. V. *Fruits.*

— (C. I. C. Le tribunal de police, en prononçant la peine encourue pour contravention, statue sur la demande en restitution, art. 161. —

La cour d'assises ordonne, par ses arrêts d'absolution, d'acquittement ou de condamnation, que les effets pris seront restitués au propriétaire, 366. — Justification à faire par ce dernier, lorsqu'il y a eu condamnation ; *ibid.* V. *Dommages-intérêts.*

— (C. P.) Lorsqu'il y a lieu à restitution, le coupable est en outre condamné à des indemnités envers la partie lésée, art. 51. — L'exécution des condamnations aux restitutions peut être poursuivie par la voie de la contrainte par corps, 52. — Lorsque les biens du condamné sont insuffisans pour faire face aux diverses condamnations, les restitutions sont préférées, 54. — Responsabilité des aubergistes pour les restitutions dans le cas de délits commis par des individus logés chez eux sans avoir été inscrits sur leur registre, 73. — Restitutions auxquelles donnent lieu les soustractions commises par des fonctionnaires publics, 169 *et suiv.*; — les actes souscrits par abus de confiance, 406; — les fraudes sur le titre des matières d'or ou d'argent, sur la nature des marchandises et l'usage des faux poids, 423; — la destruction d'édifices, ponts, digues, &c., 437. — Celle des registres, titres, billets, &c., 439. — Restitutions encourues pour divers délits, 444 à 455 et 457. — Principe sur la préférence à accorder aux restitutions et indemnités dues à la partie lésée, dans le cas d'insuffisance de biens, 468. — Il y a contrainte par corps pour les restitutions, indemnités et frais, 469. — Délai après lequel peut cesser l'emprisonnement des individus insolvables, lorsque ces condamnations ont été prononcées au profit de l'État, *ibid.*

— (Tarif des frais en mat. crim.), art. 172 et 175.

RESTRICTION. (C. Civ.) Celle des clauses de l'engagement : cas où elle ne peut avoir lieu, art. 1164. — Res-

triction en matière d'hypothèques. V. *Hypothèques.*

RÉSULTATS *des faits reconnus par l'instruction* (Les) sont exprimés dans la rédaction des jugemens, 16 = 24 août 1790.

RETARD. Justification à donner par les capitaines des bâtimens marchands, des motifs de retard dans l'arrivée des marchandises, 6 = 22 août 1791, tit. III, art. 7.

— (C. Co.) Les lettres de voiture doivent énoncer l'indemnité due pour cause de retard, art. 102.

RETENUE *sur les fonds publics et particuliers.* Taux de la retenue que les débiteurs de rentes sont autorisés à faire à leurs créanciers en proportion de la contribution foncière, 23 novembre = 1.er décembre 1790, 7 = 10 juin 1791, 30 juillet = 2 août 1792, 3 août 1793, 23 nivôse et 19 ventôse an III [12 janvier et 9 mars 1795] (I, B. 111 et 129, n.os 581 et 692), 15 pluviôse an V [3 février 1797] (II, B. 104, n.º 991), 3 frimaire et 4 messidor an VII [23 novembre 1798 et 22 juin 1799] (II, B. 243 et 292, n.os 2197 et 3107); — sur les rentes, prestations et redevances de ceux qui, sortis de France, n'y rentrent pas dans le délai fixé, 1.er = 6 août 1791; — sur les intérêts des capitaux liquidés et à liquider, et des sommes dues aux corps et communautés supprimés, 24 et 27 décembre 1791 = 1.er janvier 1792. — Retenue dont la pension d'un militaire est susceptible en faveur de sa femme et de ses enfans, 11 janvier 1808 (IV, B. 174, n.º 293). — Dispositions relatives aux retenues sur les appointemens et traitemens payés par le trésor public. V. *Appointemens.*

RETENUE *seigneuriale* (Le droit de) est aboli, 15 = 28 mars 1790.

RÉTICENCE. (C. Co.) Les réticences de la part de l'assuré annullent l'assurance, art. 348. V. *Différence.*

— (C. P.) Cas où la personne prévenue de réticence à l'occasion de complots par elle commis, peut n'encourir d'autre peine que la mise en surveillance, art. 107.

RETOUR. (C. Civ.) Ce qui a lieu pour le retour de choses données par l'ascendant lorsqu'elles ont été aliénées, art. 747. — Retour par lequel se compense l'inégalité des lots, 833. — Dans quelles circonstances on peut le stipuler pour les objets donnés, et effets de ce droit, 951 et suiv.

RÉTRACTATION (Acte de). Droit d'enregistrement auquel il est assujetti, 5 = 19 décembre 1790, et 22 frimaire an VII [12 décembre 1798] (II, B. 248, n.° 2224). — (C. P. C.) Cas où les jugemens peuvent être rétractés, art. 480. — Effets de la rétractation, 501. V. Requête civile.

RETRAITE. (C. Co.) Formalités auxquelles sont sujets les actes portant retraite d'associés, art. 46. — Ce que c'est que la retraite par laquelle s'effectue le rechange, 178. — Elle est accompagnée d'un compte de retour, 180. — Ce que le compte de retour comprend, et formalités y relatives, 181. — Il n'en peut être fait plusieurs, 182. — Par qui il est remboursé, ibid. V. Rechange.

RETRAITE (Appointemens, pensions et traitemens de). V. Appointemens, Armée et Marine aux titres Solde et Pensions.

RETRAITE des lettres de change. V. Lettres de change.

RETRAITS. Abolition des retraits féodal et censuel, 15 = 28 mars, 17 = 21 et 26 mai 1790. — Le retrait lignager ne peut être exercé sur les droits seigneuriaux dont le propriétaire a reçu le prix du rachat, 3 = 9 mai 1790. — Suppressions des retraits de bourgeoisie, d'habitation, d'éclesche, de société, de commission, de fareuscté, de convenance ou bienséance, lignager mi-denier et autres droits de la même nature, avec extinction de procédures non jugées en dernier ressort, sauf à faire droit sur les dépens, 13 = 18 juin et 19 = 23 juillet 1790. — L'usage admis en Bretagne sous le nom de retrait censuel est aboli, 18 = 29 décembre 1790. — Dans quel cas le bailleur d'un fonds à rente foncière peut exercer le retrait, ibid. — Abolition de toutes les espèces de retraits, 13 mai 1792, 2 et 30 septembre 1793. — Loi qui éteint toutes contestations existant sur recours contre des jugemens adjudicatifs de retraits féodaux, 1.er frimaire an II [21 novembre 1793].

— (C. Civ.) Faculté de reprendre sur le cessionnaire d'un droit dans une succession, la part pour laquelle il serait venu au partage, art. 841.

RETRAITS de réméré. Droits d'enregistrement auxquels ils sont assujettis, 22 frimaire an VII [12 décembre 1798] (II, B. 248, n.° 2224).

RETRANCHEMENT. (C. Civ.) Cas où les enfans d'un premier mariage ont l'action en retranchement, art. 1495.

RÉTRIBUTIONS. Celle à fournir par les parens aux instituteurs des écoles primaires, est fixée par le conseil municipal, qui peut en exempter les indigens, 11 floréal an X [1.er mai 1802] (III, B. 186, n.° 1488).

RÉTROACTIVITÉ. (C. Civ.) La loi n'a pas d'effet rétroactif, art. 2. V. Lois.

RÉTROCESSION (La) d'un domaine national est assujettie à un droit de contrôle de quinze sous, 9 = 25 juillet 1790. V. Domaines nationaux. — Droits d'enregistrement des actes de rétrocession de baux, 5 = 19 décembre 1790, 22 frimaire an VII [12 décembre 1798] (II, B. 248, n.° 2224), et 27 ventôse an IX [18 mars 1801] (III, B. 76, n.° 585).

RETTER (Le représentant du peuple) est envoyé en mission près l'armée d'Italie et des Alpes, 20 fructidor an

Il [6 septembre 1794] (I, B. 55, n.º 294).

REUBELL (Le représentant du peuple) est nommé membre du Directoire exécutif, 10 brumaire an IV [1.er novembre 1795]. — Il est autorisé à s'absenter pour le rétablissement de sa santé et à s'éloigner au-delà de quatre myriamètres, 12 thermidor an VI [30 juillet 1798] (II, B. 215, n.º 1940).

REUIL. Cession au sieur Angellier d'un étang situé dans cette commune, 6 germinal an VIII [27 mars 1800] (III, B. 18, n.º 119).

RÉUNION (Ile de la), ci-devant de Bourbon. V. Colonies.

RÉUNION (Ordre de la). V. Ordres de chevalerie.

RÉUNION (C. Civ.) Celle des époux divorcés ne peut avoir lieu, art. 295. — Celle de deux fonds dans une même main éteint la servitude de l'un sur l'autre, 705.

RÉUNION ARMÉE. (C. P.) Cas dans lesquels une réunion d'individus est qualifiée de réunion armée et séditieuse, art. 214. — Peines encourues par les personnes munies d'armes cachées qui auraient fait partie d'une troupe ou réunion non réputée armée, 215. — Cas dans lesquels les blessures et les coups sont imputables aux chefs, auteurs, instigateurs et provocateurs des réunions séditieuses où il y a eu rebellion ou pillage, 313.

REUTER (Le sieur) est nommé membre du Corps législatif, 4.e jour complémentaire an XIII et 2 vendémiaire an XIV [21 et 24 septembre 1805] (IV, B. 61, n.º 1075).

REUVENS (Le sieur) est nommé conseiller en la Cour de cassation, 29 juin 1811 (IV, B. 378, n.º 7044).

REYBAUD-CLAUZONNE (Le sieur) est nommé membre du Corps législatif, 4 nivôse an VIII [25 décembre 1799] (II, B. 341, n.º 3509).

REVELLIÈRE-LEPEAUX (Le sieur L. M.) est nommé membre du Directoire

exécutif, 10 brumaire an IV [1.er novembre 1795].

REVEL. Établissement d'une quatrième foire dans cette commune, 29 pluviôse an IX [18 février 1801] (III, B. 69, n.º 532).

RÉVÉLATION. (C. P.) Les personnes qui auraient connaissance de complots formés ou de crimes projetés contre la sûreté intérieure ou extérieure de l'État, sont tenues de les révéler, art. 103 et suiv. — Même obligation pour délits relatifs à la fausse monnaie, 136. — Exception à l'égard des ascendans, &c., 137. — Cas dans lequel la révélation de ces délits exempte les coupables des peines par eux encourues, 138. — Application de ces dispositions au crime de contrefaçon du sceau de l'État et des effets publics, 139 et 144.

RÉVÉLATION de biens et rentes celés au domaine. V. Domaines nationaux.

REVENDICATION (Mode d'exercer l'action en), et compétence exclusive des tribunaux en cette matière, 21 prairial an II [9 juin 1794] (I, B. 4, n.º 18), 9 messidor an III [27 juin 1795] (I, B. 164, n.º 563), et 11 brumaire an VII [1.er novembre 1798] (II, B. 238, n.os 2137 et 2138).

— (C. Civ.) Obligation par le possesseur de mauvaise foi de rendre la chose au propriétaire qui la revendique, art. 549. — L'action en revendication peut être exercée par les héritiers contre les tiers détenteurs des immeubles faisant partie des donations, 930. — Cas où celui qui a fait le dépôt a l'action en revendication, 1922. — La revendication donne privilége sur les meubles, 2102.

— (C. P. C.) Revendication qui est nécessaire pour conserver le privilége des propriétaires et des principaux locataires sur des meubles déplacés sans leur consentement, art. 819. V. Saisie revendication.

R 3

y a lieu à la révision d'arrêts de condamnation, art. 443 *et suiv.*

RÉVOCATION. (C. Civ.) Causes qui
peuvent faire révoquer une donation , et effets de la révocation, art.
953 *et suiv.* — On ne peut renoncer
à la révocation d'une donation pour
le cas de survenance d'enfans, 965.
— Après quelle durée de possession
la prescription peut-elle être opposée
en faveur d'une donation ayant cette
cause, 966. — Révocation totale ou
partielle des testamens, 1035 *et suiv.*
— Testament postérieur qui ne ré-
voque pas d'une manière expresse
les précédens, 1036 *et suiv.* — Causes
qui rendent admissible une demande
en révocation d'une disposition testamentaire, 1046 *et suiv.* — Les donations faites entre époux, pendant
le mariage, sont toujours révocables,
1096. — Comment peut-on révoquer les conventions , 1134. —
Causes et effets de la révocation d'une
obligation, 1183. — Cas où les pouvoirs de l'associé chargé de l'administration sont révocables, 1856. —
Révocation d'un mandat, 2003 *et
suiv.*

— (C. P. C.) En révoquant un
avoué, il en faut constituer un autre,
art. 75. — Condition nécessaire pour
la révocation des arbitres, 1008. V.
Arbitrage.

— (C. P.) Peine encourue par
le fonctionnaire public qui continue
l'exercice de ses fonctions au mépris
d'une révocation, art. 197.

RÉVOCATION (Droit de) des fonctionnaires publics : il est attribué au chef
du Gouvernement par les constitutions des 3=14 septembre 1791, 5
fructidor an III [22 août 1795], et
22 frimaire an VIII [13 décembre
1799].

RÉVOCATION *de procurations et de testamens.* V. *Procurations* et *Testamens.*

RÉVOLTE *et* RÉVOLTÉS. V. *Attroupemens , Conspirations , Police générale
de sûreté* et *Rébellion.*

RÉVOLUTION (Abolition des procédures pour faits et poursuites relatifs
à la), 14=15 septembre 1791, et
4 brumaire an IV [26 octob. 1795].
V. *Amnistie.*

RÉVOLUTIONNAIRES (Régime, autorités, comités et tribunaux). V.
Comité, Gouvernement et *Tribunaux.*

REVUES *des troupes de terre.* Fonctions
et attributions des commissaires des
guerres relatives aux revues, 20 sep-
tembre=14 octob. 1791. — Ordre
de passer une revue générale des
troupes, 29 novembre=11 décemb.
1791. — Officiers qui sont exceptés
de cette revue, 9=12 février 1792.
— Dépôt des procès-verbaux de
cette revue, 2=7 mars 1792. —
Réglemens sur les revues générales
et particulières des troupes, 2 thermidor an II [20 juillet 1794] (I, B.
28, n.° 129 , 9 pluviôse et 26 ventôse an VIII [29 janvier et 17 mars
1800] (III, B. 5 et 19, n.°s 33 et
124). — Distribution de gratifications extraordinaires après les revues
d'inspection , 14 ventôse an XI [5
mars 1803] (III, B. 253, n.° 2366).
—Désignation des revues attribuées
au corps des inspecteurs, 25 germ.
an XIII [15 avril 1805] (IV, B. 46,
n.° 740). — Suppression du comité
des inspecteurs aux revues et son remplacement par un conseiller d'état
directeur général des revues, 8 juill.
1806] (IV, B. 104, n.° 1748). V.
Armée au titre I.er, et au titre *Commissaires des guerres.*

RÉ (Île de). Loi qui rend aux navires neutres la faculté d'y aborder,
19 nivôse an III [8 janvier 1795]
(I, B. 109, n.° 575).

RHENNETER (Navire le). A quel tribunal est renvoyée la connaissance
des appels interjetés à l'occasion de
la prise de ce navire par le corsaire
le Jean-Bart, 28 pluviôse an V [16
février 1797] (II, B. 108, n.°
1025).

RHÉTEL. Les manufacturiers de cette

commune sont autorisés à envoyer
filer leurs laines à l'étranger, et à les
faire rentrer en France en exemption
de tous droits, 14 = 21 juin 1792.

RHÉTORIQUE (La) fait partie de l'enseignement dans les lycées, 11 flor.
an X [1.er mai 1802] (III, B. 186,
n.° 1488).

RHIN (Département du BAS-). Son
classement dans la division territoriale de la France, et sa composition,
15 janvier, 16 et 26 février = 4 mars
1790. — Le directoire de ce département est autorisé à mettre une imposition et à louer les bâtimens nécessaires à son établissement, 16 = 28
juin 1791. — Les religieux des différentes maisons de ce département
sont tenus de se réunir à Strasbourg,
17 = 27 juillet 1791. — Suspension
de divers fonctionnaires publics par
les commissaires de la Convention,
1.er et 3 avril 1793. — Validité de
la nomination des députés au Corps
législatif faite par l'assemblée électorale, 12 floréal an VII [1.er mai
1799] (II, B. 277, n.° 2846). —
Réduction et fixation des justices de
paix, 27 brumaire, 15 floréal an X
[18 novembre 1801, 5 mai 1802]
(III, B. 152, n.° 1187, et B. 228
bis, n.° 10) — Sont nommés préfets, le sieur Shée, 4 vendémiaire
an XI [26 septembre 1802] (III,
B. 220, n.° 2003); — le sieur Lezay-
Marnésia, 12 février 1810 (IV,
B. 205, n.° 5164). — Création du
dépôt de mendicité, 3 mars 1809
(IV, B. 227, n.° 4154).

RHIN (Département du HAUT-). Son
classement dans la division territoriale de la France et sa composition, 15 janvier, 16 et 26 février =
4 mars 1790. — Moyens de pourvoir aux cures vacantes, 5 = 8 janvier
1792. — Levée d'un sursis à l'exécution de deux jugemens arbitraux
rendus à l'égard de diverses communes de ce département, 5.e jour
complémentaire an IV [21 sep-

tembre 1796 (II, B. 78, n.° 720).
— Validité de la nomination des
députés au Corps législatif faite par
l'assemblée électorale, 14 floréal an
VII [3 mai 1799] (II, B. 279, n.°
2899). — Le sieur Mourère, secrétaire général de la préfecture, est
tenu de cesser ses fonctions, 9 frimaire an IX [30 novembre 1800]
(III, B 60, n.° 429). — Sont nommés
préfets, le sieur Noel, 9 frimaire
an IX [30 novembre 1800] (III,
B. 60, n.° 431); — le sieur Félix
Desportes, 20 messidor an X [9
juillet 1802] (III, B. 202, n.° 1825);
— le comte de la Vieuville, 13 mars
1813] (IV, B. 485, n.° 8965). —
Réduction et fixation des justices de
paix, 9 pluviôse, 25 ventôse, 23
germinal an X [29 janvier, 16 mars,
13 avril 1802] (III, B. 163, n.°
1238, et B. 228 bis, n.os 7 et 8). —
Désignation des écoles secondaires,
8 pluviôse an XI [28 janvier 1803]
(III, B. 245, n.° 2288). — Création
du dépôt de mendicité, 29 novembre
1810 (IV, B. 350, n.° 6144).

*Dispositions communes aux départemens
du Haut et Bas-Rhin.*

Mesures relatives aux troubles survenus
dans ces départemens, et envoi de
commissaires pour y rétablir l'ordre
et la tranquillité, 20 = 21 janvier,
11 = 13 février 1791. — Exécution
des décrets relatifs aux droits seigneuriaux et féodaux, 28 octobre = 5
novembre 1790. — Entrepôt des
marchandises étrangères importées
dans ces départemens, 7 = 10 juillet
1791. — Continuation du transit de
l'étranger à l'étranger, 7 = 14 septembre 1792. — Le décret du 20
juillet 1791 relatif à l'approvisionnement de sel dans divers départemens,
est applicable à ceux du Haut et
Bas-Rhin, 8 = 14 septembre 1792.
— Le transit de l'étranger à l'étranger y est suspendu, 24 juillet 1793.

— La sortie des chanvres blancs peignés y est autorisée, 24 germinal an VI [13 avril 1798] (II, B. 196, n.º 1801). — Les juifs non domiciliés dans ces départemens ne sont point admis à y prendre domicile, 17 mars 1808 (IV, B. 186, n.º 3210).

RHIN (Départemens de la rive gauche du), Mont-Tonnerre, Rhin-et-Moselle, Roer et Sarre. Les communes de ces départemens sont déclarées en état de siége, 28 thermidor an VII [15 août 1799] (II, B. 301, n.º 3213). — Perception du droit de transit, 14 thermidor an VIII [2 août 1800] (III, B. 35, n.º 233). — Leurs limites, 16 messidor an X [5 juillet 1802] (III, B. 201, n.º 1813). — Ces départemens sont assimilés aux autres départemens de la France, 22 fructidor an VIII [9 septembre 1800] (III, B. 43, n.º 290). — Ils font définitivement partie intégrante du territoire français, 18 ventôse an IX [9 mars 1801] (III, B. 74, n.º 569). — Villes, forts, postes et châteaux qui sont considérés comme postes ou places de guerre, 7 bram. an IX [29 oct. 1800] (III, B. 49, n.º 371). — Montant et mode de répartition des contributions directes et indirectes, 24 brumaire an IX [15 novembre 1800] (III, B. 53, n.º 391). — Publication et exécution de la loi du 16 nivôse an IX, qui crée une nouvelle administration forestière, 6 pluviôse an IX [26 janvier 1801] (III, B. 65, n.º 459); — d'une proclamation, 29 messidor an IX [18 juillet 1801] (III, B. 88, n.º 731); — de la constitution, 11 messidor an X [30 juin 1802] (III, B. 199, n.º 1791); — d'un arrêté pris par le commissaire général, 16 messidor an X [5 juillet 1802] (III, B. 201, n.º 1814). V. au titre Lois le tableau des publications des lois dans les pays réunis. — Suppression

des ordres monastiques et congrégations religieuses, 20 prairial an X [9 juin 1802] (III, B. 198, n.º 1746). — Organisation des tribunaux, 14 fructidor an X [1.er septembre 1802] (III, B. 211, n.º 1941). — Confirmation d'un arrêté pris le 24 floréal an V par le général Hoche, pour l'acquit des fournitures faites aux armées françaises par les habitans de ces départemens, 15 germinal an XI [5 avril 1803] (III, B. 264, n.º 2572). — Sursis aux poursuites contre les communes et leurs coobligés et cautions, 17 germinal an XI [7 avril 1803] (III, B. 368, n.º 2620). — Époque à compter de laquelle les actes publics devront être écrits en français, 24 prairial an XI [13 juin 1803] (III, B. 292, n.º 2881). — Mode de liquidation et de paiement des anciennes dettes de ces départemens, 16 messidor an XII et 9 vendémiaire an XIII [5 juillet, 1.er octobre 1804] (IV, B. 15 et 17, n.ºs 221 et 298), et 21 août 1810 (IV, B. 310, n.º 5881); — terme pour la remise des titres, 13 décembre 1809 (IV, B. 253, n.º 4544). — Délai pour la révision des jugemens, 9 pluviôse an XIII [29 janv. 1805] (IV, B. 30, n.º 505). — Valeur des monnaies étrangères ayant cours dans ces départemens, 21 ventôse an XIII [12 mars 1805] (IV, B. 36, n.º 602), 18 août 1810 et 30 novembre 1811 (IV, B. 308 et 405, n.ºs 5871 et 7470]. — Sénatus-consulte qui autorise la caisse d'amortissement à acquérir les domaines qui y sont affectés à la dotation du Sénat, 6 germinal an XIII [27 mars 1805] (IV, B. 39, n.º 650) — Base pour le rachat des redevances créées à titre de liebgewin dans ces départemens, 6 mars 1810 (IV, B. 274, n.º 5257). V. Mont-Tonnerre, Rhin-et-Moselle, Roer, Sarre et Pays réunis.

RHIN (Fleuve du). Ordre d'exécuter

un canal de jonction du Rhône au Rhin, 6 = 17 septembre 1792. — Réunion à la France de trente-deux communes situées sur les bords du Rhin, 14 mars 1793. — Entrepôt, à Mayence et à Cologne, des marchandises étrangères arrivant par le Rhin sur la rive gauche de ce fleuve, 9 prairial an VI [28 mai 1798] (II, B. 204, n.º 1854). — Modifications dans l'exécution du régime des douanes établies sur la rive gauche du Rhin, 5 fructidor an VI [22 août 1798] (II, B. 219, n.º 1968). — Entrepôt, à Strasbourg, des marchandises importées par le pont du Rhin, 20 prairial an X [9 juin 1802] (III, B. 196, n.º 1728). — Etablissement d'une imposition extraordinaire pour la réparation des digues du Rhin, 12 ventôse an XII [3 mars 1804] (III, B. 351, n.º 3619). = Déclaration à faire par les particuliers propriétaires de bois taillis ou autres, dans les îles, sur les rives et à quinze kilomètres du cours du Rhin, qui voudront faire des abattages dans lesdits bois, 6 novembre 1813 (IV, B. 533, n.º 9830).

RHIN (Magistrat du). V. *Magistrat du Rhin.*

RHIN-ET-MOSELLE (Département de). Sa division territoriale et son organisation, 24 floréal an VIII [14 mai 1800] (III, B. 25, n.º 191). — Etablissement des tribunaux spéciaux, 21 fructidor an X [8 septembre 1802] (III, B. 212, n.º 1963). — Le sieur Lezay-Marnesia est nommé préfet, 15 mai 1806 (IV, B. 91, n.º 1548); — le sieur Doazan lui succède, 7 août 1810 (IV, B. 307, n.º 5846). V. *Rhin* (Départemens de la rive gauche du) et *Pays réunis.*

RHÔNE (Département du). Il est formé d'une partie du département de Rhône-et-Loire, 29 brumaire an II [19 novembre 1793]. — L'assemblée électorale est fixée à Condrieux pour

l'an VI, 19 ventôse an VI [9 mars 1798] (II, B. 189, n.º 1762). — Validité de la nomination des députés au Corps législatif faite par l'assemblée électorale, 14 floréal an VII [3 mai 1799] (II, B. 279, n.º 2889). — Sont nommés préfets les sieurs Najac, 3 fructidor an IX [21 août 1801] (III, B. 97, n.º 807); — Bureaux de Puzy, 11 thermidor an X [30 juillet 1802] (III, B. 305, n.º 1873); — d'Herbouville, 6 thermidor an XIII [25 juill. 1805] (IV, B. 51, n.º 861); — de Bondy, 7 août 1810 (IV, B. 307, n.º 5846). — Réduction des justices de paix, 15 brumaire an X [6 novembre 1800] (III, B. 140, n.º 1071). — Désignation des écoles secondaires, 5 frimaire an XI [26 novem. 1802] (III, B. 233, n.º 2152).

RHÔNE (Fleuve du). Prolongation des digues existant près de l'embouchure de ce fleuve, 27 mai = 1.ᵉʳ juin 1791. — Exécution d'un canal de jonction du Rhône au Rhin, 6 = 17 septembre 1792. — Etablissement de deux ponts sur le Rhône, l'un à Saint-Gilles, l'autre entre Villeneuve et Avignon, 13 prairial an XI [2 juin 1803] (III, B. 288, n.º 2826), et 26 nivôse an XIII [16 janvier 1805] (IV, B. 27, n.º 469). — Construction de chaussées, 15 mai 1813 (IV, B. 502, n.º 9258).

RHÔNE-ET-LOIRE (Département de). Son classement dans la division territoriale de la France et sa composition, 15 janvier, 16 et 26 février = 4 mars 1790. — Circonscription de différentes paroisses dans ce département, 15 = 19 juin 1791. — Destitution du directoire et du procureur général syndic, 15 août 1792. — Le papier timbré du département du Puy-de-Dôme est en usage dans celui de Rhône-et-Loire, 24 septembre 1793. — Cette disposition est rapportée, 29 brumaire an II [19 novembre 1792]. — Il est divisé en deux départemens sous la dénomination de la Loire et du Rhône, 29 brumaire an II [19 novembre 1793].

RHULL ou RUHL (Le représentant du peuple) est décrété d'arrestation, 1.er prairial an III [20 mai 1795] (I, B. 145, n.º 819). — Il est décrété d'accusation, 8 prairial an III [27 mai 1795] (I, B. 150, n.º 868).

RHUM. Établissement, dans plusieurs ports, de dépôts pour recevoir les tafias des colonies, avec faculté de les convertir en rhum en exemption de tout droit, à charge de réexportation, 23 sept. = 19 octobre 1791.

RIBEREAU (Le représentant du peuple) est mis en état d'arrestation, 3 octobre 1793. — Il est rappelé dans le sein de la Convention nationale, 18 frimaire an III [8 décem. 1794] (I, B. 96, n.º 495).

RIBOUD (Le chevalier) est nommé membre du Corps législatif, 5 et 6 janvier 1813 (IV, B. 464, n.º 8545).

RICARD (Le sieur) est nommé membre du Corps législatif, 4 nivôse an VIII [25 décembre 1799] (II, B. 341, n.º 3509).

RICARD (Le sieur) est nommé préfet du département de l'Isère, 11 ventôse an VIII [2 mars 1800] (III, B. 8, n.º 61).

RICHARD (Le sieur). Vente en sa faveur du papier blanc provenant de la régie générale, 16 août 1792.

RICHARD. (Le sieur) est nommé préfet du département de la Haute-Garonne, 11 ventôse an VIII [2 mars 1800] (III, B. 8, n.º 61).

RICHARD (Le sieur) est nommé préfet de la Charente-Inférieure, 12 juillet 1806 (IV, B. 105, n.º 1791).

RICHARDET (Le sieur) est mis en surveillance spéciale hors du territoire européen de la France, 14 nivôse an IX [4 janvier 1801] (III, B. 60, n.º 440).

RICHAUD (Le représentant du peuple) est envoyé en mission dans le département de Rhône-et-Loire, 7 nivôse an III [27 décembre 1794] (I, B. 105, n.º 543).

RICHEPENSE père (Le sieur) est nommé membre du Corps législatif, 6 germinal an X [27 mars 1802] (III, B. 171, n.º 1340).

RICHER (Le sieur). Adoption de ses six enfans au nom de l'État, pour récompenser sa bravoure, 23 nivôse an II [12 janvier 1794].

RICHES (Subvention de guerre établie sur les), 9 mars 1793.

RICHON (Le sieur) est mis en surveillance hors du territoire européen de la France, 14 nivôse an IX [4 janvier 1801] (III, B. 60, n.º 440).

RICHESSES. V. Luxe.

RICHOU (Le représentant) est mis en état d'arrestation, 30 octobre 1793. — Il est rappelé dans le sein de la Convention, 18 frimaire an III [8 décembre 1794] (I, B. 96, n.º 495).

RICORD (Le représentant) est décrété d'arrestation, 8 prairial an III [27 mai 1795] (I, B. 150, n.º 869).

RIFUSSEC (Le sieur) est nommé membre du Corps législatif, 9 thermidor et 2 fructidor an XII [28 juillet 1804 et 20 août 1804] (IV, B. 13, n.º 195), et 9 et 10 août 1810 (IV, B. 307, n.º 5847).

RIEUX. Vente d'un terrain appartenant à cette commune, 5 nivôse an X [26 décembre 1801] (III, B. 147, n.º 1135).

RIEUX-MINERVOIS. Époque de la tenue de la foire de cette commune, 8 pluviôse an IX [28 janvier 1801] (III, B. 64, n.º 496).

RIFFARD-SAINT-MARTIN (Le sieur) est nommé membre du Corps législatif, 1.er et 2 mai 1809 (IV, B. 237, n.º 4395).

RIGAL (Le sieur) est nommé membre du Corps législatif, 17 brumaire an X [8 novembre 1801] (III, B. 122, n.º 999); — membre du Sénat, brumaire an XIII [30 oct. 1804] (III, B. 20, n.º 363).

RIGAULT (Le sieur). Annullation de son élection au titre de candidat pour le Corps législatif, 2 février 1808 (IV, B. 178, n.º 2979).

RIGNY-LE-FÉRON. Fixation du jour de la tenue d'une foire dans cette commune, 3 pluv. an IX [23 janv. 1801] (III, B. 64, n.º 493).

RIGUEURS (Les) employées dans les arrestations, &c., autres que celles qu'autorisent les lois, sont des crimes, constitution de l'an VIII, art. 82.

RINCY (Le). Conservation aux frais de l'État des maisons et jardins pour servir aux jouissances du peuple et à des établissemens utiles à l'agriculture et aux arts, 16 floréal an II [5 mai 1794].

RIOLS (Le sieur) est nommé juge au tribunal de cassation, 13, 14, 15, 16, 17 et 18 germinal an VIII [3, 4, 5, 6, 7 et 8 avril 1800] (III, B. 18, n.º 123).

RIOM. Départemens qui fournissent à la dotation de la sénatorerie de cette ville, 18 fructidor an XI [5 septembre 1803] (III, B. 311, n.º 3144). — Maison d'habitation de cette sénatorerie, ibid. (n.º 3145), et 6 brumaire an XII [29 octobre 1803] (III, B. 324, n.º 3312). — Le sénateur Garran de Coulon y est nommé, 2 prairial an XII [22 mai 1794] (IV, B. 20, n.º 343).

RIOTORD (La paroisse de) est unie au district de Monistrol, 2=8 juin 1792.

RIOUFFE (Le sieur) est nommé membre du Tribunat, 4 nivôse an VIII [25 décembre 1799] (II, B. 341, n.º 3509); — préfet du département de la Côte-d'Or), 19 pluviôse an XII [9 février 1804] (III, B. 340, n.º 3549); — du département de la Meurthe, 29 octobre 1808 (IV, B. 211, n.º 3833).

RIOULT DE NEUVILLE (Le sieur) est nommé membre du Corps législatif,

3 et 4 mai 1811 (IV, B. 367, n.º 6723).

RIQUET DE CARAMAN (Le sieur) est nommé membre du Corps législatif, 1.er et 2 mai mai 1809 (IV, B. 237, n.º 4395).

RIQUETTI - MIRABEAU. V. Mirabeau (Le comte de).

RISQUES. (C. Civ.) Ceux qui résultent de l'obligation de donner ou de livrer, art. 1138 et suiv.; — et de la condition suspensive, 1182. — Consignation faite aux risques du créancier, 1257. — Risques des associés et de la société, 1851. V. Cheptel.

— (C. Co.) Durée du temps des risques à l'égard du navire, des agrès, &c., et des marchandises, art. 328. Temps des risques par rapport au contrat d'assurance, 341. — Quelles pertes sont aux risques des assureurs, 350. V. Assurances maritimes.

RITTER (Le représentant du peuple) est envoyé en mission près les armées d'Italie et des Alpes, 20 fructidor an II [6 septembre 1794] (I, B. 55, n.º 294).

RIVAGES de la mer. Ils sont considérés comme des dépendances du domaine public, 22 novembre = 1.er décembre 1790, et Code civil, art. 538.

RIVAROLA (Le sieur) est nommé membre du Corps législatif, 3 octobre 1808 (IV, B. 209, n.º 3809), et 5 et 6 janvier 1813 (IV, B. 464, n.º 8745).

RIVAS (Le sieur Charles de) est nommé député au Corps législatif pour le département du Simplon, 19 février 1811 (III, B. 352, n.º 6534).

RIVE gauche du Rhin (Département de la). V. Rhin.

RIVEL. Changement d'époque pour la tenue de la foire de cette commune, 19 germinal an IX [9 avril 1801] (IV, B. 78, n.º 628).

RIVERAINS. Les administrateurs de département sont chargés de présenter des mesures pour empêcher toute dégradation d'arbres de la part des riverains, 29 août = 15 septembre 1790. V. *Arbres*, *Pêche* et *Propriétaires*.

RIVET (Le sieur) est nommé préfet du département de l'Ain, 12 février 1810 (IV, B. 265, n.° 5164).

RIVIÈRE (Le sieur) est nommé membre du Corps législatif, 4 nivôse an VIII [25 décembre 1799] (II, B. 341, n.° 3509).

RIVIÈRE (Le sieur) est mis en surveillance spéciale hors du territoire européen de la France, 14 nivôse an IX [4 janvier 1801] (III, B. 60, n.° 440).

RIVIÈRE (Le sieur) est nommé membre du Corps législatif, 9 thermidor an XI [28 juillet 1803] (III, B. 313, n.° 3172).

RIVIÈRE (Municipalité de la). Elle est réunie à celle de Saint-Jean-Auboin, 8 = 18 juillet 1792.

RIVIÈRE *de Bièvre*. V. *Bièvre*; — *d'Ourcq*. V. *Ourcq*.

RIVIÈRES. A qui appartiennent leur surveillance et leur conservation, 22 décembre 1789 = 3 janv. 1790, 30 juin, 2 juillet 1790, 12 messidor an VIII et 5 brumaire an IX [1.er juillet et 27 octobre 1800] (III, B. 33 et 50, n.°s 214 et 373).— Mode d'administration de toute rivière qui détermine la limite entre deux départemens, 26 février = 4 mars 1790. — Les rivières navigables sont considérées comme des dépendances du domaine public, 22 novembre = 1.er décembre 1790, et Code civil, art. 538. — La navigation sur les rivières est une profession maritime, 31 décembre 1790 = 7 janvier 1791.—Mesures pour assurer le libre cours des rivières navigables et flottables, 19 ventôse an VI [9 mars 1798] (II, B. 190, n.° 1766). — Elles ne sont point cotisables, 3 frimaire an VII [23 novembre 1798] (II, B. 243, n.° 2197). —Les contraventions en matière de

grande voirie sur les rivières, sont jugées par voie administrative, 14 floréal an XI [4 mai 1803] (III, B. 278, n.° 2763).

— (C. Civ.) Effet et bénéfice des attérissemens et accroissemens aux fonds riverains d'une rivière, art. 556; — de l'enlèvement subit d'une portion de champ par une rivière navigable, porté vers une autre champ inférieur, ou sur la rive opposée, 559. —Iles, îlots et attérissemens formés dans les rivières navigables et flottables qui appartiennent à l'État, 560. —Propriétaires voisins auxquels appartiennent les îles, îlots et attérissemens qui se forment dans les rivières non navigables et non flottables, 561. —Le propriétaire voisin d'une rivière qui, en se formant un nouveau bras, coupe et embrasse son champ et en fait une île, conserve la propriété de ce champ, 562. = L'ancien lit d'une rivière appartient au propriétaire du fonds nouvellement occupé par cette rivière, 563. —Les servitudes établies pour l'utilité publique ont pour objet le marche-pied le long des rivières, 650. V. *Fleuves*.

RIVOLI (Rue de), à Paris. V. *Paris*.

RIXES. Compétence du juge de paix en matière de rixes, 16 = 24 août 1790. — Amendes et gradation de peines contre les auteurs de rixes, selon le plus ou moins de gravité des circonstances, 19 = 22 juill., 25 septembre = 6 octobre 1791, et 3 brumaire an IV [25 octobre 1795] (I, B. 204, n.° 1221). V. *Violences* et *Voies de fait*.

RIZ. Fixation des rations de riz pour les troupes, 23 = 29 juin 1792, et 25 fructidor an IX [12 septembre 1803] (III, B. 104, n.° 858).— Droit pour l'exportation du riz par les frontières de la 27.e division militaire, 9 pluviôse an XIII [29 janvier 1805] (IV, B. 30, n.° 506). —

ROANNE. Il est alloué une indemnité

aux propriétaires des maisons détruites pour la construction du pont
de cette ville, 25 février = 4 mars
1791.—Autorisation d'accepter une
rente offerte à l'hospice, 3 ventôse an X [22 février 1802] (III, B.
55, n.º 1262).

ROASIO (Le sieur). Acceptation de la
donation faite par lui à un établissement de bienfaisance à Turin, 4
prairial an IX [24 mai 1801] (III,
B. 290, n.º 2831).

ROBE-COURTE (La compagnie de) est
supprimée et incorporée dans la gendarmerie des tribunaux et des prisons de Paris, 16 janvier = 16 février 1791.

ROBERJON-MURINAIS (Le sieur) est
nommé membre du Corps législatif,
1.er prairial an V [20 mai 1795]
(II, B. 125, n.º 1212).

ROBERJOT (Le représentant du peuple) est envoyé en mission dans les
pays conquis par les armées du Nord
et de Sambre-et-Meuse, 4 nivôse
an III [24 décembre 1794] (I, B.
105, n.º 541).—Abandon et délivrance à sa veuve d'une maison nationale située à Paris, 9 fructidor an
VII [26 août 1799] (II, B. 306, n.º
3244). V. *Rastadt* (Congrès de).

ROBERT (Le sieur Étienne-Gaspar).
Il lui est accordé un brevet d'invention, 29 nivôse an VII [18 janvier
1799] (II, B. 255, n.º 2396).—Il
recouvre ses droits de citoyen français qu'il avait perdus en se faisant
naturaliser en Russie, 21 fév. 1814
(IV, B. 559, n.ºs 10, 183).

ROBERT (Le sieur Nicolas-Louis). Il
lui est accordé un brevet d'invention
d'une machine propre à faire, sans
ouvriers, du papier d'une grandeur
démesurée, 27 ventôse an VII [17
mars 1799] (II, B. 268, n.º 2755).
—La cession de ce brevet au sieur
Léger Didot est autorisée, 8 messidor an VIII [27 juin 1800] (III, B.
31, n.º 206).

ROBERT (Le sieur) est nommé préfet

du département de l'Ardèche, 11
brumaire an X [2 novembre 1801]
(III, B. 121, n.º 948);—du département de Marengo, 7 mars 1806
(IV, B. 79, n.º 1376).

ROBESPIERRE (Maximilien) est mis en
état d'arrestation, 9 thermidor an II
[27 juillet 1794] (I, B. 29, n.º
131);— hors la loi (*ibid.* n.º 138).
—Le tribunal révolutionnaire est
chargé de l'instruction sur la conspiration de Robespierre, 12 vendémiaire an III [3 octobre 1794] (I,
B. 67, n.º 361).

ROBESPIERRE *jeune* est mis en état
d'arrestation, 9 thermidor an II [27
juillet 1794] (I, B. 29, n.º 132).

ROBILLARD (Le sieur), préposé des
douanes. Il lui est accordé une gratification pour un trait de courage,
15 vendémiaire an VI [6 octobre
1797] (II, B. 151, n.º 1477).

ROBIN (Le représentant) est envoyé en mission dans les départemens de l'Yonne et de Seine-et-
Marne, 8 frimaire an III [28 novembre 1794] (I, B. 94, n.º 480).
— Il est nommé membre du Tribunat, 14 pluviôse an X [3 février
1802] (III, B. 159, n.º 1228).

ROBINET (Le sieur) est nommé membre du Corps législatif, 4.e jour complémentaire an XIII et 2 vendémiaire
an XIV [21 et 24 septembre 1805]
(IV, B. 61, n.º 1075).

ROBINSON (Le sieur). Il lui est accordé un brevet d'invention pour
une mécanique propre à la filature
du lin et du chanvre, 23 germinal
an VI [12 avril 1798] (II, B. 196,
n.º 1799).

ROCHAMBEAU (Le général DE). Le
grade de maréchal de France lui est
conféré, 27 et 28 décembre 1791.
— Il lui est fourni des fonds et un
renfort de troupes composées de
gardes nationales, 1.er = 18 août
1791.

ROCHAMBEAU (Le général) est nommé général en chef de l'armée des

tinée pour Saint-Domingue et capitaine général de cette colonie, 13 nivôse an XI [3 janvier 1803] (III, B. 240, n.º 2223).

ROCHÉ (Le sieur). Un secours de 2000 francs est accordé à ses enfans, 4 pluviose an VI [2 janvier 1797] (II, B. 179, n.º 1685).

ROCHE-BERNARD (La). Le nom de cette ville est changé en celui de *Roche-Sauveur*, 10 juin 1793.

ROCHE-SUR-LE-BUIS. Etablissement de deux foires dans cette commune, 27 prairial an IX [16 juin 1801] (III, B. 84, n.º 688).

ROCHEFORT. Divers bâtimens et terrains situés dans le port sont affectés au service de la marine, 12 = 20 mars 1791. — Etablissement d'une cour martiale, 20 septembre = 12 octobre 1791. — Confirmation de l'élection des sieurs Vignier et Carret aux places qui leur ont été accordées, 12 = 13 août 1792. — Envoi de commissaires dans cette ville, 26 = 27 août 1792. — Mesures pour l'exécution de l'instruction donnée aux commissaires de l'Assemblée nationale, chargés de faire transporter de l'arsenal de cette ville à Paris, des armes et munitions, 20 = 27 août 1792. — Nombre et traitement des officiers de santé de la marine, 26 janvier 1793. — Les ouvriers de l'arsenal, sont exempts du recrutement, 18 mars 1793. — Etablissement d'une école pour les aspirans de la marine, 30 vendémiaire an IV [22 octobre 1795], titre X (I, B. 200, n.º 1196). — Etablissement d'un octroi municipal, 17 vendémiaire an VIII [9 octobre 1799] (II, B. 316, n.º 3355). — Nomination du préfet maritime, 1.er thermidor an VIII [20 juillet 1800] (III, B. 43, n.º 277). — Service et direction des parcs d'artillerie, 25 frimaire an IX [16 décembre 1800] (III, B. 58, n.º 420). — Etablissement d'une bourse de commerce, 13 frimaire an X [4

décembre 1801] (III, B. 136, n.º 1026). — Réglement sur l'exercice de la profession de boulanger, 6 janvier 1814 (IV, B. 552, n.º 10047). — Une feuille d'annonces est autorisée, 14 décembre 1810 (IV, B. 335, n.º 6242).

ROCHEFOUCAULT (Le cardinal DE LA) est déchargé de l'accusation intentée contre lui, 18 = 28 juin 1791.

ROCHEFOUCAULT (Le sieur DE LA) est nommé membre du Corps législatif, 1.er et 2 mai 1809 (IV, B. 237, n.º 4395).

ROCHELLE (La). Dispositions concernant les opérations à terminer pour compléter le répartement des impositions ordinaires de l'ancienne généralité de cette ville pour l'année 1790, 19 septembre 1790. — Etablissement de deux juges de paix, 27 septembre = 12 octobre 1791; — d'un octroi municipal, 9 brum. an VIII [31 octobre 1799] (II, B. 320, n.º 3394); — de deux foires, 27 frimaire an IX [18 décembre 1800]. (III, B. 60, n.º 438); — d'une bourse et d'une chambre de commerce, 13 frimaire an X et 28 pluviose an XI [4 décembre 1801 et 17 février 1803 (III, B. 136 et 249, n.ºs 1028 et 2319). — Le maire de cette ville assiste au serment de l'Empereur, 3 mess. an XII [22 juin 1804] (IV, B. 6, n.º 56). — Translation dans cette ville du siége de la préfecture du département de la Charente-Inférieure, 19 mai 1810 (IV, B. 288, n.º 5464). — L'arrondissement de cette ville est administré par le préfet, 11 juin 1810 (IV, B. 293, n.º 5563). — Publication de la bulle d'institution canonique de l'évêque, 21 mars 1806 (IV, B. 94, n.º 1570). — Réglement sur la profession de boulanger, 25 septembre 1813 (IV, B. 527, n.º 9775). — Application au bassin de la Rochelle des dispositions de la loi du 12 floréal an XI, portant établisse-

ment d'une taxe sur les navires,
22 février 1810 (IV, B. 269, n.º
5222). — Une feuille d'annonces y
est autorisée, 14 décembre 1810
(IV, B. 335, n.º 6242). — Approbation de l'institution et des statuts de
la maison de refuge, 23 juillet 1811
(IV, B. 385, n.º 7134).

ROCOU (Droit d'entrée sur le) provenant des colonies françaises ou
étrangères, 3 thermidor an X [22
juillet 1802] (III, B. 203, n.º 1840).

RODAT (Le sieur) est nommé membre
du Corps législatif, 4 nivôse an VIII
[25 décembre 1799] (II, B. 341,
n.º 3509).

RODERN (Mines de). V. *Mines.*

RODEZ. Les professeurs de théologie
du collége de cette ville sont maintenus dans leurs fonctions, 26 mars
== 10 avril 1791. — Etablissement
d'une bourse de commerce, 9 thermidor an IX [28 juillet 1801] (III,
B. 92, n.º 769); — d'un lycée, 30
fructidor an XI [17 septemb. 1803]
(III, B. 315, n.º 5199).

RODILLAN (Paroisse de). Sa réunion à
celle de Bouillargues, 9 == 17 novembre 1790.

RŒDERER (Le sieur) est nommé ministre plénipotentiaire à l'effet de
négocier avec les envoyés extraordinaires des Etats-Unis, 13 ventôse an
VIII [4 mars 1800] (III, B. 44,
n.º 310). — Il est chargé, au ministère de l'intérieur, du département
de l'instruction publique, 21 ventôse
an X [12 mars 1802] (III, B. 170,
n.º 1320); — est nommé membre
du Sénat conservateur, 4 nivôse an
VIII [25 décembre 1799] (II, B.
341, n.º 3509), et 27 fructidor an
X [14 septembre 1802] (III, B.
215, n.º 1988); — à la sénatorerie
de Caen, 5 vendémiaire an XII [28
septembre 1803] (III, B. 323, n.º
3275).

RŒDERER *fils* (Le sieur) est nommé
préfet du département de l'Aube,

24 février 1814 (IV, B. 560, n.º
10191).

ROEMERS (Le sieur) est nommé membre du Corps législatif, 1.er prairial
an V [20 mai 1795] (II, B. 125,
n.º 1212), et 4 nivose an VIII [25
décembre 1799] (III, B. 341, n.º
3509).

ROER (Département de la). Sa division territoriale et son administration, 24 floréal an VIII [14 mai
1800] (III, B. 25, n.º 171). — Etablissement d'un tribunal spécial, 23
fructidor an IX [10 septemb. 1801]
(III, B. 101, n.º 850). — Sont
nommés préfets, les sieurs Rulhières,
18 ventose an X [9 mars 1802] (III,
B. 170, n.º 1311); — Méchin, 20
messidor an X [9 juillet 1802] (III,
B. 202, n.º 1835); — Laumond,
28 fructidor an XII [15 septembre
1804] (IV, B. 18, n.º 300); —
Alexandre Lameth, 3 mai 1806
(IV, B. 90, n.º 1537); — Moclet,
19 février 1809 (IV, B. 226, n.º
4136); — Ladoucette, 31 mars
1809 (IV, B. 231, n.º 4274). —
Epoques de la tenue des foires, 17
germinal an X [7 avril 1802] (III,
B. 174, n.º 1358). — Création du
dépôt de mendicité, 16 novembre
1809 (IV, B. 251, n.º 4823). V.
Rhin (Départemens de la rive gauche
du).

ROGAIN-DIVIENNE (Le sieur) est nommé membre du Corps législatif, 9
thermidor an XI [28 juillet 1803]
(III, B. 313, n.º 3172).

ROGER-DUCOS (Le représentant du
peuple) est chargé d'accélérer la distribution du secours provisoire accordé aux citoyens pillés ou incendiés dans les départemens du Nord,
15 vendémiaire et 30 brumaire an
III [6 octobre et 20 novembre 1794]
(I, B. 69 et 88, n.os 370 et 463).
— Il est nommé membre du Directoire exécutif, 1.er messidor an VII
[19 juin 1799] (II, B. 288, n.º
3026); — consul provisoire, 19 bru-

maire an VIII [10 novembre 1799]
(II, B. 323, n.º 3413);—membre
du Sénat conservateur, constitution
de l'an VIII (II, B. 333, art. 24); —
à la sénatorerie d'Orléans, 5 vendémiaire an XII [28 septemb. 1803]
(III, B. 323 , n.º 3275).

ROGER-MARTIN (Le sieur) est nommé
membre du Corps législatif, 4 nivôse
an VIII [25 décembre 1799] (II,
B. 341, n º 3509).

ROGGIÉRI (Le sieur) est nommé préfet
du département de la Meuse-Inférieure, 31 janvier 1806 (IV, B. 73,
n.º 1188).

ROHAN (Le cardinal DE) est décrété
d'accusation et renvoyé par-devant
le tribunal de la haute cour établi à
Orléans, 2=10, 4=6 avril 1791.

ROHAN (Les sieurs DE). Réunion au
domaine national des domaines qui
leur ont été cédés au nom du Roi,
14=18 septembre 1792.

ROHAN-GUÉMÉNÉE (Le sieur). Mode
de paiement de ses créanciers, 24
juin 1793.

ROHAN-SOUBISE (Le sieur). Il n'y a
pas lieu à remboursement ni à indemnité du brevet de retenue dont
jouissait Charles de Rohan-Soubise,
23 prairial an II [11 juin 1794] (I,
B. 7, n.º 32).

ROHAULT - FLEURY (Le sieur) est
nommé membre de la commission
des émigrés, 22 ventôse an VIII [13
mars 1800] (III, B. 11, n º 78).

ROI de France et de Navarre (Le titre
de) est changé en celui de Roi des
Français, 9 novembre 1789 et 3=
14 septembre 1791. V. Constitutions,
Gouvernement et Louis à VI.

ROI de Rome (Le titre de) est donné
au prince impérial, 17 février 1810
(IV, B. 266, n.º 5168).—Sénatus-
consulte qui règle les cérémonies de
son sacre et de son couronnement,
5 février 1813 (IV, B. 474, n.º
8668).

ROLAND (Le sieur). Il lui est permis
de quitter Paris, 3 = 5 août 1792.

— Il est nommé ministre de l'intérieur, 10=11 août 1792.

ROLAND-CHAMBAUDOUIN (Le sieur)
est nommé préfet du département
de l'Eure, 26 mars 1806 (IV, B. 83,
n.º 1429).

ROLAND DE VILLARCEAUX (Le sieur)
est nommé préfet du département du
Tanaro, 6 ventôse an XI [25 février
1803 (III, B. 251, n.º 2344); —
du département des Apennins, 15
messidor an XIII [4 juillet 1805]
(IV, B. 49, n.º 838).

ROLAND (Le sieur) est nommé préfet
du département du Gard, 30 novembre 1810 (IV, B. 329, n.º
6136).

RÔLES des actes judiciaires et extrajudi-
ciaires. Nombre de lignes à la page
et de syllabes à la ligne qu'ils doivent
contenir, et formalités du timbre et
de l'enregistrement auxquels ils sont
assujettis, 5 = 19 décembre 1790,
7 = 11 février 1791, 13 brumaire
et 22 frimaire an VII [3 novembre
et 12 décembre 1798 (II, B. 237 et
248, n.ºs 2136 et 2224), 9 et 21
ventôse an VII [27 février et 11
mars 1799] (II, B. 261 et 266, n.ºs
2572 et 2627), 16 février 1807 (IV,
B. 138, n.º 2240), 18 juin 1811
(IV, B. 377, n.º 7035), 14 juin et
29 août 1813 (IV, B. 508 et 520,
n.ºs 9346 et 9570). V. Enregistrement, Greffe (Droits de), Hypothèques et Timbre.

RÔLES des contributions directes. Leur
confection, expédition et mise en
recouvrement. V. Contributions directes.

RÔLES d'équipages (Les) sont exempts
de l'enregistrement, 22 frimaire an
VII [12 décembre 1798] (II, B 248,
n.º 2224). V Navires.

— (C. Co.) Le capitaine d'un
navire est tenu d'avoir à bord le rôle
d'équipage, art. 226. — Ce rôle sert
à constater les conditions d'engagement, 250. — Le matelot congédié

premier janvier 1811 dans les Etats romains, 24 août 1811 (IV, B. 387, n.º 7183). — Fixation du cautionnement des huissiers des cours et tribunaux, 1.ᵉʳ septembre 1811 (IV, B. 388, n.º 7189). — Réunion des archives des couvens et corporations supprimés aux préfectures, 3 septembre 1811 (IV, B. 390, n.º 7218). — Publication des lois, réglemens et décrets qui n'auraient pas encore été déclarés exécutoires, 9 septembre 1811 (IV, B. 388, n.º 7193). — Dispositions additionnelles à celles du décret du 5 août 1810 relatives au remboursement de la dette publique, 16 septembre 1811 (IV, B. 389, n.º 7203); — de création du dépôt de mendicité du département de Rome, 19 décembre 1811 (IV, B. 413, n.º 7563). — Nombre de justices de paix des départemens de Rome et du Trasimène, et communes dont elles sont respectivement composées, 3 janvier 1812 (IV, B. 416, n.º 7608). — Exécution du décret du 9 décembre 1809, concernant les droits à percevoir en faveur des pauvres et des hospices sur les spectacles, bals, concerts, danses et fêtes publiques, 13 février 1812 (IV, B. 421, n.º 7694). — Réunion au domaine de l'État des biens composant les dotations affectées aux prélatures de la ci-devant cour de Rome, 24 janvier 1812 (IV, B. 416, n.º 7609). — Publication des lois, réglemens et décrets relatifs aux droits sur les cartes à jouer, 18 février 1812 (IV, B. 422, n.º 7710). — Dispositions relatives aux individus qui ont refusé de prêter le serment prescrit à tout Français par les constitutions de l'Empire, 4 mai 1812 (IV, B. 434, n.º 7982). — Prorogation du délai accordé aux titulaires de dotations affectées aux prélatures, pour réunir leurs titres et faire à la préfecture de Rome les déclarations prescrites, 28 mai 1812 (IV, B. 437,

n.º 8000). — Dispositions concernant les archives, 20 juin 1812 (IV, B. 438, n.º 8028). — Création d'un tribunal de commerce à Rome, 11 juillet 1812 (IV, B. 442, n.º 8149); — d'un conseil de prud'hommes, 22 décembre 1812 IV, B. 454, n.º 8372). — Mesures pour la destruction des sauterelles dans le département de Rome, 22 décemb. 1812 (IV, B. 457, n.º 8420). — La cour spéciale extraordinaire de Rome est divisée en deux sections, 11 janvier 1813 (IV, B. 468, n.º 8570). — Décret qui déclare commun aux archives des tribunaux supprimés de cette ville, celui du 6 août 1809 concernant les archives des tribunaux supprimés de Florence, 21 janvier 1813 (IV, B. 470, n.º 8593). — Réglement sur le mode de rachat des droits seigneuriaux et féodaux, et des rentes foncières et redevances emphytéotiques dans les départemens de Rome et du Trasimène, 1.ᵉʳ mars 1813 (IV, B. 482, n.º 8884). — Il est accordé grâce aux individus qui avaient encouru les peines portées par les lois, pour avoir refusé de prêter serment, 25 mars 1813 (IV, B. 487, n.º 9029). — Cautionnement des notaires et avoués, 14 juin 1813 (IV, B. 507, n.º 9330). — Mode de poursuivre le montant des sommes formant la différence entre le prix des premières adjudications sur folles-enchères des domaines affectés à l'amortissement de la dette publique des ci-devant Etats romains, 5 août 1813 (IV, B. 516, n.º 9486).

ROMME (Le représentant du peuple) est décrété d'arrestation, 1.ᵉʳ prairial an III [20 mai 1795] (I, B. 145, n.º 819); — d'accusation, 2 et 8 prairial an III [21 et 27 mai 1795] (I, B. 146, n.º 832, et 150, n.º 868).

ROMORANTIN. Etablissement d'un tribunal de commerce dans cette ville, 9 = 14 septembre 1792.

RONCEVAUX. Dispositions relatives aux violences commises par des Espagnols de Roncevaux sur le territoire français, 25 février = 16 mars 1792.

RONDEAU (Le sieur). Nullité de son élection à la place de juge du district de Rochefort, 20 = 23 janvier 1790.

RONSIN (Le sieur), ex-commissaire du Conseil exécutif provisoire. La procédure instruite contre lui par le tribunal criminel du département de Seine-et-Marne, est annullée, 16 juin 1793.

ROSE (Le sieur) est nommé membre du Corps législatif, 1.er prairial an V [20 mai 1795] (II, B. 125, n.º 1212).

ROSÉE (Le sieur JACQUIER) est nommé membre du Corps législatif, 9 thermidor an XI [28 juillet 1803] (III, B. 313, n.º 3172).

ROSIÈRE de Suresne. V. Suresne; — de Tours. V. Tours.

ROSIÈRES (Le sieur). Approbation d'un paiement fait à cet ingénieur des mines dans le département du Haut-Rhin, 3 juillet 1811 (IV, B. 378, n.º 7044).

ROSNAY (Le sieur). Il lui est accordé un brevet d'invention, 9 prairial an VII [28 mai 1799] (II, B. 285, n.º 2990).

ROSOY. Avis du Conseil d'état portant qu'il n'y a pas lieu d'approuver l'établissement d'un droit de cri public dans cette commune, 3 octobre 1811 (IV, B. 395, n.º 7311).

ROSSÉE (Le sieur) est nommé membre du Corps législatif, 4 nivôse an VIII [25 décembre 1799] (II, B. 341, n.º 3509), 4.c jour complémentaire an XIII et 2 vendémiaire an XIV [21 et 25 septembre 1805] (IV, B. 61, n.º 1075).

ROSSEL (Le sieur). La contestation existant entre l'agent du trésor public et le sieur Rossel, pour prix de tableaux, est renvoyée devant les tribunaux, 10 = 24 juin 1792.

ROSSET (Le sieur) est nommé membre du Corps législatif, 1.er prairial an V [20 mai 1795] (II, B. 125, n.º 1212).

ROSSIGNOL (Le général). Approbation de sa nomination au commandement en chef de l'armée des Côtes-de-la-Rochelle, 27 juillet 1793. — Il est décrété d'arrestation, 15 thermidor an II [2 août 1794] (I, B. 33, n.º 175). — Il est mis en surveillance spéciale hors du territoire européen de la France, 14 nivôse an IX [4 janvier 1801] (III, B. 60, n.º 440).

ROSSIGNOLS. V. Clefs.

ROTHELIN (Marie - Henriette - Charlotte-Dorothée), épouse de Rohan-Rochefort, est décrétée d'accusation, 9 novembre 1792.

ROTTERDAM. Cette ville est mise au nombre des bonnes villes, 18 août 1810 (IV, B. 310, n.º 5879). — Fixation du prix des tabacs de ses manufactures, 22 octobre 1811 (IV, B. 401, n.º 7432).

ROUAULT (Le représentant du peuple) est mis en état d'arrestation, 3 octobre 1793. — Il est rappelé dans le sein de la Convention nationale, 18 frimaire an III [8 décembre 1794] (I, B. 96, n.º 495).

ROUBAIX. Etablissement d'un conseil de prud'hommes dans cette ville, 7 août 1810 (IV, B. 310, n.º 5877).

ROUCH (Le sieur) est nommé membre du Corps législatif, 1.er prairial an V [20 mai 1795] (II, B. 125, n.º 1212).

ROUCHAS (Le sieur) est nommé membre de la commission de police administrative de Paris, 26 vendémiaire an III [17 octobre 1794] (I, B. 74, n.º 394).

ROUCHER - DAUBANEL (Le sieur) est nommé membre de la commission des émigrés, 22 ventôse an VIII [13 mars 1800] (III, B. 11, n.º 78).

ROUEN (Le sieur) est nommé préfet du département de Vaucluse, 15 décembre 1813 (IV, B. 543, n.º 9949).

ROUEN. Confirmation d'une ordonnance de la municipalité sur le fait de la boulangerie, 25 juin 1790. — Continuation de la perception des droits d'octroi établis en faveur des hôpitaux, 15 = 22 juin et 15 = 19 décembre 1790. — Circonscription des paroisses de la ville, 17 = 23 février 1791. — Secours pécuniaire accordé à titre de prêt aux administrateurs de l'hôpital général et de l'hôtel-dieu, 10 = 15 mai 1791. — Etablissement d'une école d'hydrographie, 20 septembre = 14 octobre 1791; — de commissaires de police, 6 = 13 juillet 1792. — Mesures relatives aux troubles de cette ville, 16 août 1792. — Le décret des 18, 19 et 20 mai 1792 sur la police de Paris, est rendu commun à la police de Rouen, 16 août 1792. — Etablissement d'un octroi municipal, 22 prairial an VII [10 juin 1799] (II, B. 286, n.º 3015); — d'une bourse de commerce, 7 thermidor an IX [26 juillet 1801] (III, B. 92, n.º 763); — d'un lycée, 19 frimaire an XI [10 décembre 1802] (III, B. 236, n.º 2199); — d'un entrepôt réel des marchandises et denrées étrangères, 3 pluviôse an XI [23 janvier 1803] (III, B. 243, n.º 2258). — Les percepteurs des contributions sont assimilés aux receveurs particuliers, 4 thermidor an X [23 juillet 1802] (III, B. 203, n.º 1851). — Augmentation du nombre des juges du tribunal de première instance, 16 ventôse an XI [7 mars 1803]. — Le maire assiste au serment de l'Empereur, 3 messidor an XII [22 juin 1804] (IV, B. 6, n.º 56). — Départemens qui fournissent à la dotation de la sénatorerie,

18 fructidor an XI [5 septembre 1803] (III, B. 311, n.º 3144).

— Le château d'Eu est désigné pour servir de logement à cette sénatorerie, 18 fructidor an XI [5 septembre 1803] (III, B. 311, n.º 3145).

— Le sénateur Rampon y est nommé, 5 vendémiaire an XII [28 septembre 1803] (III, B. 323, n.º 3275). — Le sieur Levieux fils est nommé commissaire près la monnaie, 22 fructidor an XII [9 septembre 1804] (IV, B. 14, n.º 219).

— Etablissement d'un conseil de prud'hommes, 20 juin 1807 (IV, B. 150, n.º 2552); — de comptoirs d'escompte, 24 juin 1808 (IV, B. 196, n.º 3491). — Une feuille d'annonces est autorisée, 14 décembre 1810 (IV, B. 335, n.º 6242). — Réglement sur l'exercice de la profession de boulanger, 27 septembre 1813 (IV, B. 528, n.º 9779).

ROUES de voitures (Jantes des). V. Voitures publiques de roulage.

ROUFFAC (Commune de). V. Jauger.

ROUGEMONT (Le représentant du peuple) est nommé commissaire à l'établissement de Meudon, 19 vendémiaire an III [10 octobre 1794] (I, B. 75, n.º 396).

ROUJOUX (Le sieur) est nommé préfet du département de Saone-et-Loire, 23 germinal an X [13 avril 1802] (III, B. 175, n.º 1363).

ROULAGE (Police du). V. Voitures publiques.

ROULHAC (Le sieur) est nommé membre du Corps législatif, 6 germinal an X [27 mars 1802] (III, B. 171, n.º 1340).

ROULIERS. (C. P.) Quelle peine encourent les charretiers, rouliers, conducteurs de voitures ou de bêtes de charge, pour s'être écartés de leurs chevaux, et n'avoir pas laissé libre la moitié des rues, chaussées, routes et chemins, art. 475; — pour être contrevenus à la loi par la rapidité, la mauvaise direction ou le chargement de leurs voitures, art. 475, 476, 479 et 480. V. *Voitures publiques.*

ROUME-SAINT-LAURENT (Le sieur), agent du directoire à Saint-Domingue, est tenu de cesser ses fonctions, 15 prairial an V [3 juin 1797].

ROUSSE (Ile). Dispositions relatives aux événemens qui y sont arrivés les 29 février, 1.er mars et jours suivans, et à la conduite qu'y ont tenue les administrateurs et procureur syndic, 22 août 1792.

ROUSSEAU (J. J.). Il lui est élevé une statue, et une pension est accordée à sa veuve, 21 = 29 déc. 1790, 21 sept. = 16 oct. 1791, 15 brum. an II [5 novemb. 1793]. — Epoque de la translation de ses cendres au Panthéon français, 29 fructidor an II [15 sept. 1794] (I, B. 59, n.º 823).

ROUSSEAU (Le sieur). Décret qui porte que le citoyen Rousseau n'étant pas en état de domesticité ni de mendicité, peut remplir les fonctions auxquelles l'a appelé l'assemblée primaire de la Loupe, 10 septembre 1793.

ROUSSEAU (Le représentant du peuple) est nommé membre de la commission législative du Conseil des anciens, 19 brumaire an VIII [10 novembre 1799] (II, B. 325, n.º 3417); — du Sénat conservateur, 3 nivôse an VIII [24 décembre 1799] (II, B. 341, n.º 3509).

ROUSSEAU (Le sieur) est nommé juge au tribunal de cassation, 13, 14, 15, 16, 17 et 18 germinal an VIII [3, 4, 5, 6, 7 et 8 avril 1800] (III, B. 18, n.º 123).

ROUSSEAU D'ÉTELONNE (Le sieur) est nommé membre du Corps législatif, 4 nivôse an VIII [25 décembre 1799] (II, B. 341, n.º 3509).

ROUSSEL (Le sieur Charles), portier du pont des Tuileries, est mis sous la sauve-garde de la loi, 15 août 1792.

ROUSSEL (Le sieur) est nommé commissaire de police à Paris, 22 ventôse an VIII [12 mars 1800] (III, B. 11, n.º 77).

ROUSSELLE (Le sieur) est mis en surveillance hors du territoire européen de la France, 14 nivôse an IX [4 janvier 1801] (III, B. 60, n.º 440).

ROUSSILLON. Rétablissement des douanes sur les frontières et les côtes, 15 = 19 novembre 1790. — Dispositions relatives à la pêche à la traîne dans cette province, 9 = 15 avril 1791. — Proclamation concernant les anciens contribuables, 10 avril 1791.

ROUTES (Grandes). La police pour leur conservation est confiée aux juges de district, 7 = 11 septembre 1790. — L'alignement des rues qui servent à ces routes est compris dans l'administration en matière de grande voirie, 7 = 14 octobre 1791. V. *Chemins publics.* — (C. Civ.) Celles qui sont à la charge de l'Etat font partie du domaine public, art. 538.

ROUVELET (Le sieur) est nommé membre du Corps législatif, 4 nivôse an VIII [25 décembre 1799] (II, B. 341, n.º 3509).

ROUVER (Commune de). Établissement de trois foires, 29 brumaire an X [20 novembre 1801] (III, B. 131, n.º 1003).

ROUX (Le sieur) est autorisé à ajouter à son nom celui de Duraffourt, 3 mai 1813 (IV, B. 500, n.º 9178).

ROUX DE LA VILLE (Le sieur). Il est renvoyé à faire valoir ses services au comité des pensions, 25 mars 1791.

ROUYER (Le représentant du peuple) est traduit devant le tribunal révolutionnaire, 3 octobre 1793.

ROUZET *de la Haute-Garonne* (Le représentant du peuple) est mis en état d'arrestation, 3 octobre 1793; — est rappelé dans le sein de la Convention nationale, 18 frimaire an III [8 décembre 1794] (I, B. 96, n.º 495).

ROVÈRE (Le représentant du peuple)

est adjoint au commandant général de la force armée de Paris, 9 thermidor an II [27 juillet 1794] (I, B. 30, n.º 142). — Il est mis en état d'arrestation, 24 vendémiaire an IV [16 octobre 1795] (I, B. 195, n.º 1172). — Il est condamné à la déportation, 19 fructidor an V [5 septembre 1797] (II, B. 142, n.º 1400).

ROVIGNO. Création d'un tribunal de première instance dans cette ville, 12 septembre 1811 (IV, B. 391, n.º 7221).

ROVIGO (Duc de). V. *Savary*.

ROYALISME *et* ROYALISTES. Les royalistes sont expulsés du territoire français, 22 vendémiaire an IV [14 octob. 1795]. V. *Conspirateurs, Journées mémorables* et *Royauté*.

ROYAN. Divers bâtimens et terrains situés dans le port sont affectés au service de la marine, 12 — 20 mars 1791. — Dispositions relatives à divers établissemens religieux situés dans la ville, 4 — 10 juillet 1791.

ROYAUMONT. Vente de la maison conventuelle de cette abbaye et des biens qui en dépendent, 27 mars 1791.

ROYAUTÉ (La) est abolie en France, 21 septembre 1792. — Proclamation à ce sujet, 21 septembre 1792. — Brisement des ornemens de la royauté et leur envoi à la monnaie, 6 — 8 octobre 1792. — Procédures et peines contre les auteurs de propositions ou de provocations tendant au rétablissement de la royauté, 4 décembre 1792, 29 mars, 9 avril 1793, 22 prairial an II [10 juin 1794], 1.er germinal, 12 floréal an III [21 mars, 1.er mai 1795], (I, B. 131 et 140, n.ºs 712 et 791), et 27 germinal an IV [16 avril 1796] (II, B. 40, n.ºs 325 et 328). — Ordre d'effacer les attributs de la royauté sculptés ou peints, dans tous les lieux et édifices publics, 4 juillet, 2, 14 septembre 1793, 18 vendémiaire,

3 et 7 brumaire an II [9, 24, 28 octobre 1793]. — Dispositions relatives aux signes de royauté qui se trouvent sur les brevets des militaires, les cartes à jouer, le papier, les plaques de cheminée, les poids et mesures. V. ces mots et *Serment*.

ROYE. Circonscription des paroisses de cette ville, 29 mai et 1.er juin 1791. — L'hospice civil est autorisé à faire un échange, 30 germinal an X [20 avril 1802] (III, B. 181, n.º 1421).

ROYER (Le sieur) est nommé substitut au tribunal criminel extraordinaire, 26 septembre 1743.

ROYER (Le représentant du peuple) est mis en état d'arrestation, 3 octobre 1793. — Il est rappelé dans le sein de la Convention nationale, 18 frimaire an III [8 décembre 1794] (I, B. 96, n.º 495).

ROYOU (L'abbé) est décrété d'accusation, 3, 21 — 25 mai 1791. — Il est mis en surveillance, 7 ventôse an VIII [26 février 1800] (III, B. 8, n.º 59).

RUAMPS. (Le représentant du peuple) est décrété d'arrestation, 12 germinal an III [1.er avril 1795] (I, B. 133, n.º 731). — Il lui est enjoint de se constituer prisonnier, sous peine de déportation, 29 germinal an III [18 avril 1795] (I, B. 138, n.º 769). — Décret d'accusation contre lui, 2 prairial an III [21 mai 1795] (I, B. 146, n.º 832).

RUAULT (Le représentant du peuple) est mis en état d'arrestation, 3 octobre 1793. — Il est rappelé dans le sein de la Convention nationale, 18 frimaire an III [8 décembre 1794] (I, B. 96, n.º 495).

RUBANS (Droit d'entrée des), 2 — 15 mars 1791. — Lieux par lesquels est autorisé le transit des rubans de fil et de laine du duché de Berg, expédiés pour la Suisse, 21 messidor an IV [9 juillet 1796] (II, B. 66, n.º 599).

RUCHES. V. *Abeilles*.

RUDLER (Le sieur) est nommé préfet du département du Finistère, 3 pluviôse an IX [23 janvier 1801] (III, B. 279, n.º 2095); — du département de la Charente, 7 germinal an XIII [28 mars 1805] (IV, B. 39, n.º 652).

RUELLE (Le sieur) obtient un brevet d'invention, 27 ventôse an VII [17 mars 1799] (II, B. 268, n.º 2753).

RUELLE. Coupe de baliveaux dans la forêt de Branconne pour les forges de Ruelle, 20 avril 1793.—Moyens employés pour la reprise des travaux des fonderies de cette commune, 20 septembre 1793.

RUES. La sûreté et la commodité du passage dans les rues est un objet de police municipale, 16 = 24 août 1790. — L'alignement des rues qui servent aux grandes routes appartient à l'administration en matière de grande voirie, 7 = 14 octobre 1790. — Les rues des villes sont considérées comme des dépendances du domaine public, 22 novembre = 1.er décembre 1790, et Code civil, art. 538. — Les vendeurs dans les rues ne sont pas tenus de se pourvoir de patentes, pourvu qu'ils n'aient ni boutiques ni échoppes, 2 = 17 mars 1791, et 6 fructidor an IV [23 août 1796] (II, B. 70, n.º 642). — Peines qu'a fait encourir la négligence à nettoyer et à éclairer les rues devant les maisons, 19 = 22 juillet 1791, et 3 brumaire an IV [25 octobre 1796] (I, B. 204, n.º 1221). Les rues ne sont point cotisables, 3 frimaire an VII [23 novembre 1798] (II, B. 243, n.º 2197).

— (C. Civ.) Lesquelles font partie du domaine public, 538.

— (C. P.) Amende pour avoir négligé de nettoyer les rues et passages dans les communes où ce soin est laissé à la charge des habitans, 471. V. *Arbres, Jeux de hasard.*

RUHL. V. *Rhull.*

RUINE. Amende contre ceux qui, malgré une sommation légale, auraient négligé de démolir des édifices menaçant ruine, 19 = 22 juillet 1791, et Code pénal, art. 471.

— (C. Civ.) Application du commencement de preuve aux dépôts faits en cas de ruine, 1348. — Ruine de bâtimens. V. *Bâtimens.*

RULHIÈRES (Le sieur) est nommé préfet du département de la Roer, 18 ventôse an X [9 mars 1802] (III, B. 170, n.º 1311).

RUM. V. *Rhum.*

RUMARE (Le sieur DE) est rayé de la liste des émigrés, 22 prairial an V [10 juin 1797] (II, B. 128, n.º 1233).

RUPÉROU (Le sieur) est nommé juge au tribunal de cassation, 13, 14, 15, 16, 17 et 18 germinal an VIII [3, 4, 5, 6, 7 et 8 avril 1800] (III, B. 18, n.º 123).

RUPHY (Le sieur) est nommé membre du Corps législatif, 1.er et 2 mai 1809 (IV, B. 239, n.º 4395).

RUPHY (Le sieur). Il lui est permis d'ajouter à son nom celui de *Menthons de Lornay*, 17 mai 1813 (IV, B. 503, n.º 9244).

RURALE (Police). V. *Police rurale.*

RUSSIE. Adresse au peuple français sur la nouvelle coalition de cette puissance avec l'Autriche, l'Angleterre et la Porte, contre la France, 18 prairial an VII [6 juin 1799] (II, B. 285, n.º 3006). — La course sur les bâtimens de mer russes est défendue, 30 nivôse an IX [20 janvier 1801] (III, B. 63, n.º 476). — Promulgation du traité de paix conclu entre la France et l'Empereur de toutes les Russies, 18 frimaire an X [9 décembre 1801] (III, B. 140, n.º 1063). — Ordre de traiter comme ennemis les navires russes, 27 vendémiaire an XIV [19 octobre 1805] (IV, B. 72, n.ºs 73 et 1264). — Nouveau traité de paix entre la France et la Russie, 7 juillet 1807 (IV, B. 151, n.° 2556).

RUT-DE-BÂTON (Le droit de) est aboli sans indemnité, 13 = 20 avril 1791.

RYCOURT (Le sieur) est nommé membre du Corps législatif, 1.er prairial an V [20 mai 1795] (II, B. 125, n.° 1212).

SABATHIER. — SAGES-FEMMES.

SABATHIER (Le sieur) est nommé préfet du département de la Nièvre, 11 ventôse an VIII [2 mars 1800] (III, B. 8, n.° 61).

SABATIER (Le sieur) est tenu de sortir du territoire continental de la France, 20 brumaire an VIII [11 novemb. 1799] (II, B. 329, n.°3432).

SABLES. Il n'est rien innové à leur extraction, 12 = 28 juillet 1791. — Indemnité pour le tirage des sables nécessaires à l'entretien des chemins et ouvrages publics, 28 septembre = 6 octobre 1791.

SABLES-D'OLONNE. Approbation des tarifs et réglemens pour la perception des octrois municipaux et de bienfaisance de cette ville, 4 frimaire an IX [25 novembre 1800] (III, B. 55, n.° 403). — Formation d'un nouveau canton dans son arrondissement, 4 germinal an XIII [25 mars 1805] (IV, B. 40, n.° 656). — Suppression du tribunal de commerce de cette ville, 7 août 1812 (IV, B. 446, n.° 8189).

SABLONNIÈRES (Exploitation des). V. Carrières.

SABLONS (Camp des). V. École de Mars.

SABRES. Faculté de les exporter à l'étranger, 23 = 28 septemb. 1791. — Cette faculté est interdite, 12 juin = 21 juillet 1792. — Remise dans les dépôts de tous les sabres de trente pouces de lame et au-dessus, 16 ventôse an II [6 mars 1794].

SABRES d'honneur. Il en est accordé aux officiers et soldats qui se distinguent par des actions d'éclat, 4 nivose an VIII [25 décembre 1799] (II, B. 340, n.° 3503). — Celui du premier

grenadier de France, la Tour-d'Auvergne, est déposé dans le temple de Mars, 1.er thermidor an VIII [20 juillet 1800] (III, B. 42, n.° 276). — Les noms des militaires qui en ont obtenu, sont inscrits au temple de Mars, 27 thermidor an VIII [15 août 1800] (III, B. 39, n.° 249).

SACRE et COURONNEMENT de l'Empereur, de l'Impératrice et du Roi de Rome. V. Couronnement.

SACREMENS (Les registres relatifs aux), tenus par les ministres du culte, ne peuvent suppléer à ceux de l'état civil, 18 germ. an X [8 avril 1802], art. 55 (III, B. 172, n.° 1344). — Les réglemens relatifs aux oblations pour l'administration des sacremens, sont rédigés par les évêques, et approuvés par le Gouvernement, ibid. art. 69.

SACRISTAINS. Fixation du traitement de ceux des ordres de Saint-Lazare et de Notre-Dame du Mont-Carmel, 17 = 28 mars 1792.

SACRISTIES. Vente de celles des paroisses et succursales supprimées, 6 = 15 mai 1791. — Acquittement des sommes dues pour leur construction et réparation, ibid.

SACS (Passe de). V. Passe de sacs.

SAGES-FEMMES. Obligation imposée à celles qui ont accouché une femme en l'absence du mari, de faire la déclaration de la naissance de l'enfant, 20 septembre 1792, et Code civil, art. 55 et 56. — Peines encourues par elles dans le cas de non-déclaration, et dans celui où elles révèlent des secrets qui leur sont confiés à raison de leur profession, ibid. et Code pénal, art. 378. —

Leurs honoraires lorsqu'elles sont appelées en justice pour prêter leur ministère, 23 brumaire an IV [14 novembre 1795] (II, B. 5, n.º 23), et 18 juin 1811 (IV, B. 377, n.º 7035). — Leurs études, et forme de leur réception, 19 ventôse et 20 prairial an XI [10 mars et 9 juin 1803] (III, B. 256 et 289, n.ºs 2436 et 2831).

SAGET (Le sieur) est nommé membre du Corps législatif, 4 brumaire an IX et 6 germinal an X [26 octobre 1800 et 27 mars 1802] (III, B. 49 et 171, n.ºs 265 et 1340).

SAHUC (Le général de brigade) est nommé membre du Tribunat, 6 germinal an X [27 mars 1802] (III, B. 171, n.º 1341).

SAILLANT (Le sieur) est décrété d'accusation, 6 = 8 février 1792. — Ordre de dissiper le rassemblement qu'il a formé pour assiéger le château de Bannes, 8 et 20 = 21 juillet 1792.

SAILLANT (Le sieur) est nommé préfet du département de la Lippe, 13 juin 1811 (IV, B. 375, n.º 6917).

SAILLIES. (C. Civ.) Distance en-deçà de laquelle celles qui forment des vues droites ou fenêtres d'aspect sur l'héritage du voisin, ne sont pas permises, art. 678 et 680. V. Balcons.

SAILLOUR (Le sieur) est nommé membre du Corps législatif, 4.e jour complémentaire an XIII et 2 vendémiaire an XIV [21 et 24 septembre 1805] (IV, B. 61, n.º 1075).

SAINT-AFFRIQUE. La connaissance des attentats commis dans le club des amis de la Liberté et de l'Egalité, et contre l'arbre de la Liberté, est attribuée au tribunal criminel du département du Gard, 18 janvier 1793.

SAINT-AIGNAN (Le sieur) est nommé membre du Corps législatif, 1.er prairial an V [20 mai 1797] (II, B. 125, n.º 1212).

SAINT-AIGNAN (Paroisse de). Elle fait

partie du département de la Nièvre, 4 = 10 juillet 1791.

SAINT-AMAND (Le sieur) est mis en surveillance spéciale hors du territoire européen de la France, 14 nivôse an IX [4 janvier 1801] (III, B. 60, n.º 440).

SAINT-AMAND. Construction d'un pont sur le Cher, près cette ville, 10 prairial an XIII [30 mai 1805] (IV, B. 47, n.º 776).

SAINT-AMOUR. Fixation des jours des foires tenues dans cette ville, 25 vend. an IX [17 octobre 1800] (III, B. 48, n.º 355). — Elle est autorisée à acquérir une portion du ci-devant couvent des Visitandines pour y établir la maison commune, 22 frimaire an X [13 décembre 1801] (III, B. 143, n.º 1290).

SAINT-ANDEUX (La commune de) quitte le nom de Montrebois pour reprendre son ancien nom, 14 février 1813. (IV, B. 480, n.º 8841).

SAINT-AUBIN (Le sieur) est nommé membre du Tribunat, 4 germinal an IX [25 mars 1801] (III, B. 77, n.º 529).

SAINT-AUBIN. Aliénation de biens nationaux à la municipalité de cette ville, 8 = 17 novembre 1790.

SAINT-AUBOIN. Réunion de la municipalité de cette commune à celle de la rivière, 8 = 18 juillet 1792.

SAINT-Aulaire (Le comte de) est nommé préfet du département de la Meuse, 12 mars 1813 (IV, B 485, n.º 8965).

SAINT-AVENTIN. Translation dans ce bourg, d'un bureau établi à Saint-Sauveur pour la perception du droit de navigation, 30 juin 1813 (IV, B. 510, n.º 9412).

SAINT-BONNET DE JOUX. Jours de la tenue des trois foires de cette commune, 9 ventôse an IX [28 février 1801] (III, B. 73, n.º 556).

SAINT-BRIEUX. Etablissement d'un tribunal de commerce dans cette ville, 27 août = 7 déc. 1791. —

Circonscription de la paroisse et des oratoires, 15 août 1792. —Approbation de l'institut et des statuts de la maison de refuge, 10 octobre 1811 (IV, B. 397, n.º 7339). V. *Décimes.*

SAINT-CHAMOND. La commission administrative de l'hospice est autorisée à faire un échange, 15 ventôse an IX [6 mars 1801] (III, B. 75, n.º 576).—L'acceptation d'un legs fait à l'hospice dit *la Charité* est autorisée, 13 ventôse an X [4 mars 1802] (III, B. 167, n.º 1275). — Etablissement d'un conseil de prud'hommes dans cette ville, 14 juillet 1801 (IV, B. 383, n.º 7132).

SAINT-CHINIAN. Injonction aux gardes nationales de cette ville de se conformer à son organisation actuelle, 12 — 17 avril 1791.

SAINT-CHRISTOPHE (Meurthe). La concession d'un terrain appartenant à cette commune est autorisée, 26 germinal an X [16 avril 1802] (III, B. 177, n.º 1378).

SAINT-CHRISTOPHE (Commune de), département de Montenotte. Son changement de canton, 25 nov. 1806 (IV, B. 126, n.º 2051).

SAINT-CLAUDE. Un secours extraordinaire est accordé à cette commune, 7 brumaire an VIII [29 octobre 1799] (II, B. 318, n.º 3384).

SAINT-CLOUD *près Paris.* Le château et les maisons, bâtimens, emplacemens, prés, terres, corps de ferme, bois et forêts composant les grands et petits parcs, sont réservés au Roi, 1.er juin 1791.—Limites de la municipalité de cette commune, 31 août — 6 septembre 1791. — Conservation et entretien aux frais de l'Etat, des maisons et jardins pour servir aux jouissances du public et à des établissemens utiles à l'agriculture et aux arts, 16 floréal an II [5 mai 1794].—L'autorité du préfet de police de Paris s'étend sur cette

commune, 3 brumaire an IX [25 octobre 1800] (III, B. 49, n.º 363).

SAINT-CYR (Le général) est nommé conseiller d'état, 5.e jour complémentaire an VIII [22 sept. 1800] (III, B. 45, n.º 537).

SAINT-CYR *près Versailles.* Suppression de la dépense du bureau d'admission à la maison de Saint-Cyr, 10 septembre 1790 — 25 mars 1791. — Suppression de cette maison, 16 mars 1793.—Nouvelle organisation du ci-devant collége, 16 vend. an XII [8 octobre 1803] (III, B. 321, n.º 3250).—Il porte le titre de Prytanée français, *ibid.*—Mode d'administration de ses biens et revenus, 19 nivôse an XIII [9 janvier 1805] (IV, B. 25, n.º 450). V. *Prytanée.*

SAINT-DENIS (Ville et district de). Le canton de ce district a un juge de paix, 25 — 29 août 1790. — Suppression de plusieurs paroisses et leur réunion à une seule, 13 — 23 août 1792.—Sa circonscription, *ibid.* — Les diamans qui se trouvent au trésor de cette ville sont déposés au Garde - meuble, 16 août 1792.— Nomination d'un juré d'accusation et d'un juré de jugement pour ce district, 11 septembre 1792. — Les magasins militaires qui s'y trouvent sont transférés à l'Oratoire de Paris, 14 décembre 1792. — Recherche des auteurs des malversations, dilapidations, mauvaises fournitures et réception d'icelles qui ont eu lieu dans les magasins, 8 mars 1793.— Destruction des tombeaux et mausolées élevés dans l'église de la ci-devant abbaye, 1.er août 1793, art. 11. — Le nom de cette ville est changé en celui de *Franciade,* 30 vendémiaire an II [21 octobre 1793].— Elle est le chef-lieu d'une sous-préfecture, 17 ventôse an VIII [8 mars 1800] (III, B. 13, n.º 90).—L'église de cette ville est consacrée à la sépulture des Empereurs et son chapitre y est rétabli, 20 février 1806 (IV,

B. 75, n.º 1336). V. *Dépôt de Saint-Denis.*

SAINT-DIDIER-SUR-ARROUX. Cette commune est autorisée à s'imposer extraordinairement une somme en centimes additionnels à ses contributions directes, pour acquitter la dépense occasionnée par la refonte d'une cloche, 17 mars 1811 (IV, B. 360, n.º 6613).

SAINT-DIEZ. Réunion de diverses municipalités à celle de cette ville, 18 = 27 mars 1791. — L'acquisition d'une maison destinée au logement du curé est autorisée, 14 thermidor an XI [2 août 1803] (III, B. 302, n.º 3032).

SAINT-DIZIER. Récompense à décerner aux personnes qui ont donné des preuves de bravoure à l'occasion d'un incendie dans cette ville, 16 janvier 1791. — Mode de remboursement de l'office de lieutenant général au ci-devant bailliage de cette ville, dont était pourvu le sieur Gillet, 12 août 1792. — Résiliation du bail emphytéotique et suspension de l'aliénation du château, 13 et 29 = 30 août 1792.

SAINT-DOMINGUE (Ile de). Fixation de l'emploi des forces destinées pour cette colonie, 7 décembre 1791. V. *Colonies.*

SAINT-EGRÈVE. La vente d'un terrain appartenant à cette commune est autorisée, 14 nivôse an X [4 janvier 1802] (III, B. 153, n.º 1199).

SAINT-ÉTIENNE-EN-FOREZ. Approbation du tarif et règlement pour la perception de l'octroi de cette ville, 4 frimaire an IX [25 novemb. 1800] (III, B. 55, n.º 403). — Établissement d'une bourse de commerce, 27 ventôse an X [18 mars 1802] (III, B. 169, n.º 1307). — Réduction à une seule, des différentes conditions existant dans cette ville pour la dessiccation des soies, et dispositions relatives à son organisation, à sa police, &c., 15 janvier 1808

(IV, B. 176, n.º 2952). — Établissement d'un conseil de prud'hommes, 22 juin 1810 (IV, B. 298, n.º 5664). — Dispositions relatives à la manufacture d'armes de cette ville. V. *Armée,* au titre *Manufactures d'armes.*

SAINT-FERRÉOL. Cette commune et son territoire sont réunis au département de la Haute-Loire, 2 = 8 juin 1792.

SAINT-FLORENS. Indemnité accordée à l'hospice de cette commune, 26 août 1792.

SAINT-FLOUR (Haute-Loire). Fixation des limites de cette commune, 22 brumaire an XI [13 novemb. 1802] (III, B. 229, n.º 2018).

SAINT-GAL. Fixation des limites de cette commune, 8 vendémiaire an XI [30 septembre 1802] (III, B. 220, n.º 2005).

SAINT-CEMME-LE-ROBERT. Cette commune est autorisée à porter le nom de Montrochard, 7 brumaire an II [28 octobre 1793].

SAINT-GENAIX. Suppression du bureau de poste de cette commune, 11 messidor an VI [29 juin 1798] (II, B. 209, n.º 1898).

SAINT-GENEST (Le sieur COURBON) est nommé membre du Corps législatif, 1.er prairial an V [20 mai 1797] (II, B. 125, n.º 1212).

SAINT-GENEZ *père* (Le sieur) est nommé caissier de la monnaie de Toulouse, 26 prairial an XI [15 juin 1803] (III, B. 292, n.º 2883).

SAINT-GENOIS (La commune de) est réunie à la France, 23 mars 1793.

SAINT-GEOIRE (Canton de). Il est réuni à la commune de Chirens, 20 mars 1806 (IV, B. 85, n.º 1434).

SAINT-GEOURS-DE-MARENNES. Changement d'époque pour la tenue de la foire de cette commune, 19 germinal an IX [9 avril 1801] (III, B. 78, n.º 625).

SAINT-GERMAIN (Aisne). Vente de domaines nationaux à la municipalité de cette commune, 8 décembre 1790 = 5 janvier 1791.

SAINT-GERMAIN (Charente). L'acceptation d'une rente déléguée aux pauvres de cette commune est autorisée, 29 brumaire an X [20 novembre 1801] (III, B. 131, n.º 1006).

SAINT-GERMAIN-EN-LAYE. Nomination d'un juge de paix dans cette ville, 25 novembre = 5 décembre 1790. — Le château, les maisons, bâtimens, emplacemens, bois et forêts composant les grands et petits parcs, sont réservés au Roi, 1.ᵉʳ juin 1791, art. 3. — Cette ville porte le nom de *Montagne-du-Bel-Air*, 10 brumaire an II [31 octobre 1793]. — Réunion de l'hôpital des vieillards à celui des malades, 13 ventôse an XI [4 mars 1803] (III, B. 251, n.º 2347). — Etablissement d'un hôpital des maladies contagieuses dans le château de cette ville, 21 ventôse an XI [12 mars 1803] (III, B. 254, n.º 2395).

SAINT-GERMAIN-LÈS-ÉVREUX. L'acceptation d'une rente léguée aux vieillards pauvres et malades de cette commune est autorisée, 5 fructidor an IX [23 août 1801] (III, B. 97, n.º 815).

SAINT-GERMAIN-L'ESPINASSE. Etablissement d'une foire dans cette commune, 14 prairial an VII [2 juin 1799] (II, B. 285, n.º 3002).

SAINT-GERVAIS (Le sieur) est nommé membre du Corps législatif, 1.ᵉʳ prairial an V [20 mai 1797] (II, B. 125, n.º 1212).

SAINT-GHISLAIN. Autorisation donnée à plusieurs individus pour continuer l'exploitation de houille dans les bois de cette ci-devant abbaye, 23 germinal an IX [13 avril 1801] (III, B. 79, n.º 634).

SAINT-GILLES. Etablissement d'un pont de bateaux sur le Rhône, 13 prairial an XI [2 juin 1803] (III, B. 288, n.º 2826).

SAINT-GIRONS (Circonscription des paroisses du district de), 11 = 17 août 1792.

SAINT-GOBIN. Vente de domaines nationaux à la municipalité de cette commune, 12 décembre 1790 = 19 janvier 1791.

SAINT-HILAIRE. La vente aux archives d'un terrain appartenant à cette commune est autorisée, 30 germinal an X [20 avril 1802] (III, B. 181, n.º 1427).

SAINT-HORENT (Le sieur) est nommé membre du Corps législatif, 1.ᵉʳ prairial an V [20 mai 1797] (II, B. 12, n.º 1212); — préfet du département de l'Aveyron, 11 ventôse an VIII [2 mars 1800] (III, B. 8, n.º 61).

SAINT-HURUGE (Le sieur) est décrété d'accusation, 11 août 1792.

SAINT-HIPPOLYTE. La vente d'une maison achetée par cette ville est autorisée, 1.ᵉʳ floréal an X [21 avril 1802] (III, B. 182, n.º 1437). — Création d'un tribunal de commerce, 8 février 1812 (IV, B. 421, n.º 7689).

SAINT-IMBERT (Houillière de). Elle ne fait point partie des biens dans la possession desquels le comte de la Leyen a été réintégré, 30 thermidor an XIII [18 août 1805] (IV, B. 53, n.º 886).

SAINT-JACQUES (Confrérie des pélerins de). V. *Pèlerins*.

SAINT-JEAN-AUBOIN (Municipalité de). Sa réunion à celle de la Rivière, département de l'Oise, 8 = 18 juillet 1792.

SAINT-JEAN-D'ANGELY. Les officiers municipaux et notables de cette ville sont provisoirement suspendus de leurs fonctions; ordre d'informer contre eux, 30 novembre = 10 décembre 1790. — Une donation faite pour la fondation de places gratuites dans les hospices est autorisée, 28 août 1808 (IV, B. 202, n.º 3729). — Etablissement d'une école secondaire ecclésiastique dans cette ville,

23 janvier 1813 (IV, B. 477, n.º 8735).

SAINT-JEAN-DE-BEAUREGARD. Aliénation de biens nationaux à la municipalité de cette commune, 8 = 17 décembre 1790.

SAINT-JEAN-DE-DAYE. Etablissement de deux foires dans cette commune, 27 prairial an IX [16 juin 1801] (III, B. 84, n.º 686).

SAINT-JEAN-DE-LOSNE. Création d'un tribunal de commerce dans cette ville, 20 juin 1812 (IV, B. 438, n.º 8027).

SAINT-JEAN-DE-MAURIENNE. Cette ville est mise en état de guerre, 25 janvier 1793.

SAINT-JUGON. La concession d'un terrain appartenant à cette commune est autorisée, 14 frimaire an X [5 décembre 1801] (III, B. 138, n.º 1048).

SAINT-JULIEN (Le contre-amiral). Mention honorable de sa conduite à Toulon, 9 septembre 1793.

SAINT-JUST (Le représentant du peuple) est mis hors la loi, 9 thermidor an II [27 juillet 1794] (I, B. 29, n.º 138). V. *Journées mémorables*.

SAINT-JUST. Construction d'un pont dans cette commune et tarif de la taxe à y percevoir, 24 vendémiaire an XI [16 octobre 1802] (III, B. 223, n.º 2086).

SAINT-LAURENT. Etablissement de prud'hommes pêcheurs dans cette commune, 23 messidor an IX [12 juillet 1801] (III, B. 90, n.º 751).

SAINT-LÉGER-DU-FOURCHE (Paroisse de). Elle dépend du département de la Côte-d'Or, 4 = 10 juillet 1791.

SAINT-LÉONARD. Vente de biens nationaux à cette municipalité, 18 décembre 1790 = 30 janvier 1791.

SAINT-LÔ (Municipalité de). Sa réunion à celle d'Angers, 21 = 25 décembre 1790. — Changement d'époque pour la tenue des foires de cette commune, 15 vendémiaire an X [7 octobre 1801] (III, B. 110, n.º 894).

SAINT-LOUP. Acceptation d'un legs fait aux pauvres de cette commune, 9 nivôse an X [30 décembre 1801] (III, B. 145, n.º 1119).

SAINT-LUPICIEN. La vente de portions de terrains appartenant à cette commune est autorisée, 22 frimaire an X [13 décembre 1801] (III, B. 143, n.º 1093).

SAINT-MAIXENT. Proclamation du Roi concernant les opérations à terminer pour compléter le répartement des impositions ordinaires de 1790, 19 septembre 1790. — Etablissement de peseurs, mesureurs et jaugeurs publics dans cette ville, 14 fructidor an X [1.er septembre 1802] (III, B. 212, n.º 1955).

SAINT-MALO. Nomination de commissaires pour examiner les divers projets pour la construction d'un port maritime près cette ville, 31 mai = 8 juin 1791. — Etablissement d'une bourse et d'une chambre de commerce, et nombre de courtiers à y établir, 7 fructidor an IX, 25 pluviôse an X et 6 ventôse an XI [25 août 1801, 14 février 1802 et 25 février 1803] (III, B. 98, 164 et 250, n.ºs 822, 1248 et 2337) — Acceptation d'un legs fait à l'hôtel-dieu et à l'hôpital général, 3 nivôse an X [24 décembre 1801] (III, B. 145, n.º 1109). — Une feuille d'annonces y est autorisée, 14 décembre 1810 (IV, B. 335, n.º 6242).

SAINT-MANDÉ. Circonscription des maisons et terrains qui dépendent de cette commune, 19 = 23 octobre 1790.

SAINT-MARTIN (Le sieur) est nommé membre du Corps législatif, 4 nivôse an VIII [25 décembre 1799] (II, B. 341, n.º 3509).

SAINT-MARTIN (Le général de brigade) est nommé membre du Corps législatif, 5 et 6 janvier 1813 (IV, B. 464, n.º 8545).

SAINT-MARTIN (Le sieur PÉMOLIÉ DE) est nommé membre du Corps législatif, 9 et 10 août 1810 (IV, B. 307, n.° 5847).

SAINT-MARTIN (Aube). Avis du Conseil d'état sur l'exercice de la police dans cette commune, 21 septemb. 1810 (IV, B. 316, n.° 5954).

SAINT-MARTIN. Translation dans ce bourg d'un bureau établi à Saint-Sauveur pour la perception du droit de navigation, 30 juin 1813 (IV, B. 510, n.° 9412).

SAINT-MARTIN-DU-MONT. Vente de biens nationaux à la municipalité de cette commune, 10 décembre = 19 janvier 1791.

SAINT-MARTIN-LAMOTTE (Le sieur) est nommé membre du Sénat conservateur, 1.er floréal an XII [21 avril 1804] (IV, B. 360, n.° 3797); — membre du conseil du sceau des titres, 12 mars 1808 (IV, B. 186, n.° 3208).

SAINT-MARTIN-LA-RIVIÈRE. Cette commune fait partie du département du Tarn, 4 thermidor an XI [23 juillet 1803] (III, B. 299, n.° 3011).

SAINT-MARTIN-LE-BÉAU. Changement d'époque pour la tenue des foires de cette commune, 29 prairial an IX [18 juin 1801] (III, B. 84, n.° 694).

SAINT-MARTIN-LE-VIMOUX. Cette commune est autorisée à faire la cession d'un droit de pâturage, 5 nivôse an X [26 décembre 1801] (III, B. 147, n.° 1133).

SAINT-MAUR. Circonscription des maisons et terrains qui dépendent de cette commune, 19 = 23 décembre 1790.

SAINT-MAXIMIN. Le directoire du district de cette ville est autorisé à louer les bâtimens nécessaires à son établissement, 20 = 27 avril 1791.

SAINT-MENGE. La vente d'un terrain appartenant à cette commune est autorisée, 14 frimaire an X [5 décembre 1801] (III, B. 138, n.° 1044).

SAINT-NAPOLÉON. (Célébration de la fête de) dans toute la France, le 15 août de chaque année, 19 février 1806 (IV, B. 75, n.° 1335). V. *Fêtes religieuses.*

SAINT-OMER. Continuation d'un secours annuel concédé au collége de cette ville, 14 = 19 novembre 1790, et 8 mai 1791. — Circonscription des paroisses, 4 = 15 mai 1791. — L'administration des hospices civils est autorisée à faire un échange de terrains, 25 pluviôse an IX [14 février 1801] (III, B. 70, n.° 538). — Etablissement d'une bourse de commerce dans cette ville, 7 thermidor an IX [26 juillet 1801] (III, B. 92, n.° 764).— Une feuille d'annonces y est autorisée, 14 décembre 1810 (IV, B. 335, n.° 6242).

SAINT-PALAIS. Etablissement d'une foire dans cette commune, 15 vendémiaire an X [7 octobre 1801] (III, B. 110, n.° 890).

SAINT-PANCRE (Mines de). V. *Mines.*

SAINT-PATER. Publication d'un décret rendu sur une bulle relative à l'incorporation d'une partie de cette commune dans le diocèse de Séez, 21 janvier 1806 (IV, B. 77, n.° 1353).

SAINT-PAUL. Etablissement d'une foire dans cette commune, 16 frimaire an XI [7 décembre 1802] (III, B. 234, n.° 2186).

SAINT-PAUL-TROIS-CHÂTEAUX. Vente de domaines nationaux à la municipalité de cette commune, 15 décembre 1790 = 23 janvier 1791.

SAINT-PIAT (La commune de) est autorisée à imposer sur elle-même les frais de reconstruction d'un pont, 2 floréal an X [22 avril 1802] (III, B. 184, n.° 1458).

SAINT-PIERRE (Ile). Conditions auxquelles est maintenue la concession des grèves ou graves, 14 ventôse an XI [5 mars 1803] (III, B. 253, n.° 2373).

SAINT-PIERRE-DE-RIVIÈRE. Autorisation pour la construction d'une forge dans cette commune, 23 thermidor an X [11 août 1802] (III, B. 208, n.º 1903).

SAINT-PIERRE-DU-LAC (La municipalité de, est réunie à celle de Beaufort, 21 = 25 décembre 1790.

SAINT-PIERRE-LE-MOUTIER. Réunion de la municipalité de cette commune avec celle de Notre-Dame, 15 = 19 décembre 1790.

SAINT-PIERRE-LESPERET (Le sieur) est nommé membre du Corps législatif, 4 nivôse an VIII [25 décembre 1799] (II, B. 341, n.º 3509).

SAINT-POL-DE-LÉON. L'évêché de cette ville est destiné à la sénatorerie de Rennes, 18 fructidor an XI [5 septembre 1803] (III, B. 311, n.º 3145).

SAINT-PONS. Nomination d'un nouveau receveur du district de cette ville, 23 décembre 1790 = 5 janvier 1791. — Ce district est autorisé à s'imposer une somme pour un chemin et pour l'élargissement des avenues d'un pont, 28 février = 20 mars 1791.

SAINT-PORCHAIRE. Établissement d'une foire dans cette commune, 7 germinal an IX [28 mars 1801] (III, B. 77, n.º 602).

SAINT-PRIVAT. Secours accordé à la municipalité de cette commune, 7 = 11 mai 1792.

SAINT-PRIX (Le représentant du peuple) est décrété d'arrestation, 3 octobre 1793. — Il est rappelé dans le sein de la Convention nationale, 18 frimaire an III [8 décembre 1794] (I, B. 96, n.º 495).

SAINT-QUENTIN. Établissement de deux juges de paix dans cette ville, 10 décembre 1790. — Elle continue d'avoir un tribunal de commerce, et quatre suppléans y sont nommés, 30 octobre = 2 novembre 1790 et 4 = 10 juillet 1791. — Versement dans la caisse de l'extraordinaire d'une somme provenant du revenu des prébendes vacantes dans le chapitre de cette ville, 13 = 17 novembre 1790. — Circonscription des paroisses, 26 = 30 mars 1791. — Établissement d'un hôpital provisoire, 19 pluviôse an II [7 février 1794]; — d'un conseil de prud'hommes, 21 décembre 1808 (IV, B. 220, n.º 4021). — Une feuille d'annonces y est autorisée, 14 décembre 1810 (IV, B. 335, n.º 6242).

SAINT-REMY (Le général) est nommé commandant de l'artillerie de l'armée de réserve, 17 ventôse an VIII [8 mars 1800] (III, B. 9, n.º 63).

SAINT-REMY. Réunion de diverses communes à cette ville, 16 = 20 avril 1791.

SAINT-REMY, Côte-d'Or. Cette commune est autorisée à quitter le nom de Mont-sur-Brenne qu'elle avait pris, 2 décembre 1811 (IV, B. 407, n.º 7485).

SAINT-ROMAIN-DE-BINET. Établissement d'une foire dans cette commune, et époque de la tenue de celles qui y sont établies, 7 germinal an IX [28 mars 1801] (III, B. 77, n.º 602).

SAINT-SACREMENT. Honneurs militaires à rendre au Saint-Sacrement lorsqu'il passe à la vue d'une garde ou d'un poste et dans les processions, 24 messidor an XII [13 juillet 1804] (IV, B. 10, n.º 110).

SAINT-SAMSON (Municipalité de). Sa réunion à celle d'Angers, 21 = 25 décembre 1790.

SAINT-SAULVE. La société d'Auzin est subrogée aux droits et titres des concessionnaires des mines de houille de cette commune, 22 juin 1810 (IV, B. 296, n.º 5644).

SAINT-SAUVEUR (Loire). Translation à Saint-Avertin d'un bureau établi dans cette commune pour la perception du droit de navigation, 30 juin 1813 (IV, B. 510, n.º 9412).

SAINT-SAUVEUR (Yonne). La commission administrative de l'hospice est autorisée à faire un échange de terrains, 14 nivôse an X [4 janvier 1802] (III, B. 153, n.º 1192).

SAINT-SAVIN. Etablissement et époque de la tenue des foires de cette commune, 23 messidor an IX [12 juillet 1801] (III, B. 90, n.º 747).

SAINT-SERVAN. Nomination de commissaires chargés d'examiner divers projets pour la construction d'un port de marine près cette commune, 31 mai = 8 juin 1792.

SAINT-SERVANT (Puy-de-Dôme). Fixation des limites de cette commune, 8 vendémiaire an XI [30 septembre 1802] (III, B. 220, n.º 2005).

SAINT-SÉVER. La vente de plusieurs portions de terrains et de bois appartenant à cette commune est autorisée, 7 nivôse et 1.er floréal an X [28 décembre 1801 et 21 avril 1802] (III, B. 149 et 182, n.os 1156 et 1447).

SAINT-THIBERY. Changement d'époque pour la tenue de la foire de cette commune, 19 thermidor an IX [7 août 1801] (III, B. 96, n.º 798).

SAINT-TRIVIER-DE-COURTI. La vente à l'enchère d'un domaine appartenant à cette commune est autorisée, 21 frimaire an X [12 décemb. 1801] (III, B. 142, n.º 1078).

SAINT-TROPEZ. Etablissement et époque de la tenue des foires de cette commune, 27 prairial an IX [16 juin 1801] (III, B. 84, n.º 689).

SAINT-VALLERY. Etablissement d'un commissaire de police dans cette ville, 6 = 13 juillet 1792.

SAINT-VALLIER (Le sieur) est nommé président du Sénat conservateur, 24 juin 1808 (IV, B. 196, n.º 3493).

SAINT-VINCENT (Le sieur FAURIS DE) est nommé membre du Corps législatif, 1.er et 2 mai 1809, (IV, B. 237, n.º 4395).

SAINT-YMIER. Etablissement dans cette ville de bureaux de garantie des matières et ouvrages d'or et d'argent, 17 nivôse an VII [6 janvier 1799] (II, B. 252, n.º 2340).

SAINT-YRIEIX. Le directoire du district est autorisé à acquérir les bâtimens nécessaires à son établissement, 13 = 17 avril 1791.

SAINT-YRIEUX-LA-PERCHE. Cette commune est autorisée à prendre le nom de *Saint-Yrieux-la-Montagne*, 8 brumaire an II [29 octobre 1793].

SAINT-YVES. Acceptation d'un legs fait à l'hôpital général, 3 nivôse an X [24 décembre 1801] (III, B. 145, n.º 1109).

SAINTE-GENEVIÈVE. La municipalité de Paris est chargée de passer et de signer les contrats de constitution et reconstitution de toutes les rentes perpétuelles qui proviennent de l'emprunt ouvert pour achever la construction de cette église, 11 novembre 1789, art. 2.—Fonds particuliers pour l'achèvement de cet édifice, 16, 18 = 19 juin 1791. V. *Panthéon français*.

SAINTE-GENEVIÈVE. Changement d'époque pour la tenue de la foire de cette commune, 29 brumaire an X [20 novembre 1801] (III, B. 131, n.º 999).

SAINTE-LUCIE (Ile de). V. *Colonies*.

SAINTE-MENEHOULD. Il est donné une pièce de canon à cette ville et cinq cents fusils pour être distribués aux gardes-nationales de son district, 21 août 1791. — Elle prend le nom de *Montagne-sur-Aisne*, 14 brumaire an II [4 novembre 1793].

SAINTE-PÉLAGIE (Prison de). V. *Prisons*.

SAINTE-PÉRINE *de Chaillot*. Injonction à l'économe - séquestre de cette abbaye de présenter ses comptes, 2 = 3 août 1792.

SAINTE-SAVINE. Avis du Conseil d'état relatif à l'exercice de la police dans cette commune, 21 septemb. 1810 (IV, B. 316, n.º 5964).

SAINTE-SEINE-EN-BÂCHE. Cette commune est autorisée à quitter le nom de *Beau-Séjour* qu'elle avait pris, 23 novembre 1813 (IV, B. 539, n.º 9887).

SAINTE-SUZANNE (Le sieur) est nommé membre du Corps législatif, 29 thermidor et 2 fructidor an XII [17 et 20 août 1804 (IV, B. 13, n.º 195); — préfet du département de la Sarre, 7 août 1810 (IV, B. 307, n.º 5846).

SAINTES. Établissement d'un octroi municipal dans cette ville, 17 vendémiaire an VIII [9 octobre 1799]. (II, B. 316, n.º 3356). V. *Navigation intérieure*.

SAISIE *en général*. Droits pour l'enregistrement des actes de main-levée de saisie, ou de conversion d'opposition en saisie, 5 = 19 décembre 1790 et 22 frimaire an VII [12 décembre 1798] (II, B. 248, n.º 2224). — Mode de réquisition de la force publique et son action contre les individus qui s'opposent à une saisie, 26 et 27 juillet = 3 août 1791.

— (C. Civ.) Les paiemens effectués au préjudice d'une saisie ne sont pas valables, art. 1242. — Circonstance dans laquelle la saisie empêche la compensation, 1298. — La prescription est interrompue par la signification de la saisie à celui qu'on veut empêcher de prescrire, 2244.

— (C. P. C.) Les demandes en main-levée de saisie ne sont pas assujetties au préliminaire de la conciliation, art. 49. — Titre nécessaire pour procéder à une saisie mobilière ou immobilière, 551.

— (C. I. C.) Armes et autres objets dont le procureur impérial doit se saisir, lorsqu'il se transporte sur les lieux pour constater un délit, art. 35. — Au cas de flagrant délit, le procureur impérial doit faire saisir les prévenus présens contre lesquels il existe des indices graves, 40.

— (C. P.) Les exemplaires d'écrits, images et gravures publiés sans nom d'auteur, sont saisis et confisqués, 286 et 287. — Il en est de même des armes prohibées, 314; — des boissons falsifiées, 318; — des fonds exposés au jeu ou aux loteries dans les rues, 410; — des éditions contrefaites, 427. V. *Confiscations particulières*.

SAISIE *d'appointemens et traitemens de fonctionnaires publics, et d'employés salariés par l'État*, 21 ventôse an IX [12 mars 1801] (III, B. 74, n.º 572). V. *Appointemens*.

SAISIE-ARRÊT. (C. Civ.) Elle empêche la remise d'un dépôt, art. 1944.

— (C. P. C.) Tout créancier peut, en vertu de titres authentiques ou privés, saisir-arrêter entre les mains d'un tiers les sommes et effets appartenant à son débiteur, ou s'opposer à leur remise, art. 557. — Permission sur requête à défaut de titre, 558. — Énonciations que l'exploit doit contenir, et formalités à observer, sous peine de nullité, 559. — L'huissier peut être tenu de justifier de l'existence du saisissant, 562. — Délai pour la dénonciation de la saisie-arrêt, 563 et 564. — Nullité de la saisie-arrêt, à défaut de demande en validité, 565. — Cette demande est dispensée de la citation en conciliation, 566. — Où doit-elle être portée, 557. — Portion saisissable des pensions et traitemens dus par l'État, 580. — Objets insaisissables, 581. — Cas de saisie particulière avec permission du juge, 582.

SAISIE-BRANDON. (C. P. C.) Époque à laquelle elle peut être faite, art. 626. — Commandement qui doit la précéder, *ibid*. — Énonciations que le procès-verbal doit contenir, 627. — Établissement de gardien, 628. — A qui il doit être laissé copie du procès-verbal, *ibid*. — Placards, 629. — Vente, 632. — Distribution du prix, 633.

SAISIE *de bateaux et usines non fixés à des*

sur un avis de parens, aux autres intéressés, *ibid.*

— (C. Co.) Le porteur d'une lettre de change protestée faute de paiement, peut, avec la permission du juge, faire saisir conservatoirement les effets mobiliers du tireur, des accepteurs et des endosseurs, art. 172.

SAISIE *de marchandises sujettes aux droits de douane.* Formalités à remplir par les préposés des douanes pour la validité de leur saisie, et forme de procéder contre les individus trouvés en fraude ou en contravention, 6 = 22 août 1791. V. *Douanes* et *Marchandises anglaises.*

SAISIE *mobilière.* (C. P. C.) Cas dans lesquels le président d'un tribunal de commerce peut permettre de saisir sur-le-champ les effets mobiliers du défendeur, 417. — Titre nécessaire pour procéder à une saisie immobilière, 551. — Objets insaisissables, 581 et 592. — Ce qui a lieu dans le cas où le même objet est saisi deux fois, 611, 720.

SAISIE *de rente apanagère.* Elle peut être faite par les créanciers de l'apanagiste, 19 = 23 mai 1792.

SAISIE *de rente constituée.* (C. P. C.) Titres en vertu desquels on peut saisir une rente constituée sur particulier, art. 636. — Formalités à remplir par le débiteur de la rente, 638; — et par l'huissier chargé de saisir entre les mains des personnes non demeurant en France sur le continent, 639. — L'exploit de saisie vaut saisie-arrêt des arrérages échus, 640. — Cahier des charges à déposer au greffe, 643. — Extraits à afficher, 645. — Publication, 648. — Enchères, 651. — Formalités pour l'adjudication, 652. — A qui la poursuite doit appartenir en cas de concurrence, 654. — Epoque à laquelle doivent être proposés les moyens de nullité, *ibid.* — Distribution du prix, 655.

SAISIE *de rente viagère.* (C. Civ.) Cas où une rente viagère peut être stipulée insaisissable, art. 1981.

SAISIE - REVENDICATION. (C. P. C.) Ordonnance nécessaire pour la faire, art. 826. — Désignation d'effets que doit contenir la requête présentée pour l'obtenir, 827. — Cette saisie peut être permise les jours de fête légale, 828. — Cas de référé, 829. — Circonstances dans lesquelles la saisie-revendication est faite en même temps que la saisie-exécution, 830. — Tribunal devant lequel la demande en validité doit être portée, 831.

SAISIES-OPPOSITIONS. Entre les mains de qui doivent être faites les saisies-oppositions de biens déclarés nationaux, 14 = 15 août = 23 oct. 1790, art. 11. — Conservation des saisies et oppositions formées sur les sommes qui s'acquittent directement au trésor public, 14 = 19 fév. 1792 et 24 août 1793. — La faculté de faire des saisies-arrêts ou oppositions sur les fonds destinés aux entrepreneurs de travaux pour le compte de la nation, est provisoirement interdite aux créanciers particuliers, 26 pluviôse an II [14 fév. 1794]. — Cas où les saisies et oppositions doivent un droit d'enregistrement, 22 frimaire an VII [12 décembre 1798] (II, B. 248, n.° 2224). — Dispositions relatives aux saisies ou oppositions formées sur les ci-devant fermiers généraux, 27 nivôse an IX [17 janvier 1801] (III, B. 63, n.° 471). — Formalités requises pour la validité de toute saisie-arrêt formée entre les mains des commissaires-priseurs-vendeurs de meubles, relative à leurs fonctions, 27 ventôse an IX [18 mars 1801] (III, B. 76, n.° 590); — des payeurs divisionnaires et des autres préposés du trésor public, 1.er pluviôse an XI [21 janvier 1803] (III, B. 286, n.° 2794); — des préposés de l'administration de l'enregistrement et des domaines, 13 pluviôse an XIII [2 février 1805] (IV, B. 30, n.°

509). — Mode de vérification des saisies-arrêts et oppositions relatives aux paiemens à faire par les préposés de l'administration de l'enregistrement et des domaines dans le département de la Seine, 28 floréal an XIII [18 mai 1805] (IV, B. 45, n.º 738). — Formalités pour la validité de celles faites entre les mains des receveurs ou administrateurs de caisses ou deniers publics, 18 août 1807 (IV, B. 155, n.º 2663).

SAISIES *réelles* (Mode de liquidation des commissaires aux), 16 germinal an II [5 avril 1794]. V. *Commissaires aux saisies réelles.*—Adjudication des biens provenant de saisies réelles faites avant la loi du 11 brumaire an VII, 11 janvier 1811 (IV, B. 345, n.º 6462). — Mesures pour mettre à fin les saisies réelles faites dans le ci-devant Hainaut avant la publication de la loi du 20 avril 1791, 17 janvier 1812 (IV, B. 417, n.º 7612). — Comptes à rendre par les anciens commissaires aux saisies réelles, 12 février 1812 (IV, B. 422, n.º 7709).

SAISINE ou DESSAISINE. Les formalités de sont supprimées; leur remplacement, 19 = 27 septembre, 28 novembre = 10 décembre 1790 et 13 = 20 avril 1791.

— (C. Civ.) Objet et durée de la saisine de l'exécuteur testamentaire, art. 1026 et 1027.

SALADIN (Le représentant du peuple) est mis en état d'arrestation, 3 octobre 1792. — Il est rappelé dans le sein de la Convention nationale, 18 frimaire an III [8 décemb. 1794] (I, B. 96, n.º 495). — Son rapport sur la pétition du sieur Guadet, 22 germ. an II [11 avril 1794] (B. 135, n.º 750). — Il est mis de nouveau en état d'arrestation, 24 vendémiaire an IV [16 octobre 1795] (I, B. 195, n.º 1173). — Il est condamné à la déportation, 19 fructidor an V [5 septembre 1797] (II, B. 142,

n.º 1400). — Est assimilé aux émigrés, 7 thermidor an VII [25 juillet 1799] (II, B. 297, n.º 3166). — Il cesse d'être en surveillance et il est rendu à tous les droits de citoyen, 29 pluviôse an VIII [18 fév. 1800] (III, B. 6, n.º 51).

SALAIRES. (C. Civ.) L'affirmation du maître est admise pour le paiement du salaire de l'année échue, art. 1781. — Salaire du mandataire, 1999. — Priviléges des gens de service pour leurs salaires, 2101. V. *Gages, Prescription.*

— (C. Co.) Délai pour la prescription du paiement de salaires d'ouvriers employés aux constructions maritimes, 433.

—(C. I. C.) Les salaires des témoins cités à la requête des accusés, sont à leur charge, art. 321.

— (C. P.) Peine pour coalition formée entre ceux qui font travailler des ouvriers, à l'effet de produire un abaissement injuste de leur salaire, art. 414. V. *Ouvriers.*

SALAIRES *des fonctionnaires publics et employés.* V. *Appointemens.*

— *des Gens de mer.* A qui est attribuée la connaissance des demandes formées pour raison de ces salaires dans les cantons où il n'y a pas de tribunal de commerce, 9 = 13 août 1791.

SALAISONS. Abolition de la prohibition de faire de grosses salaisons sans déclaration, 23 septembre = 3 novembre 1789.—Salaison des harengs et maquereaux. V. *Pêche maritime.*

SALE. Changement d'époque pour la tenue de la foire de cette commune, 18 fructidor an XI [5 septembre 1803] (III, B. 312, n.º 3154).

SALES (Le sieur DE) est autorisé à changer son nom de famille et à prendre celui d'*Orée,* 24 décembre 1811 (IV, B. 410, n.º 7526).

SALGUES (Le sieur) est nommé membre du Corps législatif, 9 et 10 août 1810 (IV, B. 307, n.º 5847).

SALICETTI (Le représentant du peuple) est mis en état d'arrestation, 8 prairial an III [27 mai 1795] (I, B. 150, n.º 871).

SALIÉS. Epoque de la tenue des foires de cette commune, 6 mess. an IX [25 juin 1801] (III, B. 85, n.º 704).

SALIN. Le traitement des employés de la régie des poudres se compose de remises sur la fabrication du salin, 27 sept. 1792. —Projet à présenter sur la qualité du salin, 23 mai 1792.

SALINES. V. Sels et Salines.

SALINS. Somme annuelle à prélever sur le collége appartenant aux ci-devant Jésuites de Franche-Comté pour le collége des pères de l'Oratoire établi en cette ville, 8 = 15 décembre 1790. — Construction d'un haut fourneau sur la rivière de Salins, 23 frimaire an X [14 décembre 1801] (III, B. 140, n.º 1067).

SALLANCHES. Etablissement d'un arrondissement de recette et d'un tribunal correctionnel dans cette ville, 24 fructidor an VI [10 septembre 1798] (II, B. 225, n.º 2004).

SALLENAVE (Le sieur) est nommé membre du Corps législatif, 1.er prairial an V [20 mai 1797] (II, B. 125, n.º 1212), et 4 nivôse an VIII [25 décembre 1799] (III, B. 341, n.º 3509).

SALLES (Le représentant du peuple) est mis en état d'arrestation, 2 juin 1793. —Il est déclaré traître à la patrie, 28 juillet 1793.

SALLES de discipline. Fournitures dont elles doivent être garnies, 14, 15 septembre = 29 octobre 1790, art. 12. V. Armée, titre XII, Discipline.

— de Dissection. V. Anatomie, Dissection.

— de Spectacle. Le produit de celles qui appartiennent aux communes fait partie des recettes municipales, 11 frimaire an VII [1.er décemb. 1798] (II, B. 247, n.º 2220). —Commutation de la peine prononcée par le Code pénal contre les vols commis dans les salles de spectacle, 25 frimaire an VIII [16 décembre 1799] (II, B. 337, n.º 3471). V. Théâtres.

SALLICON (Le sieur) dit SALLUON. Il lui est permis de substituer à son nom celui de Charrier-Sainneville, 28 novembre 1813 (IV, B. 541, n.º 9899).

SALLIGNY (Le sieur) est nommé membre du Corps législatif, 4 nivôse an VIII [25 décembre 1799] (II, B. 341, n.º 3509).

SALM (Principauté de). Elle est traitée comme nationale, quant aux droits de traites, 22 = 30 juillet 1791. — Sa réunion au département des Vosges, 2 mars 1793. — Conventions faites avec les princes de Salm-Salm et de Lœveinstein-Werthein, pour indemnités de leurs droits seigneuriaux et féodaux supprimés, 16 = 23 mai 1792. — Dispositions relatives à l'inscription des priviléges et hypothèques acquis dans cette principauté, 4 mai 1812 (IV, B. 437, n.º 7996).

SALM - DYCK (Le sieur) est nommé membre du Corps législatif, 29 thermidor et 2 fructidor an XII [17 et 20 août 1804] (IV, B. 13, n.º 195).

SALMON (Le sieur) est nommé membre du Corps législatif, 29 thermidor et 2 fruct. an XII [17 et 20 août 1804] (IV, B. 13, n.º 195).

SALMON de la Sarthe (Le représentant du peuple) est décrété d'arrestation, 3 octobre 1793. —Il est rappelé dans le sein de la Convention nationale, 18 frimaire an III [8 décem. 1794] (I, B. 96, n.º 495).

SALMOUR (Le sieur Gabaléon DE) est nommé membre du Corps législatif, 5 et 6 janvier 1813 (IV, B. 464, n.º 8545).

SALMOUR (Commune de). Sa réunion au canton de Fossano, 12 novembre 1806 (IV, B. 126, n.º 2045).

SALPÊTRE et SALPÊTRIERS. Ouverture de cours pour enseigner la fabrication du salpêtre, 30 pluviôse an II [18 février 1794]. — Suppression des commissions données aux salpêtriers, 27 ventôse an II [17 mars 1794]. — Les herbes inutiles sont brûlées pour en employer les cendres à l'exploitation du salpêtre, ou à être converties en salins, 29 germinal an II [18 avril 1794]. V. *Poudres* et *Salpêtres.*

SALPÊTRIÈRE (La). Approbation des mesures prises par la municipalité de Paris, relativement aux insurrections qui y ont eu lieu, 23 nov.= 1.er décembre 1790. V. *Bicêtre.*

SALUBRITÉ *publique.* Gens de l'art que les municipalités peuvent commettre pour l'inspection de la salubrité des comestibles et médicamens, 19 = 22 juillet 1791. — Les frais de salubrité publique font partie des dépenses communales, 11 frimaire an VII [1.er décembre 1798] (II, B. 247, n.º 2220). — Fonctions spéciales de surveillance attribuées au préfet de police de Paris, et aux commissaires généraux de police, pour assurer et maintenir la salubrité publique, 12 messidor an VIII et 5 brumaire an IX [1.er juillet et 27 octob. 1800] (III, B. 33 et 50, n.ºs 214 et 373).

SALUCES. Établissement d'un tribunal de première instance dans cette ville, 25 messidor an XIII [14 juill. 1805] (IV, B. 49, n.º 839).

SALUT PUBLIC (Comité de). V. *Comités.*

SALUT *de vaisseaux.* V. *Marine,* titre XVII, *Police de la navigation,* &c.

SAMBAT (Le sieur) est nommé juré du tribunal extraordinaire, 26 septembre 1793.

SAMBRE-ET-MEUSE (Département de). Son classement dans la division territoriale de la France et sa composition, 15 janvier, 19 et 26 février = 4 mars 1790. — Validité des opérations de l'assemblée électorale pour la nomination des députés au Corps

législatif, 3 prairial an VII [22 mai 1799] (II, B. 283, n.º 2969). — Réduction et fixation des justices de paix, et rectification des arrêtés qui les ont ordonnées, 17 frimaire, 3 et 25 ventôse et 23 germinal an X [8 décembre 1801, 22 février, 16 mars et 13 avril 1802 (III, B. 157, n.º 1209, et B. 228 *bis*, n.ºs 4, 5, 7 et 8). — Désignation des écoles secondaires, 5 frimaire an XI [26 novembre 1802] (III, B. 233, n.º 2153). — Lettres de création du dépôt de mendicité, 29 août 1809 (IV, B. 243, n.º 4544). — M. Alban de Villeneuve est nommé préfet, 3 janvier 1814 (IV, B. 550, n.º 10013).

SAMUEL (Le sieur) est autorisé à ajouter à son nom celui de *Palm,* 16 mai 1810 (IV, B. 287, n.º 5417).

SANADON (Le représentant du peuple). Ordre du jour relatif à sa démission de député, 13 août 1793.

SANCERRE. Le directoire du district de cette ville est autorisé à acquérir la maison des Augustins, 8 = 18 février 1791.

SANCERRE (Comté de). Révocation du contrat d'échange de cette terre, 27 juillet = 12 septembre 1791.

SANCTION *des décrets* (Droit et formule de). V. *Lois.*

SANDRAS (Le sieur) est nommé commissaire de police à Paris, 22 ventôse an VIII [12 mars 1800] (III, B. 11, n.º 17).

SAN-REMO. Translation dans cette ville du siège du tribunal de première instance établi à Monaco, 10 brumaire an XIV [1.er novembre 1805] (IV, B. 64, n.º 1115). — Acceptation d'un legs fait par la dame Gioffredi aux pauvres de cette commune, 29 août 1809 [IV, B. 243, n.º 4549).

SANS-CULOTIDES ou *Jours complémentaires.* V. *Ère républicaine.*

SANSON (Le général) est confirmé dans son grade de général de brigade,

21 nivôse an VIII [11 janvier 1800] (II, B. 345, n.º 3530).

SANSONI (Le sieur) est nommé membre du Corps législatif, 3 octobre 1808 et 9 et 10 août 1810 (IV, B. 209 et 307, n.ºs 3809 et 5847).

SANTÉ (Officiers de). V. *Officiers de santé.*

— (C. P.) Peines contre ceux qui vendent des boissons falsifiées et contenant des mixtions nuisibles à la santé, art. 318 et 475. V. *Boissons falsifiées.*

SAONE (Rivière de). Abolition des octrois, 8 = 12 septembre 1791. — Une somme de soixante mille livres est destinée aux ateliers établis pour l'ouverture du canal de jonction de la Saone à la Seine, 3 = 6 janvier 1792. — Dispositions relatives aux travaux à faire au lit de cette rivière, 26 nivôse an XIII [16 janvier 1805] (IV, B. 27, n.º 470).

SAONE (Département de la HAUTE-). Son classement dans la division territoriale de la France et sa composition, 15 janvier, 19 et 26 février = 4 mars 1790. — Nombre de quintaux de sel qui doit lui être annuellement délivré pour son approvisionnement, 12 = 20 juillet 1791, et 1.ᵉʳ janvier 1792. — Ses habitans ont bien mérité de la patrie, 1.ᵉʳ = 5 septembre 1792. — Maintien provisoire de l'exécution des réglemens qui y sont établis, relativement au titre et à la surveillance des ouvrages d'or et d'argent, sur les ateliers et fabriques d'horlogerie, 2 germinal an VII [22 mars 1799] (II, B. 269, n.º 2762). — Validité des opérations de l'assemblée électorale pour la nomination des députés au Corps législatif, et annullation de celles de l'assemblée scissionnaire, 3 prairial an VII [22 mai 1799] (II, B. 283, n.º 2968). — La liste des jurés, arrêtée par les administrateurs de ce département, est validée, 8 pluviôse an VIII [28 janvier 1800] (III, B. 3,

n.º 19). — Réduction et fixation des justices de paix, 17 frimaire, 13 ventôse et 15 floréal an X [8 décembre 1801, 4 mars et 5 mai 1802] (III, B. 161, n.º 1233 et B. 228 bis, n.ºs 6 et 9). — Tableau et époque de la tenue des foires, 27 brumaire an XI [18 novembre 1802] (III, B. 242, n.º 2249). — Désignation des écoles secondaires, 8 pluviôse an XI [28 janvier 1803] (III, B. 245, n.º 2289). — M. Hilaire est nommé préfet, et M. Flavigny lui succède dans cette fonction, 5 ventôse an XII [25 février 1804 et 3 janvier 1814] (IV, B. 347 et 551, n.ºs 3632 et 10033). — Lettres de création du dépôt de mendicité, 3 mars 1809 (IV, B. 227, n.º 4156).

SAONE-ET-LOIRE (Département de). Son classement dans la division territoriale de la France et sa composition, 15 janvier, 19 et 26 février = 4 mars 1790. — Poursuite des opposans à la vente des biens nationaux, 10 = 15 décembre 1790. — Le directoire de ce département est autorisé à acquérir les bâtimens nécessaires à son établissement, 9 = 17 juin 1791. — Ses habitans ont bien mérité de la patrie, 13 = 29 août 1792. — Décret qui étend les pouvoirs donnés aux commissaires qui y sont envoyés, 26 juin 1793. — Validité des opérations de l'assemblée électorale pour la nomination des députés au Corps législatif, et annullation de celles de l'assemblée scissionnaire, 7 prairial an VII [26 mai 1799] (II, B. 284, n.º 2981). — M. Buffaut est nommé préfet, et M. Roujoux lui succède dans cette fonction, 11 ventôse an VIII et 23 germinal an X [2 mars 1800 et 13 avril 1802] (III, B. 44, n.º 308, et III, B. 175, n.º 1363). — Réduction et fixation des justices de paix, et rectification des arrêtés qui les ont déterminées, 17 frimaire, 9 pluviôse et 16 floréal an X [8 décembre 1801,

29 janvier et 6 mai 1802] (III, B. 157, n.º 1208 , et B. 228 *bis*, n.ºˢ 2 et 9). — Désignation des écoles secondaires, 5 frimaire an XI [26 novembre 1802 (III, B. 233, n.º 2154). — Rectification des limites entre ce département et celui de l'Ain, 10 octobre 1811 (IV, B. 398, n.º 7375).

SAORGIO (Canton de). Sa réunion au ressort du tribunal de première instance de Nice, 10 février 1806 (IV, B. 74, n.º 1315).

SAPEURS (Le corps des) fait partie de celui de l'artillerie, 9 = 12 septembre 1790. — Son organisation et sa solde, 2 = 15 décembre 1790, 25 frimaire an II [15 décembre 1793], 23 fructidor an VII [9 septembre 1799] (II, B. 309, n.º 3264), et 27 messidor an IX [16 juillet 1801] (III, B. 90, n.º 752). — Nombre de rations de fourrages accordées aux officiers en temps de guerre, 19 germinal an X [9 avril 1802] (III, B. 175, n.º 1362). V. *Armée* au titre *Artillerie*.

SAPEURS - POMPIERS (Création d'un bataillon de) pour la ville de Paris, 18 septembre 1811 (IV, B. 392, n.º 7254). V. *Pompiers*.

SAPEY (Le sieur) est nommé membre du Corps législatif, 27 germinal an X [17 avril 1802] (III, B. 176, n.º 1376).

SAPIN (Planches de). V. *Bois à bâtir*.

SARDAIGNE. Ratification des traités de paix conclus entre la France et le roi de Sardaigne, 30 floréal an IV [19 mai 1796] (II, B. 54, n.º 477), 4 brumaire an VI [25 octobre 1797] (II, B. 172, n.º 1633). — Déclaration de guerre à ce prince par le Gouvernement français, 16 frimaire an VII [6 décembre 1798] (II, B. 244, n.º 2198 *bis*).

SARDINES (Pêche des). V. *Pêche maritime*.

SARE-LONGCHAMP (Société du charbonnage de). V. *Mines*.

SARGUEMINES. Décret relatif à l'emplacement de l'administration du district, 14 = 20 mai 1791. — Fixation des arrondissemens des bureaux de garantie, 7 frimaire an VII [27 novembre 1798] (II, B. 245, n.º 2212).

SARRE (Rivière de). Loi relative à l'exportation des bois de service en Hollande par cette rivière, 2 fructidor an V [19 août 1797] (II, B. 138, n.º 1365).

SARRE (Département de la). Arrêté qui règle sa division territoriale et son administration, 24 floréal an VIII [14 mai 1800] (III, B. 25, n.º 171). — Réunion définitive de ce département à la France, 22 fructidor an VIII et 18 ventôse an IX [9 sept. 1800 et 9 mars 1801] (III, B. 43 et 74, n.ºˢ 290 et 569). — Etablissement de tribunaux spéciaux, 21 fructidor an X [8 septembre 1802] (III, B. 212, n.º 1963). — Désignation des écoles secondaires, 8 pluviôse an XI [28 janvier 1803] (III, B. 245, n.º 2290). — Sont nommés préfets, les sieurs Keppler , 3 floréal an XI [23 avril 1803] (III, B. 273, n.º 2737); — de Sainte-Suzanne, 7 août 1810 (IV, B. 307, n.º 5846); — Création du dépôt de mendicité, 9 octobre 1810 (IV, B. 320, n.º 6037). — Réunion de plusieurs communes du département de la Sarre à celui de la Moselle, et du département de la Moselle à celui de la Sarre, 5 avril 1813 (IV, B. 499, n.º 9121). V. *Rhin* (Départemens de la rive gauche du).

SARRE-LOUIS. Le district est autorisé à acquérir la maison des ci-devant chanoinesses de Loutre, 3 = 20 mars 1791. — Le nom de la ville de Sarre-Louis est changé en celui de Sarre-Libre, 22 juillet 1793.

SARTELON (Le sieur) est nommé secrétaire général du conseil d'administration de la guerre, 21 ventôse an X [12 mars 1802] (III, B. 170, n.º 1319); — membre du Corps législatif, 5 et 6 janvier 1813 (IV, B. 464, n.º 8545).

SARTHE (Département de la). Son classement dans la division territoriale de la France, et sa composition, 15 janvier, 16 et 26 février = 4 mars 1790. — Le représentant du peuple Génissieu y est envoyé en mission, 18 vendémiaire an III [9 octobre 1794] (I, B. 71, n.º 376). — Les nominations faites par l'assemblée électorale, réunie au temple de la Visitation, sont seules déclarées valables, 21 floréal an VII [10 mai 1799] (II, B. 281, n.º 2937). — Application à ce département de la loi du 24 messidor sur la répression du brigandage et de l'assassinat, 1.er jour complémentaire an VII [17 septembre 1799] (II, B. 312, n.º 3285). — Fixation des jours de tenue des foires du département, 15 vendémiaire et 19 fructidor an X [7 octobre 1801 et 6 septembre 1802] (III, B. 110 et 216, n.os 891 et 1980). Changement des jours de tenue des foires dans cinq communes du département, 13 brumaire an XI [4 novembre 1802] (III, B. 230, n.º 2123). — Décret qui ordonne l'exécution de deux arrêtés du préfet, concernant le service de la garde nationale, 29 août 1809 (IV, B. 243, n.º 4548). — Création du dépôt de mendicité, 18 avril 1812 (IV, B. 432, n.º 7930). — M. le chevalier Derville-Maleschard est nommé préfet, 12 mars 1813 (IV, B. 485, n.º 8965).

SASSENAGE (Canton de). Imposition extraordinaire mise sur ce canton, 29 mars 1810 (IV, B. 277, n.º 5312).

SASSENAY. Décret qui autorise l'érection en chapelle de l'église de cette commune, 17 mars 1812 (IV, B. 427, n.º 7839).

SAUCE (Le sieur). Il lui est accordé une gratification de vingt mille liv., 22 août 1791.

SAUF-CONDUIT. Nature et effet de celui qu'un juge de paix accorde, lorsqu'une personne citée devant lui est exposée à l'exécution d'une contrainte par corps, 6 = 27 mars 1791, et 15 germinal an VI [4 avril 1798] (II, B. 185, n.º 1795); — de celui qu'obtiennent les navires ennemis relâchés, à cause de la nature de leurs importations, 1.er août 1793.

— (C. P.) On ne peut arrêter le débiteur qui, appelé comme témoin, est porteur d'un sauf-conduit, art. 781. — Par qui ce sauf-conduit peut être accordé, 782.

— (C. Co.) Le juge-commissaire peut, après l'apposition des scellés, proposer la mise en liberté du failli avec sauf-conduit, art. 466. — A défaut de cette proposition par le commissaire, le failli peut en présenter la demande au tribunal de commerce, 367. — Appel du failli par les agens, lorsqu'il a obtenu un sauf-conduit, 468. — Cas dans lequel il ne peut être proposé par le commissaire ni accordé par le tribunal de sauf-conduit au failli, 490. — Quand le failli a obtenu un sauf-conduit, les syndics provisoires peuvent l'employer pour faciliter leur gestion, 493. — Le failli qui, ayant obtenu un sauf-conduit, ne se représente pas à justice, est réputé banqueroutier frauduleux, 594.

SAULIEU. L'acceptation d'une donation faite à l'hospice de cette ville est autorisée, 3 ventôse an X [22 février 1802] (III, B. 165, n.º 1259).

SAULNIER (Le sieur) est nommé préfet du département de la Meuse, 11 ventôse an VIII [2 mars 1800] (III, B. 8, n.º 61); — secrétaire général du ministère de la police générale, 21 messidor an XII [10 juillet 1804] (IV, B. 8, n.º 89).

SAULX-EN-MONTAGNE (Commune de). Son ancien nom de Saulx-le-

Duc lui est rendu, 23 novembre 1813 (IV, B. 539, n.º 9886).

SAUMUR. Le canton de cette ville est divisé en trois arrondissemens, 11 = 15 mai 1791. — Nomination de quatre suppléans au tribunal de commerce, 27 août = 7 décembre 1791.—Etablissement de deux commissaires de police, 6 = 13 juillet 1792. — Translation dans les prisons de cette ville, des prisonniers détenus dans celles de la haute-cour nationale d'Orléans, 2 septembre 1792.

SAUNIER (Le capitaine de vaisseau). Une pension est accordée à sa veuve, 15 germinal an IX [5 avril 1801] (III, B. 78, n.º 623).

SAUR (Le sieur) est nommé membre du Sénat conservateur, 30 vendémiaire an XIII [22 octobre 1804] (IV, B. 19, n.º 338).

SAURET (Le sieur) est nommé membre du Corps législatif, 4 nivôse an VIII [25 décembre 1799] (II, B. 341, n.º 3509), et 6 germinal an X [27 mars 1802] (III, B. 171, n.º 1340).

SAURINE (Le représentant du peuple) est mis en état d'arrestation, 3 octobre 1793. — Il est rappelé dans le sein de la Convention nationale, 18 frimaire an III [8 décembre 1794] (I, B. 96, n.º 495).

SAUSSEY (Le sieur) est nommé membre du Corps législatif, 1.er prairial an V [20 mai 1797] (II, B. 125, n.º 1212).

SAUTERELLES. Mesures pour la destruction des sauterelles dans le département de Rome, 22 décembre 1812 (IV, B. 457, n.º 8420).

SAUTIER (Le sieur) est nommé membre du Corps législatif, 6 germinal an X [27 mars 1802] (III, B. 171, n.º 1340).

SAUVAIRE (Le sieur) est nommé membre du Corps législatif, 2 mai 1809 (IV, B. 237, n.º 4395).

SAUTRAUD de la Nièvre (Le représentant du peuple) est envoyé en mission dans les départemens de la Seine-Inférieure et de la Somme, 13 fructidor an II [30 août 1794] (I, B. 50, n.º 267).

SAUVE-GARDE. Les personnes et les propriétés sont mises sous la sauvegarde de la nation, 21 = 22 septembre 1792. — La fortune publique, la représentation nationale et la ville de Paris, sous celle des bons citoyens, 24 mai 1793.

SAUVE-GARDE ou SAUVEMENT (Le droit de) est aboli en Lorraine, 15 = 28 mars 1790.

SAUVETAGE. Les deux tiers du droit de sauvetage sur les objets provenant des propriétés ennemies est affecté aux marins, et le tiers restant est versé dans la caisse des invalides de la marine, 26 nivôse an VI [15 janvier 1798] (II, B. 178, n.º 1672).—Mesures pour le sauvetage des bâtimens naufragés, pour la vente de ces bâtimens et celle des prises, 27 thermidor an VII [14 août 1799] (II, B. 301, n.º 3206), et 17 floréal an IX [7 mai 1801] (III, B. 82, n.º 665). — Imposition pour un magasin de sauvetage au Havre et autres ports, 16 septembre 1807, tit. III, sect. V (IV, B. 162, n.º 2796).— Surveillance et fixation des dépenses du magasin de sauvetage établi au Havre, 27 septemb. 1807 (IV, B. 165, n.º 2808). — Réglement de l'ancien magasin de sauvetage au port de Quillebeuf, 3 mai 1810 (IV, B. 286, n.º 5404). V. Marine au titre Ports de mer, et Navires.

—(C. Co.) Comment se partage le produit des effets sauvés du naufrage, lorsqu'il y a contrat à la grosse et assurance sur le même navire ou le même chargement, art. 331. V. Contrats à la grosse.

SAUVETERRE. L'arrêt du parlement de Pau rendu contre les officiers municipaux de cette ville, est déclaré comme non avenu, 3 juin 1790. —

Indemnité accordée à l'hospice, 26 août 1792.

SAUVEUR (Le sieur Joseph). Inscription de son nom sur la colonne du Panthéon français, 10 juillet 1793.

SAUZAY (Le sieur) est nommé préfet du département du Mont-Blanc, 11 ventôse an VIII [2 mars 1800] (III, B. 8, n.º 61); — membre du Corps législatif, 6 germinal an X [27 mars 1802] (III, B. 171, n.º 2340).

SAVANS. Gratifications, secours et pensions accordés aux savans, et conditions requises pour y avoir part, 3 = 22 août 1790, tit. II, art. 7 et suiv., 17 et 18 vendémiaire, 27 germinal et 18 fructidor an III [8 et 9 octobre 1794, 16 avril et 4 septemb. 1795] (I, B. 72, n.º 302). — Faculté donnée aux savans qui remplissent plusieurs fonctions dans l'instruction publique, de cumuler plusieurs traitemens, 16 fructidor an III [2 septembre 1795] (I, B. 175, n.º 1063).

SAVARY (Le représentant du peuple) est mis en état d'arrestation, 3 octobre 1793. — Il est traduit devant le tribunal révolutionnaire, ibid.

SAVARY (Le sieur) est nommé membre du Corps législatif, 4 nivôse an VIII [25 décembre 1799] (II, B. 341, n.º 3509).

SAVARY (Le général), duc de Rovigo. Autorisation d'accepter une donation par lui faite à l'hospice de Sedan, 17 mai 1809 (IV, B. 236, n.º 4388). — Il est nommé ministre de la police générale, 3 juin 1810 (IV, B. 290, n.º 5485).

SAVARY (Le sieur Chauvin-Bois) est nommé membre du Corps législatif, 5 et 6 janvier 1813 (IV, B. 464, n.º 8545).

SAVER (Le sieur). Une indemnité de six mille livres lui est accordée pour acquitter les dépenses occasionnées par les expériences de ses procédés sur le monnayage du métal de cloches, 16 août 1792.

SAVERNE. Avis du Conseil d'état relatif à la réclamation du maire de Saverne pour le remboursement des dépenses par lui faites à la réception du duc de Valmy dans sa sénatorerie, 14 août 1811 (IV, B. 385, n.º 7138).

SAVIGLIANO. Etablissement d'un tribunal de première instance dans cette ville, 10 prairial an XIII [30 mai 1805] (III, B. 47, n.º 775).

SAVOIE. Réunion de ce pays à la France, sous le nom de département du Mont-Blanc, 27 et 29 nov. 1792. — Ordre de juger militairement tous les Savoisiens pris les armes à la main contre le Gouvernement français, 2 pluviôse an II [21 janvier 1794]. — Loi qui applique aux habitans de la Savoie, pensionnés ou ayant droit à des pensions, divers articles de la loi du 5 prairial an VI, relative à la liquidation de la dette des départemens réunis, 21 prairial an VII [9 juin 1799] (II, B. 286, n.º 3012).

SAVOYE-ROLLIN (Le sieur) est nommé membre du Tribunat, 4 nivôse an VIII [25 décemb. 1799] (II, B. 341, n.º 3509); — préfet du département de la Seine-Inférieure, 21 mars 1806 (IV, B. 81, n.º 1393); — du département des Deux-Nèthes, 12 mars 1813 (IV, B. 485, n.º 8965).

SAVOISY. Changement d'époque pour la tenue des foires de cette commune, 18 fructidor an XI [5 septembre 1803] (III, B. 312, n.º 3154).

SAVONNE. Augmentation du nombre des juges du tribunal de première instance de cette ville, 8 mai 1806. (IV, B. 90, n.º 1532). — Publication d'un décret du légat à latere concernant la juridiction métropolitaine de l'église épiscopale et de l'évêque, 8 juillet 1806 (IV, B. 105, n.º 1777).

SAVONNERIE (Manufacture de la). Les bâtimens et fonds de terre qui en dépendent sont réservés au Roi, 1.er juin 1791, art. 3. — Paiement des appointemens des employés, du salaire des ouvriers et des dépenses relatives à son entretien, 16 mars 1793, 7 pluviôse et 13 germinal an II [26 janv. et 2 avril 1794]. — Augmentation du salaire des ouvriers, 12 messidor an II [30 juin 1794].

SAVONS. Abonnement des droits de traites sur les savons, 21 = 24 mars 1790. — Imposition en remplacement de ces droits, *ibid.* et 9 = 26 octobre 1790. — Annullation des procédures relatives aux droits et facultés de répéter des indemnités contre les préposés de la régie, 22 = 30 mars 1790, et 13 pluviôse an II [1.er février 1794]. — Époque de la suppression définitive des droits, 26 novembre = 5 décembre 1790. — Abolition de l'imposition mise en remplacement, 17 prairial an II [5 juin 1794] (I, B. 2, n.º 3). — Formation dans le port de Marseille d'un entrepôt des savons provenant de l'étranger, 6 messidor an X [25 juin 1802] (III, B. 199, n.º 1781). — Droits d'entrée auxquels ces savons sont assujettis, 28.e pluviôse an XI [17 février 1803] (III, B. 249, n.º 2320). — Mesures prescrites pour prévenir ou réprimer la fraude dans la fabrication des savons, 1.er avril 1811 (IV, B. 359, n.º 6591). — Dispositions qui déterminent la marque des savons, et qui établissent une marque particulière pour ceux d'olive fabriqués à Marseille, 18 septembre 1811 et 22 décembre 1812 (IV, B. 393 et 457, n.ºs 7238 et 8419).

SAXE. Arrêté qui nomme le sieur Lavallette chargé d'affaires de la République à Dresde, 9 nivôse an VIII [30 décembre 1799] (III, B. 44, n.º 297). — Traité de paix et d'alliance conclu entre l'Empereur des Français et le Roi de Saxe, 29 janvier 1807 (IV, B. 133, n.º 2166); — les ducs de Saxe Weymar, Saxe-Gotha, Saxe-Meinungen, Saxe

Hildbourghausen, 29 janvier 1807 (IV, B. 133, n.º 2167).

SAY (Le sieur) est nommé membre du Tribunat, 4 nivôse an VIII [25 décembre 1799] (II, B. 341, n.º 3509).

SCANDALE. Recours au Conseil d'état lorsqu'il y a lieu à scandale public dans l'exercice du culte, 18 germinal an X [8 avril 1802], art. 6 (III, B. 172, n.º 1344).

SCEAU (Les droits de) ne sont point communicables ni cessibles, et les concessions faites de ces droits sont révoquées, 22 novembre = 1.er décembre 1790; — ainsi que les droits de sceau dépendant des apanages, 13 août, 20 et 21 décembre 1790 = 6 avril 1791. — Les contrats assujettis au sceau le seront aussi provisoirement près le tribunal du district où les immeubles sont situés, 7 = 11 septembre 1790. — Abolition du droit de sceau en Lorraine, 5 = 19 décembre 1790, art. 1.er

— (C. P. C.) Celui qui doit être employé pour les appositions de scellés, art. 908. — Les juges de paix doivent constater le sceau des testamens qu'ils trouvent en apposant des scellés, 916.

— (C. I. C.) Les divers mandats doivent être munis du sceau du magistrat qui les décerne, art. 95. V. *Papiers.*

SCEAU *du ci-devant amiral de France* (Le) est brisé et envoyé à la monnaie, 17 brumaire an II [7 novembre 1793];

— *des Archives.* Sa forme, 22 septembre 1792.

— *du Bulletin des Lois.* V. *Bulletin des Lois.*

— *de Chancellerie.* Taux de la liquidation des offices attachés au sceau de chancellerie, 7 = 11 sept. 1790.

— *du Corps législatif.* Mesures pour prévenir l'abus de son usage et pour constater son authenticité, 21 et 24 juin 1791. — Les mots *la Loi* et *le Roi* qu'il portait, sont remplacés par ceux-ci, *la Nation, la Loi et le Roi*, 15 septembre = 19 octobre 1791.

— *du Dauphiné.* Il est brisé et envoyé à la monnaie, 12 nov. 1792.

— *de l'Etat.* Il est déclaré uniforme pour toute la France, 9 novembre 1789. — Les lettres patentes des juges, les exemplaires des lois qui sont envoyés aux autorités administratives et judiciaires, les lois et les deux expéditions originales de chaque loi, sont marqués du sceau de l'Etat, 8 mai, 2 = 5 novembre 1790 et 3 = 4 septembre 1791. — Suppression de la gratification accordée au caissier du sceau, 21 juillet = 15 août 1790. — Garde et dépôt du sceau de l'Etat, 27 avril = 25 mai 1791, 28 nivôse an VIII [18 janvier 1800] (III, B. 1, n.º 7), et constitution de l'an III, art. 141.

— Faculté accordée au ministre de la justice de l'apposer aux décrets, sans avoir besoin de la sanction et de l'acceptation du Roi, 21 = 25 juin 1791. — Changemens divers dans le type et la légende du sceau de l'Etat, et dispositions y relatives, 16 fév. 1790, 15 août, 19 août = 15 sept., 22 septembre 1792, 19, 20 vendémiaire, 28 brumaire an II [10, 11 octobre, 18 novembre 1793], 6 pluviôse an XIII [26 janvier 1805] (IV, B. 30, n.º 498). — Peines que fait encourir sa contrefaçon, et à quels tribunaux la connaissance en est attribuée, 25 septembre = 6 octobre 1791, et 23 floréal an X [13 mai 1802], art. 2 (III, B. 190, n.º 1594), Code d'instruction criminelle, art. 5 et 6, et Code pénal, art. 139. — Il est brisé et envoyé à la monnaie, 6 = 8 octobre 1792. Brisement des sceaux à l'empreinte de Louis XVII, 25 brumaire an II [15 novembre 1793].

— *du Juge de paix.* Les délivrances des jugemens du juge de paix sont gratuitement scellées de son sceau, 14 = 26 octobre 1790. — Forme de ce sceau, *ibid.* — Son changement, 7 août 1793.

— *des Notaires.* Suppression de ce sceau, 5 = 19 décembre 1790. — Changement de l'empreinte, 9 septembre 1792. V. *Notaires.*

— *de l'ordre de Saint-Louis.* V. *Ordres de chevalerie.*

— *des Titres.* V. *Conseil du sceau des titres* et *Titres.*

— *de l'Université* (Droits des brevets et actes scellés par le grand-maître), 17 février 1809 (IV, B. 226, n.º 4133).

SCEAUX (Garde des). V. *Garde des sceaux.*

SCEAUX *des autorités publiques* (Forme et type des), 22 = 25 septembre 1792, 16 brumaire an V [6 nov. 1796] (II, B. 90, n.º 850), 4.ᵉ jour complémentaire an VI [20 septembre 1798] (II, B. 227, n.º 2040 *bis*), 6 pluviôse, 29 ventôse an XIII [26 janvier, 20 mars 1805] (IV, B. 30 et 37, n.ᵒˢ 498 et 641).

— (C. P.) Peines pour contrefaçon du sceau d'une autorité quelconque, ou d'un établissement particulier de banque ou de commerce, art. 142 et 143.

SCEAUX *de la ville de Paris.* Ils sont en la garde du maire, et apposés sans frais, 21 mai = 27 juin 1790.

SCEAUX (La commune de) prend le nom de *Sceaux-l'Unité*, 22 vendémiaire an II [13 oct. 1793]. — Conservation du château et des jardins pour l'usage public, et pour des établissemens utiles à l'agriculture et aux arts, 16 floréal an II [5 mai 1794]. — La commune est chef-lieu de sous-préfecture, 17 ventôse an VIII [8 mars 1800] (III, B. 13, n.º 90). V. *Marchés de Sceaux et de Poissy.*

SCEL *des châtelets de Paris, Montpellier et Orléans* (Le) est aboli, 7 = 11 septembre 1795.

SCEL *des jugemens* (Abolition du droit de), 5 = 19 décembre 1790.

SCELLÉS. Droits d'enregistrement aux

quels sont assujettis les actes d'apposition ou reconnaissance de scellés, 5 = 19 décembre 1790 et 22 frim. an VII [12 décembre 1798] (II, B. 248, n.º 2224). — L'apposition, la reconnaissance et la levée des scellés sont attribuées aux juges de paix ; mais ils ne peuvent connaître des contestations sur leur reconnaissance, et ne peuvent procéder à l'apposition que dans leur territoire, 16 = 24 août 1790, 6 = 27 mars 1791. — Droits qui leur sont alloués pour leurs diverses vacations à ces formalités, *ibid.* — Mode de paiement des frais de scellés apposés sur les domaines nationaux, 9 = 19 janvier 1791. V. *Domaines nationaux;* — de reconnaissance et de levée des scellés apposés par les commissaires au ci-devant châtelet de Paris, 29 janvier = 9 février 1791. — Les référés relatifs à l'apposition des scellés sont portés devant un juge du tribunal dans le territoire duquel le scellé a été apposé, 29 janvier, 11 février 1791. — Le conjoint demandeur en divorce est autorisé à faire apposer les scellés sur les effets mobiliers de la communauté, 22 vendémiaire an II [13 octobre 1793], et Code civil, art. 270. — Poursuite et punition des auteurs de bris de scellés, et des personnes préposées à la garde de ceux qui se trouvent brisés, 20 nivôse et 23 germinal an II [9 janvier et 12 avril 1794], 6 vendémiaire an III [27 septembre 1794] (I, B. 64, n.º 346). V. *Bris de scellés.* — Mode de procéder à la levée des scellés sous lesquels il existe des procédures, 6 pluviôse an II [25 janvier 1794]. — Dispositions relatives aux scellés après le décès des citoyens qui ont pour héritiers des défenseurs de la patrie, 11 ventôse, 16 et 29 fructidor an II [1.er mars, 2 et 15 septembre 1794] (I, B. 51 et 59, n.ºs 278 et 3189). — Réapposition des scellés brisés par l'ex-

plosion de la poudrerie de Grenelle, 18 fructidor an II [4 septembre 1794]. — Aucune femme ne peut être gardienne de scellés apposés sur les biens nationaux : elle peut l'être pour tout autre, 6 et 21 vendémiaire an III [27 septembre et 12 octobre 1794] (I, B. 64 et 72, n.ºs 347 et 385). — Cas où le juge de paix doit ordonner l'apposition des scellés sur les papiers d'un prévenu de délits, et manière dont il procède à leur levée et à l'examen des papiers, 3 brumaire an IV [25 octobre 1795] (I, B. 204, n.º 1221). — Apposition des scellés pour la conservation des biens d'un enfant adopté par acte authentique, 16 frimaire an III [6 décemb. 1794] (I, B. 97, n.º 496). — Les frais de scellés sont payés par privilège sur les immeubles à défaut de mobilier, 11 brumaire an VII [1.er novembre 1798] (II, B. 237, n.º 2157). — Mode d'apposition et de levée des scellés après le décès d'officiers généraux ou supérieurs, 13 nivôse an X [3 janvier 1802] (III, B. 145, n.º 1124). — Formalités pour les procès-verbaux d'apposition de scellés, 10 brumaire an XIV [1.er novembre 1805] (IV, B. 63, n.º 1100). — Frais de garde de scellés en matière criminelle, 18 juin 1811 (IV, B. 377, n.º 703). V. sous les mots *Chambres des comptes, Clergé, Dépôts publics, Domaines nationaux, Emigrés, Ferme et Régie générale, Greffes, Liste civile, Louvre, Parlemens et Tuileries,* les dispositions relatives aux appositions et levées de scellés ordonnées suivant les circonstances. V. aussi *Journées mémorables.*

— (C. Civ.) Le tuteur doit requérir la levée des scellés dans les huit jours qui suivent sa nomination, art. 451. — Le conjoint survivant et l'administration des domaines doivent faire apposer les scellés sur les meubles de la succession à laquelle ils prétendent, 769. — A la charge

dure relative aux troubles de cette ville, 17 = 20 mars 1791. — Le siége de la sous-préfecture du tribunal de l'arrondissement de Barr y est transféré, 10 février 1806 (IV, B. 74, n.º 1321).

SCHERER (Le général) est nommé commandant en chef de l'armée d'Italie, 13 brumaire an III [3 novembre 1794] (I, B. 81, n.º 426); — de l'armée des Pyrénées-Orientales, 13 ventôse an III [3 mars 1795] (I, B. 128, n.º 680); — — ministre de la guerre, 5 thermidor an V [23 juillet 1797] (II, B. 135, n.º 1319 ; — général en chef des armées d'Italie et de Naples , 3 ventôse an VII [21 février 1799] (II, B. 261, n.º 2362). — Il est autorisé à quitter le commandement de ces armées, 2 floréal an VII [21 avril 1799] (II,B. 272, n.º 2825).

SCHERLOCK (Le sieur) est nommé membre du Corps législatif, 4 nivôse an VIII [25 décembre 1799] (II, B. 341, n.º 3509).

SCHIRMER (Le sieur) est nommé membre du Corps législatif, 4 nivôse an VIII [25 décembre 1799] (II, B. 341, n.º 3509).

SCHMIDT (Le sieur Tobias) obtient un brevet d'invention, 9 pluviôse an VII [28 janvier 1799] (II, B. 256, n.º 2419).

SCHWARBOURG - RUDOLSTADT et SCHWARBOURG - SONDERHAUSEN. Abolition des droits d'aubaine et de détraction à l'égard des sujets de ces deux principautés, 18 mars 1813 (IV, B. 553, n.º 1048).

SCHWARTZ (Concession de mines au sieur). V. Mines.

SCHWENDT (Le sieur) est nommé juge au tribunal de cassation, 18 germinal an VIII [8 avril 1800] (III, B. 18, n.º 123).

SCIAGE (Le droit de) est supprimé, 15 = 28 mars 1790, tit. II, art. 17.

SCIAU (Le sieur Pierre) est traduit au tribunal révolutionnaire, 23 prairial an II [11 juin 1794] (I, B. 6 n.º 24).

SCIENCES, ARTS et BELLES-LETTRES. L'académie des sciences est chargée de constater la nouveauté et l'utilité de diverses machines et inventions, 14 = 19 octobre, 29 décemb. 1790 et 3 février 1791.—Paiement, mode de distribution et autres dispositions relatives aux gratifications, secours et pensions accordés aux artistes et savans, à titre de récompense et d'encouragement, 18 = 25 février, 3 septembre, 9 et 10 = 12, 17 = 29 septembre 1791, 19 août 1793, 20 pluviôse an II [8 février 1794], 17 et 18 vendémiaire an III [8 et 9 octob. 1794].—Remboursement des frais de bureau du comité des savans, 1.er = 16 mai 1791. — Le Louvre et les Tuileries sont destinés à la réunion de tous les monumens des sciences et des arts, 3 mai = 1.er juin 1791; — et à celui des artistes, 12 = 13 et 16 août 1791.—Les Français absens pour l'étude des sciences et arts sont exceptés de la loi sur les émigrés, 30 mars = 8 avril 1792, 28 mars 1793, et 25 brumaire an III [15 novembre 1794] (I, B. 89, n.º 464). — Triage et conservation des statues, vases et autres monumens des arts qui se trouvent dans les maisons ci-devant royales, et autres édifices nationaux, 16 septembre = 15 novembre, et 19 septembre 1792. — Suspension du décret relatif au transport à Paris, des monumens des arts, 21 = 25 septembre 1792.—Acquit des dépenses relatives à l'exposition des tableaux faite au Louvre, et des frais d'assemblée des artistes non académiciens , 8 décembre 1792. — Impression de l'état des gratifications et encouragemens distribués pour les arts et les sciences, 6 février 1793. — Mode de jugement du concours pour les prix d'architecture, peinture et sculpture, institution d'un jury pour l'exathen de ce concours, et nomination des membres du jury, 8 et 9 brumaire et 15 pluviose an II [29 30 octobre 1793, 3 février 1794]. — Les bibliothèques et tous les autres monumens nationaux de sciences et arts, sont recommandés à la surveillance des bons citoyens, 14 fructid. an II [31 août 1794] (I, B. 50, n.º 270). — Le comité d'instruction publique est chargé de diriger les écoles, théâtres, arts et sciences, 12 floréal an III [1.er mai 1795] (I, B. 140, n.º 791). — Choix des objets d'arts et sciences qui doivent être déposés au muséum, 2 fructidor an III [19 août 1795] (I, B. 174, n.º 1642). — Conservation d'un palais national à Rome pour des élèves français en peinture, sculpture et architecture, 3 brumaire an IV [25 octobre 1795], tit. V, art. 5 (I, B. 203, n.º 1216). — Les sciences politiques font partie de l'enseignement dans les écoles centrales, 3 brumaire an IV [25 octobre 1795] (I, B. 203, n.º 1216). — Les savans et artistes qui ont accompagné l'armée d'Orient ont bien mérité de la patrie, 23 nivôse an IX [13 janvier 1801] (III, B. 64, n.º 481). — Les grands services rendus à l'état dans les sciences et dans les arts sont des titres d'admission dans la légion d'honneur, 29 floréal an X [19 mai 1802], tit. II, art. 7 (III, B. 192, n.º 1604). — Formation d'un tableau quinquennal de l'état et du progrès des sciences, des lettres et arts, 13 ventôse an X [4 mars 1802] (III, B. 167, n.º 1276). V. *Académie des sciences, de peinture, sculpture et architecture, Artistes, Arts, Concours, Monumens des arts, Muséum, Peintures, Prix décennaux, Sculpture* et *Tableaux.*

SCOLARITÉ (Les priviléges de) sont abolis, 7 = 11 septembre 1790.

SCOTTE (Lesieur) est nommé membre du Corps législatif, 21 septembre 1808 (IV, B. 207, n.º 3776).

SCRUTATEURS *et* SCRUTINS. Conditions requises pour être nommé scrutateur dans les assemblées primaires, électorales, communales, cantonales et colléges électoraux; mode de nomination, et obligations des scrutateurs; leur responsabilité, et forme de réception et de dépouillement des différentes espèces de scrutins individuels et de liste, 14 = 18 décembre 1789, 22 décembre 1789 = janvier 1790, 2 = 3 février, 21 mai = 27 juin, 2 = 5 août, 12 = 20 août, 16 = 24 août 1790, 3 = 14 septemb., 29 septembre = 14 octobre 1791, 5 ventôse an V [23 février 1797] (II, B. 114 *bis*, n.º 1097 *bis*), 18 vent. et 6 germinal an VI [8 et 26 mars 1798] (II, B. 188 et 192, n.º 1745 et 1778), 13 ventôse an IX [4 mars 1801] (III, B. 72, n.º 549), 16 thermidor et 19 fructidor an X [4 août et 6 septembre 1802] (III, B. 206 et 213, n.ºs 1876 et 1964), 17 janvier et 13 mai 1806 (IV, B. 72 et 92, n.ºs 1255 et 1552). V. *Assemblées politiques* et *Colléges électoraux.*

— (C. P.) Peine du carcan pour soustraction ou falsification de billets contenant les suffrages des citoyens, art. 3.

SCRUTIN *épuratoire.* Nullité de tous scrutins épuratoires faits par les corps administratifs, municipaux ou judiciaires, 5 décembre 1792 et 2 mars 1793.

SCRUTIN *pour l'adoption des lois* (Mode de). Constitution du 22 frimaire an VIII [13 décembre 1799] (II, B. 333). V. *Lois.*

SCULPTEURS *de la marine.* Leur nomination, et fixation de leurs frais de voyage et vacations, 3 brumaire an IV [25 octobre 1795] (I, B. 205, n.º 1227), et 29 pluviôse an IX 18 février 1801] (III, B. 68, n.º 529).

SCULPTURE. Somme provisoirement accordée pour le soutien de cet art,

17 = 29 septembre 1791. — Peine contre ceux qui seront convaincus d'avoir mutilé ou détruit les chefs-d'œuvre de sculpture exposés dans les lieux publics, 13 avril 1793. — La sculpture est enseignée dans les écoles spéciales, 3 brumaire an IV [25 octobre 1795] (I, B. 203, n.º 1216). — Conservation à Rome du palais national destiné aux élèves, *ibid.*

SÉANCES *des autorités constituées.* Publicité de celles du Corps législatif, constitutions de 1791, de 1793 et de l'an III. V. *Corps législatifs; —* du Tribunat, constitution de l'an VIII; — de celles des municipalités et des corps administratifs, 1.er juillet 1792, et constitution de 1793. — Exceptions, 27 août 1792. V. *Corps administratifs* et *Municipalités; —* de celles des tribunaux, 16 = 24 août 1790. V. *Tribunaux.* — Les séances du Sénat ne sont pas publiques, constitution de l'an VIII, art. 23. V. *Sénat conservateur.*

SÉCHILIENNE (La commune de) est autorisée à faire une imposition sur elle-même, 14 frimaire an X [5 décembre 1801] (III, B. 138, n.º 1040).

SECOND MARIAGE. (C. Civ.) La femme ne peut contracter un second mariage que dix mois après la dissolution du premier, art. 228. — Délai après le divorce, 296 et 297. — Part que peut donner à son nouvel époux celui qui, ayant des enfans d'un premier lit, contracte un second mariage, 1098. — Dispositions relatives à la communauté légale lorsqu'il y a des enfans d'un premier mariage, 1496. — Les bénéfices provenant de travaux communs ne sont pas considérés comme des avantages faits au préjudice des enfans du premier lit, 1527. V. *Conteur.*

— (C. P.) Peines contre l'officier de l'état civil qui, connaissant l'existence d'un premier mariage, aurait prêté son ministère au second, art. 194 et 340; — contre celui qui aurait contracté le second mariage avant la dissolution du premier, 340. V. *Mariage.*

SECOURS et ASSISTANCE. Peine contre les marins qui refusent leurs secours et assistance aux bâtimens dans la détresse, 19 et 21 = 22 août 1790; — contre ceux qui les refusent lorsqu'ils en sont requis par les autorités publiques, 19 = 22 juillet, 26 et 27 juillet = 3 août 1791, et 23 floréal an IV [12 mai 1796] (II, B. 47, n.º 399), et Code pénal, art. 475.

— (C. Civ.) Les époux se doivent mutuellement secours, art. 212. Les secours fournis à un individu dans sa minorité ou pendant six ans au moins, donnent droit d'exercer envers lui l'adoption, 345.

— (C. I. C.) A quelles personnes il peut être accordé des secours pendant le séquestre des biens d'un accusé contumax, et par qui ces secours sont réglés, art. 475.

— (C. P.) Peine de mort, avec confiscation de biens, contre ceux qui auraient fourni aux ennemis des secours en hommes, argent, armes ou vivres, art. 77.

SECOURS (Billets de). Leur remboursement, 18 juin 1793. V. *Billets.*

SECOURS *publics accordés sur les fonds de l'Etat, aux indigens, aux établissemens de bienfaisance et d'instruction publique, aux parens des défenseurs de la patrie, aux parens des émigrés, aux pensionnaires de l'Etat non liquidés, pour pertes occasionnées par incendies, inondations, intempérie des saisons et ravages de la guerre, aux prisonniers de guerre, aux réfugiés.*

§. 1.er

Secours aux indigens, et aux établissemens de bienfaisance et d'instruction publique.

Les secours accordés à des paroisses et

à des hôpitaux sont à la charge des municipalités et des départemens respectifs, 10 = 21 sept. 1790. — Secours accordés aux indigens, aux établissemens de bienfaisance et d'instruction publique, 29 mars = 3 avril 1791, 17 et 19 = 22 janvier, 4 = 6 avril, 10 août, 13 = 14 octobre 1792, 21 février 1793, 16 ventôse, 22 floréal, 20 fructidor an II [6 mars, 11 mai, 6 septembre 1794], 21 pluviôse, 27 ventose, 7 germinal an III [9 février, 17 et 27 mars 1795] (I, B. 121, n.º 642); — aux pauvres pères de famille détenus pour mois de nourrice, 1.er = 11 décembre 1791. V. Nourrice (Mois de). — Organisation des secours publics, 19 mars = 28 juin 1793. — Etablissement provisoire à Paris d'une commission centrale de bienfaisance, pour administrer les revenus de dotation appartenant aux pauvres, 28 mars 1793. — Etablissement, dans chaque département, d'une maison de secours destinée à recevoir les pauvres des deux sexes perclus de leurs membres, 8 juin 1793. — Règles concernant le domicile de secours pour les gens nécessiteux, 24 = 27 vend. an II [15 = 18 oct. 1793]. — Il n'est plus accordé de secours provisoires qu'après l'examen des demandes par un comité, 21 brumaire an II [11 novemb. 1793]. — Moyens pour secourir les habitans des campagnes et parvenir à éteindre la mendicité, 22 floréal, 8 messidor an II [11 mai, 26 juin 1794] (II, B. 11, n.º 53 et 54). — Nomination de représentans du peuple comme commissaires et adjoints de la commission des secours, 16 brumaire an III [6 novembre 1794] (I, B. 82, n.º 430). — Celui qui reçoit comme indigent des secours auxquels il n'a pas droit à ce titre, est tenu de restituer la somme qu'il a touchée et de payer en outre le double de cette somme, 26 frimaire an III [16 décemb. 1794].

— Mode établi pour la liquidation des secours dus ou mérités avant le 1.er janvier 1790, 15 brumaire an IV [6 novembre 1795] (II, B. 2, n.º 11). — Droits sur les billets d'entrée aux spectacles pour fournir des secours à domicile, 7 frim. an V [27 nov. 1796]. — Ouverture d'une souscription volontaire à Paris en faveur des indigens, 11 niv. an VIII [1.er janvier 1800] (II, B. 342, n.º 3521). — Il est accordé des secours aux femmes et enfans, pères et mères d'individus condamnés à mort par contumace, lorsqu'ils sont dans le besoin, 20 septembre 1809 (IV, B. 245, n.º 474²).

§. 2.

Secours accordés aux parens des défenseurs de la patrie.

Distribution de secours aux pères, mères, femmes et enfans des militaires des armées de terre et de mer, morts ou blessés dans les combats, 26 = 27 novembre 1792, 4 mai, 18 juillet 1793, 1.er frimaire, 5 nivôse an II [21 novembre, 25 décembre 1793, 7, 12, 16, 22, 25 germinal, 5, 7, 14, 18, 27 thermidor an III [27 mars, 1.er 5, 11, 14 avril, 23, 25 juillet, 1.er, 5, 14 août 1795], 3, 8, 30 vendémiaire an IV [25, 30 septembre, 22 octobre 1795], 13 brumaire an VIII [4 novembre 1799], 13 prairial, 28 fructidor an VIII, 4 brumaire, 8 frimaire an IX [2 juin, 15 septembre, 26 octobre, 29 novembre 1800] (III, B. 28, 45, 49 et 56, n.os 187, 334, 366, et 407), 13 nivôse, 23 ventose, 7 germinal, 7 floréal, 1.er prairial et 3 messidor an IX [3 janvier, 14, 28 mars, 27 avril, 21 mai, 22 juin 1801] (III, B. 61, 73, 77, 81 et 87 n.os 447, 564, 656, 671, 714). — Confection des rôles pour la répartition de ces secours, 27 août 1793. — Les municipalités des chefs-lieux

de canton sont chargées de les administrer, 15 septembre 1793. —
Mesures et mode pour l'obtention et
le paiement de ces secours, 4 juin
1793, 24 brumaire, 21 et 22 pluviôse, 13 prairial an II [14 novemb.
1793, et 9 et 10 février, 5 juin
1794], 14 ventôse an III [4 mars
1795] (I, B. 128, n.º 682, 20
nivôse an IV [10 janvier 1796], 14
fructidor an VI, 25 thermidor an
VII [31 août 1798, 12 août 1799]
(II, B. 221 et 301, n.ºs 1281 et
3205). — Les pères, mères, femmes
et enfans des volontaires de Paris,
obtiennent un logement dans les
maisons connues sous le nom de
grands et petits séminaires de Saint-
Nicolas et de Saint-Firmin, 18 juin
1793. — Instruction du ministre de
l'intérieur sur les formalités à remplir
pour participer aux secours décrétés
les 26 novembre 1792 et 4 mai
1793, en faveur des parens des militaires et marins au service de l'Etat,
31 août 1793. — Secours accordés
à la veuve du capitaine du corsaire
la Citoyenne française de Bordeaux,
10 juin 1793; — aux parens de ceux
qui ont péri à la journée du Champ-
de-Mars, 15 brumaire an II [5 novembre 1793], 14 vendémiaire an
III [5 octobre 1794] (I, B. 68,
n.º 366), 27 vendémiaire an IV
[19 octobre 1795]; — de ceux qui
ont été blessés aux armées en y
faisant un service quelconque, 27
nivôse an II [16 janvier 1794];
— de ceux qui ont été tués ou blessés
à la journée du 10 août, 13 septembre 1793, 14 germinal an II [3
avril 1794]; — des militaires par-
tis en remplacement, 24 floréal an
II [13 mai 1794]; — de ceux qui
ont été tués ou faits prisonniers par
les rebelles de la Vendée, 18 sept.
1793, 9 mess. an II [27 juin 1794].
— Approbation d'un arrêté pris à
Alençon par le représentant du
peuple Letourneur, portant déli-

vrance de secours aux pères, mères,
femmes et enfans des défenseurs de
la patrie, 17 nivôse an II [6 janvier
1794]. — Les secours accordés aux
veuves et enfans des militaires par la
loi du 4 juin 1793, sont étendus aux
familles de tous les citoyens qui sont
tués aux armées, 19 nivôse an II
[8 janvier 1794]; — à celles des
marins employés sur les bâtimens de
commerce frétés au nom et aux appointemens de l'Etat, 24 pluviôse an
II [12 février 1794]; — aux veuves
des agens civils de la marine, 18
messidor an IV [6 juillet 1796] (II,
B. 57, n.º 517). — Il n'est point
accordé de secours aux parens des
militaires morts naturellement en
activité de service, 26 brumaire an
III [16 novembre 1794] (I, B. 91,
n.º 466. — Un membre des comités
civils des sections de Paris est chargé
provisoirement de présider les assemblées pour la nomination des vérificateurs et distributeurs des secours
à accorder aux familles des défenseurs de la patrie, 18 vendémiaire
an III [9 octobre 1794]. — Il est accordé des secours annuels aux veuves
âgées au moins de cinquante ans et
aux enfans d'invalides et de militaires retirés avec la pension représentative de l'hôtel des invalides,
13 nivôse an III [2 janvier 1795]
(I, B. 106, n.º 557). — Les secours
promis par les sections ou communes
aux enfans des défenseurs de la patrie, cessent d'être exigibles lorsque
ces enfans ont atteint l'âge de douze
ans, à moins qu'ils ne soient infirmes
ou qu'il y ait eu des conditions ex-
presses, 18 ventôse an III [8 mars
1795] (I, B. 129, n.º 690). — Il
est accordé des secours à l'école des
élèves de la patrie établie dans le local
du ci-devant prieuré Saint-Martin,
23 floréal an III [12 mai 1795]. —
Les secours accordés aux veuves et
enfans des officiers généraux sont
applicables aux veuves et enfans des

administrateurs militaires ou de la marine, 14 fructidor an VI [31 août 1798] (II, B 221, n.º 1982).
— Nature des secours accordés aux épouses des Français employés à l'armée d'Orient, 29 frimaire an VIII [20 décembre 1799] (II, B. 339, n.º 3434).

§. 3.

Secours accordés aux parens des émigrés.

Il eur en est accordé en attendant la levée du séquestre apposé sur leurs biens, 4 frimaire, 23 nivose et 6 thermidor an III [24 novembre 1794, 12 janvier et 24 juillet 1795] (I, B. 166, n.ºs 583 et 973). V. *Emigrés*.

§. 4.

Secours accordés aux pensionnaires de l'Etat non liquidés.

Fonds destinés à subvenir aux plus pressans besoins des personnes qui, se trouvant privées des pensions qu'elles avaient obtenues, n'ont pas de titres suffisans pour en obtenir de nouvelles, 3 = 22 août 1790, 20 = 28 juillet 1792, 13 juin et 11 juill. 1793. — Suppression de divers secours et de la commission établie pour le soulagement des maisons religieuses, 10 = 21 septembre 1790. — Dispositions qui règlent les secours à accorder aux employés des différentes administrations supprimées, 31 juill., 20 = 25 novembre 1791, 7 et 18 avril, 9, 13 et 22 = 30 mai 1792 et 17 avril 1793, 7 ventôse an II. — Secours annuels accordés à des maisons religieuses, 17 = 27 mars 1791, et 26 avril = 1.er mai 1792. — Distribution d'une somme de 62,558 livres aux personnes précédemment comprises dans les états de secours, 5 = 15 mai 1791. — Certificats de résidence exigés pour obtenir des secours, et formalités prescrites aux

personnes qui prétendent y avoir droit, 30 et 31 mars = 4 avril, 30 juin = 6 juillet 1792, 22 vendémiaire et 14 fructidor an V [13 octobre 1796 et 31 août 1797] (II, B. 83 et 142, n.º 771 et 1398). — La trésorerie nationale est chargée de payer ce qui peut être dû des secours provisoires assignés sur toute autre caisse que le trésor public, 25 = 27 juin 1792, 17 vendémiaire an V [8 octob. 1796] (II, B. 82, n.º 763). — Secours accordés à différens pensionnaires de l'ancien roi de Pologne Stanislas, 29 juillet 1793. — Mode de délivrance des brevets de secours accordés aux employés supprimés de la ci-devant direction de Lyon, 2 brumaire an II [23 octobre 1793]. — Continuation du paiement des secours provisoires accordés aux anciens pensionnaires de l'École militaire jusqu'à la liquidation définitive de leurs pensions, 26 messidor an II [14 juillet 1794]. — Mode de paiement des secours provisoires accordés aux ci-devant pensionnaires, 8 vendémiaire an III [29 septembre 1794] (I, B. 66, n.º 355), 3 frimaire an IV [24 novembre 1795] (II, B. 6, n.º 31), 5 prairial an VI et 13 germinal an VII [24 mai 1798 et 2 avril 1799] (II, B. 203 et 269, n.ºs 1847 et 2793). — Mode de liquidation des secours dus ou mérités avant le 1.er janvier 1790, 15 brumaire an IV [6 novembre 1795] (II, B. 2, n.º 11). — Il n'en est plus accordé aux prétendans droit à des pensions, 26 brumaire an X [17 novembre 1801] (III, B. 130, n.º 990). V. *Pensions*.

§. 5.

Secours accordés pour pertes occasionnées par incendies, inondations, intempérie des saisons et ravages de la guerre.

Sommes affectées au soulagement des incendiés dans la ville de Limoges,

17 = 21 septembre, et 26 = 31 octobre 1790; — dans la ville de Bourbonne et la paroisse de Sarret, 14 octobre 1791; — dans les départemens des Vosges, des Côtes-du-Nord, de la Haute-Vienne, d'Eure-et-Loir, du Nord, de la Moselle et autres départemens, 8 = 11 avril, 23 = 29 avril, 8 = 14 septembre 1792; — pour réparation des dégâts occasionnés par des inondations dans les départemens de la Nièvre, du Loiret, de l'Allier, d'Indre-et-Loire, de Loir-et-Cher, de la Haute-Loire, du Puy-de-Dôme, et autres départemens, 16 = 19 octobre, 21 = 28 novembre, 26 novembre = 1.er décembre, 8 = 12 décembre, 10 = 15 décembre 1790, 19 = 22 janvier, 26 = 28 mars 1792; — pour pertes occasionnées par l'intempérie des saisons, 5 = 12 juillet, 13 octobre 1792, 20 février 1793, 1.er brumaire et 11 pluviôse an II [22 octobre 1793 et 30 janvier 1794], 8 messidor et 8 thermidor an II [26 juin et 26 juillet 1794] (I, B. 11 et 31, n.os 53 et 153), 29 fructidor an II [15 septembre 1794] (I, B. 59, n.o 321); — pour subsistances aux villes de Paris, de Strasbourg, de Thionville et autres, 4 = 6 avril, 27 = 29 juillet 1792; — pour indemnités des pertes occasionnées par les ravages de la guerre, 5 = 12 juillet, 11 août, 30 septembre, 8 octobre, 12 novembre, 31 décemb. 1792, 23 janvier, 14, 20 et 27 février, 29 mars, 27 et 29 juin, 15, 19, 23 et 27 juillet, 7, 14, 17 et 27 août, 7 et 20 septembre 1793, 6 frimaire et 14 ventôse an II [26 novembre 1793 et 4 mars 1794], 16 germinal et 26 floréal an II [5 avril et 15 mai 1794], 26 floréal et 16 messidor an II [15 mai et 4 juillet 1794] (I, B. 16 et 32, n.os 74 et 162), 15 vendémiaire et 30 prairial an III [6 octobre 1794 et 18 juin 1795] (I, B. 69 et 157, n.os 370

et 924), 30 thermidor an III [17 août 1795] (I, B. 172, n.o 1030), 23 et 27 vendémiaire an IV [15 et 19 octobre 1795] (I, B. 195 et 197, n.os 1168 et 1182), 7 prairial an XII [27 mai 1804] (IV, B. 4, n.o 7); — pour pertes occasionnées par des maladies épidémiques ou épizootiques, 8 vendémiaire an IV [30 septembre 1795] (I, B. 190, n.o 1148). — Il n'est accordé aucun secours aux villes et communes qu'elles n'aient justifié du paiement de leurs impositions, 10 = 17 juin 1791. — Mode de répartition, par les conseils des départemens, des secours accordés sur les fonds de non-valeur aux districts qui ont essuyé des pertes, 26 septembre = 6 octobre 1791, 12 pluviôse an II et 21 pluviôse an III [31 janvier 1794 et 9 février 1795] (I, B 121, n.o 640). — Secours accordés aux blessés par l'effet de l'explosion de la poudrerie de Grenelle, et aux parens de ceux qui ont péri, 14 fructidor an II [31 août 1794] (I, B. 48, n.o 251). — Mode de distribution des secours et indemnités à raison des pertes occasionnées par la guerre et autres accidens imprévus, et formalités à remplir par ceux qui réclament des secours, 19 vendémiaire et 23 fructidor an VI [10 octobre 1797 et 9 septembre 1798] (II, B. 152 et 226, n.os 1489 et 2011).

§. 6.

Secours accordés aux prisonniers de guerre.

Mesures pour le soulagement des citoyens français prisonniers en Angleterre, 10 pluviôse an VI [29 janvier 1798] (II, B. 179, n.o 1690). V. Armée au titre Prisonniers de guerre.

§. 7.

Secours accordés aux réfugiés.

Fixation et paiement des secours accordés aux réfugiés et déportés de Saint-Domingue, des îles du Vent et des autres colonies, 14=18 mai 1792, 8 frimaire an II [28 novembre 1793], 27 vendémiaire, 7 nivôse an III [18 octobre, 27 décembre 1794] (I, B. 75 et 103, n.ᵒˢ 359 et 536), 28 thermidor an IV [15 août 1796], 28 brumaire an V, 28 germinal an VII [18 novembre 1796, 17 avril 1799] (II, B. 93 et 172, n.ᵒˢ 879 et 2821). V. *Acadiens, Colonies*; — aux Français expulsés ou réfugiés des pays étrangers, 26 mars 1793, 17 germinal an II [6 avril 1794]; — aux réfugiés mayençais, belges et liégeois, 27 avril, 14 juin, 13 et 15 septembre 1793, 19 prairial an II [7 juin 1794], 4 et 9 vendémiaire an III [25 et 30 septembre 1794] (I, B. 64 et 66, n.ᵒˢ 343 et 358), 9 pluviôse an VI [28 janvier 1798] (II, B. 179, n.ᵒ 1647); — aux réfugiés de l'île de Corse, 11 juillet 1793, 17 et 27 vendémiaire an III [8 et 18 octobre 1794] (I, B. 69 et 75, n.ᵒˢ 374 et 399), 25 fructidor an III [11 septembre 1795] (I, B. 177, n.ᵒ 1080); — aux réfugiés des communes des divers départemens situés à l'ouest et au nord de la France, et autres envahis par l'ennemi ou par les rebelles, 12 août, 22 et 25 septembre 1793, 30 vendémiaire, 7 prairial an II [21 octobre 1793, 26 mai 1794], 26 nivôse an IV [16 janvier 1796] (II, B. 19, n.ᵒ 117), et 8 floréal an IV [27 avril 1796]; — aux étudians irlandais, 6 floréal an II, 26 vendémiaire an III [25 avril, 17 octobre 1794]; — aux autorités constituées du Piémont et aux Italiens réfugiés en France, 28 thermidor an VII [15 août 1799] (II, B. 301, n.ᵒ 3214).— Époque à laquelle doivent être supprimés les secours accordés aux réfugiés, 23 fructidor an II [9 septembre 1794] (I, B. 56, n.ᵒ 301); — aux réfugiés de Corse, 9 flo-

réal an V [28 avril 1797] (II, B. 120, n.ᵒ 1161); — à ceux des colonies, 16 messidor an X [5 juillet 1802] (III, B. 202, n.ᵒ 1816).— — Les administrateurs et étudians irlandais réfugiés en France, qui n'occupent aucune place, sont assimilés aux réfugiés des colonies, pour jouir de la subsistance accordée à ces derniers par la loi du 27 vendémiaire, 15 germinal an III [4 avril 1795]. — Mode de la distribution des secours accordés aux réfugiés des départemens et possessions françaises envahies par les rebelles et autres ennemis de l'État, 27 vendémiaire et 26 brumaire an III [18 octobre, 16 novembre 1794] (I, B. 75 et 86, n.ᵒˢ 399 et 454), 17 floréal an IV [6 mai 1796] (II, B. 44, n.ᵒ 382], 17 frimaire an V [7 décemb. 1796] (II, B. 95, n.ᵒ 900), 26 thermidor an V [13 août 1797] (II, B. 138, n.ᵒ 1356), 28 germinal an VII [17 avril 1799] (II, B. 172, 2821).

SECRET. Peines encourues par ceux qui violent le secret des lettres, 10=14 août 1790. V. *Postes aux lettres*. — Les geôliers sont autorisés à refuser la représentation des prisonniers détenus au secret. V. *Prisons*. — Les jurés sont tenus de garder le secret sur les dépositions des témoins. V. *Jurés* et *Témoins*. — Les agens de change et les courtiers de commerce doivent garder le secret des négociations dont ils ont été chargés, 27 prairial an X [16 juin 1802] (III, B. 297, n.ᵒ 1740)

— C. Civ.) Le secret sur la naissance d'un enfant est un motif pour le mari de le désavouer, art. 313.— Exception à cet égard, 314.

—(C. P.) Défenses aux médecins, chirurgiens, officiers de santé, pharmaciens et sages-femmes, de révéler les secrets à eux confiés, hors le cas où la loi les oblige à se porter dénonciateurs, art. 378.— Peines qu'encourent ceux qui communiqueraient des secrets d'une fabrique dans laquelle ils sont employés, 418. V. *Agens du Gouvernement.*

SECRÉTAIN (Le sieur) est nommé un des directeurs particuliers du conseil général de la liquidation de la dette publique, 20 prairial an X [9 juin 1802] (III, B. 196, n.º 1726).

SECRÉTAIRE *du Conseil d'administration des Invalides.* Sa nomination , son traitement et ses fonctions, 30 avril = 16 mai 1792. V. *Armée au titre Invalides.*

— *du Conseil d'administration de la marine.* Il en est établi un dans chaque port ; son traitement et ses fonctions, 7 thermidor an VIII [26 juillet 1800] (III , B. 35 , n.º 231).

— *du Conseil exécutif provisoire.* Mode de sa nomination, 10 août 1792.

SECRÉTAIRE D'ÉTAT. Sa nomination, ses fonctions et attributions, 1 , 28 nivôse et 27 prairial an VIII [25 décembre 1799, 18 janvier et 16 juin 1800] (II, B. 340, n.º 3502, et III, B. 1 et 30, n.ºs 7 et 195), 16 thermidor an X [4 août 1802] (III, B. 206, n.º 1876).

SECRÉTAIRE *d'état de la maison du Roi.* Son traitement, 25 mars 1791. V. *Ministres*

SECRÉTAIRE *général du Conseil d'état.* Ses fonctions, attributions et traitement, 3 et 5 nivôse, et 27 prairial an VIII [24 et 25 décembre 1799, et 16 juin 1800] (II, B. 339 et 340, n.ºs 3491 et 3504, et III, B. 30, n.º 195). V. *Locré.*

— *du Directoire exécutif.* Sa nomination et ses fonctions, constitution de l'an III, art. 143. V. *Lagarde.*

SECRÉTAIRES *en général.* Les secrétaires ne sont pas réputés domestiques, 20 mars = 20 avril 1790.

— *des Assemblées communales , électorales, primaires,* &c. Leur nomination, fonctions et attributions, 22

décembre = 12 janvier 1790 , 18 ventôse et 6 germinal an VI [8 et 26 mars 1798] ; II, B. 188 et 192 , n.ºs 1745 et 1778). V. *Assemblées politiques.*

— *des Chambres des Avoués et des Notaires.* (C. P. C.) Certificats d'insertion au tableau qu'ils sont tenus de délivrer, art. 867.

— *des Consistoires des églises protestantes.* Leurs fonctions, 18 germinal an X [8 avril 1802] (III, B. 172, n.º 1344).

— *des Corps administratifs et municipaux.* Leur institution, fonctions et traitement, 14 = 18 décemb. 1789, 22 décembre 1789 = janvier 1790, 2 = 11 septembre 1790. — Age requis pour exercer les fonctions de secrétaire-greffier d'une administration municipale, 25 floréal an V [14 mai 1794] (II, B. 122, n.º 1182).—Les secrétaires des administrations municipales tiennent un registre des patentes délivrées, 1.er brumaire an VII [22 octobre 1798] (II, B. 234, n.º 2096). — Leur traitement fait partie des dépenses municipales, 11 frimaire an VII 1.er décembre 1798, art. 8 (II, B. 247, n.º 2220). — Les répertoires des secrétaires des autorités administratives doivent être timbrés, 13 brumaire an VII [3 novembre 1798], art. 12 (II, B. 237, n.º 2136). — Les employés des mairies, qualifiés du titre de secrétaires, ne peuvent délivrer d'extraits des registres de l'état civil, 2 juillet 1809 (IV, B. 150, n.º 2254). V. *Administrateurs, Corps administratifs et Municipalités.*

— *du Corps législatif et du Tribunat.* V. *Corps législatifs et Tribunat.*

— *d'Etat.* Un d'eux contre-signe les ordres du Roi, 1.er = 5 octobre et 3 novembre 1789 ; — présente les certificats de réception des décrets, 15 = 27 novembre 1789. — Fixation de leur traitement annuel, 5 juin 1790 = 25 mars 1791. V. *Ministres*.

— *des Gouvernemens*. Ils sont supprimés et sont payés de leurs gages jusqu'au 31 décemb. 1790, 20 = 25 février 1791.

— *Greffiers des communes, de la Gendarmerie, des Juges de paix et des Tribunaux de police*. V. *ces mots en particulier*.

— *des Places de guerre*. Leurs fonctions et traitemens, 24 mai, 30 juin et 8 = 10 juillet 1791, 15 nivôse an VI [4 janvier 1798] (II, B. 147, n.º 1429). V. *Armée* au titre *Places de guerre*.

— *du Point d'honneur*. Liquidation de leurs offices, 19 thermidor an II [6 août 1794] (I, B. 34, n.º 193). V. *Point d'honneur* (officiers du).

— *du Roi*. Leur suppression, et remboursement de leurs offices et rentes provenant des emprunts faits par eux, 27 avril = 25 mai, 5 = 13 mai, 9 = 17 juin 1791 et 17 = 23 mai 1792.

— *du Sénat*. Leur nomination et fonctions, 16 thermidor et 12 fructidor an X [4 et 30 août 1802] (III, B. 206 et 211, n.ºs 1876 et 1943).

SECRÉTAIRES *généraux de préfecture*. Leur nomination, fonctions, traitement et costume, 28 pluviôse, 17 ventôse et 17 floréal an VIII [17 février, 8 mars et 7 mai 1800] (III, B. 13, 17 et 24, n.ºs 90, 115 et 163). — Mode de leur remplacement provisoire, 18 prairial an XIII [7 juin 1805] (IV, B. 53, n.º 870). V. *Préfets*.

SECRÉTARIATS *des administrations, du Conseil d'état, du Corps législatif, du Sénat et du Tribunat*. V. *tous ces mots en particulier*.

SECTION *de commune*. Nom sous lequel on désigne une division du territoire d'une commune dont les répartiteurs de la contribution foncière forment le tableau pour le renouvellement ou la formation de la matrice du rôle. Forme de procéder au tableau des propriétés comprises dans chaque section, 20, 23 novembre = 1.er décembre 1790, 3 frimaire an VII [23 novemb. 1798] (II, B. 243, n.º 2197).

SECTIONS *des assemblées communales, primaires et cantonales*. Forme de leurs délibérations, 16 thermidor et 19 fructidor an X [4 août et 6 septembre 1802] (III, B. 206 et 213, n.ºs 1876 et 1964). V. *Assemblées politiques* et *Communes*.

— *du Conseil d'état*. V. *Conseil d'état*; — *des Cours et Tribunaux*. V. *Cours et Tribunaux*; — *de Paris*. V. *Paris*.

SÉCULARISATION (La) se fait par un bref du pape, 2 fructidor an X [20 août 1802] (III, B. 208, n.º 1919). V. *Talleyrand*.

SEDAN. Le prix des sous-baux des domaines et droits domaniaux de cette ville est versé dans la caisse de la régie des domaines, 21 = 27 janvier 1791. — Les fabricans de draps jouissent de l'exemption de droits sur les laines préparées qu'ils envoient à l'étranger et qu'ils font rentrer en France, 14 = 21 juin 1791. — Décret relatif à différentes parties de bois situées dans l'étendue de la maîtrise des eaux et forêts de Sedan, 5 = 13 mai 1791. — Résiliation du bail des domaines et droits domaniaux de la ci-devant principauté de Sedan et dépendances, 21 septembre = 19 octobre 1791 et 22 = 27 janvier 1792. — Tous les citoyens de cette ville sont responsables de la liberté et de la vie des commissaires de l'Assemblée nationale qui y ont été arrêtés, 26 août 1792. — Etablissement d'un octroi municipal, 13 thermidor et 12 fructidor an VII [31 juillet et 29 août 1799] (II, B. 301 et 303, n.ºs 3198 et 3234). — Autorisation du transport, moyennant une rente, d'une pièce de pré appartenant à cette commune,

14 frimaire an X [5 décembre 1801] (III, B. 138, n.º 1047). — Établissement d'un conseil de prud'hommes, 23 août 1808 (IV, B. 201, n.º 3680). — Acceptation d'une donation faite par M. le général Savary, duc de Rovigo, à l'hospice de cette ville, 17 mai 1809 (IV, B. 236, n.º 4388). — Décret qui autorise l'existence d'une association formée dans cette ville pour la construction d'une nouvelle salle de spectacle, 2 novembre 1810 (IV, B. 328, n.º 6121).

SÉDILLEZ (Le représentant du peuple) est nommé membre de la commission législative du Conseil des anciens, 19 brumaire an VIII [10 novembre 1799] (II, B. 325, n.º 2417); — membre du Tribunat, 4 nivôse an VIII [25 décembre 1799] (II, B. 341, n.º 3509); — inspecteur général des écoles de droit d'Aix, Grenoble et Turin, 10 brumaire an XIII [1.er nov. 1804] (IV, B. 20, n.º 369).

SÉDITIEUX et séditions. V. Attroupemens.

SÉDITION. (C. P.) Cas dans lesquels les individus faisant partie d'une bande armée pour le pillage des propriétés publiques, et qui ont été saisis sur le lieu de la réunion séditieuse, sont punis de mort, avec confiscation de biens, ou de la déportation, 97 et 98. — Ceux qui, sans avoir rempli des fonctions dans les bandes, se seraient retirés sans résistance au premier avertissement des autorités civiles ou militaires, sont renvoyés sous la surveillance spéciale de la haute police, 100. V. Bandes armées.

SÉDUCTION. Peines encourues par les fonctionnaires publics qui se laissent séduire, 25 septembre = 6 octobre 1791, et 3 brumaire an IV [25 oct. 1795] (I, B. 204, n.º 1221). V. Corruption.

SEGOND. Annullation des procédures commencées contre lui au tribunal de commerce de Lyon, 13 bru-

maire an IX [4 novembre 1800] (III, B. 50, n.º 375).

SEGRAIRIE (Les bois possédés en) sont soumis à une administration particulière, 15 = 29 septembre 1791.

SÉGUI (Le sieur) est nommé directeur de la fabrication près la monnaie de la Rochelle, 26 prairial an XI [15 juin 1803] (III, B. 292, n.º 2883).

SÉGUIN (Le sieur). Dispositions relatives à son acquisition des bâtimens de l'enclos des Quinze-vingts, à Paris, 6 janvier 1792; — à la découverte de nouveaux procédés pour son tannage des cuirs, 14 nivôse an III [3 janvier 1795] (I, B. 109, n.º 571).

SÉGUR aîné (Le sieur) est nommé membre du Corps législatif, 8 ventôse an IX [27 février 1801] (III, B. 71, n.º 547).

SEIGNETTE (Le sieur) est nommé membre du tribunal de cassation, 28 fructidor an VIII [15 septembre 1800] (III, B. 43, n.º 293).

SEIGNEURIAUX et FÉODAUX (Droits) V. Féodalité.

SEIGNEURIALES (Justices). V. Justices seigneuriales.

SEIGNEURIES (Le droit de pulvérage sur les chemins des) est aboli, 15 = 28 mars 1790.

SEIGNEURS. Abolition de leurs droits de propriété sur les arbres plantés dans les chemins publics, 25 juillet = 15 août 1790. V. Arbres. — Les seigneurs hauts-justiciers sont déchargés de l'obligation de nourrir et entretenir les enfans abandonnés ou exposés dans leurs domaines, 29 novembre = 10 décembre 1790. — Les questions de droits fonciers entre eux et les communes, et sur lesquelles il a été statué par arrêt du conseil, sont soumises à la révision des tribunaux de district, 19 = 27 septembre 1790. — Abolition de leurs droits honorifiques, 13 = 20 avril 1791.

SEINE (La). Tarif des voitures d'eau de la haute Seine, 19 janvier 1791.— Une somme de six cent mille livres doit être employée à l'ouverture du canal de jonction de la Saone à la Seine, 3 = 6 janvier 1792. — Le bassin de la Seine est déclaré le premier bassin de la navigation intérieure, et est divisé en neuf arrondissemens, 1.er messidor an XI [20 juin 1803] (III, B. 204, n.° 2903). — Réglement pour la perception de l'octroi de navigation dans les neuf arrondissemens, 19 messidor an XI [8 juillet 1803] (III, B. 297, n.os 2944 à 2952.

SEINE (Département de la). Son classement dans la division territoriale de la France, et sa composition, 15 janvier, 19 et 26 février = 4 mars 1790. — Des visites domiciliaires y sont autorisées, 24 fructidor an IV [10 septembre 1796] (II, B. 75, n.° 699). — Les receveurs des contributions sont autorisés à recevoir des contribuables les bons du quart, 19 floréal an VI [8 mai 1798] (II, B. 199, n.° 1823). — Validité des opérations de l'assemblée électorale pour la nomination des députés au Corps législatif, 14 floréal an VII [3 mai 1799] (II, B. 277, n.° 2871). — Remise à l'agent du trésor public des arrêtés pris par les administrateurs de ce département, qui ont fixé les débets des comptables, 9 pluviôse an VIII [29 janvier 1800] (III, B. 5, n.° 34). — M. Frochot est nommé préfet, 11 ventôse an VIII [2 mars 1800] [III, B. 44, n.° 308). — L'autorité du préfet de police de Paris s'étend sur tout ce département, 3 brumaire an IX [25 octobre 1800] (III, B. 49, n.° 263). — Fixation des justices de paix, 25 fructidor an IX, [12 septembre 1801] (III, B. 102, n.° 852). — Attributions du Conseil de préfecture pour les affaires contentieuses d'administration et de po-

lice, 6 messidor an X [25 juin 1802] (III, B. 199, n.° 1782). — Désignation des écoles secondaires du département, 21 prairial an XI [10 juin 1803] (III, B. 293, n.° 2889). — Tarif des droits à percevoir sur les passe-cheval et bateaux de passage établis dans l'étendue du département, 11 fructidor an XI [29 août 1803] (III, B. 309, n.° 3121). — Création du dépôt de mendicité, 22 décembre 1808 (IV, B. 218, n.° 4010). — Deux maîtres des requêtes sont chargés de la direction et surveillance de partie des travaux publics dans ce département, 11 janvier 1811 (IV, B. 344, n.° 6454). V. *Paris.*

SEINE-INFÉRIEURE (Département de la). Son classement dans la division territoriale de la France, et sa composition, 15 janvier, 19 et 26 fév. = 4 mars 1790. — Circonscription des paroisses, 1.er = 12 juin 1791. — Composition et solde des quatre compagnies du second bataillon des gardes nationaux volontaires, et répartition du nombre de bataillons que doit fournir ce département, 19 = 22 janv., et 14 = 16 mai 1792. — Le procureur général syndic est mandé à la barre de l'Assemblée nationale, 10 = 13 août 1792. — Deux représentans du peuple y sont envoyés en mission, 12 juillet 1793. — Validité des opérations de l'Assemblée électorale pour la nomination des députés au Corps législatif, 1.er prairial an V et 13 floréal an VII [20 mai 1797, et 2 mai 1799] (II, B. 124 et 277, n.os 1198 et 2852). — Proclamation aux citoyens de ce département sur l'introduction des mesures de longueur, 28 messidor an VII [16 juillet 1799] (II, B. 296, n.° 3148). — Sont nommés préfets les sieurs Beugnot, 11 ventôse an VIII [2 mars 1800] (III, B. 44, n.° 308); — Savoie-Rollin, 21 mars 1806 (IV, B. 81, n.° 1393);—

Stanislas de Girardin, 20 mars 1812 (IV, B. 425, n.º 7798). — Réduction et fixation des justices de paix et rectification des arrêtés qui les ont ordonnées, 3 vendémiaire, 9 et 25 ventôse et 11 messidor an X [25 septembre 1801, 28 février, 16 mars et 30 juin 1802] (III, B. 108, n.º 882, et B. 228 bis, n.ºs 4, 7 et 12). — Désignation des écoles secondaires, 8 pluviôse an XI et 28 pluviôse an XII [28 janvier 1803, et 18 février 1804] (III, B. 245 et 342, n.ºs 2291 et 3601). — Création du dépôt de mendicité, 5 novembre 1810 (IV, B. 328, n.º 6123.)

SEINE-ET-MARNE (Département de). Son classement dans la division territoriale de la France, et sa composition, 15 janvier, 19 et 26 février = 4 mars 1790. — Le directoire du département est autorisé à acquérir les bâtimens nécessaires à son établissement, 9 = 15 juin 1791. — Circonscription des paroisses, 5 = 12 juillet 1791. — Des visites domiciliaires sont autorisées dans ce département, 24 fructidor an IV [10 septembre 1796] (II, B. 75, n.º 699). — Validité des opérations de l'assemblée électorale pour la nomination des députés au Corps législatif, 13 floréal an VII [2 mai 1799] (II, B. 277, n.º 2858). — Sont nommés préfets les sieurs Collin, 9 frimaire an IX [30 novembre 1800] (III, B. 60, n.º 434.); — Lagarde, 6 brumaire an X [28 octobre 1801] (III, B. 121, n.º 941); — de Plancy, 7 août 1810 (IV, B. 307, n.º 5846); — de Grave, 30 nov. 1810 (IV, B. 329, n.º 6136). — Réduction et fixation des justices de paix, 25 fructidor an IX et 11 messidor an X [12 septembre 1801 et 30 juin 1802] (III, B. 102, n.º 853, et 228 bis, n.º 12). — Désignation des écoles secondaires, 13 frimaire an XI et 28 pluviôse an XII [4 décembre 1802 et 18 février 1804] (III, B.

234 et 342, n.ºs 2179 et 3601). — Création du dépôt de mendicité, 1.er juillet 1809 (IV, B. 241, n.º 4479).

SEINE-ET-OISE (Département de). Son classement dans la division territoriale de la France, et sa composition, 15 janvier, 19 et 26 février = 4 mars 1790. — Le département de Paris est autorisé à y envoyer six cents hommes de gardes nationales et deux pièces de canon, 6 mars 1792. — Une somme de cinquante mille livres est accordée à ce département pour y établir des ateliers de charité, 4 = 10 décembre 1790. — Mesures à prendre pour y rétablir la tranquillité publique, 22 mars = 1.er avril 1792. — Etablissement de prisons et d'une maison de correction, 9 = 13 mai 1792. — Des visites domiciliaires sont autorisées dans ce département, 24 fructidor an IV [10 septembre 1796] (II, B. 75, n.º 699). — Validité des opérations de l'assemblée électorale pour la nomination des députés au Corps législatif, 24 floréal an VII [13 mai 1799] (II, B. 281, n.º 2939). — Proclamation aux citoyens de ce département sur l'introduction des mesures de longueur, 28 mess. an VII [26 juin 1799] (II, B. 296, n.º 3148). — Sont nommés préfets les sieurs Garnier, 11 ventôse an VIII [2 mars 1800] (III, B. 44, n.º 308); — Montalivet, 10 germinal an XII [31 mars 1804] (III, B. 357, n.º 3744), — Laumond, 3 mai 1806 (IV, B. 90, n.º 1526); — de Grave, 7 août 1810 (IV, B. 307, n.º 5846). — Réduction et fixation des justices de paix, et rectification des arrêtés qui les ont ordonnées, 3 brumaire, 9 pluviôse et 25 ventôse an X [25 octobre 1801, 29 janvier et 16 mars 1802] (III, B. 127, n.º 982, et B. 228 bis, n.ºs 1.er et 9). — Désignation des écoles secondaires, 8 pluviôse an XI [28 janvier 1803] (III,

B. 245, n.º 2292). — Formation d'un sixième arrondissement dans ce département, 19 juillet 1811 (IV, B. 382, n.º 7124). — Création du dépôt de mendicité, 6 août 1811 (IV, B. 385, n.º 7156).

SEING PRIVÉ (Les actes sous) doivent être enregistrés avant d'être produits en justice, 5 = 19 décembre 1790. V. *Actes authentiques.*

— (C. Civ.) La remise d'un acte sous seing privé au débiteur opère sa libération, art. 1282. — La date d'un acte sous seing privé est assurée par sa relation au procès-verbal d'apposition des scellés, 1528. — Le mandat peut être donné par écrit sous seing privé, 1985. — Vente par acte sous seing privé. V. *Vente.*

SELLE-LES-BORDES. Destitution des agens et adjoints municipaux de cette commune, 7 germinal an IV [27 mars 1796] (II, B. 36, n.º 272).

SELLETTE (L'usage de la) est aboli au dernier interrogatoire, 9 octobre et 3 novembre 1789.

SELLIER (Le sieur) est nommé juge au tribunal criminel extraordinaire, 26 septembre 1793.

SELLIERS *des régimens* (Maîtres). Leur paie, équipement et nourriture, 24 juin = 9 juillet 1790. — Établissement d'un sellier dans chaque compagnie de canonniers à cheval, 17 = 29 avril 1792 et 18 floréal an III [7 mai 1795] (I, B. 149, n.º 859).

SELS et SALINES. Révocation de l'affectation et de la destination de bois aux salines de Salins et de Montmorot, 23 = 26 février 1790 ; — à celles de Dieuze, Moyenvic et Château-Salins, 30 mars = 15 avril 1790. — La nation rentre en jouissance des salines, 23 avril = 10 mai 1790. — L'entrée du sel étranger dans le royaume est prohibée, 14 = 22 mai 1790. — Exceptions en faveur des sels reçus en entrepôt dans la Belgique, 28 germinal, 1.er et 2 floréal an IV [17, 20 et 21 avril

1796]. — Mode et taux de la vente des sels, 20 = 27 mars 1791, 22 = 25 mars, 12 = 16 juin 1792, 27 septembre 1793, 8 fructidor an IV [25 août 1796] (II, B. 71, n.º 649).

— Le paiement des gardes des salines de Salins est renvoyé aux fermes et régies, 6 juin 1790 = 25 mars 1791.

— Continuation de la perception, au profit du trésor public, des droits sur les sels qui se perçoivent dans la ci-devant province du Hainaut, 15 = 20 juin 1790. — Les fournitures de sel qui se font à l'étranger conformément aux traités, sont effectuées avec les sels qui appartiennent à la nation, 4 = 26 juillet 1790. — Suppression de la place de directeur de correspondance du bureau des salines, 21 juillet = 15 août 1790. — Dispositions relatives à la vente libre et au débit du sel qui se trouvait dans les magasins et dépôts, ou qui avait été acheté avant le 1.er avril, 20 octobre 1790. — Comment les gardes des juridictions des salines constatent les délits commis dans les bois, 19 = 25 décembre 1790. — Quantité de sel que fournissent annuellement à différens départemens les salines d'Arcq, de Salins, de Montmorot, de Dieuze, de Château-Salins et de Moyenvic, 13 = 20 juillet 1791, 1.er janv. 1792, 8 = 14 sept. 1792. — Les forêts affectées aux salines sont régies par l'administration forestière, 28 septembre 1791 = 19 juin 1792. — Indemnités accordées aux commis des salines des départemens du Doubs, du Jura et de la Meurthe, 18 avril 1793. — Mode de la vente d'une portion des bois affectés aux salines de Dieuze, Moyenvic et Château-Salins, 12 juin 1793. — Mesures à prendre pour le rétablissement de l'ordre dans celles de la Meurthe et du Jura, 27 brumaire an II [17 novembre 1793]. — Suspension de la vente de celles qui se trouvent parmi les biens nationaux, 14 nivose

an II [3 janvier 1794]. — Les fournitures de sel qui doivent être faites
aux Suisses ne sont pas comprises dans
la loi sur les accaparemens, 29 août
1793. — Message du Directoire pour
les mettre en régie, 4 germinal an
IV [24 mars 1796]. — Rejet de la
résolution qui autorise le Directoire
à les mettre en adjudication au rabais, 9 thermidor an V [27 juillet
1797]. — Justifications à faire par les
cessionnaires, héritiers, donataires,
légataires de citoyens pourvus de
permission d'exploiter des salines, 3
nivôse an VI [23 décembre 1797]
(II, B. 173, n.º 1634). — Cotisation des salines à la contribution foncière, 3 frimaire an VII [23 novembre 1798], art. 107 (II, B.
243, n.º 2197). — Dispositions relatives à celles des départemens de
la Meurthe, de la Moselle, du Jura
et autres existant dans les départemens de l'Est, 26 pluviose, 23 messidor, 9 fructidor an VII [14 février,
11 juillet et 26 août 1799]. — Rejet
de la résolution portant établissement
d'un impôt sur cette denrée à son
extraction des marais salans, 4 ventôse an VII [22 février 1799]. —
Modération de la taxe d'entretien
des routes sur les objets destinés à la
fabrication des sels ou à la construction des salines, 9 prairial an VII
[28 mai 1799] (II, B. 283, n.º
2976). — Fixation des rations de sel
pour les troupes, 25 fructidor an IX
[12 septembre 1801] (III, B. 104,
n.º 858). — Etat à dresser et vérification des paiemens faits sur les
dépenses propres à l'administration
des salines, 13 brumaire an X [4
novembre 1801] (III, B. 122, n.º
953). — Attributions du préfet et
du conseil de préfecture du département de l'Hérault relativement
aux salines de l'Est, 4 thermidor an
X [23 juill. 1802] (III, B. 204, n.º
1855). — Autorisation donnée aux
armateurs de Dunkerque pour la

pêche de la morue sur les côtes d'Islande, de faire entrer dans cette
ville des sels d'Espagne et de Portugal, 20 vendémiaire an XI [12 octobre 1802] (III, B. 227, n.º 294).
— Mode de l'approvisionnement
dans les six départemens de la 27.ᵉ
division militaire, 5 ventôse an XII
[25 février 1804] (III, B. 345, n.º
3610). — Dispositions relatives aux
poursuites dirigées contre l'importation des sels dans les mêmes départemens, 12 pluviôse an XIII [1.ᵉʳ février 1805] (IV, B. 31, n.º 517).
— Dispenses de réexportation à l'é-
gard des sels provenant des prises, 11
prairial an XII [31 mai 1804] (IV,
B. 4, n.º 10). — Création d'une
régie pour l'approvisionnement et la
vente du sel dans les 27.ᵉ et 28.ᵉ divisions militaires, 2 therm. an XIII
[21 juill. 1805] (IV, B. 53, n.º 877).
— Fixation du prix du sel dans les
departemens au-delà des Alpes, et
les états de Parme et de Plaisance,
16 mai 1806 (IV, B. 91, n.º 1549).
— Résiliation du bail des régisseurs
des salines de l'Est, 31 janvier 1806
(IV, B. 73, n.º 1289). — Droit à
percevoir sur les sels provenant des
marais salans, des salines et des fabriques de l'intérieur, 16 mars 1806
(IV, B. 79, n.º 1380). — Inventaire
des sels par poids, et augmentation
du droit, 27 mars 1806 (IV, B. 82,
n.º 1420). — Taxe à percevoir à
l'extraction des marais salans, en
remplacement de celle d'entretien
des routes, 24 avril 1806, art. 48
(IV, B. 88, n.º 1513). — Surveillance des préposés des douanes et des
droits réunis, pour la perception de
la taxe sur les sels et leur circulation,
11 juin 1806, 25 janvier, 6 juin 1807
(IV, B. 99, 135 et 148, n.ºˢ 1657,
2179 et 2473). — Dispositions relatives aux sels employés à la pêche
maritime ou pour les salaisons destinées à la marine et aux colonies,
11 juin 1806 (IV, B. 99, n.º

1657). —Vente des chevaux, mulets, &c., saisis pour contravention à la loi sur les sels, 20 novembre 1806 (IV, B. 126, n.º 2048). — Établissement de magasins de sels près des côtes de la ci-devant Ligurie, 23 avril 1807 (IV, B. 144, n.º 2335). — Quels sont les individus réputés entreposeurs et magasiniers, et taux de leur approvisionnement, 1.er juin 1807 (IV, B. 152, n.º 2338). — Manière de constater les enlèvemens d'eaux salées dans les départemens de la Meurthe, de la Moselle, &c., 18 août 1807 (IV, B. 156, n.º 2679); —dans les départemens au-delà des Alpes, 9 décembre 1809 (IV, B. 253, n.º 4842). —Exemption de l'impôt du sel en faveur des fabriques de sel, et formalités qu'elles ont à remplir pour jouir de cette exemption, 4 juin, 13 octobre 1809 (IV, B. 238 et 246, n.ºs 4430 et 4758). —Formalités prescrites pour les sels levés sous acquits-à-caution, et destinés aux départemens au-delà des Alpes, 11 janvier 1808 (IV, B. 174, n.º 2928). —Contribution foncière des salins et marais salans et des salines, 15 octobre 1810 (IV, B. 324, n.º 6062). V. *Gabelle.*

(C. Civ.) Distance qu'on doit observer pour l'établissement d'un magasin de sel contre un mur mitoyen, art. 674.

SELS *ammoniacs.* Droits d'entrée auxquels ils sont assujettis, 4 pluviôse an XI [24 janvier 1803] (III, B. 243, n.º 2264).

SELYS (Le sieur) est nommé membre du Corps législatif, 6 germinal an X [27 mars 1802] (III, B. 171, n.º 1340).

SEMAINES (Les) sont converties en décades: V. *Ère républicaine.*

SEMENCES (Les) sont insaisissables pour contributions arriérées, 26 septemb. = 12 octobre 1791.—Nulle autorité ne peut intervertir les travaux relatifs aux semences, 5 = 12 juin, 28 sep-

tembre = 6 octobre 1791, 14 germinal et 23 fructidor an VI [3 avril et 8 septembre 1798] (II, B. 194, n.º 1783). V. *Agriculture* et *Cultivateurs.*

— (C. Civ.) On considère comme immeubles par destination , celles qui ont été données aux fermiers ou colons partiaires, art. 524. — Frais de semences à rembourser par le propriétaire qui jouit des fruits industriels, 548. — Il n'y a pas lieu à ce remboursement par le propriétaire pour les fruits pendans par racines , au moment où finit l'usufruit, 535. — Semences que les colons partiaires sont tenus de représenter à la fin d'un bail à cheptel, 2062. — Les sommes dues pour semences sont privilégiées, 2102.

SEMESTRE (Congés de) et semestriers. V. *Armée* au titre *Congés.*

SÉMINAIRES. Il en est conservé ou établi un dans chaque diocèse, 12 juillet = 24 août 1790. — Leur administration, *ibid.* — Vente des biens des séminaires dans lesquels il n'y a plus d'élèves, 3 = 10 décembre 1790.— Liquidation des rentes appartenant aux séminaires, 18 = 29 décembre 1790. — Traitement des supérieurs et directeurs, 22 décembre 1790 = 5 janvier 1791. — Liquidation du rachat des droits appartenant aux séminaires, 23 décembre 1790 = 5 janvier 1791. — Les supérieurs et professeurs sont tenus de prêter le serment civique, 27 novembre = 26 décembre 1790.—Aliénation et administration des biens des séminaires, 19 et 30 août 1792. — Suspension de la vente du séminaire de Saint Sulpice, 13 avril 1793.—Rétablissement des séminaires, et leur administration, 18 germinal an X et 23 ventôse an XII [8 avril 1802 et 14 mars 1804] (III, B. 172 et 355, n.ºs 1344 et 3679). — Fondation de bourses et demi-bourses dans les séminaires diocésains, 30 septembre

1807 (IV, B. 165, n.° 2811). — Réglement sur le régime des élèves, 9 avril 1809 (IV, B. 233, n.° 4304); — sur les réparations que peuvent exiger les bâtimens, 30 décembre 1809 (IV, B. 303, n.° 5777).

SÉMINAIRES *protestans*. Leur établissement, organisation et administration, 18 germinal an X [8 avril 1802] (III, B. 172, n.° 1344).

SEMIS. V. *Défrichemens* et *Plantations*.

SEMMERIES (La commune de) est autorisée à s'imposer en centimes additionnels les frais de reconstruction d'un pont sur l'Helpe-Majeure, 2 floréal an X [22 avril 1802] (III, B. 184, n.° 1457).

SÉMONVILLE (Le sieur) est nommé ministre plénipotentiaire de France en Hollande, 9 nivôse an VIII [30 déc. 1799] (III, B. 44, n.° 299).

SEMUR (La ville de) est autorisée à faire un échange de bâtimens, 14 nivôse an X [4 janvier 1802] (III, B. 153, n.° 1194).

SÉMUSSAC. Établissement de foires dans cette commune, 7 germinal an IX [28 mars 1801] (III, B. 77, n.° 602).

SÉNAT *conservateur*. Son institution, sa composition, son organisation et ses attributions, constitution du 22 frimaire an VIII [13 décembre 1799] (II, B. 333), sénatus-consulte du 16 thermidor an X [4 août 1802] (III, B. 206, n.° 1876), et du 28 floréal an XII [18 mai 1804] (IV, B. 1, n.° 1). — Le palais du Luxembourg lui est affecté, 3 nivôse an VIII [24 décembre 1799] (II, B. 339, n.° 3492). — Sa police intérieure, costume de ses membres, *ibid*. — Procès-verbal des élections des membres qui doivent le composer, 3 et 9 nivôse an VIII [24 et 30 décembre 1799] (II, B. 341, n.° 3509 et 3510). — Fonds affectés aux dépenses du Sénat, et traitemens des sénateurs, 21 et 22 nivôse an VIII [11 et 12 janvier 1800] (III, B. 5, n.os 30

et 31). — Le président jouit de la franchise indéfinie du port de lettres, 27 prairial an VIII [16 juin 1800] (III, B. 30, n.° 195). — Arrêté qui règle la manière de citer en témoignage les membres du Sénat, 7 thermidor an IX [26 juillet 1801] (III, B. 92, n.° 761). — Mode d'après lequel le Sénat procède aux élections des membres du Corps législatif et du Tribunat, 22 ventôse an X [13 mars 1802] (III, B. 169, n.° 1301). — Acquisitions de terrains pour le jardin du Luxembourg, et travaux d'embellissement, 29 germinal et 29 floréal an X [19 avril et 19 mai 1802] (III, B. 180 et 195, n.os 1408 et 1669). — Le Sénat nomme un de ses membres pour être à vie grand officier de la Légion d'honneur, 29 floréal an X [19 mai 1802] (III, B. 194, n.° 1604). — Protocole et formules des différens actes du Sénat pour l'exercice de ses attributions, 8 fructidor an X [26 août 1802] (III, B. 210, n.° 1931). — Réglement sur la tenue des séances et l'ordre des délibérations du Sénat, 12 fructidor an X [30 août 1802] (III, B. 211, n.° 1943). — Sénatus-consulte portant création des sénatoreries, et réglant l'administration économique du Sénat, 24 nivôse an XI [14 janvier 1803] (III, B. 239, n.° 2233), 8 frimaire an XII [30 novembre 1803] (III, B. 328, n.° 3377), 14 août 1806 (IV, B. 112, n.° 1824), 24 mai 1808 (IV, B. 193, n.° 3408). — Le Gouvernement lui adresse les listes des candidats pour le Sénat, le Corps législatif et le Tribunat, 19 fructidor an X [6 septembre 1802] (III, B. 213, n.° 1964). — Désignation des biens affectés à la dotation annuelle du Sénat et des sénatoreries, et mode de leurs vente, échange et concession, 18 fructidor an XI [5 septembre 1803] (III, B. 311, n.os 3144 et 3145), 5 vendémiaire et 6 brumaire au XII [28 septembre et 29 octobre 1803] (III, B. 318 et 324, n.os 3220 et 3312), 16 frimaire an XII [8 décembre 1803] (III, B. 329, n.º 3421), 30 pluviôse an XIII [19 février 1805] (IV, B. 34, n.º 568).

— Nomination aux diverses sénatoreries, 5 vendémiaire an XII [28 septembre 1803] (III, B. 323, n.º 3275).—Cession à la caisse d'amortissement des domaines affectés à la dotation du Sénat, 6 germinal an XIII [27 mars 1805] (IV, B. 39, n.º 650), 21 mars 1806 (IV, B. 81, n.º 1394).—Mode de translation du titulaire d'une sénatorerie à une autre vacante par décès, 21 mars 1806 (IV, B. 81, n.º 1395).—Avis du Conseil d'état sur la question de savoir si les jurés peuvent être pris parmi les sénateurs, 16 juillet 1811 (IV, B. 380, n.º 7106).—Envoi de sénateurs dans les divisions militaires en qualité de commissaires extraordinaires, 26 décembre 1813 (IV, B. 546, n.º 9977).

— (C. Civ.) Les sénateurs sont exempts de tutelle, art. 427.

— (C. P.) Défense aux magistrats et aux officiers de police judiciaire de provoquer ou de signer des actes tendant à la poursuite personnelle ou à l'accusation d'un membre du Sénat, art. 121.

SÉNATEURS, SÉNATORERIES et SÉNATUS-CONSULTES. V. Sénat conservateur.

SÉNÉCHAUSSÉES (Les jugemens de police sont rendus par appel devant les), 20 mars = 20 avril 1790. — Suppression de ces tribunaux, 7 = 11 septemb. 1790.—Dépôt de leurs greffes et minutes dans les greffes des tribunaux de district, 6 = 27 mars 1791.—Les oppositions et autres actes signifiés entre les mains des conservateurs des hypothèques établis près des sénéchaussées, sont renouvelés entre les mains de celui du

tribunal de district, 27 janvier = 4 février 1791.

SENEFF (Le sieur). Séquestre de ses biens, 7 pluviôse an II [26 janvier 1794].

SÉNÉGAL. Admission à la traite de la gomme dans le Sénégal, des bâtimens américains et de ceux des nations avec lesquelles la France n'est pas en guerre, 29 mars 1793.—Les bâtimens français sont admis à y faire le commerce, 25 frimaire an X [16 décembre 1801] (III, B. 139, n.º 1060).—Ils sont exempts de droits à l'entrée de la rivière de Sénégal, 7 germinal an X [28 mars 1802] (III, B. 171, n.º 1342).—Droits à percevoir à la sortie de la gomme, du morfil et autres productions du pays, ibid.—Admission, en entrepôt des guinées bleues et de différentes espèces de marchandises destinées pour le commerce du Sénégal, 8 floréal an X [28 avril 1802] (III, B. 185, n.º 1482).

SENEGRA (Le sieur) est autorisé à faire un échange de bois nationaux, 7 avril 1806 (IV, B. 87, n.º 1488).

SENÉS (Le sieur) est nommé membre du Corps législatif, 4.e jour complémentaire an XIII et 2 vendémiaire an XIV [21 et 25 septembre 1805] (IV, B. 61, n.º 1075).

SENLIS. Circonscription des paroisses de cette ville, 1.er = 6 avril 1791.

SENONCHES (Nullité des contrats de vente de différentes portions de la forêt de), 3 = 20 septembre 1792.

SENS. Établissement du tribunal de commerce de cette ville, 24 novembre = 1.er décembre 1790. — Nombre des juges de paix, 10 = 17 novembre 1790. — Circonscription des paroisses, 25 = 30 janvier 1791. — Nomination de trois suppléans au tribunal de commerce, 27 septemb. = 12 octobre 1791.—Fixation des époques de la tenue des foires, 9 messidor an IX [28 juin 1801] (III, B. 87, n.º 725). — Changemens

vorce entre mari et femme dont l'un serait commerçant, art. 66.

— (Tarif des frais en mat. civ.), art. 29, 78, 92.

SÉPARATION *de dettes*. (C. Civ.) Obligation résultant de cette clause, et ses effets, art. 1519 *et suiv.*

SÉPARATION *de patrimoine*. (C. Civ.) Les créanciers du défunt peuvent la demander, art. 878 *et suiv.* — Privilége qui en résulte, 2111.

SEPHER (Le général de division) est nommé général en chef de l'armée des côtes de Cherbourg, 21 juillet 1793.

SEPTEMBRISEURS. La connaissance des crimes de meurtre et d'assassinat commis depuis le 1.er septembre 1792, est attribuée aux tribunaux criminels, 13 messidor an III [1.er juillet 1795] (I, B. 159, n.º 935).

SEPTENVILLE (Le sieur LANGLOIS) est nommé membre du Corps législatif, 4.e jour complémentaire an XIII et 2 vendémiaire an XIV [21 et 24 septembre 1805 (IV, B. 61, n.º 1075).

SEPTUAGÉNAIRES (Les) doivent être payés de leurs pensions, traitemens conservés, dons et gratifications annuelles, jusqu'à concurrence de 2000 livres, 4=14 mai 1790. — Peines correctionnelles contre ceux qui auront commis des violences envers les septuagénaires, 19 = 22 juillet 1791. — Les septuagénaires peuvent se dispenser d'être jurés, 16 = 29 septembre 1791, 2 nivose an II [22 décembre 1793], et 3 brumaire an IV [25 octobre 1795] (I, B. 204, n.º 1221).

— (C. Civ.) Les septuagénaires peuvent refuser la tutelle, art. 433.
— La contrainte par corps ne peut être prononcée contre eux que dans le cas de stellionat, 2066.

— (C. P. C.) Le débiteur légalement incarcéré, obtient son élargissement s'il a commencé sa 70.e

année, et si, dans ce cas, il n'est pas stellionataire, art. 800.

— (C. P.) Les septuagénaires ne peuvent être condamnés aux travaux forcés ni à la déportation, mais simplement à la reclusion, art. 70 et 71.
— Ils sont relevés de la peine des travaux forcés, et enfermés dans une maison de force, 72. V. *Age.*

SÉPULTURE. La sépulture ordinaire est accordée aux criminels exécutés à mort, 21 janvier 1790. — Il est défendu de refuser la sépulture dans les cimetières publics aux personnes décédées, quelles que soient leurs opinions religieuses, 12 frimaire an II [2 décembre 1793]. — Décret qui règle les sépultures et les lieux qui leur sont consacrés, l'établissement des nouveaux cimetières, les concessions de terrains dans les cimetières, la police des lieux de sépulture, et l'ordre des pompes funèbres, 23 prairial an XII [12 juin 1804] (IV, B. 5, n.º 25). — Articles du décret du 23 prairial an XII sur les sépultures, déclarés non applicables aux personnes qui professent en France la religion juive, 10 février 1806 (IV, B. 74, n.º 1314). — Dispositions relatives à la sépulture des empereurs, 20 février 1806 (IV, B. 75, n.º 1336); — des cardinaux, 26 mars 1811 (IV, B. 357, n.º 6580). — Nouveau réglement pour le service des inhumations, et tarif des droits et frais à payer pour le service et la pompe des sépultures, ainsi que pour toute espèce de cérémonies funèbres, 18 août 1811 (IV, B. 386, n.º 7169). V. *Décès* et *Violation de sépulture*.

SÉQUESTRATION. (C. P.) Peines encourues pour séquestration de personnes, sans ordre des autorités constituées, art. 341 *et suiv.*

SÉQUESTRE *des biens des absens, des condamnés, des conspirateurs, des émigrés, des étrangers sujets de puissances en guerre avec la France, des prêtres réfractaires, des princes possessionnés en*

France. V. tous ces mots en particulier, et l'article *Confiscation.*

— (C. Civ.) Causes et effets du séquestre des meubles compris dans l'usufruit, lorsque l'usufruitier ne donne pas caution, art. 602. — Différentes espèces de séquestres, 1955. — Définition du séquestre conventionnel, 1956. — Il peut n'être pas gratuit, 1957. — A quelles règles il est soumis lorsqu'il est gratuit, 1958. — Objet du séquestre, 1959. — Comment et dans quel cas le dépositaire du séquestre peut en être déchargé, 1960. — Choses dont la justice peut ordonner le séquestre, 1961. — Obligations réciproques du saisissant et du gardien judiciaire, 1962. — Comment se nomme le gardien judiciaire, et quelles sont ses obligations à l'égard de la chose qui lui est confiée, 1963. — Les séquestres sont sujets à la contrainte par corps pour les objets qui leur sont déposés, 2060.

— (C. P. C.) L'exécution provisoire peut être ordonnée avec ou sans caution, lorsqu'il s'agit de séquestres, art. 135. — Comment les séquestres sont tenus de satisfaire au jugement qui ordonne une main-levée, 550. — Cas où le débiteur dont les immeubles ont été saisis peut en rester en possession comme séquestre judiciaire, 688.

— (C. Co.) Cas où l'on peut ordonner le séquestre des objets transportés, art. 106.

— (C. I. C.) Les gardes champêtres et forestiers peuvent mettre en séquestre les choses enlevées en contravention, art. 16. — L'ordonnance rendue contre un accusé contumax, doit ordonner le séquestre de ses biens pendant l'instruction, 465. — Excuses légitimes qui peuvent faire surseoir au séquestre, 469. — Régie des biens du contumax condamné, et compte à rendre par le séquestre, 471.

SERAIN (Le château de) est destiné à la sénatorerie de Liége, 18 fructidor an XI [5 septembre 1803] (III, B. 311, n.º 3145).

SERAN (Le sieur), négociant de Montpellier, est décrété d'accusation, 18 juillet 1792.

SERARD (Le sieur), curé de Champ-d'œil. Rejet de sa pétition tendant à conserver sa paroisse, 9 = 23 juillet 1792.

SERCONVAL. Les fers de cette commune doivent être importés en franchise de tous droits, 22 juin = 10 juillet 1792.

SERDA (Guillaume) est traduit au tribunal révolutionnaire, 23 prairial an II [11 juin 1794] (I, B. 6, n.º 24).

SERF (La qualité de) est abolie, 11 août = 3 novembre 1789.

SERGE. Il n'en est reçu aucune partie dans les magasins de l'État, qu'elle n'ait été soumise à l'immersion, 3 octobre 1793.

SERGENT (Le représentant du peuple) est mis en arrestation, 13 prairial an III [1.er juin 1795] (I, B. 151, n.º 887).

SERGENS *de l'armée de ligne.* Ils forment la 5.e colonne du tableau des jurés militaires, 22 septembre = 29 octobre 1790. — Mode de leur nomination et de leur avancement, 23 septembre = 29 octobre 1790. — Leur responsabilité en matière de discipline, 24 et 25 = 29 juillet 1791. — Leur armement, 25 août 1792. V. *Armée.*

SERGENS ROYAUX (Les) sont autorisés à faire les ventes publiques, 21 = 26 juillet 1790; — à exercer leurs fonctions près les tribunaux de district, ainsi que les sergens des justices seigneuriales, 29 janvier = 20 mars 1791.

SÉRIES. Division des citoyens en séries pour la convocation des assemblées cantonales, 13 ventôse an IX [4 mars 1801] (III, B. 72, n.º 649).
— Division des départemens en cinq

séries pour la formation du Corps législatif, 16 thermidor, 12 et 24 fructidor an X [4 et 30 août, et 11 septembre 1802] (III, B. 206, 212 et 214, n.ᵒˢ 1876, 1951 et 1965).

SÉRIVE (Le sieur) est nommé membre du Corps législatif, 1.ᵉʳ prairial an V [20 mai 1797] (II, B. 125, n.ᵒ 1212).

SERMENT *en général*. Il ne doit être exigé aucune rétribution pécuniaire pour les prestations de serment, 26 = 29 août 1790. — Les sermens doivent être prêtés sans préambule, explication ou restriction, 4 = 9 janv. 1791. — On ne peut exiger d'autres sermens que ceux qui sont prescrits et exigés par la loi, 18 août 1792. — Les actes de prestation de serment des fonctionnaires publics judiciaires sont soumis à la formalité de l'enregistrement, 22 frimaire an VII [12 décembre 1798] (II, B. 248, n.ᵒ 2224).

SERMENT *du Jeu de paume*. Dépôt du procès-verbal aux archives, 3 juillet 1790. — Il en sera fait un tableau aux frais du trésor public, 28 septembre 1791.

SERMENT *des accusés*, 9 octobre = 3 novembre 1789. V. *Accusés*.

— *des Adjoints à l'instruction criminelle*, 9 octobre = 3 novem. 1789.

— *des Ambassadeurs, Consuls, Envoyés, Ministres et Résidens*, 26 octobre et 19 novembre = 1.ᵉʳ décembre 1790.

— *des Avocats*, 2 = 11 septembre 1790 et 14 décembre 1810 (IV, B. 332, n.ᵒ 6177), 3 octobre 1811 (IV, B. 396, n.ᵒ 7336). V. *Avocats*.

— *des Avoués*, 27 janvier = 23 mars et 29 janv. = 11 février 1791 et 31 mai 1807 (IV, B. 147, n.ᵒ 2448). V. *Avoués*.

— *civique* ou *constitutionnel exigé pour l'exercice des droits de citoyen ou d'une fonction publique*. Formules diverses de ce serment prescrit par

les différens Gouvernemens depuis 1789, 22 décembre 1789 = janvier 1790, 12 = 20 août 1790, 13 = 15 juin, constitution du 3 = 14 septembre 1791, 15 = 23 août, 3 septembre 1792, constitutions du 24 juin 1793 et du 5 fructidor an III [22 août 1795], 23 nivôse et 19 ventôse an IV [13 janvier et 9 mars 1796] (II, B. 18 et 30, n.ᵒˢ 109 et 208), 24 nivôse et 18 ventôse an V [13 janvier et 8 mars 1797] (II, B. 100 et 112, n.ᵒˢ 949 et 1061), 12 thermidor an VII [30 juillet 1799] (II, B. 297, n.ᵒ 3171), 25 brumaire an VIII [16 novembre 1799] (II, B. 327, n.ᵒ 3427), constitution du 22 frimaire an VIII [13 décemb. 1799] (II, B. 333), 7 et 21 nivôse an VIII [28 décembre 1799 et 11 janvier 1800] (II, B. 342, n.ᵒ 3516, et III, B. 1, n.ᵒ 2), et sénatus-consulte du 28 floréal an XII [18 mai 1804] (IV, B. 1, n.ᵒ 1). — Déchéance et peines prononcées contre ceux qui remplissent des fonctions sans l'avoir prêté, ou qui refusent de le prêter, 21 = 29 mai, 15 = 17 avril 1791 et 4 mai 1812 (IV, B. 434, n.ᵒ 7982), 25 mars 1813 (IV, B. 487, n.ᵒ 9029).

— *des Commissaires et Directeurs de police*, 4 = 18 juin 1792 et 22 juin 1811 (IV, B. 378, n.ᵒ 7037).

— *des Commissaires de la trésorerie*, 16 août = 13 novembre 1791.

— *des Conseils des accusés*, 9 octobre = 3 novembre 1789.

— *des Conservateurs des hypothèques*, 21 ventôse an VII [11 mars 1799] (II, B. 266, n.ᵒ 2627).

— *des Consuls* (1.ᵉʳ, 2.ᵉ et 3.ᵉ), 16 thermidor et 24 fructidor an X [4 août et 11 septembre 1802] (III, B. 206 et 214, n.ᵒˢ 1876 et 1965).

— *des Membres des corps administratifs et municipaux*, 14 = 18 décembre 1789, 22 décembre 1789 = janvier 1790, 3 = 5 mai et 21 mai = 27 juin 1790, 29 messidor an IX

eription, 2275. — Serment en matière de bail. V. *Baux*.

— (C.P.C.) Les témoins sont tenus de faire serment de dire la vérité, art. 35. — Serment des experts, 42. — Serment déféré à l'une des parties citées en conciliation, 55. — Jugement qui ordonne un serment 120. — Manière de recevoir le serment qui ne peut être prêté en personne à l'audience, 121. — Serment d'experts, 305, 315, 935, 956 et 971. — Serment que doivent prêter les personnes demeurant dans un lieu où l'on appose les scellés, 914. — Personnes du serment desquelles il doit être fait mention dans la clôture d'un inventaire, 943. — Serment des experts chargés de l'estimation des biens immeubles de mineurs avant de les aliéner, 956.

— (C. Co.) A qui le juge peut déférer le serment en cas de représentation de livres, art. 17. — Serment que doivent prêter les agens d'une faillite, 461. — Devant quelle autorité les juges des tribunaux de commerce prêtent serment avant d'entrer en fonctions, 629.

— (C.I.C.) Serment que doivent prêter les personnes appelées pour constater les causes d'une mort violente, 44. — Serment des témoins, 75, 155 et 317. — Les enfans au-dessous de quinze ans font leur déclaration sans prestation de serment, 79. — Serment du greffier de maire dans les affaires de police, 168. — Serment des jurés, 312. — Amende encourue par le témoin qui refuse de prêter serment, 355. V. *Interprètes, Témoins*.

— (C. P.) Les fonctionnaires publics ne peuvent entrer dans l'exercice de leurs fonctions sans avoir prêté serment, art. 196. — Peine contre celui qui, sur le serment à lui déféré en matière civile, aurait fait un faux serment, 366.

SERMONS. Il ne peut en être fait que par des ecclésiastiques ayant l'autorisation de l'évêque, 18 germinal an X [8 avril 1802], art. 50 (III, B. 172, n.° 1344).

SERPOLLET (Le sieur) est mis en surveillance spéciale hors du territoire européen de la France, 14 nivôse an IX [4 janvier 1801] (III, B. 60, n.° 440).

SERRE (Le représentant du peuple) est décrété d'arrestation, 3 octobre 1793. — Il est rappelé dans le sein de la Convention nationale, 18 frimaire an III [8 décembre 1794] (I, B. 96, n.° 495).

SERRES (Paroisse de). Elle demeure unie au département de l'Isère, 26 avril = 4 mai 1791.

SERRET (Le sieur DE) est nommé membre du Corps législatif, 5 et 6 janvier 1813 (IV, B. 464, n.° 8545).

SERRURES. (C. Civ.) Les réparations des serrures sont locatives, art. 1754.

SERRURIER (Le général) est nommé membre du Sénat conservateur, 4 nivôse an VIII [25 décembre 1799] (II, B. 341, n.° 3509).

SERRURIERS. Exécution des anciens réglemens sur cette profession, 19 = 22 juillet 1791. — Peines contre ceux qui seront convaincus de vol, 25 septembre = 6 octobre 1791, et 3 brumaire an IV [25 octobre 1795] (I, B. 204, n.° 1221). — Il leur est défendu de fabriquer des presses, moutons, laminoirs, balanciers et coupoirs pour tout individu qui ne justifierait pas de la permission qui lui aurait été accordée pour en faire usage, 3 germinal an IX [24 mars 1801] (III, B. 77, n.° 597).

— (C. Civ.) Contre qui ont action les serruriers employés à des ouvrages faits à l'entreprise, art. 1798.

— (C.P.) Peines contre ceux qui ont contrefait ou altéré des clefs, art. 399. V. *Clefs*.

SERS (Le sieur) est nommé membre

du Sénat conservateur, 4 nivôse an VIII [25 décembre 1799] (II, B. 341, n.º 3509).

SERVAGE. Les actes réputés tels, sont supprimés dans les départemens anséatiques, 9 décembre 1811, art. 8. et suiv. (IV, B. 408, n.º 7506).

SERVAN (Le sieur) est nommé ministre de la guerre, 10 = 11 août 1792.

SERVAT (Le sieur). Séquestre mis sur ses biens, 7 pluviôse an II [26 janvier 1794].

SERVICE. (C. Civ.) Celui qui donne le droit d'exercer l'adoption, art. 345.

— (C.P.) Peines pour refus d'un service dû légalement, art. 234 et suiv.; — ou requis en cas d'accidens, 475.

SERVICE dans la garde nationale (Le) est dû par tous les Français. V. Garde nationale.

SERVICE militaire. Nombre d'années de service militaire exigé pour avoir le plein exercice des droits de citoyen actif, 28 février, 21 mars et 28 avril 1790; — pour obtenir une pension ou la solde de retraite, 3 = 22 août 1790, 28 fructidor an VII [14 septembre 1799] (II, B. 301, n.º 3268), 7 brumaire an IX [29 octobre 1800] (III, B. 52, n.º 382); — pour être membre de la légion d'honneur, 29 floréal an X [19 mai 1802] (III, B. 192, n.º 1604). —Mode de constater les infirmités qui peuvent dispenser du service militaire, 28 nivôse et 27 messidor an VII [17 janvier et 15 juillet 1799] (II, B. 253 et 295, n.ºs 2370 et 3145). V. Armée au titre X, Conscription et Réquisition.

— (C. Civ) Le service militaire chez l'étranger fait perdre la qualité de Français, art. 21.

— (C.P.) Déchéance du service militaire contre les individus condamnés aux travaux forcés à temps, à la reclusion ou au carcan, art. 28.

— Peines contre les officiers de santé qui délivreraient de faux certificats

de maladie ou d'infirmité, pour dispenser quelqu'un du service militaire, art. 160.

SERVICES DE SANTÉ de la guerre et de la marine. Leur organisation et administration. V. Armée et Marine au titre Hôpitaux.

— des Tribunaux. V. Cours et Tribunaux.

SERVICES FONCIERS. Délai dans lequel se prescrivent les services fonciers occultes, 11 brumaire an VII [1.er novembre 1798], art. 25 (II, B. 238, n.º 2138). —Les services établis par la loi ne sont sujets à aucune prescription, ibid. V. Prescription, Servitudes.

— (C. Civ.) Les services fonciers sont immeubles, art. 526. —On peut en avoir à prétendre sur les biens, 543. —Remboursement des services fonciers. V. Remboursemens, Servitudes.

— funèbres. V. Sépultures personnelles. Ceux auxquels étaient assujettis les vassaux et censitaires sont abolis, 15 = 28 mars 1790.

— personnels. Tout homme peut engager temporairement ses services, mais il ne peut se vendre lui-même, 29 mai 1793, art. 19, et 24 juin 1793, art. 18. — (C. Civ.) Quel est le domicile des majeurs qui servent habituellement chez autrui, art. 109. — Temps et objets pour lesquels ces services peuvent être engagés, 1780.

SERVICES PUBLICS (Récompenses pécuniaires et honorifiques décernées pour), 3 = 22 août 1790, 22 = 25 février 1791, et 29 floréal an X [19 mai 1802] (III, B. 192, n.º 1604). V. Légion d'honneur et Pensions.

— religieux. V. Fondations.

SERVIÈRES (Le sieur) est nommé juré au tribunal criminel extraordinaire, 26 septembre 1793.

SERVIÈRES (Le représentant du peuple) est envoyé en mission dans le département de la Sarthe et circonvoisins, 27 brumaire an III [17 novembre 1794] (I, B. 87, n.º 456).

SERVIEZ (Le général) est nommé préfet du département des Basses-Pyrénées, 13 vent. an IX [4 mars 1801] (III, B. 73, n.º 561); — est nommé membre du Corps législatif, 6 germinal an X [27 mars 1802] (III, B. 171, n.º 1340).

SERVITEURS à gages. Quels sont ceux qui sont réputés serviteurs à gages, 21 mai = 27 juin 1790. V. Domesticité et Domestiques.

— (C. P. C.) Chaque témoin déclare, avant son audition, s'il est serviteur des parties, art. 35 et 262. — Le procès-verbal d'audition et le jugement rendu en dernier ressort par le juge de paix doivent énoncer la déclaration des témoins s'ils sont serviteurs des parties, 39 et 40. — Le témoin, serviteur de la partie, peut être reproché, 283. — Cas où les serviteurs du défunt peuvent requérir l'apposition des scellés, 909.

— (C. I. C.) Le président de la cour d'assises doit demander aux témoins s'ils ne sont pas attachés au service de l'accusé ou de la partie civile, art. 317.

— (C. P.) Peines encourues par les serviteurs pour vol, art. 333.

SERVITUDES. Abolition des droits et devoirs tenant à la servitude personnelle, 4, 6, 7, 8, 11 août = 21 septembre 1789, et titre II de la loi du 15 = 28 mars 1790. — Mode de statuer sur les prétentions de servitude sur les marais, 26 décembre 1790 = 5 janvier 1791. — Abolition de toutes servitudes réelles ou conditions portées par les actes d'inféodation ou d'acensement qui tiennent à la nature du régime féodal, 7 décembre 1792.

— (C. Civ.) Les servitudes sont immeubles, art. 526. — Celles dont l'usufruitier a droit de jouir, 597. — Nature des diverses servitudes,

637. — Effets de celles qui dérivent de la situation des lieux, 640; — de celles qui sont établies par la loi, 649. — Règles relatives à la mitoyenneté des murs et fossés, 653. — Distance et ouvrages intermédiaires requis pour certaines constructions, 674. — Vues qui peuvent ou non être établies sur la propriété du voisin, 675. — Obligations des propriétaires d'établir des toits pour l'écoulement des eaux pluviales, 681. — Droit de passage qui peut être réclamé sur les fonds voisins, 682. — Servitudes diverses qui peuvent être établies sur les biens, par le fait de l'homme, 686. — Manières diverses d'acquérir et d'établir les servitudes, 690. — Droits du propriétaire du fonds auquel la servitude est due, 697. — Causes et effets de l'exécution des servitudes, 703. — Servitudes à souffrir dans la chose louée. V. Baux; — qui grèvent l'héritage vendu. V. Garantie; — en matière d'hypothèques. V. Hypothèques.

SERVON. Acceptation d'un legs fait à cette commune, 3 floréal an X [23 avril 1802] (III, B. 189, n.º 1510).

SÉSIA (Département de la). Sa réunion à la France, 24 fructidor an X [11 septembre 1802] (III, B. 214, n.º 1965). — Le sieur Giulio est nommé préfet, 24 floréal an XII [14 mai 1804] (III, B. 362, n.º 3825). — Dispositions relatives à l'exportation de diverses marchandises du département, 4 thermidor an XIII [23 juillet 1805] (IV, B. 51, n.º 856). — Mode d'exercice des fonctions des directeurs du jury, 23 avril 1807 (IV, B. 144, n.º 2336). — Création du dépôt de mendicité, 21 octobre 1809 (IV, B. 250, n.º 4797). — Composition et administration de la justice criminelle dans ce département, 16 mai 1810 (IV, B. 287, n.º 5412). — Établissement d'un bureau de perception de l'octroi de navigation, et droits à y percevoir, 17 mai 1811 (IV, B. 374, n.° 6891).

SESSIONS *des conseils généraux de département, des corps administratifs, du Corps législatif et des cours d'assises.* Leur ouverture, tenue et durée. V. ces mots en particulier.

SEUDRE *et* SÈVRE-NIORTAISE. Division en trois arrondissemens du bassin de navigation formé des fleuves de la Charente, de la Seudre et de la Sèvre-Niortaise, et réglement pour la perception de l'octroi, 27 vendémiaire an XII [20 septembre 1803] (III, B. 323, n.°s 3278 à 3281).

SEURRE. Acceptation d'une rente léguée aux pauvres de cette commune, 17 juillet 1808 (IV, B. 198, n.° 3587).

SÉVERAC. Secours accordé à l'hospice de cette ville, 7 = 11 mai 1792.

SÉVICES. (C. Civ.) Ils sont une cause de divorce, art. 231. — Lorsque la demande en divorce est formée pour cette cause, les juges, avant de l'admettre, autorisent la femme à quitter la compagnie de son mari, 259. — Ils donnent lieu à la révocation des donations, et dispositions testamentaires, 953 *et suiv.*, 1046.

SÈVRE (Rivière). Dispositions générales relatives à sa police, et aux ruisseaux et canaux qui y affluent, 29 mai 1808 (IV, B. 194, n.° 3433).

SÈVRE - NIORTAISE (Rivière). V. *Seudre.*

SÈVRES (Bourg de), *près Paris.* Les bâtimens et fonds de terre qui dépendent de la manufacture de porcelaine, sont réservés au Roi, 1.er juin 1791, art. 111. — L'autorité du préfet de police de Paris s'étend sur cette commune, 3 brumaire an IX [25 octob. 1800] (III, B. 49, n.° 363). — Le bureau de perception de l'octroi de navigation qui y est établi est transporté à Passy près Paris, 8 janvier 1813 (IV, B. 468, n.° 8568).

SÈVRES (Département des DEUX-). Son classement dans la division territo-

riale de la France, et sa composition, 15 janvier, 19 et 26 février = 4 mars 1790. — Un représentant du peuple et un commissaire spécial y sont envoyés en mission, 15 nivôse an III et 18 germinal an IV [4 janvier 1795 et 7 avril 1796] (I, B. 107, n.° 565, et II, B. 39, n.° 311). — Dispositions relatives à l'entretien des marais desséchés, 4 pluviôse an VI [23 janvier 1798] (II, B. 179, n.° 1684). — Dégrèvement accordé à ce département sur ses contributions directes de l'an VI et de l'an VII, 6 prairial an VI et 7 nivôse an VII [25 mai et 27 décembre 1798] (II, B. 204 et 251, n.°s 1850 et 2306). — Validité des opérations de l'assemblée électorale pour la nomination des députés au Corps législatif, 14 floréal an VII [3 mai 1799] (II, B. 277, n.° 2870). — Réduction des justices de paix, et rectification des arrêtés qui l'ont déterminée, 5 brumaire et 9 pluviôse an X [27 octobre 1801 et 29 janvier 1802] (III, B. 125, n.° 2870, et B. 228 bis, n.° 2). — Désignation des écoles secondaires du département des Deux-Sèvres, 5 frimaire an XI [26 novembre 1802] (III, B. 233, n.° 2155). — Création du dépôt de mendicité, 15 octobre 1809 (IV, B. 248, n.° 4774). — Sont nommés préfets, le sieur Dupin, 11 ventôse an VIII [2 mars 1800] (III, B. 44, n.° 308); — le sieur de Busche, 12 mars 1813 (IV, B. 485, n.° 8965).

SEXAGÉNAIRES (Les) sont dispensés du service dans la garde nationale, 29 septembre = 14 octobre 1791, 22 frimaire et 9 pluviôse an III [12 décembre 1794 et 28 janvier 1795] (I, B. 98 et 118, n.°s 510 et 618), 13 floréal an VII [2 mai 1799] (II, B. 276, n.° 2845); — de la perception des contributions, 3 frimaire an VII [23 novembre 1798] (II, B. 243, n.° 2197); — de la tutelle, Code civil, art. 433.

SEXES (Les inégalités résultant de la distinction des), soit en ligne directe ou collatérale, sont abolies, 8 = 15 avril 1791. V. *Mœurs et Prostitution.*
— (C. Civ.) On doit énoncer le sexe dans l'acte de naissance d'un enfant, art. 57. — Il en résulte une présomption de survie quand plusieurs individus ont péri dans le même événement, 720 et 722. — On ne fait, entre cohéritiers, aucune distinction de sexe ni de primogéniture, 745. — Influence du sexe pour déterminer s'il y a eu violence entre les contractans, 1112.

SEXTERAGE (Le droit de) est aboli sans indemnité, 15 = 28 mars 1790.

SEZANNE. Vente des bâtimens occupés par l'hospice de cette ville, 26 germinal an X [16 avril 1802] (III, B. 177, n.º 1382).

SEYNE (La). Etablissement d'une juridiction de prud'hommes pêcheurs dans cette ville, 26 prairial an XI [15 juin 1803] (III, B. 292, n.º 2885).

SEYSSEL *d'Aix* (Le comte) est nommé membre du Corps législatif, 5 et 6 janvier 1813 (IV, B. 464, n.º 8545).

SHÉE (Le sieur) est nommé conseiller d'état, 5.ᵉ jour complémentaire an VIII [22 septembre 1800] (III, B. 45, n.º 337); — préfet du Bas-R . 1, 4 vendémiaire an XI [26 septembre 1802] (III, B. 220, n.º 2003); — sénateur, 5 février 1810 (IV, B. 264, n.º 5156).

SHERLOCK (Le sieur) est admis au Conseil des Cinq-cents, 22 ventôse an VII [12 mars 1799] (II, B. 266, n.º 2630).

SIAMOISES. Villes par lesquelles il est permis de les importer, 6 = 22 août 1791.

SICARD (L'abbé) est assimilé aux émigrés, 7 thermidor an VII [25 juillet 1799] (II, B. 297, n.º 3166). — Il est autorisé à rentrer sur le territoire français, 13 nivôse an VIII

[3 janvier 1800] (II, B. 343, n.º 3523).

SICILES (Royaume des . DEUX). V. *Naples.*

SIÉGE (Villes mises en état de). V. *Armée au titre Places de guerre et État de guerre et de siége.*

SIÉGES *d'appartemens.* (C. Civ.) Ils sont au nombre des meubles meublans, art. 534.
— *épiscopaux.* V. *Alexandrie , Diocèses , Évêchés , Évêques , Institution canonique.*
— *de réformation des forêts.* Leur suppression, 15 = 29 sept. 1791.
— *royaux.* V. *Cours et Tribunaux.*

SIENNE. Conservation et administration des archives des contrats établies dans cette ville, 5 septembre 1810 (IV, B. 313, n.º 5948). — Etablissement d'une maison centrale de détention pour les départemens de Rome, du Trasimène, de l'Arno, de l'Ombrone et de la Méditerranée, 18 avril 1812 (IV, B. 432, n.º 7930). — Dispositions relatives à la régie et à l'administration des établissemens qui y étaient primitivement connus sous la dénomination de mont-de-piété et de mont-des-paschi, 6. novembre 1813 (IV, B. 533, n.º 9833).

SIÈYES (Le représentant du peuple). Son rapport sur le traité de paix et d'alliance entre la France et la République des Provinces-Unies, 4 prairial an III [23 mai 1795] (I, B. 147, n.º 846). — Il est nommé membre du Directoire exécutif, et n'accepte pas, 10 et 11 brumaire an IV [1.ᵉʳ et 2 novembre 1795]. — Il est proclamé de nouveau membre du Directoire exécutif, 27 floréal an VII [16 mai 1799] (II, B. 279, n.º 2911); — consul provisoire, 19 brumaire an VIII [10 nov. 1799] (II, B. 323, n.º 3413); — membre du Sénat conservateur, constitution de l'an VIII (II, B. 333, art. 24). — Une récompense nationale lui est décernée, 1.ᵉʳ nivôse an VIII [22 décembre 1799] (II, B. 339, n.º 3489).

SIÈYES (Le sieur Léonce) est nommé membre du Corps législatif, 4 nivôse an VIII [25 décembre 1799] (II, B. 341, n.º 3509).

SIÈYES (Le sieur) est nommé juge au tribunal de cassation, 13, 14, 15, 16, 17 et 18 germ. an VIII [3, 4, 5, 6, 7 et 8 avril 1800 (III, B. 18, n.º 123).

SIGNALEMENT (Le) des brigands, des assassins, &c., et des individus contre lesquels sont intervenus des mandats d'amener ou d'arrestation, doit être délivré à la gendarmerie, 22, 23, 24 décembre 1790, 16 janvier = 16 février 1791, tit. VII, sect. II, art. 3, et 28 germinal an VI] 17 avr. 1798] (II, B. 197, n.º 1805). — Signalement des militaires qui doivent être représentés aux revues, 26 ventôse an VIII [17 mars 1800], article 9 (III, B. 19, n.º 124).

SIGNATAIRES des pétitions des huit mille et des vingt mille. V. *Pétitions;* — des rescriptions, V. *Rescriptions.*

SIGNATURE des *décrets* (Uniformité de la) dans toute la France, 9 novemb. 1789. V. *Lois.*

SIGNATURE *griffée* (La) est interdite dans les ministères de la guerre, de la justice et au Bulletin des lois, 17 ventôse an X [8 mars 1802] (III, B. 167, n.os 1290 à 1292).

SIGNATURES (Les) des secrétaires-greffiers de la municipalité de Paris, sont délivrées sans frais, 21 mai = 27 juin 1790. — Peines contre ceux qui, par force ou violence, auraient extorqué la signature d'un écrit ou acte emportant obligation ou décharge, 25 septembre = 6 octobre 1791. — Les agens de change sont responsables de la dernière signature des effets qu'ils négocient, 27 prairial an X [16 juin 1802], art. 14 (III, B. 197, n.º 1740). — Manière de procéder à l'égard des commissaires généraux de police et de leurs délégués, pour les reconnaissances de signatures, 20 juin 1806 (IV, B. 101, n.º 1670).

— (C. Civ.) Signatures des testamens, art. 973 et 974. V. *Testamens.*

— (C. P. C.) Les juges de paix signent la minute de leur jugement, art. 28. — Le président et le greffier signent les mêmes minutes dans les tribunaux, 138 *et suiv.* — Procédure qui a lieu dans le cas de dénégation d'une signature, 195 *et suiv.* — Signatures qui peuvent être reçues comme pièces de comparaison, 200. — Amendes, dépens et dommages-intérêts contre celui qui a dénié, dans le cas où l'on prouve que la signature est de lui, 213. — Signatures à donner par les témoins et par le juge-commissaire dans une enquête, 273 *et suiv.*

— (C. Co.) Quotité des signatures de crédit ou de circulation qui peuvent faire réputer un failli banqueroutier simple, art. 586.

— (C. I. C.) Par qui les ratures et renvois d'une information doivent être approuvés et signés, art. 78. — Signatures des diverses sortes de mandats, 95. — Celles des réquisitions du procureur général et des décisions auxquelles elles donnent lieu, 277. — Par qui doit être signée la déclaration du jury, 349. — Signature des arrêts et du procès-verbal des séances dans lesquelles ils ont été rendus, 370, 372 et 594. — Signature des pièces arguées de faux, et de celles qui sont destinées à servir de comparaison, 448, 449, 450, 453, 457. V. *Jugemens, Registres.*

— (C. P.) Peine contre ceux qui auraient extorqué des signatures par force, violence ou contrainte, article 400. V. *Faux, Fonctionnaires publics, Ministres.*

SIGNAUX. Peines contre les commandans de bâtimens de guerre pour désobéissance aux signaux, selon la gravité des circonstances, 21 = 28 août 1790. — Direction et surveillance des signaux dans l'île d'Ouessant, 25 août 1792. — Dispositions relatives à l'expérience des signaux du sieur Chappe, 2 juillet 1793. — Suppression des droits de signaux, 27 vendémiaire an II [18 octobre 1793], art. 29.

— (C. P.) Peines pour accidens occasionnés par la négligence à placer les signaux d'usage devant des décombres, art. 479.

SIGNES. Défenses de laisser subsister des signes propres à rappeler le régime féodal en tête ou à la fin des lois réimprimées, 17 ventôse an V [7 mars 1797] (II, B. 113, n.º 1075).

SIGNES d'approbation ou d'improbation. (C. P. C.) On ne doit donner, dans les audiences, aucun signe d'improbation ou d'approbation, art. 89.

— (C. I. C.) Mesures à prendre contre les assistans aux audiences, qui donneraient des signes publics d'approbation ou d'improbation, article 504 et suiv.

— de ralliement. Arrestation et jugement des individus portant d'autres signes de ralliement que la cocarde aux trois couleurs, 5 = 8 juillet 1792, et 4 prairial an III [23 mai 1795] (I, B. 147, n.º 841). V. Cocardes.

SIGNIFICATIONS. Délai dans lequel se fait la signification d'appel, 16 = 24 août 1790. — Droits d'enregistrement et de timbre auxquels sont assujetties les significations, 5 = 19 décemb. 1790, 7 = 11 février 1791, 13 brumaire et 22 frimaire an VII [3 novembre et 12 décemb. 1798] (II, B. 237 et 248, n.os 2136 et 2224). — Officiers ministériels chargés des significations. V. Avoués. — Exploits dont la signification peut être faite par les gardes généraux et particuliers des bois et forêts, 16 mai 1807 (IV, B. 148, n.º 2469). V. Jugemens et Huissiers.

— (C. Civ.) Les significations peuvent être faites au domicile élu,

art. 111. — Cas où celle du transport doit être faite au débiteur, 1690.

— (C. P. C.) La signification des jugemens rendus dans les justices de paix fait courir les trois mois pour l'appel, art. 16; — et les trois jours pour l'opposition, 20. — Seules significations qui entrent en taxe, 77 à 81, 102, 104 et 105. — Les délais pour l'exécution des jugemens par défaut ne courent que du jour de leur signification, 123. — Signification des qualités pour la rédaction des jugemens, 142. — Celle des jugemens rendus, 147; — et du jugement de jonction d'un défaut, 153. — Délais pour l'exécution des jugemens par défaut après leur signification, 156. — Formalités particulières pour la signification d'un jugement rendu par défaut dans un tribunal de commerce, 435. — Les actes d'appel doivent, sous peine de nullité, être signifiés à personne ou domicile, 456. — Jugemens pour l'exécution desquels la date et la signification à domicile doivent être attestées par un certificat de l'avoué du poursuivant, 548. — Domicile auquel peuvent être faites les significations en matière de saisie-exécution, 583 et 584. — Signification de jugement qui doit précéder l'exécution d'une contrainte par corps, 780. — Le jour de la signification ni celui de l'échéance ne sont comptés dans le délai général des ajournemens et citations, 1033. — Jours et heures auxquels, sans une permission du juge, on ne peut faire aucune signification, 1037. — Visa des significations faites à des personnes publiques, 1039.

— (C. Co.) Délai pour la signification du délaissement des objets assurés, art. 374. — Dans quel autre délai l'assureur est tenu de payer l'assurance, 382. — Délai pour la signification à l'assureur, en cas d'arrêt des marchandises de la part d'une puissance, 387. — Dans quels délais les objets arrêtés peuvent ensuite être délaissés, *ibid.*—L'assuré est tenu de signifier à l'assureur la composition qu'il a faite pour le rachat des effets en cas de prise, 395. — L'assureur n'a que vingt-quatre heures pour notifier son choix de prendre la composition à son compte ou d'y renoncer, 396. V. *Citations*.

— (C. I. C.) Le défaut de signification d'actes ne peut être opposé par la partie civile qui n'a pas élu domicile dans l'arrondissement où se fait l'instruction, art. 68.

SIJAS (Le sieur Prosper) est mis hors la loi et sa femme est décrétée d'arrestation, 10 thermidor an II [28 juillet 1794] (I, B. 30, n.º 146).

SILENCE. (C. Civ.) Le silence de la loi ne peut autoriser les juges à refuser de juger, art. 4.

— (C. P.) Le silence doit être gardé aux audiences et dans les lieux où s'exercent les fonctions judiciaires, art. 88 *et suiv.*

SILLY (Le sieur DE) est décrété d'accusation et traduit dans les prisons d'Orléans, 16 = 18 décembre 1791 et 10 = 12 février 1792.

SIMÉON (Le représentant du peuple) est déporté, 19 fructidor an V [5 septembre 1797] (II, B. 142, n.º 1400). — Main-levée du séquestre apposé sur ses biens, 7 thermidor an VII [25 juillet 1799] (II, B. 297, n.º 3165).—Il est nommé membre du Tribunat, 8 floréal an VIII [28 avril 1800] (III, B. 22, n.º 155); — du Corps législatif, 4.ᵉ complémentaire an XIII et 2 vendém. an XIV [21 et 24 septemb. 1805] (IV, B. 61, n.º 1075).

SIMON (Le sieur) est nommé membre du Corps législatif, 1.ᵉʳ prairial an V [20 mai 1795] (II, B. 125, n.º 1212).

SIMON *de Sambre-et-Meuse* (Le sieur) est nommé membre du Corps législatif, 4 nivôse an VIII [25 décembre 1799] (II, B. 341, n.º 3509); — est délégué des consuls dans la 18.ᵉ di-

vision militaire, 29 brumaire an VIII [20 novembre 1799] (II, B. 330, n.º 3437).

SIMON (Le sieur Jacques-Marie) est mis en surveillance hors du territoire européen de la France, 14 nivôse an IX [4 janvier 1801] (III, B. 60, n.º 440).

SIMON *de Seine-et-Marne* (Le sieur) est nommé membre du Corps législatif, 4 nivose an VIII [25 décembre 1799] (II, B. 341, n.º 3509).

SIMONNEAU (Le sieur), *maire d'Étampes.* Érection à sa mémoire d'une pyramide triangulaire à Étampes, 18 = 21 mars 1792.—Cérémonie funèbre en sa mémoire, 12 = 16 mai 1792.

— Lettre écrite par sa veuve au président de l'Assemblée nationale, 31 mai = 8 juin 1792.

SIMONNET (Le sieur) est nommé membre du Corps législatif, 4 niv. an VIII [25 décembre 1799] (II, B. 341, n.º 3509).

SIMPLON (Département du). Sa réunion à la France et son organisation, 12 novembre et 26 décembre 1810 (IV, B. 326 et 336, n.ᵒˢ 6096, 6097 et 6250). — Le chevalier Derville-Maleschard est nommé préfet, 10 janvier 1811 (IV, B. 342, n.º 6449). — Établissement d'une taxe sur la route de ce département dont le produit doit être affecté exclusivement à son entretien, 12 avril 1811 (IV, B. 363, n.º 6658).—Les dispositions du décret du 8 novemb. 1810, relatif aux droits de privilèges et d'hypothèques acquis avant la mise en activité du Code civil, lui sont appliquées, 25 mai 1811 et 13 octobre 1812 (IV, B. 373 et 453, n.ᵒˢ 6883 et 8349). — Les relations commerciales sont permises entre la France et le royaume d'Italie par la route de ce département, 19 juin 1811 (IV, B. 378, n.º 7036).—Il est permis aux habitans qui possèdent des vignes sur la rive droite du Rhône, d'exporter en exemption de droits les moûts et vendanges provenant de leurs récoltes, 16 décembre 1811 (IV, B. 410, n.º 7525). — Ils sont également autorisés à exporter les engrais et les grains nécessaires à la fertilisation et à l'ensemencement de leurs terres situées sur le territoire de la Confédération suisse, *ibid.* — Époque à laquelle les actes qui, dans ce département, n'ont pas de date certaine, doivent être visés pour timbre et enregistrés *gratis*, 8 février et 22 août 1812 (IV, B. 22 et 447, n.ᵒˢ 7711 et 8207). — Désignation des lieux où doivent être transférés et réunis les condamnés par les cours criminelles et les tribunaux correctionnels à plus d'une année de détention, 9 avril 1812 (IV, B. 428, n.º 7871). — Le comte de Rambuteau est nommé préfet, 12 mars 1813 (IV, B. 485, n.º 8965). — Permission d'exporter pour l'Italie et pour la Suisse, des bois provenant des affouages de ce département, 8 janvier 1814 (IV, B. 553, n.º 10,051). V. *Pays réunis.*

SIROPS *de mélasse.* V. *Mélasse.*

SITTER (Le sieur DE) est reconnu et proclamé ambassadeur extraordinaire de la république des Provinces-Unies auprès du Gouvernement français, 17 prairial an III [5 juin 1795] (I, B. 152, n.º 898).

SITUATION *des immeubles en matière d'hypothèques.* V. *Immeubles.*

— (C. P. C.) Dans quels cas les citations doivent-elles être données devant le juge de paix de la situation de l'objet litigieux, art. 3. — Si l'objet contentieux est un corps de ferme ou métairie, il suffit que l'exploit en indique le nom et la situation, 64. V. *Domicile.*

SIVARD-BEAULIEU (Le sieur). Il est nommé membre du Corps législatif, 1.ᵉʳ prairial an V [20 mai 1797] (II, B. 125, n.º 1212); — administrateur de la Monnaie, 16 germinal an VIII [6 avril 1800] (III, B. 21, n.º 134.

SIVRY (Le sieur) est nommé payeur général de la guerre, 16 germinal an VIII [6 avril 1800] (III, B. 21, n.º 134).

SMEESTERS (Le sieur). Il n'y a point lieu d'imputer sur les fonds de non-valeurs de 1812, le déficit de sa caisse, 4 novembre 1811 (IV, B. 400, n.º 7411).

SMITH (Le sieur). Un brevet d'invention lui est accordé pour des filtres impénétrables, 4 thermidor an VIII [23 juillet 1800] (III, B. 34, n.º 223).

SMOGLEURS *ou Fraudeurs* (Navires appelés). V. *Fraudeurs* et *Navires.*

SOBRY (Le sieur) est nommé commissaire de police à Paris, 22 ventôse an VIII [12 mars 1800] (III, B. 11, n.º 77).

SOCIALES (Dettes). V. *Dettes.*

SOCIÉTÉ (Le retrait de) est supprimé avec extinction des procédures non jugées en dernier ressort, sauf à faire droit sur les dépens, 13 = 18 juin 1790. — Instruction sur le paiement des redevances seigneuriales servies sous le nom de société, 9 = 19 juin 1791.

SOCIÉTÉ *de la Charité maternelle.* V. *Charité maternelle.*

— *de Médecine.* Le logement occupé au Louvre par le secrétaire de cette société continue de servir au bureau de correspondance, au dépôt des pièces, à la bibliothèque et au logement du secrétaire, 10 sept. 1792.

— *politique.* La loi n'a le droit de défendre que les actions nuisibles à la société, constitutions des 3 = 14 septemb. 1791 et de l'an III. — Les services rendus à la société doivent être récompensés, 3 = 22 août 1791. V. *Associations politiques.*

— *de Prévoyance pour les ouvriers houilleurs de l'Ourte.* V. *Mines.*

— *de la Révolution d'Angleterre.* Elle félicite l'Assemblée nationale, qui charge son président d'écrire à milord Stanhope, et de lui exprimer

sa satisfaction, 25 novemb. 1789.—
L'Assemblée nationale ordonne l'impression de sa lettre, et lui vote des remerçicmens, 21 juillet 1790.—Impression et envoi aux 84 départemens , &c. de l'adresse de cette société, et de la réponse du président, ainsi que du discours de la députation des citoyens britanniques et irlandais résidant à Paris, 28 novembre 1792.

— *royale de Londres*. Elle est sollicitée , ainsi que le parlement britannique, de concourir avec la France à la fixation de l'unité des poids et mesures, 8 mai 1790.

— *du Serment du jeu de Paume*. V. *Serment du jeu de Paume*.

Sociétés d'*Agriculture*. Sommes affectées à leurs dépenses annuelles, 19 juillet 1793, et 11 juin 1810 (IV, B. 294 , n.º 5568). V. *Agriculture*.

— *anonymes*. Décrets qui autorisent celles de Paris pour l'entreprise générale des messageries, 2 juillet 1808 (IV. B. 197, n.º 3522); — de Mulhausen pour la culture du pastel et la fabrication de l'indigo , 9 mars 1812 (IV, B. 439, n.º 8049 ; — de celle qu'a ouverte le sieur Lecour pour l'exploitation des forges de Toulouse et d'Angouiner , 10 avril 1812 (IV, B. 429, n.º 7908); — et autres, 20 juillet, 3 août, 27 septembre 1808 (IV, B. 200 et 215, n.ºs 3664 à 3666, 3992 et 3995).

— *des Arts*. Publicité de leurs séances, 9 brumaire an II [30 octobre 1793].

— *de Charbonnage de la Hestre, &c.* V. *Mines*.

— *de Commerce*. Les agens et courtiers de change ne peuvent contracter de société , 14, 19, 21 avril = 8 mai 1791, et 27 prairial an X [16 juin 1802], art. 10 (III, B. 197, n.º 1740). — Les sociétés établies pour construction de canaux, exploitation de mines, &c. , ne sont pas comprises au nombre des sociétés financières

supprimées, 1.ᵉʳ pluviôse an II [20 janvier 1794].— Dispositions relatives aux sociétés de commerce dont les intéressés ont été condamnés et les biens acquis à l'Etat, 17 frimaire an III [7 décembre 1794] (I, B. 97, n.º 497).—Modifications et interprétations de ces dispositions, 26 ventôse et 4 germinal an III [16 et 24 mars 1795] (I, B. 130 et 132, n.ºs 703 et 719). — Les actes d'enregistrement de société sont soumis au droit de rédaction et de transcription, 21 ventôse an VII [11 mars 1799] (II, B. 268, n.º 2628). — Les registres des sociétés d'actionnaires doivent être timbrés, 13 brumaire an VII [3 novembre 1798], art. 12 (II, B. 237, n.º 2136). — Droit d'enregistrement des actes de société qui ne portent ni obligation ni libération, ainsi que les actes purs et simples de dissolution de société, 22 frimaire an VII [12 décembre 1798], art. 68, §. III, n.º 4 (II, B. 248, n.º 2224). — Les extraits d'actes de société dont l'affiche est ordonnée par l'article 42 du Code de commerce, doivent être en outre insérés dans les affiches judiciaires et les journaux de commerce, 12 février 1814 (IV, B. 558, n.º 10147). — Avis du Conseil d'état en interprétation des articles 27 et 28 du Code de commerce, relatifs aux associés commanditaires, 17 mai 1809 (IV, B. 236, n.º 4390). V. *Associations financières, Compagnies de commerce* et *Compagnies financières*.

— (C. Civ.) Actions et intérêts des compagnies de finances et de commerce, qui sont réputés meubles à l'égard de chaque associé durant la société, art. 529. — Définition du contrat de société, 1832. — Quels doivent être l'objet et le but de toute société: ce que chaque associé doit y apporter, 1833. — Cas où toutes sociétés doivent être rédigées par écrit, 1834. — Dans

cembre 1791. — Envoi du bulletin de correspondance aux sociétés populaires, 12 mars 1793. — Défenses aux autorités de troubler les citoyens dans leur droit de se réunir en sociétés populaires, 13 juin 1793. — Et peines contre ceux qui empêcheraient les sociétés de se réunir ou tenteraient de les dissoudre, 25 juillet 1792. — Elles sont chargées spécialement de surveiller l'exécution des mesures prises pour la sûreté de l'État, 13 sept. 1793, 18, 24 vend., 22 frim. [9 = octobre et 16 décembre 1793]. — Décret qui défend les clubs et sociétés populaires de femmes, 9 brumaire an II [30 octobre 1793.] — Les séances des sociétés populaires doivent être publiques, 9 brumaire an II [30 octobre 1793]. — Ces sociétés n'ont pas le droit d'exiger des certificats de civisme des fonctionnaires publics élus par le peuple, 3 nivôse an II [23 décembre 1793.] — Les numéros des actions héroïques des citoyens français leur sont envoyés, 13 nivôse an II [2 janvier 1794]. — Elles sont invitées à propager l'établissement des clubs pour la traduction vocale des décrets et à multiplier les moyens de faire connaître la langue française dans les campagnes les plus reculées, 8 pluviôse an II [27 janvier 1794] — Les chevaux qu'elles fournissent pour le service public seront payés au *maximum*, 4 ventôse an II [22 février 1794]. — Les ci-devant nobles et les étrangers ne peuvent y être admis, 27 germ. an II [16 avril 1794]. — Le nommé Vivier, qui a présidé la société des Jacobins dans la nuit du 9 au 10 thermidor, *est mis hors de la loi*, 10 thermidor an II [28 juillet 1794] (I, B. 30, n.º 148). — Toutes affiliations, agrégations, fédérations, et toutes correspondances en nom collectif entre sociétés, sous quelques dénominations qu'elles existent, sont défendues, 24 vendémiaire an III [15

octobre 1794] (I, B. 73, n.º 390). — Suspension des poursuites dirigées contre la société populaire de Bordeaux, 12 brumaire an III [2 novembre 1794] (I, B. 80, n.º 419). — Les femmes sont exclues des sociétés populaires, 4 prairial an III [23 mai 1795] (I, B. 147, n.º 848). — Dissolution des clubs et sociétés populaires, 6 fructidor an III [23 août 1795] (I, B. 174, n.º 1047). — Aucune assemblée de citoyens ne peut prendre la qualification de société populaire, constitution de l'an III, art. 361. — Toute correspondance, toute affiliation et toute publicité de séances leur sont défendues, constitution de l'an III, art. 362. — Clôture de plusieurs sociétés politiques établies à Paris, 8 et 9 ventôse an IV [27 et 28 février 1796]. — Levée des scellés apposés sur le local dit du Panthéon, 11 et 12 germ. an IV [31 mars et 1.er avr. 1796] (II, B. 36 et 38, n.ºˢ 278 et 295). — Les sociétés qui s'occupent de questions politiques, sont provisoirement défendues, 7 thermidor an V [25 juillet 1797] (II, B. 134, n.º 1310). — Rapport de cette disposition, 19 fructidor an V [5 sept. 1797] (II, B. 142, n.º 1400).

SOÉTÉ (Le droit de) est rachetable, sauf la preuve contraire, 15 = 28 mars 1790. — Instruction sur le rachat, 15 = 19 juin 1791.

SŒUR. (C. Civ.) Cas où la sœur peut former opposition au mariage de son frère, art. 174. — Elle hérite de ses frères ou sœurs morts sans postérité, art. 750. — La sœur naturelle d'un enfant légitime, mort sans postérité, a droit à sa succession, art. 766. — Ce qui résulte de l'acceptation faite par le frère ou la sœur, donataires de biens entre-vifs, d'une nouvelle libéralité par laquelle les biens compris dans la première donation se trouvent grevés, art. 1052.

— (C. P. C.) Les dépens peuvent

être compensés en tout ou en partie entre frères et sœurs, art. 131.

— (C. P.) Exception de révélation de crimes ou de délits à l'égard des sœurs, art. 137.

SŒURS *de charité et hospitalières* (Institutions de). V. *Associations religieuses.*

SŒURS *converses et données.* Leurs traitemens et pensions, 8=25 sept, 4, 8 = 14 octobre 1790, tit. II, 18 août 1792, tit. III, chap. III et IV, 7 = 16 août même année, art 5.

SOIERIES *et* SOIES. Traitement des employés de la régie des droits sur les soies, 10 = 20 mars 1791. — Droit d'entrée des différentes espèces de soies, et villes par où leur importation est permise, 2 = 25 mars, 6 = 22 août 1792. — Fixation du droit de sortie des soies des six départemens de la 27.e division militaire et autres, 18 pluviôse, 19 ventose an XI [7 février, 10 mars 1803] (III, B. 247 et 251, n.os 2308 et 2348), 4 thermidor an XIII [2 ; juillet 1805] (IV, B. 51, n.o 856), 30 avril 1806 (IV, B. 89, n.o 1515). — La sortie des soies teintes et fleurets, et des soies propres à faire de la tapisserie, est interdite, 5 germinal an XI [26 mars 1803] (III, B. 356, n.o 2456', et 23 germinal an XIII [13 avril 1805] (IV, B. 40, n.o 660). — Construction d'un bâtiment pour y placer la condition des soies de la ville de Lyon, 9 septemb. 1807 (IV, B. 161, n.o 2787]. — Création d'actions pour les dépenses de cet établissement, *ibid.* — Il n'y a dans la ville de S.t-Etienne qu'une seule condition pour la dessiccation des soies, 15 janvier 1808 (IV, B. 176, n.o 2922). — Organisation et police de cette condition, *ibid.* V. *Étoffes de soie.*

SOINS. (C. Civ.) Ceux qu'on a donnés à un individu, dans sa minorité ou pendant six ans au moins, donnent le droit d'exercer envers lui l'adoption, art. 345.

SOISSONS. Nomination d'un juge de paix dans cette ville, indépendamment de celui qui doit être élu pour le canton extérieur, 29 octobre = 2 novembre 1790. — Circonscription des paroisses, 11 = 15 mars 1791. — L'ancienne intendance de cette ville est destinée à la Sénatorerie d'Amiens, 18 fructidor an XI [5 septembre 1803] (III, B. 311, n.o 3145).

SOL. (C. Civ.) Ce qu'emporte la propriété du sol, art. 552. — Le sol considéré relativement à la jouissance de l'usufruitier, 624.

SOLDATS. Leurs devoirs envers leurs officiers, 6 = 8 août 1790. — Ils sont libres, hors le temps de leur service, d'assister aux séances des sociétés, 1 = 8 mai 1791. — Ils sont dispensés du service de la garde nationale, 29 sept. = 14 octob. 1791. — Ils ne peuvent être renvoyés avec une cartouche pure et simple, 24 = 25 janvier 1792. — Tout soldat français qui se distingue par des actions d'éclat, peut obtenir de l'avancement, 27 août 1793. — Parts de prises accordées aux soldats, 9 ventose an IX [28 févr. 1801], art. 12 (III, B. 71, n.o 548). — Hautepaie et chevrons accordés à ceux qui ont dix, quinze et vingt ans de service effectif révolus dans le même corps, 3 thermidor an X [22 juillet 1802] (III, B. 203, n.o 1848). — Après vingt ans ils seront admis dans la Légion d'honneur, *ibid.* V. *Armée* et *Militaires.*

— (C. P.) Peine encourue pour engagement ou enrôlement de soldats sans ordre du pouvoir légitime, art. 92. — Pour avoir recélé des soldats ennemis envoyés à la découverte, 83. V. *Engagemens, Espionnage.*

SOLDATS *étrangers* (Les) qui commettent des excès, violences ou voies de fait, sont jugés en dernier ressort par le tribunal du lieu du délit, 12 décembre 1790.

SOLDE d'activité et de retraite des militaires de toute arme et de tout grade, et des marins. V. Armée et Marine au titre Solde.

SOLEIL (Compagnies du). V. Compagnies de Jésus et du Soleil.

SOLERMONT (Mines de houille de). V. Mines.

SOLES. (C. Civ.) Le bail de terres labourables divisées par soles, est censé fait pour autant d'années qu'il y a de soles, art. 1774.

SOLIDARITÉ (La) pour amendes prononcées par la police correctionnelle a lieu envers les complices, 19=22 juillet 1791. — Cas où elle a lieu contre les inspecteurs et conservateurs des forêts, 15=29 septembre 1791. — Elle a lieu pour l'amende et l'indemnité encourues pour délits ruraux, 28 septembre = 6 octobre 1791. — Les ministres sont solidairement responsables, 23 = 25 juillet 1792. — La solidarité est abolie pour les rentes, 20 août 1792.

— (C. Civ.) La stipulation de solidarité ne donne point à l'obligation le caractère d'indivisibilité, art. 219. — Il y a responsabilité solidaire entre les cohéritiers copartageans, si l'un d'eux éprouve des troubles pour cause antérieure au partage, 884. — Cas de solidarité entre les créanciers, 1197 et suiv.; — et entre les débiteurs, 1200 et suiv. — Effet de la remise des titres relativement aux débiteurs solidaires, 1284.—Effets de la compensation, de la confusion et du serment décisoire, 1294, 1301, 1365. — Circonstance dans laquelle le subrogé tuteur est solidairement responsable des condamnations prononcées au profit du mineur, 1442. —Obligation solidaire d'une femme pour une dette de la communauté, 1487. — Les associés ne sont solidaires que dans les sociétés de commerce, 1862. — Solidarité entre

plusieurs mandataires établis par le même acte, 1995. — La solidarité a lieu entre ceux qui donnent pouvoir de gérer une affaire commune, 2002.

— (C. Co.) Solidarité des associés en nom collectif, art. 22. — L'associé commanditaire qui fait quelque acte de gestion, est obligé solidairement avec les associés en nom collectif, 28. — Sur qui frappe la solidarité pour le paiement d'une lettre de change, 140.

— (C. P.) La solidarité a lieu pour le paiement des amendes, des restitutions, des dommages-intérêts et des frais contre tous les individus condamnés à raison du même crime ou du même délit, art. 55. — Ceux qui ont connivé à l'évasion d'un détenu, sont solidairement condamnés, à titre de dommages-intérêts, à tout ce que la partie civile aurait eu droit d'en obtenir, 244.

SOLIDITÉ. Les réglemens relatifs à la solidité des bâtimens sont confirmés, 19=22 juillet 1791.

SOLIER (Le sieur) est décrété d'accusation, 20 juillet 1792.

SOLIVES. (C. Civ.) Règles qu'on doit observer pour le placement des solives ou poutres dans l'épaisseur d'un mur mitoyen, art. 657.

SOLLICITEURS des causes du Roi. Mode de leur liquidation, 29 juillet = 6 août 1791.

SOLRE-LE-CHÂTEAU (Le nom de) est rendu à la commune de Solre-Libre, 3 décembre 1813 (IV, B. 542, n.º 9914).

SOLVABILITÉ d'une caution. (C. Civ.) Comment elle s'estime, art. 2019. — Dans quel cas le vendeur d'une créance répond de la solvabilité du débiteur, 1695.

— (C.P.C.) Cas dans lesquels le demandeur peut, dans les tribunaux de commerce, être astreint à justifier de sa solvabilité, art. 417. — Celle qu'on doit établir pour être en général dispensé de donner caution dans les tribunaux de commerce, 439. — Justification des titres de solvabilité des cautions, 518. V. *Insolvabilité.*

— (C. I. C.) Par qui est discutée la solvabilité de la caution offerte, et comment elle doit être justifiée, art. 117. V. *Caution.*

SOMIS (Le sieur) est nommé membre du Corps législatif, 1.er et 2 mai 1809 (IV, B. 237, n.° 4395).

SOLVYNS (Le sieur) est nommé membre du Corps législatif, 6 germinal an X [27 mars 1802] (III, B. 171, n.° 1340).

SOMMAIRE (Exposé). (C.P.) V. *Exposé.*

SOMMANO. Etablissement et époque de la tenue des foires de cette commune, 18 fructidor an XI [5 sept. 1803] (III, B. 312, n.° 3154).

SOMMATIONS. Il est fait trois sommations aux attroupés avant de déployer la force, 21 octobre = 31 novemb. 1789, et 3 août 1791, 28 germinal an VI [17 avril 1798] (II, B. 197, n.° 1805).

— (C. Civ.) Les intérêts de ce qui est dû au tuteur par le mineur, ne courent que du jour de la sommation de payer, art. 474. — Cas où le débiteur doit être mis en demeure par une sommation, 1139. — Cas où le créancier doit être sommé de retirer la consignation déposée, 1259. — Sommation qui doit précéder la consignation et le dépôt, 1259 et 1264. — Lorsque l'acheteur a été sommé de payer le capital, il en doit l'intérêt du jour de la sommation, 1652. — Ce que le nouveau propriétaire qui veut se garantir de l'effet des poursuites, doit notifier aux créanciers dans le mois de la première sommation, 2183. — Sommation en matière d'hypothèques. V. *Hypothèques.* — Sommations respectueuses. V. *Actes respectueux.*

— (C. P. C.) Sommation qui doit précéder une inscription en faux, art. 215. — L'huissier qui a dressé un procès-verbal de récolement d'objets saisis, peut faire sommation au premier saisissant de vendre dans la huitaine, 611. — Sommation de produire les titres sur une demande en distribution de deniers par contribution, 659 *et suiv.* — Sommation de prendre communication de pièces produites sur un ordre, 755 *et suiv.* — Le jour de la signification ni celui de l'échéance ne sont jamais comptés dans le délai général des sommations et autres actes, 1033. —Indications que doit contenir la sommation faite pour être présent à un rapport d'experts, 1034. — Les sommations ne doivent pas être réitérées malgré la continuation de vacation ou d'audiences, *ibid.* V. *Jours.*

— (C. Co.) L'acte de protêt doit contenir sommation de payer le montant de la lettre de change, art. 174. — Celle qui est faite au failli muni d'un sauf-conduit, pour venir clore et arrêter ses livres, 468. — Avertissement aux créanciers du failli pour la remise aux syndics, ou le dépôt au greffe, de leurs titres, 502. V. *Empêchemens.*

— (C. P.) Peines encourues par ceux qui auraient négligé de déférer à la sommation à eux faite par l'autorité administrative, de réparer ou de démolir des édifices menaçant ruine, art. 471.

— (Tarif des frais en mat civ.), art. 29, 65, 70, 71, 98, 99, 132, 136.

SOMME (Bêtes de). V. *Bêtes de somme.*

SOMME, *rivière.* Police des transports sur cette rivière, 9 = 17 novembre 1790. — Droits de navigation sur les bassins dont elle est composée, 8 vendémiaire an XIV [30 septemb. 1805] (IV, B. 62, n.° 1083).

SOMME (Département de la). Son classement dans la division territoriale de la France, et sa composition, 15 janvier, 16 et 26 février=4 mars 1790. — Annullation des délibérations et de deux arrêtés pris les 12 et 13 août 1792 par les administrateurs de ce département, et destitution des membres qui y ont concouru et qui ont signé une adresse au Roi, 2=10 décembre 1790 et 17 août 1792. — Circonscription des paroisses, 10=17 juin 1791. — Validité des opérations de l'assemblée électorale pour la nomination des députés au Corps législatif, 13 flor. an VII [2 mai 1799] (II, B. 277, n.° 2865). — Proclamation aux habitans de ce département sur l'introduction des mesures de longueur, 28 messidor an VII [16 juillet 1799] (II, B. 296, n.° 3148). — Réduction et fixation des justices de paix et rectification des arrêtés qui les ont déterminées, 17 brumaire, 9 pluv., 3 ventôse et 11 messidor an X [8 novembre 1801, 29 janvier, 22 février et 30 juin 1802] (III, B. 144, n.° 1107, et B. 228 bis, n.os 1.er, 5 et 12). — Désignation des écoles secondaires, 13 frimaire an XI et 28 pluviôse an XII [4 décembre 1802 et 18 février 1804] (III, B. 234 et 342, n.os 2180 et 3601). — Création du dépôt de mendicité, 6 août 1809 (IV, B. 242, n.° 4493). — Sont nommés préfets, MM. Poitevin-Maissemi, 30 novembre 1810; — le baron Desmousseaux, 12 mars 1813, — et le baron la Tour-du-Pin, 25 mars 1813 (IV, B. 329, 485 et 488, n.os 6136, 8965 et 9040).

SOMMERVOGEL (Le sieur) est nommé membre du Corps législatif, 4.e jour complémentaire an XIII et 2 vendémiaire an XIV [21 et 24 septemb. 1805] (IV, B. 61, n.° 1075).

SOMMES. (C. Co.) Celles qui sont employées pour des bâtimens de mer, sont rangées parmi les dettes privilégiées, art. 191.

SOMMEVOIRE (Canal de). Approbation des devis des déblaiemens et ponts et chaussées de ce canal, 30 avril = 16 mai 1792.

SOMMIÈRES (Le sieur LAMOUREUX DE) est décrété d'accusation, 20 juillet 1792.

SOMMIÈRES. Restitution d'une somme placée sur biens ruraux par la commission administrative de cette commune, et emploi de cette somme en acquisition de rentes sur l'État, 1.er avril 1809 (IV, B. 235, n.° 4330).

SONGES. (C. I. C.) Les juges de paix connaissent exclusivement de l'action contre les gens qui font métier d'expliquer les songes, art. 139. V. Devins, Divination.

— (C. P.) Peines encourues par ceux qui se mêlent d'interpréter les songes, art. 479 et suiv.

SONGIS (Le général) est nommé grand officier de l'Empire, 17 messidor an XII [6 juillet 1804] (IV, B. 19, n.° 104).

SONTHONAX (Le sieur). Approbation des mesures prises par lui, comme commissaire dans la colonie de Saint-Domingue, 6 mars 1793. — Epoque où il est tenu de cesser ses fonctions, ainsi que ses agens, 15 prairial an V [3 juin 1797] (II, B. 127, n.° 1226). — Son nom est rayé de la liste des émigrés, 27 thermidor an VI [14 août 1798] (II, B. 217, n.° 1950). — Il est tenu de se rendre à la Rochelle, 20 brumaire an VIII [11 novembre 1799] (II, B. 329, n.° 3432).

SORET (Le sieur) est nommé membre du Corps législatif, 6 germinal an X [27 mars 1802] (III, B. 171, n.° 1340).

SORNEVILLE. La concession à rente foncière d'un terrain appartenant à cette commune est autorisée, 9 nivôse an X [30 décembre 1801] (III, B. 151, n.° 1176).

SORT. (C. Civ.) Dans le partage d'une

succession, les lots se tirent au sort, art. 466 et 864.

SORTIE (Droits de) des marchandises. V. *Douanes.*

SORTIE. (C. P.) Obligation aux aubergistes et hôteliers, de tenir des registres contenant la date d'entrée et de sortie des personnes qu'ils logent, art. 475.

SOTIN (Le sieur) est nommé ambassadeur de France auprès de la république ligurienne, 25 pluviôse an V [13 février 1797] (II, B 184, n.º 1731); — ministre de la police générale, 8 thermidor an V [26 juillet 1797] (II, B. 135, n.º 1323).

SOUBISE (Le maréchal DE). Nomination d'un agent chargé d'administrer sa succession et d'en payer les rentes perpétuelles et viagères, 7 juillet 1793. — Les biens qui en proviennent sont administrés et vendus comme les autres biens nationaux, 21 messidor an II [9 juillet 1794] (I, B. 19, n.º 87).

SOUBRANY (Le représentant du peuple) est décrété d'arrestation et d'accusation, 1.er, 2 et 8 prairial an III [20, 21 et 27 mai 1795] (I, B. 145, 146 et 150, n.ºs 819, 832 et 868).

SOUCELLES (La veuve). Annullation d'un arrêté du préfet de Maine-et-Loire, qui la réintègre dans la possession de ses biens, accordés provisoirement aux hospices d'Angers, 17 brumaire an X [8 novembre 1801] (III, B. 126, n.º 973).

SOUCHE (Marais de la rivière de). V. *Desséchemens.*

SOUCHES. (C. Civ) En matière de succession, le partage s'opère par souche, art. 743. — Les enfans ou leurs descendans succèdent par souche, 745. —Les règles établies pour la division des masses à partager sont également observées dans la subdivision à faire entre les souches copartageantes, 836.

SOUCHON (Le sieur) est décrété d'accusation, 20 juillet 1792.

SOUDE. Le sel employé dans les fabriques de soude est exempté de l'impôt, 13 décembre 1809 (IV, B. 246, n.º 4758). V. *Fabriques* et *Sels.*

SOUFFLOT aîné (Le sieur) est nommé membre du Corps législatif, 4.e jour complémentaire an XIII et 2 vendémiaire an XIV [21 et 24 septembre 1805] (IV, B. 61, n.º 1075).

SOUFRE. Peine afflictive contre tout homme coupable d'en avoir transporté à bord sans permission, 21 == 22 août 1790.

SOUHÉ (Le représentant du peuple) est exclu de la représentation nationale, 19 brumaire an VIII [10 novembre 1799] (II, B. 323, n.e 3413).

SOULAVIE (Le sieur) est tenu de sortir du territoire européen de la France, 20 brumaire an VIII [11 novembre 1799] (II, B. 329, n.º 3432).

SOULES (Le sieur). Il est nommé membre du Sénat conservateur, 19 août 1807 (IV, B. 155, n.º 2665).

SOULIERS. Fixation du prix des souliers pour Paris, 4 frimaire an II [24 novembre 1793]. — Dispositions relatives à la qualité et à la confection de ceux à fournir aux troupes, 18 frimaire et 15 nivôse an II [8 décembre 1793 et 4 janvier 1794]. V. *Cordonniers.*

SOULIGNAC (Le représentant du peuple) est rappelé dans le sein de la Convention nationale, 18 frimaire an III [8 décembre 1794] (I, B. 96, n.º 495).

SOULLIER (Le sieur) est mis en surveillance spéciale hors du territoire européen de la France, 14 nivôse an IX [4 janvier 1801] (III, B. 60, n.º 440).

SOULT (Le sieur) est nommé préfet du département de la Lys, 25 août 1811 (IV, B. 387, n.º 7134).

SOULTES et RETOURS. Il est fait raison des intérêts qui ont été payés par l'échangiste dont le contrat est révoqué, 22 novembre = 1.er décembre 1790. V. *Domaines de l'Etat.*

— (C. Civ.) La soulte compose l'inégalité des lots, art. 833. — Récompense due à l'époux, lorsque l'échange de l'immeuble qui lui appartenait a donné lieu à un soulte, 1407. — Règles applicables aux soultes du partage des biens de la communauté entre époux, 1476.

SOUMISSIONS *pour acquits-à-caution, cautionnemens, contributions, domaines nationaux* et *marchés et fournitures.* V. *tous ces mots en particulier.*

— (C. I. C.) Où la caution admise doit faire sa soumission, art. 120. — On remet à la partie civile une expédition en forme exécutoire de cette soumission qui entraîne la contrainte par corps, *ibid.* V. *Caution.*

— (C. P.) Peines portées contre ceux qui, dans les adjudications, troubleraient la liberté des enchères ou des soumissions, art. 142. V. *Adjudications.*

SOUPÇONS *de mort violente.* (C. Civ.) V. *État civil.*

SOUPE (Pain de) pour les troupes. V. *Octrois municipaux.*

SOUPOIS (Hameau des). Partage d'affouages avec la commune de Tourmont, 17 janvier 1813 (IV, B. 472, n.º 8610).

SOUQUE (Le sieur). Il est nommé membre du Corps législatif, 1.er et 2 mai 1809 (IV, B. 227, n.º 4391).

SOURCE. (C. Civ.) Quels sont les droits du propriétaire du fonds sur la source qui existe, et comment la prescription peut s'acquérir, art. 642 et suiv. V. *Eau.*

SOURCES *d'eaux salées.* Dispositions relatives à leur exploitation, 20 frimaire an V [10 décembre 1796], et 28 frimaire an VII [18 décembre 1798]. V. *Marais salans.*

SOURDEVAL (Le sieur) est déchargé de l'accusation intentée contre lui, 24 = 25 janvier 1792.

SOURDEVAL. Époque de la tenue de la foire de cette commune, 27 frimaire an IX [18 décembre 1800] (III, B. 60, n.º 436).

SOURDEVILLE (Le sieur AUGUSTIN) est déchargé de l'accusation intentée contre lui, 14 = 15 février 1792.

SOURDS-MUETS. Le nom de l'abbé de l'Épée, fondateur de l'établissement des sourds-muets, est placé au nombre des citoyens qui ont le mieux mérité de la patrie et de l'humanité, 21 = 29 juillet 1791. — Organisation des établissemens fondés à Paris et à Bordeaux, 21 = 29 juillet 1791, 12 mai 1793, 16 et 25 nivose an III [5 et 14 janvier 1795] (I, B. 107 et 113, n.ºs 567 et 789). — Traitement et logement des instituteurs, *ibid.* et 29 juin 1791, 25 pluviôse an II [13 février 1794]. — Réunion de l'établissement de Paris à celui des aveugles-nés, 28 septembre = 12 octobre 1791. — Continuation du paiement des pensions gratuites accordées à des élèves, 10 septembre 1792. — Confirmation des établissemens fondés pour l'instruction des sourds-muets, 8 germinal an II [28 mars 1794], et 3 brumaire an IV [25 octobre 1795] (I, B. 203, n.º 1216). — Sommes affectées à ces établissemens, et mode à suivre pour leur paiement, 30 prairial an II [18 juin 1794], 23 frimaire an IV [14 décembre 1795] (I, B. 12, n.º 56), et 8 ventose an VI [26 février 1798] (II, B. 31, n.º 212). — Local affecté définitivement aux sourds-muets de Bordeaux, 3 vendémiaire an V [24 septembre 1796] (II, B. 79, n.º 728). — Les dépenses des sourds-muets font partie des dépenses générales, 11 frimaire an VII [1.er déc. 1798], art. 2 (II, B. 243, n.º 2220).

— (C. Civ.) Lorsque les sourds-muets savent écrire, ils peuvent accepter les donations, art. 936.

— (C. I. C.) Nomination d'un interprète, lorsque l'accusé ou le témoin est sourd-muet et ne sait pas écrire, art. 333. — Manière dont on procède quand le sourd-muet sait écrire, *ibid.*

Sous (Les) d'ancienne fabrication continuent d'avoir cours, 19 prairial an III [7 juin 1795] (I, B. 154, n.º 904).

Sous *additionnels.* Suppression de la distinction établie entre le principal et les sous pour livre additionnels à la contribution foncière, 19 fructidor an II [5 septembre 1794] (I, B. 55, n.º 292).

Sous *pour livre pour offices* (Les) sont remboursables aux titulaires, 7 = 11 septembre 1790.

Sous-ADJUDANS (Les) sont chargés de la surveillance du service confié au chef militaire, et de l'exécution de ses ordres; ils sont nommés par le préfet maritime et pris parmi les officiers de vaisseau, 7 floréal an VIII [27 avril 1800], art. 14 (III, B. 23, n.º 158). — Leur nombre dans les ports de Rochefort, Toulon, Lorient et le Havre, 7 thermidor an VIII [26 juillet 1800], art. 4 (III, B. 35, n.º 231).

Sous-ADMINISTRATEURS (Les) peuvent être nommés représentans de la nation, à la charge d'opter, 3 = 14 septembre 1791.

Sous-ARGOUSINS (Fixation des frais de voyage des), 29 pluviôse an IX [18 février 1801] (III, B. 68, n.º 529).

Sous-BAUX *à ferme ou à loyer.* Droits d'enregistrement auxquels ils sont assujettis, 5 = 19 décembre 1790, 22 frimaire an VII et 27 ventôse an IX [12 décembre 1798 et 18 mars 1801] (II, B. 248, n.º 2224, et III, B. 76, n.º 585).

Sous-CHEFS *de la marine.* Création de places de sous-chefs pour seconder le chef des constructions et travaux, 21 septembre = 12 octobre 1791. — Leur nombre, choix, nomination, traitement et avancement,

ibid. — Nomination aux places de sous-chefs des mouvemens des ports, leur nombre, et rang qu'ils occupent, 2 brumaire an IV [24 octobre 1795] (I, B. 205, n.º 1224), et 7 floréal an VIII [27 avril 1800], art. 25 (III, B. 23, n.º 158). — Grade de ceux des ports de Brest, Rochefort, Toulon, Lorient et le Havre, 7 thermidor an VIII [26 juillet 1800], art. 19 (III, B. 35, n.º 231).

— *des Parcs d'artillerie.* Leur nombre dans les ports de Toulon, Brest, Rochefort et Lorient, 25 frimaire an IX [16 décembre 1800] (III, B 58, n.º 420). —Leur nomination, fonctions et appointemens, *ibid.*

Sous-COMMISSAIRES *de la marine.* Leur choix, costume, traitement, 3 brumaire an IV [25 octobre 1795] (I, B. 205, n.º 1225), 7 thermidor et 7 fructidor an VIII [26 juillet et 25 août 1800], art. 25 et 26 (III, B. 35 et 40, n.ºs 231 et 257).

Sous-CONTRÔLEURS *des ports.* Leur nomination, leur nombre, traitement et costume, 20 septembre = 12 octobre, 21 = 28 septembre 1791, 3 brumaire an IV [25 octobre 1795] (I, B. 205, n.º 1225).

Souscriptions *pour la réparation des routes,* 22 frimaire an VI [12 décembre 1797].

— *pour l'établissement de bourses de commerce.* Il en peut être fait par les banquiers et négocians, 18 ventôse an IX [9 mars 1801] (III, B. 76, n.º 592);

Sous-ENGAGISTES *d'offices domaniaux.* Liquidation de leurs offices, 9 et 16 = 28 juin 1791.

Sous-FERMIERS. (C. P. C.) Ils ne peuvent opposer des paiemens par anticipation, art. 820.

— *des biens domaniaux.* Leurs obligations envers les propriétaires, les fermiers principaux, et envers l'État, relativement au paiement du prix de leurs baux, 11 = 24 août 1790, 11 mars = 10 avril

1791, 21 = 27 janvier 1792. V. *Domaines.*

— *des Messageries.* Formalités qui leur sont prescrites pour obtenir des indemnités, 6 et 7 = 19 janvier 1791.

SOUS-GARDES-MAGASINS *dans les ports.* Leur traitement, frais de voyage et vacations, 7 thermidor an 8 et 29 pluviôse an IX [26 juillet 1800 et 18 février 1801] (III, B. 35 et 68, n.os 231 et 529).

SOUS-INFÉODATIONS. V. *Inféodations.*

SOUS-INGÉNIEURS *de la marine.* Leur nomination, rang et uniforme, 3 brumaire an IV [25 octobre 1795] (I, B. 205, n.° 1225), 17 ventôse et 7 thermidor an VIII [8 mars et 26 juillet 1800] (III. B, 35 et 44, n.os 231 et 311), et 7 fructidor an VIII [25 août 1800] (III, B. 40, n° 257).

— *des Ponts et chaussées.* V. *Ponts et chaussées.*

SOUS-INSPECTEURS *forestiers.* V. *Bois et Forêts.*

— *de la Marine.* Leur nombre dans les différens ports, leurs traitemens, rang et uniforme, 7 thermidor et 7 fructidor an VIII [26 juillet et 25 août 1800] (III, B. 35 et 40, n.os 231 et 257).

— *aux Revues.* V. *Armée* au titre *Commissaires des guerres et Inspecteurs aux revues.*

SOUS-LIEUTENANS *dans l'armée.* Mode de leur nomination et de leur avancement, 23 septembre = 29 octobre 1790, 24 juin, 12 = 23 septembre, 28 septembre = 13 novembre, 29 novembre = 11 décembre 1791, 28 décembre 1791 = 3 février 1792, 10 = 16 avril 1792. — Ils sont responsables des mouvemens contre l'ordre et la discipline, 24 et 25 = 29 juillet 1791.

— Leur traitement, 23 = 27 avril, 1er = 5 mai 1792, et 16 vendém. an IX [8 octobre 1800] (III, B. 40, n.° 360). V. *Armée.*

— *des Troupes provinciales.* Temps

de service requis pour leur admission dans la gendarmerie, 4 = 20 mars 1791.

— *de Vaisseau.* Ce grade est supprimé, 22 avril = 15 mai 1791, 14 mars et 1er = 6 mai 1792. — Il est rétabli, 23 germinal an IX [13 avril 1801] (III, B. 79, n.° 637).

SOUS-LOCATAIRES et *Sous location.* (C. Civ.) Le preneur à bail peut souslouer, quand la faculté ne lui en a pas été interdite, art. 1717. — A quoi les sous-locataires sont tenus envers leur propriétaire, 1753. — Leurs paiemens ne sont pas réputés faits par anticipation, *ibid.*

— (C. P. C.) Les sous-locataires ne peuvent opposer des paiemens par anticipation, art. 820.

SOUS-OFFICIERS. Sous cette dénomination sont compris les sergens-majors, les sergens, les caporaux-fourriers, les caporaux, les maréchaux-des-logis, les brigadiers. V. tous ces mots en particulier, et *Armée* aux titres *Artillerie, Cavalerie* et *Infanterie.*

— *de recrutement.* V. *Armée* au titre *Conscription.*

SOUS-PRÉFECTURES et *Sous-préfets.* Il est établi un sous-préfet dans chaque arrondissement communal; leur nomination, fonctions et attributions, 28 pluviôse et 17 ventôse an VIII [17 février et 8 mars 1800] (III, B. 10 et 13, 14 et 17, n.os 70, 90, 97 et 115). — Etablissement de leurs bureaux, leur traitement, frais d'administration, remplacement en cas d'absence ou de maladie, et costume, *ibid.* et 17 floréal an VIII [7 mai 1800] (III, B. 24, n.° 163), et 25 vendémiaire an X [17 octobre 1801] (III, B. 116, n.° 925). — Leurs attributions relatives à la désignation des jurés, 6 germinal an VIII [27 mars 1800] [III, B. 18, n.° 116], et 7 pluviôse an IX [27 janvier 1801] (III, B. 60, n.° 500); — à la perception des contributions directes, 24 floréal, 16 thermidor et 15 fructidor an VIII [14 mai, 4 août et 2 septembre 1801] (III, B. 25, 38 et 41, n.os 170, 244, et 264); — aux rentes affectées aux besoins des hospices, 4 ventôse an IX [23 février 1801 (III, B. 73, n.° 550); — à la formation des tableaux des citoyens ayant droit de voter dans les assemblées électorales, 13 ventôse an IX [4 mars 1801] (III, B. 72, n.° 549); — à la vérification des poids et mesures, 29 prairial an IX [18 juin 1801] (III, B. 85, n.° 638); — à la délivrance des commissions des gardes champêtres, 25 fructidor an IX [12 septembre 1801] (III, B. 104, n.° 859). — Leur permission est nécessaire pour la réunion des assemblées extraordinaires des consistoires, 18 germinal an X [8 avril 1802] (III, B. 172, n.° 1344). — Leurs attributions relatives à l'organisation des écoles primaires et à leur inspection, 11 floréal et 4 messidor an X [1.er mai et 23 juin 1802] (III, B. 186 et 198, n.os 1488 et 1761; — en matière de grande voirie, 29 floréal an X [19 mai 1802] (III, B. 192, n.° 1606); — à la vérification des dépenses des communes, 2 thermidor an X [21 juillet 1802] (III, B. 203, n.° 186); — à la levée de la conscription, 18 thermidor an X [6 août 1802] (III, B. 209, n.° 1922). V. Armée au titre Conscription; — à la convocation et à la tenue des assemblées de canton, 19 fructidor an X [6 septembre 1802] (III, B. 213, n.° 1964). V. Assemblées politiques. V. aussi Corps administratifs et Préfets.

— (C. I. C.) Les sous-préfets doivent approuver les attestations de bonne conduite, art. 620.—Mesures de police qu'ils prennent en cas de trouble dans l'exercice des fonctions de leur ministère, 509.

— (C. P.) Peines contre les sous-préfets qui feraient le commerce des grains, farines ou boissons, dans l'étendue des lieux soumis à leur autorité, art. 176.

SOUS-SEING PRIVÉ. (C. Civ.) La remise volontaire du titre original d'une dette contractée par acte sous seing privé, fait preuve de libération du débiteur, art. 1282.—Il en est de même de la remise faite à l'un des débiteurs solidaires par rapport aux codébiteurs, 1284. V. Signature privée.

SOUSTRACTION. (C. P.) Peines applicables aux percepteurs ou commis à une perception, et aux dépositaires ou comptables publics, pour soustractions de deniers publics ou privés, effets, &c., par eux commises, art. 169 et suiv.; — aux juges, administrateurs, fonctionnaires ou officiers publics, agens ou préposés du Gouvernement, pour soustraction ou suppression d'actes et titres, 173; — aux greffiers, archivistes, notaires, &c., pour pareille soustraction, 254. — Simples réparations civiles pour soustractions commises par des époux, des enfans, &c., à leur préjudice respectif, 380. V. Abus de confiance, Scellés.

SOUTE aux poudres (Peine des galères pour avoir volé ou tenté de voler de la poudre dans la), 21 = 22 août 1790.

SOUTENEMENS. (C. P. C.) Ceux que l'on doit fournir sur le procès-verbal du juge-commissaire chargé de règlement de comptes, art. 538.
— (Tarif des frais en mat. civ.), art. 92.

SOUTERRAIN. (C. Civ.) Cas où le droit du propriétaire ne nuit pas à la propriété acquise par un tiers d'un souterrain sous le bâtiment d'autrui, art. 553.

SOUVERAINETÉ (Le principe de la) réside dans la nation, 26 août = 3 novembre 1789, et constitutions de 1791, de 1793 et de l'an III.—Ceux qui résistent à cette souveraineté sont incapables d'exercer les droits

SOUVERAINETÉ. — STAVELO. 351

de citoyen actif, 6 février = 10 mars 1790. — La souveraineté ne peut être exercée par aucun corps ni par aucune section du peuple, 28 février = 17 avril 1791. — Poursuite de ceux qui se permettraient des actes tendant à faire méconnaître la souveraineté de la nation, 26 = 28 mars 1792.—L'exercice de toute autorité spirituelle est incompatible avec toute souveraineté étrangère dans l'intérieur de la France, 17 février 1810 (IV, B. 266, n.° 5168).

SOUVERAINETÉ (Fête de la). Époque et mode de sa célébration, 13 et 28 pluviose an VI [1.er et 16 février 1798] (II, B. 181 et 182, n.os 1705, 1714 et 1715).

SPÉCIALITÉ de l'hypothèque (La) n'est point applicable aux hypothèques judiciaires, ni à celles légales, 11 brumaire an VII [1.er novembre 1798], art. 4 (II, B. 137, n.° 2137).

SPECTACLES et Théâtres. V. Théâtres.

SPECTATEURS (Il n'y a point de) dans les assemblées de canton, 19 fructidor an X [6 septembre 1802], art. 8 (III, B. 213, n.° 1964).

SPIRE. Approbation des dispositions faites par le général Custines pour les levées des contributions, 13 = 14 octobre 1792. — Établissement dans cette ville de bureaux de garantie des matières et ouvrages d'or et d'argent, 13 vendémiaire et 8 frimaire an VIII [5 octobre et 29 novembre 1799] (II, B. 315 et 331, n.os 3330 et 3443).

SPOY. Vente de domaines nationaux à la municipalité de cette commune, 5 décembre 1790 = 5 janvier 1791.

STALTZUSATZ (Le conseil de la commune de Strasbourg est autorisé à imposer 150,000 liv., en remplacement du droit dit), 12 = 19 novembre 1790.

STANISLAS I.er, roi de Pologne. Suppression des pensions créées par ce prince en faveur de douze jeunes gens des pays de Bar et de Lorraine, 29 juillet 1793, art. 1.er—Conservation des pensions viagères créées en faveur de ses domestiques, ibid. art. 2. — Conditions auxquelles ils doivent en jouir, 26 messidor an II [14 juillet 1794] (I, B. 21, n.° 197).

STASSARD (Le sieur) est nommé préfet du département de Vaucluse, 12 fév. 1810 ; — de celui des Bouches-de-la-Meuse, 13 décembre 1810 (IV, B. 265 et 331, n.os 5164 et 6166).

STATHOUDER de Hollande. V. Hollande.

STATIONS (Les) ne peuvent être faites que par des ecclésiastiques autorisés par l'évêque, 18 germinal an X [8 avril 1802], art. 50 (III, B. 172, n.° 1344).

STATUES. Enlèvement des quatre statues enchaînées au pied de celle de Louis XIV, 19 et 20 = 23 juin 1790; — et de toutes celles qui existent dans les places publiques de Paris, 11 août 1792. — Mesures pour cet enlèvement, 14 août 1792.—Emploi du métal provenant des débris de la statue équestre élevée sur la principale place de Beauvais, 6 = 7 septembre 1792. — Peine contre ceux qui mutileraient ou casseraient les chefs-d'œuvre de sculpture du jardin des Tuileries et autres lieux publics, 13 avril 1793.

— (C. Civ.) Cas où les statues sont immeubles, art. 525. — Cas où elles sont au nombre des meubles meublans, 534.

STATUTS. Les dispositions des statuts qui excluaient les filles ou leurs descendans du droit de succéder avec les mâles ou leurs descendans, sont abrogées, 8 = 15 avril 1791.

STATUTS locaux. (C. Civ.) L'association des époux ne peut plus y être soumise, art. 1390. — Abrogation de ces statuts, ibid.

STAVELO. Réunion de ce pays à la France, 2 mars 1793.

STEINFURT. Organisation judiciaire et mise en activité des lois et réglemens français dans son arrondissement, 10 février 1811 (IV, B. 351, n.° 6521). — Cet arrondissement fait partie du département de la Lippe, et ressortit à la cour de Liége, 27 avril 1811 (IV, B. 365, n.° 6700).

STELLAGE (Le droit de) est aboli sans indemnité 15 = 28 mars 1790.

STELLIONAT. (C. Civ.) Cas dans lesquels il a lieu, et contrainte par corps qu'il fait encourir, art. 2059 et suiv. — Circonstances qui font réputer les maris et les tuteurs stellionataires, 2136.
— (C.P.C.) Les stellionataires ne sont pas admissibles au bénéfice de cession, art. 905.
— (C. Co.) Les stellionataires ne peuvent être admis au bénéfice de cession, art. 575; — ni à la réhabilitation, art. 612.

STÉRE (Le) est la mesure destinée au bois de chauffage d'après le système décimal : ses dimensions, 18 germinal an III [7 avril 1795], art. 5 (I, B. 135, n.° 749).

STÉRILITÉ. Dégrèvemens de contribution à accorder aux communes dans le cas de stérilité, 26 septembre = 2 octobre 1791.

STERNBERG-MANDESCHEID (Le comte de). Ses biens situés sur la rive gauche du Rhin sont réunis au domaine national, 26 floréal an XII [16 mai 1804] (IV, B. 14, n.° 200).

STEVENOTTE (Le représentant du peuple) est exclu de la représentation nationale, 19 brumaire an VIII [10 novembre 1799 (II, B. 323, n.° 3413). — Il est tenu de se rendre à la Rochelle, 20 brumaire an VIII [11 novembre 1799] (II, B. 329, n.° 3432).

STIPULATION. (C. Civ.) On ne peut en général stipuler en son propre nom que pour soi-même, art. 1119.
— Cas où l'on peut stipuler au profit d'un tiers, 1121. — Droit commun à défaut de stipulations spéciales qui dérogent au régime de la communauté, 1303.
— (C. Co.) Formalités prescrites pour les actes contenant nouvelle stipulation relativement à l'acte de société, art. 46.

STOCKFISCH. Fixation du droit d'entrée sur cette salaison, 14 ventôse an XI [5 mars 1803] (III, B. 253, n.° 2367).

STOLBERG. Établissement d'un conseil de prud'hommes dans cette ville, 17 mai 1813 (IV, B. 503, n.° 9248).

STONE (Le sieur) est autorisé à fixer sa résidence dans telle commune qu'il lui plaira, 17 thermidor an II [4 août 1794] (I, B. 41, n.° 227).

STORS (Domaine de). Confirmation de la vente, 3 juin 1793.

STRASBOURG. Le Conseil général de cette ville est autorisé à faire une imposition en remplacement d'anciens droits, 12 = 19 novembre 1790; — à continuer de régir pour son compte les droits de sa douane particulière, jusqu'à la promulgation du nouveau tarif, 21 = 25 décembre 1790; — à percevoir à son profit, sur le débit en détail des boissons, la moitié des droits perçus depuis l'époque de la suppression du vengelt, jusqu'à l'établissement du nouveau régime des contributions, 24 = 30 janvier 1791. — Paiement à faire à cette ville par la caisse de l'extraordinaire, d'une somme de 40,000 liv. à imputer sur le remboursement des dîmes inféodées dont elle jouissait, 3 = 6 mai 1791. == Le district est autorisé à louer conjointement avec le directoire du département du Bas-Rhin, les bâtimens nécessaires à son établissement, 16 = 28 juin 1791. — Paiement de la solde due aux gardes nationales de cette ville qui ont marché volontairement au camp de New-Kirch, 18 = 23 mai 1792. — Établissement de quatre commissaires de police, 6 = 13 juillet 1792. — Avance de 300,000 liv. accordée à la municipalité, à valoir sur ce qui lui est dû à raison des dîmes inféodées, et pour servir aux approvisionnemens de grains, 27 = 29 juillet et 29 août = 2 septembre 1792. — Le maire est mandé à la barre de l'Assemblée nationale et décrété d'accusation, 18 août et 2 septembre 1792. — Suspension de la nouvelle municipalité, 29 janvier 1793. — Établissement d'une école destinée à former des officiers de santé pour le service des hôpitaux militaires et de marine, 14 frimaire an III [4 décembre 1794] (I, B. 96, n.º 489). — Jardin affecté à l'école de médecine, 13 pluviôse an III [1.er février 1795]. — Disposition particulière relative au concours public ordonné pour compléter le nombre des élèves de l'école de santé, 10 germinal et 15 messidor an IV [30 mars et 3 juillet 1796] (II, B. 36 et 57, n.ºs 276 et 510). — Une somme de vingt-cinq francs par mois est accordée aux élèves, 17 germinal an V [6 avril 1797] (II, B. 117, n.º 1126. — Établissement dans cette ville de tirages particuliers de la loterie nationale, 4 vendémiaire an IX [26 septembre 1800] (III, B. 46, n.º 341); — d'une bourse de commerce et fixation du nombre des courtiers, 7 fructidor an IX et 3 prair. an X [25 août 1801 et 23 mai 1802] (III, B. 98 et 191, n.ºs 821 et 1600). — Dispositions relatives aux marchandises étrangères autres que celles dont l'entrée est prohibée en France, importées par le pont du Rhin à la destination de cette ville, 20 prairial an X et 4 plув. an XII [9 juin 1802 et 24 janv. 1804] (III, B. 196 et 243, n.ºs 1728 et 2219). — Les percepteurs des contributions sont assimilés aux receveurs particuliers, 4 thermidor an X [23 juillet 1802] (III, B. 208, n.º 1905). — Établissement d'un lycée, 19 frimaire an XI [10 décembre 1802]

(III, B. 237, n.º 2206). — Fixation pour l'an XI des dépenses communales de cette ville, 4.e complémentaire an XI [21 septembre 1803] (III, B. 316, n.º 3209). — Nomination du directeur de la monnaie, 15 floréal an XII [5 mai 1804] (III, B. 362, n.º 3814). — Le maire assiste au serment de l'Empereur, 3 messidor an XII [22 juin 1804] (IV, B. 6, n.º 56). — Une feuille d'annonces est autorisée dans cette ville, 14 déc. 1810 (IV, B. 335, n.º 6242). — Règlement sur l'exercice de la profession de boulanger, 5 avril 1813 (IV, B. 498, n.º 9111). — Établissement d'un conseil de prud'hommes, 17 mai 1813 (IV, B. 503, n.º 9247).

STURA (Département de la). Sa réunion à la France, 24 fructidor an X [11 septembre 1802 (III, B. 214, n.º 1965). — Fermeture des écoles centrales, 24 vendémiaire an XI [16 octobre 1802] (III, B. 327, n.º 3348). — Formation d'un nouvel arrondissement, 7 prairial an XIII [27 mai 1805] (IV, B. 47, n.º 774). — Dispositions relatives à l'exportation de diverses marchandises qui en proviennent, 4 thermidor an XIII [23 juillet 1805] (IV, B. 51, n.º 858). — Fixation des justices de paix, 5 septembre 1805 (IV, B. 113, n.º 1972). — Mode d'exercice des fonctions de directeur du jury, 23 avril 1807 (IV, B. 144, n.º 2336). — Nomination des membres du Corps législatif pour ce département, 28 septembre 1808 (IV, B. 208, n.º 3800). — Création du dépôt de mendicité, 20 septembre 1809 (IV, B. 245, n.º 4746). — Compétence des cours criminelles, 16 mai 1810 (IV, B. 287, n.º 5412). — Sont nommés préfets, MM. Lavieuville, 30 nov. 1810; — Campan, 12 mars 1813; — et Lepelletier d'Aulnay, 25 mars 1813 [IV, B. 329, 485 et 488, n.ºs 6136, 8965 etc 9491].

STURTZ (Le sieur) est nommé membre du Corps législatif, 25 ventôse an X [16 mars 1810 et 5 et 6 janvier 1813] (III, B. 170, n.º 1322, et IV, B. 464, n.º 8545).

STYLETS. (C. P.) Peine pour fabrication, débit ou port de stylets, art. 314.

SUARD (Le sieur) est déporté, 19 fructidor an V [5 septembre 1797] (II, B. 142, n.º 1400). — Il est autorisé à rentrer sur le territoire français, 13 nivôse an VIII [3 janvier 1800 (II, B. 343, n.º 3523 . — Il cesse d'être en surveillance, et il est rendu à tous les droits de citoyen, 29 pluviôse an VIII [18 février 1800] (III, B. 6, n.º 51).

SUBDÉLÉGUÉS. Cessation de leurs fonctions, 22 décembre 1789, janvier 1790 et 26 juin = juillet 1790.

SUBLEYRAS (Le sieur) est nommé juge au tribunal criminel extraordinaire, 26 septembre 1793.

SUBORDINATION. Celle des autorités administratives, 3 et 15 = 27 mars 1791, et constitution de l'an VIII, art. 59. — Elle n'a lieu dans la garde nationale que pendant la durée du service, constitutions de 1791 et de l'an III.

SUBORNATION. (C. P.) Peines contre les coupables de subornation de témoins, suivant la nature des condamnations qui pourraient résulter du faux témoignage, art. 365.

SUBROGATION. (C. Civ.) Cas où le tiers qui acquitte l'obligation n'est pas subrogé aux droits du créancier, art. 1237. — Règles et effets du paiement avec subrogation, art. 1249. — L'immeuble changé contre celui de l'époux en communauté, est subrogé au lieu et place de ce dernier immeuble, art. 1407. — Lorsque la subrogation ne peut plus, par le fait du créancier, s'opérer en faveur de la caution, celle-ci est déchargée, 2037.

— (C. P. C.) Il n'est besoin d'une demande en subrogation pour que les créanciers puissent faire procéder au récolement d'objets saisis et non vendus dans le délai fixé, art. 612. — Circonstances dans lesquelles un second saisissant peut demander à être subrogé pour la poursuite au premier, 721 et 722. — Pièce que le poursuivant contre qui la subrogation a été prononcée, est obligé de remettre, 723. — Frais à sa charge, s'il a contesté la subrogation, 724. — L'arrêt qui autorise l'emploi des frais faits sur des contestations entre créanciers dans un ordre, prononce la subrogation au profit de celui sur lequel les fonds manquent, ou de la partie saisie, 769. — Dans quel cas la subrogation peut être demandée pour la poursuite de l'ordre du prix d'une aliénation sur expropriation, 779.

— (C. Co.) La subrogation résulte du paiement d'une lettre de change fait par intervention, art. 159.

(Tarif des frais en mat. civ.), art. 138.

SUBROGÉ TUTEUR. (C. Civ.) Sa nomination et ses fonctions, art. 420 et suiv.—Subrogé tuteur à un interdit, 505.—Responsabilité encourue par le subrogé tuteur, lorsqu'il n'a pas contraint le survivant des époux à faire inventaire, 1442.—Le subrogé tuteur est chargé de requérir inscription sur les biens du tuteur, 2137.

— (C. P. C.) Cas où le subrogé tuteur peut se pourvoir contre la délibération du conseil de famille par laquelle il a été nommé, art. 883. — Nomination d'un subrogé tuteur à un interdit, 895.

SUBSIDES (Les priviléges en matière de) sont abolis, 11 août = 3 nov. 1789.

SUBSISTANCES *et* APPROVISIONNEMENS *de grains, denrées et marchandises.* V.

Approvisionnemens, Grains, Marchandises, Marchés et *Maximum.*

SUBSISTANCES *militaires.* V. *Armée* et *Marine* aux titres *Marchés* et *Fournitures* et *Vivres.*

SUBSTITUTIONS. Mode de rachat des droits dépendant d'une substitution, 3 = 9 mai, 18 = 29 décembre 1790. — Les actes relatifs aux substitutions sont soumis aux formalités du timbre et de l'enregistrement, 5 = 19 décembre 1790, 29 septembre = 9 octobre 1791. — Abolition de la faculté de substituer, 25 août et 25 octobre = 14 novembre 1792. — Dispositions relatives aux anciennes substitutions, 9 fructidor an II [26 août 1794] (I, B. 53, n.° 281). — Dispositions relatives à un legs fait à un hospice, et qui était en partie grevé de substitution, 31 oct. 1810 (IV, B. 328, n.° 6120). — L'art. 155 du décret du 4 juillet 1811 , relatif aux substitutions faites dans les départemens anséatiques, est déclaré commun aux départemens de la Hollande , y compris l'Ems - Oriental , les Bouches - du-Rhin, les Bouches-de-l'Escaut, la Lippe et l'arrondissement de Breda, 24 janvier 1812 (IV, B. 419, n.° 7653). — Avis du Conseil d'état sur la demande en nullité d'une substitution faite en Hollande avant la mise en activité du Code civil, 24 janvier 1812 (IV, B. 419, n.° 7654). — (C. Civ.) Nullité des dispositions contenant substitution proprement dite , art 893. — Autres dispositions permises , 898 et suiv. , et 1048 à 1068. — La substitution d'une dette donne lieu à la novation, 1271. V. *Grevés de restitution.*

SUBSTITUTION D'ENFANT. (C. P.) Peine encourue pour avoir substitué un enfant à un autre, art. 345.

SUBSTITUTS *des avocats généraux.* V. *Avocats généraux.*

SUBSTITUTS *du commissaire du Gouvernement près le tribunal de cassation.* Leur nombre, nomination et traitement , 21 septembre = 14 octobre, 29 = 30 octobre 1791, 29 fructidor an IV et 29 fructidor an VII [15 septembre 1796 et 14 septembre 1798] (II, B. 13 et 227, n.° 69 et 2003).

SUBSTITUTS *des commissaires près les tribunaux criminels.* Leur établissement, fonctions et attributions, 2 = 3 juin 1791, 3 brumaire an IV [25 octobre 1795] (I, B. 204, n.° 1221), 29 prairial et 8 thermidor an IV [17 juin et 26 juillet 1796] (II, B. 53 et 60, n.° 476 et 565). — Leurs fonctions et attributions spéciales sous le titre de *magistrats de sûreté;* leur costume et leur traitement, 7 pluviôse et 20 germinal an IX [27 janvier et 10 avril 1801] (III, B. 66 et 80, n.° 505 et 643), 22 floréal an X [12 mai 1802] (III, B. 190, n.° 1573).

SUBSTITUTS *des officiers du ministère public.* Age requis pour en remplir les fonctions, 27 ventôse an VIII [18 mars 1800] (III, B. 15 , n.° 103).

SUBSTITUTS *des procureurs des communes.* Leur élection, leurs fonctions et serment, 14 = 18 déc. 1789. — Ils sont exempts du service personnel de la garde nationale , mais ils sont assujettis à la taxe de remplacement, 29 septembre = 14 octobre 1791. V. *Procureurs de la commune.*

SUBSTITUTS *des procureurs généraux.* Leur service au parquet auprès des cours d'assises et spéciales, 20 avril 1810 (IV, B. 282, n.° 5351). — (C. Civ.) Les substituts du procureur général impérial près la cour de cassation sont dispensés de la tutelle , art. 427. — Les substituts en général ne peuvent devenir cessionnaires des procès de la compétence de leur tribunal, 1597. — (C. P. C.) Les parties ne peuvent, en aucune manière, charger de leur défense les substituts des procureurs généraux et impériaux, art. 86. — Exceptions , *ibid.* — Les avoués ne peuvent se rendre adjudicataires pour les substituts du tribunal où se poursuit et se fait la vente, 713. V. *Ministère public.*

—(C. Co.) Les substituts des procureurs impériaux poursuivent les banqueroutes frauduleuses, art. 595.

—(C. I. C.) L'un des substituts du procureur général peut remplir les fonctions du ministère public dans les assises du département où siège la cour, art. 252. — Titre que porte celui qui remplit les mêmes fonctions dans les cours d'assises des autres départemens, 253.

—(C. P.) Peines encourues par les substituts des procureurs généraux et impériaux dans l'exercice de leurs fonctions, art 122.

SUBSTITUTS *des procureurs du Roi.* Ils sont éligibles aux places de juges, 2 = 11 septembre 1790. — Ceux qui étaient gradués avant le 4 août 1789, sont admis aux fonctions d'avoué, 29 janvier = 20 mars 1791.

SUBVENTIONS *de guerre.* Il en est établi une sur les riches, 9 mars 1793; — sur les droits d'enregistrement, de timbre, d'hypothèque, &c.; — sur les contributions foncière, mobilière, personnelle, somptuaire, et sur les portes et fenêtres, 6 prairial an VII [26 mai 1799] (II, B. 282, n.os 2956 à 2959). — Subventions en remplacement de l'emprunt forcé, 27 brumaire an VIII [18 novembre 1798] (II, B. 328, n.º 3430).

SUCCESSEUR *du premier Consul.* V. *Constitutions, Consuls et Gouvernement.*

SUCCESSIBILITÉ *des étrangers.* V. *Étrangers;* — au trône de France. V. *Constitutions et Roi.*

SUCCESSIONS (Les) abandonnées appartiennent à l'État, 22 novembre = 1.er décembre 1790. — Abolition des droits d'aînesse et de masculinité pour le partage des successions, 15 = 28 mars 1790 et 4 janv. = 30 sept.

1793. — Droits d'enregistrement auxquels sont assujettis les actes relatifs aux successions, 5 = 19 déc. 1790, et 22 frimaire an VII [12 décembre 1798] art. 24 (II, B. 248, n.º 2224). — Officiers publics chargés de la confection des inventaires et des procès-verbaux de description et de carence à l'ouverture des successions, 6 = 27 mars 1791. — Mode de partage des successions *ab intestat,* 8 = 15 avril 1791. — Les étrangers succèdent en France à leurs parens français ou étrangers, *ibid.* et constitutions de 1791 et de l'an III. — Les édifices et la superficie des domaines congéables sont partagés comme immeubles dans les successions, 7 juin = 6 août 1791. — Partage des successions entre les enfans issus de deux mariages dans les coutumes de dévolution, 18 vendémiaire an II [9 octobre 1793]. — Les ci-devant religieux et religieuses sont admis au partage des successions à échoir, 18 vendémiaire an III 9 octobre 1793]. — Publication des articles d'appendice du Code des successions, 21 vendémiaire an II 12 oct. 1793]. — Dispositions relatives aux clauses impératives ou prohibitives insérées dans les testamens, aux avantages stipulés entre époux relativement à leurs successions; aux droits des religieux et religieuses sur les successions échues et à échoir; aux enfans, descendans et héritiers en ligne collatérale, sur les successions des pères, mères ou autres ascendans, et des parens collatéraux, et réciproquement, 5 brumaire et 17 nivôse an II [26 octobre 1793 et 6 janvier 1794]. — Modifications et interprétations de ces dispositions, 22, 23 ventôse, 9 fructidor an II [12, 13 mars, 26 août 1794], 9 fructidor an III [26 août 1795] (I, B. 175, n.º 1051], 2 fructidor an IV [19 août 1796] (II, B. 69, n.º 635). 18 pluviôse an V [6 février 1797] (II,

B. 105, n.º 1001), 12 pluviôse an VI [31 janvier 1798], (II, B. 180, n.º 1700). — Les domaines nationaux vendus qui se trouvent dans des successions, sont assujettis au droit proportionnel, 13 messidor an II [1.er juillet 1814] (I, B. 16, n.º 71). — Mode de remise aux parens des émigrés, condamnés et déportés, des linges, bijoux, meubles et immeubles trouvés dans les successions de ces derniers, 13 ventôse an III] 3 mars 1795] (I, B. 128, n.º 678). — Suspension de toute action intentée à l'occasion de l'effet rétroactif des lois des 5 brumaire et 17 nivôse an II, 5 floréal an III [24 avril 1795] (I, B. 140, n.º 786). — Abolition de cet effet rétroactif, 3 vendémiaire an IV [25 septembre 1795] (I, B. 185, n.º 1130). — Les créanciers des successions bénéficiaires sont exceptés de la défense d'anticiper les paiemens, 18 thermidor an III [5 août 1795] (I, B. 170, n.º 1001). — Cas dans lesquels on peut liquider sur un héritier émigré les créances d'une succession acceptée par cet héritier avant son émigration, 23 vend. an IV, [15 oct. 1795] (I, B. 195, n.º 1171). — Mode de statuer sur le prédécès de plusieurs individus se succédant de droit, et morts dans la même exécution, 20 prairial an IV [8 juin 1796] (II, B. 52, n.º 453). — Prorogation du délai pour l'insinuation des actes concernant les citoyens rétablis dans leurs droits par l'anéantissement de l'effet rétroactif des lois des 5, 12 brumaire et 17 nivôse an II, 25 thermidor an IV [12 août 1796] (II, B. 67, n.º 605). — Avis à donner de la mort des personnes qui laissent pour héritiers des pupilles, des mineurs ou des absens, 22 prairial an V [10 juin 1797] (II, B. 128, n.º 1232). — Mode de liquidation des successions ouvertes pendant la dépréciation du papier-

monnaie, 16 niv. an VI [5 janv. 1798] (II, B. 174, n.º 1651). — Droits de réduction et de transcription auxquels sont assujettis les actes de renonciation à succession, ou leur acceptation sous bénéfice d'inventaire, 21 ventôse an VII [11 mars 1799] (II, B. 268, n.º 2628). — Moyens pour constater la propriété d'une inscription de rente provenant d'une succession, 28 floréal an VII [18 mai 1799] (II, B. 280, n.º 2925). — Avis du Conseil d'état sur la question de savoir si les héritiers bénéficiaires peuvent transférer, sans autorisation, les inscriptions au-dessus de cinquante francs de rente, 11 janvier 1808 (IV, B. 175, n.º 2946); — sur une question relative au paiement du droit proportionnel, dans le cas où des sommes d'argent léguées ne se trouvent pas dans la succession, 10 sept. 1808 (IV, B. 206, n.º 3772); — sur la consignation à la caisse d'amortissement, des sommes provenant de successions vacantes, 13 octobre 1809 (IV, B. 246, n.º 4759); — sur les droits à exercer relativement aux effets mobiliers d'une personne décédée dans un hospice, et dont la succession est tombée en déshérence, 3 novembre 1809 (IV, B. 248, n.º 4778); — sur le droit d'enregistrement à payer pour les actes sous seing privé, portant transmission d'immeubles, qui sont présentés après l'expiration des délais par les héritiers des contractans, 9 février 1810 (IV, B. 267, n.º 5185). V. *Émigrés* et *Enfans naturels*.

— (C. Civ.) Les successions des condamnés à des peines emportant mort civile, sont ouvertes au profit de leurs héritiers, art. 25 *et suiv.* — Il ne peut en être recueilli par le condamné à la mort civile, *ibid.* — Le lieu où la succession s'ouvre est déterminé par le domicile, 110. — La succession de l'absent est ouverte du jour de son décès prouvé, 130 *et suiv.* — Aucun droit de successibilité ne peut être acquis par l'adopté sur les biens des parens de l'adoptant, mais ses droits sont les mêmes que ceux de l'enfant né en mariage, 350. — Les successions des adoptés morts sans postérité sont recueillies par les adoptans, 351 et 352. — Un tuteur ne peut accepter ni répudier une succession échue au mineur sans autorisation, 461. — Dans le cas où la succession répudiée au nom du mineur, n'est pas acceptée par un autre, elle peut être reprise par le tuteur ou par le mineur devenu majeur, 462. — Les successions abandonnées appartiennent au domaine public, 539. — Différentes manières dont on acquiert la propriété, 711 à 717. — Ouverture des successions et de la saisine des héritiers, 718 à 724. — Qualités requises pour succéder, 725 à 730. — Divers ordres de succession, 731 à 758. — Représentation, 739 à 744. — Successions déférées aux descendans, 745. — Successions déférées aux ascendans, 746 à 749. — Successions collatérales, 750 à 755. — Droits des enfans naturels sur les biens de leur père ou mère, et de la succession aux enfans naturels décédés sans postérité, 756 à 766. — Droits du conjoint survivant et de l'État, 767 à 773. — Acceptation et répudiation de successions, 774 à 783. — Renonciation aux successions, 784 à 792. — Effets du bénéfice d'inventaire, et obligation de l'héréritier bénéficiaire, 793 à 810. — Successions vacantes, 811 à 814. — Forme de l'action en partage, 815 à 842 ; — des rapports, 843 à 869 ; — du paiement des dettes, 870 à 882. — Effets du partage et de la garantie des lots, 883 à 886. — Rescision en matière de partage, 887 à 892. — On ne peut renoncer à une succession non ou-

verte, ni faire aucune stipulation sur une pareille succession, 1130. — L'héritier bénéficiaire est subrogé de plein droit aux créanciers de la succession qu'il solde, 1251. — Effet des conventions des incapables, relativement au partage d'une succession, 1314. — Effet de la preuve testimoniale à l'égard de la demande de choses provenant de diverses successions, 1345. — Les époux ne peuvent faire, dans le contrat de mariage, de renonciation dont l'objet serait de changer l'ordre légal des successions, 1389. — Objets provenant de successions, qui entrent ou non dans l'actif de la communauté entre époux, 1401 *et suiv.* — Mode et effet de l'extinction des dettes dépendant des successions échues aux époux en communauté, 1409 *et suiv.* — Effet de l'insolvabilité du mari relativement au rapport à la succession du père de sa femme, de la dot constituée à cette dernière, 1573. — N'entrent dans la société de tous biens présens, que pour la jouissance, ceux qui peuvent avenir aux associés par succession, 1837. — Est nulle l'inscription faite depuis l'ouverture d'une succession, 2146. — La prescription court contre une succession vacante, 2258. — Charges de la succession vendue, 1698. V. *Charges.* — Dettes de la succession vendue, 1411 *et suiv.* V. *Dettes.* — La succession d'une personne vivante ne peut être vendue, 1600. V. *Absens, Vente.*

— (C.P.C.) Règles relatives à la conciliation en matière de succession, art. 50 ; — à l'assignation devant les tribunaux inférieurs, 59. — Tous ceux qui prétendent droit dans la succession peuvent requérir l'apposition des scellés, 909. — Formalités à observer dans le cas où, lors de l'inventaire, il est formé des réquisitions pour l'administration de la succession, 944. — Où se fait la renonciation à succession, 997. V

Bénéfice d'inventaire, Requête civile.

SUCCESSIONS *vacantes.* (C. P. C.) Les demandes qui intéressent les curateurs aux successions vacantes sont dispensées des préliminaires de la conciliation, art. 49. — Elles sont communiquées au ministère public, 83. — Une succession vacante doit être pourvue d'un curateur, 998. — Formalités qui lui sont prescrites, 1000 et 1002. V. *Curateur.*

SUCCURSALES. Vente des églises, sacristies et autres biens qui dépendent des succursales supprimées, 6 = 15 mai 1791. — Les prêtres insermentés peuvent dire la messe dans les succursales, 7 = 13 mai 1791. — Réduction des cloches de ces églises, 14 = 22 avril 1792. — L'évêque règle le nombre et l'étendue des succursales, de concert avec le préfet et sous l'approbation du Gouvernement, 18 germinal an X [8 avril 1802], art. 61 *et suiv.* (III, B. 172, n.º 1344). — Nouvelle circonscription des succursales, augmentation de leur nombre, et traitement des desservans, 11 prairial an XII, 5 nivôse et 3 ventôse an XIII [31 mai, 26 décembre 1804 et 22 février 1805 (IV, B. 4, 25 et 35, n.ºs 9, 448 et 574), 20 septembre 1807 et 15 mars 1814 (IV, B. 165 et 565, n.ºs 2810 et 10242).

SUCCURSALES *de l'hôtel des Invalides* (Établissement de), 7 fructidor an VIII [25 août 1800] (III, B. 41, n.º 260). — Leur administration et leur police, 8 germinal an IX [29 mars 1801] (III, B. 77, n.º 611).

SUCRE *de betterave.* Dispositions relatives à la culture des betteraves, à la fabrication du sucre, et établissement d'écoles de chimie et de fabriques pour cette fabrication, 15 janvier 1812 (IV, B. 414, n.º 7599).

SUCRES. Suppression des droits de consommation sur les sucres des îles et colonies françaises au passage de la Bretagne, et dispositions relatives à ceux importés de l'étranger dans les ci-devant provinces d'Alsace, Lorraine et Trois-Evêchés, 7 = 12 décembre 1790. — Droits d'entrée et de consommation des sucres bruts, candis ou raffinés, et autres venant des colonies, 18 = 29 mars 1791, 12 mars 1793, 9 flor. an VII [28 avril 1799] (II, B. 293, n.º 2838), 3 therm. an X [22 juillet 1802] (III, B. 203, n.º 1849), 4 mars 1806 (IV, B. 78, n.º 1371). — Mode de perception de ces droits, 20 vendém. an XI [12 oct. 1802] (III, B. 222, n.º 2029). — Conservation pour les hôpitaux militaires, des sucres mis en réquisition à Bordeaux, 25 prairial et 7 messidor an III [11 et 25 juin 1795]. — Ordre du jour relativement à des sucres chargés par des négocians de Nantes sur un bâtiment neutre, 3 brumaire an II [24 octobre 1793]. — Vente des sucres raffinés qui sont en entrepôt, 5 floréal an V [24 avril 1797] (II, B. 119, n.º 1154). — Certificats d'origine exigés pour les sucres dont l'entrée n'est pas prohibée, 29 messidor an IX [18 juillet 1801] (III, B. 98, n.º 817). — Etablissement d'un entrepôt de sucres dans le port de Marseille, 6 messidor an X [25 juin 1802] (III, B. 199, n.º 1781). — Prime accordée aux raffineurs pour les sucres raffinés qui sortent de l'entrepôt pour passer à l'étranger par les lieux désignés, 3 thermidor an X [22 juillet 1802] (III, B. 203, n.º 1849). — Les sucres peuvent être envoyés en transit pendant leur année d'entrepôt, 29 vendémiaire an XI [21 oct. 1802] (III, B. 224, n.º 2048). — Prohibition de l'importation des sucres raffinés, 17 ventôse an XI [8 mars 1803] (III, B. 250, n.º 2338). — Saisie de sucres à Quakenbruck. V. *Quakenbruck.*

SUÈDE. Disposition particulière relative aux navires pris par les croiseurs français et conduits dans les ports de ce royaume, 18 octobre 1795. — Le baron de Stael est reconnu et proclamé ambassadeur extraordinaire de Suède près le Gouvernement français, 4 floréal an III [23 avril 1795] (I, B. 139, n.° 783). — Le général Pichegru est nommé ambassadeur de France en Suède, 14 germinal an IV [3 avril 1796] (II, B. 37, n.° 287). — Le Directoire refuse d'admettre M. de Rehausen en qualité de chargé d'affaires du roi de Suède, et rappelle le chargé d'affaires de France, 18 thermidor an IV [5 août 1796] (II, B. 64, n.° 686). — La course sur les bâtimens appartenant au roi de Suède ou à ses sujets est autorisée, 10 brumaire an XIV [1.er novembre 1805 (IV, B. 73, n.° 1265). — Traité de paix entre la France et la Suède, 24 février 1810 (IV. B. 267, n.° 5183). — Aucun traité de paix entre la France et la Suède ne peut être conclu, qu'au préalable cette dernière puissance n'ait renoncé à la possession de l'île française de la Guadeloupe, 14 octobre 1813 (IV, B. 525, n.° 2720).

SUÈVRES. Circonscription des paroisses de cette ville, 21 == 27 avril 1791.

SUFFRAGANS. Les archevêques consacrent et installent leurs suffragans, 18 germinal an X [8 avril 1802] (III, B. 172, n.° 1344).

SUFFRAGE. (C. P.) Les tribunaux jugeant correctionnellement peuvent interdire temporairement l'exercice du droit de suffrage dans les délibérations de famille, 42 et 43.

SUFFRAGES dans les assemblées primaires électorales, &c. Tout citoyen qui occasionne du trouble dans les assemblées est privé du droit de suffrage, 2 == 3 juin 1790. — Dispositions relatives aux suffrages pour l'élection des juges de paix et de district, 16 == 24 août 1790. — Peine contre tout citoyen légalement convaincu d'avoir vendu ou acheté un suffrage, constitution de l'an III, art. 32, et loi du 6 germinal an VI [26 mars 1798] (II, B. 192, n.° 1778), et Code pénal, art. 111, 112 et 113. — Manière de constater les suffrages dans les assemblées communales, 18 ventôse an IX [9 mars 1801], art. 34 (III, B. 72, n.° 549). V. Assemblées politiques.

SUFFRAGES des députés au Corps législatif pour l'élection du régent, 3 == 14 septembre 1791. — Pour convertir un décret en loi, ibid. — Mode de recueillir les suffrages dans l'assemblée, 28 fructidor an III [14 septembre 1795]. V. Corps législatifs.

SUFFRAGES des jurés. La majorité des suffrages est nécessaire aux jurés pour déterminer s'il y a lieu à accusation, 16 == 29 septembre 1791. V. Jurés.

SUISSE. L'ambassadeur de France est chargé de déclarer aux cantons helvétiques que la nation française est dans l'intention d'entretenir avec eux les relations d'amitié et de commerce établies par le traité d'alliance du 28 mai 1777, 20 août 1792. — Réclamation faite par les cantons de Berne et d'Uric pour l'évacuation de l'évêché de Bâle par les troupes françaises, 3 == 6 octobre 1792. — Désignation des bureaux par lesquels peuvent être expédiées en transit pour la Suisse, différentes denrées et marchandises, 19 mai 1793, 21 thermidor an IV [8 août 1796] (II, B. 66, n.° 599), 30 germinal an V et 19 thermidor an VI [19 avril 1797 et 6 août 1798] (II, B. 119 et 217, n.os 1147 et 1949), 19 et 25 fructidor an VI [5 et 11 septembre 1798] (II, B. 222 et 226, n.os 1994 et 2013), 13 brumaire an IX [4 novembre 1800] (III, B. 50, n.° 376). — L'armée française en Suisse a bien mérité de la patrie, 24 ventôse an VI [14 mars 1798] (II, B. 190, n.° 1771). — Traité de paix et d'alliance offensive et défensive entre la France et la république helvétique, 3 fructidor an VI [20 août 1798] (II, B. 230, n.° 2049).—Extrait du nouveau traité d'alliance défensive conclu entre la France et la Confédération suisse, 4 vendémiaire an XII [26 septembre 1803] (IV, B. 19, n.° 324).—Réunion au département du Jura, du terrain dépendant de la vallée des Dapes cédé par la Suisse à la France, 10 janvier 1811 (IV, B. 352, n.° 6528).—Permission d'exporter pour la Suisse des bois provenant des affouages du département du Simplon, 8 janvier 1814 (IV, B. 553, n.° 10,051). V. *Simplon* et *Valais*.

SUISSE *du ministère de la maison du Roi* (Le paiement des appointemens du) est renvoyé à ce ministère, 25 mars 1791.

SUISSES (Compagnie des cent), son licenciement, 16 mars 1792.

SUISSES *de la maison militaire des princes français*. Leur formation en gendarmerie nationale, 16 = 18 juillet 1792.

SUISSES *privilégiés du Roi*. Suppression de l'indemnité accordée pour l'abolition de leurs droits, 2 décembre 1790 = 30 janvier 1791.

SUISSES *et* GRISONS (Régimens). Mode de paiement des pensions des officiers retirés en Suisse, 20 avril, 1.er = 5 octobre 1790, 30 avril = 16 mai 1792.—Appointemens et solde des officiers, sous-officiers et soldats des régimens suisses et grisons, 18 août, 1.er octobre, 5 = 10 novembre 1790. — Le Pouvoir exécutif est chargé de produire l'état des pensions, traitemens et retraites dont jouissent les militaires suisses, et de négocier les indemnités qui peuvent résulter du licenciement, ou pour le prix des armes, sauf la ratification du Corps législatif, 27 août et 17 septembre 1791.—L'amnistie pour faits relatifs à la révolution est étendue aux régimens suisses, 15 = 23 septembre 1791, 31 décembre 1791 = 12 fé

vrier 1792. — Nouvelle formation du régiment des gardes-suisses d'après les conventions et capitulations qui doivent être agréées par le corps helvétique, 15 septembre = 13 novemb. 1791.—Deux bataillons du régiment des gardes suisses sont employés à la défense des frontières, 17 = 18 juillet 1792. — Mesures prises contre le régiment des gardes-suisses dans la journée du 10 août 1792. V. *Journées mémorables*. — Licenciement de tous les régimens suisses au service de France, 20 août 1792.—Mode d'incorporation dans les régimens français, des officiers, sous-officiers et soldats qui restent au service de France, 24 août 1792.—Subsistances de ceux qui sont licenciés, jusqu'à ce qu'ils aient obtenu leurs pensions de retraite, 16 mars 1793.—Fixation et mode de paiement des pensions accordées aux officiers, sous-officiers et soldats suisses licenciés, 29 germ. et 17 messidor an II [18 avril et 5 juillet 1794] (I, B. 16, n.° 77), 2.e jour complémentaire an II [18 septembre 1794] (I, B. 61, n.° 331), 24 frimaire et 1.er nivôse an III [14 et 21 décembre 1794], 25 ventôse, 20 et 22 germinal an III [15 mars, 9 et 11 avril 1795], 10 vendémiaire an V [1.er octobre 1796] (II, B. 80, n.° 746), 10 thermidor an XI [29 juillet 1803] (III, B. 302, n.° 3027).—Autorisation aux compagnies suisses de passer librement sur le territoire français pour rentrer dans leurs cantons respectifs, 27 brumaire an IV [18 novembre 1795] (II, B. 7, n.° 34). —Formation de six demi-brigades d'Helvétiens entretenues à la solde de la France, 23 fructidor an VII [9 septembre 1799], art. 41 (II, B. 309, n.° 3264).—Honneurs militaires à rendre au colonel général des Suisses, 11 janvier 1808 (IV, B. 174, n.° 2927).

SUJÉTIONS (Abolition de toutes les) dont il ne peut résulter aucune utilité réelle, 15, 28 mars 1790, tit. II, art. 28.

SULLY (Le sieur Béthune DE) est nommé membre du Corps législatif, 9 et 10 août 1810 (IV, B. 307, n.º 5847).

SULLY-SUR-LOIRE. Cette commune est autorisée à faire une imposition extraordinaire sur elle-même pour les réparations d'un pont, 2 floréal an X [22 avril 1802] (III, B. 184, n.º 1453). — Établissement de trois nouvelles foires dans cette commune, 13 brumaire an X [4 novembre 1801] (III, B. 121, n.º 951).

SUPÉRIORITÉ. Toute supériorité résultant du régime féodal est supprimée, 15=28 mars 1790. — Il n'existe d'autre supériorité que celle des fonctionnaires publics, 3 = 14 septembre 1791, et constitution de l'an III.

SUPPLÉANS de conscrits. V. Armée au titre Conscription.

— de Députés au Corps législatif. — Mode de leur nomination par les assemblées primaires, 15 = 20 octobre et 3 novembre, 22 décembre 1789 = janvier 1790, 27 et 28 = 29 mai, 3 = 14 septembre 1791; — de leur remplacement, 30 décemb. 1789 = janvier 1790. — Leur place dans la salle des séances du Corps législatif, 18 octobre 1791. — Mode de leur admission dans le sein du Corps législatif, 7 ventôse, 2 et 15 floréal an III [25 février, 21 avril et 4 mai 1795] (I, B. 139 et 142, n.ºs 779 et 796). V. Corps législatifs.

— des Juges, membres des cours et tribunaux. Mode de leur nomination, et nombre désigné pour chaque cour et tribunal, et jugement des contestations relatives à leur élection, 16 24 août, 25 = 29 août, 27 novembre = 1.er décembre 1790, 14 et 15 = 27 mars, 31 mars = 6 avril, 2 = 3 juin 1791, 10 = 16 juillet 1792, 21 frimaire an IV [13 décembre 1795] (II, B. 12, n.º 55), 27 ventôse VIII [18 mars 1800] (III, B. 15, n.º 103). — Age et qualités exigés

pour être nommé suppléant, 16 = 24 août 1790, 27 ventôse an VIII [18 mars 1800] (III, B. 15, n.º 103). — Leurs fonctions et attributions spéciales, 16 = 24 août, 2 = 11 septembre, 12 = 19 octobre 1790, 29 octobre 1790 = 19 janvier 1791, 7 = 10 novembre, 27 novembre = 1.er décembre 1790, 13 = 14, 15 = 27 mars, 8 = 17 juin, 25 juillet, 3 = 14 septembre 1791, 27 ventôse an VIII [18 mars 1800] (III, B. 15, n.º 103), 28 avril 1810 (IV, B. 282, n.º 5351). V. Juges et Tribunaux.

— (C. P. C) En cas d'absence ou d'empêchement des procureurs impériaux et de leurs substituts, ils peuvent être remplacés par l'un des juges suppléans, art. 84. — En cas de partage d'opinions, et à défaut de juge, on appelle un suppléant pour le vider, 118.

— des Juges de paix. Mode de leur nomination et leurs attributions et fonctions, 29 ventôse an IX et 28 floréal an X [20 mars 1801 et 18 mai 1802] (III, B. 76 et 191, n.ºs 595 et 1596), 16 thermidor et 19 fructidor an X [4 août et 6 septembre 1802] (III, B. 206 et 213, n.ºs 1876 et 1966).

SUPPLÉANS de tribunaux de commerce (C. Co.) Leur nombre est proportionné aux besoins du service, art. 617. — On ne peut les appeler que pour compléter le nombre des juges, 626.

SUPPLÉMENT des gages des tribunaux (Le) est retranché du trésor public, 6 juin 1790 = 25 mars 1791.

SUPPLÉMENT d'hypothèque. (C. Civ.) Cas où le créancier peut en obtenir un, art. 2131.

SUPPLICE et SUPPLICIÉS. V. Peine de mort.

SUPPOSITION. (C. Co.) On répute simples promesses les lettres de change qui contiennent supposition de nom, de qualité, de domicile, &c., art. 112.

SUPPOSTION D'ENFANT. (C. P.) Celui qui aurait supposé un enfant à une femme non accouchée, est puni de la reclusion, art. 345.

— de nom. (C. P.) Peine pour avoir pris, dans un passe-port, un nom supposé, art. 154.

— de personne. (C. P.) Peine pour faux commis par ce délit, art. 145.

SUPPRESSION D'ÉCRITS. (C. P. C.) Les tribunaux sont autorisés à supprimer des écrits quand il y a lieu, art. 1036.

— (C. P. C.) Lorsque, dans des écrits relatifs à la défense des parties, ou dans des plaidoyers, on s'est permis des imputations ou des injures, les juges peuvent en ordonner la suppression, art. 377. V. Plaidoyer.

— d'enfant. (C. P.) Peine pour ce crime, art. 345.

— d'état. (C. Civ.) L'action criminelle contre ce délit ne peut commencer qu'après le jugement définitif sur la question d'état, art. 327.

SURARBITRE. Les arbitres divisés d'opinions choisissent un surarbitre pour lever le partage, 16 = 46 août 1790. V. Tiers-arbitres.

— (C. Co.) Nomination d'un surarbitre en cas de partage, art. 60.

SURCENS (Le) est rachetable, sauf la preuve contraire, 15 = 28 mars 1790. — Instruction sur son rachat, 15 = 19 juin 1791.

SURCHARGE. V. Rature.

SURENCHÈRE (Mode de vente par) des biens expropriés, 11 brumaire an VII [1.ᵉʳ novembre 1798] (II, B. 237 et 238, n.ᵒˢ 2137 et 2138).

— (C. P. C.) Pendant quel délai elle est permise, et taux auquel elle doit monter, art. 710. — Dénonciations qui doivent en être faites, 711. — Concours entre le surenchérisseur et l'adjudicataire, 712. — Formalités qui sont prescrites pour la surenchère sur vente volontaire, 832. — La surenchère est nulle dans le cas

de rejet de la caution, 833. — Justification à faire par certains créanciers pour pouvoir la requérir, 834 — Formalités pour parvenir à la revente sur enchère, 836 et 837. — L'acte d'aliénation tient lieu de minute d'enchère, 838.

— (C. Co) Surenchère qui peut avoir lieu après l'adjudication des biens d'un failli, art. 565.

SURESNES. Acceptation d'une donation faite pour le rétablissement de l'institution et la nomination annuelle de la Rosière de Suresnes, 16 thermidor an XIII [4 août 1805] (IV, B. 57, n.ᵒ 978).

SURESTARIES (Paiement des) qui résulteraient de l'arrestation des bâtimens neutres, 9 frimaire an V [29 nov. 1796] (II, B. 95, n.ᵒ 895).

SÛRETÉ (Police de). V. Police de sûreté.

SÛRETÉ de l'Etat. Convocation du Corps législatif dans le cas de troubles qui la menacent, 13 = 17 juin 1791. — L'accusation et la poursuite des attentats contre la sûreté de l'Etat appartiennent au Corps législatif et à la haute cour, constitutions de 1791, de 1793, de l'an III et de l'an VIII, et Code d'instruction criminelle, art. 5, 6, 86, 542 et suiv. — Peines encourues par les auteurs et complices de ces attentats, 25 septembre = 6 octobre 1791, 3 brumaire an IV [25 octobre 1795] (I, B. 204, n.ᵒ 1221), et Code pénal, art. 75 et suiv. — Le Sénat annulle les jugemens des tribunaux, lorsqu'ils sont attentatoires à la sûreté de l'Etat, 16 thermidor an X [4 août 1802] (III, B. 206, n.ᵒ 1876).

SÛRETÉ individuelle (La) est un droit de l'homme, et résulte du concours de tous pour assurer les droits de chacun, constitutions de 1791, de 1793, de l'an III et de l'an VIII. — Poursuite et punition de ceux qui y portent atteinte, 16 janvier = 16 février, 19 = 22 juillet, 25 septemb.

1790], art. 4 (II, B. 202, n.° 3105).

SURVEILLANCE. (C. Civ.) Celle des enfans mineurs du père qui a disparu appartient à la mère, art. 141. — En cas de décès de la mère, un conseil de famille défère cette surveillance aux ascendans les plus proches, 142. — Les actes de surveillance et d'administration des biens d'une succession, n'emportent pas adition d'hérédité, 779.

— (C. I. C.) Sur quels fonctionnaires publics le procureur général impérial exercera sa surveillance, art. 279 et suiv. — Surveillance du procureur impérial criminel sur les officiers de police judiciaire de son département, art. 289.

SURVEILLANCE de la haute police. (C. P.) Le renvoi sous cette surveillance est une peine commune aux matières criminelles et correctionnelles, art. 11. — Effets de ce renvoi, art. 44 et 45. — Condamnations qui mettent de plein droit sous cette surveillance, soit pour la vie, soit temporairement, 47 et suiv. — Surveillance temporaire à laquelle sont assujettis les individus qui, après avoir été condamnés à un emprisonnement de plus d'une année, sont repris pour un nouveau délit, 58 — Durée de la surveillance sous laquelle peut être mis l'individu âgé de moins de seize ans, qui, agissant avec discernement, a encouru des peines afflictives et infamantes, 67. — Même surveillance à l'égard de ceux qui, au premier avertissement, se sont retirés des bandes armées dont ils faisaient partie, 100 ; — et pour les parens auxquels la loi n'enjoint pas de révéler les complots, ou pour les coupables qui, avant l'exécution, en auraient donné connaissance, ou qui auraient procuré l'arrestation des auteurs ou complices, 107 et 108 ; — pour les individus coupables de crimes concernant la fausse monnaie, qui auraient fait des révélations, et au-

raient procuré des arrestations, art. 138 ; — pour les chefs de rébellion après l'expiration de leur peine, 221 ; — pour les individus qui auraient favorisé une évasion de détenus, 246 ; — pour les individus condamnés à raison de menaces d'attentats contre les personnes, 308; — pour les auteurs de blessures et de coups portés volontairement, 309 et suiv. ; — pour les fabricateurs d'armes prohibées, 314. — Cas dans lesquels des crimes excusables ne dispensent pas de la surveillance de la haute police, 326. — Surveillance à l'égard des individus qui, coupables de détention ou de séquestration, auraient, avant un délai de dix jours, remis en liberté la personne séquestrée, 343 ; — à l'égard des coupables de larcins et de filouteries, 401 ; — et de ceux qui auraient violé les réglemens relatifs aux manufactures, au commerce et aux arts, 416, 419 et 420 ; — ou qui auraient commis des destructions et des dégradations, 444 et 452.

SURVEILLANCE révolutionnaire (Comités de). V. Comités.

SURVIE. (C. Civ.) Si plusieurs personnes périssent dans un même événement, la présomption de survie se détermine par les circonstances du fait ou par la force de l'âge ou du sexe, art. 720. — Cas où toute donation entre-vifs des biens présens, faite entre époux par contrat de mariage, n'est point censée faite sous la condition de survie du donataire, 1092. — Cas où la femme peut ou non exercer ses droits de survie, 1452. — La stipulation que la communauté appartiendra au survivant, n'est pas réputée donation, mais simple convention de mariage, 1525. V. Prédécès.

SURVIVANCE (Droits de). Leur remboursement, 7 = 11 sept. 1790.

SURVIVANT (Conjoint). Il pourra succéder, à défaut de parens, dans les lieux où la loi territoriale a une disposition contraire, 22 novembre = 1.ᵉʳ décembre 1790. V. Époux.

— (C. Civ.) On ne peut déroger par le contrat de mariage aux droits conférés au survivant des époux, art. 1388.

SUSCRIPTION. (C. Civ.) Le notaire rédige l'acte de suscription d'un testament mystique, et les témoins le signent, art. 976.

— (C. P. C.) Les juges de paix doivent constater la suscription des testamens qu'ils trouvent sous les scellés, art. 916.

SUSPECTS. Sont regardés et notés comme suspects les individus qui refusent de déclarer leur nom, leur âge, le lieu de leur naissance, 19 = 22 juillet 1791; — ceux chez lesquels il est trouvé des armes cachées dont ils n'ont pas fait la déclaration, 28 août 1792, art 5. — Peines qu'ils encourent, ibid. V. Mendians, Police, Vagabonds.

SUSPECTS sous le gouvernement révolutionnaire. Décret qui ordonne le désarmement des gens notés comme suspects d'aristocratie et d'incivisme, 26 et 28 mars 1793; — qui autorise les municipalités et les députés en mission à les arrêter, à mettre les scellés chez eux, et même à les déporter, 1.ᵉʳ et 3 avril, 2 juin, 12 et 15 août 1793. — Désignation des individus qu'on peut regarder et traiter comme suspects, 17 septemb. et 3 octobre 1793, 19 et 28 vendémiaire an II [10 et 19 octobre 1793], 11 brumaire an II [1.ᵉʳ nov. 1793], 17, 18 et 22 frimaire an II [7, 8 et 12 décembre 1793], 1.ᵉʳ pluviose an II [1.ᵉʳ février 1794].— Police des maisons d'arrêt où ils sont détenus, et leur nourriture, 26 brumaire an II [16 novembre 1793], 8 frimaire et 23 ventôse an II [28 nov. 1793 et 13 mars 1794]. — Nomination d'une commission pour l'examen des détenus, avec pouvoir de mettre en liberté les patriotes, 30 frimaire an II [20 décembre 1793]. — Rapport de cette disposition, 6 nivôse an II [26 décembre 1793]. — Ceux qui réclament leur mise en liberté doivent rendre compte de leur conduite depuis le 1.ᵉʳ mai 1789, 8 et 13 ventôse an II [26 février et 3 mars 1794]. — Mise en liberté des laboureurs et moissonneurs détenus comme suspects, 21 et 22 messidor an II [9 et 10 juillet 1794] (I, B. 17 et 18, n.ᵒˢ 82 et 86). — Autorisation donnée au comité de sûreté générale pour la mise en liberté des suspects, 18 et 29 thermidor an II [5 et 16 août 1794] (I, B. 33 et 40, n.ᵒˢ 184 et 221). — Ordre de délivrer aux détenus copie des motifs de leur arrestation, ibid. — Les arrêtés ou jugemens de mise en liberté leur servent de passeport, 22 thermidor an II [9 août 1794] (I, B. 35, n.ᵒ 200). — Impression et distribution de la liste de ceux qui ont été élargis depuis le 11 therm. an II, 23 et 26 therm. an II [10 et 13 août 1794] (I, B. 36 et 39, n.ᵒˢ 203 et 213), et 29 thermidor an II [16 août 1794] (I, B. 40, n.ᵒ 221). — Secours qui leur sont accordés pour retourner dans leurs foyers, 20 et 26 fructidor an II [6 et 12 septembre 1794] (I, B. 55, n.ᵒ 293). — Le comité des finances est autorisé à prononcer sur des demandes en relevé de déchéance, adressées par les suspects détenus, 29 fructidor an II [15 septembre 1794] (I, B. 59, n.ᵒ 322). — Disposition relative à la levée des scellés apposés sur leurs meubles et effets, 21 vendémiaire an III [12 octobre 1794] (I, B. 72, n.ᵒ 385); — à leur réintégration dans la jouissance de leurs biens, 12 brumaire an III [2 novemb. 1794] (I, B. 80, n.ᵒ 421). — Exception pour les effets saisis sur eux, 13 nivôse an III [2 janvier 1795] (I, B. 106, n.ᵒ 554). — Faculté aux détenus de se pourvoir contre les auteurs de leur détention, 9 nivôse an III [29 décembre 1794]. —Ordre aux fonctionnaires publics destitués ou suspendus, de se retirer dans leurs communes, 5 ventôse an III [23 février 1795] (I, B. 126, n.º 666).

— Envoi décadaire au comité de sûreté générale, de l'état nominatif des suspects et des motifs de leur arrestation, 20 ventôse an III [10 mars 1795] (I, B. 130, n.º 697). — Manière dont peuvent se pourvoir en cassation de jugement ceux qui ont été détenus pour cause de révolution, ou qui se sont soustraits aux mandats d'arrêt décernés contre eux, 16 germinal an III [5 avril 1795] (I, B. 134, n.º 740). — Disposition relative aux individus mis en état de détention par mandat d'arrêt du comité de sûreté générale ou par arrêtés du comité de salut public ou des représentans du peuple, 2.ᵉ jour complémentaire an III [18 septemb. 1795] (I, B. 179, n.º 1097). —

— Examen des réclamations des pères et mères des défenseurs de la patrie, des agriculteurs, artistes et commerçans mis en état d'arrestation comme suspects, 4.ᵉ jour complémentaire an III [20 septemb. 1795] (I, B. 64, n.º 342). — Rapport des lois sur l'arrestation et le désarmement des suspects, 15 vendém. an IV [7 octobre 1795] (I, B. 189, n.º 1146).

SUSPENSIF (Veto). V. *Veto*.

SUSPENSION. (C. Civ.) La condition résolutoire ne suspend pas l'exécution de l'obligation, art. 1183. — Le terme ne suspend point l'engagement dont il retarde seulement l'exécution, 1185. — Dans le cas de plainte en faux principal, l'exécution des actes, même authentiques, est suspendue, 1319.

— (C. P. C.) Suspension qu'encourt l'individu remplissant des fonctions près d'un tribunal où il cause du trouble, art. 90.

— (C. I. C.) La renonciation à l'action civile ne peut suspendre l'exercice de l'action publique, art. 4. — On doit suspendre l'exécution de deux arrêts qui auraient condamné deux individus différens comme coupables du même crime, 443. V. *Action publique*, *Arrêts*, *Surséance*.

— (C. P.) Peine encourue par le fonctionnaire public qui, malgré une suspension, aurait continué l'exercice de ses fonctions, art. 197. — Cas dans lesquels la suspension peut être ordonnée pour écrits relatifs à la défense des parties, 377. V. *Fonctionnaires publics*.

SUSPENSION de l'empire de la constitution. V. *Constitutions*; — des droits de citoyen. V. *Citoyen* (Droits de); — de l'exercice de fonctions publiques. V. *Administrateurs*, *Députés*, *Fonctions publiques* et *Juges*; — de poursuites judiciaires. V. *Procédure*.

SUSPICION. Les militaires accusés peuvent proposer les motifs de suspicion contre les témoins, 22 septembre = 29 octobre 1790. — Le tribunal de cassation juge les demandes en renvoi d'un tribunal à un autre pour cause de suspicion, 27 novembre = 1.ᵉʳ décembre 1790, 3 = 14 sept. 1791, 22 frimaire an VIII [13 décembre 1799] (II, B. 333), et 27 ventôse an VIII [18 mars 1800], art. 60 (III, B. 15, n.º 103).

— (C. I. C.) Par qui les renvois d'un tribunal à un autre peuvent être demandés pour cause de suspicion légitime, art. 542 et 543.

SUZE (Commune de). V. *Mont-Cenis*.

SYNAGOGUES *de Juifs*. V. *Juifs*.

SYNALLAGMATIQUE (Contrat). (C. Civ.) Ce qui le constitue, art. 1102. — Cas où la condition résolutoire est sous-entendue dans le contrat synallagmatique, 1184. — Forme et effet des actes sous signatures privées

leur nomination, leurs fonctions et leur traitement, 31 décemb. 1790 =7 janvier 1791, 28 et 31 avril= 13 mai, 9=13 août, 21=28 sept. 1791, 21 juillet 1793, 24 brumaire an III et 3 brumaire an IV [14 novembre 1794 et 25 octobre 1795] (I, B. 86 et 205, n.os 451 et 1222), 21 ventôse an IV [11 mars 1796] (II, B. 32, n.º 235), 3 fructidor an IX [21 août 1801] (III, B. 99, n.º 828). — Fixation de leurs frais de voyages, 29 pluviôse an IX [18 février 1801] (III, B. 68, n.º 529). — Mesures de police et de conservation qu'ils prennent pour pourvoir au sauvetage des bâtimens de mer, 17 floréal an IX [7 mai 1801] (III, B. 82, n.º 665).

SYNODES. Cinq églises protestantes forment l'arrondissement de chaque synode, 18 germinal an X [8 avril 1802], art. 17 (III, B. 172, n.º 1344). — Leur composition, leur surveillance, et mode de convocation et des délibérations de leurs assemblées, art. 29 et suiv.

SYSTÈME métrique. Ordre de frapper une médaille pour transmettre à la postérité l'époque à laquelle le système métrique a été porté à sa perfection, 19 frim. an VIII [10 décemb. 1799], art. 4 (II, B. 334, n.º 3456).

TABACS.

TABACS. Les droits sur les tabacs continuent d'être perçus en Hainault au profit du trésor public, 15=20 juin 1790. — Mode de fourniture de tabac aux matelots, 9=27 nov. 1790. = Prohibition de l'importation des tabacs fabriqués, fixation et mode de perception des droits d'entrée et de fabrication des tabacs en feuilles venant de l'étranger, 1 et 4 mars= 24 avril, 2=15, 20=27 mars, 6 =22 avril, 5=7 septembre 1792, 22 germinal an V et 9 vendémiaire an VI [11 avril et 30 septembre 1797 (II, B. 117 et 148, n.os 1133 et 1447), 29 floréal an X [19 mai 1802] (III, B. 192, n.º 1602), 11 pluviôse an XI [31 janvier 1803] (III, B. 245, n.º 2296), 25 et 28 février 1806 (IV, B. 75 et 77, n.os 1339 et 1369). — Prix des patentes pour les particuliers qui réunissent à leur négoce, métier ou profession, celles de fabricant et débitant de tabacs, et pour ceux qui n'exercent que ces deux professions, 2 = 17 mars 1791. — Liberté de cultiver, fabriquer et débiter du tabac dans toute l'étendue du royaume, 20 = 27 mars 1791. — Prix et mode de vente des tabacs provenant de la ferme et des manufactures de l'État, 20=27 mars, 31 mars=1.er avril, 22=25 mars, 12=16 août 1792, 9 mai, 28 décembre 1811 (IV, B. 370 et 411, n.os 6765 et 7544). — Les préposés à la régie provisoire des manufactures de tabacs sont autorisés à en fournir pour l'étranger, 27 mars=1.er avril 1791. — Désignation des ports pour l'introduction des tabacs, 1.er et 4 mars =24 avril 1791, 2 thermidor an X [21 juillet 1802] (III, B. 227, n.º 2093), 15 floréal an XII [5 mai 1804] (III, B. 362, n.º 3812), 1.er pluviôse et 10 prairial an XIII [21 janvier et 30 mai 1805] (IV, B. 28 et 47, n.os 481 et 778). — Sursis à la vente des tabacs nationaux jusqu'à la fixation du maximum de leur prix, 12 juin 1792. — Prix du tabac de cantine pour les troupes, 29 juillet = 6 août 1791. — Durée de l'entrepôt des tabacs en feuille, 5 septembre 1793. — Les tabacs fabriqués en entrepôt dans les ports sont admis dans la circulation intérieure, en payant des droits d'entrée, 19 sept. 1793. — Les tabacs fabriqués reçus dans les entrepôts de la ci-devant Belgique sont admis provisoirement à la consommation de l'intérieur de la France, 2 floréal an IV [21 avril 1796] (II, B. 44, n.º 355). — Etablissement d'une taxe sur le tabac, 22 brumaire et 9 prairial an VII [12 nov. 1798 et 28 mai 1799] (II, B. 240 et 283, n.ºs 2173 et 2973). — Désignation des bureaux de douanes pour la sortie des tabacs fabriqués, 11 nivôse, 23 pluviôse an VII [31 décembre 1798, 11 février 1799] (II, B. 251 et 258, n.ºs 2314 et 2432). — Cas où les tabacs en feuilles importés par bâtimens français sont admis à la réduction du droit d'entrée, 16 thermidor an VIII [4 juillet 1800] (III, B. 35, n.º 234). — Désignation d'un magasin pour l'entrepôt des tabacs à Bordeaux, 7 frimaire an X [28 novembre 1801] (III, B. 131, n.º 1011). — Etablissement d'entrepôts pour le tabac en feuilles venant de l'étranger, 6 messidor an X et 21 fructidor an XI [25 juin 1802 et 8 septembre 1803] (III, B. 139 et 312, n.ºs 1781 et 3155), 7 fructidor an XII, 9 vendémiaire et 9 frimaire an XIII [25 août, 1.er octobre et 30 nov. 1804] (IV, B. 17 et 23, n.ºs 292, 294 et 412). — Vérification et pesage des tabacs en feuilles venant de l'étranger avant leur entrepôt, 9 thermidor an X [28 juillet 1800] (III, B. 204, n.º 1869). — Etablissement d'un entrepôt réel pour le tabac à fumer venant du Brésil, 11 thermidor an X [30 juillet 1802] (III, B. 207, n.º 1878). — Tarif des droits à percevoir sur les tabacs dans l'étendue du département de la Seine, 11 fructidor an XI [29 août 1803] (III, B. 309, n.º 3121). — Emploi des traites ou obligations données en acquit de droits de tabac, 5 vendémiaire an XII [24 septembre 1803]

(III, B. 318, n.º 3219). — Loi sur les finances, réglant tout ce qui concerne la fixation et le mode de perception des droits sur les tabacs, les formalités pour l'expédition des tabacs étrangers, la réexportation et remise des droits à l'exportation du tabac fabriqué, les conditions pour l'établissement d'une fabrique ou d'un débit de tabac, et les amendes et confiscations en cas de contraventions, 5 ventôse an XII [25 février 1804] (III, B. 345, n.º 3610). — Fixation du prix des licences pour les fabricans et débitans, 30 thermidor an XII, 26 fructidor et 4.e jour complémentaire an XIII [18 août 1804, 13 et 21 sept. 1805] IV, B. 13, 57 et 58, n.ºs 192, 1048 et 1057). — Prorogation du délai fixé pour l'abolition des licences relatives aux fabriques de tabac, 4 frimaire an XIII [25 novembre 1804] (IV, B. 21, n.º 376). — Dispositions relatives à la déclaration et à la marque des tabacs dépourvus du type prescrit par les lois du 22 brumaire an VII et 5 ventôse an XII, 3 nivôse an XIII [24 décembre 1804] (IV, B. 48, n.º 793). — Droit de sortie des côtes des feuilles de tabac, 7 ventôse an XIII [26 février 1805] (IV, B. 33, n.º 557). — Amende et confiscation encourues par les marchands et débitans de tabac en gros et en détail vendant sans licence, 1.er germinal an XIII [22 mars 1805] (IV, B. 38, n.º 646). — Les marchands ou commissionnaires de tabacs en gros sont assujettis à prendre une licence de débitant, 4 messidor an XIII [23 juin 1805] (IV, B. 55, n.º 888). — Création d'une régie pour l'approvisionnement et la vente du tabac dans les 27.e et 28.e divisions militaires, 2 thermid. an XIII [21 juillet 1805] (IV, B. 53, n.º 877). — Droit sur les feuilles de tabac employées à la fabrication, et sur les tabacs fabriqués 24 avril 1806, art. 45 (IV, B. 88, n.º 1513).—Marques et vignettes de la régie dont les tabacs doivent être revêtus, *ibid.* art. 47.— Inventaire général des tabacs en feuilles, 5 mai 1806, art. 37 (IV, B. 80, n.º 1514). —L'emploi frauduleux d'une pince servant à marquer les tabacs, constitue un crime de faux de la compétence des cours spéciales, 15 octobre 1810 (IV, B. 323, n.º 6060). — Obligations des cultivateurs, fabricans et débitans, et attributions de la régie des droits réunis relativement à la culture, à la fabrication et à la vente du tabac, 16 juin, 28 août 1808, 29 décembre 1810 et 12 janvier 1812 (IV, B. 195, 264, 337, 339 et 344, n.ºs 3461, 5157, 6255, 6336 et 6455). — Les dispositions du décret du 29 décembre 1810 sont applicables à la régie des tabacs au-delà des Alpes, 27 février 1811 (IV, B. 354, n.º 6560). — Impôt sur les différentes sortes de tabac en Hollande, 11 janvier 1811 (IV, B. 344, n.º 6453). — Le sieur Helvoët est chargé de la direction et surveillance des achats, fabrication et vente des tabacs, 13 janvier 1811 (IV, B. 344, n.º 6458). — Emplois pour l'entrepôt et le débit des tabacs affectés aux militaires admis à la retraite ou réformés, 8 mars 1811 (IV, B 355, n.º 6568).

TABAGO (Île de). Organisation administrative et judiciaire de cette île, 11 messidor an X et 28 germinal an XI [30 juin 1802 et 18 avril 1803] (III, B. 200 et 269, n.ºs 1805 et 2673). V. *Colonies.*

TABAULT (Le sieur) est nommé administrateur de la loterie nationale, 27 frimaire an VIII [18 décembre 1799] (II, B. 337, n.º 3474).

TABELLIONS (Amende encourue par les) qui refusent de communiquer un bail de biens nationaux en leur possession, 9 = 25 juillet 1790. — Officiers par lesquels ils font arrêter leurs répertoires, 20 = 23 janvier 1791. — Suppression des offices de tabellions authentiques, seigneuriaux, apostoliques, et leur remplacement par des notaires publics, 29 septembre = 6 octobre 1791.

TABLEAU *des avocats et avoués.* (C. P. C.) Celui qui est placé dans les salles d'audience des tribunaux sert à déterminer l'ordre suivant lequel on les appelle en cas de partage d'opinions des juges, art. 118.

TABLEAU *civique des citoyens de chaque commune et canton.* Sa formation, 22 décembre 1789 = janvier 1790, 21 mai = 27 juin 1790, 10 vendémiaire an IV [2 octobre 1795] (I, B. 188, n.º 1142), 13 ventôse an IX [4 mars 1801] (III, B. 72, n.º 549), 19 fructidor an X [6 septembre 1802] (III, B. 213, n.º 1964); 17 janvier 1806 (IV, B. 72, n.º 1255). V. *Population* (États de). — Délits ou contraventions aux lois qui donnent lieu à la radiation du tableau civique, 2 = 3 juin 1790, 27 septembre = 16 octobre, 30 septembre = 9 octob. 1791. V. *Citoyen* (Droits de).

TABLEAU *des débiteurs.* (C. Co.) Tableau des profits, des dépenses et des pertes que le bilan doit contenir, art. 471. — Tableau placé dans l'auditoire du tribunal de commerce de la mairie ou commune, où l'on insère les noms, prénoms, profession et demeure du débiteur admis au bénéfice de cession, 573

TABLEAU *de dépréciation du papier-monnaie* (Formation d'un dans chaque département, 5 messidor an V [23 juin 1797] (II, B. 129, n.º 1234). V. *Assignats* et *Transactions.*

TABLEAU *des députés à élire au Corps législatif* (Envoi du) par chaque département, 27 pluviôse an V [15 février 1797]. V. *Assemblées politiques* et *Corps législatifs.*

TABLEAU *des domaines nationaux non aliénés* (Ordre d'imprimer le), 7 germinal an IV [31 mars 1796] (II,

B. 36, n.° 271). V. *Domaines nationaux.*

TABLEAU *des jurés* (Mode de formation du), 3 brumaire et 22 nivôse an IV [25 octob. 1795 et 12 janvier 1796] (I, B. 204, n.° 1221, et II, B. 18, n.° 107). V. *Jurés.*

— (C. I. C.) La liste des jurés doit être notifiée à chaque accusé la veille du jour déterminé pour la formation de ce tableau, art. 394. — Le jury de jugement est formé à l'instant où douze noms de jurés non récusés sont sortis de l'urne, 399. — L'examen de l'accusé commence aussitôt après la formation du tableau, 405. — Cas dans lequel un nouveau tableau doit être formé, 406.

TABLEAU *des tribunaux d'appel.* Il doit être déposé au greffe et affiché dans l'auditoire, 16 = 24 août 1790.

TABLEAUX. Inventaire et dépôt des tableaux de la couronne, 26 mai = 1.er juin 1791. — Dispositions relatives à l'estimation des tableaux faits pour le Gouvernement par le sieur Rossel, 2 et 20 juin 1792. — Désignation d'un local pour placer les tableaux offerts aux Assemblées constituante, législative, et à la Convention, 21 juillet 1793. — Les tableaux qui obtiennent des prix au concours public sont exécutés en tapisserie à la manufacture des Gobelins, 21 floréal an II [10 mai 1794]. V. *Académies de peinture, sculpture, &c., Artistes, Beaux-arts, Cabinets, Musées, Sciences et arts.*

— (C. Civ.) Dans quels cas les tableaux sont censés immeubles par destination, art. 525 et 534. — L'usufruitier qui fait enlever les tableaux par lui placés, est obligé de rétablir les lieux dans leur premier état, 599.

TABLEAUX *placés dans les salles d'audience des tribunaux.* (C. P. C.) Il y a dans l'auditoire des tribunaux un tableau destiné à y insérer les extraits des cahiers des charges, art. 644; — ceux des saisies immobi-

lières, 682; — des demandes en séparation de biens, 866; — des jugemens intervenus sur ces demandes, 872; — des jugemens qui ordonnent une séparation de corps, 880. — Mentions à faire au tableau à l'égard des débiteurs admis au bénéfice de cession, 902.

TABLEAUX *des contributions directes* pour leur répartition. V. *Contributions directes.*

TABLEAUX *des recettes et dépenses de l'État.* V. *Finances.*

TABLES. (C. Civ.) Elles sont des meubles meublans, art. 534.

TABLES *décennales* de l'état civil. V. *État civil.*

TABLES *horaires* (Les frais d'impression des), composées par le sieur Lalande, sont mis à la charge du département de la marine, 9 = 17 juin 1791.

TABLES *hypothécaires* (Rejet de la résolution relative aux), établies par l'art. 23 de la loi du 21 ventôse an VII, 6 vendémiaire an VIII [28 octobre 1799]. V. *Hypothèques.*

TABLES *des lois.* V. *Bulletin des lois.*

TABLES *de marbre* (Dépôt des plans et pièces existant dans les greffes des) au secrétariat de la conservation générale des forêts, 15 = 29 sept. 1791.

TABLES *des procès-verbaux des assemblées nationales* (Mode d'impression des), 2 floréal an VI [21 avril 1798] (II, B. 198, n.° 1800).

TABLETTES *de cheminée.* (C. Civ.) Les réparations qu'elles nécessitent sont locatives, art. 1754.

TACITE *reconduction* (La) est abolie pour les baux à ferme, 28 sept. = 6 oct. 1791.

— (C. Civ.) Le preneur ne peut l'invoquer, malgré une continuation de jouissance, lorsqu'il y a un congé signifié, art. 1739.

TACK (Le sieur) est nommé membre du Corps législatif, 4 nivôse an VIII [25 décembre 1799] (II, B. 341, n.° 3509).

TAFIAS. Autorisation d'établir des entrepôts pour convertir en rum les tafias des colonies, 23 septembre = 19 octobre 1791. — Droit d'entrée de ces tafias, 3 thermidor an X 22 juillet 1802 (III, B. 203, n.º 1849). — Les tafias en entrepôt dans les ports sont admis dans la circulation intérieure, en payant les mêmes droits que les eaux-de-vie doubles, 19 sept. 1793. — Autorisation d'entreposer le tafia dans le port de Cherbourg, 10 frimaire an XI [1.ᵉʳ déc. 1802] (III, B. 233, n.º 2156).

TAILLE *exigée pour entrer dans la gendarmerie*, 22 juin = 20 juillet 1791; —dans l'armée de ligne, 24 = 25 janvier, 25 = 30 mai, 28 = 31 mai, 24 = 28 juillet 1792; — dans la gendarmerie de service près les tribunaux de Paris, 17 juin 1792. — Taille des conscrits, 28 floréal an X [18 mai 1802] (III, B. 191, n.º 1595). V. *Armée* au titre *Conscription*.

TAILLE *personnelle* (Les droits de) sont abolis, 15 = 28 mars 1790.

TAILLEFER (Le sieur) est mis en surveillance spéciale hors du territoire européen de la France, 14 nivôse an IX [4 janvier 1801] (III, B. 60, n.º 440).

TAILLE-RESSES (Les compagni de) établies dans chaque hôtel des monnaies, sont supprimées, 21 = 27 mai 1791, titre II, art. 3.

TAILLES. (C. Civ.) Celles corrélatives à leurs échantillons font foi pour constater des fournitures, art. 1333.

TAILLES *et taillons*. Répartition de la taille dans la Champagne et dans d'autres provinces, et mode de paiement de cette contribution d'après les rôles existans, 17 = 19 déc. 1789, 26 février = 5 mars 1790, 11 mars = 10 avril, et 21 septembre = 16 octobre 1791. — Liquidation des offices des receveurs des tailles et taillons, 27 germinal an II [16 avril 1794]. V. *Impositions directes*.

TAILLIS. Il est défendu de faire des coupes dans les taillis, 18 = 26 mars 1790. V. *Bois* et *Forêts*.

— (C. Civ.) Quand les coupes de bois taillis deviennent meubles, art. 521.

TAILLY (Le sieur). Il n'y a pas lieu à accusation contre lui, 25 janvier 1792.

TAIN. Disposition relative à une délibération illégalement prise par le conseil municipal de cette commune, sur une aliénation de propriétés avec disposition de prix sans la participation des autorités supérieures, 23 prairial an IX [12 juin 1801] (III, B. 84, n.º 679). — La vente d'un terrain qui lui appartient est autorisée, 7 nivôse an X [28 décembre 1801] (III, B. 149, n.º 1148).

TAINE (Le sieur) est nommé commissaire de police à Paris, 22 ventôse an VIII [13 mars 1800] (III, B. 11, n.º 77).

TALABERE (Concession de mines au sieur). V. *Mines*.

TALENS (Les) sont la seule distinction pour l'admission aux emplois, 3 = 14 septembre 1791.

TALHOUET (Le sieur) n'est point compris dans le mandat de remplacement de la chambre des vacations du parlement de Rennes, 28 décembre 1789.

TALLEYRAND-PÉRIGORD (Le sieur) est nommé ministre des relations extérieures, 25 messidor an V et 1.ᵉʳ frimaire an VIII [13 juillet 1797 et 22 novembre 1799] (II, B. 135 et 329, n.ᵒˢ 1315 et 3534). — Le bref du pape Pie VII qui rend ce ministre à la vie séculière et laïque, a son plein et entier effet, 2 fructidor an X [20 août 1802] (III, B. 208, n.º 1919). — Il est nommé prince et duc de Bénévent, 5 juin 1806 (IV, B. 100, n.º 1659). V. *Bénévent*.

TALONGO (Le sieur). Son élection au titre de candidat pour le Corps législatif est annullée, 21 septemb. 1808 (IV, B. 207, n.º 3777).

TALOT (Le représentant du peuple) est exclu de la représentation nationale, 19 brumaire an VIII [10 novembre 1799] (II, B. 323, n.º 3413).—Il est tenu de se rendre à la Rochelle, 20 brumaire an VIII [11 novembre 1799] (II, B. 329, n.º 3432).—Il est mis en surveillance hors du territoire européen de la France, 14 nivôse an IX [4 janvier 1801] (III, B. 60, n.º 440).

TAMBOUR. Peines contre ceux qui le battront sans un ordre exprès, 3 prairial an III [22 mai 1795] (I, B. 147, n.º 837).

TAMBOURS des régimens. Leur paie, équipement et nourriture, 24 juin = 9 juillet 1790. — Loi qui fixe le traitement provisoire des tambours-maîtres, 30 ventôse an III [20 mars 1795] (I, B. 132, n.º 714). — Parts de prises accordées aux tambours, 9 ventôse an IX [28 février 1801] (III, B. 71, n.º 548).

TAN. Communes autorisées à en exporter à l'étranger, 14 = 27 juin 1792. — Prohibition de la sortie du tan, 16 nivôse an II [5 janvier 1794].

TANNAGE. Dispositions relatives à la découverte de nouveaux procédés pour celui des cuirs, 14 nivôse an III [3 janvier 1795] (I, B. 109, n.º 571).

TANARO (Département du). Sa réunion à la France, 24 fructidor an X [11 septembre 1802] (III, B. 214, n.º 1965). — M. Roland de Villarceaux est nommé préfet, 6 ventôse an XI [25 fév. 1803] (III, B. 251, n.º 2344). — Ce département est supprimé, 17 prairial an XIII [6 juin 1805] (IV, B. 47, n.º 791).

TANNEGUY-LEVENEUR (Le sieur) est nommé membre du Corps législatif, 3 octobre 1808 (IV, B. 209), n.º 3809).

TANNEURS. Délais qui leur sont accordés pour acquitter les droits sur les cuirs et les peaux, 26 novembre = 5 décembre 1790, 21 septembre = 16 octobre 1791. V. Cuirs. — Les tanneurs sont obligés de vider et remplacer leurs fosses sans interruption, à peine d'être déclarés suspects, et ils sont tenus de fournir les cuirs secs et de bonne qualité, sous peine de confiscation au profit de l'État, 4 brumaire an II [25 octobre 1793].

TANTE. (C. Civ.) Elle ne peut épouser son neveu, art. 163;—mais elle a droit de former opposition à son mariage, à défaut d'ascendans et de frère ou de sœur, 174.—La tante du meurtrier n'est pas tenue de le dénoncer, 728.

TAPAGE nocturne. V. Bruits nocturnes.

TAPISSERIES. Réunion de la manufacture de la Savonnerie à celle des Gobelins, 10 juin 1793, art. 43. — Décret qui prohibe l'exportation des soies teintes et plates propres à faire de la tapisserie, 23 germinal an XIII [13 avril 1805] (IV, B. 40, n.º 660). — (C. Civ.). Les tapisseries sont des meubles meublans, art. 534.

TAPONAD (Le sieur) est admis en qualité de juge au tribunal civil du département du Léman, 3.e jour complémentaire an VII [19 septembre 1799] (II, B. 312, n.º 3292).

TARANGER (Le sieur) est nommé membre du Corps législatif, 1.er prairial an V [20 mai 1797] (II, B. 125, n.º 1212).

TARARE. Conditions requises des fabricans de mousseline de cette ville, autorisés à envoyer en Suisse une certaine quantité de coton en laine des colonies françaises d'Amérique, 20 = 22 juillet 1792. — Établissement d'un conseil de prud'hommes dans cette ville, 22 décembre 1809 (IV, B. 256, n.º 4937).

TARASCON. Circonscription des paroisses qui dépendent de son district, 11 = 17 août 1792. — Les citoyens de cette ville sont mis sous la sauvegarde de la loi, 24 juin 1793.—Réunion de plusieurs municipalités à celle de cette ville, 7 mess. an II [25 juin 1794] (I, B. 9, n.º 48).—Suppression du bureau de garantie qui s'y trouve établi, 9 frimaire an X [30 novembre 1801] (III, B. 136, n.º 1021).—Son rétablissement, 3 nivôse an X [25 décembre 1801] (III, B. 143, n.º 1102).

TARBÉ (Le sieur), ex-ministre, est décrété d'accusation, 15 = 16 et 29 août 1792.

TARBÉ (Le sieur Charles) est nommé membre du Corps législatif, 1.er prairial an V [20 mai 1795] (II, B. 125, n.º 1212).

TARBES. Établissement d'un tribunal de commerce et d'une fonderie de canons dans cette ville, 21 septembre = 12 octobre 1791, et 30 mai 1793.

TARDY (Le sieur) est décrété d'accusation et transféré dans les prisons d'Orléans, 15 septembre = 13 novembre, 12 = 13 novembre, 21 = 23 novembre, et 2 = 4 décemb. 1791. — Il est mis en liberté, 20 novembre 1791.

TARGET (Le sieur) est nommé juge au tribunal de cassation, 13, 14, 15, 16, 17 et 18 germinal an VIII [3, 4, 5, 6, 7 et 8 avril 1800] (III, B. 18, n.º 123).

TARGETTES. (C. Civ.) Les réparations qu'elles nécessitent sont locatives, art. 1754.

TARIFS des Douanes. V. Douanes; — des droits de bacs. V. Bacs; — des droits de courtage. V. Agens de change et Bourses de commerce; — de l'enregistrement. V. Enregistrement; — des frais et dépens en matière judiciaire civile, 16 février 1807 (IV, B. 137 et 139, n.ºs 2240, 2241 et 2242); — en matière criminelle, 18 juin 1811 (IV, B. 377, n.º 7035); — des postes aux chevaux et aux lettres. V. Postes; — des messageries. V. Messageries; — de la navigation intérieure. V. Navigation intérieure; — des octrois municipaux et de bienfaisance. V. Octrois;

— des poudres et salpêtres. V. Poudres et salpêtres; — de la taxe d'entretien des routes. V. Chemins publics et Taxe d'entretien; — du timbre. V. Timbre.

TARN (Rivière du). Le Gouvernement est autorisé à faire, moyennant la concession d'un droit de péage, des traités relatifs à la navigation du Tarn, 19 floréal an XI [9 mai 1803] (III, B. 282, n.º 2777).

TARN (Département du). Sa formation, sa composition et son classement dans la division territoriale de la France, 15 janvier, 16 et 26 février = 4 mars 1790. — Confirmation de l'arrêté du département qui ordonne d'élever, autour de l'arbre de la liberté, un autel à la patrie aux frais de ceux qui l'ont renversé, 27 mars 1793. — Extension de pouvoirs donnés à plusieurs représentans du peuple sur ce département, 16 brumaire an III [6 novembre 1794]. — Un représentant y est envoyé en mission, 26 nivôse an III [15 janvier 1795] (5, B. 113, n.º 590). — L'administration centrale est fixée à Alby, 27 brumaire an VI [17 novembre 1797] (II, B. 159, n.º 1559). — Validité des opérations de l'assemblée électorale pour la nomination des députés au Corps législatif, 17 floréal an VII [6 mai 1799] (II, B. 281, n.º 2926). — Sont nommés préfets, MM. la Tourette, 11 brumaire an X [2 novembre 1801] (III, B. 121, n.º 949); — Gary, 29 germinal an XII [19 avril 1804] IV, B. 358, n.º 3751). — Désignation des écoles secondaires, 13 frimaire an XI [4 décembre 1802] (III, B. 234, n.º 2181). — Réduction des justices de paix et rectification des arrêtés qui les ont déterminées, 7 frimaire et 9 pluviôse an X [28 novembre 1801 et 29 janvier 1802] (III, B. 155, n.º 1202 et B. 228 bis, n.º 1.er) — Réunion de plusieurs communes à ce département, 4 thermidor an XI = 23 juillet 1803 (III, B 299, n.º

A a 4

3011).—Ses limites entre les communes de Castan et de la Bastide-Saint-Amans, sont maintenues, 25 vendémiaire an XII [18 octobre 1803 [III, B. 223, n.º 3277).

TARN-ET-GARONNE (Formation et organisation d'un nouveau département sous le titre de département de), 4 et 21 novembre 1808 (IV, B. 212 et 214, n.º 3884 et 3940).— Sont nommés préfets: MM. le Pelletier d'Aulnay, 26 novembre 1808 (IV, B. 216, n.º 4002); — Bouvier-Dumolard, 12 mars 1813 (IV, B. 485, n.º 8965).—Mesures provisoires prescrites pour l'instruction et le jugement des procès relatifs aux crimes et délits commis dans ce département, 1.er avril 1809 (IV, B. 231, n.º 4276).—Lettres de création du dépôt de mendicité, 13 octob. 1809] (IV, B. 248, n.º 4771).—Nomination des membres du Corps législatif pour ce département, 4 mai 1811 (IV, B. 367, n.º 6725).

TARO (Département du). Il est formé des Etats de Parme et Plaisance, 24 mai 1808 (IV, B, 193, n.º 3408).— Il fait partie du gouvernement des départemens au-delà des Alpes, 23 juillet 1808 (IV, B. 198, n.º 3590).— Dispositions relatives à ses dépenses, 3 septembre 1808 (IV, B. 204, n.º 3749).— Création du dépôt de mendicité, 29 août 1809 (IV, B. 243, n.º 4543).— M. le baron Desportes est nommé préfet, 7 août 1810 [IV, B. 307, n.º 5846).— Etablissement des trois bureaux de perception de l'octroi de navigation, et fixation des droits à y percevoir, 17 mai 1811 (IV, B. 374, n.º 6892).

TARRIBLE (Le sieur) est nommé membre du Tribunat, 6 germinal an X [27 mars 1802] (III, B. 171, n.º 1341).

TARTE (Le sieur) est nommé membre du Corps législatif, 4 nivôse an VIII [25 décembre 1799] (II, B. 341, n.º 3509).

TARTEYRON (le sieur) est nommé membre du Corps législatif, 4 nivôse

an VIII [25 décembre 1799] (II, B. 341, n.º 3509).

TASCHER (Le sieur Pierre-Jean-Alexandre) est nommé membre du Sénat conservateur, 30 vendémiaire an XIII [22 octobre 1804] (IV, B. 19, n.º 339).

TASCHER (Le sieur Philibert-Louis-Alexandre DE) est nommé membre du Corps législatif, 9 et 10 août 1810 (IV, B. 307, n.º 5847).

TASQUE (Le droit de) est rachetable, sauf la preuve contraire, 15 == 28 mars 1790.—Mode et taux du rachat, 3 == 9 mai 1790 et 15 == 19 juin 1791.

TASTU (Le sieur ABDON) est nommé membre du Corps législatif, 1.er prairial an V [20 mai 1797] (II, B. 125, n.º 1212).

TAUREAU (Les droits de banalité de) sont abolis sans indemnité, 15 == 28 mars 1790.

TAUX. (C. Civ.) Celui auquel on peut constituer une rente viagère, art. 1976.

TAVERNE (Le droit de) est conservé provisoirement, 15 == 28 mars, 8 == 26 septembre 1790.

TAXATEURS-CALCULATEURS des dépens. Mode de la liquidation de leurs offices, 29 juillet == 6 août 1791.

TAXATIONS des offices. V. Offices; — des receveurs et percepteurs des contributions. V. Contributions, Percepteurs et Receveurs.

TAXES. Aucune taxe ne peut être mise et perçue qu'en vertu d'un acte du Corps législatif, 14 frimaire an II [4 décembre 1793], et 13 frimaire an III [3 décembre 1794] (I, B. 95, n.º 486).

— d'Entretien des routes. Son établissement et mode de sa perception, 24 fructidor an V et 3 nivôse an VI [10 et 23 décembre 1797] (II, B. 144 et 171, n.ºs 1417 et 1631). V. Chemins publics; — des experts. V. Experts; — des frais de justice. V.

Frais de justice et *Tarif des frais et dépens.*

— (C. P. C.) Copies fournies par le demandeur pendant le cours de l'instance, et qui ne doivent pas entrer en taxe, art. 65. — Ecritures et significations qui peuvent ou non entrer en taxe, 81, 82, 102, 104 et 105. — Cas où la taxe des dépens est poursuivie au nom de l'avoué sans préjudice de l'action contre sa partie, 133. — Frais qui ne doivent pas entrer en taxe, et qui restent à la charge de l'avoué, 152. — Moyens d'opposition qui ne doivent pas entrer en taxe, 162. — Comment et par qui est faite celle des vacations et journées des experts commis pour vérifier un écrit dénié, 209 et 319. — Ecritures qui, en cause d'appel, ne peuvent point entrer en taxe, 465. — Si le préambule du compte, en y comprenant les mentions qui doivent y être faites, excède six rôles, l'excédant est rejeté de la taxe, 531. — Par qui est faite la taxe des frais de vente d'objets saisis, 657. — Cas où les frais de réimpression de placards, en matière de saisie-immobilière, n'entrent pas en taxe, 703. — Epoque à laquelle il sera fait des réglemens d'administration publique pour la taxe des frais, 1042.

— (C. I. C.) Taxe qui peut être accordée au témoin demandant une indemnité, art. 82. V. *Indemnités.*

— (C. P.) Peine encourue pour levée de taxe illégale. V. *Concussion, Percepteurs.*

— *des Gardes nationaux qui se font remplacer,* 29 septembre == 14 octobre 1791.

— *de Guerre.* Etablissement d'une taxe extraordinaire sur les propriétés immobilières, 4 brumaire an IV [26 octobre 1795] (II, B. 199, n.º 1195).

— *des Lettres.* V. *Poste aux lettres.*

— *municipales.* Mode et objets de leur établissement, 11 frimaire an

VII [1.ᵉʳ décembre 1798] (II, B. 247, n.º 2219).

— *sur les Navires admis dans les bassins à flot de différens ports,* 12 floréal an XI [2 mai 1803] (III, B 277, n.º 2757).

— *du Pain et des diverses denrées et marchandises,* 19 == 22 juillet 1791, 3 brumaire an IV [25 octobre 1795] (I, B. 204, n.º 1221), 12 messidor an VIII et 5 brumaire an IX [1.ᵉʳ juillet et 27 octobre 1800] (III, B. 33 et 50, n.ᵒˢ 214 et 373).

— *révolutionnaires.* Ordre de les verser dans le trésor public, 16 frimaire an II [6 décembre 1793]; — de rendre compte de toutes celles établies illégalement, 15 nivôse an II et 13 frimaire an III [4 janv. et 3 décembre 1794] (I, B. 94, n. 486).

— *somptuaires.* Leur établissement, leur taux, mode de leur perception et objets sur lesquels elles portent, 7 thermidor an III et 23 ventôse an IV [25 juillet 1795 et 13 mars 1796] (I, B. 167, n.º 979, et II, B. 33, n.º 237), 14 thermidor an V et 3 nivôse an VII [1.ᵉʳ août 1797 et 23 décembre 1798] (II, B. 136 et 250, n.ᵒˢ 237, 2279 et 2280), 13 floréal an X [3 mai 1802] (III, B. 187, n.º 1489), et 24 avril 1806 (IV, B. 88, n.º 1513).

— *sur le Tabac.* V. *Tabacs.*

— *des Témoins.* Sa fixation, fonds sur lesquels elle est payée, et mode de paiement, 19 == 27 septembre 1790, 16 == 29 septembre 1791, 29 mai == 6 juin 1792, 3 brum. an IV [25 octobre 1795] (I, B. 204, n.º 1221), 12 pluviôse an V [31 janvier 1797] (II, B. 104, n.º 988), 6 messidor an VI [24 juin 1798] (II, B. 207, n.º 1887), 18 juin 1811 (IV, B. 377, n.º 7035).

TE DEUM. Ordre d'en chanter un dans toute la France en actions de grâce de l'abolition des priviléges, 4, 5, 6 et 11 août = 3 novembre 1789.

TEILLET. Cette commune est réunie au canton de Montluçon, 24 août 1812 (IV, B. 450, n.º 8262).

TEINTURES. Droits de douanes sur les gommes et résines à l'usage des teintures, 2 = 15 mars 1791; — sur les bois de teinture moulus, 9 vendémiaire an XIII [1.er octobre 1804] (IV, B. 17, n.º 296).

TÉLÉGRAPHE (Etablissement d'un) dans l'enceinte du palais national, 29 messidor an III et 26 fructidor an VI [17 juillet 1795 et 11 septembre 1798] (II, B. 216, n.º 2014).

TÉMOINS en matière civile. Nombre de témoins nécessaires aux propriétaires de fiefs pour prouver la nature et la quotité de leurs droits non supprimés sans indemnité, 15 = 28 mars 1790. - Manière de procéder dans les justices de paix aux citations, auditions et interpellations de témoins, 14, 18 = 26 octobre 1790. — Droit pour l'enregistrement des actes d'audition de témoins, 5 = 19 décemb. 1790. — La preuve par témoins n'est point admise pour constater le refus fait par les préposés des douanes de délivrer des certificats de décharge, 6 = 22 août 1791, titre III, art. 6. — Cette preuve ne peut suppléer les procès-verbaux prescrits pour justifier les retards dans l'importation des marchandises, ibid. art. 8. — Dans les lieux où la présence de deux notaires était requise pour la réception de certains actes, ils peuvent être reçus en présence d'un notaire et de deux témoins, âgés de vingt-un ans, 29 septembre = 6 octobre 1791. — Nombre de témoins qui doivent assister aux actes de l'état civil, 20 septembre 1792. V. État civil. — Audition des témoins par les tribunaux civils, 3 brumaire an II [24 octobre 1793]. — Nombre de témoins pour obtenir un certificat de résidence, et peine contre ceux

qui y auraient attesté des faits faux, 25 brumaire an III [15 novembre 1794] (I, B. 89, n.º 464). — En matière civile, les témoins sont entendus publiquement dans les tribunaux de district, 7 fructidor an III [24 août 1795] (I, B. 174, n.º 1048).

TÉMOINS en matière criminelle. Formes à observer d'après la réforme de l'ancienne procédure criminelle, pour leur audition, confrontation, récolement et interpellation, 9 octobre = 3 novembre 1789, et 22 = 25 avril 1790. — Les rapports sur les délits de chasse sont suppléés par deux témoins, 22 = 30 avril 1790. — Mode de citation et d'audition des témoins de délits militaires, 22 septembre = 29 octobre 1790, et 20 septembre = 12 octobre 1790. V. Armée et Marine au titre Discipline. — Lois qui règlent pour les délits et crimes civils, le mode de citation et d'audition des témoins, leur serment, leur examen par le jury, leur indemnité, et les peines qu'ils encourent lorsqu'ils refusent de comparaître, ou lorsqu'ils font de fausses dépositions, 16 janvier = 16 février, 16 = 29 septembre, 25 septembre = 6 octobre 1791, 3 brumaire an IV [25 octobre 1795] (I, B. 204, n.º 1221), 11 prairial an IV [30 mai 1796] (II, B. 51, n.º 428), 28 germinal an VI [17 avril 1798] (II, B. 197, n.º 1805), 7 pluviôse an IX [27 janvier 1801] (III, B. 66, n.º 205). — Le dénonciateur de fabrication ou de distribution de fausse monnaie ou de faux assignats ne peut être entendu comme témoin, 24 et 25 = 27 février 1792. — Forme de l'audition des témoins cités devant la haute-cour de justice; taux et mode de paiement de leur indemnité, 29 mai = 6 juin, 25 août 1792, 12 pluviôse an V [31 janvier 1797] (II, B. 104, n.º 988), 18 juin 1811, art. 26 (IV, B. 377, n.º 7035). —

Les témoins cités pour reconnaître l'identité des individus traduits pour fait d'émigration sont entendus publiquement, 28 mars 1793, tit. l.er, sect. XII, art. 78. — Mode de citation et d'audition des députés cités comme témoins devant les tribunaux, 18 nivôse et 7 pluviôse an II [7 et 26 janvier 1794], 20 thermidor an IV [7 août 1796] (II, B. 64, n.º 591). — Forme de procéder à l'égard des faux témoins cités devant les tribunaux civils et militaires, 14 germinal et 18 prairial an II [3 avril et 6 juin 1794], 7 thermidor an II [25 juillet 1794] (I, B. 32, n.º 163), 4.e jour complémentaire an II [20 septemb. 1794] (I, B. 60, n.º 327). — Formalités à observer lorsque le délit mentionné demeure constant, soit par un procès-verbal revêtu de deux signatures, soit par un procès-verbal revêtu d'une signature confirmée par la déposition d'un témoin, 23 germ. an II [12 avril 1794]; — lorsque des témoins essentiels sont dans l'impossibilité de paraître devant les jurés, 2 mess. an II [20 juin 1794] (I, B. 8, n.º 40), et 19 vendémiaire an III [10 octob. 1794] (I, B. 71, n.º 370). — Forme de l'audition des témoins au tribunal révolutionnaire, 22 prairial an II [12 décembre 1794]. — Réglement de la taxe et mode de paiement des témoins, 23 brumaire et 5 pluviôse an IV [14 novembre 1795 et 25 janvier 1796] (II, B. 5 et 21, n.ºs 23 et 136), 27 frimaire et 6 messidor an VI [17 décembre 1797 et 24 juin 1798] (II, B. 169 et 207, n.ºs 1621 et 1887). — Les parens et alliés de l'un des concessus du même fait, ne peuvent être entendus comme témoins contre les autres accusés, 15 ventôse an IV [5 mars 1796] (II, B. 31, n.º 219). — Manière de recevoir les dépositions des membres du Directoire cités en témoignage devant les tribunaux autres que ceux séant dans la commune où ils exercent leurs fonctions, 20 therm. an IV [7 août 1796] (II, B. 64, n.º 591). — Manière de citer en témoignage les caissiers, sous-caissiers et contrôleurs de la trésorerie, 21 fructidor an VII [7 septembre 1799] (II, B. 307, n.º 3249); — les membres des autorités constituées, les ministres, les sénateurs, les conseillers d'état, les grands dignitaires et grands officiers de la couronne, 14 germinal an VIII [4 avril 1800], 3 et 7 therm. an IX [22 et 26 juillet 1801] (III, B. 44 et 92, n.ºs 314, 760 et 761), et 4 mai 1812 (IV, B. 434, n.º 7981). — L'indemnité des témoins que font entendre les accusés, est à leurs frais, 5 pluviôse an XIII [25 janvier 1805] (IV, B. 29, n.º 482). V. *Accusés, Procédure criminelle.*

TÉMOINS *en matière de police municipale et correctionnelle*. Forme de leur citation et audition, 19 == 22 juillet 1791.

TÉMOINS. (C. Civ.) Les condamnés qui ont encouru la mort civile ne peuvent déposer comme témoins, art. 25. — Ceux produits aux actes de l'état civil ne peuvent être que du sexe masculin, 37. — Ils certifient la perte ou la non-existence des registres de l'état civil, 46. — Les actes de naissance sont rédigés en présence de deux témoins, 56 et 57. — Ils sont requis au nombre de sept, dans les actes de notoriété prescrits pour suppléer les actes de naissance, 71; — au nombre de quatre dans les actes de célébration des mariages, 75 et 76; — au nombre de deux dans les actes de décès, 78, 79 et *suiv.*; — au nombre de trois dans les actes de décès relatifs à des militaires ou employés de l'armée, 96. — Le demandeur en divorce nomme les témoins qu'il se propose de faire entendre, 242. — Le défendeur propose ou fait proposer ses observations sur cette nomination, et nomme les

TEMPLE (Prison du). V. *Bourbons* (Famille des) et *Louis XVI*.

TEMPLE de *Mars*. V. *Honneurs publics*, §. 2.

— de la Raison. V. *Notre-Dame de Paris*.

TEMPLES. Défense de détruire les monumens placés dans les temples, sous prétexte de l'abolition des titres de noblesse, 19 = 23 juin 1790. — Le même temple ne peut être destiné qu'à un même culte, 18 germinal an X [8 avril 1802], art. 46 (III, B. 172, n.º 1344). V. *Eglises*.

TEMPLEUVE (La commune de) est réunie à la France, 23 mars 1793.

TENANCIERS (Abolition des foi-hommages et autres services auxquels étaient assujettis les), 15 = 28 mars 1790.

TENANS et ABOUTISSANS. (C. P. C.) En matière réelle ou mixte, les exploits doivent énoncer deux au moins des tenans et aboutissans de l'héritage litigieux, 64. — Le procès-verbal de saisie-brandon doit contenir l'indication de deux au moins des tenans et aboutissans de chaque pièce, 627. — Il en est de même des saisies-immobilières, 675.

TENEURS de *livres*. Défense aux agens de change et courtiers de commerce, de tenir les livres d'aucun négociant, banquier ou marchand, 27 prairial an X [16 juin 1802], art. 10 (III, B. 197, n.º 1740).

TÉNEY. Etablissement de deux foires dans cette commune, 19 germinal an IX [9 avril 1801] (III, B. 78, n.º 630).

TENTATIVE du *crime* (Peine contre la), 22 prairial an V [10 juin 1796] (I, B. 53, n.º 466). — Interprétation de cette loi, 25 frimaire an VIII [16 décembre 1799], art. 17 (II, B. 337, n.º 3471).

— (C. P.) Dans quel cas la tentative du crime ou délit est considérée comme le crime ou délit lui-même, art. 2 et 3. Application particulière de ce principe aux bandes armées, 97. — Comment sont punies les tentatives de larcins et filouteries, 401. V. *Violences*.

TENURE. Dispositions relatives aux tenures en bordelage, en mote et en quevaire, 15 = 28 mars 1790, tit. II, art. 7. — Abolition de la tenure connue, dans les départemens du Morbihan, du Finistère et des Côtes-du-Nord, sous les noms de *convenant* et *domaine congéable*, 27 août 1792. V. *Féodalité* et *Domaines congéables*.

TERMES. (C. Civ.) Comment on interprète ceux des conventions, art. 1168 *et suiv*. — En quoi le terme stipulé dans un contrat diffère de la condition, 1185. — En faveur de qui la stipulation du terme est censée faite, 1187. — Le terme de grâce n'est point un obstacle à la compensation, 1292. — Le vendeur doit délivrer et l'acheteur doit payer au terme convenu la chose vendue, 1611 et 1650. — On ne peut pas retirer le prêt avant le terme convenu, 1899. — Cas dans lequel le juge peut fixer à l'emprunteur un terme pour le paiement, 1991. — Délai pendant lequel l'action en indemnité peut être exercée par la caution, lorsque l'obligation n'a pas de terme fixe, 2032.

TERMONDE. Etablissement d'une taxe pour servir aux réparations du pont de cette commune, 8 prairial an XI [28 mai 1803] (III, B. 288, n.º 2824).

TERNAUX (Le sieur) est décrété d'accusation, 5 = 6 septembre 1792.

TERRAGE (Mode d'évaluation, de paiement et de rachat du droit de), 3 = 9 mai, 18 = 2 ; juin, 2 ; octobre = 5 novembre, 1790, 15 = 19 juin, 22 juin = 10 juillet, 29 septembre = 12 octobre 1791.

TERRAIN *militaire* (Ce que comprend le), relativement aux places de guerre, 24 décembre 1811, art. 54 et 55 (IV, B. 411, n.º 7543).

TERRAINS. Suspension des procédures relatives aux dédommagemens dus à raison des dégâts commis en Bretagne sur les terrains en friche, 13 = 18 juin 1790. — Devant qui sont portées les contestations ou demandes sur le réglement des indemnités à raison de terrains pris ou fouillés pour la confection d'ouvrages publics, 7 = 11 septembre 1790, 28 pluviôse an VIII [17 fév. 1800], art. 9 (III, B. 17, n.º 115). — Confirmation et irrévocabilité des terrains aliénés par contrats d'inféodation, baux à cens et à rentes, 22 novembre = 1.er décemb. 1790.— Les terrains dépendant du département de la marine continuent de lui être affectés, 12 = 20 mars 1791. — Confiscation des terrains sur lesquels on laisse subsister des signes de royauté après le délai fixé pour leur enlèvement, 18 vendémiaire an II [9 octobre 1793].— Suspension de l'exécution de la loi du 10 frimaire, en ce qui concerne les aliénations de terrains à condition de bâtir ou de démolir, 30 ventôse an II [20 mars 1794].—Sous quelles conditions sont confirmées les aliénations et sous-aliénations de terrains épars, ayant date certaine avant le 14 juillet 1789, faites avec ou sans deniers d'entrée, 14 ventôse an V [4 mars 1799], art. 5 (II, B. 263, n.º 2586). — Indemnités des propriétaires pour occupation de terrains à l'occasion du desséchement des marais, &c. 16 septembre 1807 (IV, B. 162, n.º 2797). V. Languedoc, Terres.

— (C. P.) Ceux qui passent sur le terrain d'autrui lorsqu'il est préparé ou ensemencé, ou qui y laissent passer leurs bestiaux avant l'enlèvement de la récolte, encourent la peine d'une amende, art. 471 et 475!

TERRASSON (Le chef de brigade) est nommé membre du Corps législatif, 6 germinal an X [27 mars 1802] (III, B. 171, n.º 1340).

TERRE (Les droits perçus par (sont supprimés sans indemnité, 15 = 28 mars 1790.

TERRE des monnaies. V. Monnaies.

TERRE-NEUVE (Ile de). Police de la pêche de la morue dans cette île, 15 pluviôse an XI [4 février 1803] (III, B. 248, n.º 3211).

TERRE à pipe. Désignation des lieux par lesquels il est permis de l'exporter, 9 prairial an IV [28 mai 1796] (II, B. 50, n.º 427).

TERRES en général. Temps de l'année pendant lequel il est défendu aux propriétaires de chasser sur leurs terres, 16 = 24 août 1790.—Compétence du juge de paix à l'égard des usurpations des terres, ibid. et 24 = 26 octobre 1790.—Cotisation des terres de toute espèce à la contribution foncière, 23 novembre = 1.er décembre 1790, et 3 frimaire an VII [23 novembre 1798] art. 8 et 4 (II, B. 243, n.º 2197). — Les propriétaires sont libres de varier à leur gré la culture et les exploitations de leurs terres, 5 = 12 juin et 28 septembre = 6 octobre 1791. — Les ustensiles destinés à cet usage ne peuvent être enlevés pour dettes, si ce n'est par la personne qui les a fournis, ibid. — On ne peut sans autorisation enlever les terres des chemins publics et des communautés, 28 septembre = 6 octobre 1791, tit. II, art 44. — Mesures relatives à la culture des terres des défenseurs de la patrie, 13 septembre 1793, 19 frimaire et 23 nivôse an II [9 décembre 1793, 12 janvier 1794]. — En quoi consistent le revenu net et le revenu imposable des terres, 3 frimaire an VII [23 novembre 1798, art 3 et 4 (II, B. 243, n.º 2197). — Mode d'estimation des terres labourables dépendant des domaines engagés, 14 ventôse an VII

14 mars 1799] (II, B. 263, n.º 2586).

— (C. P. C.) Dans les actions pour usurpation de terres, la citation doit être donnée devant le juge de paix de la situation de l'objet litigieux, art. 3.—Le juge de paix peut ordonner que les témoins seront entendus sur le lieu contentieux, 38.

—Cas de saisie d'animaux et ustensiles dans lequel le juge de paix peut nommer un gérent à l'exploitation des terres, 594.

TERRES *vaines et vagues*. Il est défendu aux communautés d'habitans de s'emparer de celles dont ils n'auraient pas eu la possession au 4 août 1789, sauf à se pourvoir contre les usurpations, 11 décembre 1789. — Le droit de terres vagues est aboli sans indemnité, 15 = 28 mars 1790. — Confirmation et irrévocabilité des aliénations faites jusqu'à ce jour, 22 novembre = 1.ᵉʳ décembre 1790 et 10 frimaire an II [30 novembre 1793]. — Les ci-devant seigneurs n'ont point le droit de s'approprier les terres vaines et vagues, 13 = 20 avril 1791.—Le droit de courre sur les bestiaux dans ces terres est aboli, *ibid.* — Dispositions relatives aux inféodations et acensemens de terres vagues, 14 ventôse an VII [4 mars 1799], art. 5 (II, B. 263, n.º 2586).

TERRES *vitrioliques*. Dispositions relatives à leur extraction, 27 mars = 15 juin, 12 = 28 juillet 1791.

TERREUR (Régime de la). V. *Comités* et *Tribunaux révolutionnaires* et *Suspects*.

TERRIER. Défense à tous propriétaires de fiefs de continuer aucuns terriers, gages - pleiges ou plaids et assises, 15 = 28 mars 1790, tit. I.ᵉʳ, art. 5.

—Résiliation des conventions faites avec des feudistes, pour la rénovation des terriers ou la recette des rentes ou autres droits, 23, 28 octobre, 5 novembre 1790, tit. III, art. 11.

TERRITOIRE *français*. Le tiers des dé-

putés au Corps législatif est attaché au territoire de chaque département, 22 décembre 1789 = janvier 1790.

— Division du territoire français en départemens, districts, cantons et arrondissemens, 15 janvier, 16 et 26 février = 4 mars 1790. V. *Division territoriale.* — Toutes les portions du territoire français non susceptibles d'une propriété privée, sont considérées comme des dépendances du domaine public, 22 novembre = 1.ᵉʳ décembre 1790. — Le territoire de la France est libre dant toute son étendue comme les personnes qui l'habitent, 5 = 12 juin 1791.—Dispositions relatives à la levée des plans des territoires et à l'évaluation du revenu des communes, 21 août = 16 octobre 1791. —Division du territoire des communes pour la formation des matrices des rôles des contributions directes, 3 frimaire an VII [23 novembre 1798] (II, B. 243, n.º 2197).

— (C. I. C.) Crimes dont la poursuite et la punition peuvent avoir lieu en France, quoiqu'ils aient été commis hors du territoire français, art. 5 *et suiv.*

TERRORISTES. Mesures pour leur arrestation et leur punition. V. *Journées mémorables des 12 germinal, 1.ᵉʳ, 2 et 3 prairial an III.*

TESSIER (Le sieur) est nommé membre du Corps législatif, 4 nivôse an VIII [25 décembre 1799] (II, B. 341, n.º 3509).

TESTAMENS. Abolition du droit prohibitif des donations testamentaires 15 = 28 mars 1790. — Droits d'enregistrement auxquels sont soumis les actes testamentaires, et délai dans lequel ils doivent être enregistrés, 5 = 19 décembre 1790, 29 septembre = 9 octobre 1791, et 22 frimaire an VII [12 décembre 1798] (II, B. 248, n.º 2224). — La faculté du rachat des rentes foncières ne change rien aux dispositions testamentaires, 18 = 29 déc. 1790. — Les testamens soumis à la nécessité d'être passés ou réalisés, soit avant soit après la mort du testateur, en présence des officiers seigneuriaux, sont passés devant deux notaires, ou un notaire et deux témoins, 13 = 20 avril 1791. — Il n'est point préjudicié à l'exécution du statut delphinal concernant les donations entre-vifs, ibid. — Le défaut de transcription ne peut être opposé dans aucun cas aux légataires dans les pays de nantissement, ibid. — Abrogation des clauses prohibitives et impératives insérées dans les testamens, 5 = 12 septembre 1791, 5 brumaire et 17 nivôse an II [26 octobre 1793 et 6 janvier 1794]. — Validité des testamens et autres actes de dernière volonté dans lesquels les notaires des ci-devant provinces de Vivarais, Lyonnais, l'orez et Beaujolais n'auraient pas fait déclarer par les testateurs ou les témoins leur incapacité pour écrire ou signer, 8 = 10 septembre 1791. — Les testamens reçus par les officiers publics de la Guiane française ne peuvent être attaqués à raison de l'illégalité des officiers, 5 = 11 juillet 1792. — Abolition de la faculté de disposer de ses biens à cause de mort en ligne directe, 7 mars 1793. — Taux que ne doivent point excéder, pour être valables, les libéralités faites par acte de dernière volonté, 4 germinal an VIII [25 mars 1800] (III, B. 16, n.º 110). V. Successions. — Avis du Conseil d'état sur une réclamation contre des jugemens qui ont déclaré un testament nul, 31 janvier 1806 (IV, B. 73, n.º 1290). — Décret relatif à des dons et legs portés au testament du sieur Bréchard, en faveur des pauvres et hospices d'Autun, Paris, Nevers, Orléans et Achun, 19 avril 1811] (IV, B. 368, n.º 6748).

— Les révocations de testamens peuvent être faites et expédiées sur la même feuille que ces actes, 15 mars 1812 (IV, B. 438, n.º 8023). — (C. Civ.) Les personnes mortes civilement ne peuvent tester, art. 25. — Par qui peut être requise l'ouverture du testament d'un absent, 123. — La femme peut tester sans l'autorisation de son mari, 226. — Cas où l'adoption conférée par testament est valable, 366. — Les pères et mères n'ont aucun droit sur les biens légués à leurs enfans, 387. — La nomination du conseil de tutelle peut être faite par testament, 392. — Définition du testament, 895. — Condition requise pour faire un testament, 901. — Fixation de la portion de biens disponible, 913. — Réduction des dispositions qui excèdent la quotité disponible, 920. — Comment on peut disposer par testament, 967. — Le testament ne peut contenir que les dispositions d'une seule personne, 968. — Ses différentes formes, 969. — Formalités requises pour la validité du testament olographe, 970. — Ce que c'est qu'un testament par acte public, 971. — Formalités à observer dans un testament reçu, soit par deux notaires, soit par un seul, 972 et suiv. — Désignation des personnes qui ne peuvent être prises pour témoins du testament par acte public, 975. — Formalités à remplir de la part du tuteur qui veut faire un testament mystique ou secret, 976 et 977. — Qui sont ceux qui ne peuvent faire de testament mystique, 978. — Sous quelle condition le testateur qui ne peut parler, mais qui peut écrire, a la faculté de faire un testament mystique, 979. — Conditions exigées des témoins appelés pour un testament, 980. — Forme des testamens des militaires et employés dans les armées, hors du territoire de l'Empire, 981 et suiv.

— de ceux qui se font dans un lieu avec lequel toute communication est interceptée, à cause de maladie contagieuse, 985. — Délai pendant lequel la disposition a lieu, et après lequel elle est nulle, 986 et 987. — Forme des testamens faits sur mer dans le cours d'un voyage, 988 *et suiv.* — Comment un Français qui se trouve en pays étranger peut faire son testament, 999. — Formalités prescrites pour la mise à exécution des testamens faits en pays étranger, 1000. — Causes de nullité des testamens, 1001. — Institution d'héritier, et des legs en général, 1002. — Mode de révocation des testamens, 1035. — Ses effets, 1037. — Dispositions annullées par les testamens postérieurs qui ne révoquent pas d'une manière expresse les précédens, 1036. — Effet de l'aliénation faite par le testateur, de tout ou partie de la chose léguée, 1038. — Causes de caducité des dispositions testamentaires, 1039, 1040, 1042 et 1043. — Effet de la condition qui ne fait que suspendre l'exécution de la disposition testamentaire, 1041. — Cas où il y a accroissement au profit des légataires, et où le legs est fait *conjointement*, 1044 et 1045. — Causes de révocation des dispositions testamentaires, 1046. — Dans quel délai doit être intentée la demande en révocation fondée sur une injure grave faite à la mémoire du testateur, 1047. — Dispositions permises de la part des père et mère en faveur de leurs enfans, à charge de restitution, 1048. — Les père, mère et autres ascendans peuvent faire le partage de leurs biens entre leurs enfans et descendans, 1075. — Une rente viagère peut être constituée, à titre purement gratuit, par testament, 1969. V. *Grevés de restitution.*
— (C. P. C.) Ce qui se fait lorsqu'on trouve un testament en apposant les scellés, art. 916. — Perqui-

sition dans le cas contraire, 917. — Etat à constater lorsqu'on le trouve ouvert, 920.
— (Tarif des frais en mat. civ.), art. 2.

TESTATEUR. (C. P. C.) Cas où les sommes et objets disponibles déclarés insaisissables par le testateur, sont ou non saisissables, art. 581 et 582.

TESTE (Le sieur), commissaire près les tribunaux civil et criminel du département de Vaucluse, est tenu de remettre tous les papiers relatifs à ses fonctions, 7 thermidor an IV [25 juillet 1796] (II, B. 71, n.° 657).

TESTIMONIALE (Preuve). V. *Preuve.*

TÊTARDS (Arbres). Abolition, sans indemnité, du droit de treizième et autres sur ceux qui sont coupés ou vendus pour être coupés, 15 = 28 mars 1790.

TÊTE. (C. Civ.) Partage de succession, par tête, entre les membres d'une même branche, art. 743; — entre les enfans ou leurs descendans, 745; — entre des collatéraux dans le cas de concours, 753.

TÊTE *tranchée.* (C. P.) Supplice commun à tous les coupables condamnés à mort, 12.

TÊTES (Baux à vie à plusieurs). Ils doivent être exécutés, pourvu que le nombre de têtes n'excède pas celui de trois, 18 = 29 décembre 1790.

TEUTAT. Cette commune fait partie du département du Tarn, 4 therm. an XI [23 juillet 1803] (III, B. 299, n.° 3021).

TEXIER-OLIVIER (Le sieur) est nommé préfet de la Charente, 18 ventôse an X [9 mars 1802] (III, B. 170, n.° 1312).

THAUN (La seigneurie de). Révocation de la donation qui en avait été faite au cardinal Mazarin, 14 = 25 juillet 1791.

THÉ. Droits d'entrée auxquels il est assujetti, 2 = 15 mars 1791, 6 juill. 1793, 9 floréal an VII [28 avril

1799] (II, B. 273, n.º 2838), 4 mars 1806 (IV, B. 78, n.º 1371).
V. *Douanes.*

THÉALDÉ (Le sieur) est nommé membre du Corps législatif, 3 octobre 1808 (IV, B. 209, n.º 3809).

THÉÂTRES, SPECTACLES *et* JEUX *publics.* Exécution provisoire des ordonnances et réglemens sur l'administration et la police des spectacles, 9=17 juin 1790. — Les permissions et autorisations d'établissement de théâtres, et leur surveillance et police, sont dans les attributions des autorités municipales, 16=24 août 1790, 13=19 janvier 1791, 14 août et 1.er septembre 1793. — La dépense relative à la garde militaire des spectacles et aux pompiers, pour les garantir des incendies, ainsi que les pensions des comédiens français et italiens, sont rejetées du compte du trésor public, 11=21 septembre 1790. — Le consentement formel et par écrit des auteurs ou de leurs héritiers ou cessionnaires, est nécessaire pour la représentation des ouvrages dramatiques, 19 juillet=6 août 1791. — Peines encourues par ceux qui commettent des vols dans les salles de spectacles, 25 septembre=6 octobre 1791, et 25 frimaire an VIII [16 décemb. 1799] (II, B. 337, n.º 3471). — Mode d'exécution des conventions faites entre les auteurs dramatiques et les entrepreneurs de spectacles, 13 janvier 1791, 30 août 1792, 19 juin et 1.er septembre 1793. — Ordre de délivrer des passe-ports aux acteurs du théâtre Feydeau, 16 sept. 1792. — Ordre du jour motivé concernant la représentation de la pièce intitulée *l'Ami des Lois,* 12 janvier 1793. — Mesures de police relatives aux représentations des pièces de théâtre, 16 janvier, 2 août 1793. — Le Théâtre-Français est fermé, et les comédiens sont mis en état d'arrestation, 3 septembre 1793. —

Somme mise à la disposition du ministre de l'intérieur pour être répartie entre les vingt spectacles de Paris qui ont donné chacun quatre représentations *gratis,* 3 pluviôse an II [22 janvier 1794]. — L'année théâtrale est comptée à l'avenir comme l'année civile, 27 vendémiaire an III [18 octobre 1794]. — Suspension du théâtre des Arts, *ibid.* — Sa réunion au domaine national, et liquidation des sommes dues aux propriétaires et créanciers de ce théâtre 23 frimaire et 7 messidor an III [13 décembre 1793 et 25 juin 1795], 13 floréal an VI [2 mai 1798] (II, B. 199, n.º 1821). — Le comité d'instruction publique est chargé de diriger les théâtres, 12 floréal an III [1.er mai 1795]. — Le comité des finances est autorisé à statuer sur ce qui est dû aux comédiens du Théâtre-Français, 24 messidor an III [12 juillet 1795]. — Ordre de chanter des airs patriotiques dans les spectacles, 16 17, et 18 niv., 25 pluviôse et 11 germ. an IV [6 et 7 et 8 janvier, 14 février et 31 mars 1796] (II, B. 18, 27 et 36, n.ºs 103, 178, 219 et 277). — Le théâtre Feydeau est fermé, 8 ventôse an IV [27 février 1796].—Permission d'en faire l'ouverture, 11 germinal an IV [31 mars 1796] (II, B. 36, n.º 277). — Clôture de tous les spectacles où il se sera élevé des troubles, *ibid.* — Établissement d'un droit d'entrée sur les billets de spectacle au profit des indigens, et prorogations successives de ce droit, 7 frimaire et 29 frimaire an V [27 novembre et 19 décembre 1796] (II, B. 94, n.º 870), 2 floréal et 8 thermidor an V [21 avril et 26 juillet 1797] (II, B. 119 et 135, n.ºs 1151 et 1322), 2 frimaire et 14 germinal an VI [22 novembre 1797 et 3 avril 1798] (II, B. 160 et 194, n.ºs 1569 et 1785), 19 fructidor an VI et 6.e jour complémentaire an VII [5 sept. 1798 et 22 septembre 1799] (II, B. 225 et 312, n.os 1998 et 3303), 7 fructidor an VIII et 9 fructidor an IX [25 août 1800 et 27 août 1801] (III, B. 40 et 98, n.os 259 et 826), 18 thermidor an X et 30 thermidor an XII [6 août 1802 et 18 août 1804] (III, B. 207, n.o 1884 et IV, B. 12, n.o 177), 8 fructidor an XIII [26 août 1805] (IV, B. 55, n.o 929), et 21 août 1806 (IV, B. 113, n.o 1851). — Mesures pour prévenir l'incendie des salles de spectacles, 1.er germ. an VII [21 mars 1799] (II, B. 269, n.o 2761). — Fonctions et attributions spéciales du préfet de police de Paris et des commissaires généraux de police relativement à la police des théâtres, 12 messidor an VIII et 5 brumaire an IX [1.er juillet et 27 octobre 1800] (III, B. 33 et 50, n.os 214 et 373). — Nouveau réglement sur la police des théâtres, 21 frimaire an XIV [12 décembre 1805] (IV, B. 71, n.o 1233). — Organisation des théâtres de Paris et des départemens, et leur division en grands et en petits théâtres, 8 juin 1806 (IV, B. 101, n.o 1663), 29 juillet 1807 (IV, B. 157, n.o 2685). — Cession du théâtre de l'Odéon au Sénat conservateur, 14 août 1806 (IV, B. 112, n.o 1825). — Autorisation d'associations formées à Sedan, à Niort et au Mans pour des constructions de salles de spectacles, 2 novembre 1810, 25 mai 1811 et 17 janv. 1812 (IV, B. 328, 373 et 419, n.os 6121, 6881 et 7648). — Les théâtres du second ordre, petits théâtres, spectacles de tout genre et ceux qui donnent des bals masqués ou des concerts dans la ville de Paris, sont assujettis à payer une redevance à l'Académie impériale de musique, 13 août 1811 (IV, B. 385, n.o 7157). — Avis du Conseil d'état sur les droits des auteurs dramatiques et des compositeurs

de musique, 23 août 1811 (IV, B. 387, n.o 7182). — Décret qui déclare exécutoire dans les départemens de Rome et du Trasimène, le décret du 9 décembre 1809, concernant les droits à percevoir en faveur des pauvres et des hospices, sur les spectacles, bals, concerts, danses et fêtes publiques, 13 fév. 1812 (IV, B. 421, n.o 7694). — Réglement sur la surveillance, l'organisasion, l'administration, la comptabilité, la police et la discipline du théâtre Français, 15 oct. 1812 (IV, B. 469, n.o 8577).

— (C. P.) Amende avec confiscation de recettes contre les directeurs, entrepreneurs de spectacles ou associations d'artistes qui auraient fait représenter sur leur théâtre des ouvrages dramatiques au mépris des lois relatives à la propriété des auteurs, 428.

THÉNARD (Le sieur) est nommé membre du Corps législatif, 4 nivôse an VIII [25 décembre 1799] (II, B. 341, n.o 3509).

THÉNARD-DUMOUSSEAU (Le sieur) est nommé membre du Corps législatif, 1.er prairial an V [20 mai 1797] (II, B. 125, n.o 1212).

THÉOLOGIE (Faculté de). Nomination des doyens et professeurs, 17 septembre 1808, art. 8 (IV, B. 206, n.o 3775).

THÉOS (Catherine). Elle est traduite au tribunal révolutionnaire, pour y être jugée sur les faits de conspiration dont elle est prévenue, 27 prairial an II [15 juin 1794] (I, B. 2 et 7, n.os 5 et 21).

THERMAL (Établissement) de Barréges. V. *Eaux minérales.*

THERMIDOR (Événemens des 9 et 10) an II. V. *Journées mémorables.*

THÉRON (Le sieur) est décrété d'accusation, 20 juillet 1792.

THÉROUANNE (Le sieur) est nommé membre de la commission administrative de Paris, 26 vendémiaire an

III [17 octobre 1794] (I, B. 74, n.º 394).

THEUNEVIN (Le sieur). Il lui est accordé une gratification de six mille livres, 22 août 1791.

THÉVENARD (Le sieur), vice-amiral. Il lui est permis d'aller à Brest pour prendre le commandement auquel il a été nommé par le Roi, 30 mai = 11 juillet 1792. — Il est nommé sénateur, 5 février 1810 (IV, B. 264, n.º 5156).

THÉVENIN (Le sieur) est nommé membre du Corps législatif, 4 nivôse an VIII [25 décembre 1799] (II, B. 341, n.º 3509).

THEVENOT (Le sieur). Renvoi au tribunal du 6.ᵉ arrondissement de Paris de la procédure commencée contre lui, 28 mai = 3 juin 1791.

THÉZÉ. La concession d'un terrain appartenant à cette commune est autorisée, 6 floréal an X [26 avril 1802] (III, B. 186, n.º 1484).

THIBAUD (Le sieur) est nommé membre du Tribunat, 4 nivose an VIII [25 décembre 1799] (II, B. 341, n.º 3509).

THIBAULT DE LA CARTE (Le sieur) est réintégré dans les droits de citoyen français, 5 mars 1814 (IV, B. 565, n.º 10210).

THIBEAUDEAU (Le représentant du peuple) est envoyé en mission dans le département du Morbihan, 21 fructidor an II [7 septembre 1794] (I, B. 56, n.º 298); — est nommé conseiller d'état, 5.ᵉ jour complémentaire an VIII [22 septembre 1800] (III, B. 45, n.º 337); — membre du Corps législatif, 6 germinal an X [27 mars 1802] (III, B. 171, n.º 1340); — préfet du département des Bouches-du-Rhône, 3 floréal an XI [23 avril 1803] (III, B. 273, n.º 2738).

THIÉBAULT (Le sieur) est mis en surveillance spéciale hors du territoire européen de la France, 14 nivôse

an IX [4 janvier 1801] (III, B. 60, n.º 440).

THIÉBLE (Le sieur). Il lui est accordé une gratification pour découverte d'une fabrication de faux assignats, 28 = 31 mai 1792.

THIÉBOUHANT. Cette commune est autorisée à faire un échange de terrains, 29 germinal an X [19 avril 1802] (III, B. 180, n.º 1411).

THIERRI (Jean). Jugement des contestations entre les prétendans à sa succession, 10 = 18 février 1790, et 26 juillet 1793. V. Successions.

THIERRY (Le sieur). Remise des clefs trouvées dans l'appartement qu'il occupait au garde-meuble, 22 décembre 1792.

THIERRY (Le sieur) est nommé membre du Corps législatif, 4 nivôse an VIII [25 décembre 1799] (II, B. 341, n.º 3509).

THIERS. Etablissement d'un tribunal correctionnel dans cette ville, 27 germinal an VII [16 avril 1799] (II, B. 272, n.º 2820); — d'un conseil de prud'hommes, 19 août 1808 (IV, B. 200, n.º 3627).

THIESSÉ (Le sieur) est nommé membre du Tribunat, 4 nivôse an VIII [25 décembre 1799] (II, B. 341, n.º 3509).

THILORIER (Le sieur). Il lui est accordé un brevet d'invention pour des poêles et fourneaux fumivores, 11 messidor an VIII et 9 pluviôse an IX [30 juin 1800 et 29 janvier 1801] (III, B. 31 et 66, n.ºˢ 208 et 507).

THIONVILLE. Les prêtres élus par l'assemblée électorale du district de cette ville, sont maintenus dans leurs fonctions, 26 octobre = 4 novembre 1791. — Somme mise à la disposition de la municipalité pour procurer des subsistances à la classe la moins aisée de ses habitans, 27 = 29 juillet 1792. — Approbation de la conduite du conseil général de cette ville, 28 août 1792. — Un secours de 300,000 livres est accordé aux citoyens dont les maisons ont été détruites pour démasquer les défenses de cette place, 23 juillet 1793. — Cette ville et sa garnison ont bien mérité de la patrie, 4 décembre 1792. — Une concession de bâtimens, à titre d'échange, à l'hospice civil, est autorisée, 29 germinal an X [19 avril 1802] (III, B. 180, n.º 1410).

THIRION (Le représentant du peuple) est décrété d'arrestation, 8 prairial an III [27 mai 1795] (I, B. 150, n.º 870). — Il est mis en surveillance spéciale hors du territoire européen de la France, 14 nivôse an IX [4 janvier 1801] (III, B. 60, n.º 440).

THIRY (Le sieur) est nommé membre du Corps législatif, 8 prairial an VIII [28 mai 1800], 4.º jour complémentaire an XIII et 2 vendémiaire an XIV [21 et 24 septembre 1805 et 3 et 4 mai 1814] (III, B. 28, 61 et 367, n.ºˢ 184, 1075 et 6723).

THIVILLE. Vente de domaines nationaux à la municipalité de cette commune, 22 novembre= 12 décembre 1790.

THOMAS (Le sieur) est nommé membre du Corps législatif, 29 thermidor et 2 fructidor an XII [17 et 20 août 1804] (IV, B. 13, n.º 195).

THOMAS-PAYNE (Le sieur). V. *Payne.*

THOMÉ (Le sieur THOMAS). Une pension de six cents francs lui est accordée, 3 nivôse an VIII [24 décembre 1799] (II, B. 340, n.º 3495).

THOMÉRY. L'acceptation d'une rente constituée au profit des pauvres de cette commune est autorisée, 19 frimaire an X [10 décembre 1801] (III, B. 138, n.º 1055).

THONON. Formalités auxquelles sont assujetties les marchandises et denrées destinées pour cette commune, 19 vendémiaire an VII [10 octobre 1798] (II, B. 152, n.º 1487).

THONS. Permission à obtenir pour caler des madragues ou filets à pêcher des thons, 9 germinal an IX [30 mars 1801] (III, B. 77, n.º 611). V. *Pêche maritime.*

THOREL (Le sieur) est nommé membre du Corps législatif, 1.ᵉʳ prairial an V [20 mai 1797] (II, B. 125, n.º 1212).

THOUARD (Le sieur), *ci-devant de Rioles.* Le châtelet de Paris est chargé d'informer contre lui, comme soupçonné de conspiration contre l'État, 12 = 17 septembre 1790.

THOUARS. Convocation des électeurs pour la nomination du quatrième juge du tribunal de district de cette ville, 13 = 20 mars 1791. — Plusieurs communes y sont réunies, 26 avril = 4 mai 1791. — Renseignemens et informations à prendre sur la conduite du commandant dans l'affaire de cette ville, 11 = 12 mai 1793. — Obélisque à y élever en l'honneur de tous les bons citoyens qui y ont péri pour la cause de la liberté, *ibid.* — Suppression des bureaux de garantie qui s'y trouvent établis, 9 frimaire an X [30 novembre 1801] (III, B. 136, n.º 1024). — Translation à Bressuire de la sous-préfecture de cette ville, 3 nivôse an XIII [24 décembre 1804] (IV, B. 25, n.º 444).

THOUMIN (Le sieur) est nommé juré au tribunal extraordinaire, 26 septembre 1793.

THOURET (Le sieur) est nommé membre du Corps législatif, 1.ᵉʳ prairial an V [20 mai 1797] (II, B. 125, n.º 1212); — membre du Tribunat, 6 germinal an X [27 mars 1802] (III, B. 171, n.º 1341).

THOUROULT (La commune de) est réunie à la France, 19 mars 1793.

THUREAU (Le général) est nommé général en chef de l'armée des Pyrénées - Orientales, 16 septemb. 1793. V. *Barlantane.*

THUIN. Le service de l'hôpital civil de cette ville est rétabli et réuni à la maison des ex - religieuses hospitatieres, 25 fructidor an XI [12 sept. 1803] (III, B. 312, n.º 3171).

THURIOT (Le représentant du peuple) est décrété d'arrestation et d'accusation, 16 germinal et 2 prairial an III [5 avril et 21 mai 1795] (I, B. 134 et 146, n.ºs 741 et 832).— — Il lui est enjoint de se constituer prisonnier sous peine de déportation, 29 germinal an III [18 avril 1795] (I, B. 138, n.º 769). — Il est nommé membre de la commission des émigrés, 22 ventôse an VIII [13 mars 1800] (III, B. 11, n.º 78).

THUIR. Époque de la tenue des foires de cette commune, 16 frimaire an XI [7 décembre 1802] (III, B. 234, n.º 2186).

THUROT (Le sieur). Dispositions relatives aux créances des marins qui ont servi dans sa flotte, 11 ventôse an II [1.er mars 1794].

TIERCEMENT (Le) n'a pas lieu pour la vente des domaines nationaux, 9 = 25 juillet 1790.

TIERCE-OPPOSITION (Par qui se fait la recette de l'amende pour), 5 = 19 décembre 1790.

—(C. P. C.) Cas où l'on peut former tierce-opposition à un jugement art. 474. — Requête par laquelle elle doit être formée, et désignation du tribunal, 475. — Quels jugemens passés en force de chose jugée sont exécutoires nonobstant la tierce-opposition, 4-8. — Cas de suspension, ibid. — Amende et dommages-intérêts en cas de rejet de la tierce-opposition, 479. — Cas dans lequel les créanciers du mari ne peuvent plus former opposition à une demande en séparation de biens, 873.

TIERS (C. Civ.) Le propriétaire du fonds sur lequel un tiers a fait des plantations ou constructions, a droit de les retenir ou d'obliger le tiers à les enlever, art. 555. — Les dispositions qui chargent de conserver ou de rendre à un tiers sont nulles, 896. — Le consentement obtenu par

la violence d'un tiers est nul, 1111. — Stipulation faite pour un tiers, 1120 et suiv. — Les conventions considérées par rapport aux tiers, 1165 et suiv. — Obligations qui peuvent être acquittées par un tiers, 1236 et suiv. — Cas où la subrogation a lieu à son égard, 1249. — La compensation ne peut préjudicier aux droits acquis à un tiers, 1298. — Les contre-lettres sont sans effet contre les tiers, 1321. — Cas où l'on peut constituer une rente viagère au profit d'un tiers, 1973. — Le tiers peut donner gage pour un débiteur, 2077. — Date de l'hypothèque des créances privilégiées à l'égard des tiers, 2113.

— (C. P. C.) Préalable sans lequel un jugement par défaut ne peut être exécuté à l'égard d'un tiers, art. 164. Formalités nécessaires pour pouvoir mettre à exécution contre un tiers des jugemens prononçant une mainlevée, une radiation d'inscription hypothécaire, un paiement, &c. 548. — Les jugemens arbitraux ne peuvent être opposés à des tiers, 1022.

— (C. Co.) Les associés ne peuvent opposer à des tiers l'inobservation des formalités prescrites pour les actes de société, art. 42. — Les lettres de change peuvent être tirées à l'ordre d'un tiers, 110. — L'aval peut aussi être donné par un tiers, 142.

— (C. I. C.) À quel tribunal les tiers qui n'ont pas été partie au procès, doivent adresser leur demande en dommages - intérêts, art. 359.

TIERS-ACQUÉREURS. Avis du Conseil d'état sur la question de savoir si les droits de mutation par décès, ainsi que le droit en sus dont la peine est prononcée par l'article 39 de la loi du 28 frimaire an VII, peuvent être exigés des tiers-acquéreurs, 21 sept. 1810 (IV, B. 317, n.º 5982).

— (C. Civ.) Le tiers - acquéreur peut opposer le défaut de transcription de tout acte entre-vifs ou testamentaire contenant donation de biens immeubles à charge de restitution, art. 1070.

TIERS-ARBITRES. Les arbitres divisés d'opinion sur les différens de famille, choisissent un tiers-arbitre pour lever le partage, 16 = 24 août 1790. — A qui appartient la connaissance des contestations des arbitres d'un tribunal de famille sur la nomination d'un tiers-arbitre, 17 pluviôse an III [5 février 1795] (I, B. 120, n.º 635). — Manière dont l'avis des tiers-arbitres peut être prononcé, 28 thermidor an III [15 août 1795] (I, B. 172, n.º 1030). V. *Arbitres* et *Tribunal de famille*.

— (C. P. C.) Cas dans lequel on en peut nommer un, art. 1017. — Ses fonctions, 1018.

TIERS-CONSOLIDÉ. Mode de délivrance aux créanciers de l'Etat, des inscriptions pour le tiers-consolidé de la dette publique, 25 frimaire an IV [16 décembre 1797] (II, B. 168, n.º 1604). — Faculté donnée aux divers comptables du trésor public de convertir leur cautionnement en tiers consolidé, 13 germinal an X [3 avril 1802] (III, B. 174, n.º 1349). V. *Cautionnemens*, *Dette publique*, *Fournisseurs*, *Grand-livre* et *Rentes sur l'Etat*.

TIERS *et* DANGER (Les bois en) sont soumis à une administration particulière, 15 = 29 septembre 1791.

TIERS-DENIER. (Le droit de) est aboli sans indemnité, excepté sur le prix des biens et bois dont les communautés ne sont qu'usagères, 15 = 28 mars 1790. — Révocation des édits, déclarations, &c., qui, depuis 1669, ont distrait, sous prétexte du droit de tiers-denier, au profit de certains seigneurs, des portions de bois et autres biens dont les communautés jouissaient à titre de propriété ou d'usage, 28 août 1792, art. 2.

TIERS DÉTENTEURS. (C. Civ.) Droits qui, dans le cas de révocation d'une donation, peuvent être exercés par le donateur contre les tiers détenteurs des biens, art. 954. — Formalités prescrites aux tiers détenteurs pour purger des priviléges et hypothèques les biens par eux acquis, 2180. — Peines encourues par le tiers détenteur en ne remplissant pas les formalités nécessaires pour purger sa propriété, 2167 *et suiv.* — Cas où il peut s'opposer à la vente de l'héritage hypothéqué qui lui a été transmis, 2170. — Règles sur le délaissement par hypothèque a l'égard des tiers détenteurs, 2172 *et suiv.*

TIERS POSSESSEUR. (C. Civ.) Ses droits lorsque l'action en rescision est admise, art. 1681.

TIERS-PROVISOIRE (Emploi des bons du), 9 floréal an IX [29 avril 1801] (III, B. 81, n.º 639). — Inscription de plusieurs bons du tiers provisoire au grand-livre, 20 prairial an X [9 juin 1802] (III, B. 197, n.º 1739).

TIERS-RÉFÉRENDAIRES. (Mode de la liquidation des offices de), 29 juillet = 5 août 1791. V. *Offices*.

TIERS SAISI. (C. P. C.) Les demandes contre un tiers saisi sont dispensées du préliminaire de la conciliation, art. 49. — Dénonciation qui lui est faite d'une saisie-arrêt, 563. — Les paiemens faits jusqu'à dénonciation de la demande en validité de la saisie sont valables, 565. — Titre ou jugement nécessaire pour assigner le tiers saisi en déclaration, 568. — Les saisies-arrêts postérieures doivent être dénoncées au premier saisissant, 575. — Dispositions relatives au tiers saisi débiteur de rentes constituées, 568.

TILLARD (Le sieur). Autorisation d'accepter un terrain par lui offert au prytannée, 29 vendémiaire an XI [21 octobre 1802] (III, B. 224, n.º 2052).

TILLY (Le sieur) est tenu de se rendre

à la Rochelle, 20 brumaire an VIII [11 novembre 1799] (II, B. 329, n.º 3432).

TIMBRE (Droit de) sur les papiers destinés aux actes civils et judiciaires, aux obligations commerciales et aux écritures authentiques et sous seing privé qui peuvent être produites en justice et y faire foi. — Lois générales relatives au droit de timbre, et réglant tout ce qui concerne l'établissement et la fixation des droits, soit en raison de la dimension du papier, soit en raison des sommes, leur application, les actes et registres soumis ou non soumis à la formalité du timbre, les obligations respectives des notaires, huissiers, greffiers et secrétaires des administrations, des arbitres et experts, des diverses autorités publiques, des préposés de la régie et des citoyens, les peines encourues pour contraventions, &c., 7 et 11 = 18 février 1791, 10 = 17 juin 1791, 9 vendémiaire an VI [30 septembre 1797], titre III (II, B. 148, n.º 1447), 2 floréal an VI [21 avril 1798] (II, B. 195, n.º 1804), 10 brumaire et 6 prairial an VII [31 octobre 1798 et 25 mai 1799] (II, B. 237 et 282, n.ºs 2134 et 2960). — Les taxes d'enregistrement et de timbre sont perçues par une même régie, sous le titre de régie de l'enregistrement et du timbre, 8 et 9 = 15 mai 1791. — Les commissaires administrateurs du droit du timbre sont autorisés à transporter leur établissement à l'hôtel de la régie, 14 = 25 juillet 1791. — Les receveurs de l'enregistrement sont tenus de s'approvisionner de papier timbré pour former les registres de déclaration et soumission d'obtention de patente, 17 et 20 septembre = 9 octobre 1791. — Il en est délivré aux municipalités, Ibid. — Droit de timbre sur les certificats de propriété, de rentes sur les pays d'états, 21 = 29

septembre 1791. — Tribunaux auxquels est attribuée la connaissance de la contrefaçon du timbre de l'État, et peine que fait encourir cette contrefaçon, 25 septembre = 6 octobre 1791, 23 floréal an X [13 mai 1802] (III, B. 190, n.º 1574) 23 vent. an XII [14 mars 1804] (III, B. 353, n.º 3670). — Registres et minutes des greffiers qui sont assujettis au timbre, 29 septembre = 9 octobre 1791. — Perception du droit de timbre pour 1792, 29 septembre = 14 octobre 1791. — Instruction sur le timbre des actes d'administration publique, 11 mars 1792. — Droits auxquels sont assujettis les certificats d'emploi, les expéditions et extraits délivrés par le bureau de comptabilité, 1 = 4 avril 1792 ; — les billets de la caisse de commerce, 18 août 1792. — Les ouvriers et employés travaillant à l'atelier de l'impression du timbre sont exempts du service personnel dans la garde nationale, 2 = 3 septembre 1792. — Défense de faire usage du papier marqué des anciennes empreintes portant les attributs de la royauté, 4 et 6 juillet 1793. — Fixation du prix des papiers timbrés, des droits de timbre extraordinaire et du visa pour timbre, 15 messidor an III [3 juillet 1795] (I, B. 160, n.º 940). — Droits auxquels sont soumis les effets et billets au porteur, 25 thermidor an III [12 août 1795] (I, B. 172, n.º 1027). — Restitution d'une amende payée pour le timbre d'une lettre de change tirée de l'Ile de France, 28 vendémiaire an IV [20 octobre 1795]. — Tarif pour le paiement des droits de timbre, 11 nivôse, 14 thermidor an IV [1.er janvier, 1.er août 1796] (II, B. 16 et 62, n.ºs 92 et 575), 5 floréal an V [24 avril 1797] (II, B. 119, n.º 1153). — Mode de perception des droits de timbre dans les départemens de la Belgique, 18 germinal et 19 thermidor an IV [7 avril et 6 août 1796 (II, B. 39 et 64, n.ᵒˢ 312 et 589). — Droits auxquels sont assujettis les affiches, les journaux et le papier-musique, et confection des timbres, 3 brumaire an VI [24 octobre 1797] (II, B. 154, n.ᵒ 1513), 19 pluviôse an VIII [8 février 1800] (III, B. 6, n.ᵒ 50), 10 brumaire an XIV [1.ᵉʳ novembre 1805] (IV, B. 64, n.ᵒ 1137). V. *Affiches, Journaux* et *Musique*. — Mode de perception des droits de timbre dans les colonies, 12 nivôse an VI [1.ᵉʳ janvier 1798] (II, B. 177, n.ᵒ 1659). — Perception d'une subvention de guerre sur les droits de timbre, 6 prairial an VII [25 mai 1799] (II, B. 282, n.ᵒ 2956). — Les actes concernant la liquidation de la dette publique sont dispensés du timbre, 26 frimaire an VIII [17 décembre 1799] (II, B. 338, n.ᵒ 3476); — ainsi que les procès-verbaux des porteurs de contraintes, mais le commandement y est assujetti, 16 thermidor an VIII [4 août 1800] (III, B. 38, n.ᵒ 244). — Suppression des ateliers du timbre établis dans les départemens, et leur remplacement par des entrepôts de papier timbré, 7 fructidor an X [25 août 1802] (III, B. 210, n.ᵒ 1924). — Faculté accordée aux banques de prendre un abonnement annuel pour le timbre de leurs billets, 24 germinal an XI [14 avril 1803] (III, B. 271, n.ᵒ 2701). — Les droits de timbre des procès-verbaux de vente des biens nationaux, sont payés par les adjudicataires, 23 floréal an XI [13 mai 1803] (III, B. 282, n.ᵒ 2778). — Emploi, dans toute la France, de papiers frappés du timbre proportionnel dans l'atelier général de Paris, 16 messidor an XI [5 juillet 1803] (III, B. 296, n.ᵒ 2933). — Dispense de la formalité du timbre pour les passavans et acquits-à-caution délivrés pour le transport des marchandises, la circulation

des denrées, &c., 30 frimaire et 22 ventôse an XII [22 décembre 1803 et 13 mars 1804] (III, B. 332 et 353, n.ᵒˢ 3465 et 3669 . — Vérification du papier sur lequel sont écrits les lettres de voitures, les connaissemens, chartes-parties et polices d'assurance de marchandises, 16 messidor an XIII [5 juil. 1805] (IV, B. 51, n.ᵒ 854). — Type de nouveaux timbres pour les papiers de dimension, de la débite et des effets de commerce, 17 avril 1806 (IV, B. 87, n.ᵒ 1503).—Dépôt des empreintes du timbre des congés et passavans délivrés par la régie des droits réunis, 31 août 1805 (IV , B. 115, n.ᵒ 1881). — Avis du Conseil d'état sur une question relative au droit de timbre proportionnel auquel les reconnaissances de dépôt sont assujetties, 1.ᵉʳ avril 1808 (IV, B. 189, n.ᵒ 3262). — Droits de timbre et d'enregistrement à la charge des communes et établissemens publics, 17 juillet 1808 (IV, B. 198, n.ᵒ 3582).—Etablissement et perception des droits de timbre en Hollande, 21 octobre 1811, 29 février 1812 (IV, B. 397 et 422, n.ᵒˢ 7340 et 7714).—Délai du visa pour timbres des actes qui n'ont pas de date certaine dans le département du Simplon, 18 février, 23 août 1812 (IV, B. 422 et 447, n.ᵒˢ 7711 et 8207). — Rejet du pourvoi au Conseil d'état, formé par des particuliers, éditeurs ou marchands de musique, contre des instructions données par le ministre des finances à la régie de l'enregistrement et du domaine sur la manière de liquider le droit de timbre sur les papiers de musique, 17 janv. 1814 (IV, B. 555, n.ᵒ 10,067. — (C. Civ.) Le tuteur peut dresser les états de situation de sa gestion sur papier non timbré, 470. — Les registres des conservateurs des hypothèques doivent être sur papier timbré, art. 2201.

TIMBRES *nationaux*. (C. P.) Peines pour avoir contrefait ou falsifié des timbres nationaux, art. 140 à 143.

TIMBRES *particuliers*. (C. P.) Peines pour contrefaçon du timbre d'une autorité quelconque ou d'un établissement particulier de banque ou de commerce , art. 142 et 143. V. *Marques particulières*.

TIMBRES *et* SCEAUX *des autorités publiques*. Mode de leur fabrication , leur uniformité et dépôt de leurs empreintes aux archives du ministère de la justice, 29 ventôse an XIII [20 mars 1805] (IV, B. 37, n.º 641). V. *Sceaux*.

TIMONNIERS (Chefs et officiers). Leur service, leurs différens grades et leur solde, 31 décembre 1790 = 7 janvier 1791, 30 janvier = 11 février, 22 avril = 15 mai 1791, 10 et 17 mai 1793, et 3 brumaire an IV [25 octobre 1795] (I, B. 205, n.º 1230).

TIRAGE *au sort*. (C. Civ.) Il a lieu pour les lots en matière de partage de succession, art. 614.

TIREUR. (C. Co.) Obligations de celui d'une lettre de change, art 118 et 120. V. *Tiers*.

TIRION-DE-MONTALEMBERT (Le sieur) est nommé membre du Corps législatif, 1.er et 2 mai 1809 (IV, B. 327, n.º 4395).

TIRLET D'HERBOURG (Le sieur) est nommé membre de la commission des émigrés , 22 ventôse an VIII [13 mars 1800] (III, B. 11, n.º 78).

TIROT (Le sieur) est mis en surveillance spéciale hors du territoire européen de la France, 14 nivôse an IX [4 janvier 1801](III, B. 60, n.º 440).

TISSUS. Faculté d'exporter des tissus neufs mêlés d'or ou d'argent, 15 septembre 1792. — Prohibition de l'introduction en France du tissu connu sous la dénomination de tulle *anglais*, 10 mars 1809 (IV, B. 228, n.º 4157).

TITRE *des matières d'or et d'argent*. Sa fixation, et surveillance de la police sur les contraventions, 19 = 22 juillet 1791, et 19 brumaire an VI [9 novembre 1797] (II, B. 156, n.º 1542). V. *Marque d'or et d'argent*.

— (C. P.) Peines encourues pour avoir trompé l'acheteur sur le titre des matières d'or ou d'argent, art. 423. V. *Matières d'or et d'argent*.

— *des Monnaies*. Il est déterminé par le Corps législatif, constitutions de 1791 et de l'an III.

— *nouvel*. Droits d'enregistrement auxquels il est assujetti, 5 = 19 décembre 1790, et 22 frimaire an VII [12 décembre 1798] (II, B. 248, n.º 2224).

— (C. Civ.) Époque à laquelle le débiteur d'une rente peut être contraint d'en fournir un à ses frais, art. 2263.

TITRES *en général*. Droits d'enregistrement auxquels sont assujettis les inventaires des titres, 5 = 19 décemb. 1790. — Dépôt aux archives nationales de tous les titres de propriété publics, domaniaux et judiciaires, et mesures prescrites pour leur triage, classement et inventaire, et pour la composition, l'organisation et le traitement des membres du bureau chargé de ces travaux, placé successivement dans les attributions des ministres de la justice et des finances, 15 = 29 septembre 1791, 10 frimaire et 7 messidor an II [30 novembre 1793 et 25 juin 1794] (I, B. 12, n.º 48), 3 et 28 brumaire an III [24 octobre et 18 novembre 1794] (I, B. 91, n.º 467), 22 et 27 pluviôse an III [10 et 15 février 1795] (I, B. 124, n.os 643 et 653), 16 ventôse et 9 germinal an III [6 et 29 mars 1795] (I, B. 130, n.º 699), 18 messidor et 19 thermidor an III [6 juillet et 6 août 1795], 2, 19 et 29 fructidor an III [19 août,

5 et 15 septembre 1795] (I, B. 174, 176 et 179, n.os 1042, 1068 et 1092), 11 frimaire et 21 prairial an IV [2 décembre 1795 et 9 juin 1796] (II, B. 8 et 53, n.os 47 et 464), 1.er nivôse an VIII [22 décembre 1799] (II, B. 339, n.º 349), 1.er pluviôse an IX [21 janvier 1801] (III, B. 64, n.º 482), et 28 août 1810 (IV, B. 313, n.º 5947). — Moyen de suppléer aux titres détruits ou perdus, 21 frimaire an II et 14 ventôse an III [11 décembre 1793 et 4 mars 1795] (I, B. 128, n.º 684). — Réunion dans les chefs-lieux de département, de tous les titres et papiers acquis à l'Etat, 5 brumaire an V [26 octobre 1796] (II, B. 85, n.º 810). V. Archives.

— des Bénéfices. Inventaire et dépôt des registres, papiers terriers, chartes et autres titres des bénéfices, corps, maisons et communautés, 23, 28 octobre = 5 novembre 1790, tit. III, art. 9.

— cléricaux. Leur abolition, et restitution aux familles des biens sur lesquels ils étaient fondés, 22 ventôse an II [12 mars 1794], et 15 pluviôse an III [3 février 1795] (I, B. 119, n.º 633).

— de Créances sur l'Etat. Dispositions relatives à la remise des anciens titres, à la délivrance des nouveaux, à la rectification des erreurs de noms et de prénoms, et au mode de suppléer les titres perdus ou détruits. V. Dette publique et Liquidation.

— de Créances sur particuliers. Mode de liquidation des rentes foncières dont les propriétaires ne peuvent produire les titres constitutifs, 11 floréal an III [30 avril 1795] (I, B. 144, n.º 990). — Conditions exigées pour que les titres puissent conférer hypothèque, 9 messidor an III [27 juin 1795] (I, B. 164, n.º 963). V. Hypothèques.

— des Domaines nationaux. Moyens de remplacer ceux d'adjudication perdus ou détruits, 7 thermidor an III [25 juillet 1795] (I, B. 166, n.º 976).

— domaniaux et judiciaires. Leur remise aux archives nationales, et travaux relatifs à leur triage, classement et inventaire. V. ci-dessus Titres en général.

— ecclésiastiques. Les immeubles ne peuvent être affectés à ces titres, 18 germinal an X [8 avril 1802] (III, B. 172, n.º 1344).

— de famille et de propriété. Il est défendu d'y porter atteinte sous prétexte de l'abolition des titres de noblesse, 19 = 23 juin 1790, 12 = 16 mai 1792. — Peines encourues par ceux qui les brûlent ou les détruisent, 25 septembre = 6 octobre 1791, 3 brumaire an IV [25 octobre 1795] (I, B. 204, n.º 1221), et Code pénal, art. 439. — Communication des titres de propriété aux conservateurs des hypothèques, 9 messidor an III [27 juin 1795] (I, B. 64, n.º 963).

— (C. Civ.) Titres qui sont nécessaires pour prouver la filiation des enfans légitimes, 319 et suiv. — Les titres considérés relativement aux servitudes, 695 et suiv. — Remises des titres de propriété, 842. — Le titre exécutoire contre le défunt l'est aussi contre l'héritier, 877. — Effet de la remise des titres quant au paiement de la dette, 1282. — Ce qui constitue l'authenticité d'un titre, 1317 et suiv. — Comment les copies de titres font foi, 1334 et suiv. — L'action en rescision a lieu contre une transaction faite en vertu d'un titre nul, 2054. — Ce qui a lieu quand des titres sont découverts postérieurement aux transactions, 2057. — Les notaires, les avoués et les huissiers peuvent être contraints par corps à rendre les titres qu'on leur a confiés, 2060. — On ne peut poursuivre la vente forcée d'un immeuble qu'en vertu d'un titre authentique, 2213. — Le titre nul par défaut de forme ne peut servir de base à la prescription de dix et de vingt ans, 2267.

— (C. P. C.) Les demandes en remise ou communication de titres ne sont pas assujetties au préliminaire de la conciliation, art. 49. — Lorsqu'il y a un titre authentique, les jugemens ordonnent l'exécution provisoire sans caution, 135. — Nécessité d'un titre exécutoire pour procéder à une saisie mobilière ou immobilière, 551 et 557. — Titres à produire dans une distribution par contribution, 660. — Titres actifs à déposer au greffe par celui qui réclame le bénéfice de cession, 898. — On doit, dans un inventaire, faire la déclaration des titres actifs et passifs, 943.

— (C. Co.) Après la clôture de l'inventaire, les titres actifs du failli sont remis aux syndics provisoires, 491. — Le procès-verbal de vérification des créances doit contenir la description sommaire des titres, 505. — Déclaration que les syndics signent sur chaque titre, lorsque la créance n'est pas contestée, 506.

— féodaux. Formalités prescrites aux propriétaires de droits féodaux conservés dont ils ne peuvent produire les titres, 15 = 28 mars 1790. — Dispositions relatives au brûlement de ces titres, 17 juillet 1793, 14 frimaire, 8 pluviôse et 11 messidor an II [4 décembre 1793, 27 janvier et 29 juin 1794] (I, B. 12, n.º 59). — Délai fixé aux habitans des pays réunis pour se pourvoir en obtention de nouveaux titres féodaux, 26 août 1811 et 27 décembre 1812 (IV, B. 387 et 457, n.ºs 7185 et 8425). V. Féodalité.

— généalogiques. Brûlement de ceux qui se trouvent dans les dépôts publics, 19 — 24 juin 1792.

— honorifiques, de duc, comte,

marquis, &c. Leur abolition, 19 = 23 juin 1790, 3 = 14 septembre, 27 septembre = 16 octobre 1791, et 6 fructidor an II [23 août 1794] (I, B. 44, n.º 240). — Leur rétablissement, 1.er mars 1808 (IV, B. 186, n.º 3206). V. ci-après Titres et majorats.

— (C. P.) Peines pour usurpation de titres et fonctions, art. 258 et 259; — et pour vols commis en prenant le titre ou l'uniforme d'un officier public ou d'un officier civil ou militaire, 381.

— de Noblesse. V. Titres généalogiques et honorifiques.

TITRES et majorats. Rétablissement des titres de duc, de comte, de baron et de chevalier, 1.er mars 1808 (IV, B. 186, n.º 3206). — Institution et composition des majorats, effets et nature des biens qui peuvent y être affectés, 1.er mars et 24 juin 1808 (IV, B. 186 et 196, n.ºs 3207, 3488 et 3489), 17 mai 1809 (IV, B. 236, n.º 4393), 3 mars 1810 (IV, B. 270, n.ºs 5249 et 5250). — Les biens domaniaux de l'Allemagne formant la dotation de majorats, ne peuvent être engagés ni saisis, ni grevés d'hypothèques, 28 octobre 1808 (IV, B. 211, n.º 3832). — Disponibilité des inscriptions de cinq pour cent consolidés et des actions de banque affectés à une institution de majorat qui aurait été rejetée ou retirée, 21 décembre 1808 (IV, B. 220, n.º 4029). — Droits d'enregistrement dans les cours et tribunaux, des lettres patentes portant institution de majorats, 2 février 1809 (IV, B. 224, n.º 4099). — Les lettres patentes portant institution de majorats ne sont insérées que par extrait dans le Bulletin des lois, 16 mars 1809 (IV, B. 229, n.º 4193). — Dispositions relatives à la transmission et à la cumulation des titres, 4 juin 1809 (IV, B. 238, n.º 4431). — Les arrérages des inscriptions de cinq pour cent consolidés, affectées à la dotation des majorats, sont soumis à la retenue du dixième, 4 juin 1809 (IV, B. 438, n.º 4432). — Mesure pour la conservation des biens affectés à la dotation des majorats, 4 mai 1809 (IV, B. 270, n.º 5251). — Décrets qui règlent l'administration et la jouissance des biens constitués en dotation dans les pays de Fulde et de Hanau, de Bayreuth, d'Erfurt, de Westphalie et d'Illyrie; et réunion en société des donataires des 4.º, 5.º et 6.º classes, 23 septembre et 15 décemb. 1810, 24 janvier et 4 novembre 1811, 9 mars et 8 avril 1813 (IV, B. 315, 332, 347, 400, 484 et 497, n.ºs 5956, 6178, 6482, 7412, 8951, 9107 et 9108). — Avis du Conseil d'état sur la manière de pourvoir à l'administration et à l'emploi du revenu des majorats, pendant la minorité des titulaires, 30 janvier 1811 (IV, B. 349, n.º 6505). — Etablissement des siéges des majorats, 11 juin 1811 (IV, B. 375, n.º 6914). — Attributions respectives du conseil du sceau des titres, et de l'intendant général du domaine extraordinaire, relativement aux domaines créés sur ledit domaine, 14 octobre 1811 (IV, B. 398, n.º 7377). — Mode de transmission des dotations de sixième classe accordées pour cause d'amputation, de blessures graves, ou en récompense de services militaires, à défaut d'enfans mâles du donataire, 3 janvier 1812 (IV, B. 414, n.º 7591). — Comment s'obtiennent et sont payées les pensions des veuves des titulaires de majorats ou dotations, 24 août 1812 (IV, B. 447, n.º 8210). — Dispositions ayant pour objet d'empêcher que les biens des majorats formés de propriétés particulières, ainsi que ceux de majorats et dotations provenant du domaine extraordinaire, soient diminués sans de

bonnes et justes causes, et par l'insuffisance de la défense ou la collusion des parties, 22 décembre 1812 (IV, B. 457, n.º 8421). — Mode de constater les remplois et les échanges des biens affectés aux majorats et dotations créés sur le domaine extraordinaire, 4 juillet 1813 (IV, B. 511, n.º 9419). — Dispositions concernant les pensions affectées sur les majorats et dotations constitués sur le domaine extraordinaire, 11 novembre 1813 (IV, B. 537, n.º 9867). V. *Conseil du sceau des titres.*

TITULAIRES *de bénéfices, de cautionnemens et d'offices.* V. *ces mots en particulier.*

TOBIE (Le sieur) est nommé commissaire de police à Paris, 22 ventôse an VIII [12 mars 1800] (III, B. 11, n.º 77).

TOCSIN. Peine de mort contre ceux qui le sonnent ou le font sonner sans ordre légal, 19 septembre 1792. — Le seul existant à Paris est placé aux Tuileries, 1.er germinal et 2 prairial an III [21 mars et 21 mai 1795] (I, B. 131 et 146, n.ºs 712 et 833).

TOILES *de coton, de lin, de chanvre &c.* (Droits d'entrée et de sortie des), 2 = 15 mars, 20 juin, 10 juillet 1791, 18 février 1793, 3 frimaire an V [23 novembre 1796] (II, B. 92, n.º 874), 9 floréal an VII [28 avril 1799], article 10 (II, B. 273, n.º 2838), 24 frimaire an XI [15 décembre 1802] (III, B. 237, n.º 2210), 1.er jour complémentaire an XIII [18 septembre 1805] (IV, B. 56, n.º 943). — Désignation des bureaux pour l'entrée des toiles, 6 = 22 août 1791, 9 vendémiaire an XIII [1.er octobre 1804] (IV, B. 17, n.º 293). — Le Conseil exécutif est chargé de tirer des fabriques des départemens dévastés par les révoltés, les toiles nécessaires pour l'approvisionnement des armées, 30 mars 1793. — Dispositions relatives aux toiles des Indes qui sont introduites par le bureau de Saint-Louis, 24 juillet 1793. — Défense de recevoir dans les magasins de l'Etat aucune partie de toile sans qu'elle ait été soumise à l'immersion, 3 octobre 1793. — Les toiles de coton blanches, tirées de l'étranger pour être peintes dans les manufactures des départemens de la Lys, de l'Escaut, des Deux-Nèthes, de la Dyle, et être réexportées, sont exemptes des droits de douane, 25 prairial an IV [13 juin 1796 (II, B. 53, n.º 472). — Dispositions relatives à la marque et à l'estampille des toiles, 3 fructidor an IX [21 août 1801] (III, B. 97, n.º 806). — Etablissement d'entrepôts réels pour les toiles de Guinée, 11 thermidor an X [30 juil. 1802] (III, B. 207, n.º 1878). V. Chanvres, Cotons.

TOISONS. (C. Civ.) Stipulations relatives aux toisons entre le bailleur et le preneur du cheptel à colon partiaire, art. 1827.

TOISONS (Ordre des trois.) V. Ordres de chevalerie.

TOITS. (C. Civ.) Propriétaires à la charge desquels sont les toits d'une maison à divers étages, et appartenant à des personnes différentes, art. 664. — Forme de leurs égouts, 681.

TOLÉRANCE. (C. Civ.) La possession ni la prescription ne peuvent être fondées sur des actes de simple tolérance, art. 2232.

TOLÉRANCE (Le droit de) est aboli sans indemnité, 15 = 28 mars 1790.

TOMBEAUX. Ordre de détruire les tombeaux et mausolées des Rois, élevés dans l'église de Saint-Denis et autres lieux, 1.er août 1793, art. 11 ; — de transférer dans l'église de Sainte-Geneviève les tombeaux déposés au musée des monumens français, 20 février 1806 (IV, B. 75, n.º 1336). — (C. P.) Peines pour violation de tombeaux, art. 360.

TONNAGE. Manière de calculer le tonnage des bâtimens de mer, 27 ven-

demiaire et 11 nivôse an II [18 octobre et 31 décembre 1793. — La contribution pour la réparation et l'entretien des ports, est égale à la moitié du droit de tonnage, 13 floréal an X [3 mai 1802] art. 7 et 8 (III, B. 187, n.º 1490). — Le ministère des finances est chargé de l'exécution des lois relatives au droit de tonnage, 28 ventôse an XII [19 mars 1804] (III, B. 353, n.º 3672).

(C. Co.) Les chartes-parties et les connaissemens doivent faire mention du tonnage des navires, art. 273 et 281. — Dommages-intérêts dont est tenu le capitaine qui a déclaré le navire d'un port plus grand qu'il n'était en effet, 289. — Quantité dont la différence fait qualifier la déclaration d'erronée, 200. V. Droits.

TONNEINS-LE-ROI. Le nom de cette commune est changé en celui de Tonneins-la-Montagne, 21 septembre 1793.

TONNELIER (L'état de), dans les villes maritimes, est une profession maritime, 31 décembre 1790 = 7 janvier 1791.

TONNES. Leur surveillance est confiée au ministre de la marine, 15 sept 1792.

TONNES. (C. Civ.) Celles qu'un propriétaire a placées dans un fonds pour son exploitation, sont immeubles par destination, art. 524.

TONTE. (C. Civ.) Le preneur à cheptel ne peut faire tondre les brebis sans en prévenir le bailleur, art. 1814.

TONTINES. Etablissement d'une tontine nationale, 26 messidor an III [14 juil. 1795] (I, B. 163, n.º 960). — Suspension de l'emprunt ouvert par cette voie, 17 pluviôse an IV [6 février 1796] (II, B. 25, n.º 163). — Avis du Conseil d'état sur les associations de la nature des tontines, 1.er avril 1809 (IV, B. 233, n.º 4299). V. Compagnies financières.

TOPINO-LEBRUN (Le sieur) est nommé

juré au tribunal criminel extraordinaire, 26 septembre 1793.

TORCY. Vente de domaines nationaux à la municipalité de cette commune, 6 décembre 1790 = 5 janvier 1791.

TORTONE. La commune de Garlagna est réunie au canton, 2 juillet 1812 (IV, B. 442, n.° 8147).

TORTURE (Abolition de la), 25 septembre = 6 octobre 1791.

— (C. P.) Peines auxquelles sont condamnés les individus qui auraient fait supporter des tortures corporelles à des personnes par eux arrêtées et séquestrées illégalement, art. 344.

TOSCANE (Grand-duché de). Confirmation et ratification du traité de paix entre le comité de salut public et le ministre plénipotentiaire du grand-duc de Toscane, 25 pluviôse an III [13 février 1795] (I, B. 123, n.° 651). — M. François-Xavier Carletti est reconnu en qualité de ministre du gouvernement de Toscane près le Gouvernement français, 28 ventôse an III [18 mars 1795] (I, B. 139, n.° 707). — Déclaration de guerre au grand-duc de Toscane, 22 ventôse an VII [12 mars 1799] (II, B. 265, n.° 2617). — Nomination d'un commissaire général des relations commerciales de la France en Toscane, 5 brumaire an IX [27 octobre 1800] (III, B. 49, n.° 268).— Organisation des douanes dans ce duché, 28 octobre 1808 et 13 octobre 1809 (IV, B. 210 et 246, n.os 3816 et 4756). — Dissolution de la junte, et établissement d'un conseil extraordinaire de liquidation des créances antérieures à 1809, 31 déc. 1808 (IV, B. 221, n.° 4036). — Le gouvernement des départemens de la Toscane est érigé en grande dignité de l'empire, 2 mars 1809 (IV, B. 226, n° 4128). — Titres, rangs et prérogatives dont jouit le grand-duc, ibid. — Ce gouvernement peut être conféré à une princesse du sang impérial, avec le titre

de grande duchesse, 3 mars 1809 (IV, B. 227, n.° 4151). — Il est conféré à la princesse Élisa, 3 mars 1809 (IV, B. 227, n.° 4151).—Attributions de la grande-duchesse, et organisation du gouvernement général (ibid. n.° 4152).—M. Dubois est nommé directeur de la police, 27 mars 1809 (IV, B. 231, n.° 4272). — Fondation d'un prix annuel pour y maintenir la langue italienne dans toute sa pureté, 9 avril 1809, titre I.er (IV, B. 233, n.° 4303). — Dotation de la liste civile en Toscane, ibid. tit. II. — De la dette publique, de sa liquidation et de son remboursement, ibid. titre III. — Création d'une administration de la dette publique, et prorogation des pouvoirs du conseil de liquidation, ibid. sect. IV et V. — Fixation des pensions civiles, ecclésiastiques et militaires, ibid. tit. IV. — Paiement des portions congrues par le trésor public, ibid. titre V. — Abolition de l'ordre de Saint-Etienne, ibid. titre VI. — Maintien du système d'abonnement avec les communes pour l'entretien des routes, ibid. titre VII. — Indemnités accordées aux employés supprimés, ibid. titre VIII. — Délai accordé pour le paiement du cautionnement des notaires, greffiers, avoués et huissiers, 4 juin 1809 (IV, B. 438, n.° 4434). — Prorogation de celui accordé pour l'inscription des priviléges et hypothèques, 5 août 1809 (IV, B. 242 et 370, n.os 4486 et 6763). — Epoque où les procès-verbaux devant les tribunaux, doivent être instruits conformément aux dispositions du Code de procédure, 13 octobre 1809 (IV, B. 246, n.° 4757). — Prorogation des pouvoirs des conseils de liquidation, et fixation des délais accordés aux créanciers de ce pays pour la production de leurs titres, 20 juin 1810 (IV, B. 296, n.° 5602 . — Organisation des tribunaux de commerce, leur nombre et leur placement, 30 juin 1810 (IV, B. 297, n.º 5648). — Dispositions relatives aux établissemens d'instruction publique, 18 octobre 1810 (IV, B. 321, n.º 6041). — Avis du Conseil d'état portant que les actions données en paiement de la dette de ce pays, ne sont passibles que des charges qui y sont mentionnées, 5 mars 1811 (IV, B. 359, n.º 6585).

TOTALITÉ *des biens.* (C. Civ.) L'enfant naturel y a droit, lorsque ses père et mère ne laissent pas de parens au degré successible, art. 758. — A défaut d'ascendans ou de descendans, les libéralités par actes entre-vifs ou testamentaires peuvent épuiser la totalité des biens, 916.

TOUAGE. (C. Co.) L'assureur n'est pas tenu du touage, art. 354.

TOUL. Etablissement d'un juge de paix dans cette ville, 23 novembre = 1.er décembre 1790.

TOULGOET (Le sieur) est nommé membre du Corps législatif, 4 niv. an VIII [25 décembre 1799] (II, B. 341, n.º 3509), et 3 octobre 1808 (IV, B. 209, n.º 3809).

TOULON (Port et ville de). Annullation du prononcé du jury de cette ville sur le procès des sieurs J.-B. Martin et Druillet, et formation d'un nouveau jury, 21 = 24 novembre 1790. — Stabilité donnée aux juridictions de prud'hommes ci-devant établies, et particulièrement à celle des patrons-pêcheurs, 9 décemb. = 19 janvier 1791. — Disposition particulière relative aux procédures faites contre divers accusés du crime de lèse-nation, 8 = 15 mai 1791. — Supplément accordé au port de cette ville pour le paiement des ouvriers, 21 août = 12 septembre 1791. — Il n'est rien innové au lazaret de cette ville, qui doit toujours exercer le droit de donner quarantaine, 30 août 1791, 22 juillet 1792, et 11 nivôse an III [31 décembre 1794] (I, B. 105, n.º 552). — Etablis-

sement de quatre commissaires de police, 6 = 13 juillet 1792. — Fixation du nombre et traitement des officiers de la marine, 26 janvier 1793. — Dispositions contenant des mesures relatives à la trahison par laquelle le port de cette ville a été livré aux Anglais, 9 septemb. 1793. — Sont déclarés traîtres à la patrie les officiers et agens de la marine restés à Toulon lors de la trahison de cette ville, 16 vendémiaire an II [7 octobre 1793]. — Séquestration et vente des biens des rebelles, 1.er brumaire an II [22 octob. 1793]. — L'armée française dirigée contre Toulon a bien mérité de la patrie, 4 nivôse an II [24 décembre 1793]. — Le nom de Toulon est supprimé; cette commune porte le nom de *Port de la Montagne, ibid.* — Les maisons de l'intérieur doivent être rasées; conservation des établissemens nécessaires au service de la guerre, de la marine, des subsistances et approvisionnemens, *ibid.* — Dispositions particulières relatives aux secours offerts et à offrir pour les veuves et les enfans des vainqueurs de cette ville, 11 nivôse an II [31 décembre 1793]. — Renvoi de toutes les pétitions des forçats qui sont détenus dans cette ville, 14 nivôse an II [24 décemb. 1793]. — Injonction aux habitans de faire le dépôt des sommes exigibles et des autres dettes à leur échéance, 2 germinal an II [28 mars 1794]. — Approbation des mesures prises pour la réduction des rebelles, 17 prairial an III [5 juin 1795] (I, B. 153, n.º 900). — Ordre du jour motivé relatif aux individus qui ont pris les armes dans cette ville et qui ont fui avec l'ennemi, 19 fructidor an III [5 septemb. 1795] (I, B. 176, n.º 1070). — Sont déclarés émigrés et doivent être poursuivis comme tels, ceux qui, depuis le jour où cette ville a été livrée aux Anglais, jusqu'au jour de sa reddition, s'y sont réfugiés, ceux qui ont pris les armes pour les puissances coalisées, &c., 20 fructidor an III et 2 vendémiaire an IV [6 et 24 septembre 1795] (I, B. 176 et 183, n.os 1071 et 1121). — Annullation de tous les arrêtés des représentans du peuple en mission, contraires à la loi ci-dessus, 20 vendém. an IV [12 octobre 1795] (I, B. 192, n.° 1158). — Etablissement d'une école pour les aspirans de la marine, 30 vendémiaire an IV [22 octobre 1795], tit. X (I, B. 200, n.° 1196). — Mesures prescrites pour ramener dans le port les marins déserteurs, désobéissans et vagabonds, 23 vent. an VI [13 mars 1798] (II, B. 190, n.° 1768). — Nomination du préfet maritime, 1.er thermidor an VIII [20 juillet 1800] (III, B. 43, n.° 277). — Etablissement d'un parc d'artillerie dans le port, 25 frimaire an IX [16 décembre 1800] (III, B. 58, n.° 420). — Le lazaret est mis sous l'autorité du ministre de la marine et sous la surveillance du préfet maritime, 15 pluviôse an IX [4 février 1801] (III, B. 66, n.° 509), — Etablissement d'une bourse de commerce, 9 thermidor an IX [28 juillet 1801] (III, B. 92, n.° 770); — de commissaires généraux de police, 9 flor. an XI [29 avril 1803] (III, B. 277, n.° 2756). — Une feuille d'annonces est autorisée dans cette ville, 14 décembre 1810 (IV, B. 335, n.° 6242).

TOULON-SUR-ARROUX. Changement d'époque de la tenue des foires de cette commune, 25 nivôse an IX [15 janvier 1801] (III, B. 62, n.° 462).

TOULONGEON (Le sieur) est décrété d'accusation, 27 octobre et 8 = 9 novembre 1792; — est nommé membre du Corps législatif, 6 germinal an X [27 mars 1802], et 1.er et 2 mai 1809 (III, B. 171, n.° 1340, et IV, B. 237, n.° 4395).

TOULOTTE (Le sieur) est mis en surveillance spéciale hors du territoire européen de la France, 14 nivôse an IX [4 janvier 1801] (III, B. 60, n.° 440).

TOULOUSE. Etablissement du sixième juge au tribunal du district de cette ville, 24 novembre = 1.er décemb. 1790. — Renvoi au tribunal de la procédure relative aux troubles de Montauban, 31 décembre 1790 = 7 janvier 1791. — Ordre d'informer contre les auteurs, fauteurs et instigateurs des troubles qui y ont eu lieu, 2 = 6 avril 1791. — Abolition de l'abonnement accordé à cette ville pour ses impositions ordinaires, 3 = 8 mai 1791. — Circonscription des paroisses, 29 août 1791 et 16 mai 1792. — Etablissement d'un tribunal de commerce, 17 = 21 septembre 1792. — Elargissement des membres du comité de salut public et des sociétés populaires mis en état d'arrestation dans cette ville, 13 juin 1793. — La compagnie des canonniers a bien mérité de la patrie, 13 et 16 août 1793. — Etablissement d'un octroi municipal, 2 vendémiaire an VIII [24 septembre 1799] (II, B. 313, n.° 3305); — d'une bourse de commerce, 6 messidor an IX [25 juin 1801] III, B. 85, n.° 708). — Le percepteur des contributions directes est assimilé aux receveurs particuliers, 22 therm. an X [10 août 1802] (III, B. 207, n.° 1897). — Etablissement d'un lycée, 16 floréal an XI [6 mai 1803] (III, B. 298, n.° 2955). — La maison de Frescati à Castres est destinée à la sénatorerie de cette ville, 18 fructidor an XI [5 septembre 1803] (III, B. 311, n.° 3145). — Le sénateur Démeunier est nommé à la sénatorerie de cette ville, 5 vendémiaire an XII [28 septembre 1803] (III, B. 323, n.° 3275). — Le maire assiste au serment de l'Empereur, 3 messidor an XII [22 juin 1804]

(IV, B. 6, n.° 56). — Établissement d'un entrepôt de tabacs étrangers, 9 frimaire an XIII [30 nov. 1804] (IV, B. 23, n.° 412). — Aliénation de capitaux de rentes concédés à cette ville, 19 oct. 1806 (IV, B. 121, n.° 1983). — Une feuille d'annonces y est autorisée, 14 décemb. 1810 (IV, B. 335, n.° 6242).

TOULOUSE (Fonderies et forges de) V. *Usines.*

TOUR (Le sieur). Il n'y a pas lieu à accusation contre lui, 25 janvier 1792.

TOURBES *et tourbières*. Quantité de tourbes qui doit être délivrée aux troupes pour leur chauffage d'été et d'hiver, 1 = 11 février 1791. — Dispositions relatives à l'extraction des tourbes, 27 mars, 15 juin, 12 = 28 juillet 1791. — Mode d'évaluation du revenu des terrains exploités en tourbières, 12, 13 = 20 juillet 1791, art. 7 et 8, et 1.er frim. an VII [25 décembre 1793] (II, B. 243, n.° 2197). — Les directoires de département sont autorisés à fixer le *maximum* du prix de la tourbe, 19 août 1793. — Il est accordé une prime pour la tourbe carbonisée entrant dans Paris, 7 floréal an XI [27 av. 1803] (III, B. 273, n.° 2741). — Permission nécessaire pour entreprendre une extraction de tourbière dans les polders, 16 déc. 1811, art. 41 *et suiv.* (IV, B. 410, n.° 7524) — (C. Civ.) Tourbières dont l'usufruitier ne peut jouir, art 598. = Confirmation d'un arrêté qui annule un partage de marais communaux renfermant des tourbières, 22 frimaire an XIII [13 décemb. 1804] (IV, B. 24, n.° 424).

TOUR D'AUVERGNE (Le sieur DE LA), capitaine des grenadiers, est nommé membre du Corps législatif, 4 niv. an VIII [25 déc. 1799] (II, B. 341, n.° 3509). — Son sabre est déposé dans le temple de Mars, 1.er thermidor an VIII [20 juillet 1800]

(III, B. 42, n.° 276). — Erection d'un monument à sa mémoire, 18 fructidor an VIII [5 septembre 1800] (III, B. 41, n.° 273).

TOUR DU PIN (LA). Durée de la foire de cette commune, 29 pluviôse an IX [18 février 1801] (III, B. 69, n.° 584).

TOUR DU PIN MONTAUBAN (LA), *évêque de Troyes.* Ses bulles d'institution, 10 germinal an XI [31 mars 1803] (III, B. 267, n.° 2613).

TOUR DU PIN (Le sieur LA) est nommé préfet du département de la Dyle, 12 mai 1808 (IV, B. 192, n.° 3364); — du département de la Somme, 25 mars 1813 (IV, B. 488, n.° 9040).

TOURELLES *et* TOURS (Ordre de démolir les) des anciens châteaux, 13 pluviôse an II [1.er février 1794].

TOURETTE (Le sieur DE LA) est nommé préfet du département du Puy-de-Dôme, 23 germinal an XII [13 avril 1804] (III, B. 358, n.° 3748).

TOURMONT (Affouages de la commune de). V. *Affouages.*

TOURNAY. Réunion de cette ville et de sa banlieue à la France, 6 mars 1793. — Etablissement d'une bourse de commerce, 15 brumaire an X [6 novembre 1801] (III, B. 126, n.° 970). — Une feuille d'annonces y est autorisée, 14 décembre 1810 (IV, B. 335, n.° 6242).

TOURNÉES. Les préfets sont tenus de faire tous les ans une tournée dans leurs départemens, 17 ventose an VIII [7 mars 1800], art. 5 (III, B. 13, n.° 90).

TOUNESOL. Droit d'entrée de la pâte de tournesol venant de l'étranger, 18 février 1806 (IV, B. 76, n.° 1345).

TOURNIER (Le représentant du peuple) est décrété d'arrestation, 3 octobre 1793. — Il est rappelé dans le sein de la Convention nationale, 18 frim. an III [8 décembre 1794] (I, B. 96, n.° 495).

TOURNY. Epoque de la tenue d'une foire dans cette commune, 27 frim.

an IX [18 décembre 1800] (III , B. 60 , n.º 437).

TOURS. Vente de domaines nationaux à la municipalité de cette ville, 7 déc. 1790=5 janv. 1791.—Circonscription des paroisses, 9 = 17 avril 1791.— Le district de cette ville est autorisé à acquérir les bâtimens nécessaires à son établissement et à y faire les réparations convenables, 31 mai = 10 juin 1791. — Etablissement d'un octroi municipal , 24 vendémiaire an VIII [16 octobre 1799] (II , B. 317., n.º 3367). — Epoque de l'ouverture de la foire, 5 floréal an IX [25 avril 1801] (III , B. 81 , n.º 651). — Etablissement d'une bourse de commerce, 13 thermidor an IX [1.er août 1801] [III , B. 94 , n.º 788). — Réunion des trois hospices de cette ville, 14 fruct. an X [1.er septembre 1802] (III , B. 212, n.º 1957). — Etablissement dans cette ville d'une fête annuelle de la Rosière, 2 messidor an XII [21 juin 1804] (IV , B. 6 , n.º 53). — Le maire assiste au serment de l'Empereur, 3 mess. an XII [22 juin 1804] (IV , B. 6 , n.º 56).—Publication de la bulle d'institution canonique de l'archevêque, 21 mars 1806 (IV , B. 94 , n.º 1569). — Réglement sur l'exercice de la profession de boulanger dans cette ville, 12 fév. 1814 (IV , B. 558 , n.º 1049).

TOURTEAUX *de navette, oliette, &c.* V. *Navette.*

TOURTON (Le sieur). Le châtelet de Paris est chargé de connaître, jusqu'au jugement définitif, des fausses lettres de change acceptées par lui, 17 = 21 avril 1790.

TOURY-FÉROTTE. Epoque de la tenue d'une foire dans cette commune, 3 pluviôse an IX [23 janvier 1801] (III , B. 64 , n.º 492).

TOUSARD (Le sieur) est mis en liberté et ne peut servir dans les armées françaises qu'après avoir justifié devant une cour martiale de sa conduite, pendant tout son séjour dans la colonie de Saint-Domingue, 4 février 1793.

TOUSSAINT-BLANEMONT (Le sieur). Il n'y a pas lieu à accusation contre lui, 25 janvier 1792.

TOUSSAINT *père et fils* (Les sieurs) obtiennent un brevet d'invention, 18 vendémiaire an VIII [10 octobre 1799] (II , B. 315 , n.º 3335.

TOUVENOT (Le sieur) est nommé membre de la commission des émigrés, 22 ventôse an VIII [13 mars 1800] (III , B. 11 , n.º 78).

TRADITION. (C. Civ.) Elle n'est pas nécessaire pour transférer au donataire la propriété d'objets dûment acceptés, art. 938. La délivrance des effets mobiliers s'opère par la tradition , 1606 *et suiv.* Le dépôt n'est parfait que par la tradition réelle ou feinte de la chose déposée, 1919.

TRADUCTION *des décrets en diverses langues et idiomes.* Sommes affectées à cette dépense, 14 janv. 1790 = 6 novembre 1792, et 17 ventôse an V [7 mars 1797] (II , B. 114 , n.º 1088).

— (C. Co.) A qui appartient le droit de traduire les déclarations, chartes-parties, connaissemens, contrats , et tous autres actes de commerce, en cas de contestation devant les tribunaux , art. 80. — Tarif des frais en matière criminelle, 23.

TRAGMEGNIES. Réunion de cette ville à la France , 23 = 25 mars 1793.

TRAHISON (Crimes de). Peines encourues par ceux qui s'en rendent coupables, 16 , 19 et 21 = 22 août 1790, 25 septembre = 6 octobre , 30 septembre, 19 octobre 1791, 12 mai 1793 , 3 brumaire an IV [25 octobre 1795] (I , B. 204, n.º 121), 21 prairial an VI [9 juin 1798] (II , B. 205 , n.º 1865), et Code pénal, art 75 *et suiv.*—Sénatus-consulte qui suspend les fonctions du jury pendant les années XII et XIII pour le jugement des crimes de trahison, 8 ven.

tôse an XII [28 février 1804] (IV, B. 341 , n.º 3574).

TRAIN d'artillerie. V. Armée au titre Artillerie.

TRAISNEL. Recherche des auteurs des malversations, dilapidations, mauvaises fournitures, et réception d'icelles, qui ont eu lieu dans les magasins de cette commune , 8 mars 1793.

TRAITE (Marchandises de). Port où elles auront un entrepôt réel, 11 thermidor an X [30 juillet 1802] (III , B. 207 , n.º 1878).

TRAITE des Nègres. Suppression de la prime accordée pour cette traite , 11 août 1792 , 27 juillet et 19 sept. 1793. — Abolition de l'esclavage des Noirs dans les colonies, 16 pluviôse an II [4 fév. 1794]. — La traite est autorisée dans les colonies restituées par le traité d'Amiens, et dans celles au-delà du Cap de Bonne-Espérance, 30 floréal an X [20 mai 1802] (III, B. 192 , n.º 1609).

TRAITEMENS des ecclésiastiques, des employés, des administrateurs, des fonctionnaires publics, civils et judiciaires, et des militaires. V. Appointemens , Armée au titre Solde, Clergé, Commis, Dépenses publiques, Fonctionnaires publics, Marine au titre Solde, et Trésor public.

TRAITES ou obligations données en acquit de droits de douanes et de tabacs. Leur emploi, 5 vendémiaire an XII [28 septembre 1803] (III, B. 318, n.º 3219).

TRAITES pour le service des colonies et du trésor public. Formalités prescrites pour leur acceptation, vérification et paiement, 5 octobre, 2 novembre et 1.er décembre 1792, 9 mai 1793, 9 pluv. et 3 prair. an III [28 janv., 22 mai 1795] (I, B. 150, n.º 865), 24 frimaire an VI [14 décembre 1797] (II, B. 168, n.º 1604), et 14 vendémiaire an VII [5 octobre 1798]. — Mode de remboursement des traites tirées sur l'étranger et non payées,

29 nivôse an IV [19 janvier 1796] (II, B. 20, n.º 126). — Arrêté relatif au paiement des traites affectées au service des arrondissemens maritimes, 3 thermidor an XI [22 juillet 1803] (III, B. 303, n.º 3033); — de celles destinées à l'acquit des dépenses du matériel de la guerre, 21 fructidor an XI [8 septembre 1803] (III, B. 311, n.º 3147). — Les traites du caissier général du trésor public sont assimilées aux lettres de change de commerce, 11 janvier 1808 (IV, B. 172, n.º 2914). V. Colonies et Trésor public.

TRAITES (Droits de). Suppression de ceux qui existent sur les sels, 21 == 30 mars, 14 == 22 mai 1790. — Acquit de ceux qui n'ont pas été payés, 22 mars == 11 avril 1790. — Suppression des droits de traites établis à Lorient, 27 mars == 20 avril 1790 ; — des juridictions des traites, 6 et 7 == 11 septembre 1790. — Abolition générale des droits de traites, 31 octobre == 5 novemb. 1790. — Continuation de leur perception sur les côtes du Roussillon, 15==19 octobre 1790. — Résiliation des baux à loyer de la régie des traites, 24 novemb. == 1.er décemb. 1790. — Reddition des comptes des régisseurs, 6 == 10 avril 1791 , et 14 messidor an VI [2 juillet 1798] (II, B. 211, n.º 1904). — Perception des droits de traites par une régie, sous le titre de régie des douanes, 8 == 15 mai 1791. V. Douanes.

TRAITÉS et MARCHÉS entre particuliers. Les traités de gré à gré peuvent avoir lieu entre les propriétaires de fiefs et les propriétaires de ceux dont ils sont mouvans, 3 == 9 mai 1790. — Droits d'enregistrement auxquels sont assujettis les divers traités, 5 == 19 décembre 1790, et 22 frimaire an VII [12 décembre 1798] (II, B. 248, n.º 2224). — Aucun particulier ne peut passer de traité pour raison de son commerce, s'il ne produit sa patente, 2 = 17 mars 1791.

V. *Patentes.* — Époque de la cessation des traités passés entre des particuliers et des bénéficiers, 18=27 août, 21 = 25 mai 1791. — Obligation de stipuler, dans les traités passés pendant le cours du papier-monnaie, les paiemens en assignats, puis en mandats. V. *Assignats* et *Mandats.* — Clauses particulières des traités entre l'État et les fournisseurs. V. *Armée* et *Marine* au titre *Fournisseurs* et *Transactions.*

— (C. Civ.) Conditions sans lesquelles un traité entre le tuteur et le mineur devenu majeur est nul, art. 472.

— (C. Co.) Formalité à remplir avant qu'il puisse être consenti de traité entre les créanciers délibérans et le débiteur failli, art. 519. — Cas où il ne peut être fait aucun traité entre le failli et les créanciers, 521.

TRAITÉS *de paix, d'alliance et de commerce entre la France et les puissances étrangères.*

§. 1.er

Principes généraux.

Il appartient au Roi d'arrêter et de signer avec les puissances étrangères tous les traités de paix, d'alliance, de commerce, et autres conventions qu'il juge nécessaires au bien de l'État, sauf la ratification du Corps législatif, constitution de 1791, tit. III, chap. IV, sect. III, art. 3. — Même prérogative attachée aux chefs du Gouvernement, par la constitution de l'an III, art. 331, et par la constitution de l'an VIII, art. 49 *et suiv.* — Peines encourues par ceux dont les manœuvres donnent lieu à des agressions hostiles et des infractions de traités, 25 septembre = 6 octobre 1791. — Annullation de tous traités d'alliance et de commerce passés entre la France et les puissances avec lesquelles elle est en

guerre, 1.er mars 1793. — Exécution, selon leur forme et teneur, de tous les traités de navigation et de commerce existant entre la France et les puissances avec lesquelles elle est en paix, 4 germinal an II [24 mars 1794]. — Proclamations sur la paix continentale, 29 ventôse an IX [20 mars 1801] (III, B. 73, n.º 565); — sur la paix générale, 18 brumaire an X [19 novemb. 1801] (III, B. 115, n.º 923). — Le premier Consul ratifie les traités après avoir pris l'avis du Conseil privé, et en donne connaissance au Sénat avant de les promulguer, 16 thermidor an X [4 août 1802] (III, B. 206, n.º 1876).

§. 2.

Traités particuliers avec les Puissances étrangères.

Alger (Dey d'), 10 mars 1792.

Allemagne (L'empereur d') et d'Autriche, 13 brumaire an VI [3 novembre 1797] (II, B. 166, n.º 1600), 28 ventôse an IX [19 mars 1801] [III, B. 76, n.º 593), 21 floréal an XII [11 mai 1804] (IV, B. 7, n.º 59), 24 pluviôse an XIII [13 février 1805] (IV, B. 32, n.º 546), 19 janvier 1806 (IV, B. 71, n.º 1243), 29 octobre 1809 (IV, B. 249, n.º 4789).

Angleterre (Le roi d'), 12 vendémiaire an X [4 octobre 1801] (III, B. 110, n.º 887), 30 floréal an X [20 mai 1802] (III, B. 193, n.º 1623).

Bade (Le margrave de), 14 fructidor an IV [31 août 1796] (II, B. 172, n.º 1632.

Bâle (Le prince évêque de), 23 juillet 1791.

Bavière (L'électeur palatin de), 17 frimaire an X [8 décembre 1801] (III, B. 140, n.º 1062).

Cisalpine (La République), 27 vent. an VI [17 mars 1798] (II, B. 208, n.os 1888 et 1889).

Danemarck (Le roi de) et de Norwége, 10 juillet 1813 (IV, B. 523, n.º 9667).

Espagne (Le roi d'), 14 thermidor et 10 fructidor an III [1.er août et 27 avril 1795] (I, B. 169 et 178, n.ºs 991, 1081 et 1082), 26 fructidor an IV [12 septembre 1796] (II, B. 91, n.º 867, 30 floréal an X [20 mai 1802] (III, B. 193, n.º 1623).

États-Unis d'Amérique, 2 juin 1791, 27 brumaire an II [17 novembre 1793], 13 nivôse an III [2 janvier 1795] (I, B. 107, n.º 559), 15 frimaire an X [6 décembre 1801] (III, B. 139, n.º 1058).

Gênes (République de), 2 nivôse an II [22 décembre 1793].

Genève (République de), 28 floréal an VI [17 mai 1798] (II, B. 215, n.º 1937).

Hesse-Cassel (Le landgrave de), 15 fructidor an III et 2 frimaire an IV [1.er septembre et 23 novembre 1795].

Hollande ou *Provinces-Unies* (République de), 2 et 8 prairial an III [21 et 27 mai 1795] (I, B. 146 et 150, n.ºs 830 et 874), et 30 floréal an X [20 mai 1802] (III, B. 193, n.º 1623).

Malte (Ordre de), 23 frimaire an VIII [14 décembre 1799] (II, B. 336, n.º 3467).

Mulhausen (République de), 11 ventôse an VI [1.er mars 1798] (II, B. 190, n.º 1764).

Naples (Le roi de) ou des Deux-Siciles, 3 brumaire an V [24 octobre 1796] (II, B. 92, n.º 868), 16 frimaire an X [7 décembre 1801] (III, B. 140, n.º 1061).

Parme et Plaisance (Le duc de), 28 brumaire an V [18 novembre 1796] [II, B. 109, n.º 1045).

Portugal (La reine et le prince régent de), 5 brumaire an VI [26 octobre 1797] (II, B. 154, n.º 1516), 19 frimaire an X [10 décembre 1801] (III, B. 140, n.º 1064).

Prusse (Le roi de), 25 germinal et 11 floréal an III [14 et 30 avril 1795] (I, B. 136 et 142, n.ºs 757 et 798), 4 et 8 prairial an III [23 et 27 mai 1795] (I, B. 147 et 151, n.ºs 846 et 880), 9 juillet 1806 (IV, B. 151, n.º 2557).

Rome (Cour de), 10 floréal an V [29 avril 1797] (II, B. 166, n.º 1599), 18 et 29 germinal an X [8 et 19 avril 1802] (III, B. 172 et 218, n.ºs 1344 et 1994).

Russies (L'empereur de toutes les), 18 frimaire an X [9 décembre 1801] (III, B. 140, n.º 1063), 7 juillet 1807 (IV, B. 151, n.º 2556).

Salm-Salm et *Lœvinstein* (Les princes de) 16 = 23 mai 1793.

Sardaigne (Le roi de), 30 floréal an IV [19 mai 1796] (II, B. 54, n.º 477), 4 brumaire an VI [25 octobre 1797 (II, B. 172, n.º 1633).

Saxe (Le roi et les ducs de), 29 janvier 1807 (IV, B. 133, n.ºs 2166 et 2167),

Suisses (Cantons), *République helvétique et Confédération suisse*, 27 brumaire an II [17 novembre 1793], 23 fructidor an VI [9 septembre 1798] (II, B. 230, n.º 2049), 4 vendémiaire an XII [27 septembre 1803] (IV, B. 19, n.º 324), 24 février 1810 (IV, B. 267, n.º 5183).

Trèves (L'électeur de), 16 = 19 juillet 1792.

Toscane (Le grand-duc de), 25 pluviôse an III [13 février 1795] (I, B. 123, n.º 651).

Tunis (La régence de), 28 thermidor an III [15 août 1795] (I, B. 172, n.º 1032).

Wurtemberg (Le duc de), 28 thermidor an IV [15 août 1796] (II, B. 80, n.ºs 738).

TRAITEURS. Prix des patentes pour les individus qui réunissent à leur négoce, métier ou profession, celle de traiteur, et pour ceux qui n'exercent que cette profession, 2 = 17 mars 1791. — Peines contre les vols commis chez les traiteurs-logeurs, 25 septembre = 6 octobre 1791. — Commutation de cette peine, 25 frimaire an VIII [16 décemb. 1799], art. 3 (II, B. 337, n.º 2471). — Il est enjoint aux traiteurs de verser leurs farines dans les magasins d'approvisionnement, 1.er prairial an III [20 mai 1795] (I, B. 145, n.º 820). V. *Aubergistes.*

— (C. Civ.) Leur action à raison de la nourriture qu'ils fournissent, se prescrit par six mois, art. 2271.

TRAÎTRES. V. *Conspirateurs* et *Trahisons.*

TRANCHE-LA-HAUSSE (Le sieur). Il lui est accordé un brevet d'invention, 2 mai 1792.

TRANQUEVILLE. Le hameau de la Cense-Rancière est réuni à cette commune, 4 messidor an II [22 juin 1794] (I, B. 9, n.º 44).

TRANQUILLITÉ *publique.* Mesures de police confiées aux autorités publiques pour la maintenir, ou pour la rétablir lorsqu'elle est troublée par des attroupemens. V. *Attroupemens, Corps administratifs, Municipalités* et *Police générale.*

TRANSACTIONS. Droits d'enregistrement auxquels sont assujetties les diverses transactions, 5 = 19 décemb. 1790, et 22 frimaire an VII [12 décembre 1798] (II, B. 248, n.º 2224). — Aucun particulier ne peut passer aucune transaction pour raison de son commerce, s'il ne produit de patente, 2 = 17 mars 1791.—Les transactions ne peuvent contenir d'obligation qu'en assignats, 11 avril 1793. — Dispositions relatives aux transactions faites par des détenus, 12 brumaire an III [2 novembre 1794] (I, B. 80, n.º 421). — L'intérêt annuel des capitaux est compté pour et par trois cent soixante jours seulement, 18 frim. an III [8 déc. 1794]. — Les créances résultant de transactions sont susceptibles de transférer hypothèque,

9 mess. an III [27 juin 1795] (I, B. 164, n.º 963). — Mode de paiement des dettes contractées par transactions dans la 27.e division militaire, 16 mess. an X [5 juillet 1802] (III, B. 201, n.º 1811). — Autorisation d'une transaction sur des indemnités adjugées aux préposés des douanes, 29 thermidor an XI [17 août 1803] (III, B. 307, n.º 3090). — Formalités à observer pour les transactions entre des communes et des particuliers sur des droits de propriété, 21 frimaire an XII [13 décembre 1803] (III, B. 331, n.º 3449). — Avis du Conseil d'état sur une transaction passée entre une commune et un ci-devant seigneur, relativement à des landes et terrains vagues, 17 juillet 1808 (IV, B. 198, n.º 3586). — Confirmation d'une transaction sur procès entre trois communes de l'arrondissement de Grenoble, et le sieur Teisseire et consorts, propriétaires dans ces mêmes communes, 1.er février 1813 (IV, B. 476, n.º 8705).

— (C. Civ.) Transactions permises aux époux qui divorcent par consentement mutuel, art 279. — Le tuteur ne peut transiger au nom du mineur sans autorisation du conseil de famille, homologuée par le tribunal civil, 467. — En rejetant une demande en interdiction, le tribunal peut néanmoins ordonner que le défendeur ne pourra désormais transiger, 499. — Une transaction faite sur les difficultés que présente un acte de partage, est sujette à l'action en rescision; exception à cet égard, 888. — Définition des transactions, et manière de les rédiger, 2044. — Conditions sans lesquelles on ne peut transiger, 2045. — Choses sur lesquelles on peut transiger, 2046.—Les transactions n'empêchent pas la poursuite du ministère public, *ibid.* — Choses qu'on y peut stipuler, 2047. — Elles se

renferment dans leur objet, 2048.
—Dans tous les cas elles ne règlent que les différens qui s'y trouvent compris, 2049. — Celui qui a transigé sur un droit qu'il a de son chef, n'est point lié quant aux droits acquis postérieurement à la transaction, 2050. — Celle qui est faite par un des intéressés ne lie pas les autres intéressés, 2051. — Elle a, entre les parties, l'autorité d'une chose jugée en dernier ressort; elle ne peut être attaquée pour cause d'erreur de droit, ou pour lésion, 2052. — Cas où elle peut être rescindée, 2053 et 2054. — Exceptions à ces dispositions, 2057. — Cas où elle est nulle, 2055, 2056 et 2057. — Exception à ces dispositions, 2056. —L'erreur de calcul doit être réparée, 2058.

— (C. P. C.) Nécessité de l'homologation pour rendre exécutoire une transaction sur faux incident, art. 249.

— (C. Co.) Le cours du change, &c., est déterminé par le résultat des transactions qui s'opèrent à la bourse, art. 72.

TRANSACTIONS *pendant le cours du papier-monnaie.* Établissement d'une échelle de proportion pour le paiement des transactions, calculée sur le progrès de l'émission ou de la rentrée des assignats, 3 messidor an III [21 juin 1795]. — Les remboursemens de toutes les rentes créées avant le 1.er janvier 1792, quelles que soient leur nature et la cause dont elles procèdent, sont provisoirement suspendus, 25 messid. an III [13 juillet 1795] (I, B. 165, n.º 966). — La défense d'anticiper les paiemens, portée par la loi du 25 messidor, n'est point applicable aux créanciers des successions bénéficiaires, ni des faillites, ni aux créanciers opposant à la vente de leurs débiteurs, 18 thermidor an III [5 août 1795] (I, B. 170, n.º 1001). — Fixation du jour où a commencé

la suspension des remboursemens, 1.er fructidor an III [18 août 1795] (I, B. 172, n.º 1038). — Tout créancier peut refuser le remboursement de capitaux à lui dus par obligations antérieures au 1.er vendémiaire, 12 frimaire an IV [3 décembre 1795] (II, B. 8, n.º 48). —Interprétation de cette loi, 3 niv. an IV [24 déc. 1795] (II, B. 14, n.º 77). — Aucune transaction portant promesse de sommes ne peut être stipulée ni exigée qu'en mandats, 7 germinal an IV [27 mars 1796] (II, B. 36, n.º 259). — Loi qui lève la suspension des remboursemens, et mode de paiement des obligations, des loyers et des fermages, 15 germinal an IV [4 avril 1796] (II, B. 37, n.º 290). — Les articles 2 et 3 de cette loi sont rapportés, 29 messidor an IV [17 juillet 1796] (II, B. 58, n.º 535). —Faculté de contracter en numéraire ou en mandats au cours, 5 thermidor an IV [23 juillet 1796 (II, B. 60, n.º 550), et 16 pluviôse an V [4 février 1797] (II, B. 104, n.º 992). — Mode de paiement des arrérages de rentes et pensions entre particuliers, 15 pluviôse an V [3 février 1797] (II, B. 104, n.º 991), et 26 brumaire an VI [16 novembre 1797] (II, B. 159, n.º 1555).—Levée de la suspension de l'action intentée pour cause de lésion d'outre moitié entre majeurs, 3 germinal an V [23 mars 1797] (II, B. 115, n.º 1099).—Faculté accordée à ceux qui ont vendu leurs immeubles antérieurement à la loi qui suspend l'action en rescision, d'intenter cette action quoiqu'ils n'aient fait aucune demande, 13 prairial an V [1.er juin 1797]. —Loi relative aux transactions passées entre particuliers pendant la durée de la dépréciation du papier-monnaie, suivie du cours des assignats, depuis leur création jusqu'au 1.er germ. an IV, et du cours des promesses de mandats depuis le 1.er germinal an IV jusqu'au 5 nivôse an V, 5 messidor an V [23 juin 1797] (II, B. 129, n.º 1254). — Mode de paiement des obligations qui sont la suite d'obligations contractées antérieurement au 1.er janvier 1791, 14 fructidor an V [31 août 1797] (II, B. 141, n.º 1387); — de celles contractées pendant la dépréciation du papier-monnaie, 11 frimaire an VI [1.er décembre 1797] (II, B. 161, n.º 1580), 16 nivôse et 6 floréal an VI [5 janvier, 25 avril 1798] (II, B. 174 et 198, n.ºs 1650 et 1813). — Loi relative aux ventes d'immeubles, &c. réglant tout ce qui concerne les aliénations d'immeubles, les licitations et partages, les dots et avantages matrimoniaux, les rapports dans les successions des légitimes et les donations répudiées, les engagemens et liquidations de commerce, 16 nivôse an VI [5 janvier 1798] (II, B. 174, n.º 1651). — Désignation des rentes créées pendant la dépréciation du papier-monnaie, qui sont ou ne sont pas susceptibles de réduction, et tarif de la réduction graduelle et proportionnelle des rentes constituées depuis le commencement de l'an III jusqu'à la publication de la loi du 12 frimaire an IV, 13 pluviôse an VI [1.er février 1798] (II, B. 180, n.º 1704). — Ce tarif est applicable aux rentes viagères créées moyennant un capital fourni en mandats, 16 floréal an VI [5 mai 1798] (II, B. 198, n.º 1812). — Formalités à observer pour la présentation des effets négociables à longs termes, 8 floréal an VI [27 avril 1798] (II, B. 198, n.º 1815). — Prorogation du délai pour l'option relativement aux obligations à longs termes, &c., 9 floréal an VI [28 avril 1798] (II, B. 198, n.º 1816). — Dans quels cas et de quelle manière la lésion d'outre moitié du juste prix peut être opposée et établie contre les ventes dont le

prix a été stipulé en assignats, 19 floréal an VI [8 mai 1798] (II, B. 199, n.º 1826), 24 prairial an VII [12 juin 1799] (II, B. 288, n.º 3021). — Mode d'exécution des traités et transactions faits entre particuliers sur les droits litigieux ouverts avant et pendant la dépréciation du papier-monnaie, 21 floréal an VI [10 mai 1798] (II, B. 199, n.º 1827). — Prorogation du délai accordé pour la réduction des rentes viagères dont les capitaux ont été fournis en papier-monnaie, 26 prairial an VI [14 juin 1798] (II, B. 206, n.º 1882). — Mode de remboursement des obligations entre particuliers, contractées dans les neuf départemens de la Belgique, 26 prairial an VI [14 juin 1798] (II, B. 206, n.º 1883); — d'exécution des marchés faits avec des entrepreneurs de bâtimens pendant le cours du papier-monnaie, 9 messidor an VI [27 juin 1798] (II, B. 209, n.º 1896). — Cas et mode de réduction du prix et de résiliation des baux à ferme, 17 messidor an VI [5 juillet 1798] (II, B. 212, n.º 1910). — Dispositions additionnelles aux lois relatives aux transactions faites pendant le cours du papier-monnaie, 27 thermidor an VI [14 août 1798] (II, B. 217, n.º 1952). V. *Assignats, Baux, Loyers, Monnaies, Offres réelles*.

TRANSCRIPTION *hypothécaire*. V. *Hypothèques*.

— (C. Civ.) Bureau dans lequel doivent être transcrits les actes contenant donation de biens susceptibles d'hypothèques, art. 939. — Quelles personnes peuvent opposer le défaut de transcription, 941 et 1070. — La transcription ne peut être suppléée, 1071. — Dans quel cas la transcription d'un acte sur les registres publics peut servir de commencement de preuve par écrit, 1336. — Effets de la transcription du titre translatif de propriété, 2108;

—A la charge de qui sont les frais de la transcription qui peut être requise par le vendeur, 2155.—Transcription entière des contrats translatifs de la propriété d'immeubles ou droits réels immobiliers que les tiers détenteurs veulent purger des priviléges et hypothèques, 2181.—La simple transcription ne purge pas les hypothèques et priviléges établis sur l'immeuble avant l'acquisition faite par le vendeur, 2182. — Dommages et intérêts encourus par les conservateurs qui refuseraient ou retarderaient la transcription des actes de mutation, 2199.

— (C. P. C.) Transcription d'une saisie immobilière sur le registre des hypothèques, art. 678 et 679; — et au greffe du bureau où doit se faire la vente, 680.

TRANSCRIPTION *des lois* (La) doit être faite sans délai, 9 novembre 1789. — Les tribunaux sont tenus de la faire pure et simple sur un registre particulier, 16 = 24 août 1790. —Délai dans lequel les administrations de département sont tenues de justifier de cette transcription au ministre de la justice, 2 = 5 novembre 1790. V. *Lois.*

TRANSFERTS. Règles concernant les transferts et mutations des rentes sur l'Etat, 15, 16, 17, et 24 août 1793, art. 159 *et suiv.*, et 14 ventôse an III [4 mars 1795] (I, B. 129, n.º 685). — Fixation du droit d'enregistrement des transferts d'inscriptions viagères, 8 floréal an III [27 avril 1795], art. 17 (I, B. 140, n.º 788). — Mode des déclarations de transfert des cinq pour cent consolidés, 13 thermidor an XIII [1.er août 1805] (IV, B. 59, n.º 967). — Règles pour le transfert d'inscriptions ou promesses d'inscriptions de cinq pour cent consolidés, par les tuteurs et curateurs de mineurs ou interdits, et par les mineurs émancipés, 24 mars 1806 (IV, B. 85, n.º 1440).—

Les héritiers bénéficiaires ne peuvent transférer les rentes au-dessus de cinquante francs, qu'après une autorisation préalable, 11 janvier 1808 (IV, B. 175, n.º 2946). — Mode de transfert des actions de la banque de France, 16 janv. 1808 (IV, B. 176, n.º 2953). — Inscription dans les comptoirs d'escompte, des certificats de transfert de cinq pour cent consolidés, 18 mai 1808 (IV, B 193, n.º 3409). — Avis concernant le privilége des sous-traitans, préposés ou agens d'une entreprise, sur les porteurs de transferts d'une date antérieure au décret du 12 décembre 1806, 11 juin 1810 (IV, B. 313, n.º 5945). V. *Dette publique* et *Grand-Livre.*

— (C. Co.) Déclaration de transfert, au moyen de laquelle s'opère la cession d'une action de société anonyme, art. 36.

TRANSFUGES. Ordre de poursuivre et juger comme transfuges les officiers qui ont quitté leur corps sans avoir donné leur démission, et qui sont passés ensuite chez l'étranger, 24 et 25 = 29 juillet 1791.

TRANSIT (Droits de) *des marchandises* et *denrées.* Confirmation du droit de transit de l'étranger à l'étranger, en Alsace et dans les autres provinces, 21 = 25 décembre 1790. V. *Boissons, Douanes* et *Marchandises.*

TRANSLATION *des condamnés.* V. *Condamnés;* — de domicile. V. *Domicile;* — de propriété. V. *Propriété.*

TRANSMISSION *de biens* (Actes de). Droits d'enregistrement auxquels ils sont soumis, 5 = 19 décembre 1790, et 22 frimaire an VII [12 décembre 1798] (II, B. 248, n.º 2224).

TRANSPORT *de biens et de créances* (Actes de). Droits d'enregistrement auxquels ils sont assujettis, 5 — 19 décembre 1790, et 22 frimaire an VII [12 décemb. 1798] (II, B. 248, n.º 2224). — Peine pour transport simulé, 25 septembre = 6 octobre 1791.

— (C. Civ.) Comment s'opère la délivrance entre le cédant et le cessionnaire, art. 1689. — Cas où le cessionnaire est saisi à l'égard des tiers, 1690. — Cas où le débiteur est valablement libéré pour raison de transport, 1691.—La vente ou cession d'une créance en comprend les accessoires, 1692.—Dans tous les cas, le vendeur d'un droit incorporel doit en garantir l'existence au temps du transport, 1693. — Dans quel cas, et jusqu'à quelle concurrence il répond de la solvabilité du débiteur, 1694. — Quelles sont les bornes de la solvabilité du débiteur, dans le cas où elle a été garantie, 1695. — Cas où celui qui vend une hérédité n'est tenu de garantir que sa qualité d'héritier, 1696.— Obligation du vendeur à l'égard de l'acquéreur, 1697; — de l'acquéreur envers le vendeur, 1698. — Comment celui contre lequel on a cédé un droit litigieux peut s'en faire tenir quitte par le cessionnaire, 1699. — Cas où cette disposition cesse, 1701.—Une chose est censée litigieuse lorsqu'il y a procès et contestation sur le fond du droit, 1700. — Acceptation du transport. V. Acceptation — Transport d'une action. V. Action; — d'une créance. V. Créances. — Frais de transport. V. Frais.

TRANSPORT de juge, d'officier de police, et de témoin, pour visite et vérification ordonnées par justice. Formalités de ce transport, et taxe allouée à cet effet, 14 et 18 = 26 octobre 1790, 29 septembre = 21 octobre 1791, 3 brumaire an IV [25 octobre 1795] (I, B. 204, n.º 1221), 7 pluviôse an IX [27 janvier 1801] (III, B. 66, n.º 505), et 18 juin 1811 (IV, B. 377, n.º 7035).

—(C. P. C.) Le greffier doit accompagner le juge de paix quand celui-ci se transporte sur les lieux pour une opération, 30. — Cas de transport du juge de paix pour faire une enquête sur le lieu, 38. — Ce qui, en cas de transport d'un huissier, lui est alloué pour tous frais de déplacement, 62. — Circonstance dans laquelle il y a lieu au transport du juge-commissaire pour une audition de témoins, 266. — Consignation des frais de transport pour une descente sur les lieux, 301. — Cas d'empêchement où le juge doit se transporter sur le lieu pour un interrogatoire sur faits et articles, 328.

— (C. I. C.) Transport du procureur impérial dans le cas de flagrant délit, pour en constater les circonstances sur le lieu, art. 32. — Cas où ce magistrat peut requérir le transport de la part du juge d'instruction, 45. — Lorsque le juge d'instruction se transporte sur les lieux, il est toujours accompagné du procureur impérial ou du greffier du tribunal, 62.—Son transport dans le domicile du prévenu pour la perquisition des papiers, 87.

TRANSPORT de lettres de change. (C. Co.) Cas dans lequel le transport d'une lettre de change n'est pas opéré par l'endossement, 138. V. Chargement, Lettres de voiture.

TRANSPORT de marchandises (Les droits perçus sous le prétexte de) sont abolis sans indemnité, 15 = 28 mars 1790. V. Messageries et Voitures publiques.

TRANSPORT de pension. Justification à faire pour en recevoir le paiement, 13 = 17 décembre 1791. — Il n'en est plus reçu pour pension à la charge du trésor public, 7 thermidor an X [26 juillet 1802] (III, B. 204, n.º 1867).

— de reconnaissances de liquidation. Formalités auxquelles il est assujetti pour la saisine, 28 novembre = 10 décembre 1790.

TRANSPORTATION. Cas dans lesquels les mendians encourent la peine de la transportation, 24 vendémiaire an II [15 octobre 1793].

TRANSPORTS militaires (Charrois, Convois et). V. Armée au titre Charrois Convois et Transports.

TRANSPOSITIONS. (C. Co.) On n'en doit point faire dans les livres des courtiers et des agens de change, art. 84.

—(C.P.) Le Gouvernement peut faire conduire hors du territoire de la France, les étrangers déclarés vagabonds par jugement, art. 272. V. Déportation.

TRASIMÈNE (Département du). V. Rome et États romains.

TRAVAIL. Nul genre de travail ne peut être interdit, 29 mai, 1793, art. 18, et 24 juin suiv. art. 17. — Réglement du travail des ouvriers sur la décade, 14 germinal an VI [3 avril 1798] (II, B. 194, n.º 1783).

TRAVAIL (Journées de). V. Journées de travail.

TRAVAUX. Continuation de la perception des droits pour dédommagement de frais de travaux, 15 = 28 mars 1790. — Nulle autorité ne peut suspendre ou intervertir les travaux de l'ensemencement et des récoltes, 5=19 juin 1791, art. 6, et 28 sept. =6 oct. 1791, tit. I, sect. V, art. 2. — Les entrepreneurs de travaux doivent avoir des registres, 13 brumaire an VII [3 novembre 1798], art. 12 (II, B. 237, n.º 2136). V. Ouvriers.

—(C. Civ.) Le propriétaire qui veut jouir des fruits produits sur sa chose, doit rembourser les frais de labour, travaux et semences, art. 548. V. Prescription.

—(C. Co.) Les travaux faits pour l'armement et l'équipement d'un navire, sont des dettes privilégiées, art. 191.

—(C. P.) Défenses d'empêcher quelqu'un de faire ou de quitter, pendant certains jours, certains travaux, art 260. — Peines de ceux qui auraient été les moteurs de voies de fait ayant pour but de s'opposer à des travaux autorisés par le Gouvernement, 438.

TRAVAUX correctionnels (Établissement de) et emploi de leur produit, 19 = 22 juillet 1791, tit. II, art. 5 et 6. — Dispositions relatives à la police et au service de ces travaux, 24 décembre 1811, art. 61 et suiv. (IV, B. 411, n.º 7343).

—(C. P.) Les individus condamnés à la peine de l'emprisonnement, et renfermés dans une maison de correction, y sont employés à des travaux à leur choix, art. 40. — Emploi des produits de ces travaux, 41.

TRAVAUX forcés. En quoi consistent ces travaux dans les maisons de force, 25 septembre = 6 octobre 1791, part. I.re, tit. I.er, art. 10.

— (C. I. C.) Délai après lequel les condamnés aux travaux forcés peuvent demander leur réhabilitation, art. 619. V. Réhabilitation.

—(C. P.) Les travaux forcés sont au nombre des peines afflictives et infamantes, art. 7. — Les condamnés traînent un boulet, ou sont attachés deux à deux avec une chaîne, 15. — Les femmes sont employées dans l'intérieur d'une maison de force, 16. — Le déporté rentré sur le territoire français, est, sur la seule preuve d'identité, condamné aux travaux forcés à perpétuité, 17. — Cette condamnation emporte mort civile, 18. — Durée de la peine des travaux forcés à temps, 19. — Les individus condamnés aux travaux forcés à perpétuité sont flétris sur la place publique, 20. — On attache au carcan ceux qui ont été condamnés aux travaux forcés à perpétuité ou à temps, 22. — Manière dont se compte la durée de la peine des travaux forcés à temps, 23. — Droits civils dont on est privé par la condamnation aux travaux forcés à temps, 28. — État

et denrées, commis en réunion ou bandes et à force ouverte, 440 et 442.

TRAVAUX *littéraires* (Exécution et paiement des), 14 août, 1.er décembre 1790, 10 septembre 1790 = 25 mars 1791, 18 = 25 février 1791. V. *Auteurs*, *Littérature* et *Sciences et Arts*.

TRAVAUX *maritimes* (Organisation des), 28 nivôse et 17 ventôse an VIII [18 janvier et 8 mars 1800] (III, B. 44, n.os 305 et 311). V. *Marine* au titre *Ports de mer*.

— (C. Co.) Les travaux faits pour l'armement et l'équipement d'un navire sont des dettes privilégiées, art. 191.

TRAVAUX *militaires* (Administration des), 24 mai = 30 juin, 8 = 10 juillet 1791, titre VI, art. 1.er *et suiv.* — Paiement des indemnités dues aux entrepreneurs de fortifications, 7 septembre 1793. V. *Fortifications*.

TRAVAUX *publics* (La direction des) appartient aux corps administratifs, 14 décembre 1789, 28 juin = 2 juillet 1790. — Fonctions respectives du département et de la municipalité de Paris relativement aux travaux publics, 21 mai = 27 juin 1790, 30 décembre 1790, 5 janvier 1791. — Fonds accordés à chaque département pour être employés aux travaux publics, 30 mai = 13 juin 1790, 25 septembre = 9 oct. 1791, 6 février 1793. — La connaissance des difficultés des entrepreneurs, soit entre eux, soit avec l'administration, soit avec des particuliers, est du ressort de l'autorité administrative, 27 = 28 juillet 1792, 28 pluviôse an VII [17 février 1800], art. 4 (III, B. 17, n.o 115). — Manière dont les entrepreneurs doivent se pourvoir sur les difficultés qui peuvent s'élever relativement aux clauses de leurs marchés, 6, 7 = 11 septemb. 1790, titre XIV, art. 3. — Les entrepreneurs sont responsables des délits ruraux commis par leurs employés, 28

septembre = 6 octobre 1791. — Les registres et mémoires des entrepreneurs doivent être timbrés, 7 = 11 février 1791, et 22 frimaire an VII [12 décembre 1798] (II, B. 248, n.o 2224). — Mode de liquidation des travaux des entrepreneurs, 22 = 25 mars 1791. — Les travaux publics sont donnés à l'entreprise par adjudication au rabais, 25 septembre = 9 octobre 1791. — Mesures pour le paiement des entrepreneurs et constructeurs des églises de Paris, de Saint-Sulpice et autres, 8 = 16 mars 1792. — Suspension provisoire des travaux commencés au collège dit *des Quatre-Nations*, à Paris, 30 juin 1793. — Défense provisoire aux créanciers particuliers de faire des saisies-arrêts ou oppositions sur les fonds destinés aux entrepreneurs de travaux pour le compte de l'État, 26 pluviôse an II [14 février 1794]. — Peines contre les entrepreneurs qui toucheraient des sommes qui ne leur seraient pas dues, 26 frimaire an II [16 décembre 1793]. — Nomination des membres de la commission des travaux publics, 27 ventôse an II [12 mars 1794]. — Époque de l'ouverture de l'école centrale des travaux publics à Paris, 7 vendémiaire an III [28 septembre 1794] (I, B. 65, n.o 330). — Mode pour l'examen et l'admission des candidats, 15 fructidor an III [1.er septembre 1794] (I, B. 175, n.o 1062). — Compétence des ministres de l'intérieur, de la guerre et de la marine, relativement aux travaux à faire aux grandes routes, aux ports, aux canaux de navigation, aux rades, aux écluses, aux digues et aux desséchemens, 13 fructidor an XIII [31 août 1805] (IV, B. 61, n.o 1069). — Formation d'un fonds commun de travaux publics prélevé sur le produit des coupes des quarts en réserve des bois communaux, 21 mars 1806 (IV, B. 81, n.o 1396). — Formalités à observer pour l'évaluation et l'adjudication des travaux à la charge de communes ou de départemens, 23 et 26 déc. (IV, B. 258, n.º 5111). — Disposition relative aux travaux de navigation, des routes, des ponts, des rues, places et quais dans les villes, des digues, et autres ayant pour objet la salubrité dans les communes, 16 septembre 1807 (IV, B. 162, n.º 2897).—Le sieur Bruyères, maître des requêtes, est chargé de la direction des travaux publics dans la ville de Paris, 13 janvier 1811 (IV, B. 344, n.º 6460). — Cette direction est confiée à deux maîtres des requêtes, 11 janvier 1811 (IV, B. 344, n.º 6454). — Dispositions relatives à des dépenses pour travaux exécutés sans l'observation des formes voulues par les lois, 11 janvier 1811 (IV, B. 345, n.º 6461).— Organisation et service de la commission mixte des travaux publics, 22 décembre 1812 (IV, B. 457, n.º 8418). V. *Canaux, Commission des travaux publics* et *Ponts et Chaussées.*

— (C. P.) Emprisonnement et amende contre ceux qui, par des voies de fait, se seraient opposés à la confection des travaux autorisés par le Gouvernement, art. 438.

TRAVERSAGE (Les droits de) sont supprimés, 27 vendémiaire an II [18 octobre 1793], art. 29.

TRAVERS (Le droit de) est supprimé sans indemnité, 15 = 28 mars 1790.

TREFFAVEN (Château de). Cession du château de cette commune pour cause d'utilité publique, 15 ventôse an XIII [6 mars 1805] (IV, B. 36, n.º 600).

TRÈFLE. Droit de sortie pour les graines de trèfle, 9 floréal an VII [28 avril 1799], art. 4 (II, B. 273, n.º 2838).

TRÉGUIER. Le mandement de l'évêque de cette ville est remis au châtelet de Paris, 22 octobre 1789.

TRÉHANT (Le sieur) est mis en surveillance spéciale hors du territoire européen de la France, 14 nivôse an IX [4 janvier 1801] (III, B. 60, n.º 440).

TREILHARD (Le représentant du peuple) est nommé commissaire dans les départemens de la Gironde, de Lot-et-Garonne et du Bec-d'Ambès, 17 juin 1793, et 10 nivôse an III [30 décembre 1794] (I, B. 105, n.º 549). — Il est nommé membre du Directoire exécutif, 26 floréal an VI [15 mai 1798] (II, B. 201, n.º 1832). — Cette nomination est déclarée inconstitutionnelle et nulle, 29 prairial an VII [17 juin 1799] (II, B. 287, n.º 3017). — Il est nommé conseiller d'état, 27 fructidor an X [14 septembre 1802] (III, B. 215, n.º 1960).

TREILHARD *le jeune* (Le sieur). Sa nomination au Corps législatif est annulée, 27 fructidor an X [14 septembre 1802] (III, B. 215, n.º 1969).

TREILLAGE. L'héritage entouré d'un treillage est censé clos, 28 septembre = 6 octobre 1791.

TREILLIS (Villes désignées pour l'entrée des), 6 = 27 août 1791, titre IV, art. 2.

TREIZAIN (Rachat du droit de), 15 = 28 mars 1790. — Abolition du retrait de treizain établi à Nîmes, 15 = 23 juillet 1790.

TREIZE VENDÉMIAIRE *an IV.* Proclamations à l'occasion des événemens de cette journée, 13 et 14 vendém. an IV (I, B. 187, n.ºˢ 1338 et 1341). V. *Journées mémorables.*

TREIZIÈME. Le droit de lods et ventes, connu en Normandie sous le nom de *treizième*, est rachetable, 15 = 28 mars 1790. — Instruction sur ce rachat, 15 = 19 juin 1791. — Il n'est plus payable à raison des baux à ferme ou à loyer faits pour un temps au-delà de neuf années, 28 septembre = 6 octobre 1791.— Il est supprimé sans indemnité, 18 juin = 6 juillet 1792.

TRENQUALYE-MAIGNANT (Le sieur) est nommé membre du Corps législatif, 5 et 6 janvier 1813 (IV, B. 464, n.º 8545).

TRENTE-UN MAI 1793 (Événemens du). V. *Journées mémorables.*

TRENTENAIRE (Prescription). (C. Civ.), art. 2262.

TRENTE-TÊTES (Rentes viagères sur les). Leur liquidation, 8 nivôse an VI [28 décembre 1798] (II, B. 173, n.º 1641).

TRENTINIAN (Le sieur) est nommé membre du Corps législatif, 3 octobre 1808 (IV, B. 209, n.º 3810).

TRESBES. Etablissement et époque de la tenue des foires de cette commune, 15 floréal an IX [25 avril 1801] (III, B. 81, n.º 654).

TRÉSOR. Abolition du droit seigneurial sur un trésor trouvé, 13 = 20 avril 1791.—Récompense accordée à ceux qui découvrent un trésor caché, 23 brumaire an II [13 novembre 1793].—Rapport de cette disposition, 10 floréal an IV [29 avril 1796] (I, B. 43., n.º 348).

— (C. Civ.) L'usufruitier n'a aucun droit sur le trésor caché qui serait découvert pendant la durée de l'usufruit, art. 598.—Ce qu'on entend par trésor, et à qui il appartient selon le fonds dans lequel il a été trouvé, 716.

TRÉSOR *de la couronne.* Application des articles 2098 et 2121 du Code civil et de la loi du 5 septembre 1807 à ce trésor, 25 février 1808 (IV, B. 183, n.º 3141).

TRÉSOR *de la marine.* Nominations et traitemens des commis, 18 août 1792.

TRÉSOR *public,* TRÉSORERIE *nationale, &c.* Le trésor public est chargé d'acquitter mois par mois les dépenses courantes, 22 janvier = 28 mars 1790; —est autorisé à recevoir des billets de la caisse d'escompte, 8 mars

1790. — Conservation des octrois qui se perçoivent à son profit, 15 = 28 mars, 18 = 21 septembre 1790. — Le caissier est mandé à la barre de l'Assemblée pour rendre compte de quelques paiemens, 24 mars 1790. — L'Assemblée déclare que les membres du bureau de la trésorerie ne peuvent être pris dans son sein, 26 mars 1790.—Le trésor public est chargé d'acquitter les intérêts et les capitaux de la dette du clergé, 17 = 22 avril 1790. — Il reçoit de la caisse de l'extraordinaire et de la caisse d'escompte, les fonds nécessaires pour le service, 17 et 18 avril = 11 mai 1790. V. *Caisse d'escompte* et *Caisse de l'extraordinaire.* — Le bordereau de sa situation, tant en recettes qu'en dépenses, doit être remis au comité des finances, 18 avril 1790.—Il est chargé du paiement des indemnités accordées aux hôpitaux, 30 mai = 13 juin 1790. V. *Hôpitaux.*—Impression des états généraux des recettes et dépenses, 1.er et 11 juin 1790.—Les dépenses des cours supérieures et des juridictions sont retranchées des états du trésor, 6 juin = 25 mars 1791.—Continuation de la perception, au profit du trésor public, des quatre deniers pour livre attribués aux jurés priseurs, 9 = 26 juill. 1790.—Forme de la vérification et liquidation des créances sur le trésor public, 17 juillet = 8 août 1790.—Le Roi nomme les agens pour recouvrer les créances actives, 21 juillet = 15 août 1790. — Les dépenses de l'intendance du trésor sont distinctes de celles de l'administration générale des finances, 7 août 1790. — Les dépenses désignées sous le titre de dépenses variables sont rejetées du compte du trésor public, et reportées sur les départemens, 11 = 21 septembre 1790. — Traitemens dont le trésor est déchargé, 13 août = 5 septembre 1790. — Il acquitte les sommes accordées pour l'encouragement des manufactures, 4 septembre 1790. — Il est déchargé des dépenses de l'approvisionnement de Paris et des loyers des maisons de Corbeil, 10 septembre 1790. — Les frais de procédures criminelles, depuis le 3 novembre 1789, sont à sa charge, 19 = 27 septembre 1790. — Forme des demandes des fonds nécessaires au service public, 3 = 14 octobre 1790. — Le département de la maison du Roi cesse de faire partie du trésor public, 13 = 19 octobre 1790. — Le receveur général du clergé est tenu d'y verser les fonds existant dans sa caisse, 15 = 23 octobre 1790. — Le bureau du contrôle et de l'enregistrement des rentes, et celui de la liquidation qui y est attaché, sont réunis à la direction générale du trésor public, *ibid.* — Les dépenses assignées sur le trésor public se font sous la surveillance du Roi et sous la responsabilité de ses agens, 12 = 19 novembre 1790. — Les rentes apanagères des fils puînés de France sont assignées sur le trésor public, 21 décembre 1790 = 6 avril 1791. — Les recettes des impositions indirectes y sont versées, 22 décembre 1790. — Etablissement d'un bureau de correspondance générale entre le directeur général du trésor et les receveurs de district des départemens, 27 décembre 1790 = 2 janvier 1791. — Les pensions payées ci-devant par les caisses des économats et du clergé sont mises à la charge du trésor, 9 = 19 janvier 1791. — Les droits ci-devant attribués à l'office de garde des sceaux des ci-devant justices seigneuriales sont provisoirement perçus au profit du trésor, 27 janvier = 4 février 1791. — L'agent du trésor public est autorisé à se pourvoir en répétition du montant de la liquidation du droit de huitaine dépendant du fief de Puy-Paulin, 14 =

18 fév. 1791. — Compte à rendre, chaque semaine, par le directeur, de l'état des pensions et de la distribution des sommes, 21 fév. 1791. — Nomination d'agens du trésor public chargés du recouvrement des créances actives et de la poursuite des comptables qui sont constitués en débet, 25 mars 1791. — L'administration du trésor public est confiée à un comité de trésorerie composé de six commissaires, 10 et 27 = 30 mars 1791. — Son organisation, *ibid.* et 18 = 30 mars 1791. — Le trésor public est nommé trésorerie nationale, 14 = 17 avril 1791. — Ordre de faire l'inventaire des effets admis dans l'emprunt national et rentrés au trésor, 29 avril = 4 mai 1791. — L'administration est tenue d'adresser au comité central de liquidation l'état des augmentations de gages, taxations, rentes et charges annuelles dont le remboursement est ordonné, 5 = 13 mai 1791. — Nomination de commissaires de la trésorerie, 8 mai 1791, 9 floréal an III [28 avril 1795] (I. B. 141, n.º 793), 17 brumaire an IV [8 novembre 1795], 28 prairial an V [16 juin 1797] (II. B. 128, n.º 1242), 15 messidor an V [3 juillet 1797] (II. B. 131, n.º 1271), 2 nivôse an VI [22 décembre 1797] (II. B. 171, n.º 1630), 29 floréal an VI [18 mai 1798] (II. B. 201, n.º 1836), 29 floréal an VII [18 mai 1799] (II. B. 281, n.º 2947). — Les ministres sont tenus de remettre à l'agent du trésor public les décrets qui ordonnent les poursuites et recouvremens publics, 27 mai = 1.er juin 1791. — Les receveurs particuliers des impositions doivent informer les commissaires de la trésorerie des causes et circonstances qui peuvent arrêter ou suspendre le recouvrement des contributions, 20 mai = 1.er juin 1791. — Formalités à observer par les personnes qui ont

quelque somme à toucher au trésor public, 24 juin 1791.—Le directeur du trésor public continue d'exercer sous sa responsabilité, les fonctions du Pouvoir exécutif jusqu'à l'entrée en fonctions des commissaires de la trésorerie, 24 = 25 juin 1791.—Par-devant quel tribunal sont renvoyées les actions intentées par l'agent du trésor public, 8 = 12 août 1791.—Établissement de deux caisses principales des recettes de la trésorerie, l'une chargée de la recette journalière, et l'autre destinée à recevoir et à payer en masse, 10 août = 13 novemb. 1791.—Délai dans lequel les commissaires présenteront les états de recettes et dépenses qui ont eu lieu depuis le 1.er mai 1789, et de la dette nationale, 18 et 21 = 22 août 1791.—Fonctions de l'agent du trésor public relativement aux titres de créances actives du trésor public, qui donnent et donneront lieu à des actions judiciaires, et aux demandes et répétitions formées judiciairement contre la nation, 27 = 31 août 1791.—Il poursuit le recouvrement des débets résultant des arrêtés de compte des receveurs de district et autres pour ce qui doit rentrer à la trésorerie, 17 = 29 septembre 1791.—Le ministre des contributions est chargé de transmettre aux commissaires de la trésorerie une copie de l'état général du bordereau des patentes, 17 et 20 septembre = 9 octobre 1791.—Comptabilité dont est tenu envers la trésorerie le payeur ayant la garde et la distribution des fonds de la marine, 21 septembre = 12 octobre 1791.—Comment les commissaires de la trésorerie peuvent être destitués, 26 et 27 septembre 1791.—Ce qui leur est prescrit pour la rectification des erreurs de noms dans les contrats de rentes, et quittances de finances pour rentes viagères, 26 septembre = 16 octobre 1791.—Compte à rendre au trésor public par les régisseurs des poudres et salpêtres, et cas où il fournit des fonds à la régie, 27 septembre = 19 octobre 1791.—État que le ministre des contributions est tenu de dresser des deniers versés au trésor public provenus des amendes et saisies faites par les gardes-côtes, 30 septembre = 16 octobre 1791. — Nomination d'un commissaire pour vérifier l'état du trésor public, 8, 11 octobre 1791, 4 nivôse an II [24 décembre 1793]. = La caisse est mise sous la surveillance du comité des finances, 5 décembre 1791. — Correspondance entre les commissaires de la trésorerie et ceux de la comptabilité, 8 = 12 février 1792.—Dans l'état des recettes que les commissaires doivent fournir, ils sont tenus de faire un article séparé des contributions, 17 fév. 1792.—La trésorerie est autorisée à échanger des assignats contre du numéraire et des matières d'or et d'argent, 26 = 29 avril, 20 = 29 juin 1792.—Elle nomme les payeurs et les contrôleurs des dépenses de l'armée, 27 avril = 1.er mai, 11 = 21 juin 1792.—Les commissaires reçoivent les comptes des trésoriers et administrateurs des maisons des princes français, 19 = 23 mai 1792.—Formalités pour l'acquittement des appointemens et frais de bureau qui se paient à la trésorerie nationale, 31 mai 1792. — Dispositions relatives à une contestation entre l'agent du trésor public et le sieur Rossel, pour prix de tableaux, 10 = 24 juin 1792.—La trésorerie est chargée du paiement de ce qui peut être dû des pensions, gratifications et secours sur toute autre caisse que le trésor public, 9 = 24, 25 = 27 juin 1792.—Les receveurs généraux et particuliers des finances sont tenus de verser à la trésorerie les sommes qui se trouvent dans leurs caisses,

3 = 19 juill. 1792.— Mode de vérification des comptes de tous les agens du trésor public, 19 juillet = 10 déc. 1792.— La trésorerie reçoit comme comptant, des receveurs de district, les quittances de la solde des volontaires nationaux, 5 = 8 juill. 1792.— Les commissaires de la trésorerie sont chargés des opérations relatives au renouvellement des actions et portions d'action de l'ancienne compagnie des Indes, 9 = 25 juill. 1792. — Les sommes indûmeut perçues par les députés et les fonctionnaires publics sont versées dans la caisse du trésor, 24 juillet 1792.— Ordre de vérifier les caisses de la trésorerie, 10 août 1792.— Le procès-verbal relatif à la vérification de la caisse du sieur Garat est déposé au comité de l'ordinaire des finances, 25 = 26 août 1792.— L'or et l'argent monnayés trouvés dans les maisons royales sont transportés à la trésorerie, 3 septembre 1792.— Compte à rendre par les commissaires, 7 septembre 1792. — Augmentation du nombre des commis dans les bureaux de la trésorerie chargés des dépenses de la guerre, et fixation de plusieurs dépenses de son administration, 17 septemb. 1792.— Paiement des traites tirées par l'ordonnateur de Saint-Domingue sur le trésor public, 2 novembre 1792.— Tous les comptables sont tenus de verser à la trésorerie les sommes dont ils sont reconnus débiteurs par le résultat de leurs comptes, 10 décembre 1792.— Le caissier général de la trésorerie jouit de la franchise des ports de lettres, 10 décembre 1792. — Versement à faire à la trésorerie par la caisse de l'extraordinaire, pour les dépenses ordinaires et extraordinaires de 1791 et 1792, et pour avances faites aux départemens, 19 décembre 1792. — Suppression de la caisse de l'extraordinaire et sa transmission à la trésorerie nationale, 31 décembre 1792 = 4 janvier 1793. — Mode de comptabilité du caissier de la recette journalière, 22 mai 1793. — Les commissaires sont chargés de se procurer les monnaies nécessaires au paiement des dépenses de la France en pays étranger, 26 avril 1793. — Époque à laquelle le caissier de la recette journalière sera comptable, au bureau de la comptabilité, du montant de ses recettes et de ses versemens, 22 mai 1793. — Principes constitutionnels sur la trésorerie nationale, constitutions du 24 juin 1793 et de l'an III. — Elle ne peut faire aucun paiement en vertu de jugemens qui seraient attaqués par la voie de cassation, sans une caution préalable, 16 juillet 1793. — Ses commissaires sont autorisés à employer une somme pour subvenir aux augmentations nécessaires dans leurs bureaux, 29 juillet 1793. — Elle ne peut acquitter aucune dépense sous le nom de traitement de retraite, appointemens conservés, et sous quelque dénomination que ce soit, 7 août 1793. — Ordre de verser dans la caisse de la trésorerie nationale et dans celles des receveurs de district, les dépôts faits chez des officiers publics, &c., 23 septembre 1793. — Les trois compagnies financières sont tenues de verser au trésor public le cinquième des sommes qu'elles se sont réparties en bénéfice, intérêts de fonds et remboursement de capitaux, 12 frimaire an II [2 décembre 1793]. — Le diamant connu sous le nom de *Régent*, ainsi que les pierres et bijoux précieux provenant des dons offerts à la nation, y sont déposés, 20 frimaire an II [10 décembre 1793]. — Les préposés de la trésorerie nationale peuvent être entendus publiquement dans les affaires relatives aux faux assignats, 8 nivôse an II [28 décembre 1793]. — Les ministres ne peuvent puiser

dans le trésor public qu'en vertu d'un décret, 18 nivôse an II [7 janvier 1794]. — L'agent est autorisé à poursuivre la restitution des sommes qui auraient été payées sur simples lettres ministérielles sans autorisation préalable du conseil et sans la signature du Roi, 7 pluviôse an II [26 janvier 1794]; — et le recouvrement du montant des liquidations provisoires indûment faites par les corps administratifs, pour les créances qui étaient soumises à leur vérification, 9 germ. an II [29 mars 1794]. — Mode des paiemens à faire par la trésorerie pour l'acquit des frais d'administration et de toutes les dépenses publiques, 3 ventôse an II et 3 frimaire an IV [21 février 1794 et 24 novemb. 1795] (II, B. 6, n.° 31), 23 vendémiaire an V [15 octobre 1796] (II, B. 83, n.° 772), 15 et 21 mess. an V [3 et 9 juill. 1797] (II, B. 131 et 132, n.°s 1271, 1285 et 1286). — Formalités à remplir pour les envois de fonds en assignats ou en espèces qui se font au trésor public, 9 germinal an II [29 mars 1794]. — La trésorerie procède au paiement des rentes sur l'hôtel de ville, 24 germinal an II [13 avril 1794]. — Fixation du traitement des caissiers, ibid. — Sommes mises à la disposition de la trésorerie pour remboursement des avances par elle faites, 29 germinal an II [18 avril 1794].—Mode de comptabilité de la trésorerie, 21 floréal an II [10 mai 1794]. — Compte qu'elle est tenue de rendre chaque jour, 27 floréal an II [16 mai 1794]. — Les commissaires sont autorisés à nommer un contrôleur pour viser les inscriptions de la dette consolidée, sous l'approbation du comité de salut public, 15 thermidor an II [2 août 1794]. — Dépôt d'une copie du grand-livre dans les archives de la trésorerie, 23 floréal an II [12 mai 1794]. — Envoi pour comptant à la

trésorerie nationale, de récépissés et bons en paiement des contributions, 18 fructidor an II [4 septemb. 1794] (I, B. 54, n.° 285). — La trésorerie est chargée d'ouvrir un crédit de différentes sommes à diverses commissions, 10 germinal an III [30 avril 1795]. — La caisse des invalides est distraite de la trésorerie, 9 messid. an III [27 juin 1795]. — Les effets en or, vermeil et argent, en dépôt à la trésorerie, sont versés à la monnaie, 13 thermidor an III [31 juill. 1795] (I, B. 169, n.° 987). — Dispositions relatives aux jeunes gens mis en réquisition pour le service de la trésorerie, employés aux armées, 26 frimaire an IV [17 décembre 1795]. — La loi qui autorise le refus de remboursement des capitaux, n'est point applicable aux sommes dues au trésor public, 3 nivôse an IV [24 décembre 1795] (I, B. 14, n.° 77). — Toutes les ordonnances sur la trésorerie sont payables en rescriptions, 5 pluviôse an IV [25 janv. 1796]. V. Rescriptions. — Confection d'un état des sommes dues par la trésorerie avant l'organisation du régime constitutionnel, 3 vent. an IV [22 févr. 1796] (II, B. 28, n.° 191). — Elle est autorisée à délivrer des promesses de mandats, 29 ventôse an IV [19 mars 1796] (II, B. 34, n.° 253). — Loi qui détermine le mode suivant lequel les ministres ordonnancent sur la trésorerie nationale, 29 ventôse an IV [19 mars 1796] (II, B. 45, n.° 383). — Mode de surveillance à exercer sur la trésorerie par le Corps législatif, et organisation de son administration, 3 floréal an IV [22 avril 1796] (II, B. 44, n.° 356), 4 pluviôse an V [23 janvier 1797] (II, B. 104, n.° 979). — Mode à suivre pour les négociations à faire par la trésorerie, 9 thermidor an V [27 juillet 1797] (II, B. 135, n.° 1326). — Fonds destinés à payer une indemnité à des employés réformés de cette administration, 21 thermidor an V [8 août 1797] (II, B. 137, n.º 1349). — Mode d'exécution des jugemens rendus sur les instances dans lesquelles l'agent du trésor public est partie, 11 fructidor an V [28 août 1797] (II, B. 141, n.º 1394). — Dispositions concernant les bons de la trésorerie signés *Cornut*, 15 floréal an VI [4 mai 1798] (II, B. 198, n.º 1818). — Sort des lettres adressées aux commissaires sans que le port ait été payé d'avance, 5 vendémiaire an VII [26 septembre 1798] (II, B. 229, n.º 2046). — Fixation des dépenses administratives de la trésorerie, 3 brumaire an VII [24 octobre 1798] (II, B. 135, n.º 2101). — Elles font partie des dépenses générales, 11 frimaire an VII [1.er décembre 1798], art. 2 (II, B. 247, n.º 2220). — Impression de la loi du 3 floréal an IV sur l'organisation et la surveillance de cette administration, 7 frimaire an VII [27 nov. 1798] (II, B. 245, n.º 2313). — Remise au Corps législatif des états de dépenses annuelles à la charge du trésor public, 6 floréal an VII [25 avril 1799] (II, B. 272, n.º 2829). — Mode de la citation en témoignage, des caissiers, sous-caissiers et contrôleurs de la trésorerie, 21 fructidor an VII [7 septembre 1799] (II, B. 307, n.º 3249). — Réglement pour l'administration du trésor public, 1.er pluviôse an VIII [21 janvier 1800] (III, B. 1, n.º 8). — Nomination des administrateurs pour la partie de la recette et pour celle des dépenses, 4 pluviôse an VIII [24 janvier 1800] (III, B. 2, n.º 15). — Le bureau central de la trésorerie nationale, chargé des opérations relatives au grand-livre, est réuni à la liquidation générale de la dette publique, 12 ventôse an VIII [3 mars 1800] (III, B. 10, n.º 67). — Crédits supplémentaires ouverts

à différens ministres, 22 ventôse an VIII [13 mars 1800] (III, B. 14, n.º 95). — Fixation du cautionnement des payeurs et caissiers du trésor public, 4 germinal an VIII [25 mars 1800] (III, B. 16, n.º 111 (. — Nomination des caissiers de la recette générale, des recettes et des dépenses journalières et diverses, 16 germinal an VIII [6 avril 1800] (III, B. 21, n.os 136 à 140). — Fixation et mode de versement du cautionnement des payeurs et caissiers du trésor public, 24 germin. et 7 therm. an VIII [14 avril et 26 juillet 1800] (III, B. 21 et 45, n.os 143 et 332 ,, 13 frimaire an IX [4 décembre 1800] (III, B. 57, n.º 415), 13 germinal an X [3 avril 1802] (III, B. 174, n.º 1349), 26 germinal an XII [16 avril 1804] (III, B. 360, n.º 3784). — Suppression de la place de conseiller d'état directeur, et création d'un ministre du trésor public, 5 vendémiaire an X [27 septembre 1801] (III, B. 107, n.º 874). — Dispositions relatives aux pièces fausses qui seraient produites dans les bureaux du trésor public, 5 brumaire an X [27 octobre 1801] (III, B. 121, n.º 940). — Emploi des fonds provenant des centimes additionnels versés au trésor public en bons à vue, 3 germinal an X [24 mars 1802] (III, B. 171, n.º 1332). — Nomination d'un caissier particulier de la caisse des recettes journalières du trésor public, 15 germinal an X [5 avril 1802] (III, B. 174, n.º 1350). — Suppression de la place de contrôleur des recettes, 27 prair. an X [16 juin 1802] (III, B. 197, n.º 1741). — Manière de constater l'insolvabilité ou l'absence des redevables du trésor public, 6 messidor an X [25 juin 1802] (III, B. 199, n.º 1786). — Division des recettes de la caisse du trésor public, 28 brumaire an XI [19 novemb. 1802] (III, B. 229, n.º

2120).—Dispositions relatives aux saisies et oppositions formées entre les mains des payeurs divisionnaires et des autres préposés du trésor public, 1.er pluviôse an XI [21 janvier 1803] (III, B. 286, n.º 2794).—

—Mode de paiement des ordonnances susceptibles d'être acquittées par les payeurs extérieurs du trésor public, 23 germinal an XI [3 avril 1803] (III, B. 269, n.º 2672).—Le tribunal criminel du département de la Seine connaît de tous les crimes de faux dans lesquels le trésor public est intéressé, 2 floréal an XI [22 avril 1803] (III, B. 275, n.º 2744).—Le ministre du trésor est autorisé à prendre des arrêtés exécutoires contre les préposés des payeurs généraux, 28 floréal an XI [18 mai 1803] (III, B. 282, n.º 2779). — Manière d'assurer les recettes et les mouvemens de fonds du trésor public, 26 prairial an XI [15 juin 1803] (III, B. 291, n.º 2850).—Dispositions concernant les recettes non commissionnées que les receveurs généraux versaient au trésor en bons à vue, 2 messidor an XII [21 juin 1804] (IV, B. 6, n.º 54). — Versement de bons par la caisse d'amortissement au trésor public, 9 mai 1806 (IV, B. 91, n.º 1543).— Mode de recouvrement des frais de justice au profit du trésor public, en matière criminelle, correctionnelle et de police, 5 septembre 1807 (IV. B. 158, n.º 2743). — Priviléges et hypothèques du trésor public sur les biens des comptables, 5 septembre 1807 (IV, B. 159, n.º 2775).—Les traites du caissier général du trésor public sont assimilées aux lettres de change, 11 janvier 1808 (IV, B. 172, n.º 2914). — Avis du Conseil d'état sur la durée des inscriptions hypothécaires prises soit d'office, soit par le trésor public, sur les biens des maris, des tuteurs et des comptables, 22 janvier 1808 (IV, B. 177, n.º 2059).
—Exercice du privilége du trésor

public pour le recouvrement des contributions directes, 12 novembre 1808 (IV, B. 213, n.º 3886). — Avis du Conseil d'état sur une question relative au remboursement d'une somme avancée par le trésor public pour une commune qui n'a point de propriété, 13 mars 1810 (IV, B. 277, n.º 5313). — Dispositions relatives aux opérations de la caisse du trésor public dans ses rapports avec les communes, 27 février 1811 (IV, B. 354, n.º 6557). V. *Dépenses publiques*, *Dette publique*, *Finances*.
—(C. P. C.) En la personne de qui doit être assigné le trésor public, art. 69.
—(C. I. C.) Privilége du trésor public sur le cautionnement d'un prévenu à raison des frais faits par la partie publique, art. 121.

TRÉSOR *de Saint-Denis*. Transport, au cabinet des médailles, des monumens d'arts et de sciences qui y sont déposés, 5 = 12 septembre 1792.

TRÉSORERIE *des Colonies*. Organisation constitutionnelle de cette trésorerie, 12 nivôse an VI [1.er janvier 1798] (II, B. 185, n.º 3179).

TRÉSORIER *de l'extraordinaire*. V. *Caisse de l'extraordinaire*.

TRÉSORIER GÉNÉRAL *des guerres* (Le) est tenu de verser dans la caisse de l'extraordinaire les sommes dont il est débiteur, 31 mai = 8 juin 1792.
—*de l'Hôtel des Invalides*. Sa nomination, son cautionnement, son traitement et ses fonctions, 30 avril = 16 mai 1792. V. *Armée* au titre *Invalides*.
—*de la Légion d'honneur*. Son institution, et ses fonctions, 13 et 23 mess. an X [2 et 12 juillet 1802] (III, B. 201, n.ºs 1808 et 1815). V. *Légion d'honneur*.
—*des Ordres de Saint-Lazare et de Notre-Dame du Mont-Carmel*. Délai dans lequel il doit rendre ses comptes, et faire la déclaration des biens de ces

ordres, 17 = 28 mars 1790. V. *Ordres de chevalerie.*

— *des Provinces illyriennes.* Ses attributions, 25 décembre 1809 (IV, B. 265, n.º 5162). V. *Illyrie.*

— *de l'Université.* Son institution, et ses fonctions, 17 mars 1808 (IV, B. 185, n.º 3179). V. *Université.*

TRÉSORIERS *des Arsenaux* (Les) sont à la nomination du Roi, 3 = 14 septembre 1791.

— *des Cohortes de la Légion d'honneur.* Leurs fonctions et comptabilité, 13 et 23 messidor an X [2 et 12 juillet 1802] (III, B. 201, n.ºˢ 1808 et 1815). V. *Légion d'honneur.*

— *des Départemens, districts et municipalités.* V. *Receveurs.*

— *des Dons patriotiques.* V. *Dons patriotiques.*

— *de la Guerre et de la Marine.* Leur suppression, 30 juin, 11 juillet, 16 août = 13 novembre 1791, tit. I.ᵉʳ, art. 1.ᵉʳ — Comptes à rendre par eux pour exercices antérieurs au 1.ᵉʳ juillet 1788, *ibid.* art. 3. — V. *Armée* au titre *Solde*, et *Marine* aux titres *Invalides* et *Solde.*

— *des Maisons des princes.* Ils sont supprimés, 19 = 23 mai 1792.

— *des Pays d'États.* Remises qui leur sont accordées sur leurs paiemens, 21 = 29 septembre 1791. — Ils sont tenus de rendre leurs comptes au bureau de comptabilité, *ibid.* V. *Pays d'États.*

TRÉSORIERS *généraux* et *particuliers.* Forme de la reddition de leurs comptes, 30 janvier = 3 février 1790. — Suppression et mode de remboursement de leurs offices, 14 = 24 novembre 1790.

— *des Monnaies.* Leurs fonctions, 30 août = 8 septembre 1791. V. *Monnaies.*

TRESSELIN (Le sieur) est nommé juré au tribunal extraordinaire, 26 septembre 1793.

TRÈVES (Électorat et ville de). Prohibition de la sortie des récoltes provenant des possessions des habitans en France, 19 juin 1792. — Sursis à l'exécution du traité d'échange ou de partage des récoltes des citoyens respectifs de France et de cet électorat, 16 = 19 juillet 1792. — Cette disposition est déclarée commune aux possessions des habitans du pays de Luxembourg, 17 août 1792. — Les biens des Jésuites de cette ville sont régis et vendus comme les autres biens nationaux, 13 pluviôse an II [1.ᵉʳ février 1794. — Établissement d'un bureau de garantie, 13 vendémiaire an VIII [5 octobre 1799] (II, B. 315, n.º 3331). — Départemens qui fournissent à la dotation de la sénatorerie de cette ville, 18 fructidor an XI [5 septembre 1803] (III, B. 311, n.º 3144). — Le château de Poppelsdorf y est destiné (*ibid.* n.º 3145). — Le sénateur Lucien Bonaparte y est nommé, 5 vend. an XII [28 sept. 1803] (III, B. 323, n.º 3275).

TRÉVOUX. Rétablissement, dans cette ville, de l'argue destinée à dégrossir et tirer les lingots d'argent et de doré, 15 pluviôse an VI [3 février 1798] (II, B. 181, n.º 1706).

TRIAGE (Le droit de) est supprimé, 15 = 28 mars, 15 et 26 mai 1790, et 28 août 1792.

TRIAGE *des titres.* V. *Titres.*

TRIBERT (Le sieur). Renvoi au Pouvoir exécutif pour vérifier les faits relatifs aux pertes et vexations qu'il a éprouvées, 13 = 19 janvier 1791.

TRIBUNAL *de cassation.* Il en est établi un seul pour toute la France : sa composition, son organisation et ses attributions, 27 novembre = 1.ᵉʳ décembre 1790, constitutions de 1791, de 1793, de l'an III et de l'an VIII, 24 messidor an III [12 juillet 1795] (I, B. 162, n.º 952), 2 brumaire an IV [24 octobre 1795] (I, B. 201, n.ºˢ 1198 et 1199), 24 messidor an IV [12 juillet 1796] (II, B. 58, n.º 533), 2 prairial et 19 fructidor an V [21 mai et 5 septembre 1797] (II, B. 123 et 142, n.ᵒˢ 1191 et 1400), 20 fructidor an V [6 septembre 1797] (II, B, 143, n.ᵒ 1402), 6 germinal an VI [26 mars 1798] (II, B. 192, n.ᵒ 1778), 27 ventôse an VIII [13 mars 1800] (III, B. 15, n.ᵒ 103), 16 therm. an X [4 août 1802] (III, B. 206, n.ᵒ 1876). — Fixation et mode de paiement du traitement des juges, et réglement de leur costume, 11 = 18 février, 18 = 25 février 1791, et 3 et 4 brum. an IV [25 et 26 oct. 1795] (I, B. 202, n.ᵒˢ 1208, 1209 et 1210), 16 brumaire et 29 frimaire an IV [7 novembre et 20 décembre 1795] (II, B. 5 et 13, n.ᵒˢ 21 et 69), 7 et 13 nivôse an IV [28 décembre 1795 et 3 janvier 1796] (II, B. 16 et 17, n.ᵒˢ 90 et 96), 14 germinal an IV [3 avril 1796] (II, B. 38, n.ᵒ 299), 19 vendémiaire an VI [10 octobre 1797] (II, B. 152, n.ᵒ 1490). — Désignation du local où le tribunal doit tenir ses séances, 13 = 20 mars 1791, 6 messidor an III [24 juin 1795], 24 germinal an VIII [14 avril 1800] (III, B. 44, n.ᵒ 318). — Ses membres ne peuvent, pendant quatre ans, être promus au ministère, ni recevoir du Pouvoir exécutif aucune place, don, &c., 7 et 8 avril, 3 = 14 septembre 1791. — Installation du tribunal en présence de deux membres de l'Assemblée nationale, 11 avril, 14 = 17 avril 1791. — Qualités exigées pour exercer les fonctions d'avoué près le tribunal, 14 = 17 avril, 21 septembre 1791. — Les deux huissiers de service auprès du ministre de la justice peuvent exercer auprès du tribunal, 25 avril = 25 mai 1791. — Mode d'élection des membres, 28 janvier, 27 et 28 = 29 mai 1791, 5 vendémiaire an IV [27 septembre 1795] (I, B. 184, n.ᵒ 1126), 5 ventôse an V [23 février 1797] (II, B. 108 et 114 bis, n.ᵒˢ 1037 et 1097 bis), 18 ventôse an VI [8 mars 1798] (II, B.

189, n.ᵒ 1758), 22 ventôse an VII [12 mars 1799] (II, B. 266, n.ᵒ 2632). — Les quatre grands juges de la haute cour sont pris parmi les membres du tribunal de cassation, 10 = 15 mai 1791. V. Haute cour. — Un membre de ce tribunal ne peut être suppléant d'aucun autre tribunal, 10 juin 1791. — Composition de la chambre des vacations, 17 = 23 septembre 1791. — Nomination de deux substituts du commissaire du Roi, et leurs fonctions, 21 septembre = 14 octobre 1791. — Le nombre en est porté à sept, 29 fructidor an VI [15 septembre 1798] (II, B. 227, n.ᵒ 2023). — Mode d'admission et d'examen des requêtes en matière criminelle, 7 et 10 = 15 avril 1792. — La connaissance des demandes en obtention de lettres de relief de laps de temps et en révision, lui est attribuée, 19 août 1792, 29 brumaire et 11 nivôse an II [19 novembre et 31 décembre 1793. — Les juges ont la faculté de réélire le commissaire et ses substituts, 7 septembre 1792. — Décrets qui ordonnent au tribunal d'adresser à la Convention l'état des affaires dont il est saisi, et fixent les délais dans lesquels il doit statuer sur ces affaires, 27 juillet et 22 août 1793. — Le tribunal est autorisé à se diviser en trois sections, 29 septembre 1793. — Les colonies nomment au tribunal de cassation, 1.ᵉʳ brumaire an II [22 octobre 1793]. — Fixation du traitement des greffiers et employés du tribunal, 13 nivôse et 9 floréal an IV [3 janvier et 28 avril 1796] (II, B. 17, n.ᵒ 96). — Formation d'un bulletin pour l'impression des jugemens du tribunal, 28 vendémiaire an V [19 octobre 1796]. — Réglement sur le mouvement qui doit avoir lieu chaque année dans les sections, 3 germinal an V [23 mars 1797] (II, B. 115, n.ᵒ 1100). — Fonds mis à la disposition du ministre de la justice pour les dépenses du greffe, 23 et 28 germinal an V [12 et 17 avril 1797] (II, B. 118, n.os 1136 et 1142). — Loi qui autorise le tribunal de cassation à former temporairement une quatrième section pour le jugement des affaires arriérées, 12 vendémiaire an VI [3 octobre 1797] (II, B. 151, n.º 1474). — Les dépenses du tribunal font partie des dépenses générales, 11 frimaire an VII [1.er décembre 1798] (II, B. 247, n.º 2220), 14 ventôse an IX [5 mars 1801] (III, B. 73, n.º 562). — Acte du Sénat conservateur portant nomination des juges composant le tribunal de cassation, 13, 14, 15, 16, 17 et 18 germinal an VIII [3, 4, 5, 6, 7 et 8 avril 1800] (III, B. 18, n.º 123). — Arrêtés portant nomination des substituts du commissaire du Gouvernement, 19 germinal et 7 thermidor an VIII [9 avril et 26 juillet 1800] (III, B. 43 et 44, n.os 284 et 316). — Réglement sur le service du tribunal, 4 prairial an VIII [24 mai 1800] (III, B. 45, n.º 325). — Le commissaire du Gouvernement jouit de la franchise illimitée, sous bandes, sans contre-seing, 15 brumaire an IX [6 novembre 1800] (III, B. 53, n.º 387). — Etablissement d'une chambre d'avoués, 13 frimaire an IX [4 décembre 1800] (III, B. 56, n.º 408). — Epoque à laquelle le tribunal doit présenter chaque année le tableau des parties de la législation dont l'expérience lui aura fait connaître les vices ou l'insuffisance, 5 ventôse an X [24 février 1802] (III, B. 165, n.º 1263). — Nouvelles attributions et prérogatives de ce tribunal, 16 thermidor an X [4 août 1802] (III, B. 206, n.º 1876). — Nouveau costume des juges, 20 vendémiaire an XI [12 octobre 1802] (III, B. 222, n.º 2027), 4 juin 1806 (IV, B. 101, n.º 1662). — Le tribunal prend le nom de *Cour de cassation*, et les juges le titre de *Conseillers*, 28 floréal an XII [18 mai 1804] (IV, B. 1, n.º 1). — Décret qui nomme le premier président et les deux présidens de cette cour, 29 floréal an XII [19 mai 1804] (IV, B. 3, n.º 5). — Les avoués en cette cour sont autorisés à prendre le titre d'*avocats*, 25 juin 1806 (IV, B. 103, n.º 1733). — Loi qui détermine le cas où deux arrêts de la cour de cassation peuvent donner lieu à l'interprétation de la loi, 16 septembre 1807 (IV, B. 161, n.º 2791). — Décret concernant le titre que prendront à l'avenir les juges de la cour de cassation et les substituts du procureur général près cette cour, 19 mai 1810 (IV, B. 275, n.º 5272). — Etablissement d'un quatrième président dans cette cour 28 janvier 1811 (IV, B. 347, n.º 6486). — Mode de distribution du service du ministère public, 1.er mars 1813 (IV, B. 483, n.º 8902).

— (C. I. C.) Crimes pour lesquels le premier président de la cour de cassation doit remplir les fonctions de juge d'instruction, art. 484. — Cas dans lequel il désigne un membre de la cour pour l'audition des témoins, ou fait, à ce sujet, des délégations, 487 et 488. — Les procès-verbaux ou autres actes d'instruction lui sont envoyés, 489. — Circonstance dans laquelle il peut y avoir lieu à la délivrance d'un mandat de dépôt, 490. — Ordre que donne ce magistrat pour la communication de la procédure au procureur général, 491. — Circonstance dans laquelle les fonctions de juge d'instruction sont remplies par un président de section de la cour de cassation, 496. — Ce président peut déléguer un autre juge d'instruction pour entendre les témoins dans l'arrondissement où se trouve le prévenu, 497. — Mandat d'arrêt qu'il délivre, 498.

TRIBUNAL *de comptabilité*. Création d'un

tribunal et d'un jury de comptabilité chargés de poursuivre ceux qui auraient manié les deniers publics depuis la révolution, et de leur demander compte de leur fortune, 19 vendémiaire an II [10 octobre 1793].

TRIBUNAL *de conciliation de l'hôtel des invalides*. Sa composition, sa compétence et ses fonctions, 30 avril = 16 mai 1792. — Devant quel tribunal sont portés les appels de ses jugemens, *ibid.*

TRIBUNAL *criminel du 10 août 1792*. Son établissement, sa composition, son organisation et sa compétence, 17, 19, 22 août, 11 et 20 septembre 1792. — Ses jugemens sont sujets à cassation, 15 novembre 1792. — Il est supprimé, 29 novembre 1792.

TRIBUNAL *criminel extraordinaire et révolutionnaire*. Il est établi pour juger sans appel et sans recours en cassation les conspirateurs et les contre-révolutionnaires, 9 mars 1793. — Sa composition, son organisation et sa compétence, 10, 17, 19, 27, 28 mars, 2, 5, 29 avril, 7 mai, 24, 30 et 31 juillet, 3, 12, 18 et 31 août, 5, 14, 16, 26 et 29 sept. 1793, 8 brum. et 23 vent. an II [29 oct. 1793 et 13 mars 1794], 19 et 27 floréal an II [8 et 16 mai 1794], 4 et 22 prairial an II [23 mai et 10 juin 1794] (I, B. 1 et 3, n.ᵒˢ 1 et 14), 26 prairial an II [14 juin 1794] (I, B. 2, n.ᵒ 5). — Mode d'élection et nomination des juges, de l'accusateur public, des jurés et des suppléans qui le composent, 12, 13, 14, 30 mars, 24 et 30 mai, 8, 13, 26 juin 1793. — Leur traitement et celui des employés, 3 avril, 2 et 24 juillet 1793, 25 frimaire et 7 nivôse an II [15 et 27 décembre 1793]. — Franchise du port des lettres adressées à l'accusateur public, 7 avril 1793. — Décret qui déclare nulle et comme non avenue toute création de tribunal extraordinaire, faite sans autorisation expresse de la Convention na-

tionale, 15 mai 1793. — Les juges et jurés du tribunal ne peuvent être parens et alliés des membres de la Convention, 6 juin 1793. — Mode de remplacement des anciens jurés qui ont donné leur démission ou qui sont absens pour cause de maladie, 26 juin 1793. — Les citoyens honorablement acquittés par ce tribunal sont libres de reprendre leurs fonctions, 8 ventôse an II [26 février 1794]. — Il est enjoint aux directeurs des voitures nationales de donner, par préférence, des places aux personnes assignées pour venir en déposition au tribunal, 21 messidor an II [9 juillet 1794] (I, B. 17, n.ᵒ 83). — Les membres du tribunal sont chargés de venir rendre compte de l'exécution des décrets de mise hors la loi rendus contre Robespierre et ses complices, 10 thermidor an II [28 juillet 1794] (I, B. 30, n.ᵒ 144). — Nouvelle organisation du tribunal révolutionnaire sous la présidence des sieurs Deliége et Dopsent, 10 et 14 thermidor an II [28 juillet et 1.ᵉʳ août 1794] (I, B. 30 et 32, n.ᵒˢ 145 et 166). — Fouquier-Tinville y est traduit, *ibid.* 23 et 24 thermidor an II [10 et 11 août 1794] (I, B. 36, n.ᵒˢ 201 et 202). — Les jurés, en déclarant les faits, sont tenus de déclarer l'intention dans laquelle ils ont été commis, 23 thermidor an II [10 août 1794] (I, B. 36, n.ᵒ 202). — Remplacement provisoire de fonctionnaires publics appelés pour former le tribunal révolutionnaire, 14 fructidor an II [31 août 1794] (I, B. 50, n.ᵒ 269). — Dans le cas de doute sur le caractère des délits, le comité de législation distinguera ceux qui seront de la compétence du tribunal révolutionnaire, 28 vendémiaire an III [19 octobre 1794] (I, B. 76, n.ᵒ 402). — Le tribunal est chargé de continuer l'instruction sur la conspiration de Robespierre, et de procéder au jugement des jurés et agens de l'ancien tribunal, 12 vendémiaire et 14 frimaire an III [3 octobre et 4 décembre 1794] (I, B. 67, n.º 361). — Renouvellement du tribunal, et sa nouvelle composition, 8 et 13 nivôse an III [28 décemb. 1794 et 2 janvier 1795] (I, B. 103, n.º 537), 7 et 9 pluviôse an III [26 et 28 janvier 1795], 20 pluviôse et 2 ventôse an III [8 et 20 février 1795]. — Aucun individu ne peut être traduit au tribunal sans un rapport préalable du comité de sûreté générale, 5 pluviôse an III [24 janvier 1795] (I, B. 117, n.º 612). — Le tribunal est tenu de rester en permanence jusqu'au jugement définitif de Fouquier-Tinville et des ses coaccusés, 29 germinal an III [18 avril 1795] (I, B. 138, n.º 769). — Prorogation des pouvoirs des membres jusqu'à leur remplacement par décret, 5 floréal an III [24 avril 1795]. — Suppression du tribunal, 12 prairial an III [31 mai 1795] (I, B. 151, n.º 883). — Mesures pour la conservation des pièces déposées au greffe du tribunal, 23 prairial an III [11 juin 1795] (I, B. 155, n.º 913), 16 brumaire et 30 ventôse an IV [7 novembre 1795 et 20 mars 1796] (II, B. 5 et 34, n.ºs 21 et 255). — Paiement des travaux faits par les employés au greffe et au dépôt de ce tribunal, 25 vendémiaire an V [16 octobre 1796] (II, B. 83, n.º 785).

TRIBUNAL de révision. Suppression de celui qui est établi à Trèves pour les quatre départemens de la rive gauche du Rhin, 14 fructidor an X [1.er septembre 1802] (III, B. 211, n.º 1945).

TRIBUNAT. Son institution, sa composition, son organisation, ses fonctions, et qualités requises pour en être membre, constitution du 22 frimaire an VIII [12 décembre 1799] (II, B. 333). — Procès-verbal d'élection des tribuns, 3 et 9 nivôse an VIII [24 et 30 décembre 1799] (II,

B. 341, n.ºs 3509 et 3510). — Convocation et ouverture des premières séances du Tribunat, 5 nivôse an VIII [26 décembre 1799] (II, B. 340, n.º 3506). — Mode de nomination du président, 5 nivôse an VIII [26 décembre 1799] (II, B. 340, n.º 3509). — Police et administration du palais destiné au Tribunat, 18 nivôse an VIII [8 janvier 1800] (III, B. 4, n.º 25). — Mode de ses délibérations, et discussions des projets de lois, 19 nivôse an VIII [9 janvier 1800] (III, B. 1, n.º 1). — Traitement des membres, et dépenses générales d'administration, 21 nivose an VIII [11 janvier 1800] (III, B. 5, n.º 30). — Le président jouit de la franchise indéfinie, 27 prairial an VIII [16 juin 1800] (III, B. 30, n.º 195). — Mode d'après lequel le Sénat procédera au renouvellement des quatre premiers cinquièmes du Tribunat en l'an X, et dans les trois années suivantes, 22 ventôse an X [13 mars 1802] (III, B. 169, n.º 1301). — Liste des quatre-vingts membres élus pour continuer l'exercice de leurs fonctions, 27 ventôse an X [18 mars 1802] (III, B. 169, n.º 1303). — Acte du Sénat conservateur, contenant la liste des membres élus pour remplacer le cinquième sortant du Tribunat, 6 germinal an X [27 mars 1802] (III, B. 171, n.º 1341). — Le Tribunat nomme un de ses membres pour être à vie grand-officier de la Légion d'honneur, 29 floréal an X [19 mai 1802] (III, B. 192, n.º 1604). — Les collèges électoraux d'arrondissement désignent deux citoyens pour faire partie de la liste des candidats pour le Tribunat, 16 thermidor an X [4 août 1802] (III, B. 206, n.º 1876). — Ses membres ne peuvent assister aux séances d'un collège électoral dont ils font partie, art. 34. — Ils sont présens à la prestation du serment du successeur du premier consul, art. 43. — Le Sénat dissout le Tribunat, art. 55. — L'acte de nomination d'un membre s'intitule *arrêté*, art. 59. — Réduction du Tribunat à cinquante membres, art. 76. — Moyens pour parvenir à cette réduction, *ibid.* — Il se divise en sections, *ibid.* — Sa dissolution opère le renouvellement en entier de ses membres, art. 77. — Mode de réduction des membres du Tribunat, 8 fructidor an X [26 août 1802] (III, B. 210, n.º 1930) — Termes dans lesquels est rédigé le sénatus-consulte qui prononce la dissolution du Tribunat, 8 fruct. an X [26 août 1802] (III, B. 210, n. 1931). — Arrêté et acte du Sénat sur le renouvellement du Tribunat, 14 fructidor an X [1er septembre 1802] (III, B. 217, n.º 1991). — Le ministre de l'intérieur forme, d'après les procès-verbaux des colléges électoraux, la liste des candidats pour le Tribunat, et le Gouvernement en envoie copie au Sénat, 19 fructidor an X [6 septembre 1802] (III, B. 213, n.º 1964). — Arrêté relatif aux membres du Tribunat membres d'un conseil général de département, d'arrondissement ou de commune, 5 germinal an XII [26 mars 1804] (III, B. 357, n.º 3738). — Suppression du Tribunat et sa réunion au Corps législatif, 19 août 1807 (IV, B. 160, n.º 2785).

TRIBUNAUX *en général.* Les tribunaux ne peuvent attenter à la liberté des députés au Corps législatif que d'après les formalités prescrites par la loi, 23 juin 1789 = 23 février 1790, 26 = 27 juin 1791. V. *Corps législatif.* — Respect dû à leurs délibérations et à leurs jugemens, 8 et 9 octobre 1789, 28 février = 17 avril 1791, 26 et 27 juillet = 3 août, 25 septembre = 6 octobre 1791, 15 germinal an II [4 avril 1794], 3 brumaire an IV [25 octobre 1795] (I, B. 204, n.º 1221). — Leurs obliga-

tions relatives à la transcription et à la publication des lois, 20 octobre = 3 novembre, 5 = 6 novembre 1789, 5 novembre 1792, 5 vendémiaire an V [26 septembre 1796] (II, B. 79, n.º 735). — Fixation et mode de paiement des dépenses d'administration intérieure, 6 juin 1790, 25 mars 1791, 9 = 15 mai, 24 septembre = 2 octobre 1791, 23 brumaire an IV [14 novembre 1795] (II, B. 5, n.º 23), 8 messid. an VII [26 juin 1799] (II, B. 261, n.º 2567), 27 flor. an VIII [17 mai 1800], 2 niv. an XI [23 déc. 1802] (III, B. 238, n.º 2223), 30 janvier et 22 octobre 1811 (IV, B. 349 et 398, n.ºs 6504 et 7379), 21 septembre 1812 (IV, B. 461, n.º 8450). — Il est interdit aux tribunaux de connaître des actes d'administration, 12 juin 1790, 24 fructidor an III [10 septembre 1795]. — Organisation judiciaire, composition, attributions et compétence des tribunaux, 16 = 24 août et 7 = 11 septembre 1790, constitutions de 1791, de 1793, de l'an III et de l'an VIII, 7 vendémiaire an III [28 septembre 1794] (I, B. 65, n.º 352), 19 vendémiaire an IV [11 octobre 1795] (I, B. 194, n.º 1160), 27 ventôse an VIII [18 mars 1800] (III, B. 15, n.º 103), 16 thermidor an X [4 août 1802] (III, B. 206, n.º 1876), 28 floréal an XII [18 mai 1804] (IV, B. 1, n.º 1), 12 octobre 1807 (IV, B. 166, n.º 2832), 30 mars 1808 (IV, B. 188, n.º 3245), 20 avril 1810 (IV, B. 282, n.º 5351).—Conditions d'éligibilité des membres, et formes de leur élection, nomination, institution, installation et remplacement en cas de démission, suspension ou destitution, 16 = 24 août, 7 = 10 novembre 1790, 3 = 14 septembre 1791, 22 septembre et 6 octobre 1792, 24 germinal an VIII [14 avril 1800] (III, B. 44, n.º 318), 19 vendémiaire an IX [11 octobre 1800](III, B. 47, n.° 351), 12 octobre 1807 (IV, B. 166, n.° 2832). — Fixation et mode de paiement du traitement des juges, des suppléans, des commissaires, et autres officiers attachés aux tribunaux, 30 août, 1 et 2 = 11 sept. 1790, 8 juin 1793, 4 brumaire an IV [26 octobre 1795] (I, B. 202, n.° 1210), 20 pluviôse an IV [9 février 1796] (II, B. 26, n.° 174), 4 frimaire, 18 nivôse an V [24 novembre 1796 et 7 janvier 1797] (II, B. 94 et 100, n.°s 888 et 946), 9 vontôse an VII [27 février 1799] (II, B. 261, n.° 2571), 20 juin 1806 (IV, B. 101, n.° 1668). — Emplacement des tribunaux et mode de statuer sur les reclamations à cet égard 16 octobre 1790, 29 novembre = 10 décembre 1790. — Acquisition, réparation et entretien des édifices et locaux destinés à leurs séances, 16 octobre 1790, 30 janvier, 7 = 11 février, 30 juillet = 6 août, 29 août = 12 sept. 1791. — Fonds dont se composent les droits d'assistance, 3 = 5 nov. 1790, 16 prairial an IV [4 juin 1796] (II, B. 52, n.° 441). — Les tribunaux ne peuvent exercer aucun acte de souveraineté, 28 février = 17 avril 1791. — Age requis pour être membre d'un tribunal, 6 = 27 mars 1791, 16 ventôse an XI [7 mars 1803] (III, B. 254, n.° 2389), 27 ventôse an VIII [18 mars 1800] (III, B. 15, n.° 103), 20 avril 1810 (IV, B. 282, n.° 5351). — Manière de statuer relativement aux décisions portées dans les tribunaux, sur la validité de la nomination des commissaires du Roi, 8 = 17 juin 1791. — Les registres et les minutes des tribunaux sont exempts du timbre, 10 = 17 juin 1791, et 13 brumaire an VII [3 décemb. 1798] (II, B. 237, n.° 2136). — Timbre de leurs actes et jugemens, ibid. et 22 frimaire an VII [12 décemb. 1798] (II, B. 248, n.° 2224). — Époque

à laquelle ils entrent en vacances, fixation de la durée de ces vacances, et service des tribunaux divisés par sections pendant ce temps, 17 = 23, 19 = 28 septembre 1791, 16 vendémiaire an II [7 octobre 1793], 30 messidor, 21 fructidor an IV [18 juillet, 7 septembre 1796] (II, B. 60 et 74, n.°s 553 et 690), 5 et 18 fructidor an VIII [23 août, 5 septembre 1800] (III, B. 39 et 41, n.°s 253 et 271). — Les tribunaux ne peuvent entretenir d'agens auprès du Corps législatif et du Roi, 3 = 8 juill. 1792. — Suspension des commissaires du Roi, et nouveau mode de leur élection, 18 août 1792. — Suppression des commissaires du Roi, 30 août = 3 septembre 1792. — Il est interdit aux tribunaux de prendre des vacances en 1792, 31 août 1792. — Renouvellement de tous les corps judiciaires, 22 septembre = 19 octobre 1792. — Suppression des commissions pour l'exercice des fonctions des juges, 6 = 8 octobre 1792. — Les tribunaux doivent adresser au Pouvoir exécutif, et non au Corps législatif, les lettres et les demandes qu'ils sont dans le cas de faire pour des objets concernant leurs fonctions, 29 octobre 1792. — Changement de l'inscription mise sur les médailles des commissaires nationaux près les tribunaux, 9 = 13 décemb. 1792. — Nullité de tout scrutin épuratoire fait par les corps judiciaires, 5 = 8 décembre 1792, 2 mars 1793. — Dans tous les tribunaux, les juges sont tenus d'opiner à haute voix et en public, 26 juin 1793. — Les justiciables ne peuvent être distraits de leurs juges naturels, par d'autres attributions que celles déterminées par la loi, 29 juillet 1793. — Degrés de parenté et d'alliance qui excluent deux juges du même tribunal, 18 vendémiaire an II [9 octobre 1793], 23 avril 1807 (IV, B. 144, n.° 2333). — Incompatibilité des

fonctions administratives et judiciaires, 24 vendémiaire an III [15 octobre 1794] (I, B. 73, n.º 388).
— Le comité de législation est autorisé à nommer les membres des tribunaux, 14 ventôse an III [4 mars 1795]. — Les commissaires nationaux près les tribunaux n'ont pas le droit de remplacer les juges ni les suppléans, 24 messidor an III [12 juillet 1795]. — Mode et forme d'après lesquels les tribunaux procèdent aux nominations qui leur sont attribuées, 25 fructidor an III [11 septembre 1795] (II, B. 195, n.º 1162). — Annullation de tous arrêtés de représentans du peuple en mission, par lesquels les tribunaux ont été autorisés à juger des affaires en dernier ressort, contre la loi de leur institution, 29 fructidor an III [15 septembre 1795] (I, B. 178, n.º 1089). — Les parens des émigrés ne peuvent remplir de fonctions dans les tribunaux, 5.ᵉ jour complémentaire an III [21 septembre 1795] (I, B. 181, n.º 1114). — Nouvelle division territoriale judiciaire, 19, 21 vendémiaire, 4 brumaire an IV [11, 13, 26 octobre 1795] (I, B. 194 et 201, n.ᵒˢ 1160, 1161 et 1205)., 27 ventôse an VIII [18 mars 1800] (III, B. 15, n.º 103). — Le Directoire est autorisé à nommer les membres des tribunaux qui n'ont point été élus par les assemblées électorales, 25 brumaire et 22 frimaire an IV [16 novembre et 13 décembre 1795] (II, B. 5 et 12, n.ᵒˢ 24 et 55), 19 fructidor an V [5 septembre 1797] (II, B. 142, n.º 1400). — Les commissaires ne peuvent s'absenter sans autorisation, 19 pluviôse an IV [8 février 1796] (II, B. 25, n.º 171). — Emploi des effets mobiliers déposés dans les greffes et conciergeries, à l'occasion des procès civils ou criminels terminés par jugement, ou à l'égard desquels l'action est prescrite, 11 germinal an IV [31 mars 1796] (II, B. 36, n.º 281). — Etablissement d'un second substitut du commissaire du Pouvoir exécutif près de plusieurs tribunaux de département et de quatre près de celui du département de la Seine, 24 germinal an IV [13 avril 1796] (II, B. 41, n.º 331). — Arrêté qui détermine le rang à occuper dans les tribunaux par les citoyens qui en ont été élus membres, 19 floréal an IV [8 mai 1796]. — Remboursement du port des lettres et paquets adressés aux fonctionnaires publics de l'ordre judiciaire, 5 prairial an IV [24 mai 1796] (II, B. 50, n.º 423). — Conduite à tenir par les commissaires dans toutes les affaires où l'État est partie, 10 thermidor an IV [28 juillet 1796] (II, B. 62, n.º 572). — Rapports et correspondance entre les magistrats de l'ordre judiciaire et les autorités administratives, 4 frimaire et 16 nivôse an V [24 novembre 1796 et 5 janvier 1797] (II, B. 93 et 105, n.ᵒˢ 884 et 998), 24 août 1806 (IV, B. 114, n.º 1857). — Confection et envoi d'états nominatifs des membres composant les tribunaux, 2 brumaire et 23 ventôse an V [23 octobre 1796 et 13 mars 1797] (II, B. 85 et 113, n.ᵒˢ 804 et 1080). — Loi relative aux mouvemens des sections des tribunaux, 10 fructidor an V [27 août 1797] (II, B. 141, n.º 1391). — Indemnité accordée aux juges pour frais de déplacement, 25 vendémiaire an VI [16 octobre 1797] (II, B. 152, n.º 1494). — Sort des lettres adressées aux tribunaux sans que le port en ait été affranchi, 5 vendémiaire an VII [26 septembre 1798] (II, B. 229, n.º 2046). — Compte ouvert à la poste aux accusateurs publics, aux commissaires près les tribunaux et aux directeurs du jury d'accusation, 9 frimaire an VIII [30 novemb. 1799] (II, B. 245, n.º 2215). —

Mesures pour empêcher l'interruption du cours de la justice dans les pays infestés par les rebelles, 19 frimaire an VIII [10 décemb. 1799] (II, B. 336, n.° 3462). — Nouveau costume des membres des cours et tribunaux et des fonctionnaires publics de l'ordre judiciaire, 24 germinal an VIII et 2 nivôse an XI [14 avril 1800 et 23 décembre 1802] (III, B. 24 et 238, n.°s 160 et 2224), 29 messidor an XII [18 juillet 1804] (IV, B. 9, n.° 109), 6 janv. 1811 (IV, B. 342, n.° 6446). — Les congés accordés aux juges et aux commissaires près les tribunaux ne peuvent avoir d'effet hors de l'arrondissement du département où siégent ces mêmes tribunaux, 2 pluviôse an IX [22 janvier 1801] (III, B. 64, n.° 483). — Remplacement provisoire des membres des tribunaux nommés aux fonctions législatives, 19 pluviôse an IX [8 février 1801] (III, B. 67, n.° 520), 6 mai 1811 (IV, B. 370, n.° 6764). — Formule des jugemens, ordonnances et mandats de justice, 21 pluv. an XII [11 fév. 1804] (III, B. 340, n.° 3571). — Comment sont intitulés les jugemens des cours de justice, 28 floréal an XII [18 mai 1804] (IV, B. 1, n.° 1). — Dénomination des tribunaux et titres de leurs membres, ibid. et 20 avril 1810 (IV, B. 282, n.° 5351). — Rang et préséance des tribunaux dans les cérémonies publiques, et honneurs civils et militaires à leur rendre, 24 messidor an XII [13 juillet 1804 (IV, B. 10, n.° 110). — Mode de correspondance des magistrats de l'ordre judiciaire avec les maires et les commissaires de police, 16 août 1806 (IV, B. 114, n.° 1857). — Officiers de justice auxquels des infirmités donnent droit à une pension de retraite, 2 octob. 1807 (IV, B. 165, n.° 2813). — Concession gratuite aux départemens, arrondissemens et communes, de la propriété des édifices et bâtimens nationaux actuellement occupés pour le service de l'administration des cours et tribunaux, 9 avril 1811 (IV, B. 363, n.° 6637). V. Jugemens et Juges.

— (C. Civ.) Les tribunaux ne peuvent faire de réglemens, art. 5. — Les actions en réclamation d'état sont de la compétence des tribunaux civils, 326. — Règles qu'ils doivent observer à l'égard du droit d'accession sur les choses mobilières, 565 et suiv. — Ils peuvent laisser à l'usage de l'usufruitier une partie des meubles dont la vente est provoquée par le propriétaire, comme étant susceptibles de dépérir par l'usage, 603. — Autres facultés à eux accordées relativement aux usufruitiers, 618. — Considérations qu'ils doivent peser lorsqu'ils jugent des affaires relatives aux cours et à l'usage des eaux, 645; — et lorsqu'il s'agit de la clause pénale d'une obligation en partie exécutée, 1231; — ou de l'acquit d'une dette exigible dont le débiteur offre le paiement partiel, 1244. — L'exécution des titres peut être suspendue par les tribunaux lorsqu'ils sont argués de faux, 1319. — Règles sur les cas où ils peuvent ou ne peuvent point déférer le serment d'office, 1366 et suiv. V. Juges.

— (C. P. C.) Opérations pour lesquelles les tribunaux peuvent commettre un tribunal voisin, un juge, ou même un juge de paix, art. 1035. — Injonctions et suppressions d'écrits que les tribunaux peuvent faire et ordonner suivant les circonstances, 1036. — Ils peuvent ordonner l'impression et l'affiche de leurs jugemens, ibid.

— (C. I. C.) Manière de procéder à une instruction contre un tribunal entier de commerce ou de première instance, ou contre des membres de cours impériales, accusés de forfaiture et de crimes ou

52, n.º 441). — Choix parmi les membres du tribunal de district pour composer le tribunal criminel, et indemnité des juges qui se trouvent déplacés, 20 janvier, 25 février, 16 = 29 septembre, 29 septembre = 12 octobre 1791, 2 nivôse an II [22 décembre 1794], 21 ventôse an IV [11 mars 1796] (II, B. 31, n.º 227), 25 vendémiaire an VI [16 octobre 1797] (II, B. 152, n.º 1494). — Fixation et mode de paiement du traitement des juges, des greffiers, des commissaires, des substituts de commissaires, &c., 11 = 18 février, 11 juillet = 6 septembre 1791, 28 juin 1792, 8 juin 1793, 4 brumaire an IV [26 octob. 1795] (I, B. 202, n.º 1210), 16 et 20 pluviôse an IV [5 et 9 février 1796] (II, B. 25 et 26, n.ºs 161 et 174), 2 ventôse an V [20 février 1797] (II, B. 115, n.º 1098), 8 messidor an VIII [27 juin 1800] (III, B. 32, n.º 210). — Acquisition et paiement des édifices et locaux destinés à l'emplacement des tribunaux, 31 mars = 4 avril 1791. — Par qui et comment il est statué en cas de partage de voix, 8 = 17 juin 1791, 17 germin. an IX [7 avril 1801] (III, B. 78, n.º 624). — Fonctions incompatibles avec celles de membres et de greffiers des tribunaux civils, 6 = 27 mars, 8 et 10 juin, 8 = 12, 15 et 16 = 29 septemb. 1791. — Fixation et mode de liquidation des indemnités dues aux greffiers des tribunaux civils dans l'expédition des affaires criminelles, 29 septembre 1791 = 18 janvier 1792, 16 fructidor an II [2 septembre 1794] (I, B. 51, n.º 277). — Époque et durée des vacances, 31 août 1790, 14 septemb. 1793, 30 messidor, 21 fructidor an V [18 juillet, 7 septembre 1797] (II, B. 60 et 74, n.ºs 553 et 600), 5 fructidor an VIII [23 août 1800] (III, B. 39, n.º 253), 10 février 1806 (IV, B. 74, n.º 1317). — Mode de

remplacement des juges dont les places sont vacantes dans les tribunaux de Paris, 17 et 27 nivôse an II [6 et 16 janvier 1794]. — Poursuite et jugement, par les tribunaux criminels, des délits commis sur les membres des tribunaux de district, 4 prairial an II [23 mai 1794]. — Réunion au greffe du tribunal civil de la Seine, des greffes des six tribunaux d'arrondissement, 22 frimaire an IV [13 décembre 1795]. — Ordre du service des juges des tribunaux civils auprès des tribunaux criminels, 21 ventôse an IV [11 mars 1796] (II, B. 31, n.º 227). — Mode de nomination des présidens des tribunaux civils, 27 ventôse an IV [17 mars 1796] (II, B. 33, n.º 244). — Établissement d'un second substitut du commissaire près les tribunaux, 24 germinal an IV [13 avril 1796] (II, B 41, n.º 331). — Manière de procéder au choix de l'un des trois tribunaux d'appel, 17 frimaire an V [7 décemb. 1796] (II, B. 95, n.º 901). — Règles prescrites pour les mouvemens des sections des tribunaux civils, 10 fructidor an V [27 août 1797] (II, B. 142, n.º 1391), 7 floréal an VI [26 avril 1798] (II, B. 120, n.º 1159). — Fixation du traitement des membres du tribunal civil de la Seine, 27 floréal an VI [16 mai 1798]. — Manière de procéder en cas de partage d'opinions, 14 prairial an VI [2 juin 1798] (II, B. 205, n.º 1861), 17 germinal an IX [7 avril 1801] (III, B. 78, n.º 624). — Etablissement d'une chambre d'avoués près de chaque tribunal d'appel et de première instance, 13 frimaire an IX [4 décembre 1800] (III, B. 56, n.º 408). — Réglement pour le service du tribunal de première instance de la Seine, et la division du département en six arrondissemens, 6 et 22 floréal an X [26 avril et 12 mai 1802] (III, B. 178 et 190, n.ºs

Formalités à observer en cas de partage, 118 et 468. — Le jugement qui ordonne la comparution des parties, en indique le jour, 119. — Celui qui ordonne un serment, énonce les faits sur lesquels il est reçu, 120. — Délai pour l'exécution des jugemens, 122 à 124. — Les actes conservatoires sont valables nonobstant le délai accordé par le jugement, 125. — Cas où la contrainte par corps ne peut être prononcée, 126; — où il est laissé à la prudence du juge de la prononcer, *ibid.* — Le sursis à l'exécution de la contrainte par corps ne peut être accordé que par le jugement qui statue sur la contestation, 127. — Formalités prescrites pour le jugement qui condamne en des dommages - intérêts, 128; — à une restitution de fruits, 129. — La partie qui succombe est condamnée aux dépens, 130. — Cas où ils peuvent être compensés, 131. — La distraction des dépens ne peut être prononcée au profit des avoués que par le jugement qui emporte la condamnation, 133. — Cas où le même jugement doit prononcer sur le provisoire et sur le fond, 134; — où l'exécution provisoire peut être ordonnée avec ou sans caution, 135. — Lorsque l'exécution provisoire n'a pas été prononcée par le premier jugement, elle ne peut être ordonnée par un second, 136. — Elle ne peut être ordonnée pour les dépens, 137. — Le président doit signer la minute de chaque jugement, ainsi que la mention faite en marge de la feuille d'audience, des juges et du procureur impérial qui y auront assisté, 138. — Les greffiers qui délivrent expédition d'un jugement avant qu'il soit signé, sont poursuivis comme faussaires, 139. — A quelle fin les procureurs impériaux et généraux doivent faire représenter les minutes des jugemens, 140. — Règles prescrites pour leur rédaction, 141 et 142; — pour les oppositions, soit aux qualités, soit à l'exposé des points de fait et de droit, 144 et 145. — Comment doivent être intitulées et terminées les expéditions des jugemens, 146. — Les jugemens ne peuvent être exécutés qu'après avoir été signifiés à avoué, s'il y en a en cause, 147. — Mode de leur exécution si l'avoué est décédé ou a cessé de postuler, 148. — Les présidens peuvent faire mettre les pièces sur le bureau pour prononcer le jugement par défaut à l'audience suivante, 150. — Comment et dans quel cas ils peuvent ordonner l'exécution du jugement par défaut avec ou sans caution, nonobstant l'opposition, 155. — Toute demande en renvoi est jugée sommairement, 172. — Cas où les demandes originaires et celles en garantie sont jugées conjointement ou séparément, 184. — Formalités prescrites à ce sujet, *ibid.* — Les jugemens rendus contre les garans formels sont exécutoires contre les garanties, 185. — Le jugement qui ordonne la communication des pièces, peut en fixer le délai, 190. — Ce que doit ordonner celui qui autorise la vérification d'une signature déniée, 196. — Le jugement qui admet l'inscription de faux, nomme le juge-commissaire devant lequel elle est poursuivie, 218. — Cas où le président doit délivrer mandat d'amener contre les prévenus de faux, 239. — Effet du jugement qui, statuant sur l'inscription de faux, ordonne la suppression, la lacération, la radiation en tout ou en partie, même la réformation ou le rétablissement des pièces fausses, 241. — Tout jugement, en matière de faux, ne peut être rendu que sur les conclusions du ministère public, 251. — Jugement qui ordonne une preuve de faits, 254. — Les juges ne sont pas astreints à suivre l'avis des experts, si leur conviction s'y op-

l'impression et l'affiche de leurs jugemens, 1036.

— (C. Co.) Forme de procéder sur l'appel des jugemens rendus par les tribunaux de commerce, art. 645 *et suiv.*

— (C. I. C.) Rapport du juge d'instruction, dont le résulsat doit être le renvoi du prévenu au tribunal de première instance, art. 130. — Délits dont les tribunaux de première instance connaissent sous le titre de tribunaux correctionnels, 179. — Ils prononcent sur ces matières au nombre de trois juges, 180. — Ce que le président doit faire lorsqu'il se commet un délit correctionnel dans l'enceinte et pendant la durée de l'audience, 181. — Comment le tribunal est saisi de la connaissance des délits de sa compétence, 182. — Cas dans lesquels le prévenu peut s'y faire représenter par un avoué, 185. — Dispositions relatives à la procédure, qui sont communes aux tribunaux correctionnels et aux tribunaux de police, 189. — Publicité de l'instruction dans les tribunaux correctionnels, 190. — Comment elle s'y fait jusqu'au jugement inclusivement, 190. — Sur quoi le tribunal statue lorsque le fait n'est reputé ni délit ni contravention de police, ou lorsqu'étant une contravention de police, le renvoi n'a pas été demandé, 191 et 192. — Ce qui a lieu lorsque le fait est de nature à mériter une peine afflictive ou infamante, 193. — Dispositions relatives aux jugemens de condamnation, 194 *et suiv.* — Les présidens des tribunaux civils de première instance lisent à l'audience le texte de la loi à appliquer, 195. — Les jugemens peuvent être attaqués par la voie de l'appel, 199. — Tribunaux devant lesquels l'appel doit être porté, 200 et 201. — A qui appartient la faculté d'appeler, et règles concernant l'appel, 202 *et suiv.* — On peut aussi se

pourvoir en cassation, 216. — Cas dans lequel les présidens des tribunaux de première instance peuvent être appelés à présider la cour d'assises, 263. — En l'absence des présidens de cours d'assises, ils signent et paraphent les registres tenus par les gardiens des maisons de justice, 607.

TRIBUNAUX *des colonies.* Les anciens tribunaux sont autorisés à reprendre leur activité, 15 = 22 juin 1792. — Dispositions relatives à l'appel des jugemens rendus par les anciens tribunaux des iles françaises, 24 pluviôse an V [12 février 1797] (II, B. 107, n.º 1012). — Organisation constitutionnelle des nouveaux tribunaux, 12 nivôse an VI [1.er janv. 1798] (II, B. 177, n.º 1659). — Les tribunaux des iles de France et de la Réunion sont rétablis sur le même pied qu'en 1789, 3 germinal an XI [24 mars 1803] (III, B. 267, n.º 2607).

TRIBUNAUX *de commerce.* Décrets qui les établissent, règlent leur compétence et déterminent la forme d'élection, d'installation et de remplacement des membres qui les composent, 16 = 24 août, 7 = 10 novembre, 20 novembre = 1.er décembre 1790, 27 janvier = 4 février, 6 = 27 mars, 9 = 18 août 1791, 10 juillet 1792, 19 vendémiaire et 3 brumaire an IV [11 et 25 octobre 1795] (I, B. 194 et 205, n.ºs 1160 et 1233), 27 ventôse an VIII [18 mars 1800] (III, B. 15, n.º 103), 18 prairial an VIII [7 juin 1800] (III, B. 31, n.º 201), 6 octobre 1809 et 18 novembre 1810 (IV, B. 275 et 327, n.ºs 5270 et 6110). — Le contentieux relatif aux transactions du commerce maritime dont les amirautés connaissaient, est attribué aux tribunaux de commerce, 7 = 11 septemb. 1790. — Droit pour l'enregistrement de leurs jugemens et expéditions, 15 =

19 décembre 1790 , 22 frimaire an VII [12 décembre 1798], art. 68 , S. II, n.º 7 (II, B. 248, n.º 2224). — Établissement de tribunaux de commerce dans les villes où il existait des amirautés, 31 décemb. 1790 = 7 janvier 1791. — Les empreintes des timbres des papiers de commerce sont déposées aux greffes de ces tribunaux , 7 = 18 février 1791 , 12 brumaire an XIV [3 novembre 1805] (IV, B. 64, n.º 1137). — Respect dû à leurs jugemens et à leurs délibérations, 28 février = 17 avril 1791. — Conditions et qualités requises pour en être élu membre , 2 = 17 mars, 9 = 10 août 1791, 2 février 1808 et 21 décembre 1810 (IV, B. 181 et 335, n.ºs 3062 et 6243). — Fonctions incompatibles avec celles de juge de commerce, 6 = 27 mars 1791. — A quel tribunal est porté l'appel du tribunal de commerce, 24 = 30 mars 1791, 19 vendémiaire an IV [11 octob. 1795] (I, B. 194, n.º 1160). — La régie des douanes est tenue de remettre aux greffes des tribunaux de commerce le rôle des préposés qu'elle emploie, 6 = 22 août 1791. — Les juges ne font point de service personnel dans la garde nationale, ils se font remplacer, 29 septembre = 14 octobre 1791. — Mode de paiement des frais d'emplacement et d'entretien des tribunaux de commerce des villes maritimes, 22 = 27 mai 1792. — Les biens appartenant aux ci-devant tribunaux consulaires sont déclarés propriétés nationales, 4 et 29 nivôse an II [24 décembre 1793 et 18 janvier 1794], 28 prairial an V [16 juin 1797] (II, B. 128, n.º 1242). — Recréation des pensions affectées sur leurs revenus, 16 germinal an III [5 avril 1795] (I, B. 134, n.º 742). — Assignation et mode de paiement des fonds nécessaires pour subvenir aux dépenses des tribunaux de com-

merce , 2.e jour complémentaire an III [18 septembre 1795], 8 ventôse an VII [26 février 1799] (II, B. 261, n.º 2567), 11 frimaire an VII [1.er décembre 1798] (II, B. 247, n.º 2220), et 8 ventôse an IX [27 février 1801] (III, B. 261, n.º 2567), 23 fév. 1811 (IV, B. 353, n.º 6550). — Mode de récusation des juges, 23 vendémiaire an IV [15 octobre 1795] (I, B. 197, n.º 1176). — Les tribunaux de commerce n'ont point de vacances, 21 fructidor an IV [7 sept. 1796] (II, B. 74, n.º 690). — Cas où ils prononcent la contrainte par corps, 15 germinal an VI [4 avril 1798] (II, B. 195, n.º 1795). — Établissement de droits de greffe au profit de l'État, 21 ventôse an VII [11 novembre 1799] (II, B. 266, n.º 2628). — Les tribunaux de commerce examinent et vérifient les comptes de la perception et de l'emploi des contributions destinées à l'entretien des bâtimens affectés aux bourses de commerce, 12 brumaire an XI [3 nov. 1802] (III, B. 228, n.º 2111). — Amende à consigner pour appel des jugemens rendus par les tribunaux de commerce, 10 floréal an XI [30 avril 1803] (III, B. 275, n.º 2750). — Mode de prestation du serment des membres de ces tribunaux, 24 messidor an XII [13 juillet 1804] (IV, B. 8, n.º 101). — Rang et préséance des tribunaux de commerce dans les cérémonies publiques, 24 messidor an XII [13 juillet 1804] (IV, B. 10, n.º 110). — Costume des juges, 6 octobre 1809 (IV, B. 275, n.º 5270). — Fixation de droits que le greffier du tribunal de commerce de Paris perçoit à son profit, 6 janvier 1814 (IV, B. 552, n.º 10,042).

— (C. P. C.) La procédure s'y fait sans le ministère d'avoués, art. 414. — Exploit introductif de demandes , 415. — Délai , 416. — Permis-

mande en réhabilitation du failli, 609. — Le nombre des tribunaux de commerce est déterminé par un réglement d'administration publique, 615 — Arrondissemens de ces tribunaux, 616. — Leur composition, 617. — Celle de l'assemblée qui doit en élire les membres, 618. — Mode de leur élection, 621. — Temps pour lequel elle a lieu, 622. — Intervalle pour la réélection, 623. — Greffiers et huissiers, 624. — Les fonctions de juges sont seulement honorifiques, 628. — Serment qu'ils prêtent, 629. — Les tribunaux de commerce sont sous la surveillance du grand-juge, 630. — Compétence de ces tribunaux, 631 *et suiv.* — Dans quel cas ils jugent en dernier ressort, 639. — Quels tribunaux suppléent ceux de commerce dans les arrondissemens où il n'en existe pas, 640. — Forme de procéder devant les tribunaux de commerce, 642. — Où sont portés les appels de leurs jugemens, 644. — Délai pour interjeter appel, 645. — Cas où l'appel n'est pas recevable 646. — Les cours d'appel ne peuvent surseoir aux jugemens des tribunaux de commerce, 647. — Comment doivent être instruits les appels de ces jugemens dans les cours, 648. — (C. I. C.) Comment sont poursuivis les juges faisant partie d'un tribunal de commerce, pour forfaiture et autres crimes ou délits relatifs à leurs fonctions, 483 *et suiv.*

ÉTAT alphabétique des villes où il a été établi des tribunaux de commerce.

Abbeville, 20 novembre = 1.er décembre 1790.

Agen, 12 = 18 février 1791.

Aigle (L'), 18 = 27 mars 1791.

Aix, 17 = 23 octobre 1790.

Aix-la-Chapelle, 8 ventôse an XIII

[27 février 1805] (IV, B. 35, n.º 584).

Alby, 30 novembre = 10 décembre 1790.

Alençon, 5 = 10 novembre 1790.

Ambert, 20 novembre = 1.er décemb. 1790.

Amiens, 20 novembre = 1.er décembre 1790.

Anduse, 30 décembre 1790 = 7 janvier 1791.

Angers, 9 = 15 décembre 1790.

Angoulême, 18 = 23 janvier 1791.

Annonay, 16 = 20 avril 1791.

Antibes, 4 = 11 février 1791.

Anvers, 3 vendémiaire an VII [24 septembre 1798] (II, B. 229, n.º 2043).

Arles, 11 décembre 1790 = 5 janvier 1791.

Arras, 28 décembre 1790 = 5 janvier 1791.

Aubenas, 16 = 20 avril 1791.

Auch, 11 = 19 janvier 1791.

Aurillac, 6 = 19 janvier 1791.

Autun, 28 décembre 1790 = 5 janvier 1791.

Auxerre, 24 novembre = 1.er décembre 1790.

Auxonne, 26 = 30 janvier 1791.

Avalon, 22 floréal an VII [11 mai 1799] (II, B. 278, n.º 2882).

Avignon, 7 mars 1793.

Avranches, 11 décembre 1790 = 5 janvier 1791.

Baïeux, 9 = 20 mars 1791.

Baïonne, 12 = 20 mai 1791.

Bar-le-Duc, 28 décembre 1790 = 5 janvier 1791.

Beaune, 4 = 11 février 1791.

Beauvais, 12 = 28 février, et 27 septembre = 12 octobre 1791.

Béford, 24 = 30 mars 1791.

Belvez, 13 = 20 mai 1791.

Bergerac, 28 décembre 1790 = 5 janvier 1791.

Bergues, 15 = 19 décembre 1790.

Bernay, 18 pluviôse an VII [6 février 1799] (II, B. 260, n.º 2488).

Besançon, 16 = 19 octobre 1790.

Béziers, 30 novembre = 10 décemb. 1790, 6 = 19 janvier 1791.

Billom, 30 décembre 1790 = 7 janvier 1791.

Blaye, 9 = 14 septembre 1792.

Blois, 2 = 6 août 1791.

Bonifacio, 6 = 19 janvier 1791.

Bordeaux, 24 = 30 mars 1791, et 31 juillet = 3 août 1792.

Boulogne, 28 décembre 1790 = 5 janvier 1791.

Bourges, 30 novembre = 10 décemb. 1790.

Brême, 4 juillet 1811 (IV, B. 381, n.° 7113).

Brest, 25 février = 4 mars 1791.

Brignoles, 14 = 28 juin 1791.

Brioude, 4 = 11 février 1791.

Bruges, 19 nivôse an XIII [9 janvier 1805] (IV, B. 26, n.° 455).

Bruxelles, 3 vendémiaire an VII [24 septembre 1798] (II, B. 229, n.° 2043).

Caen, 15 = 19 décembre 1790.

Calais, 28 décembre 1790 = 5 janvier 1791.

Cambrai, 6 = 19 janvier 1791.

Cany, 15 = 19 décembre 1790.

Carcassonne, 11 = 19 janvier 1791.

Castelnaudary, 13 = 20 mai 1791.

Castres, 19 = 24 novembre 1790.

Caudebec, 19 = 24 novembre 1790.

Châlons-sur-Marne, 1.er = 10 décembre 1790.

Châlons-sur-Saone, 6 = 12 décembre 1790.

Charolles, 24 messidor an VII [12 juillet 1799] (II, B. 295, n.° 3141).

Chartres, 31 décembre 1790 = 7 janvier 1791.

Châteauroux, 18 = 23 janvier 1791.

Châtellerault, 6 = 12 décembre 1790.

Châtillon-sur-Seine, 21 prairial an VII [9 juin 1799] (II, B. 280, n.° 3022).

Chaumont, 14 = 28 juin 1791.

Cherbourg, 16 = 20 avril 1791.

Ciotat (La), 18 = 23 janvier 1791.

Civita-Vecchia, 11 juillet 1812 (IV, B. 442, n.° 8149).

Clermont-Ferrand, 20 novembre = 1.er décembre 1790.

Clermont-Lodève, 6 = 19 janvier 1791.

Cognac, 25 nivôse an VI [14 janvier 1798] (II, B. 178, n.° 1669).

Colmard, 16 = 20 avril 1791.

Compiègne, 6 = 19 janvier 1791.

Condé-sur-Noireau, 2 = 6 août 1791.

Coutances, 13 = 20 mai 1791.

Dieppe, 8 = 14 octobre 1790.

Dijon, 4 = 11 février 1791.

Dourdan, 2 = 6 août 1791.

Dreux, 11 messidor an VII [29 juin 1799] (II, B. 294, n.° 3121).

Eu et Tréport, 4 = 11 février 1791.

Falaise, 30 décembre 1790 = 7 janvier 1791.

Foligno, 11 juillet 1812 (IV, B. 442, n.° 8149).

Gand, 3 vendémiaire an VII [24 septembre 1798] (II, B. 229, n.° 2043).

Granville, 11 décembre 1790 = 5 janvier 1791.

Grasse, 4 = 11 février 1791.

Gray, 24 = 30 mars 1791.

Hambourg, 4 juillet 1811 (IV, B. 381, n.° 7113).

Hennebond, 30 novembre = 10 décembre 1790.

Honfleur, 17 = 23 octobre 1790.

Isigny, 12 = 18 février 1791.

Issoire, 29 nivôse an VII [18 janvier 1799] (II, B. 255, n.° 2395).

Issoudun, 18 = 23 janvier 1791.

Joigny, 29 messidor an VII [17 juillet 1799] (II, B. 296, n.° 3151).

Langres, 15 = 19 décembre 1790.

Laval, 15 = 19 décembre 1790.

Libourne, 28 décembre 1790 = 5 janvier 1791.

Liége, 3 vendémiaire an VII [24 septembre 1798] (II, B. 229, n.° 2043).

Lille, 15 = 19 décembre 1790.

Limoges, 9 = 10 mars 1791.

Limoux, 13 = 20 mai 1791.

Lisieux, 19 = 24 novembre 1790.

Lorient, 30 novembre = 10 décembre 1790.

Louhans, 9 = 20 mars 1791.

Louvain, 3 vendémiaire an VII [24 septembre 1798] (II, B. 229, n.º 2043).

Lubeck, 4 juillet 1811 (IV, B. 381, n.º 7113).

Luxembourg, 3 vendémiaire an VII [24 septembre 1798] (II, B. 229, n.º 2043).

Lyon, 21 = 27 mai 1791.

Mâcon, 6 = 12 décembre 1790.

Mans (Le), 28 décembre 1790 = 5 janvier 1791.

Martigues, 18 = 23 janvier 1791.

Mauriac, 17 pluviôse an VII [5 février 1797] (II, B. 250, n.º 2487).

Meaux, 28 fructidor an VII [14 septembre 1799] (II, B. 311, n.º 3261).

Metz, 30 décembre 1790 = 7 janvier 1791.

Mirecourt, 4 thermidor an VII [22 juillet 1799] (II, B. 299, n.º 3177).

Moissac, 24 = 30 mars 1791.

Mons, 3 vendémiaire an VII [24 septembre 1798] (II, B. 229, n.º 2043).

Montargis, 18 = 23 janvier 1791.

Montauban, 18 = 23 janvier, et 15 = 19 décembre 1791.

Montdidier, 6 = 19 janvier 1791.

Montivilliers, 15 = 19 décembre 1790.

Montpellier, 6 = 19 janvier 1791.

Montreau, 4 = 11 février 1791.

Morlaix, 4 = 11 février 1791.

Moulins, 28 décembre 1790 = 5 janvier 1791.

Namur, 3 vendémiaire an VII [24 septembre 1798] (II, B. 229, n.º 2043).

Nanci, 11 = 19 janvier 1791.

Nantes, 28 décembre 1790 = 5 janvier, 16 = 20 avril 1791.

Narbonne, 11 = 19 janvier 1791.

Nevers, 9 = 15 décembre 1790.

Nîmes, 24 novembre — 1.er décembre 1790.

Niort, 18 = 23 janvier 1791.

Oléron (Ile d'), 15 = 19 décembre 1790.

Orbec, 14 = 28 juin 1791.

Orléans, 18 = 25 juin 1791.

Osnabruck, 4 juillet 1811 (IV, B. 381, n.º 7113).

Ostende, 3 vendémiaire an VII [24 septembre 1798] (II, B. 229, n.º 2043).

Paimpol, 27 septembre = 12 octobre 1791.

Pamiers, 9 = 20 mars 1791.

Paris, 27 janvier = 4 février 1791.

Pau, 13 = 20 mai 1791.

Périgueux, 28 décembre 1790 = 5 janvier 1791.

Perpignan, 28 octobre = 7 novembre 1790.

Pertuis, 18 = 27 mars 1791.

Pezenas, 30 novembre = 10 décemb. 1790.

Poitiers, 1.er = 10 décembre 1790.

Pont-Audemer, 18 prairial an VII [6 juin 1799] (II, B. 289, n.º 3029).

Provins, 30 novembre = 10 décemb. 1790.

Puy (Le), 28 décembre 1790 = 5 janvier 1791.

Quillebœuf, 2 = 6 août, et 18 prairial an VII [6 juin 1799] (II, B. 289, n.º 3029).

Quintin, 27 août 1791.

Reims, 1.er = 10 décembre 1790.

Rennes, 1.er = 10 décembre 1790.

Ré (Ile de), 15 = 19 décembre 1790.

Riom, 20 novembre = 1.er décembre 1790.

Rochelle (La), 6 = 19 janvier 1791, et 31 juillet = 5 août 1792.

Romans, 19 vendémiaire an IV [11 octob. 1795] (I, B. 194, n.º 1160).

Rome, 11 juillet 1812 (IV, B. 442, n.º 8149).

Romorantin, 9 = 14 septembre 1792.

Rouen, 8 = 14 octobre, 15 = 19 décembre 1790, et 27 septembre = 12 octobre 1791.

Sables-d'Olonne, 7 août 1812 (IV, B. 446, n.º 8189).

Saint-Brieux, 27 août 1791.

Saint-Dizier, 24 = 30 janvier 1791.

Saint-Etienne, 25 février = 4 mars 1791.

Saint-Flour, 6 = 19 janvier 1791.

Saint-Geniez, 24 = 30 janvier 1791.

Saint-Hippolyte, 8 février 1812 (IV, B. 421, n.° 7689).

Saint-Jean-d'Angely, 6 = 19 janvier 1791.

Saint-Jean-de-Losne, 20 juin 1812 (IV, B. 438, n.° 8027).

Saint-Malo, 6 = 12 décembre 1790.

Saint-Martin-de-Ré, 15 = 19 décembre 1790.

Saint-Omer, 28 décembre 1790 = 5 janvier 1791.

Saint-Pierre d'Oléron, 15 = 19 décembre 1790.

Saint-Quentin, 30 octobre = 2 novemb. 1790, et 4 = 10 juillet 1791.

Saint-Tropez, 4 = 11 février 1791.

Saint-Vallery-sur-Somme, 6 = 19 janvier 1791.

Saintes, 6 = 19 janvier 1791.

Saulieu, 26 = 30 janvier 1791.

Saumur, 6 = 19 janvier 1791.

Sedan, 6 = 12 décembre 1790.

Sens, 24 novembre = 1.er décembre 1790, et 27 septembre = 12 octobre 1791.

Soissons, 11 = 19 janvier 1791.

Souillac, 6 = 19 janvier 1791.

Strasbourg, 15 = 19 décembre 1790.

Tarascon, 18 = 23 janvier, 1791.

Tarbes, 27 septembre = 12 octobre 1791.

Thiers, 1.er = 10 décembre 1790.

Tinchebray, 24 = 30 janvier 1791.

Toulon, 4 = 11 février 1791.

Toulouse, 30 décembre 1790 = 7 janvier 1791, et 17 = 21 septembre 1792.

Tournai, 3 vendémiaire an VII [24 septembre 1798] (II, B. 229, n.° 2043).

Tournus, 18 = 23 janvier 1791.

Tours, 1.er = 10 décembre 1790.

Travemunde, 4 juillet 1811 (IV, B. 381, n.° 7113).

Troyes, 31 décembre 1790. = 7 janvier 1791.

Tulle, 12 = 18 février 1791.

Valenciennes, 15 = 19 décemb. 1790.

Vannes, 30 novembre = 10 décemb. 1790.

Versailles, 14 = 28 juin 1791.

Vervins, 11 = 19 janvier 1791.

Vienne, 28 décembre 1790 = 5 janvier 1791.

Villefranche, 3 thermidor an VII [21 juillet 1799] (II, B. 297, n.° 3162).

Villeneuve-le-Roi, 18 = 23 janvier 1791.

Vire, 30 décembre 1790 = 7 janvier 1791.

Yvetot, 19 = 24 novembre 1790.

TRIBUNAUX *criminels, ordinaires et spéciaux.* Etablissement à Paris d'un tribunal provisoire pour juger les procès criminels venus par appel du châtelet ou des autres siéges du ressort du parlement de Paris, 1.er = 5. décembre 1790. — Sa composition, *ibid.* — Il est établi un tribunal criminel dans chaque département, 20 janvier = 25 février 1791. — Composition, attributions et compétence de ce tribunal, *ibid.* 14 et 15 = 27 mars, 3 = 14 septembre, 16 = 29 septembre 1791, 25 février, 7 avril, 24 juin, 16 août, 30 septembre 1793, 30 frimaire an II [20 décembre 1793], 22 nivôse, 29 floréal an II [11 janvier, 18 mai 1794], 4 thermidor an III [22 juillet 1795] (I, B. 158, n.° 927), 3 brumaire an IV [25 octobre 1795] (I, B. 204, n.° 1221), constitution du 22 frimaire an VIII [13 décemb. 1799] (II, B. 333), et 27 ventôse an VIII [18 mars 1800] (III, B. 15, n.° 103). — Désignation des villes où les tribunaux seront placés, *ibid.* et 11 = 16 février 1791. — Mode de paiement des dépenses relatives à leur établissement, 29 septembre = 12 octobre 1791, 8 ventôse an VII [26 février 1799] (II, B. 261, n.° 2567). — Établissement d'un tribunal criminel à Orléans pour juger les crimes de lèse-nation, 5 = 13 mars 1791. V. *Haute cour.* — Il en est établi six à Paris, de sept membres chacun, pour instruire et juger tous les procès criminels existant avant le 26 janvier, 13 = 14 mars 1791. — Mode d'élection, de nomination, d'institution, d'installation et de remplacement des membres des tribunaux criminels, 14 et 15 = 27 et 28 = 29 mars, 30 mars = 17 avril 1791, 13 janvier, 15 mars, 3 septembre 1792, 28 et 30 germinal an V [17 et 19 avril 1797] (II, B. 118 et 119, n.os 1142 et 1148), 6 germinal et 29 floréal an VI [26 mars et 18 mai 1798] (II, B. 192 et 201, n.os 1778 et 1835). — Fixation et mode de paiement de leurs traitemens, 11 juillet = 6 septembre, 24 = 29 juillet, 26 = 28 novembre 1792], 23 prairial an VII [11 juin 1799] (II, B. 386, n.o 3016), 26 brumaire an VIII [7 novembre 1799] (II, B. 327, n.os 3246). — Fonctions incompatibles avec celles de juge d'un tribunal criminel, 8 juin, 8 = 12 septembre 1791. — Etablissement du tribunal criminel de Paris, 2 = 3 juin 1791. — Sa composition, son organisation, ses attributions, sa compétence, et traitement de ses membres, *ibid.* et 24 = 29 juillet 1791, 30 novembre, 24 = 25 décembre 1792, 3, 6 et 24 mars 1793, 26 vendémiaire an II [17 octobre 1793], 18 thermidor an II [5 août 1794] (I, B. 33, n.o 183), 23 et 24 germinal an IV [12 et 13 avril 1796] (II, B. 41, n.os 329 et 332), 27 nivôse an V [16 janvier 1797] (II, B. 105, n.o 961). — Etablissement d'un commissaire du Roi près de chaque tribunal criminel, 17 = 23 septembre 1791. — Il est établi un tribunal criminel à Avignon, 26 = 27 novembre 1791. — Traitement des concierges des six tribunaux criminels de Paris, 7 et 10 = 15 avril 1792. — Suppression de

ces six tribunaux, 8 = 13 septembre 1792. — Suspension des fonctions des commissaires du Roi, 18 août 1792. — Leur suppression, 13 = 14 octobre 1792. — Ils sont remplacés par les accusateurs publics, 20 = 22 octobre 1792. — Les tribunaux criminels sont autorisés à se transporter dans les chefs-lieux de district pour y juger les contre-révolutionnaires et autres, et leurs jugemens sont déclarés exécutoires dans les vingt-quatre heures sans recours au tribunal de cassation, 7 avril 1793. — Désignation des lieux pour l'exécution des jugemens criminels dans les pays occupés par les rebelles, 16 août 1793. — Mode de formation des listes des jurés et de désignation des juges de district qui devront siéger aux tribunaux criminels, 2 nivôse an II [22 décembre 1793]. — Dispositions relatives aux réquisitions de transport des tribunaux criminels, 3 nivôse an II [23 décembre 1793]. — Tribunaux compétens pour connaître des crimes imputés aux fonctionnaires publics, 17 germinal an III [6 avril 1795] (I, B. 134, n.o 743). — Le comité de législation est chargé de provoquer l'action des tribunaux criminels contre tous individus prévenus de crimes et d'actes d'oppression, 20 floréal an III [9 mai 1795] (I, B. 143, n.o 805). — Le tribunal de la Charente-Inférieure est chargé de juger sans délai les représentans Collot, Billaud, Barère et Vadier, 5 prairial an III [24 mai 1795] (I, B. 148, n.o 852). — La connaissance des appels des jugemens des anciens tribunaux de police correctionnelle est attribuée aux tribunaux criminels, 11 pluviose an IV [31 janvier 1796] (II, B. 23, n.o 140). — Il est défendu de traduire devant les tribunaux criminels aucun citoyen, s'il n'est prévenu de crimes énoncés dans le Code pénal, 22 ventôse an IV [12 mars 1796] (I,

B. 193, n.º 1159). — Réglement de l'ordre du service des juges des tribunaux civils auprès des tribunaux criminels, 21 vent. an IV [11 mars 1796] (II, B. 31, n.º 227). — Il n'est alloué aux tribunaux aucune somme pour l'impression de leurs jugemens, 8 brumaire an V [29 octobre 1796] (II, B. 87, n.º 829). — Les commis-greffiers des tribunaux criminels doivent être payés par les greffiers, 30 nivôse an V [19 janvier 1797] (II, B. 102, n.º 967). — Fixation de l'époque du mouvement des tribunaux civils aux tribunaux criminels, correctionnels et à la direction du jury d'accusation, 7 floréal an V [26 avril 1797] (II, B. 120, n.º 1159). — Les tribunaux criminels saisis d'une procédure par option, renvoi ou réglement de juges, sont tenus de donner avis de leur décision ou jugement au tribunal criminel de l'arrondissement du lieu du délit, 18 floréal an V [7 mai 1797] (II, B. 121, n.º 1174). — Fixation de la durée des fonctions des présidens, accusateurs publics et greffiers, 21 nivôse an VI [10 janvier 1798] (II, B. 178, n.º 1663). — Les dépenses des tribunaux criminels font partie des dépenses départementales, 11 frim. an VII [1.er nov. 1798] (II, B. 247, n.º 2220). — Manière de procéder à la reconnaissance d'un individu condamné, évadé et repris, 22 frimaire an VIII [13 décembre 1799] (II, B. 336, n.º 3463). — Dispositions concernant les indemnités dues aux greffiers dans les cas où les pièces des procès sont imprimées, 29 frimaire an VIII [20 décembre 1799] (II, B. 339, n.º 3483). — Etablissement d'un tribunal extraordinaire dans les lieux où la constitution est suspendue, 26 nivôse an VIII [16 janvier 1800] (II, B. 345, n.º 3734). — Le commissaire du Gouvernement près le tribunal criminel du département de la Seine a huit substituts près le tribunal de première instance, 29 ventôse an IX [20 mars 1801] (III, B. 75, n.º 585). — Costume des substituts, et frais de leur bureau, 27 germinal an IX [17 avril 1801] (III, B. 80, n.º 645). — Les commissaires sont membres des bureaux administratifs des lycées, 11 floréal an X [1.er mai 1802] (III, B. 186, n.º 1483). — Le grand-juge préside les tribunaux criminels quand le Gouvernement le juge convenable, 16 thermidor an X [4 août 1802] (III, B. 206, n.º 1876). — Le tribunal de cassation a droit de censure et de discipline sur ces tribunaux, ibid. — Augmentation du nombre des juges du tribunal criminel du département de la Seine auquel est attribuée, pendant cinq années, la connaissance des crimes commis dans les colonies contre la sûreté générale et le Gouvernement français, 28 germinal an XI [18 avril 1803] (III, B. 273, n.º 2732). — Attribution au même tribunal de la connaissance de tous les crimes de faux dans lesquels le trésor public sera intéressé, 2 floréal an XI [22 avril 1803] (III, B. 275, n.º 2744). — Nouvelle augmentation du nombre des juges de ce tribunal, 21 pluviôse an XII [11 février 1804] (III, B. 342, n.º 3575). — La connaissance exclusive des crimes de contrefaçon du timbre national et de fabrication de faux billets de banque, lui est attribuée, 23 ventôse an XII [14 mars 1804] (III, B. 353, n.º 3670). — Nouveau costume des membres des cours de justice, 29 messidor an XII [18 juillet 1804] (IV, B. 9, n.º 109). — Etablissement d'une cour de justice criminelle à Asti, 10 prairial an XIII [30 mai 1804] (IV, B. 47, n.º 775). — Rang des membres des cours de justice dans les cérémonies publiques, 16 frim. an XIV [7 décembre 1805] (IV, B. 67, n.º 1175). — Le tribunal criminel de Marseille est divisé en deux sections, 4 juin 1806 (IV, B. 101, n.º 1661). — Avis du Conseil d'état sur la question de savoir si, sur l'appel émis par la partie civile, les cours criminelles peuvent réformer les dispositions non attaquées de jugemens rendus en matière correctionnelle, 25 octobre 1806 (IV, B. 126, n.º 2044). — Prorogation des lois par lesquelles la connaissance des crimes de faux avait été attribuée au tribunal criminel et à la cour de justice criminelle spéciale du département de la Seine, 17 septembre 1807 (IV, B. 163, n.º 2799).

— (C. P. C.) Où est portée la prise à partie contre une cour criminelle, ou l'une de ses sections, ou quelqu'un de ses membres, art. 509.

— (C. Co.) Les banqueroutes frauduleuses sont de la compétence des cours de justice criminelle, art. 595. — Affiche de leurs arrêts et insertion dans les journaux, 599.

TRIBUNAUX criminels spéciaux. Leur établissement, compétence et attributions, 18 pluviôse an IX [7 février 1801] (III, B. 68, n.º 527), 23 floréal an X [13 mai 1802] (III, B. 190, n.º 1574), 18 prairial et 17 messidor an XII [7 juin et 6 juillet 1804] (IV, B. 4 et 7, n.ºs 11 et 78), 19 pluviôse an XIII [8 février 1805] (IV, B. 32, n.º 537). — Fixation et mode de paiement des juges et des militaires appelés à la composition de ces tribunaux, 5 floréal an IX [25 avril 1801] (III, B. 81, n.º 648). — Établissement de tribunaux spéciaux dans les départemens de la Roer et du Pas-de-Calais, 23 fructidor an IX [10 septembre 1801] (III, B. 101, n.º 850); — des Basses-Pyrénées, 13 fructidor an X [31 août 1802] (III, B. 199, n.º 1765); — à Mayence, 22 prairial an X [11 juin 1802] (III, B. 200, n.º 1797); — dans les départemens de la Sarre et de Rhin-et-Moselle, 21 fructidor an X [8 septembre 1802] (III, B. 212, n.º 1963); — de l'Escaut et de Deux-Nèthes, 12 décembre 1806 (IV, B. 134, n.º 2171).

TRIBUNAUX des douanes. Leur création et attributions, 18 octobre 1810 (IV, B. 321, n.º 6040). V. Cours prévôtales et Douanes.

TRIBUNAUX étrangers. Défense de recevoir dans les galères de France des personnes condamnées par jugement de tribunaux étrangers, 20 = 27 mai 1790.

— (C. P. C.) Règles à suivre pour l'exécution en France des jugemens rendus par les tribunaux étrangers, art. 548.

TRIBUNAUX de famille. Leur institution, composition, fonctions et attributions, 16 = 24 août 1790, 6 = 27 mars 1791. — La connaissance des contestations entre époux divorcés est dans leurs attributions, 20 septembre 1792, et 8 nivôse an II [29 décembre 1793]. — Mode de procéder dans toutes contestations de la compétence des tribunaux de famille, où il aura été ordonné quelques ventes de fonds indivis avec des mineurs absens ou des interdits, 7 et 29 messidor an II [25 juin et 17 juillet 1794] (I, B. 9 et 23, n.ºs 49 et 140). — A qui appartient la connaissance des contestations des arbitres d'un tribunal de famille sur la nomination d'un tiers-arbitre, 17 pluviôse an III [5 février 1795] (I, B. 120, n.º 635). — Loi qui attribue aux juges ordinaires la connaissance des affaires qui étaient portées devant les tribunaux de famille, 9 ventôse an IV [28 février 1796] (II, B. 29, n.º 198).

TRIBUNAUX des maréchaux de France. Leur suppression, 7 = 11 septemb. 1790.

— militaires de terre et de mer. V. Armée et Marine au titre Discipline, Conseils de guerre, Cours martiales.

TRIBUNAUX *de paix.* V. *Juges* et *Justices de paix.*

TRIBUNAUX *de police municipale et correctionnelle.* Établissement à Paris d'un tribunal de police chargé de connaître des affaires portées à la chambre de la marée, des contestations relatives aux traités et marchés pour les approvisionnemens de Paris, au paiement des rentes, et aux contraventions aux réglemens de police sur le mont-de-piété, 5 = 6 novembre 1789, 19 = 23 octobre 1790, 6 = 11 juillet et 21 = 29 septemb. 1791. —Sa composition, et nomination des membres qui le composent, *ibid.* — Organisation et composition des tribunaux de police municipale et correctionnelle, leurs attributions, forme de procéder devant eux, et peines qu'ils peuvent appliquer, 16 = 24 août 1790, 19 = 22 juillet 1791, constitution de l'an III, et 19 vendémiaire an III [10 octob. 1794] (I, B. 71, n.º 380), 19 vendémiaire et 3 brumaire an IV [11 et 25 octobre 1795] (I, B. 194 et 204, n.ºs 1161 et 1221), constitution de l'an VIII, art. 64, et 25 frimaire an VIII [16 décembre 1799] (II, B. 337, n.º 3471). —Faculté de nommer quatre suppléans dans chaque tribunal de police, 10 = 16 juill. 1792. —Fixation et mode de paiement du traitement des greffiers et des commis, 15 février et 9 juin 1793, 23 et 24 germinal an IV [12 et 13 avril 1796] (II, B. 41, n.ºs 329 et 330), 19 messidor an V [7 juillet 1797] (II, B. 131, n.º 1279), 23 prairial an VII [11 juin 1799] (II, B. 286, n.º 3016). —Les tribunaux de police sont autorisés à décerner des mandats d'arrêt pour l'exécution de leurs jugemens relatifs à la police des cultes, 7 vendémiaire an IV [29 septembre 1795] (I, B. 186, n.º 1134). —Où se porte l'appel des jugemens rendus par les anciens tribunaux de la police correctionnelle,

11 pluviôse an IV [31 janvier 1796] (II, B. 23, n.º 119). —Mode de remplacement provisoire des commissaires près les tribunaux correctionnels, 27 ventôse an IV [17 mars 1796] (II, B. 33, n.º 245); —des présidens de tribunaux correctionnels, en cas d'empêchement ou d'absence, 11 brumaire an V [1.er novembre 1796] (II, B. 86, n.º 816). —Les commissaires près les tribunaux de police sont tenus d'envoyer aux commissaires près les tribunaux criminels et receveurs de l'enregistrement, un extrait des jugemens prononçant des amendes et l'emprisonnement, 4 frim., 1.er et 16 niv. an V [24 nov. et 21 déc. 1796, et 5 janvier 1797] (II, B. 93, 97 et 99, n.ºs 884, 917 et 941); — de se pourvoir en cassation contre les jugemens des tribunaux de police qui, en matière de délits de leur compétence, feraient remise aux délinquans, soit de l'amende, soit de l'emprisonnement, 27 nivôse an V [16 janvier 1797] (II, B. 101, n.º 957). —Mode de correspondance entre les commissaires près les tribunaux correctionnels et les commissaires près les administrations municipales, 27 nivôse an V [16 janvier 1797] (II, B. 101, n.º 959). —Le Directoire est autorisé à nommer, jusqu'aux prochaines élections, un nouveau substitut du commissaire du Pouvoir exécutif près le tribunal de Paris, 10 pluviôse an V [29 janvier 1797] (II, B. 104, n.º 986). —Fixation de l'époque du mouvement des juges des tribunaux civils aux tribunaux de police correctionnelle, 7 floréal an V [26 avril 1797] (II, B. 120, n.º 1159). —Les tribunaux saisis par option, renvoi ou réglement de juges, d'une procédure, sont tenus de donner avis de leur décision ou jugement au tribunal criminel de l'arrondissement du lieu du délit, 18 floréal an V [7

mai 1797 (II, B. 121, n.º 1171). —
Les dépenses des tribunaux correctionnels font partie des dépenses départementales : fixation et mode de
paiement de ces dépenses, 11 frimaire an VII [1.er décembre 1798]
(II, B. 247, n.º 2220), 8 ventôse an VII [26 février 1799]
(II, B. 261, n.º 2566). — Les tribunaux de police correctionnelle sont
supprimés et remplacés par les tribunaux d'arrondissement, 27 ventôse
an VIII [18 mars 1800] (III, B. 15,
n.º 103). — Exercice des fonctions
du ministère public près les tribunaux
de police (ibid. n.º 104. — Il n'y a
qu'un seul tribunal de police dans les
villes qui renferment plusieurs justices de paix : sa composition et son
organisation, 28 floréal an X [18
mai 1802 (III, B. 191, n.º 1596).
— Cautionnement des greffiers, 27
prairial an X [16 juin 1802] (III,
B. 197, n.º 1743). — Fixation du
traitement des greffiers du tribunal
de police dans les villes où il y a plusieurs justices de paix, 30 fructidor
an X [17 septembre 1802] (III, B.
216, n.º 1988. — Avis du Conseil
d'état sur l'opposition et l'appel considérés relativement aux jugemens
rendus par défaut en police correctionnelle, 18 fév. 1806 (IV, B. 78,
n.º 1370). — Décret qui assigne une
place particulière aux agens de l'administration forestière dans les audiences des tribunaux correctionnels, 18 juin 1809 (IV, B. 238, n.º
4442). — Réglement sur la nouvelle
organisation des tribunaux de police,
18 août 1810 (IV, B. 309), n.º 5876).
— (C. Co.) Les tribunaux de
police correctionnelle connaissent du
délit de banqueroute simple, art. 588.
— Ils doivent, suivant l'exigence des
cas, prononcer un emprisonnement,
592.
— (C. I. C.) Cas dans lequel l'inculpé doit être renvoyé au tribunal
de police par la chambre du conseil,

129.—Compétence des tribunaux de
police simple, 137.—Celle du juge de
paix comme juge de police, 139 et
suiv.—La personne qui ne comparaît
pas dans les délais de la citation au
tribunal de police, y est jugée par
défaut, 149.—Cas dans lequel la partie
condamnée par défaut n'est plus recevable à s'opposer à l'exécution du
jugement, 150. — Audience dans laquelle le jugement doit être prononcé,
153.—Il doit liquider les dépens, 162.
— Tout jugement définitif de condamnation doit être motivé et contenir
les termes de la loi appliquée, 163.
— On y fait mention s'il est rendu en
dernier ressort ou en première instance, ibid.—Signature de la minute
du jugement, 164.—Par qui l'exécution en est poursuivie, 165.—Juridiction des maires en la même qualité,
166 et suiv.—Comment les jugemens
de police peuvent être attaqués, 172.
—L'appel est suspensif, 173.— A quel
tribunal il est porté, et dans quel délai
il doit être interjeté, 174.—Dispositions communes aux jugemens rendus
par les tribunaux correctionnels, sur
l'appel de jugemens des tribunaux de
police, 176. — Pourvoi en cassation
contre ces jugemens, 177. — Extrait des jugemens de police à fournir
chaque trimestre au procureur impérial, 178.—Délai entre la citation
et le jugement au tribunal correctionnel, 184.—Jugement par défaut
en cas de non-comparution, 186. —
Délai pour l'opposition, 187.—Comment peut être attaqué le jugement
rendu sur l'opposition, 188. — Dans
quelle audience le jugement du tribunal correctionnel doit être prononcé, 190. — Cas dans lesquels le
tribunal doit annuler l'instruction et
renvoyer le prévenu, ou appliquer
la peine, en statuant sur les dommages-intérêts, 190 et 191.— Tout
jugement de condamnation doit condamner aux frais, même envers la
partie publique, et les liquider, 191.

— Ce que doit comprendre le dispositif, 195. — Le texte de la loi appliquée, lu à l'audience avant le jugement, y doit être inséré sous peine d'amende contre les greffiers, *ibid.* — Signature de la minute, 196. — Délivrance d'une expédition, *ibid.* — Exécution du jugement, 197. — Envoi d'un extrait au procureur impérial, 198. — Appel, 199 *et suiv.* — Cas où il y a déchéance de l'appel, 203. — Opposition contre les jugemens rendus par défaut sur l'appel, 208. — Le jugement qui intervient sur l'opposition, ne peut être attaqué que devant la cour de cassation, *ibid.* — Ce qui a lieu lorsque le jugement est réformé parce que le fait n'est réputé ni délit, ni contravention de police, 212; — ou parce que le fait ne présente qu'une contravention de police, 213; — ou parce que le délit est de nature à mériter une peine afflictive ou infamante, 214; — ou parce qu'on a violé ou omis des formes, 215. — Pourvoi en cassation contre le jugement, 216. — Voies ouvertes contre les jugemens rendus en dernier ressort en matière de police, 413 et 414.

— (C. P.) Les tribunaux de police peuvent, dans les cas déterminés par la loi, prononcer la confiscation des choses saisies en contravention, ou des matières et instrumens qui y ont servi, 470.

— (Tarif des frais en mat. crim.), art. 41, 66, 83, 108 *et suiv.*

TRIBUNAUX *supprimés.* Mesures pour la conservation des archives, dépôts et greffes des vigueries, châtellenies, prévôtés, vicomtés, bailliages, sénéchaussées, châtelets, présidiaux, cours des aides, cours des comptes, parlemens et autres tribunaux d'ancienne création, supprimés et remplacés par de nouveaux tribunaux, 6 et 7 = 11 septembre, 12 = 19 octobre, 2 = 5 novembre 1790, et 6 =

27 mars 1791. — Attribution aux divers tribunaux de nouvelle création, de la connaissance des affaires et procès portés devant les tribunaux supprimés, *ibid.* et 29 janvier = 20 mars 1791. — Mesures prescrites pour la conservation des minutes et des collections de lois existant dans les secrétariats et greffes des tribunaux supprimés, 10 frimaire an IV [1.er décembre 1795 (II, B. 8, n.º 44), 27 floréal an VIII [17 mai 1800] (III, B. 26, n.º 174), et 18 messidor an VIII [7 juillet 1800] (III, B. 32, n.º 213).

TRIBUNES *dans les églises.* Avis du Conseil d'état sur un échange pour avoir le droit de faire construire une tribune particulière dans le chœur d'une église, 4 juin 1809 (IV, B. 234, n.º 4436).

TRIBUNES *dans la salle des séances du Corps législatif et du Tribunat.* V. *Corps législatifs* et *Tribunat.*

TRIBUS *barbaresques.* Cessation de tout commerce avec celle des Maures Brakmas. V. *Maures.*

TRIEL. Nomination d'un juge de paix dans cette commune, 26 novembre = 5 décembre 1790. — La commission administrative de son hospice est autorisée à faire une cession de terrain, 14 nivose an X [4 janvier 1802] (III, B. 153, n.º 1193).

TRIESTE. Établissement d'un droit de magasinage sur les marchandises reçues dans l'entrepôt réel de cette ville, 20 sept. 1812 (IV, B. 455, n.º 8382). — Perception d'un droit de courtage et de commission pour subvenir aux dépenses de la chambre de commerce, 22 décembre 1812 (IV, B, 454, n.º 8374). — La bourse de commerce établie provisoirement dans cette ville, y est maintenue, 14 juin 1813 (IV, B. 507, n.º 9326).

TRINCHARD (Le sieur) est nommé juré au tribunal criminel extraordinaire, 26 septembre 1793.

TRINITÉ (Île de la). Il y est ouvert un

second port d'entrepôt, 29 novembre = 10 décembre 1790. V. *Colonies*.

TRIPOLI. La capture des bâtimens de guerre ou de commerce portant pavillon tripolitain est autorisée, 27 pluviôse an VII [15 février 1799] (II, B. 259, n.º 2462).

TROGOLF (Le contre-amiral) est déclaré traître à la patrie et mis hors de la loi, 9 septembre 1793.

TROIS-ÉVÊCHÉS. Dispositions relatives aux opérations qui restent à terminer dans cette ancienne province, pour le répartement des impositions de l'année 1790, 19 = 24 octobre et 12 septembre 1790.

TROMBLONS. (C. P.) Peine encourue par les fabricateurs ou débitans de ces armes, art. 314.

TROMPETTES (École des). V. *Armée* au titre *Écoles*.

TROMPETTES *d'honneur*. Il en est accordé aux trompettes pour actions d'éclat, 4 nivôse an VIII [25 décembre 1799] (II, B. 340, n.º 3503).

TROMSON-LE-COMTE (Le sieur) est nommé membre du Corps législatif, 1.ᵉʳ et 2 mai 1809 (IV, B. 237, n.º 4395).

TRONCHET (Le sieur) est autorisé à communiquer avec Louis XVI au Temple, 12, 13, 14 et 17 décembre 1792. — Il est nommé juge au tribunal de cassation, 13, 14, 15, 16, 17 et 18 germinal an VIII [3, 4, 5, 6, 7 et 8 avril 1800] (III, B. 18, n.º 123); — membre du Sénat conservateur, 8 ventôse an IX [27 février 1801] (III, B. 73, n.º 552); — à la sénatorerie d'Amiens, 5 vendémiaire an XII [28 septembre 1803] (III, B. 323, n.º 3275).

TRONÇON-DUCOUDRAY (Le sieur), arrêté par mesure de sûreté après avoir rempli les fonctions de défenseur officieux de la Reine, est mis en liberté, 25 vendémiaire an II [16 octobre 1793]. — Il est déporté, 19 fructidor an V [5 septembre 1797] (II, B. 142, n.º 1400).

TRÔNE *de France* (Le) est indivisible, 1 = 5 oct. et 3 nov. 1789, 3 = 14 septembre 1791. — Peines contre les attentats tendant à intervertir l'ordre de la succession au trône, 25 septembre = 6 oct. 1791. — Le trône est indépendant de toute autorité sur la terre, 17 février 1810 (IV, B. 266, n.º 5168).

TROTTIER (Le sieur) est nommé membre du Corps législatif, 4 nivôse an VIII [25 décembre 1799] (II, B. 341, n.º 3509).

TROTYANNE (Le sieur) est nommé membre du Corps législatif, 1.ᵉʳ prairial an V [20 mai 1795] (II, B. 125, n.º 1212).

TROUBLE. (C. Civ.) Cas dans lesquels le bailleur est tenu de garantir le preneur, du trouble apporté par des tiers, art. 1725 et suiv. V. *Garantie*.

— (C. P. C.) Peines encourues par ceux qui causent du trouble dans les audiences, art. 89 et 90. V. *Possessoire*.

— (C. P.) Peine pour avoir troublé la liberté des enchères, art. 412 ; — l'exercice des cultes. V. *Cultes*.

TROUBLES *séditieux*. Convocation du Corps législatif lorsqu'il en éclate à la fois dans plusieurs départemens, 15 = 17 juin, 3 = 14 septembre 1791. — Poursuite et jugement des auteurs et complices des troubles. V. *Attroupemens*, *Journées mémorables* et *Police*.

TROUCHAUD (Le sieur). Il y a lieu à indemnité envers lui ; renvoi au pouvoir exécutif pour sa liquidation, 13 = 19 décembre 1790.

TROUPEAUX. Le droit de pulvérage sur les troupeaux passant sur les chemins publics, est aboli, 15 = 28 mars 1790. — Exécution des baux passés aux sieurs Karcher, Braun, et autres particuliers de la Lorraine allemande, pour l'exercice du droit connu en Lorraine sous la dénomination de droit de *troupeau à part*, 9 = 16 mai 1790. — Abolition de ce droit, 13 = 20 av. 1791. — Règles relatives au parcours des troupeaux, et aux déclarations à faire par les propriétaires de troupeaux malades 28 sept. = 6 oct. 1791. — Par qui sont supportées les dépenses de la garde des troupeaux d'une commune, 11 frimaire an VII [1.er décembre 1798] (II, B. 247, n.º 2220). V. *Bergers, Bestiaux, Bêtes à laine, Bois et forêts, Cheptel, Épizootie* et *Mérinos.*

TROUPES *de terre et de mer.* V. *Armée* et *Marine*

— (C. P.) Ceux qui auraient levé des troupes armées, sans l'autorisation du Pouvoir légitime, sont punis de mort, avec confiscation de biens, art. 92.

TROUPES COLONIALES. Il est sursis à l'organisation des troupes coloniales actuellement en France, et toute promotion est suspendue parmi elles, dans quelque grade que ce soit, 30 juillet = 1.er août 1791. — Moyen que doit prendre le ministre de la guerre pour y maintenir la police et la discipline, 30 juillet = 6 août 1791. V. *Colonies, Régimens coloniaux.*

TROUPES ÉTRANGÈRES. Le Corps législatif statue sur leur admission au service de France, constitutions de 1791 et de l'an III. — Il peut en permettre ou défendre l'introduction sur le territoire français, *ibid.* — Le Directoire exécutif est autorisé à faire séjourner en France trois mille hommes de troupes espagnoles en relâche à l'île d'Aix, 25 floréal an VII [14 mai 1799] (II, B. 280, n.º 2920). V. *Armée* au titre *Troupes étrangères* et *Régimens.*

TROUPES PROVINCIALES (Suppression des soixante dix-huit bataillons formant les), 4 = 20 mars 1791. — Admission des officiers, sous-officiers et soldats dans la gendarmerie nationale, et leur droit de réception dans les troupes auxiliaires, 4 = 20 mars 1791. — Temps de service exigé

des sous-officiers et soldats pour obtenir la retraite, *ibid.* — Dispositions relatives aux officiers qui ne sont pas âgés de vingt-cinq ans, et qui sont susceptibles d'être remplacés aux places de sous-lieutenans, *ibid.* — Les lieutenans-colonels réformés sont susceptibles d'être faits maréchaux-de-camp, 2 = 28 juillet 1791. — Les officiers de tout grade jouissent des avantages accordés aux officiers des troupes de ligne réformés, 31 mai = 8 juin 1792. — Pensions et indemnités accordées à plusieurs officiers, 10 septembre 1792 et 18 nivôse an II [7 janvier 1794].

TROUVÉ (Le sieur) est nommé membre du Tribunat, 4 nivôse an VIII [25 décembre 1799] (II, B. 341, n.º 3509); — préfet du département de l'Aude, 3 messidor an XI [22 juin 1803] (III, B. 294, n.º 2905).

TROUVILLE (M.). Son invention pour élever les eaux et les transporter à de grandes hauteurs, 3 février 1791.

TROYES. Etablissement de quatre juges de paix dans cette ville, 5 = 10 novembre 1790. — Improbation de la conduite de la municipalité, 20 = 22 novembre 1790. — Circonscription des paroisses, 15 = 27 mars 1791. — Etablissement d'un octroi de bienfaisance, 12 fructidor an VII [29 août 1799] (II, B. 303, n.º 3233); — d'une bourse de commerce, 25 pluviôse an X [14 février 1802] (III, B. 164, n.º 1246). — Construction d'un pont dans cette ville et taxe de la perception sur son passage, 22 nivôse an XI [12 janvier 1803] (III, B. 242, n.º 2250). — Etablissement d'un conseil de prud'hommes, 7 mai 1808 (IV, B. 192, n.º 3362). — Publication de la bulle d'institution canonique de l'évêque, 10 septembre 1808 (IV, B. 207, n.º 3780). — Avis du Conseil d'état relatif à l'exercice de la police dans deux communes près cette ville (IV, B. 316, n.º 5964). — Règlement sur l'exercice de la profession de boulanger, 29 août 1813 (IV, B. 521, n.º 9596).

TRUCHEMENT. (C. Co.) Quels courtiers ont droit de servir de truchement, dans les affaires contentieuses de commerce, aux étrangers et aux personnes de mer, art. 80.

TRUCK (Le sieur) est exclu de la représentation nationale, 19 brumaire an VIII [10 novembre 1799 (II, B. 323, n.º 3413). — Il est tenu de sortir du territoire continental de la France, 20 brumaire an VIII [11 novembre 1799] (II, B. 390, n.º 3432).

TRUGUET (Le sieur) est nommé ministre de la marine et des colonies, 13 brumaire an IV [4 novembre 1795 (II, B. 1.er, n.º 5).

TRULARD (Le représentant du peuple) est nommé commissaire à l'établissement de Meudon, 19 vendémiaire an III [10 octobre 1794] (I, B. 75, n.º 396).

TRUMEAU (Le sieur) est nommé membre du Corps législatif, 1.er prairial an V et 4 nivôse an VIII (II, B. 125 et 341, n.ºs 1212 et 3509).

TRUMEAU (Jean-Antoine). Acceptation du legs offert par lui à l'ordre des avocats de Paris, 29 juin 1813 (IV, B. 512, n.º 9422).

TRY (Le sieur BEAUVAL DE). Il n'y a pas lieu à accusation contre lui, 25 janvier 1795.

TUAGE des bestiaux (Les droits sur le) continuent d'être perçus en Hainault au profit du trésor public, 15 = 20 juin 1790.

TUAULT-GOLVEN (Le sieur) est nommé membre du Corps législatif, 3 octobre 1808 (IV, B. 209, n.º 3809).

TUBEUF (La veuve) est remise en possession des mines concédées à son mari, 7 thermidor an X [26 juillet 1802] (III, B. 204, n.º 1866).

TUF en pierre. Droit de sortie du tuf en pierre provenant des carrières d'Andernach, 6 janvier 1807 (IV, B. 131, n.º 2143).

TUILERIES (Palais des). Il est destiné à l'habitation du Roi; les bâtimens qui se trouvent dans son enceinte sont conservés et loués au profit du trésor public, ibid. art. 1.er et 2. — Vente du mobilier et triage des papiers et pièces qui se trouvent dans ce palais, 22 = 24 octobre et 6 décemb. 1792. — Peine de deux ans de détention contre ceux qui mutilent ou cassent les chefs-d'œuvre du jardin, 13 avril 1793. — Ce palais, le jardin qui en dépend, portent le nom de château et de jardin national, 24 av. 1793. — Établissement d'une garde composée de cent vingt invalides pour veiller à la conservation des monumens qu'il renferme, 4 juillet 1793. — Placement d'une horloge dans son pavillon dit de l'Unité, ibid. — Indemnités accordées aux citoyens peu fortunés qui s'y trouvaient logés à l'époque du 10 août 1792, 19 septembre 1793. — Ordre de fermer les entrées et issues pratiquées sous ce palais et dans le jardin, 18 brumaire an II [28 novembre 1793]. V. Journées mémorables et Palais des Tuileries.

TULLE anglais. Prohibition de l'introduction en France du tissu connu sous cette dénomination, 10 mars 1809 (IV, B. 228, n.º 4157). V. Marchandises anglaises.

TULLES. Circonscription des paroisses de cette ville, 13 = 20 mai 1791. — Les ouvriers fabricans d'armes de la manufacture sont déclarés avoir bien mérité de la patrie, et le service qu'ils y font est regardé et compté comme service militaire, 14 = 15 août 1792. — Indemnité accordée à l'hospice de cette ville, 26 août 1792. — Envoi de commissaires pour accélérer l'organisation, et nomination d'un représentant du peuple près la manufacture d'armes, 9 septembre 1792 et 7 vendémiaire an III [28 septembre 1794] (I, B. 65, n.° 351). — Dispositions relatives aux fusils qui y ont été déposés et mis hors de service, 29 mai 1793.

TUMULTES. Les troubles apportés à l'ordre social et à la tranquillité publique par les tumultes sont mis au rang des délits punissables par la voie correctionnelle, 19 = 22 juil. 1791.

— (C. P. C.) Répression de celui qui a lieu dans une audience, art. 89.

— (C. I. C.) Ceux qui excitent du tumulte dans les audiences doivent en être expulsés, art. 504. — Cas dans lesquels ces individus doivent être arrêtés et condamnés à des peines correctionnelles ou de police, 504 et 505.

— (C. P.) Peine pour refus de secours requis en cas de tumulte, art. 475.

TUNIS (Régence de). Ratification d'un article additionnel au traité entre la France et cette régence, 28 thermidor an III [15 août 1795] (I, B. 172, n.° 1032). — La capture des bâtimens de guerre ou de commerce portant pavillon tunisien, est autorisée, 27 pluviôse an VII [15 février 1799] (II, B. 259, n.° 2452).

TUPINIER (Le sieur) est nommé membre du Corps législatif, 6 germinal an X [27 mars 1802] (III, B. 171, n.° 1340).

TUPISSIER (Le sieur) est nommé membre du Corps législatif, 1.er prairial an V [20 mai 1797] (II, B. 125, n.° 1212).

TURC (Établissement d'une école pour enseigner le), 10 germinal an III [30 mars 1795] (I, B. 132, n.° 725).

TURCIES et LEVÉES. V. Ponts et Chaussées.

TUREAU (Le général). Il doit être procédé à son jugement dans les formes prescrites par les lois, 26 brumaire an IV [17 novembre 1795] (II, B. 5, n.° 26).

TURGAN (Le sieur) est nommé membre du Corps législatif, 4 nivôse an VIII [25 déc. 1799] (II, B. 341, n.° 3509); — membre de la commission des émigrés, 22 vent. an VIII [13 mars 1800] (III, B. 11, n.° 78).

TURIN. Établissement d'une bourse de commerce et d'un lycée dans cette ville, 12 et 24 vendémiaire an XI [4 et 16 octobre 1802] (III, B. 220 et 327, n.os 2020 et 3348). — Acceptation d'une donation pour un établissement de bienfaisance, 4 prairial an XI [24 mai 1803] (III, B. 290, n.° 2844). — Établissement d'une école de médecine, 20 prairial an XI [9 juin 1803] (III, B. 289, n.° 2831). — Traitement des greffiers et fixation des menues dépenses des tribunaux de police, 30 messidor an XI [19 juillet 1803] (III, B. 298, n.° 2977). — Départemens qui fournissent à la dotation de la sénatorerie de cette ville, 18 fructidor an XI [5 septembre 1803] (III, B. 311, n.° 3144). — Le sénateur Harleville y est nommé, 5 vendémiaire an XII [28 septembre 1803] (III, B. 323, n.° 3275). — Nomination des membres des jurys de médecine dans son arrondissement, 25 nivôse an XII [16 janvier 1804] (III, B. 335, n.° 3524). — Le maire assiste au serment de l'Empereur, 3 messidor an XII [22 janvier 1804] (IV, B. 6, n.° 56). — Dispositions générales concernant l'université et l'académie impériale de cette ville, 18 prairial an XIII [7 juin 1805] (IV, B. 48, n.° 808). — Publication de la bulle d'institution canonique de l'archevêque, 16 frimaire an XIV [7 décembre 1805] (IV, B. 69, n.° 1200). — Établissement d'un conseil extraordinaire de liquidation; sa prorogation, 27 décembre 1807, 17 décembre 1808 et 13 décembre 1809 (IV, B. 170, 226 et 264, n.os 2902, 4129 et 5149). — Aliénation de plusieurs maisons urbaines appartenant aux hospices, 9 février 1810 (IV, B. 265, n.º 5169). — Une feuille d'annonces est autorisée dans cette ville, 14 décembre 1810 (IV, B. 335, n.º 6242). — Dispositions relatives à l'instance pendante entre les sieurs et dames Lautard et les hospices civils de cette ville, 21 janvier 1812 (IV, B. 420, n.º 7639). — La cour spéciale extraordinaire est divisée en deux sections, 20 septembre 1812 (IV, B. 455, n.º 8383). — Approbation de l'institution et des statuts de la maison du refuge, 11 janvier 1813 (IV, B. 470, n.º 8592).

TURPIN (Le sieur) est chargé du recouvrement des créances actives du trésor public, 15 août 1790. — Il est nommé administrateur de la trésorerie nationale, 4 fructidor an VIII [22 août 1800] (III, B. 40, n.º 256).

TURQUE (Langue). V. Turc.

TURQUIE. Adresse du Corps législatif au peuple français sur la nouvelle coalition de la Porte avec l'Autriche, l'Angleterre et la Russie, 18 prairial an VII [6 juin 1799] (II, B. 285, n.º 3006).

TUTELLE et TUTEUR. La connaissance des contestations entre les pupilles et les tuteurs appartient à des conseils de parens et d'amis, et aux juges de paix, 16 = 24 août 1790, 6 = 27 mars 1791. — Formalités à remplir par les tuteurs pour la liquidation des rachats qui leur sont offerts des droits fixes et casuels appartenant à leurs pupilles, 14 = 19 novembre 1790. — Les tuteurs sont civilement responsables des délits de police municipale et rurale commis par leurs pupilles, 19 = 22 juillet, 28 septembre = 6 octobre 1791. — Ils peuvent faire inscrire leurs pupilles absens sur le tableau civique, 29 septembre = 14 octobre 1791. — La minute des actes de tutelle est assujettie aux formalités du timbre

et de l'enregistrement, 29 septemb. = 14 octobre 1791. — Sont exceptées de la prohibition des ventes de grains en vert et pendant par racines, celles qui ont eu lieu par suite de tutelle, curatelle, 23 messidor an III [11 juillet 1795] (I, B. 162, n.º 9,8). — Tutelle des enfans admis dans les hospices, 15 pluviôse an XIII [4 février 1805] (IV, B. 31, n.º 526). — Avis du Conseil d'état sur les dispenses de tutelle en faveur des ecclésiastiques desservant des cures ou des succursales, et de toutes personnes exerçant pour les cultes des fonctions qui exigent résidence, 20 novembre 1806 (IV, B. 126, n.º 2047). — Tutelle des enfans trouvés ou abandonnés, 19 janvier 1811, tit. VI, art. 15 et suiv. (IV, B. 346, n.º 6478). V. Curatelle et Curateurs, Mineurs et Minorité.

— (C. Civ.) Le condamné à des peines emportant mort civile, ne peut être nommé tuteur, ni concourir aux opérations relatives à la tutelle, art. 25. — Six mois après la disparition du père, si la mère est décédée, il est nommé un tuteur provisoire aux enfans, 142. — L'enfant naturel non reconnu, ou dont les père et mère sont morts, ne peut se marier qu'avec le consentement d'un tuteur ad hoc, 159. — Le tuteur ne peut former opposition au mariage de son pupille, qu'en vertu de l'autorisation du conseil de famille qu'il peut convoquer, 175. — Dans le cas de désaveu d'un enfant de la part du mari ou de ses héritiers, l'action en justice est dirigée contre un tuteur ad hoc donné à l'enfant, 318. — De la tutelle des père et mère, 389 à 396. — De la tutelle déférée par le père ou la mère, 397 à 401. — De la tutelle des ascendans, 402 à 404. — De la tutelle déférée par le conseil de famille, 405 à 409. — Du subrogé tuteur, 420 à 426. — Des causes qui dispensent de la

ULMEN. Annullation des opérations de l'assemblée cantonale de cette commune, 18 février 1806 (IV, B. 76, n.° 1344).

UNIFORME des fonctionnaires publics et employés. V. Costumes.

— des Gardes nationales. V. Garde nationale.

— des Militaires de terre et de mer. V. Armée et Marine au titre Habillement.

— (C. P.) Peines pour avoir publiquement porté un uniforme dont on n'avait pas le droit de se revêtir, art. 259; — et pour avoir commis un vol sous ce vêtement, 381.

UNIN (La saisie faite sur le sieur) d'une somme de dix-neuf mille quatre cent vingt-deux livres, est de la compétence des tribunaux, 31 juillet 1792.

UNION. (C. Civ.) La chose appartient au propriétaire avec ce qui s'y unit, art. 551. — Règles sur la propriété de deux choses séparables, mais qui ont été unies de manière à former un tout, 566 et suiv.

UNIONS de créanciers. (C. P. C.) Personnes et domiciles auxquels doivent être assignées les unions et directions de créanciers, 69.

— (C. Co.) Dans quel cas les créanciers d'un failli forment un contrat d'union, art. 527. — Le juge-commissaire rend compte à l'union des créanciers, des circonstances d'après lesquelles le failli paraît être ou n'être pas excusable, 531. — Convocation de l'union des créanciers pour entendre le compte des syndics, 562. — L'union peut se faire autoriser à traiter à forfait des droits et actions dont le recouvrement n'a pas été opéré, 563.

UNIVERSITÉS. Distribution solennelle des prix de l'université de Paris, 7 juillet 1790. — Fonds assignés pour les dépenses des universités, 4 = 19 septembre 1790, 18 = 25 février 1791. — Suppression des conservations des priviléges des universités, 7 = 11 septembre 1790. — Suspension de la nomination du recteur de l'université, et obligations imposées aux agrégés et professeurs de prêter serment, 22 mars 1791. — Paiement d'une somme de 18,000 fr. à l'université de Caen, 8 avril 1791. — Mode de nomination aux places vacantes dans les universités, 15 = 17 avril 1791. — La constitution est une des bases de l'instruction dans les universités, 27 septembre = 12 octobre 1791. — Mode de paiement des pensions accordées aux professeurs émérites de la ci-devant université de Paris, 9 brumaire an V [30 octobre 1796] (II, B. 87, n.° 831). — Formation d'une université impériale, et obligations particulières des membres du corps enseignant, 10 mai 1806 (IV, B. 91, n.° 1547). — Organisation de l'université, 17 mars 1808 (IV, B. 185, n.° 3179). — Nomination du grand-maître, du chancelier et du trésorier, 17 mars 1808 (IV, B. 185, n.° 3180). — Réglement sur l'administration générale de l'université, 17 septembre 1808 (IV, B. 206, n.° 3775). — Les biens des anciens établissemens d'instruction publique sont donnés à l'université, 11 décembre 1808 (IV, B. 216, n.° 4004). — Fixation des droits du sceau de l'université, 17 février 1809 (IV, B. 226, n.° 4133). — Dispositions pour accorder le régime des anciennes écoles avec celui de l'université, 4 juin 1809 (IV, B. 240, n.° 4448). — Causes et mode d'exclusion des élèves des lycées, et attributions données à cet effet au proviseur et au recteur de l'académie, et au grand-maître de l'université, 1.er juillet 1809 (IV, B. 240, n.° 4451). — Décret qui confère au grand-maître de l'université le pouvoir d'autoriser les poursuites en expropriation forcée, 12 sept. 1811 (IV, B. 391, n.° 7220). — Organisation générale du régime de l'université, 15 nov. 1811 (IV. B. 402, n.º 7452). — Décret qui détermine par qui seront remplies, dans l'arrondissement de l'académie de Paris, diverses fonctions attribuées aux recteurs et aux conseils académiques, 13 août 1813 (IV, B. 517, n.º 9524). V. *Gênes*, *Louvain*, *Manheim* et *Turin*, pour les universités de ces villes.

URNE. (C. I. C.) Celle dans laquelle est déposé le nom de chaque juré répondant à l'appel, art. 399. — Les premières récusations se forment à mesure que les noms sortent de l'urne, *ibid.* — Quand il est sorti douze noms de jurés non récusés, le jury de jugement se trouve formé, *ibid.*

URY. Il n'y a pas lieu à délibérer sur les réclamations du canton suisse de ce nom pour l'évacuation de l'évêché de Bâle par les troupes françaises, 3 = 6 octobre 1792.

USAGE (Droits d'). Les possesseurs des droits d'usage sur les bois, pâturages, marais, &c. sont autorisés à employer les voies de droit contre les usurpateurs, 15 = 26 mai 1790. — Les tribunaux de district sont chargés de la révision et de la réforme des décisions du conseil sur des questions relatives aux droits d'usage entre les seigneurs et les communautés d'habitans, 19 = 27 septembre 1790 et 28 août 1792. — Suppression des droits d'usage exercés sur les domaines, 15 = 23 octobre 1790. — Mode de statuer sur les contestations relatives aux droits d'usage dans les marais, 28 décembre 1790 = 5 janvier 1791. — Formalités prescrites pour la conservation ou le rétablissement des droits d'usage des communes et des particuliers dans les forêts nationales, 28 ventose et 19 germinal an XI [19 mars et 9 avril 1803] (III, B. 262 et 269, n.ᵒˢ 2535 et 2669), 14 ventose an XII [5 mars 1804] (III, B. 351, n.º 3661). V. *Bois et forêts.*

— (C. Civ.) Choses fongibles dont l'usufruitier peut se servir, art. 587. — Principes sur le droit d'usage, 625 *et suiv.* — L'usage des bois et forêts est réglé par des lois particulières, 636. — Effet des usages par rapport à la mitoyenneté d'un mur, 663 et 674. — Règles pour l'usage des servitudes qui s'établissent par le fait de l'homme, 686. — Le simple usage d'une chose peut être l'objet d'un contrat, 1127. — Les conventions obligent aux suites que prescrit l'usage, 1135. — C'est aussi d'après l'usage des lieux qu'on interprète les conventions, 1159.

— (C. P.) Époque à laquelle toutes les lois, coutumes, usages et réglemens relatifs à la procédure civile, seront abrogés, art. 1041.

USANCE. (C. Co.) De combien de jours elle est composée, art. 132. — V. *Echéance.*

USEMENS. Abolition de ceux qui existaient dans les départemens du Finistère, du Morbihan et des Côtes-du-Nord, relativement aux domaines congéables, 30 mai, 7 juin = 10 août 1791. V. *Domaines congéables.*

USINES. Les propriétaires d'usines ne peuvent remplir de places dans l'administration forestière, 15 = 29 septembre 1791. — Bases d'évaluation des usines pour leur cotisation à la contribution foncière, 20 et 23 novembre = 1.ᵉʳ décembre 1790, 18 prairial an V [6 juin 1797] (II, B. 127, n.º 1227), et 3 frimaire an VII [23 novembre 1798] (II, B. 243, n.º 2197). — L'exécution des anciens réglemens de police relatifs à l'établissement ou à l'interdiction des usines, est remise provisoirement en vigueur, 21 septembre = 13 novembre 1791. — Les propriétaires ou fermiers des moulins et usines sont garans des dommages que les eaux pourraient causer aux chemins ou aux propriétés voisines, 28 septembre = 6 octobre 1791. — Les ouvriers attachés aux grandes forges sont exempts du recrutement, 2 avril 1793. — Mode de vente des usines nationales, 8 avril 1793, et 2 floréal an III [21 avril 1795] (I, B. 130, n.° 7701). V. *Domaines nationaux*. — Justifications à faire par les cessionnaires, héritiers, donataires et légataires des personnes pourvues de permissions d'établir des usines, 3 niv. an VI [23 décembre 1797] (II, B. 173, n.° 1634). — Une usine ne peut être établie sur eau, sans que l'autorisation donnée par l'administration centrale ait reçu l'homologation du ministre de l'intérieur, 9 ventôse an VI [27 février 1798] (II, B. 189, n.° 1751). — Mode d'estimation des usines provenant de domaines engagés, 14 ventôse an VII [4 mars 1799] (II, B. 263, n.° 2586). — Mode de vente des usines payables en bons deux tiers, 27 prairial an IX [16 juin 1801] (III, B. 84, n.° 695). — Prorogation du sursis accordé aux acquéreurs, 29 fruct. an IX [16 sept. 1801] (III, B. 104, n.° 865). — La destruction d'un moulin à bateau, lorsque le service de la navigation, du commerce ou de l'agriculture l'exige, ne donne lieu à aucune indemnité envers le propriétaire, 6 messidor an X [25 juin 1802] (III, B. 199, n.° 1789). — Ordre de démolir une usine construite sans autorisation sur un cours d'eau provenant de la rivière de *Juines*, 30 frim. an XI [21 déc. 1802] (III, B. 238, n.° 2220). — Annullation d'un arrêté contenant autorisation pour l'établissement d'une verrerie, 16 frimaire an XIV [7 décembre 1805] (IV, B. 70, n.° 1227). — Ordre de détruire un embatoir construit en contravention aux réglemens, par un particulier du département de Seine-et-Marne, 29 septembre 1810 (IV, B. 318, n.° 5994). — Poursuites des propriétaires d'usines pour fait d'altération de prises d'eau et de construction sans

autorisation légale, 12 novembre 1811 (IV, B. 405, n.° 7467). — (C. Civ.) Les ustensiles nécessaires à leur exploitation sont immeubles, art. 524. — Celles qui sont meubles, 531. — Forme de leur saisie, *ibid.* — Bail d'une usine. V. *Baux*.

— (C. P.) Peines encourues par les propriétaires ou fermiers de moulins ou usines, qui, par une trop grande élévation du déversoir de leurs eaux, auraient inondé ou endommagé les chemins ou les propriétés d'autrui, art. 457.

USTENSILES. Les ustensiles utiles à l'exploitation des terres sont insaisissables, et ne peuvent être vendus pour dettes que par les personnes qui les auront fournis, 5 = 12 juin, 28 septembre et 6 octobre 1791.

— (C. Civ.) On regarde comme immeubles par destination ceux employés à la culture, aux forges, aux papeteries et autres usines, art. 524. — Lorsqu'un bien rural n'est pas garni par le preneur, des ustensiles nécessaires à l'exploitation, le bail peut être résilié, 1766. — Les sommes dues pour les ustensiles, sont des créances privilégiées sur le prix 2102.

— (C. P. C.) Cas de saisie d'ustensiles de labourage dans lequel le juge de paix peut nommer un gérant à l'exploitation des terres, art. 594.

— (C. P.) Quels ustensiles sont réputés armes, art. 101.

USUFRUIT. Droits d'enregistrement auxquels sont assujettis les actes translatifs de propriété ou usufruit de meubles ou d'immeubles, 5 = 19 décembre 1790, 22 frimaire an VII [12 décembre 1798] (II, B. 248, n.° 2224), et 27 ventôse an IX [18 mars 1801] (III, B. 76, n.° 589). — Valeur des biens possédés en usufruit exigée pour être électeur, constitutions de 1791 et de l'an III. — Mode d'administration des bois des domaines aliénés à titre d'usufruit, 15 = 29 sep-

tembre 1791. — Dispositions relatives aux biens donnés en usufruit,
17 nivôse an II [6 janvier 1794]; —
aux usufruits qui reposaient sur les
têtes des ecclésiastiques décédés en
état de reclusion, 8 messidor an II
[26 juin 1794] (I, B. 11, n.º 52).
—Ventes de maisons nationales faites
avec réserve d'usufruit, 21 germinal
an V et 26 nivôse an V [10 avril
1797 et 15 janvier 1798] (II, B. 117
et 178, n.ºs 1132 et 1670 .—L'usufruit des immeubles est susceptible
de conférer hypothèque, 11 brumaire an VII [1.er novembre 1798]
(II, B. 238, n.º 2137).

— (C Civ.) A qui l'usufruit
des biens des enfans appartient pendant le mariage et après sa dissolution,
art. 384 et suiv. — La loi considère
l'usufruit des choses immobilières
comme immeuble, 526. — En quoi
consiste l'usufruit, comment et sur
quoi il peut être établi, 578 et suiv.—
Droits et obligations des usufruitiers,
582 et suiv. — De quelle manière
l'usufruit prend fin, 617 et suiv. —
Ce qui a lieu dans le cas de vente ou
de distribution partielle d'une chose
sujette à l'usufruit, 623 et suiv. — Il
ne faut pas regarder comme une substitution la disposition par laquelle
l'usufruit serait donné à l'un, et la
nue propriété à l'autre, 899. — Droits
des héritiers au profit desquels la loi
a fait une réserve, dans le cas d'une
disposition d'usufruit excédant la
quotité disponible, 917. — On peut
se réserver l'usufruit par une donation d'immeubles entre-vifs, 949 et
950.—Objets qui tombent comme
usufruit dans la communauté entre
époux, 1403. — Le mari qui dispose
des meubles de la communauté peut
s'en réserver l'usufruit, 1422. — Le
mari est tenu de toutes les charges
de l'usufruit, 1533. — Il en est de
même à l'égard des biens dotaux,
1562.—Lorsque l'usufruit a été constitué en dot, le droit d'usufruit est

seul à restituer lors de la dissolution
du mariage, 1568. —Le mari qui
jouit des biens paraphernaux est tenu
des obligations de l'usufruitier, 1580.
— L'usufruit des biens immobiliers
est susceptible d'hypothèque, 2118.
—Le débiteur peut être exproprié
de l'usufruit de ses immeubles, 2204.
— La prescription n'a pas lieu en
faveur de l'usufruitier, 2236.

— (C. P.) Peines portées contre
ceux qui, dans les adjudications de
l'usufruit des choses mobilières et immobilières, entraveraient ou troubleraient, par des voies de fait, violences
ou menaces, la liberté des enchères
ou des soumissions, 412.

USURE. V. Juifs.

USURPATION de pouvoirs. Celle des ecclésiastiques est un abus de pouvoir
contre lequel il y a recours au Conseil d'état, 18 germinal an X [8
avril 1802] (III, B. 172, n.º 1344).

USURPATION de terres. La connaissance
de cette usurpation est dans les attributions des juges de paix, 15=26
mai, 16=24 août, et 14=26 octobre 1790.—Peines encourues par
ceux qui usurpent sur la largeur des
chemins publics, 28 septembre =
6 octobre 1791.

— (C. Civ.) L'usufruitier doit
dénoncer les usurpations de fonds,
art. 614. — Le preneur d'un bien
rural doit en avertir le propriétaire,
1768.

—(C. P. C.) Devant quel juge
de paix doivent être portées les actions pour usurpations de terres, arbres, haies, fossés et autres clôtures,
commises dans l'année, art. 3. —
Transport du juge pour une enquête
sur les lieux dans le cas d'usurpation
de terres, 38.

—(C. P.) Peines pour usurpation
de titres, 258 et 259; —et pour vols
commis en prenant le titre d'un officier public ou d'un officier civil ou
militaire, 381.

UTÉRINS (Parens). (C. Civ.) Ils ne sont

pas exclus des successions par les germains, 733 *et suiv.* — En matière de partage, ils prennent part chacun dans leur ligne seulement, 752.

UTILITÉ *publique* (Expropriations pour cause d'). Elles ne peuvent avoir lieu sans une indemnité accordée aux propriétaires; règles pour la fixer, soit à l'amiable, soit dans le cas de contestation. V. *Expropriation.*

— (C. Civ.) Cas où on peut être contraint de céder sa propriété pour cause d'utilité publique, art. 545.

— Le cours de la source qui fournit de l'eau aux habitans d'une commune ou d'un village, ne peut être changé par le propriétaire, 643. — Nature et effet des servitudes établies pour l'utilité publique, 649 *et suiv.*

UTRECHT. Réglement sur l'exercice de la profession de boulanger dans cette ville, 25 décembre 1813 (IV, B. 545, n.º 9972).

UTRUY (Le sieur). Il lui est accordé un brevet d'invention, 2 mai 1792.

UZÈS. Dispositions relatives aux trou-bles qui ont eu lieu dans cette ville, 23 novembre = 1.er décemb. 1790. — Validité des élections faites par les électeurs du district de cette ville pour compléter le tribunal, 31 mars = 6 avril 1791. — Il y a lieu à accusation contre plusieurs présidens et commissaires des assemblées des soi-disant catholiques; ils sont renvoyés par-devant le tribunal provisoire établi à Orléans, 4 = 10 avril 1791. — Nouvelle circonscription des paroisses, vicairies et oratoires dans les divers cantons du district de cette ville, 11 = 17 juin 1791. — Ordre du jour motivé sur un *référé* des juges du tribunal de ce district, relatif à la cumulation des fonctions des notaires, 26 mai 1793. — Cette ville est autorisée à former un emprunt de douze cent mille livres pour achat de grains, 11 frimaire an IV [2 décembre 1795] (II, B. 8, n.º 46). — L'église de Saint-Étienne est érigée en chapelle, 12 janvier 1812 (IV, B. 417, n.º 7610).

VACANCE.—VACATIONS.

VACANCE *d'offices de judicature.* V. *Offices;* — de siéges épiscopaux. V. *Siéges épiscopaux;* — de succession. V. *Successions.*

VACANCES *du Corps législatif.* V. *Corps législatifs;* — des écoles de droit. V. *Écoles de droit;* — des tribunaux. V. *Tribunaux.*

VACANS (Biens). Partage des biens communs sous le nom de sursis ou vacances entre les habitans des communes, 14 août 1792. V. *Biens communaux.*

— (C. Civ.) Les biens vacans et sans maître appartiennent au domaine public, art. 539.

VACAT (Le droit de) est aboli, 11 août = 3 novembre 1791.

VACATIONS (Tarif des frais de) des commissaires-priseurs. V. *Commis-saires - priseurs* et *Ventes;* — des experts, 14 = 26 octobre 1790. V. *Experts;* — des greffiers des cours martiales, 12 septembre = 29 octobre 1791; — des juges de paix et de leurs greffiers, 14 = 26 octobre 1790, 6 = 27 mars 1791. V. *Juges de paix;* — des officiers et employés civils et militaires de la marine, 29 pluviôse an IX [18 février 1801] (III, B. 68, n.º 529); — des officiers des maitrises et siéges des eaux et forêts, 9 = 20 mars 1790, 30 juillet et 15 août 1792.

— (C. P. C.) Taxe des vacations des experts vérificateurs d'écritures, art. 209; — de celles des experts qui ont procédé à une visite de lieux, 319; — de celles de l'avoué qui, dans un compte, peuvent être employées comme dépenses communes, 532. — Personnes qui peuvent assister aux vacations pour levée de scellés, 932. — Les sommations ne doivent pas être réitérées dans le cas de continuation de la vacation, 1034.

— (C. Co.) Le juge de paix qui assiste à la levée des scellés, doit signer chaque vacation, art. 486. — — Comment les vacations du greffier et des huissiers des tribunaux de commerce sont fixées, 624.

VACATIONS (Chambre des). V. *Cours, Parlemens* et *Tribunaux*.

VACCINE. Prime accordée pour la propagation de la vaccine, 28 août 1810 (IV, B. 313, n.º 5947).

VACHER (Le sieur) est délégué des Consuls dans la 17.ᵉ division militaire, 2 frimaire an VIII [23 novembre 1799] (II, B. 330, n.º 3438). — Il est nommé membre du Corps législatif, 13 floréal an VII et 4 nivôse an VIII [2 mai et 25 décembre 1799] (II, B. 277 et 341, n.ᵒˢ 2856 et 3509).

VACHES. Il doit en être laissé une au contribuable en retard, 26 septembre = 2 oct. 1791. — Amendes pour les dégâts de ces bestiaux dans les bois, 28 septembre = 6 octobre 1791. — Bureaux par lesquels les vaches peuvent sortir pour passer en Piémont et en Helvétie, 9 floréal an VII [28 avril 1799] (II, B. 273, n.º 2838). — Peines pour vols de vaches, 25 frimaire an VIII [16 décembre 1799], art. 2 (II, B. 337, n.º 3471).

— (C. Civ.) Quel est le droit du fermier sur les vaches que le bailleur lui a données pour les loger et les nourrir, art. 1831.

VACOGNE (Le sieur ACHARD DE). Il n'y a pas lieu à accusation contre lui, 27 janvier 1792.

VACRAY (Le sieur) est mis en surveillance spéciale hors du territoire euro-péen de la France, 14 nivôse an IX [4 janvier 1801] (III, B. 60, n.º 440).

VADIER (Le représentant du peuple) est déporté. Cette disposition est rapportée, et il est décrété d'accusation et traduit au tribunal criminel du département de la Charente - Inférieure pour y être jugé, 12 germ. et 5 prairial an III [1.ᵉʳ avril et 24 mai 1795] (I, B. 133 et 148, n.ᵒˢ 729 et 852). V. *Journées mémorables*.

VAGABONDAGE et VAGABONDS. Ordre aux municipalités de dresser un rôle des vagabonds ou gens sans aveu et de les faire désarmer, 10 = 14 août 1789. — Mise en vigueur des anciens réglemens sur le vagabondage, 16 janvier = 16 février 1791. — Précautions et surveillance de la gendarmerie et de la force armée à l'égard des vagabonds, 26 et 27 juillet = 3 août 1791, 28 germinal an VI [17 avril 1798] (II, B. 197, n.º 1805), 8 germinal an VIII [29 mars 1800], art. 7 (III, B. 18, n.º 121). — Quels individus sont réputés vagabonds et gens sans aveu, 16 = 20, 19 = 22 juillet 1791, et Code pénal, art. 270. — Cas où ils sont seulement passibles de peines correctionnelles, *ibid* et 3 brumaire an IV [25 oct. 1795] art. 605 (I, B. 204, n.º 1221); — où ils encourent la peine de la déportation, 24 vendémiaire an II [15 octobre 1793], tit. IV. — Cas où les préfets et les commissaires généraux de police peuvent les envoyer aux maisons de détention, 12 messidor an VIII et 5 brumaire an IX [1.ᵉʳ juillet et 27 octobre 1800] (III, B. 33 et 50, n.ᵒˢ 214 et 373). — Les crimes commis par les vagabonds sont de la compétence des tribunaux spéciaux, 18 pluviôse an IX [7 février 1801] (III, B. 68, n.º 527), et Code d'instruction criminelle, art. 553.

— (C. I. C.) Les vagabonds ne

peuvent être mis en liberté provisoire, art. 115.

— (C. P.) Le vagabondage est un délit, art 269. — Emprisonnement des individus légalement déclarés vagabonds, 271; — transportation hors du territoire de l'Empire, lorsqu'ils sont étrangers, 272. — Par qui les vagabonds, nés en France, peuvent être réclamés et cautionnés, 273. — Peines pour divers délits commis par les vagabonds, 277.

VAILLANT (Le sieur) est nommé membre du Corps législatif, 19 floréal an VII [8 mai 1799] (II, B. 281, n.º 2933).

VAINE PÂTURE. Les anciens réglemens locaux pour l'exercice du droit de vaine pâture sont maintenus, 26 — 30 juin 1790. — Les avantages et les inconvéniens de la vaine pâture doivent fixer l'attention des administrations, 12 — 20 août 1790. — Abolition, sans indemnité, des redevances que les seigneurs exigeaient pour raison de la vaine pâture, et du droit qu'ils s'étaient attribué d'admettre les lerains à la jouissance de ladite vaine pâture dans l'étendue de leur justice, 13 — 20 avril 1791. — Quand et comment le droit de vaine pâture peut exister, 28 septembre — 6 octobre 1791, tit. I, section 4, art. 3 et suiv. — Comment on peut s'en affranchir et faculté de le racheter, ibid. art. 7 et suiv.

— (C. Civ.) La clôture fait perdre le droit de vaine pâture, art. 648.

VAINES et VAGUES (Terres). V. Terres.

VAINQUEURS de la Bastille. Il leur est accordé des distinctions honorifiques et des récompenses pécuniaires, 19 juin 1790. — Ils en font le sacrifice, 25 juin 1790. — Ils sont armés et habillés aux frais du trésor public, 12 — 19 novemb. 1790, 11 août 1792. — Gratifications, secours et pensions accordés aux blessés ou estropiés, et aux veuves et

enfans de ceux qui ont été tués, 19 — 25 décemb. 1790, 6 janv. 1791. — Gratifications accordées aux gendarmes de la 35.ᵉ division militaire, formés des vainqueurs de la Bastille, 24 mars 1793. V. Gendarmerie de Paris. — Ces vainqueurs cessent d'être distingués par une couronne murale et reçoivent en échange la médaille du 10 août, 20 août 1793. V. Bastille.

VAISSEAUX. Le Corps législatif fixe le nombre des vaisseaux dont se compose l'armée navale, 26 juin — 7 juillet 1790, 3 — 14 septemb. 1791. — Service des officiers de la marine marchande sur les vaisseaux de l'État, 6 — 11 juillet 1790. — Indemnités accordées aux commandans pour les personnes qu'ils passent à bord en vertu d'ordres du Roi, 30 janvier — 11 février 1791. — Vaisseaux soumis à la quarantaine, 11 nivôse an III [31 décembre 1794] (I, B. 105, n.º 552). — Les représentans du peuple sont autorisés à faire arborer le pavillon amiral sur un des vaisseaux du premier rang qu'ils montent, 18 prairial an III [6 juin 1795] (I, B. 155, n.º 909). — Administration et composition des équipages des vaisseaux, 2 et 3 brumaire an IV [24 et 25 octobre 1795] (I, B. 205, n.ºˢ 1224 et 1231). V. Bâtimens, Marine et Navires.

— (C. Civ.) Mode de constater les naissances et décès sur les vaisseaux, art. 59 et 86. — De quelle manière y sont reçus les testamens, 988.

— (C. P. C.) Forme de procéder dans les affaires maritimes où il est question d'équipages de vaisseaux, art. 418.

(C. Co.) Le capitaine a le droit de former l'équipage du vaisseau, art. 223. — Il doit en avoir le rôle à bord, 226. — Les dispositions relatives aux loyers, pansemens et rachat des matelots, sont communes aux autres gens de l'équipage, 272. — Dans quel cas l'équipage a un privilége sur les marchandises ou le prix en provenant, 428.

— (C. P.) Peines pour intelligences et manœuvres tendant à livrer des vaisseaux à l'ennemi, art. 77; — contre ceux qui en auraient incendié ou détruit par l'explosion d'une mine, 95 et 435.

VAISSELLE d'or et d'argent. Autorisation aux directeurs des monnaies, de recevoir la vaisselle portée librement aux hôtels des monnaies, 20 septembre 1789 — Le Roi est prié de ne point effectuer le sacrifice de sa vaisselle, 22 septembre 1789. — Fixation du prix et mode de recette par les municipalités, des vaisselles d'or et d'argent destinées à être versées aux hôtels des monnaies, 15 = 25 novembre 1789, 26 novembre = 5 décembre 1790. — Injonction aux directeurs des monnaies d'envoyer à l'Assemblée un état de la vaisselle qui leur a été remise et du numéraire qu'elle a produit, 11 février et 15 mars 1790. — Impression de ces états, 3 = 14 octobre 1790. — Défense d'exporter la vaisselle d'or et d'argent à l'étranger, 15 septembre 1792 et 7 décembre suivant. — Dispositions concernant la vaisselle d'or et d'argent en dépôt au garde-meuble et autres lieux, 6 août 1793.

— (C. P. C.). On ne peut vendre la vaisselle au-dessous de sa valeur réelle, art. 621.

— (C. Co.) Cas où la femme d'un faili peut retirer de la vaisselle d'or et d'argent, art. 554.

VAIVRES (Le sieur de) est tenu de restituer les sommes qu'il avait reçues du ministre de la marine, 21 avril = 4 mai 1791.

VAIZE. Vente de domaines nationaux à la municipalité de cette ville, 21 novembre = 10 décembre 1790.

VALAIS (Le) est réuni à la France, 12

novembre et 13 décembre 1810 (IV, B. 326 et 331, n.os 6096 et 6161). — Le général de division César Berthier est chargé d'en prendre possession, 12 novembre 1810 (IV, B. 326, n.° 6097). — Dispositions générales sur son organisation, 26 décembre 1810 (IV, B. 336, n.° 6250). V. Simplon.

VALAT (Le sieur). Il y a lieu à accusation contre lui, 20 juillet 1792.

VALAZÉ (Le représentant du peuple) est décrété d'arrestation et d'accusation, 2 juin et 28 juillet 1793.

VALENCE (Le général) est mandé à la barre de la Convention nationale, 4 avril 1793.

VALENCE. Réunion de dix bataillons de gardes nationaux dans cette ville, 14 = 26 août 1792. — Epoque et durée des foires qui y sont établies, 17 fructidor an IX [4 septembre 1801] (III, B. 101, n.° 845). — Réglement sur l'exercice de la profession de boulanger dans cette ville, 6 novembre 1813 (IV, B. 540, n.° 9891). V. Associations religieuses.

VALENCIENNES. Vente de domaines nationaux à la municipalité de cette ville, 7 décembre 1790 = 5 janv. 1791. — Approbation des mesures prises par les commissaires de la Convention nationale, 9 avril 1793. — Dispositions relatives aux actes passés et aux jugemens qui y ont été rendus pendant l'invasion de l'ennemi, 28 frimaire an VIII [19 déc. 1799] (II, B. 339, n.° 3182). — La commission administrative des hospices est autorisée à faire un échange, 15 ventose an IX [6 mars 1801] (III, B. 75, n.° 578). — Etablissement d'une bourse de commerce, 6 messidor an IX [25 juin 1801] (III, B. 87, n.° 719). — Une feuille d'annonces y est autorisée, 14 décemb. 1810 (IV, B. 335, n.° 6242).

VALERNE. Cette commune est autorisée à faire un emprunt, 28 = 31 juillet 1792.

VALETS *de labour* (Les) ne sont pas réputés domestiques, 21 mai = 27 juin 1790.

VALEUR. (C. Civ.) Dans quel cas seulement le juge peut déférer le serment au demandeur sur la valeur de la chose réclamée en justice, art. 1369. — Circonstance dans laquelle le créancier ne peut requérir inscription de l'hypothèque que pour une valeur estimative, 2132.

— (C. Co.) L'extrait des actes de société doit contenir le montant des valeurs fournies ou à fournir par actions ou en commandite, art. 43. — On doit énoncer dans les lettres de change et dans les billets à ordre, la manière dont la valeur en a été fournie, 110 et 188. — Cette valeur doit aussi être exprimée dans l'endossement, 137.

VALIDITÉ. (C. Civ.) Conditions essentielles pour la validité des conventions, art. 1108; — pour celle des testamens, art 1236.

— (C. P. C.) Délai et nécessité de la demande en validité d'une saisie-arrêt, art 563 *et suiv.* — Formes à suivre, 566 *et suiv.* V. *Saisie-Arrêt.*

VALLABRÈGUES (La commune de) est autorisée à établir une imposition extraordinaire pour les frais de réparation d'une digue, 3 floréal an X [23 avril 1802] (III, B. 181, n.° 1463).

VALLÉE *de l'Eure* (Le représentant du peuple) est mis en état d'arrestation et traduit devant le tribunal révolutionnaire, 3 octobre 1793.

VALLÉE *de la Meuse* (Le sieur) est nommé membre du Corps législatif, 1.er prairial an V [20 mai 1797] (II, B. 125, n.° 1212); — est délégué des Consuls dans la 4.e division militaire, 29 brumaire an VIII [20 novembre 1799] (II, B. 330, n.° 3447); — est nommé juge au tribunal de cassation, 13, 14, 15, 16, 17 et 18 germinal an VIII [3,

4, 5, 6, 7 et 8 avril 1800] (III B. 18, n.° 123).

VALLENGIN (Principauté de). Sa réunion au diocèse de Besançon, 25 octobre 1806] (IV, B. 122, n.° 1995).

VALLETAUX (Le général de brigade) est nommé membre du Corps législatif, 6 germinal an X, [27 mars 1802] (III, B. 171, n.° 1340).

VALMY (Le duc de). Dépenses faites pour sa réception dans sa sénatorerie de Saverne. V. *Dépenses publiques* et *Saverne.*

VALOGNES. Prorogation de la perception des droits et tarifs qui sont établis dans cette ville, 14 = 19 novembre 1790. — Fixation du contingent du canton de son arrondissement pour compléter le nombre des membres qu'il peut avoir dans le collége électoral, 14 octobre 1811 (IV, B. 399, n.° 7391).

VAN-CUSTEM (Le sieur) est nommé membre du Corps législatif, 24 niv. an IX [14 janvier 1801], et 1.er et 2 mai 1809 (III, B. 63, n.° 466, et IV, B. 237, n.° 4395).

VANLERLEYEN *ou* VONDER-LEYEN (Le sieur) est nommé membre du Corps législatif, 29 thermidor et 2 fructidor an XII [17 et 20 août 1804] (IV, B. 13, n.° 195), 9 et 10 août 1810 (IV, B. 307, n.° 5847).

VANDERPOEL (Le sieur Melchior). Acceptation d'une donation par lui faite à l'hospice de Diest, 23 nov. 1813 (IV, B. 541, n.° 9896).

VANDER-SLEYDEN (Le sieur) est nommé membre du Corps législatif, 19 février 1811 (IV, B. 353, n.° 6546).

VANDOORN (Le sieur) est nommé membre du Corps législatif, 19 février 1811 (IV, B. 353, n.° 6546).

VANEMBRAS (Le sieur). Il n'y a pas lieu à accusation contre lui, 25 janvier 1792.

VAN-GOES (Le sieur) est nommé

membre du Corps législatif, 19 fév. 1811 (IV, B. 353, n.º 6546).

VAN-GRASVELD (Le sieur) est reconnu ambassadeur extraordinaire de la République des Provinces-Unies auprès de la République française, 17 prair. an III [5 juin 1795 (I, B. 153, n.º 898). — Il est nommé membre du Corps législatif, 19 fév. 1811 (IV, B. 353, n.º 6546).

VANHEK (Le sieur) est tenu de sortir du territoire continental de la France, 20 brumaire an VIII [11 novembre 1799] (II, B. 329, n.º 3432).

VAN-HULTEM (Le sieur Charles) est nommé membre du Corps législatif, 1.er prairial an V [20 mai 1797] (II, B. 125, n.º 1212); — membre du Tribunat, 6 germinal an X [27 mars 1802] (III, B. 171, n.º 1341). — Son nom est retiré de la liste des candidats au Sénat conservateur, présentée par le collège électoral du département de l'Escaut, 5 nivôse an XII [27 décembre 1803] (III, B. 334, n.º 3492).

VANILLE. Nouvelle fixation des droits de douane sur la vanille, 9 nivôse an XI [30 décembre 1802] (III, B. 239, n.º 2228).

VAN-KAMPEN (Le sieur) est nommé membre du Corps législatif, 4 nivôse an VIII [25 décembre 1799] (II, B. 341, n.º 3509).

VANNECK (Le sieur) est mis en surveillance spéciale hors du territoire européen de la France, 14 nivôse an IX [4 janvier 1801] (III, B. 60, n.º 440).

VANNECOURT. La vente à rente foncière de terrains appartenant à cette commune, est autorisée, 9 nivôse an X [30 décembre 1801] (III, B. 150, n.º 1170).

VANNES. Circonscription des paroisses de cette ville, 12=20 mars 1791.— Établissement d'un tribunal, 10 décembre 1790; — et d'une bourse

de commerce, 9 ventôse an X [28 février 1802] (III, B. 166, n.º 1269). — Publication de la bulle d'institution canonique de l'évêque, 26 avril 1808 (IV, B. 191, n.º 3305).

VANRECUM (Le sieur) est nommé membre du Corps législatif, 4.e jour complémentaire an XIII et 2 vendémiaire an XIV [21 et 24 septembre 1805] (IV, B. 61, n.º 1075).

VAN-ROSSEM (Le sieur) est nommé membre du Corps législatif, 17 prairial an VII [5 juin 1799] (II, B. 286, n.º 3009).

VAN-ROYEN (Le sieur) est nommé membre du Corps législatif, 19 février 1811 (IV, B. 353, n.º 6546).

VAN-RUMBECKE (Le sieur) est nommé membre du Corps législatif, 17 floréal an VII [6 mai 1799] (II, B. 279, n.º 2909).

VAN-STENWYK (Le sieur DEVOS) est nommé membre du Corps législatif, 19 fév. 1811 (IV, B. 353, n.º 6546).

VAN-TOULON (Le sieur) est nommé conseiller en la cour de cassation, 20 juin 1811 (IV, B. 378, n.º 7041).

VANTRIER (Le sieur) est nommé membre du Corps législatif, 5 niv. an XII [27 décembre 1803] (III, B. 333, n.º 3488).

VAN-TUYLL DE SEROSKERKEN (Le sieur) est nommé membre du Corps législatif, 19 février 1811 (IV, B. 353, n.º 6546).

VANVRES. Conservation et entretien, aux frais de l'État, des maisons et jardins pour l'usage public et pour des établissemens utiles à l'agriculture et aux arts, 16 floréal an II [5 mai 1794].

VAR (Département du). Son classement dans la division territoriale de la France, et sa composition, 15 janv., 16 et 26 fév.=4 mars 1790. — Le directoire est autorisé à acquérir les lieux nécessaires à son établissement, 15 = 20 mars 1791. — Les receveurs sont tenus de faire passer à la trésorerie nationale les fonds provenant de leurs recettes, 21 février 1793. — Mention honorable de la conduite de ses habitans dans l'affaire de Thouars, 11 mai 1793. — Le papier timbré du département du Puy-de-Dôme et des Bouches-du-Rhône doit être employé pour les actes faits dans ce département, 24 septembre 1793. — Le siége de l'administration centrale et des tribunaux civil et criminel est définitivement fixé à Draguignan, 9 floréal an V et 27 prairial an VIII [16 juin 1797 et 16 juin 1800] (II, B. 120, n.° 1162, et III, B. 30, n.° 198). — Validité des opérations de l'assemblée électorale pour la nomination des membres au Corps législatif, et annullation de celles de l'assemblée scissionnaire, 27 floréal an VII [16 mai 1799] (II, B. 281, n.° 2949). — Formation, dans ce département, d'un corps d'éclaireurs pour la poursuite des brigands, 29 frimaire an IX [20 décembre 1800] III, B. 58, n.° 423). — Réduction des justices de paix et rectification des arrêtés qui les ont déterminées, 15 brumaire et 9 pluviôse an X [6 novembre 1801 et 29 janvier 1802] (III, B. 137, n.° 1037, et 228 bis, n.° 2). — Désignation des écoles secondaires, 30 vendémiaire an XI [22 octobre 1802] (III, B. 236, n.° 2086). — Sont nommés préfets, MM. d'Azémar, 31 janvier 1806 (IV, B. 72, n.° 1259 ; — et Leroi, 22 juin 1811 (IV, B. 378, n.° 7039).

VARAISE. Ordre d'informer contre les prévenus et les complices de l'assassinat du maire de cette commune, 30 novembre = 10 décembre 1790.

VARECH (Abolition du droit de), 13 = 20 avril 1791, tit. I.er, art. 7. — Les préfets peuvent déterminer ce qui est relatif à la pêche du varech,

18 thermidor an X [6 août 1802] (III, B. 207, n.° 1885).

VARENNES-EN-ARGONNE. Deux maisons nationales sont désignées pour le placement du tribunal de district, du juge de paix, et pour y former des casernes pour loger la cavalerie, 22 août 1791. — Deux pièces de canon et un drapeau sont donnés à cette ville au nom de la nation, ibid. — Sont également donnés un fusil et un sabre à chacun des gardes nationaux, ibid.

VARIATIONS. (C. I. C.) Le président de la cour d'assises doit faire tenir par le greffier une note des variations dans les dépositions des témoins, art. 318.

VARIGNAC DE SAFFRAY (Le sieur). Il n'y a pas lieu à accusation contre lui, 25 janvier 1792.

VARLET (Le représentant du peuple) est décrété d'arrestation, 3 octobre 1793. — Il est rappelé dans le sein de la Convention nationale, 18 frimaire an III [8 décembre 1794] (I, B. 96, n.° 495).

VARNECKE (Le sieur) est autorisé à substituer à son nom celui de Harrjé, 31 janvier 1813 (IV, B. 477, n.° 8737).

VARNIER (Le sieur) est décrété d'accusation et transféré à Orléans devant la haute cour nationale, 12 et 13 novembre et 29 novembre = 8 décembre 1791.

VARVILLE (Compagnie). Dispositions relatives à la vérification des comptes de cette compagnie, ci-devant chargée de la fourniture des fourrages, 8 floréal an X [28 avril 1802] (III, B. 188, n.° 1494).

VASES. Envoi aux hôtels des monnaies des vases de cuivre et de bronze qui existent dans les communautés, églises et paroisses supprimées, 26 = 29 août 1791. — Faculté d'exporter les vases d'or et d'argent servant au culte, 17 prairial an X [6 juin 1802] (III, B. 195, n.° 1701).

VASSAL. La foi-hommage et tous autres services auxquels était tenu le vassal sont abolis, 15=28 mars 1790.

VASSE (Le sieur) est nommé membre du Corps législatif, 1.er prairial an V [20 mai 1797] (II, B. 125, n.º 1212); — juge au tribunal de cassation, 13, 14, 15, 16, 17 et 18 germinal an VIII [3, 4, 5, 6, 7 et 8 avril 1800] (III, B. 18, n.º 192).

VASSEIGNE. Réunion de cette ville et de sa banlieue à la France, 11 mars 1793.

VASSIEUX (Le sieur). Il n'y a pas lieu à accusation contre lui, 24=25 janvier 1792.

VASSY. Mesures répressives des violences exercées contre le maire de cette commune à Bar-sur-Aube, 3 octobre 1789.

VATAR (Le sieur) est mis en surveillance spéciale hors du territoire européen de la France, 14 nivôse an IX [4 janvier 1801] (III, B. 60, n.º 440).

VAUBOIS (Le général) est nommé membre du Sénat conservateur, 8 thermid. an VIII [27 juillet 1800] (III, B. 34, n.º 229); — à la sénatorerie de Poitiers, 5 vendémiaire an XII [28 septembre 1803] (III, B. 323, n.º 3275).

VAUCHELET (Le sieur) est mis sous la sauve-garde de la loi, 13 août 1792.

VAUCLUSE (Formation d'un 87.e département, sous la dénomination de département de), 23 septembre = 2 octobre 1791. — Injonction au ci-devant commissaire près les tribunaux civil et criminel de remettre les pièces qu'il a en sa possession à raison de ses fonctions, 7 therm. an IV [25 juillet 1796] (II, B. 71, n.º 657). — Validité des opérations de l'assemblée électorale relatives à la nomination des députés au Corps législatif, et annullation de celles de l'assemblée scissionnaire, 11 prair. an VII [30 mai 1799] (II, B. 285, n.ºs

299). — Désignation des écoles secondaires, 30 vend. an XI [22 oct. 1802] (III, B. 226, n.º 2087). — Sont nommés préfets, MM. Delâtre, 13 thermidor an XIII [1.er août 1805] (IV, B. 53, n.º 881); — Stassard, 12 février 1810 (IV, B. 265, n.º 5164); — le baron de Fréville, 12 mars 1813 (IV, B. 485, n.º 8965); — et le sieur Rouen, 15 décembre 1813 (IV, B. 543, n.º 9949).

VAUCLUSOTTE. La concession d'un terrain appartenant à cette commune est autorisée, 5 nivôse an X [26 décembre 1801] (III, B. 147, n.º 1131).

VAUCOULEURS (Le sieur BENARD DE). Il n'y a pas lieu à accusation contre lui, 25 janvier 1792.

VAUD (Pays de). Désignation des bureaux où l'on peut jouir du transit par ce pays, 2 fructidor an IV [19 août 1796] (II, B. 71, n.º 643).

VAUDELIN (Le sieur) est nommé membre du Corps législatif, 1.er prairial an V [20 mai 1797] (II, B. 125, n.º 1212).

VAUGEOIS (Le sieur) est nommé commissaire de police à Paris, 22 vent. an VIII [13 mars 1800] (III, B. 11, n.º 17).

VAUGIRARD près Paris. Maisons et terrains qui dépendent de cette commune, 23 octobre 1790.

VAUQUELIN (Le sieur). Il n'y a pas lieu à accusation contre lui, 25 janvier 1792.

VAURUELIN (Le sieur). Il n'y a pas lieu à accusation contre lui, 25 janvier 1792.

VAUVERSIN (Le sieur) est mis en surveillance spéciale hors du territoire européen de la France, 14 nivôse an IX [4 janvier 1801] (III, B. 60, n.º 440).

VAUVILLIERS aîné (Le sieur) est nommé membre du Corps législatif, 1.er prairial an V [20 mai 1797] (II, B. 125, n.º 1212); — est déporté,

19 fructidor an V [5 septembre 1797] (II, B. 142, n.º 1400).

VAUVILLIERS (Le reprétentant du peuple) est assimilé aux émigrés, 7 thermidor an VII [25 juillet 1799] (II, B. 297, n.º 3166).

VAUZELLE (Le sieur) est nommé membre du corps législatif, 13 floréal an VII [2 mai 1799] (II, B. 277, n.º 2861).

VEAUX. Amende et estimation des dédommagemens dus lorsque ces animaux ont commis des dégâts dans les bois, 28 septembre = 6 octobre 1791. — La sortie par mer des veaux de six mois est prohibée, 8 pluviôse an X [28 janvier 1802] (III, B. 159, n.º 1223).

— (C. Civ.) Lorsqu'une ou plusieurs vaches sont données pour les loger et les nourrir, le bailleur n'a que le profit des veaux qui naissent, art. 1831. V. Cheptel.

VEDETTE. Peine contre le soldat endormi en vedette, 30 septembre = 19 octobre 1791.

VEIRIEU (Le sieur) est nommé membre du Corps législatif, 1.er prairial an V [20 mai 1797] (II, B. 125, n.º 1212).

VELOURS (L'importation des) est prohibée, 1.er mars 1793. — Ceux qui ne sont pas marqués et estampillés sont réputés de fabrique anglaise, 3 fructidor an IX [25 août 1801] (III, B. 97, n.º 806). — Désignation des marques distinctives des différens velours, 20 floréal an XIII [10 mai 1805] (IV, B. 45, n.º 735).

VEMARS. Cette commune est autorisée à imposer sur elle-même la somme nécessaire pour l'achèvement d'un pavé, 3 floréal an X [23 avril 1802] (III, B. 185, n.º 1466). — Fixation de ses limites, 23 germinal an XI [13 avril 1803] (III, B. 270, n.º 2678).

VÉNALITÉ. Suppression de la vénalité des offices de judicature et de municipalité, 4, 6, 7, 8 et 11 août =

21 septembre 1789; — de celle des charges et emplois militaires, 28 février = 21 mars et 27 avril 1790.

VENCE (Le contre-amiral) est nommé préfet maritime à Toulon, 1.er thermidor an VIII [20 juillet 1800] (III, B. 43, n.º 277).

VENDANGES. Les déclarations, inventaires et droits relatifs aux vendanges sont conservés, 22 = 27 septembre 1790. — Réglemens locaux à publier pour les bans de vendange dans les villes non closes, 28 septembre = 6 octobre 1791, 14 germinal et 23 fructidor an VI [3 avril et 9 septembre 1798] (II, B. 174, n.º 1785).

— (C. P.) Amende encourue par ceux qui contreviennent au ban de vendanges, art. 475.

VENDÉE, Vendéens, Chouans et départemens de l'Ouest. Classement du département de la Vendée dans la division territoriale de la France, et sa composition, 15 janvier, 16 et 26 février = 4 mars 1790. — L'acquisition faite par les administrateurs, d'une maison et bâtimens destinés à recevoir ses membres, est autorisée, 11 = 15 décembre 1790. — Le tribunal criminel est chargé de la procédure relative aux troubles qui ont eu lieu à l'Ile-Dieu, 24 = 25 juillet 1792. — Recrutement à Paris pour envoyer des troupes dans la Vendée; nomination de commissaires par la municipalité pour les accompagner, et récompenses assurées à ceux qui en font partie, 1.er, 6, 9 et 11 mai 1793. — Le général Kellermann est nommé pour commander provisoirement en chef l'armée de la Vendée, 22 juin 1793. — Poursuite et punition des citoyens servant dans les armées françaises, qui reçoivent des passeports des Vendéens et qui désertent, 22 juin 1793. — Envoi de représentans du peuple dans la Vendée pour inviter les citoyens à prendre les armes contre les Chouans et les Vendéens, 24 juin 1793. — Leurs biens sont déclarés appartenir à la nation, 1.er et 14 août 1793. — Ordre de brûler un étendard pris sur les insurgés, 2 septembre 1793. — Fonds mis à la disposition du ministre de l'intérieur pour secourir les parens des militaires tués ou faits prisonniers par les Vendéens, 18 septembre 1793. — Tous les citoyens qui ont servi avec distinction contre les Vendéens sont déclarés avoir bien mérité de la patrie, 4 octobre 1793. — Mesures pour la conservation des vendanges dans les cantons abandonnés, 16 vendémiaire an II [7 octobre 1793]. — Renforts envoyés à l'armée de l'Ouest par le département de Seine-et-Oise, 18 vendémiaire an II [9 octobre 1793]. — Les nouvelles des succès de cette armée sont envoyées par des courriers extraordinaires aux départemens et aux armées, 2 brumaire an II [23 octobre 1793]. — Le nom du département de la Vendée est changé en celui de département Vengé, 18 brumaire an II [8 novembre 1793]. — Ordre de détruire les séparations des héritages, de les remplacer par des bornes, et de faire une distribution des terrains entre les cultivateurs et autres, ibid. — Annullation des passe-ports délivrés par les municipalités où les Chouans et Vendéens ont séjourné, 28 frimaire an II [18 décembre 1793]; — des ventes de biens faites par les insurgés avant leur insurrection, 11 nivôse an II [31 décembre 1793]. — Recherche et réunion de tous les fusils de calibre qui se trouvent dans les communes qui ont été occupées par les insurgés, 16 nivôse an II [5 janvier 1794]. — Formation d'un état des terres acquises à la nation dans les pays insurgés, 23 nivôse an II [12 janvier 1794]. — Mise en liberté des Vendéens et Chouans condamnés aux

fers et détenus au bagne de Rochefort, 5 pluviôse an II [24 janvier 1794]. — Ordre à ceux qui ont participé à l'insurrection, de faire le dépôt de leurs armes lorsqu'ils en seront requis, 22 pluviôse an II [10 février 1794]. — Amnistie en faveur des insurgés qui déposeront leurs armes dans le mois de la publication du décret, 12 frimaire an III [2 décembre 1794] (I, B. 93, n.º 479). — Extension de l'amnistie à tous les départemens formant l'arrondissement des armées de l'Ouest, de côtes de Brest et de Cherbourg, 29 niv. an III [18 janv. 1795] (I, B. 113, n.º 597). — Pacification générale de la Vendée, 13 ventôse an III [3 mars 1795] (I, B. 127, n.º 673). — Dispositions relatives aux insurgés qui peuvent être inscrits comme émigrés sur les listes de leurs départemens, 17 ventôse an III [7 mars 1795]; — à la prorogation des pouvoirs des représentans du peuple chargés de surveiller la conduite des chefs des insurgés vendéens et chouans, ibid. — Approbation des cinq arrêtés pris à la Mabilais par les commissaires de la Convention pour la pacification générale des départemens de l'Ouest, 24 ventôse, 5 et 18 flor. an III [14 mars, 24 avril et 7 mai 1795] (I, B. 143, n.º 802), et 23 floréal an IV [12 mai 1796] (II, B. 47, n.º 401). — Rapport de la loi qui exigeait un certificat de civisme des habitans de la Vendée, 9 floréal an III [28 avril 1795]. — Approbation des mesures prises par les commissaires de la Convention, relativement à la pacification avec Stoflet et autres chefs, 20 flor. an III [9 mai 1795] (I, B. 143, n.º 806). — Peine de mort prononcée contre les chefs, commandans, capitaines, embaucheurs et instigateurs de rassemblemens armés sans autorisation, sous le nom de Chouans, ou sous toute autre dénomination, 30 prairial an

III [18 juin 1795] (I, B. 157, n.º 924), et 1.ᵉʳ vendémiaire an IV [23 septembre 1795] (I, B. 183, n.º 1119].—Nouvelles dispositions relatives à la poursuite et à la punition de tous les individus qui violent le serment prêté au Gouvernement, et à la distribution des secours promis aux départemens pacifiés, 30 thermidor an III [17 août 1795] (I, B. 172, n.º 1034).—Les réfugiés des départemens de l'ouest sont autorisés à voter sur l'acceptation de la constitution dans les assemblées primaires des communes où ils font leur résidence actuelle, 12 fructidor an III [29 août 1795] (I, B. 175, n.º 1056).—Les individus connus sous le nom de *Chouans* et de *rebelles de la Vendée* sont exceptés de l'amnistie accordée par la loi du 4 brumaire an IV [26 octobre 1795], 7 frimaire an IV [28 novembre 1795] (II, B. 7, n.º 38).—Stricte exécution des lois relatives aux émigrés dans les départemens troublés par les Chouans, 8 frimaire an IV [29 novembre 1795] (II, B. 8, n.º 40].—Le sieur Letellier est nommé pour se rendre en qualité de commissaire spécial dans le département de la Vendée, 18 germinal an IV [7 avril 1796] (II, B. 39, n.º 310).—Délai prescrit à ceux qui ont porté les armes, pour sortir du département de la Seine, 5 floréal an IV [24 avril 1796] (II, B. 50, n.º 421).—Continuation des secours accordés aux réfugiés des départemens de l'ouest, 17 floréal an IV [6 mai 1796] (II, B. 44, n.º 382).—Arrêté qui lève l'état de siége dans toutes les communes ci-devant occupées par les Chouans, 12 thermidor an IV [30 juillet 1796].—Abolition de toutes les poursuites contre les militaires et autres citoyens armés pour la défense de la patrie dans les départemens de l'ouest, 8 fructidor an IV [25 août 1796] (II, B. 72, n.º

659).—Mode de jugement des individus arrêtés dans ces départemens, 24 fructidor an IV [10 septembre 1796] (II, B. 75, n.º 698).—Le ministre de la justice est chargé d'envoyer les lois aux administrations municipales et aux juges de paix de ces départemens, 1.ᵉʳ nivose an V [21 décembre 1796].—Séquestre des biens de ceux non émigrés qui sont morts en état de rébellion avant la pacification, 20 ventôse an V [10 mars 1797].—L'archiviste de la Convention est autorisé à délivrer copie de l'amnistie à la commission chargée d'examiner si des fermiers qui ont payé à des capitaines chouans peuvent être actionnés en répétition, 9 fructidor an V [26 août 1797].—Les chefs des Vendéens et des Chouans sont déclarés exclus de toutes fonctions publiques, 19 fructidor an V [5 septembre 1797] (II, B. 142, n.º 1400).—Dispositions relatives aux rentes foncières assises sur des édifices incendiés ou sur des héritages dévastés par suite de la guerre de la Vendée, 14 nivose an VI [3 janvier 1798] (II, B. 173, n.º 1644).—Les propriétaires des marais desséchés dans ce département sont autorisés à se réunir pour leur entretien et pour délibérer sur leurs intérêts communs, 4 pluviôse an VI [23 janvier 1798] (II, B. 179, n.º 1684).—Dégrèvement accordé aux habitans sur les contributions directes de l'an VI et de l'an VII, 6 prairial an VI et 7 nivose an VII [25 mai et 27 décembre 1798] (II, B. 204 et 251, n.ᵒˢ 1850 et 2306).—Validité des opérations de l'assemblée électorale pour la nomination des députés au Corps législatif, 16 floréal an VII [5 mai 1799] (II, B. 279, n.º 2906).—Proclamation des Consuls aux habitans des départemens de l'ouest, 7 nivose an VIII [28 décembre 1799] (II, B. 342, n.º 3514].—

Amnistié entière et absolue leur est accordée (*ibid.* n.º 3517), et 14 ventôse an VIII [5 mars 1800] (III, B. 10, n.º 69). — Mesures à prendre pour dissoudre les attroupemens des insurgés, *ibid.* — Les communes qui restent en insurrection sont déclarées hors de la constitution et traitées comme ennemies du peuple français, *ibid.* — Mesures générales à prendre pour la dispersion et la destruction des insurgés dans ces départemens, 21 nivôse an VIII [11 janvier 1800] (II, B. 344, n.º 3527). — Augmentation du nombre des brigades de gendarmerie, 29 pluviôse an VIII [18 février 1800] (III, B. 7, n.º 56). — Sont nommés préfets, MM. Jard-Panvillier, 11 ventose an VIII [2 mars 1800] (III, B. 44, n.º 308); — Merlet, 9 frimaire an IX [30 nov. 1800] (III, B. 68, n.º 425); — Barante, 12 fév. 1809 (IV, B. 226, n.º 4132); — le baron Basset de Châteaubourg, 12 mars 1813 (IV, B. 485, n.º 8965). — Tableau général et alphabétique des foires de ce département, et époque et fixation des mois et jours de leur tenue, 15 vendémiaire an X [7 octobre 1801] (III, B. 110, n.º 893). — Réduction et fixation des justices de paix, 9 brumaire et 3 ventôse an X [31 octobre 1801 et 22 février 1802] (III, B. 133, n.º 1017, et B. 222 *bis*, n.º 5). — Lettres de création du dépôt de mendicité, 29 avril 1809 (IV, B. 243, n.º 4546). — Le chef-lieu de ce département est transféré dans la ville de Napoléon, 14 juin 1810 (IV, B. 293, n.º 5565).

VENDÉMIAIRE *an IV* (Journée du 13). V. *Journées mémorables.*

VENDEURS. V. *Vente.*

VENDOME. Circonscription des paroisses de cette ville, 19 = 27 mai 1791. — Dispositions contenant des mesures pour y assurer la tranquillité, 17 et 24 fructidor an IV [3 et 10 septembre 1796] (II, B. 73 et

76, n.ºs 679 et 700). — Ces dispositions sont abrogées, 6 vendémiaire an VI [27 septembre 1797] (II, B. 149, n.º 1455). — Formation de la haute cour de justice dans cette ville, 21 thermidor an IV [8 août 1796] (II, B. 67, n.º 603).

VÉNÉRIENS. Décomptes et retenue d'hôpital des militaires attaqués de maladies vénériennes, 7 messidor an IX [26 juin 1801] (III, B. 87, n.º 722).

VENGEANCE. Peines pour divers délits commis par vengeance sur des propriétés particulières, 25 septembre = 6 octobre 1791, part. I.re titre II, sect. II, art. 35 et suiv.

VENGEUR (Vaisseau dit le). Sa forme est suspendue aux voûtes du Panthéon. V. *Honneurs publics.*

VENISE (États de). Époque fixée pour y mettre le Code civil en activité, 10 février 1806 (IV, B. 73, n.º 1300). — Leur réunion au royaume d'Italie, 30 mars 1806 (IV, B. 84, n.º 1402). V. *Italie.*

VENLO. La continuation du transit par *Venlo*, des marchandises expédiées de Hollande pour le pays de Juliers, est autorisée, 9 prairial an IV [28 mai 1796] (II, B. 50, n.º 426).

VENT. Le droit de faire usage du vent pour le service d'un moulin est supprimé sans indemnité, 15 = 28 mars 1790.

VENTEROLLES (Le droit de) est déclaré rachetable, mais doit être payé jusqu'au rachat, 15 = 28 mars 1790, 15 = 19 juin, 18 juin = 6 juillet 1791.

VENTES *d'armes.* V. *Armes* et *Armée* au titre *Armement;* — de biens nationaux. V. *Domaines nationaux;* — de bois. V. *Bois;* — de boissons. V. *Boissons;* — de comestibles. V. *Comestibles;* — de droits successifs. V. *Droits successifs;* — par expropriation forcée. V. *Expropriation;* — de grains. V. *Grains;* — de gravures et images obscènes. V. *Gravures;* — d'immeubles. V. *Immeubles;* — d'inscriptions sur le grand-livre V. *Dette publique* et *Grand-livre.*

VENTES *de marchandises, meubles et objets mobiliers.* Abolition des droits perçus sous prétexte de vente de marchandises, 15 = 28 mars 1790. — Les notaires, greffiers, huissiers et sergens sont autorisés à faire les ventes de meubles dans tous les lieux où elles étaient ci-devant faites par les jurés-priseurs, 9, 21 = 26 juillet 1790, art. 6, 17 septembre 1793 et 12 floréal an IV [1.er mai 1796] (II, B. 72, n.º 666), 27 nivôse an V [16 janvier 1797] (II, B. 101, n.º 958). — Abolition du droit de quatre deniers pour livre du prix des ventes de meubles, 5 = 19 décembre 1790. — Deux quittances du prix des ventes peuvent être faites et expédiées sur une même feuille de papier timbré, 7 = 11 février 1791. — Formalités prescrites pour les ventes d'effets et marchandises restés dans les bureaux des douanes, 6 = 22 août 1791; — d'effets provenant de naufrage ou de prises, 9 = 13 août 1791. V. *Armemens en course* et *Prises.* — Dispositions relatives aux ventes pour paiement de contributions, 26 septembre = 2 octobre 1791. — Peines encourues par ceux qui font des ventes à l'encan les décadis et jours fériés, 17 thermidor an VI [4 août 1798] (II, B. 216, n.º 1944). — Formalités prescrites pour les ventes d'objets mobiliers, 22 pluviôse an VII [10 février 1799] (II, B. 258, n.º 2451). V. *Agens de change, Bourses de commerce, Commissaires-priseurs.* — Avis du Conseil d'état sur la transcription des actes de vente sous signature privée, et enregistrés, 12 floréal an XIII [23 mai 1805] (IV, B. 43, n.º 702); — sur plusieurs questions relatives aux quittances et décharges données aux officiers publics qui ont procédé à des ventes à l'encan d'objets mobiliers, 21 octobre 1809 (IV, B.

248, n.º 4775); — relatif à la prescription des amendes prononcées par la loi du 22 frim. an VII, sur l'enregistrement, et par la loi du 22 pluv. de la même année sur la vente publique des effets mobiliers, 22 août 1810 (IV, B. 310, n.º 5883). — Les ventes publiques de marchandises peuvent être faites dans tous les cas par les courtiers de commerce, 22 novembre 1811 et 17 avril 1812 (IV, B. 404 et 430, n.ºs 7465 et 7910).

VENTES à faux poids et mesures. V. *Poids et mesures;* — de médicamens. V. *Médicamens* et *Pharmacie;* — des sels et tabacs. V. *Sels et Tabacs.*

VENTES *simulées.* Peines encourues par ceux qui les font, 25 septembre = 6 octobre 1791, 3 brumaire an IV [25 octobre 1795] (I, B. 204, n.º 1221). — Peines particulières de ceux qui se prêtent à des ventes simulées de navires étrangers, à l'effet de les favoriser, 27 vendémiaire an II [18 octobre 1793].

— (C. Civ.) Les tuteurs sont obligés de faire faire la vente des meubles des mineurs, 452. — Les père et mère, tant qu'ils ont la jouissance des biens du mineur, sont dispensés de les faire vendre, 453. — Le mineur émancipé ne peut vendre ses immeubles sans observer les formes prescrites au mineur non émancipé, 484. — Ce que comprend la vente d'une maison meublée et celle d'une maison avec tout ce qui s'y trouve, 535 et 536. — Objets qui peuvent être vendus, et le prix de la vente placé, lorsque l'usufruitier ne fournit pas caution, 603. — Effet de la vente des droits de la chose sujette à l'usufruit, 621. — Les droits successifs emportent acceptation de la succession, 780. — Formes prescrites pour la vente des effets, meubles et immeubles d'une succession, 796, 805, 806, 826, 827 et 1031. — Le prix des ventes d'objets provenant des successions vacantes est versé

VENTES *et* ISSUES (Le droit de) est déclaré rachetable, et doit être payé jusqu'au rachat, 15 = 28 mars 1790, 15 = 19 juin 1791.

VENTILATION. (C. Civ.) Dans quel cas elle a lieu, art. 573. — L'acheteur d'une chose qui est périe en partie, peut demander la ventilation du surplus, 1601. — On procède à la ventilation quand l'acquéreur évincé d'une partie conserve le reste, 1637. — Elle a lieu en cas de vices rédhibitoires dans une chose que l'acquéreur veut garder, 1644; — et pour déterminer le prix particulier d'immeubles divers compris dans une même vente, 2111 et 2192.

VENTRE (Curateur au). V. *Curateur*.

VEOURE (Torrent de la). Création d'une commission pour l'exécution des travaux destinés à défendre la commune de Chabeuil des irruptions de ce torrent, 14 août 1813 (IV, B. 516, n.º 9494).

VÉRAI (Le sieur) est décrété d'accusation, 20 juillet 1792.

VÉRAT (Le droit de banalité de) est aboli sans indemnité, 15 = 28 mars 1790.

VERBERIE. Etablissement et époque de la tenue d'une foire dans cette commune, 27 prairial an IX [16 juin 1801] (III, B. 84, n.º 684).

VERCEIL. Fixation du traitement et des menues dépenses des tribunaux de police de cette ville, 30 messidor an XI [19 juillet 1803] (III, B. 298, n.º 2977). — Formation d'une direction de douanes, 14 fructidor an XI [1.er septembre 1803] (III, B. 310, n.º 3132). — La sortie des armes de luxe de la fabrique de Liége est permise par le bureau de douane de cette ville, 12 frimaire an XIII [3 décembre 1804] (IV, B. 24, n.º 414). — Publication de la bulle d'institution canonique de l'évêque, 23 juin 1806 (IV, B. 103, n.º 1732).

VERDALE. La vente d'un terrain appartenant à cette commune est autorisée, 26 germinal an X [16 avril 1802] (III, B. 177, n.º 1384).

VERDINE (La). Etablissement de deux nouvelles foires dans cette commune, 29 brumaire an X [20 novembre 1801] (III, B. 131, n.º 1000).

VERDUN. Suppression des paiemens qui doivent être faits aux habitans de cette ville, pour offices ou autres créances nationales, jusqu'à ce qu'il ait été statué sur leur conduite lors de la reddition de cette place, 14 septembre 1791. — Cette disposition est rapportée, 9 février 1793. — Ses habitans n'ont point démérité de la patrie, *ibid.* — Destitution et décret d'accusation contre plusieurs fonctionnaires publics, *ibid.*

VERGERIE (Le sieur Mercier) est nommé membre du Corps législatif, 4.e jour complémentaire an XIII et 2 vendémiaire an XIV [21 et 24 septembre 1805] (IV, B. 61, n.º 1075).

VERGERS. Peines encourues pour ceux qui allument du feu dans les champs trop près des vergers, 28 septembre = 6 octobre 1791.

VERGES (Le sieur) est nommé juge au tribunal de cassation, 13, 14, 15, 16, 17 et 18 germinal an VIII [3, 4, 5, 6, 7 et 8 avril 1800] (III, B. 18, n.º 123).

VERGNIAUD (Le représentant du peuple) est décrété d'arrestation et d'accusation, et traduit devant le tribunal révolutionnaire, 2 juin, 28 juillet et 3 octobre 1793.

VERGNIAUD (Le sieur). Validité de sa nomination au Corps législatif par la colonie de Saint-Domingue, 18 prairial an VI [6 juin 1798] (II, B. 206, n.º 1871).

VERGNIAUD (Le sieur) est nommé membre du Corps législatif, 25 floréal an VII [14 mai 1799] (II, B. 281, n.º 2942), et 4 nivôse an VIII

[25 décembre 1799] (II, B. 341, n.º 3509).

VERGUE (le sieur) est nommé préfet du département de la Haute-Saône, 11 ventôse an VIII [2 mars 1800] (III, B. 44, n.º 308).

VÉRIDIEN. Établissement d'une taxe au passage du pont qui doit être établi près de cette commune, 2.ᵉ jour complémentaire an XII [19 septemb. 1804] (IV, B. 16, n.º 272).

VERHUELL (Le sieur) est nommé membre du Corps législatif, 19 février 1811 (IV, B. 353, n.º 6546).

VERHUEL (Le vice-amiral) est nommé grand-officier de l'Empire, inspecteur général des côtes de la mer du Nord, 7 avril 1813 (IV, B. 493, n.º 9085).

VÉRIFICATEURS des assignats. V. Assignats; — de l'enregistrement. V. Enregistrement (Régie de l').

VÉRIFICATEURS généraux (Les) établis dans les divisions militaires, sont supprimés et remplacés par des inspecteurs généraux, 19 fructidor an IX [6 septembre 1801] (III, B. 101, n.º 847).

VÉRIFICATION. (C. Civ.) Dans quel cas le tribunal ordonne la vérification de l'écriture ou de la signature, art. 1324. — Vérification par parties, d'un ouvrage consistant en différentes pièces, 1791. — L'hypothèque judiciaire résulte des reconnaissances ou vérifications faites en jugement, 2123.

— (C. P. C.) La preuve par témoins est ordonnée, quand la vérification des faits par cette voie est jugée utile et admissible, art. 34.

— (C. Co.) Règles sur la vérification des créances du failli, art. 501 et suiv.

VÉRIFICATION d'écritures. (C. P. C.) Assignation en reconnaissance, art. 193. — Jugement qui, sur dénégation, ordonne la vérification, 195. — Nomination d'experts, 196. —

Juge commis, dépôt, signature et paraphe de la pièce, ibid. — Manière de procéder en cas de récusation, 197. — Ordonnance pour la comparution des parties à l'effet de convenir de pièces de comparaison, 199. — Cas où, vu le défaut de comparution, la pièce est rejetée, ou tenue pour reconnue, ibid. — Jugement qui est en conséquence rendu à la première audience, ibid. — Pièces que le juge peut d'office recevoir comme pièces de comparaison, 200. — Ordonnance pour l'apport des pièces de comparaison par les personnes qui en sont dépositaires, 201. — Comment il est procédé dans le cas où les pièces de comparaison ne peuvent être déplacées, 202. — Sommation aux experts et aux dépositaires, 204. — Cas où, vu l'insuffisance des pièces de comparaison, le juge-commissaire peut ordonner qu'il sera fait un corps d'écritures, 207. — Opérations des experts, 208 et suiv. — Condamnation à prononcer dans le cas où la pièce est écrite ou signée par celui qui l'a déniée, 213. V. Écritures, Méconnaissance.

— (Tarif des frais en mat. civ.), art. 76, 163.

VÉRITÉ. (C. P. C.) Les témoins sont tenus de faire serment de dire la vérité, art. 35.

— (C. I. C.) Les témoins font serment de la dire toute entière, art. 317. — Le président de la cour d'assises peut demander aux témoins et à l'accusé tous les éclaircissemens qu'il croit nécessaires à la manifestation de la vérité, 319. — Le procureur général impérial peut faire citer à sa requête les témoins indiqués par l'accusé, lorsqu'il juge que leur déclaration peut contribuer à faire découvrir la vérité, 321.

VERMANTON. Il est accordé des indemnités aux pères et mères des volontaires de cette ville submergés dans la Seine, 12 septembre 1793.

VERMEIL (Le sieur) est nommé membre du tribunal de cassation, 14 prairial an IX [3 juin 1801] (III, B. 83, n.º 677).

VERNE (Le sieur) est nommé membre du Corps législatif, 4 nivose an VIII [25 décembre 1799] (II, B. 341, n.º 3509).

VERNE (Le sieur) est nommé membre du Corps législatif, 24 floréal an VII [13 mai 1799] (II, B. 281, n.º 2960).

VERNE. Réunion de cette commune à la France, 23 mars 1793.

VERNEILH (Le sieur). Il est nommé préfet du département de la Corrèze, 11 ventôse an VIII [2 mars 1800] (III, B. 44, n.º 308); — du Mont-Blanc, 8 floréal an X [28 avril 1802] (III, B. 188, n.º 1495); — membre du Corps législatif, 9 et 10 août 1810 (III, B. 307, n.º 5847).

VERNEUIL. Circonscription des paroisses de cette ville, 24 = 30 mai 1792.

VERNIER (Le représentant du peuple) est décrété d'arrestation, 3 octobre 1793. — Il est rappelé dans le sein de la Convention nationale, 18 frimaire an III [8 décembre 1794] (I, B. 96, n.º 495). — Il est nommé membre de la commission législative du Conseil des anciens, 19 brumaire an VIII [10 novembre 1799] (II, B. 325, n.º 2407); — membre du Sénat conservateur, 4 nivôse an VIII [25 décembre 1799] (II, B. 341, n.º 3509).

VERNINAC (Le sieur) est nommé préfet du département du Rhône, 11 ventôse an VIII [2 mars 1800] (III, B. 8, n.º 61).

VERNON. Les sabres pris sur les rebelles dans cette ville, sont déposés au comité de sûreté générale, 19 juillet 1793. — Trois filles de cette ville sont dotées par la nation, 22 juillet 1793.

VERRERIES. Les propriétaires ou fermiers de verreries et leurs associés ou cautions, ne peuvent occuper des places dans la conservation forestière, 15 = 29 septembre 1791. — Epoque à laquelle doivent être admis à la consommation de l'intérieur, les ouvrages de verrerie qui ont été reçus dans les entrepôts de la ci-devant Belgique, 2 floréal an IV [21 avril 1796] (II, B. 44, n.º 355). — Annullation d'un arrêté par lequel un préfet avait autorisé l'établissement d'une verrerie, 16 frimaire an XIV [7 décembre 1805] (IV, B. 71, n.º 1217).

VERRIÈRES (Le sieur), *commandant de gendarmerie*. Formation d'un escadron de cavalerie sous son commandement, 9 = 11 octobre 1792.

VERRIÈRES. La vente d'un terrain appartenant à cette commune est autorisée, 21 frimaire an X [12 décembre 1801] (III, B. 142, n.º 1077).

VERRIOU (Le sieur) est nommé membre du Corps législatif, 30 prairial an V [18 juin 1797] (II, B. 129, n.º 1251).

VERROTERIES. Ports affectés à leur entrepôt réel, 11 thermidor an X [30 juillet 1802] (III, B. 207, n.º 1878).

VERSAILLES. Suspension, à l'égard de tous particuliers, de l'exercice de la chasse sur leurs propriétés enclavées dans le grand et petit parc de cette ville, 31 août 1790. — La municipalité est autorisée à percevoir les droits perçus ci-devant par le Roi, pour subvenir à ses dépenses particulières et à l'entretien de ses établissemens publics, à la charge d'en verser les dix sous pour livre au trésor public, 18 = 21 septembre 1790. — Suppression d'un traitement accordé au bailli de cette ville comme commissaire du conseil pour les droits d'aides, 25 mars 1791. — Nomination de plusieurs juges de paix, 26 novembre = 5 décembre 1790, et 13 août 1792. — Le château, les maisons, bâtimens, emplacemens, terres, prés, corps de fermes, bois et forêts composant les grands et petits parcs, sont réservés au Roi, 1.er juin 1791, art. 3. — Établissement d'un tribunal de commerce, 14 = 28 juin 1791. — Gratification accordée au propriétaire du Jeu de paume, estimation et remboursement de cette maison, 30 septembre = 16 octobre 1791, et 26 vent. an II [16 mars 1794]. — Résiliation des baux passés à loyer pour le service des pages de l'écurie et de la vénerie, 7 mars 1793, art. 7. — Suppression de la maison de Saint-Louis de Saint-Cyr-lès-Versailles, 16 mai 1793. — Le château est consacré à un établissement public national, 8 juillet 1793. — La maison du jeu de paume est déclarée domaine national, et doit être employée à un établissement d'instruction publique; inscription qui doit être gravée sur ses murs, 7 brumaire an II [28 octobre 1793]. — Cette ville a bien mérité de la patrie, *ibid.*—Conservation et entretien, aux frais de l'État, des maisons et jardins pour servir aux jouissances du peuple et à des établissemens utiles à l'agriculture et aux arts. 16 floréal an II [5 mai 1794]. — Établissement d'une école d'économie rurale vétérinaire, 29 germ) an III [18 avril 1795] (I, B. 139, n.° 774). — Formation d'un établissement d'horlogerie automatique, 7 messidor an III et 8 fructidor an VI [25 juin 1795, et 24 août 1798]. — L'église de Saint-Louis est rendue au culte, 4 floréal an IV [28 avril 1796] (II, B. 44, n.° 360). — Établissement d'un octroi municipal, 14 messidor an VII [2 juillet 1799] (II, B. 293, n.° 3111). — Le percepteur des contributions est assimilé aux receveurs particuliers, 9 fructidor an X [27

août 1802] (III, B. 212, n.° 1918). — Établissement d'un lycée, 1.er vendémiaire an XII [24 sept. 1803] (III, B. 318, n.° 3218). — Le maire assiste au serment de l'Empereur, 3 messidor an XII [22 juin 1804 (IV, B. 6, n.° 56). — Aucun forçat libéré, à moins d'une autorisation spéciale du ministre de la police générale, ne peut fixer sa résidence dans cette ville, 17 juillet 1806, art 5 (IV, B. 132, n.° 2164). — Approbation de l'institution et des statuts de la maison de refuge, 23 juillet 1811 (IV, B. 385, n.° 7153). — Réglement sur l'exercice de la profession de boulanger dans cette ville, 16 novemb. 1813 (IV, B. 535, n.° 9836).

VERS À SOIE. Ils sont insaisissables pendant leur travail, ainsi que la feuille du mûrier nécessaire à leur subsistance, 28 septembre = 6 octobre 1791.

VERSOIX. Suppression du bureau de poste de cette commune, 11 messidor an VI [29 juin 1798] (II, B. 209, n.° 1899).

VERSTOLK (Le sieur) est nommé préfet du département de la Frise, 13 décembre 1810 (IV, B. 331, n.° 6166).

VERTE-MOUTE (Le droit de) est supprimé sans indemnité, 15 = 28 mars 1790.

VERSEUIL (Le sieur) est nommé juge au tribunal criminel extraordinaire, 26 septembre 1793.

VÉRUHE. Secours accordés à la municipalité de cette commune, 7 = 11 mai 1792.

VERVINS. Vente de domaines nationaux à la municipalité de cette commune, 8 décembre 1790 = 5 janvier 1791.

VERZÉ. Cette commune est autorisée à faire une imposition sur elle-même pour réparations de l'église servant de maison commune, 27 germinal an X [17 avril 1802] (III, B. 179, n.º 1402).

VÉSIGNEUX (Le sieur GANAY) est nommé membre du Corps législatif, 9 et 10 août 1810 (IV, B. 307, n.º 5847).

VESIN (Le sieur) est nommé membre du Tribunat, 4 nivôse an VIII [25 décembre 1799] (II, B. 341, n.º 3509).

VESOUL. La vente d'une maison et dépendances appartenant à cette commune est autorisée, 30 germinal an X [20 avril 1802] (III, B. 181, n.º 1424).

VEST (Les formalités de) sont abolies dans les pays de nantissement, 19 = 27 septembre 1790.

VET-DU-VIN. Abolition sans indemnité des droits connus sous la dénomination de *Vet-du-vin*, *Ban-vin*, *Étanche*, &c., 15 = 28 mars 1790.

VÉTÉE (Le droit de) est aboli sans indemnité, 13 = 20 avril 1791, titre I.er, art. 16.

VÊTEMENS. Peine encourue pour avoir dépouillé un prisonnier de guerre de ses vêtemens, 21 = 22 août 1790. — Les vêtemens ne peuvent être saisis pour contributions arriérées, 26 septembre = 2 octobre 1791. — Défense de gêner les citoyens des deux sexes dans le choix de leurs vêtemens, 8 brumaire an II [29 octobre 1793].

VÉTÉRANS *de la garde nationale.* Leur formation en compagnie est autorisée, 29 septembre = 14 octobre 1791. — Leur uniforme, armement, service et prérogatives, *ibid.* et 14 frimaire an II [4 décemb. 1793]. — Ils ont le pas sur les vétérans nationaux, 30 avril = 16 mai 1792. — Les citoyens âgés de plus de cinquante ans peuvent continuer à servir dans les bataillons de vétérans, 29 mai = 6 juin 1792. V. *Garde nationale.*

VÉTÉRANS *nationaux.* V. *Armée* au titre *Invalides.*

VÉTÉRINAIRE (Art). Établissement d'écoles pour l'enseignement de cet art, et leur organisation, 29 germinal an III [18 avril 1795] (I, B. 139, n.º 774), et 15 janvier 1813 (IV, B. 475, n.º 8692).

VÉTÉRINAIRES (Artistes). Solde et marques distinctives des aides-vétérinaires dans les corps de troupes à cheval, 24 décembre 1812 (IV, B. 457, n.º 8424). V. *Artistes vétérinaires.*

VETO *du Roi* (Le) n'est que suspensif, constitution du 3 = 14 septembre 1791, tit. III, chap. III, sect. III, art. 2.

VÉTUSTÉ. (C. Civ.) Lorsqu'un bâtiment est tombé de vétusté, ni le propriétaire ni l'usufruitier ne sont tenus de le reconstruire, art 607 et 624. — Les locataires ne sont pas tenus des réparations occasionnées par vétusté, 1755.

— (C. P.) Peines pour incendie causé par vétusté, art. 45.

VEURDRE (Commune de). Il n'y a lieu à autoriser une imposition extraordinaire proposée pour cette commune, 7 octobre 1812 (IV, B. 453, n.º 8346).

VEUVES. Les veuves des administrateurs ne peuvent être poursuivies pour raison des comptes de leurs maris, 28 décembre 1789 = 10 avril 1790. — Celles des fonctionnaires publics, des artistes et des savans ont droit à des pensions, 3 = 22 août 1790. — Les veuves sont exemptes de contribution pour le service de la garde nationale, 29 septembre = 14 octobre 1791. — Une femme veuve et non remariée peut désigner un de ses fils majeurs pour être inscrit sur la liste des éligibles, si elle paie une somme assez forte pour être du nombre des six cents plus imposés, 19 fructidor an X [6 septembre 1802, art. 69 (III, B.

213, n.º 1964). Voyez, pour les veuves des émigrés, des militaires et des titulaires de majorats, les articles *Émigrés, Pensions militaires, Secours* et *Titres et Majorats*.

— (C. Civ.) Une veuve ne peut passer à de secondes noces qu'au bout de dix mois, art. 228. — Règles et conditions relatives à leur acceptation ou renonciation à la communauté, 1453 *et suiv.* — Veuves des condamnés. V. *Condamnés, Femmes.*

— (C. P. C.) Prolongation du délai que la veuve peut obtenir pour faire inventaire et délibérer, art. 174. — Délai qui lui est accordé pour appeler garant, 177. — Les exceptions ne peuvent être proposées qu'après ce délai, 187. — On assigne au tribunal de commerce les veuves et héritiers de ceux qui en sont justiciables, 426.

— (C. Co.) Dispositions qui sont communes aux veuves, art. 62. V. *Prescription.*

VEZELLE (Le sieur) est nommé membre du Corps législatif, 4 nivôse an VIII [25 décembre 1799] (II, B. 341 , n.º 3509).

VÉZIN (Le sieur) est délégué des Consuls dans la 19.e division militaire, 29 brumaire an VIII [20 nov. 1799] (II, B. 330, n.º 3437).

VÉZIN (Le chevalier) est nommé membre du Corps législatif, 5 et 6 janvier 1813 (IV, B. 464, n.º 8545).

VHITE (Le sieur) obtient un brevet d'invention, 8 floréal an VIII [28 avril 1800] (III, B. 22, n.º 156).

VIABILITÉ. (C. Civ.) L'enfant né avant le cent-quatre-vingtième jour du mariage ne peut être désavoué par le père, s'il n'est pas déclaré viable, art. 314. — L'enfant qui n'est pas né viable ne peut succéder, 725. — Le testament ou la donation faite en faveur d'un enfant conçu, n'a d'effet qu'autant qu'il est né viable, 906.

VIAL (Le sieur) est nommé caissier des recettes journalières, 16 germ.

an VIII [6 avril 1800] (III, B. 21, n. 138).

VIALA (Agricole). Honneurs rendus à sa mémoire et à sa famille, 18 flor. et 10 prair. an II [7 et 29 mai 1794], 17 prairial et 23 messid. an II [5 janv. et 11 juillet 1794] (I, B. 2 et 20, n.ºs 4 et 94).

VIALETES DE MORTARIEU (Le sieur) est nommé membre du Corps législatif, 4 mai 1811 (IV, B. 367, n.º 6725).

VIANDE. Les droits perçus à raison de l'apport au dépôt des viandes dans les foires et marchés sont abolis sans indemnité, 15 = 28 mars 1790. — La viande de boucherie peut être taxée, 10 = 22 juillet 1791. — Peine contre ceux qui la vendent au-dessus de la taxe, 3 brumaire an IV [25 octobre 1795] (I, B. 204, n.º 1221). — Fixation des rations de viande pour les troupes, 21 = 24 février, 23 = 29 juin 1792, 25 fructidor an IX [12 septembre 1801] (III, B. 104, n.º 858). — La fourniture de la viande pour les invalides est donnée à l'entreprise, 30 avril = 16 mai 1792. V. *Armée* au titre *Vivres.* — Prohibition de la sortie des viandes, 30 novembre 1792, 5 frimaire an IX et 8 pluviôse an X [26 novembre 1800 et 28 janvier 1802] (III, B. 54 et 159 , n.ºs 899 et 1223).

VIARD (Le sieur) est nommé membre de la commission des émigrés, 22 vent. an VIII [13 mars 1800] (III, B. 11, n.º 78).

VIC (La commune de) est autorisée à vendre un terrain à elle appartenant, 5 nivôse an X [26 décembre 1801] (III, B. 147, n.º 1134).

VICAIRE *apostolique* (Le) ne peut exercer en France aucune fonction relative aux affaires de l'église gallicane, sans autorisation du Gouvernement, 18 germinal an X [8 avril 1802], art. 2 (III, B. 172, n.º 1344).

VICAIRES. Les droits casuels des vicaires sont supprimés, 11 août =

3 nov. 1789. — Les vicaires à portion congrue sont exemptés de la contribution aux impositions, 25 sept. 1789. — Cette disposition est rapportée, 26 sept. 1789. — Les vicaires sont tenus de faire au prône les publications de décrets, sous peine d'être déchus des droits de citoyen, 15 = 26 mai, 2 = 3 juin 1790, 28 fév. — 17 avril 1791. — Leur élection, leur nomination, leurs attributions, leurs fonctions et leur traitement, 12 juillet = 24 août 1790, et 18 germ. an X [8 avril 1802], art. 31 (III, B. 172, n.º 1344). — Les religieux sont admissibles aux fonctions de vicaires 8 = 14 octobre 1790. — Devant qui et dans quel délai ils sont tenus de prêter serment, 27 nov. = 26 décembre 1790. — Peine qu'ils encourent en cas de refus, ibid. — Qualités et conditions requises pour être élu vicaire, 7 = 9 janv., 25 = 30 mars, 4 = 6 avril 1791, 5 = 8 janvier 1792. — Les vicaires ne font point de service personnel dans la garde nationale; ils sont soumis au remplacement ou à la taxe, 29 septembre = 14 octobre 1791. — Ceux qui sont salariés par l'Etat sont exempts du recrutement, 23 mars 1793. — Avis du Conseil d'état relatif à la quotité et au mode de paiement du traitement des vicaires, 21 décembre 1808 et 19 mai 1811 (IV, B. 221 et 372, n.ºs 4035 et 6854).

VICAIRES directeurs et supérieurs de séminaires. Leur traitement, 22 déc. 1790 = 5 janvier 1791.

VICAIRES généraux (Nombre de) que peut nommer chaque évêque et chaque archevêque, 18 germinal an X [8 avril 1802], art. 21 (III, B. 172, n.º 1344). — Leurs fonctions, ibid. art. 22 et 36.

VICE-AMIRAUX. Leur nombre, mode de leur nomination, admission et avancement, leur traitement et leur costume, 22 avril = 17 mai 1791,

26 et 27 mai = 1.er juin 1791, 3 brumaire an IV [25 octobre 1791] (I, B. 205, n.º 1232), 29 therm. an VIII [17 août 1800] (III, B. 39, n.º 250). — Fixation de leurs frais de voyage, 29 pluviôse an IX [18 février 1801] (III, B. 68, n.º 529). — Nombre de parts qu'ils ont dans les prises, 9 ventôse an IX [28 fév. 1810], art. 10 (III, B. 71, n.º 548).

VICE-CONSULS de France. Formule de leur serment et délai dans lequel ils sont tenus d'en notifier l'acte de prestation au Corps législatif, 16 nov. = 1.er décembre 1790 — Manière dont ils doivent prononcer sur la validité des prises, 18 floréal an IV [7 mai 1796] (II, B. 44, n.º 368).

VICENCE (Le sieur Caulincourt, duc de) est nommé ministre des relations extérieures, 20 nov. 1813 [IV, B. 537, n.º 9863).

VICE-PRÉSIDENT de l'Assemblée nationale. Sa nomination et ses fonctions, 3 = 14 septembre 1791.

— de l'Assemblée législative, 18 octobre 1791.

VICE-PRÉSIDENT du Sénat. On appelle ainsi le sénateur qui est désigné pour présider le Sénat, 12 fructidor an X [30 août 1802] (III, B. 211, n.º 1943). — Durée de ses fonctions, ibid.

VICE-PRÉSIDENS des tribunaux de première instance et d'appel. Leur traitement, 27 ventôse an VIII [18 mars 1800], art. 14 et 15 (III, B. 15, n.º 103].

VICES. (C. Civ.) Celui qui ignore les vices du titre qui lui a transmis sa propriété, est réputé possesseur de bonne foi, art. 550. — Actes contre lesquels les vices de forme ne peuvent être opposés, 1338. — Quand un bâtiment a causé du dommage par sa ruine provenant d'un vice de construction, le propriétaire en est responsable, 1386. — Quels vices donnent lieu à la restitution du prix d'objets vendus, et même à des dommages-intérêts, 1641 et suiv.—Délai dans lequel doit être intentée l'action résultant des vices rédhibitoires, 1648. — Cette action n'a pas lieu dans les ventes faites par autorité de justice, 1649. — Quand un incendie a eu pour cause un vice de construction, le preneur n'en est pas responsable, 1733.

VICOMTÉS (Suppression des), et défense à tout citoyen de prendre le titre de vicomte, 19 = 23 juin 1790, et 7 = 11 septembre suivant.

VICTOIRE (Fête de la). Époque de sa célébration, 18 floréal an IV [7 avril 1796] (II, B. 45, n.º 356).

VICTUAILLES. (C. Co.) Cas où le capitaine peut emprunter pour acheter des victuailles, art. 234. — Au paiement de quels objets les victuailles sont affectées, 320.

VIDAL (Le représentant du peuple) est chargé d'une mission près les armées, 20 fructidor an II [6 sept. 1794] (I, B. 55, n.º 294).

VIDAL-CONTANT (Le sieur) est nommé membre du Corps législatif, 5 et 6 janvier 1813 (IV, B. 464, n.º 8545).

VIDALAT (Le sieur) est nommé membre du Corps législatif, 1.er prairial an V [20 mai 1797] (II, B. 125, n.º 1212).

VIDAME. Défense de prendre et de donner ce titre, 19 = 23 juin 1790.

VIDANGES (Fonctions de la conservation forestière relativement aux), 15 = 29 septembre 1791.

VIDE-MAIN (Abolition des droits de), 15 = 28 mars 1790, tit. II, art. 1.er

VIDOINE (Le sieur) est nommé membre de la commission de police administrative de Paris, 26 vendémiaire an III [17 octobre 1794] (I, B. 74, n.º 394).

VIE (Baux à). V. Baux.

VIE (Certificats de). V. Certificats.

VIEFVILLE DES ESSARTS (Le sieur) est nommé préfet du département de la Mayenne, 25 septembre 1813 (IV, B. 526, n.º 9742).

VIEILLARD (Le sieur) est nommé juge au tribunal de cassation, 13, 14, 15, 16, 17 et 18 germinal an VIII [3, 4, 5, 6, 7 et 8 avril 1800] (III, B. 18, n.º 123); — inspecteur général des écoles de droit de Paris et de Dijon, 10 brumaire an XIII [1.er novemb. 1804] (IV, B. 20, n.º 369).

VIEILLARDS (Peines contre ceux qui blessent ou frappent des), 19 = 22 juillet 1791. — Secours à accorder à ceux auxquels l'âge ne permet plus de trouver dans leur travail des ressources suffisantes contre le besoin, 28 juin 1793, tit. II. — Création et mode de célébration de la fête des vieillards, 3 brumaire et 27 thermidor an IV [25 octobre 1795 et 14 août 1796] (I, B. 203, n.º 1216, et II, B. 67, n.º 611).

VIEILLE-MONTAGNE (Mines de calamine dites de la). V. Mines.

VIEIL-MOULIN. La concession d'un terrain appartenant à cette commune est autorisée, 14 nivôse an X [4 janvier 1802] (III, B. 153, n.º 1190).

VIEN (Le sieur) est nommé membre du Sénat conservateur, 4 nivôse an VIII [25 décembre 1799] (II, B. 341, n.º 3509).

VIENNE (Département de la). Son classement dans la division territoriale de la France, et sa composition, 15 janv., 16 et 26 fév. = 4 mars 1790. — Il y est formé un second bataillon de volontaires, 17 août 1792. — Validité des opérations de l'assemblée électorale pour la nomination des députés au Corps législatif, 14 floréal an VII [3 mai 1799] (II, B. 277, n.º 2869). — Réduction et rectification des justices de paix, 27 brumaire et 9 pluviose an X [18 novembre 1801 et 29 janvier 1802] (III, B. 148, n.º 1143, et B. 228 bis, n.º 2). — Sont nommés préfets, MM. Cochon, 11 vent. an VIII [2 mars 1800] (III, B. 44, n.º 308); — Chéron l'aîné, 13 thermidor an XIII [1.er août 1805]

IV, B. 53, n.º 880); — Mallarmé, 3 novembre 1807 (IV, B. 168, n.º 2862). — Désignation des écoles secondaires, 13 frimaire an XI [4 décembre 1802] (III, B. 234, n.º 2182). — Création du dépôt de mendicité, 29 octobre 1809 (IV, B. 251, n.º 4821).

VIENNE (Département de la Haute-). Son classement dans la division territoriale de la France et sa composition, 15 janvier, 16 et 26 février = 4 mars 1790. — Circonscription des paroisses, 1.er, 12 juin 1791. — Secours à accorder à différentes personnes qui y ont été incendiées en 1790 et 1791, 8 = 11 avril 1792. — Les habitans ont bien mérité de la patrie, 9 mai 1793. — Envoi dans les départemens et aux sections de Paris, de l'arrêté du conseil général de ce département, ibid. — Validité des opérations de l'assemblée électorale pour la nomination des députés au Corps législatif, 25 floréal an VII [14 mai 1799] (II, B. 281, n.º 2942). — Réduction des justices de paix, 9 frimaire an X [30 novemb. 1801 (III, B. 156, n.º 1205). — Sont nommés préfets, MM. Pougéard du Limbert, 11 ventôse an VIII [2 mars 1800 (III, B. 44, n.º 308); — Texier-Olivier, 18 ventôse an X [9 mars 1802] (III, B. 170, n.º 1312). — Désignation des écoles secondaires, 8 pluviôse an XI [28 janvier 1803] (III, B. 245, n.º 2293). — — Création du dépôt de mendicité, 29 septembre 1809 (IV, B. 246, n.º 4752).

VIÉNOT-VAUBLANC (Le sieur) est déporté, 19 fructidor an V [5 septembre 1797] (II, B. 142, n.º 1400). — Il est assimilé aux émigrés pour n'avoir pas subi sa déportation, 7 thermidor an VII [25 juillet 1799] (II, B. 297, n.º 3166). — — Il cesse d'être en surveillance et il est rendu à tous les droits de citoyen, 29 pluviôse an VIII [18 février 1800] (III, B. 6, n.º 51). — Il est nommé membre du Corps législatif, 24 frimaire an IX [15 décembre 1800] (III, B. 57, n.º 417).

VIÉVILLE (Le sieur HONNAIRE-) est nommé membre du Corps législatif, 1.er prair. an V [20 mai 1797] (II, B. 125, n.º 1212).

VIEUVILLE (Le comte DE LA) est nommé préfet du département du Haut-Rhin, 12 mars 1813 (IV, B. 485, n.º 8965).

VIEUX-DAMPIERRE. Cette commune est autorisée à faire une imposition sur elle-même pour la reconstruction d'un pont, 27 germinal an X [17 avril 1802] (III, B. 178, n.º 1392).

VIF HERBAGE. V. Herbage.

VIGÉE (Le représentant du peuple) est traduit devant le tribunal révolutionnaire, 3 octobre 1793.

VIGIER (Le sieur) est décrété d'accusation, 6 = 10 juin et 17 = 26 juin 1792.

VIGNERON (Le sieur) est nommé membre du Corps législatif, 4 nivôse an VIII [25 décembre 1799] (II, B. 341, n.º 3509).

VIGNES. Prix de l'acquisition des vignes devenues domaines nationaux, 9 = 25 juillet 1790. — Dispositions à l'égard de celles qui dépendent des baux à ferme des biens nationaux, 23 octobre = 5 novembre 1790. — Evaluation du produit des vignes pour la cotisation à sa contribution foncière, 23 novembre = 1.er déc. 1790, et 3 frimaire an VII [23 novembre 1798] (II, B. 243, n.º 2197). — Peines pour être entré dans les vignes avant la récolte et y avoir commis des dégâts, 28 septembre = 6 octobre 1791. — Mode d'estimation des vignes provenant de domaines engagés, 14 ventôse an VII [4 mars 1799] (II, B. 263, n.º 2586).

— (C. Civ.) L'usufruitier peut prendre dans les bois des échalas pour ses vignes, art. 593. — Formalités qui ne sont pas exigées des vignerons pour leurs billets ou promesses, 1326.—Durée présumée du bail à ferme d'une vigne, qui a été fait sans écrit, 1774.

VIGNETTE *du Bulletin des lois.* V. *Bulletin des lois.*

— *du Directoire exécutif.* Sa forme, 4.ᵉ jour complémentaire an VI [20 septembre 1798] (II, B. 227, n.º 2040 *bis*).

VIGNETTES *et* TIMBRES. V. *Sceau des autorités publiques.*

VIGNIER (Le sieur) est confirmé dans la place qu'il occupe à Rochefort, 12 = 13 août 1792.

VIGUERIES (Les) sont abolies, 7 = 11 septembre 1790. — Leurs registres et minutes sont déposés aux greffes des tribunaux de district, 6 = 27 mars 1791.

VIGUIERS *de la vallée d'Andorre.* V. *Andorre.*

VILAINE (Rivière de la). Sa réunion à la Rance. V. *Canaux.*

VILATE (Le sieur) est nommé juré au tribunal extraordinaire, 26 septemb. 1793.

VILETÉ *du prix de la chose vendue à pacte de rachat.* V. *Rachat.*

VILLACH (Le cercle de) porte le nom de *Provinces-Illyriennes,* 14 octobre 1809 (IV, B. 246, n.º 4760).

VILLANDRIE. Cette commune est autorisée à faire une imposition sur elle-même pour les réparations d'un pont, 27 germinal an X [17 avril 1802] (III, B. 178, n.º 1395).

VILLARET-JOYEUSE (Le représentant du peuple) est déporté, 19 fructidor an V [5 septembre 1797] (II, B. 142, n.º 1400). — Main-levée du séquestre apposé sur ses biens, 7 therm. an VII [25 juillet 1799] (II, B. 297, n.º 2165). — Il est nommé membre du Corps législatif, 1.ᵉʳ prairial an V [20 mai 1795] (II, B. 125, n.º 1212).

VILLARS (Le sieur) est nommé membre du Corps législatif, 4 nivôse an VIII

[25 décembre 1799 et 1.ᵉʳ et 2 mai 1809] (II, B. 341, n.º 3509, et IV, B. 237, n.º 4395).

VILLARS DE LANS. Cette commune est autorisée à s'imposer extraordinairement une somme annuelle pendant cinq ans pour la construction d'un pont sur le torrent du Drac; droit de péage à percevoir sur ce pont, 29 mars 1810 (IV, B. 277, n.º 5312).

VILLÉ. La concession à rente d'un terrain appartenant à cette commune est autorisée, 30 germinal an X [20 avril 1802] (III, B. 181, n.º 1431).

VILLE-AUX-CLERCS. Changement d'époques de la tenue des foires de cette commune, 23 brumaire an X [14 novembre 1801] (III, B. 126, n.º 977).

VILLEBERFORCE (Le sieur WILLIAM). Le titre de citoyen français lui est conféré, 26 août 1792.

VILLEBRUNIER. Le canton de cette commune est réuni à l'arrondissement de Montauban, 8 octobre 1810 (IV, B. 323, n.º 6057).

VILLEDUBERT. Vente de domaines nationaux à la municipalité de cette commune; 7 décembre 1790 = 5 janvier 1791.

VILLEFRANCHE. Proclamation sur la nomination du receveur du district, 1.ᵉʳ juin 1791. — Acceptation d'un moulin offert en donation à l'hospice de cette ville, 25 thermidor an IX [13 août 1801] (III, B. 96, n.º 801). — L'acquisition d'une partie du ci-devant couvent de la Visitation est autorisée pour y établir un hôtel de ville, 22 frimaire an X [13 décemb. 1801] (III, B. 143, n.º 1091). — Établissement d'une juridiction de prud'hommes - pêcheurs, 3 nivôse an X [24 décembre 1801] (III, B. 143, n.º 1103). — Sa réunion à celle de Nice, 19 mars 1814 (IV, B. 143, n.º 1103). — Établissement d'une foire dans cette ville, 16 frimaire an XI [7 décembre 1802] (III, B. 234, n.º 2186).

VILLEMINOT (Le sieur) est nommé payeur général de la marine, 16 germinal an VIII [6 avril 1800] (III, B. 21, n.º 135).

VILLEMS (Le sieur) est nommé membre du Corps législatif, 3 et 4 mai 1811 (IV, B. 367, n.º 6723).

VILLE-NAPOLÉON. Cette ville est exemptée de contribution foncière pendant quinze années, 20 pluviôse an XIII [9 février 1805] (IV, B. 33, n.º 548).

VILLENEUVE (Le sieur ALBAN DE) est nommé préfet du département de Sambre-et-Meuse, 3 janvier 1814 (IV, B. 550, n.º 10013).

VILLENEUVE (Le sieur) est nommé préfet du département de Lot-et-Garonne, 26 mars 1806 (IV, B. 83, n.º 1430).

VILLENEUVE. Vente de domaines nationaux à la municipalité de cette ville, 26 novembre = 2 décembre 1790. — Etablissement d'un pont entre Avignon et cette ville, sur les deux bras du Rhône, 26 nivôse an XIII [16 janvier 1805] (IV, B. 27, n.º 469).

VILLENEUVE-SAINT-GEORGES. Vente de domaines nationaux à la municipalité de cette commune, 12 décembre 1790 = 19 janvier 1791.

VILLEPINTE (Concession au sieur) des mines de Couzerans. V Mines.

VILLERS (Le représentant du peuple) est envoyé en mission à Lorient, 23 vendémiaire an III [14 octobre 1794] (I, B. 72, n.º 387). — Il est nommé membre du Corps législatif, 4 nivôse an VIII [25 décembre 1799] (II, B. 341, n.º 3509).

VILLERS-COTTERETS. Le château de cette ville est destiné à servir de maison de reclusion aux mendians et gens sans aveu, 27 floréal an XII [17 mai 1804] (III, B. 362, n.º 3844). — Il est destiné au dépôt de mendicité du département de la Seine, 22 décembre 1808 (IV, B. 218, n.º 4010).

VILLES et VILLAGES. Les villes qui ont plus de deux mille ames ont un juge de paix; dans celles qui ont plus de huit mille ames, le nombre en est fixé par le Corps législatif, 16 = 24 août 1790. — Abolition de la perception des impôts à l'entrée des villes et villages, 19 = 25 février 1791. — Les villes sont déchargées de la dépense des fournitures à faire aux corps-de-garde de l'armée, 1.er = 11 février 1791. — Moyens de pourvoir à leurs besoins, 29 mars = 3 avril 1791. — Conditions nécessaires pour être électeur dans les villes, 3 = 14 septembre 1791, et constitution de l'an III, art. 35. — Peine contre ceux qui auraient pratiqué des intelligences tendant à livrer une ville à l'ennemi, 26 sept. = 2 oct. 1791, et Code pénal, art. 77. — Toute ville qui reçoit dans son sein des brigands ou leur donne des secours, est punie comme rebelle, 11 brumaire an II [1.er novembre 1793]. — Nombre et désignation des villes dont les maires assistent au serment du successeur du premier Consul, 16 thermidor, 8 et 24 fructidor an X [4 et 26 août, 15 septembre 1802] (III, B. 206, 210 et 214, n.ºs 1876, 1929 et 1065). — au serment de l'Empereur, 28 floréal an XII [18 mai 1804] (IV, B. 1, n.º 1), 17 février, 18 août, 13 décembre 1810 (IV, B. 266, 310 et 331, n.ºs 5168, 5879 et 6183).

— (C. Civ.) Le cours de la source qui fournit de l'eau aux habitans des villages ne peut être changé, art. 643.

— (C. P.) Peines contre ceux qui se mettent à la tête de bandes armées pour tenter une invasion dans une ville, art. 96.

VILLES assiégées. Fonds mis à la disposition du ministre de la guerre pour les secourir, 2 octobre 1792. V. *Siége.*

VILLES *de guerre.* Mesure pour assurer la libre circulation des poudres qui leur sont destinées, 4=8 juill. 1790. V. *Armée* au titre *Places de guerre.*

VILLES *en état de rebellion.* Les municipalités sont autorisées à arrêter les marchandises et approvisionnemens expédiés pour les villes en état de rebellion, 1.er octobre 1793. — Ces villes ne peuvent avoir ni établissemens publics, ni arsenal, ni manufactures d'armes, ni fonderies de canons, ni magasins de subsistances, 1.er brumaire an II [22 octobre 1793].

VILLETARD (Le sieur) est nommé membre du Sénat conservateur, 4 nivôse an VIII [25 décembre 1799] (II, B. 341, n.° 3509).

VILLIERS (Le sieur) est nommé membre du Corps législatif, 29 thermidor et 2 fructidor an XII [17 et 20 août 1804] (IV, B. 13, n.° 195).

VILLIERS-LE-DUC. Le nom de cette commune est changé en celui de Villiers-la-Forêt, 8 avril 1793.

VILLIERS DU TERRAGE (Le sieur) est nommé commissaire général de police dans les ports de la Manche, 12 germinal an XII [2 avril 1804] (III, B. 357, n.° 3745).

VILLIERS (Le chevalier) est nommé membre du Corps législatif, 4 mai 1811 (IV, B. 367, n.° 6724).

VILLIOT (Le sieur) est nommé membre du Corps législatif, 28 prairial an VII [16 juin 1799] (II, B. 288, n.° 3025).

VILLOT (Le représentant du peuple) est déporté, 5 fructidor an V [19 septembre 1797] (II, B. 142, n.° 1400). — Il est nommé membre du Corps législatif, 4 nivôse an VIII [25 décembre 1799] (II, B. 341, n.° 3409).

VILLOT - FRÉVILLE (Le sieur) est nommé membre du Tribunat, 4

brumaire an IX [26 octobre 1800] (III, B. 49, n.° 264).

VILLOT-FRÉVILLE *père* (Le sieur) est nommé membre du Corps législatif, 9 thermidor an XI [28 juillet 1803] (III, B. 313, n.° 3172).

VIMAIRE. Mode à suivre à l'égard des contributions en cas de vimaire, 26 septembre=2 octobre 1791.

VIMAR (Le représentant du peuple) est nommé membre de la commission législative du Conseil des anciens, 19 brumaire an VIII [10 novembre 1799] (II, B. 325, n.° 3417); — membre du Sénat conservateur, 3 nivôse an VIII [24 décembre 1799] (II, B. 341, n.° 3509); — à la sénatorerie de Nancy, 2 prairial an XII [22 mai 1804] IV, B. 20, n.° 343).

VIMONT (Les sieurs). Il n'y a pas lieu à accusation contre eux, 25 janvier 1792.

VIMOUT (Le sieur J.-B.) est recommandé au Roi pour le récompenser de la conduite qu'il a tenue comme gabier sur le vaisseau *le Majestueux,* 27 novembre=5 décembre 1790.

VIMOUTIERS. Etablissement et époque de la tenue de quatre foires dans cette commune, 6 messidor an IX [25 juin 1801] (III, B. 85, n.° 703).

VIN *de ville* (Le) est supprimé, et il est interdit aux membres des municipalités d'en recevoir, 27=29 novembre 1789, et 21 mai=27 juin 1790.

VINAIGRE. Fixation des rations qui se distribuent aux troupes, 25 fructid. an IX [12 septembre 1801] (III, B. 114, n.° 858). — Défenses aux fabricans et marchands d'introduire des acides minéraux ou des mèches soufrées dans le vinaigre, 22 octobre 1809 (IV, B. 256, n.° 4936).

VINAIGRIERS (Patente des), 2 = 17 mars 1791.

VINÇA. Etablissement d'une foire dans cette commune, 16 frimaire an XI

[7 décembre 1802] (III, B. 234, n.º 2186).

VINCENNES. Rétablissement de la prison de cette commune, pour y transférer les prisonniers que celles de Paris ne peuvent contenir, 20= 24 novembre 1790.

VINCENT (Le représentant du peuple) est décrété d'arrestation, 3 octobre 1793. — Il est rappelé dans le sein de la Convention nationale, 18 frimaire an III [8 décembre 1794] (I, B. 96, n.º 495).

VINCENT (Le sieur) est nommé préfet du département du Pô, 15 janv. 1808 (IV, B. 174, n.º 2938).

VINCENT ROI (Le sieur) est nommé commissaire de police à Paris, 22 ventose an VIII [13 mars 1800] (III, B. 11, n.º 17).

VINCHOVE (Le sieur VERNIMEN DE) est nommé membre du Corps législatif, 1.er prair. an V [20 mai 1797] (II, B. 125, n.º 1212).

VINS. Abolition des droits de bouteillage et autres sur les vins, et continuation de la recette des droits qui se perçoivent au profit du trésor public, 15=28 mars, 15=20 juin 1790. — La perception des droits sur les vins est maintenue dans la Lorraine, 8 = 26 septembre 1790. — Suppression de toute indemnité en faveur des marchands de vin du Roi, 2 décembre 1790, 30 janvier 1791. — Prix des patentes pour les particuliers qui réunissent à leur négoce, métier ou profession, celle de marchand de vin, et pour ceux qui n'exercent que cette profession, 2 = 17 mars 1791. — Défense de taxer le vin, 19=22 juillet 1791. — Cas où les vins sont dispensés du plombage, 6=22 août 1791, tit. III, art. 3. — La fourniture du vin aux invalides se donne à l'entreprise, 30 avril=16 mai 1792. — Les vins ne sont pas compris dans le décret du 12 septembre 1792, qui prohibe la sortie de plusieurs denrées, 19=20

octobre 1791. — Ordre de laisser librement circuler des vins de la Côte-d'Or arrêtés sur la frontière, 20 mai 1793. — Fixation des rations de vin pour les troupes, 25 fructidor an IX [12 septembre 1801] (III, B. 204, n.º 858). — Etablissement d'un entrepôt de vin dans le port de Marseille, 6 messid. an X [25 juin 1802] (III, B. 199, n.º 1781). — Droit additionnel à l'octroi de Paris sur les vins, pour les dépenses des travaux du canal de l'Ourcq, 25 thermidor an X [13 août 1802] (III, B. 207, n.º 1000). — Réduction du droit de sortie des vins provenant des départemens de la 27.e division militaire, 7 ventô.e an XIII [26 fév. 1805] (IV, B. 33, n.º 556). — Fixation du droit à percevoir sur les vins dans le port de Cette et dans les autres ports du golfe, depuis l'embouchure du Rhône jusqu'aux cotes d'Espagne, 21 novemb. 1808 (IV, B. 214, n.º 3936). — Déclaration à faire et droits à payer pour fabrication de vins dans l'intérieur de Paris, 9 septemb. 1810 (IV, B. 312, n.º 5942). — Admission des vins du cru de l'île d'Elbe dans les ports de la Toscane, de la Ligurie et des Etats romains, en exemption des droits de douane autres que ceux de balance, 26 décembre 1813 (IV, B. 550, n.º 10014). V. Boissons et Droits réunis.

— (C. Civ.) Le mot meubles ne comprend pas les vins, art. 333.

— (C. P.) Peines contre les voituriers, bateliers ou leurs préposés qui auraient altéré des vins dont le transport leur avait été confié, art. 387.

VINGTIÈMES. Révocation des abonnemens sur les vingtièmes accordés à divers particuliers, 26 = 27 septembre 1789. — Epoque de la résiliation des baux à loyer des maisons occupées par les bureaux des directions des vingtièmes, 19=23 janvier 1791.

— Les fermiers, sous-fermiers, colons et métayers qui sont tenus par leurs baux d'acquitter les vingtièmes, doivent en rembourser le prix à leurs propriétaires, 11 mars = 10 avril 1791. — Ordre de ne délivrer aucune reconnaissance de liquidation aux officiers que sur la remise de leurs quittances de vingtièmes, 17 = 27 mars 1791. — Remboursement aux directeurs des vingtièmes, des dépenses d'impression et de seconds cahiers des vingtièmes de 1790, et autres objets, 25 = 29 juillet 1791.

VINGT-QUATRIÈME DENIER *des offices* (Remboursement des droits de), 7 = 11 septembre 1790.

VIOL. Différentes peines pour viol, suivant l'âge, les circonstances et les qualités du coupable, 25 septembre = 6 octobre 1791, titre II, et Code pénal, art. 331 & suiv. — Peine de mort contre les individus qui, dans les armées, s'en seraient rendus coupables, 27 juillet 1793 et 21 brumaire an V [11 novembre 1796] (II, B. 89, n.° 848). — Ordre du jour sur une demande tendant à traiter et juger à *huis clos* une accusation sur un crime de viol, 29 prairial an VI [17 juin 1798].

VIOLETTE (Le sieur) est nommé commissaire de police à Paris, 22 ventôse an VIII [13 mars 1800] (III, B. 11, n.° 17).

VIOLATION de clôture. V. *Clôture*, *Fossés*, *Haies* et *Murs*; — de domicile. V. *Domicile*; — de formes. V. *Formes* et *Procédure*.

— *de Sépulture* (C.P.) Peines pour violation de tombeau et de sépulture, art. 360.

VIOLENCES. Poursuite et punition de ceux qui exercent des violences contre les personnes et les propriétés, 2 = 3 juin 1790, 14 = 17 juin, 19 = 22 juil., 25 sept. = 6 oct. 1791 24 avril 1793, 3 brumaire an IV [25 octobre 1795] (I, B. 204, n.° 1221).

— (C. Civ.) La violence peut faire rescinder les partages et les transactions, art. 887 et 2053. — Le consentement extorqué par violence n'est point valable, 1109. — Il en est de même pour les obligations et les contrats, 1111 *et suiv.* — Époque à compter de laquelle court l'action résultant de la violence dans les conventions, 1304. — La prescription ne peut être la suite d'actes de violence, 2233.

— (C. I. C.) Mesures de rigueur qui peuvent être exercées contre les prisonniers qui se seraient portés à des violences, art. 614. V. *Prisons.*

— (C.P.) Quelles peines encourent les fonctionnaires ou officiers publics, les agens de la police, &c., qui usent de violences dans l'exercice de leurs fonctions, art. 186. — Peines pour violences exercées envers les officiers ministériels, 230 *et suiv.* — Plus fortes peines à l'égard des vagabonds, 279. — Peines pour viol consommé ou tenté avec violence, 331; — et pour vol, également avec violence et usage d'armes, 382 *et suiv.*

VIRE. Indemnité accordée à l'hospice de cette ville, 26 août 1792.

VIREMONT (La commune de) est autorisée à faire une imposition sur elle-même, pour les frais de construction d'une fontaine, 3 floréal an X [23 avril 1802] (III, B. 183, n.° 1467).

VIRILE. (Part et portion) (C. Civ.) Les héritiers d'une succession sont tenus des dettes et charges pour leur part et portion virile, art. 873.

VIRTON (Journée de). Renvoi au général Dumouriez de trois drapeaux pris sur les Autrichiens à cette journée, pour être rendus aux Belges, 2 = 3 novembre 1792.

VIRY (Le sieur) est nommé membre du Sénat conservateur, 14 pluviôse an XII [4 février 1804] (III, B. 338, n.° 3558).

VIRY (Le sieur) est nommé préfet du

département de la Lys, 11 ventôse an VIII [2 mars 1800](III, B. 44, n.º 308).

VISA. Formalités prescrites pour le visa des contraintes en matière d'impositions, 23 décembre 1790 = 5 janvier 1791. — Il n'est pas besoin de visa pour l'exécution des actes passés devant notaire, 29 septembre = 6 octobre 1791. — Dispositions concernant le visa des effets au porteur, 28 novembre 1792 et 18 juillet 1793. — Prix du visa pour timbre, 15 mess. an III [3 juillet 1795] (I, B. 160, n.º 940). — Cas où le visa a lieu sur les effets de commerce, 13 brumaire an VII [3 novembre 1798] (II, B. 237, n.º 2136). — Droit d'enregistrement du visa des pièces, et poursuites qui précèdent l'exercice des contraintes par corps, 22 frimaire an VII [12 décembre 1798] (II, B. 248, n.º 2224). — Visa qui doit être apposé au bas des états ou mémoires de frais en matière criminelle, 18 juin 1811 (IV, B. 377, n.º 7035).

— (C. P. C.) Cas où le maire d'une commune doit viser l'original d'une citation, art. 4. — Visa, par le greffier, de l'original d'un acte de récusation du juge de paix, 45. — Cas dans lequel le maire ou l'adjoint doit viser l'original d'un exploit, 68. — Visa à donner par différentes personnes en divers cas, 69. — Les jugemens n'ont pas besoin de visa pour être exécutoires dans l'Empire, 547. — Le procureur impérial doit viser les saisies-arrêts faites entre les mains des dépositaires ou administrateurs de deniers publics, 561. — Visa de l'original d'un procès-verbal de saisie-exécution par le juge de paix, le maire ou l'adjoint auquel copie a été remise, 601. — Visa, par le maire, de l'original d'un procès-verbal de saisie-brandon, 628 ; — et de saisie immobilière, 673, 676 et 681. — Visa du procès-verbal d'ap-position des placards contenant l'extrait de cette saisie, 687 ; — du procès-verbal de cession de biens de la part du débiteur, 901 ; — et d'un exemplaire des placards affichés pour la vente d'immeubles appartenant à des mineurs, 954. — Visa, par le greffier, de l'original d'un exploit de demande en partage, 967. — Visa, par les personnes publiques, de toutes les significations à elles faites, 1039.

— (C. Co.) Visa des livres de commerce, art. 10 et 11. — Le capitaine est tenu de faire viser son registre aussitôt après son arrivée, 242. — Visa du juge commissaire au bas de la déclaration des syndics portant admission des titres au passif de la faillite, 506.

— (C. I. C.) Cas dans lesquels les mandats de dépôt et d'arrêt doivent être visés par le juge de paix, le maire ou le commissaire de police, 98. — Visa à mettre sur l'original de l'acte de notification d'un mandat d'amener qui n'a pu être exécuté, 105.

VISITE des bois par les agens forestiers. V. Bois et Forêts.

— des Diocèses par les évêques ou par les vicaires généraux, 18 germinal an X [8 avril 1802] (III, B. 172, n.º 1344).

— des lieux. Cas dans lesquels elle doit être faite par le juge de paix accompagné de ses assesseurs, 14, 18 = 26 octobre 1790, tit. V, art. 1 et 2.

— (C. P. C.) Visite d'un lieu contentieux, art. 41. — Cas où le juge de paix se fait accompagner par des gens de l'art, 42. — Circonstance dans laquelle il n'est pas dressé de procès-verbal de la visite, 43.

— des marchandises. Forme de celle que font les préposés des douanes à l'entrée et à la sortie des marchandises, 6 = 22 août 1790. V. Douanes et Marchandises.

—(C. Co.) Où se dépose le procès-verbal de la visite que le capitaine d'un navire doit faire faire avant de prendre charge, art. 225. — Extrait de ce procès-verbal est délivré au capitaine, qui est tenu de l'avoir à bord, 225 et 226. — Les droits de visite sont considérés comme avaries, 406.

— des Poids et mesures. V. Poids et Mesures.

— des Prisons, maisons d'arrêt, &c. V. Prisons.

— des Tabacs pour les fabrications clandestines. V. Tabacs.

VISITES domiciliaires. Elles sont défendues pour constater la quantité de sel existant chez les particuliers, 23 septembre = 3 novembre 1789. — Les officiers municipaux peuvent en faire en tout temps dans les maisons publiques : seuls cas où il leur est permis d'en faire chez les particuliers, 19 = 22 juillet 1791. — Autorisation de visites domiciliaires pour la recherche des armes, des munitions de guerre, des émigrés, des agens de l'étranger, des conspirateurs, 10, 12 et 28 août, 15 sept. 1792, 5 septembre 1793, 24 fructidor an IV [10 septembre 1796] (II, B. 75, n.º 609), 18 et 19 messidor an VI, et 26 thermidor an VII [6 et 7 juillet 1798 et 13 août 1799] (II, B. 210, 211 et 360, n.ᵒˢ 1900, 1909 et 3197). — Aucune visite domiciliaire ne peut se faire qu'en vertu d'une loi, constitution de l'an III et loi du 3 brumaire an IV [25 octobre 1795] (I, B. 204, n.º 1221). — Formalités prescrites à la gendarmerie, aux préposés des douanes et des droits réunis, pour faire des visites domiciliaires chez les prévenus de délits ou de fraudes. V. Boissons, Douanes et Gendarmerie.

—(C. I. C.) Les gardes champêtres et forestiers ne peuvent s'introduire dans les bâtimens et enclos, qu'en présence du juge de paix, du

commissaire de police ou du maire, art. 16. — Visites qui ont lieu chez les personnes soupçonnées de fabrication, d'introduction de faux papiers nationaux, de faux billets de banque, de fausse monnaie, ou de contrefaction du sceau de l'État, 464. — Les présidens des cours d'assises et spéciales, les procureurs généraux et leurs substituts, les juges d'instruction et les juges de paix, peuvent continuer ces visites hors de leur ressort, ibid. V. Bâtimens.

VISITEURS des rôles. Établissement et fonctions de ces préposés pour la perception du droit de patentes, 17, 20 septembre = 9 octobre 1791. — Instruction concernant leurs fonctions, 12 novembre 1791. — Leur suppression, 4 décembre 1792.

VISTORTE (Le sieur) est nommé membre du Corps législatif, 1.ᵉʳ et 2 mai 1809 (IV, B. 237, n.º 4395).

VITRA (Le sieur) est mis en surveillance spéciale hors du territoire européen de la France, 14 nivôse an IX [4 janvier 1801] (III, B. 60, n.º 440).

VITRÉ. Circonscription des paroisses de cette ville, 11 = 12 août 1792. — Indemnité accordée à l'hospice, 26 août 1792. — Destitution du président de l'administration municipale du canton de cette ville, 16 thermidor an V [3 août 1797] (II, B. 136, n.º 1340).

VITRES. (C. Civ.) Cas où leurs réparations sont locatives, art. 754.

VITRIERS. Leur paie sur les vaisseaux de l'État, 30 janvier = 11 février 1791.

VITRY-LE-FRANÇAIS. Vente de domaines nationaux à la municipalité de cette ville, 1.ᵉʳ = 29 décembre 1790.

VIVANDIÈRES et VIVANDIERS. Ce qu'ils doivent payer dans les hôpitaux, 21 et 27 avril = 5 mai 1792. — Marque distinctive des vivandières jugées nécessaires à la suite des armées, 30 avril 1793. — Rations de fourrage qui leur sont accordées, 11 août 1793, et 19 germinal an X [9 avril 1802] (III, B. 175, n.º 1362).

VIVANT. (C. Civ.) On ne représente pas les personnes vivantes, mais seulement celles qui sont mortes naturellement ou civilement, art. 744.

VIVIER (Le nommé), qui a présidé les soi-disant jacobins dans la nuit du 9 au 10 thermidor, est mis hors la loi, 10 thermidor an II [28 juillet 1794] (I, B. 30, n.º 148).

VIVIERS. Peine pour empoisonnement de poissons dans les viviers, 25 septembre = 6 octobre 1791, et Code pénal, art. 452.

VIVRE libre ou mourir. Serment qui doit être prêté par l'Assemblée nationale, 3 = 14 septembre 1791.

VIVRES des armées de terre et de mer. V. Armée et Marine au titre Vivres.

— (C. Co.) Cas où le capitaine peut contraindre l'équipage à les mettre en commun, art. 249.

— (C. P.) Peine encourue par ceux qui ont fourni des vivres à des bandes armées, art. 96.

VŒUX. Suspension de l'émission des vœux monastiques, 28 octobre = 1.er novembre 1789. — Leur prohibition pour les deux sexes, 13 = 19 février 1790. — La loi ne reconnaît ni vœux religieux ni aucun engagement contraire aux droits naturels de l'homme, constitution de l'an III, art. 352.

VOGEAIN (La dame veuve). Il lui est accordé la remise de quelques droits arriérés, 14 = 15 août 1792.

VOGHERE. Formation d'une direction de douane dans cette ville, 14 fructidor an XI [1.er septembre 1803] (III, B. 310, n.º 3132).

VOID (La commune de) est autorisée à céder un terrain qui lui appartient, 7 nivôse an X [28 décembre 1801] (III, B. 149, n.º 1151).

VOIE d'action. Les commissaires près les tribunaux n'exercent pas leur mi-

nistère par cette voie, mais par celle de réquisition, 16 = 24 août 1790.

VOIE civile. Cas où celui qui a porté plainte est renvoyé à se pourvoir par cette voie, 16 = 29 septembre 1791.

VOIE criminelle. (C. P. C.) Cas où le demandeur en faux peut se pourvoir par cette voie, art. 250. — Effet de ce pourvoi, ibid.

VOIE publique (La sûreté et la commodité du passage dans la) sont attribuées à la police municipale, 19 = 22 juillet 1791. — Mode de poursuite et de jugement de ceux qui contreviennent aux réglemens de police à ce sujet, et peine qu'ils encourent, ibid. et 3 brumaire an IV [25 octobre 1795] (I, B. 204, n.º 1221). — Attributions spéciales du préfet de police de Paris, et des commissaires généraux de police, pour le maintien de la sûreté et de la liberté de la voie publique, 12 messidor an VIII et 5 brumaire an IX [1.er juillet et 27 octobre 1800] (III, B. 33 et 50, n.os 214 et 373).

— (C. Civ.) L'égout des toits peut avoir lieu sur la voie publique, art. 681.

— (C. P.) Peine contre ceux qui auraient abattu, mutilé, coupé ou écorché des arbres plantés sur la voie publique, art. 448 et 450. — Contre ceux qui l'auraient embarrassée en y laissant des matériaux, et qui auraient négligé de les éclairer, 471.

VOIES de fait. Poursuite et punition de ceux qui en emploient contre les personnes, les propriétés et l'exécution des actes de l'autorité publique, 15 = 26 mai, 2 = 3 juin, 16 = 24 août 1790, 16 janvier = 16 février, 19 = 22 juillet, 25 septembre = 6 octobre 1791, 3 brumaire an IV [25 octobre 1795] (I, B. 204, n.º 1221); — contre la perception des contributions directes et indirectes, ibid. et 3 nivôse an VI et 27 vendémiaire an VII [23 décembre 1797 et

18 octobre 1798] (II, B. 171 et 232, n.º 1631 et 2085).

—(C. P. C.) Poursuites à exercer contre ceux qui se permettent des voies de fait pour empêcher l'établissement d'un gardien, art. 600.

— (C. I. C.) Peines correctionnelles ou de police encourues par les personnes qui ont causé un tumulte accompagné de voies de fait dans les audiences, ou tout autre lieu où se fait publiquement une instruction judiciaire, art. 505.

— (C. P.) Cas dans lequel le coupable de voies de fait contre un magistrat est condamné à la peine du carcan, art. 228. — Peines encourues par ceux qui sont les moteurs de voies de fait ayant pour but de s'opposer à des travaux autorisés par le Gouvernement, 438.

VOILE. (C. Co.) Quand les bâtimens de mer sont censés prêts à faire voile, art. 215. V. *Bâtimens de mer.*

—(C. P.) Voile dont on couvre la tête du parricide conduit au supplice, art. 13.

VOILIER (L'état de) est une profession maritime, 31 décembre 1790 = 7 janvier 1791. — Paie des maîtres, aides et vétérans voiliers, 30 janvier = 11 février 1791. — Nombre des maîtres, 22 avril = 15 mai 1791. — Fixation de leur traitement, 26 et 27 mai = 1.er juin 1791.

VOIRE (Rivière de). Ouverture d'un canal pour la jonction des rivières de Voire et de l'Aude, 30 avril = 6 mai 1792.

VOIRIE (Grande et petite). L'administration en matière de grande voirie appartient aux corps administratifs, et la police de conservation, tant pour les grandes routes que pour les chemins vicinaux, aux juges de district, 6 et 7 = 11 septembre, 7 = 14 octobre 1790, 19 = 22 juillet 1791. — L'entretien de la voirie fait partie des dépenses communales, 11 frimaire an VII [1.er décemb. 1798]

(II, B. 247, n.º 2220).—Compétence des conseils de préfecture en matière de grande voirie, 28 pluviôse an VIII [17 février 1800] (III, B. 17, n.º 115), 16 décembre 1811 et 15 décembre 1813 (IV, B. 410 et 546, n.ºs 7524 et 9978). — Attributions du préfet de police de Paris et des commissaires généraux de police relativement à la petite voirie, 12 messidor an VIII et 5 brumaire an IX [1.er juillet et 27 octobre 1800] (III, B. 33 et 50, n.ºs 214 et 373).

—Forme de procéder en matière de contraventions aux réglemens de la grande voirie, 29 floréal an X [19 mai 1802] (III, B. 192, n.º 1606), et 18 août 1810 (IV, B. 308, n.º 5873).—Annullation de divers jugemens rendus par des tribunaux et des juges de paix en matière de grande voirie, 9 fructidor an X et 3 brumaire an XI [27 août et 25 octobre 1802] (III, B. 211 et 228, n.º 1938 et 2107).—Avis du Conseil d'état sur l'entretien du pavé des villes dans les rues non grandes routes, 25 mars 1807 (IV, B. 140, n.º 2270).

—Nouveau tarif des droits de voirie pour la ville de Paris, 27 octobre 1808 (IV, B. 212, n.º 3881). — Mode de recouvrement et de versement des amendes de grande voirie, 29 août 1813 [IV, B. 520, n.º 9567).

—(C. P.) Peines contre ceux qui négligeraient ou refuseraient d'exécuter les réglemens et arrêtés concernant la petite voirie, art. 471.

VOISINAGE *et* VOISINS. A défaut de parens, les voisins sont nommés arbitres des contestations de famille, 16 = 24 août 1790. — Devoirs des officiers de police de sûreté à l'égard des voisins de celui sur lequel un meurtre aurait été commis, 16 = 29 septembre 1791.

—(C. Civ.) Tout propriétaire peut obliger son voisin au bornage de leurs propriétés, à frais communs,

1790.—Abolition des droits de voiture d'eau sur les rivières, possédés par des particuliers, 6, 7 = 19 janvier 1791.—Tarif pour le prix des places et du transport de l'argent et des paquets par les voitures publiques, 10 avril 1791, 6 nivôse an IV [27 décembre 1795] (II, B. 15, n.º 87).—L'administration des postes et messageries est autorisée à tenir à ferme les coches et voitures d'eau, 23 et 24 juillet 1793, art. 82.—Ordre du jour motivé, relatif à la réquisition des chevaux des entrepreneurs particuliers des voitures publiques, 5 septembre 1793.—Prix du transport du riz, du pain et des farines par les voitures publiques, 17 thermidor an III [4 août 1795] (I, B. 169, n.º 994).—Défense aux entrepreneurs de voitures publiques de transporter les lettres et journaux, 27 prairial an IX [16 juin 1801] (III, B. 84, n.º 696). V. *Journaux.*—Fixation du poids des voitures employées au roulage et messageries, 9 floréal an X [19 mai 1802] (III, B. 192, n.º 1607), et 2 juin 1806 (IV, B. 102, n.º 1674).—Droit auquel sont assujetties les voitures publiques, 5 ventôse an XII [25 février 1804] (III, B. 345, n.º 3610).—Fixation de la largeur des jantes pour les voitures de roulage attelées de plus d'un cheval, 7 ventôse an XII [27 février 1804] (III, B. 347, n.º 3634).—Obligations des entrepreneurs de voitures publiques à destination, 14 fructidor an XII [1.ᵉʳ septembre 1804] (IV, B. 14, n.º 217), 28 août 1808 (IV, B. 217, n.º 4005).—Police du roulage, 23 juin 1806 (IV, B. 102, n.º 1674).—Prorogation du délai qui assujettit à une double taxe les voitures dont les roues ont des jantes étroites, 4 prairial an XIII [24 mai 1805] (IV, B. 47, n.º 762).—L'abonnement du droit du dixième sur les voitures

de terre est autorisé, 13 fructidor an XIII [31 août 1805] (IV, B. 56, n.º 935).—Droit à payer par les entrepreneurs de voitures publiques qui s'écartent de la ligne de poste pour parcourir une route de traverse, 6 juill. 1806 (IV, B. 104, n.º 1746).—Annullation des arrêtés du conseil de préfecture du département de la Dyle, comme consacrant une fausse interprétation de la loi qui détermine la largeur des jantes des voitures, 3 mai 1810 (IV, B. 286, n.º 5405).—Manière de procéder dans le cas où des ballots, paquets et autres objets confiés à des entrepreneurs de roulage ou de messageries, n'auraient pas été réclamés dans les six mois de l'arrivée à leur destination, 7 août 1810 (IV, B. 310, n.º 5877). — Mode de constater les contraventions en matière de grande voirie, de poids des voitures et de police sur le roulage, 18 août 1810 (IV, B. 308, n.º 5873). V. *Bacs*, *Coches, Messageries, Postes aux chevaux.*

VOITURIERS. Faculté à eux accordée de conduire librement les voyageurs et de transporter les paquets et marchandises, en faisant leur déclaration au greffe de leur municipalité, 22, 26 = 29 août 1790. — Les maîtres et entrepreneurs sont civilement responsables des délits ruraux commis par leurs voituriers, 28 sept. = 6 octobre 1791, et 16 ventôse an XII [7 mars 1804] (III, B. 349, n.º 3650).

—(C. Civ.) Obligation des voituriers à l'égard des choses qui leur sont confiées, art. 1782. — Désignation des choses sur lesquelles porte leur responsabilité, 1783 et 1784.— Les voituriers par terre et par eau, les entrepreneurs de roulages publics, doivent tenir registre de tous les objets dont ils se chargent, 1785.— Ils sont en outre assujettis à des réglemens particuliers, 1786.

—(C. Co.) Garanties dont les

voituriers sont responsables, art. 103, 104 *et suiv.*

— (C. P.) Peines contre les bateliers, voituriers, aubergistes ou hôteliers qui auraient volé des objets à eux confiés, art. 386 ; — et contre les voituriers, bateliers ou leurs préposés, qui auraient altéré des liquides dont le transport leur aurait été confié, 387.

Voix. (C. P. C.) Les jugemens sont rendus à la pluralité des voix, art. 116. — Ce qui a lieu en cas de partage d'opinions, 117.

— (C. I. C.) En cas d'égalité de voix, l'avis favorable à l'accusé prévaut, art. 347. — Délibération des juges pour concourir avec celles des jurés, lorsque l'accusé n'est déclaré coupable du fait principal qu'à une simple majorité, 351. — Les juges délibèrent et opinent à voix basse, 369. — L'arrêt est prononcé à haute voix, *ibid.* — Nombre de voix nécessaire suivant celui des juges présens à l'audience où se sont commis les délits qu'une condamnation doit réprimer, 508. — En cas d'égalité de voix, l'avis favorable à l'accusé doit prévaloir à la cour spéciale, 583.

Vol *et* Voleurs. L'arrestation et la conduite des voleurs sont dans les attributions spéciales de la gendarmerie et de la force armée, 16 janv. ═ 16 février, 26 et 27 juillet ═ 3 août 1791, et 28 germinal an VI [17 avril 1798] (II, B. 197, n.º 1805). — Vols punissables par voie de police correctionnelle, 19 ═ 22 juillet 1791, 25 frimaire an VIII [16 décembre 1799] (II, B. 337, n.º 3471). — Punition des vols commis sur des objets échoués ou naufragés, 6 ═ 22 août 1791 ; — de ceux commis dans les ports et arsenaux, 20 septembre ═ 12 oct. 1791, 14 mars 1808 (IV, B. 187, n.º 3235). — Vols punissables par voie criminelle, 25 septembre ═ 6 octobre 1791, 3 brumaire an IV

[25 octobre 1795] (I, B. 204, n.º 1221), 26 floréal an V [15 mai 1797] (II, B. 123, n.º 1184), 29 nivose an VI [18 janvier 1798] (II, B. 178, n.º 1677), 18 pluviôse an IX [7 février 1801] (III, B. 68, n.º 527). — Punition des vols ruraux et forestiers, 28 sept. ═ 6 oct. 1791 ; — de ceux que commettent les militaires, 30 septembre ═ 19 oct. 1791, 12 mai 1793, 21 brumaire an V [11 novembre 1796] (II, B. 89, n.º 848). V. *Armée* au titre *Discipline.* — Punition des tentatives de vol non consommé, 12 avril 1793. — Responsabilité des communes qui n'ont pas empêché les vols commis sur leur territoire, 10 vendémiaire an IV [2 octobre 1795] (I, B. 188, n.º 1142). — Avis du Conseil d'état portant qu'il y a lieu à l'application du Code pénal ordinaire dans les cas où les auteurs et complices de vols commis dans les ports et arsenaux de la marine sont étrangers au service de la marine, 25 mars 1811 (IV, B. 359, n.º 6587) ; — que la peine de réclusion portée par l'article 386 du Code pénal, contre les vols commis dans une auberge ou hôtellerie, est applicable aux vols commis dans une maison ou hôtel garni, 10 octobre 1811 (IV, B. 398, n.º 7374).

— (C. Civ.) La perte de la chose volée ne dispense pas celui qui l'a soustraite d'en restituer le prix, art. 1302. — Les aubergistes sont responsables du vol des objets à eux confiés, 1953. — Celui auquel une chose a été volée peut la revendiquer pendant trois ans, 2279. — Cas dans lequel le prix en doit être remboursé au possesseur actuel, 2280.

— (C. P. C.) Les personnes condamnées pour cause de vol ne peuvent être admises au bénéfice de cession, art. 905.

— (C. Co.) Même disposition, art. 575 ; — ni à la réhabilitation, 612.

— (C. P.) Le vol commis en brisant des scellés est puni comme le vol avec effraction, art. 253. — L'homicide commis et les coups portés en se défendant contre les auteurs de vols ou pillages exécutés avec violence, ne sont point réputés crimes ni délits, 329. — En quoi consiste le vol, 379. — Diverses peines encourues par les différentes circonstances qui ont accompagné les vols, 381 à 401.

VOLAILLES. Les redevances en volailles sont rachetables, sauf la preuve contraire, 15 = 28 mars 1790. — Taux et mode du rachat, 3 = 9 mai, 18 = 29 décembre 1790, et 15 = 19 juin 1791. — Les volailles qui causent du dommage sur les propriétés, peuvent être tuées sur le lieu et au moment du dégât, 28 septembre = 6 oct. 1791. — Les messageries ne sont pas responsables des volailles perdues par l'effet de la corruption, 24 juil. 1793, 26 thermidor an IV [13 août 1796] (II, B. 67, n.º 609).

VOLLAND (Le sieur). Acceptation d'un terrain offert par lui conjointement avec le sieur Tilliard, au prytanée, 29 vendémiaire an XI [21 octobre 1802] (III, B. 224, n.º 2052).

VOLNEY (Le représentant du peuple) est nommé membre du Sénat conservateur, 3 nivôse an VIII [24 décembre 1799] (II, B. 341, n.º 3509).

VOLONTAIRES de la marine. Le titre d'aspirant leur est donné, 22 avril = 15 mai 1791.

— nationaux. V. Garde nationale.

VOLONTÉ. (C. Civ.) Les donations entre-vifs dont l'exécution dépend de la seule volonté du donateur sont nulles, art. 944. V. Testamens. — La volonté exprimée de l'un ou de plusieurs associés de n'être plus en société, met fin à cette société, 1865.

VOLONTÉ générale (La loi est l'expression de la), 26 août = 3 novembre 1789, et constitutions de 1791 et de l'an III,

VOLTAIRE. Translation de son corps dans l'église paroissiale de Romilly, 8 = 15 mai 1791. — Loi qui lui décerne les honneurs dus aux grands hommes, et ordonne que ses cendres soient déposées dans l'église de Sainte-Geneviève de Paris, 30 mai = 1.er juin 1791.

VONDER-LEYEN (Le sieur) V. Vander-Leyen.

VOREPPE. La vente d'une maison appartenant à cette commune est autorisée, 1.er floréal an X [21 avril 1802] (III, B. 182, n.º 1439).

VOSGES (Département des). Son classement dans la division territoriale de la France et sa composition, 15 janvier, 16 et 26 février = 4 mars 1790. — Ses administrateurs sont autorisés à continuer de tenir leurs séances dans la portion du collége d'Épinal qu'ils occupent, 3 = 20 mars 1791. — Nombre de quintaux de sel en grain qui doit lui être annuellement délivré pour son approvisionnement, 12 = 20 juillet 1791, et 1.er janvier 1792. — Secours à accorder à différentes personnes qui y ont été incendiées en 1790 et 1791, 8 = 11 avril 1792. — Permission d'exporter hors du royaume, moyennant un droit, les planches de sapin qui proviennent des forêts de ce département, 19 = 29 juillet 1791. — Fixation du nombre des notaires, 11 août 1792 = 9 janvier 1793. — Secours accordés aux femmes et enfans des citoyens d'un bataillon des Vosges massacrés à Francfort, 16 avril 1793. — La principauté de Salm y est réunie, 2 mars 1793. — Extension de pouvoirs donnée à plusieurs représentans du peuple sur ce département, 4 vendémiaire an III [25 sept. 1794] (I, B. 68, n.º 365). — Validité des opérations de l'assemblée électorale pour la nomination des députés au Corps législatif, 14 floréal an VII [3 mai 1799] (II, B. 277, n.º 2868). —

Sont nommés préfets, MM. Desgouttes, 11 ventôse an VIII [2 mars 1800] (III, B. 44, n.º 308); — le Faucheux, 3 pluviôse an IX [23 janvier 1801] (III, B. 64, n.º 488); —Himbert, 6 brumaire an XII [29 octobre 1803] (III, B. 324, n.º 3310). —Réduction et rectification des justices de paix, 19 vendémiaire et 9 pluviôse an X [11 octobre 1801 et 29 janvier 1802] (III, B. 114, n.º 921, et B. 228 *bis*, n.º 1.er). — Désignation des écoles secondaires, 13 frimaire an XI [4 décembre 1802] (III, B. 234, n.º 2183). — Annullation des opérations d'assemblées cantonales de ce département, 28 janvier 1814] (IV, B. 555, n.º 10068).

VOTES. Droit de voter et mode de recensement des votes dans les assemblées délibérantes. V. *Assemblées politiques, Constitutions, Corps législatifs* et *Scrutin.*

— (C. P.) Les tribunaux jugeant correctionnellement, peuvent, suivant les cas, interdire l'exercice des droits de vote et d'élection, ou de vote et de suffrage dans les délibérations de famille, art. 42 et 43. — Ceux qui, par attroupemens, voies de fait ou menaces, auraient empêché des citoyens d'exercer leurs droits civiques, sont interdits du droit de vote personnel, 109.

VOULAND (Le représentant du peuple) est décrété d'arrestation, 9 prairial an III [28 mai 1795] (I, B. 150, n.º 875).

VOULÈME (La commune de) est autorisée à imposer sur elle-même les frais de reconstruction d'un pont sur la Charente, 3 floréal an X [23 avril 1802] (III, B. 185, n.º 1470).

VOULLANT (Le sieur), commandant de Marseille. Il est mis en état d'arrestation, 5.e jour complémentaire an II [21 septembre 1794] (I, B. 61, n.º 332).

VOUMELGEN. Etablissement d'une foire

dans cette commune, 19 thermidor an IX [7 août 1801] (III, B. 96, n.º 797).

VOÛTES. (C. Civ.) A la charge de qui sont les réparations des voûtes d'un fond sujet à usufruit, art. 606.

VOUZIÈRES. Etablissement de deux nouvelles foires dans cette commune, 29 pluviôse an IX [18 février 1801] (III, B. 68 ; n.º 531).

VOYAGES. Ceux qui voyagent pour parvenir à des découvertes utiles, ont droit à des gratifications; et s'ils meurent dans le cours de leur entreprise, leurs veuves obtiennent des pensions alimentaires, 3 = 22 août 1790. — Tous les citoyens ont la liberté de voyager, 3 = 14 septemb. 1791. — L'institut désigne chaque année au concours un certain nombre de citoyens pour voyager et faire des observations relatives à l'agriculture, 3 brumaire an IV [25 octob. 1795], titre V (I, B. 203, n.º 1216). — Formalités à remplir par les Français voyageant en pays étranger, lorsqu'ils réclament de l'autorité des consuls de France un acte quelconque, 16 prairial et 19 thermidor an IV [4 juin et 6 août 1796] (II, B. 65, n.ºs 593 et 594). — Fixation des frais de voyage des députés des colonies sortant du Corps législatif, 27 floréal an V [16 mai 1797] (II, B. 123, n.º 1187). — Dédommagemens pour frais de voyage auxquels ont droit les citoyens dont les nominations au Corps législatif ont été annullées, 16 prairial an VI [4 juin 1798] (II, B. 206, n.º 1864). — Injonction aux militaires en voyage de justifier de leurs billets de route ou d'acquitter les droits de passe, 5 fructidor an VI [22 août 1798] (II, B. 220, n.º 1970). — L'entreprise d'un voyage est un motif admissible du refus d'accepter les fonctions de répartiteur, 3 frimaire an VII [23 novembre 1798] (II, B. 243, n.º 2207). — Les actes de voyage sont assujettis au droit de rédaction ou transcription sur les minutes, 21 ventôse an VII [11 mars 1799] (II, B. 268, n.º 2608). — Paiement des frais de voyage et de séjour pour l'instruction des affaires criminelles et correctionnelles, 18 juin 1811, art. 90 (IV, B. 377, n.º 7135).

— (C. P. C.) Frais de voyage qui, dans un compte, peuvent être employés comme dépenses communes, art. 532.

— (C. Co.) Privilége pour les sommes employées en frais de construction, &c., des bâtimens de mer qui ont ou n'ont pas fait de voyage, art. 191. — Quand un navire est-il censé avoir fait un voyage, 194. — Comment se paient les loyers des matelots quand le voyage pour lequel ils s'étaient loués est rompu, 225 et suiv. — Augmentation du prix des loyers lorsque le voyage est prolongé, 255. — Quels voyages sont réputés de long cours, 377.

VOYAGES (Frais de) de juges, témoins, &c.

— (Tarif des frais en mat. civ.), art. 152, 166, 170.

— (Tarif des frais en mat. crim.), art. 2, 15, 30, 35, 87, 97, 162. V. Transport.

VOYAGES de mer. (C. Civ.) Forme des actes de naissance, de décès et des testamens pendant les voyages de mer, art. 59, 86 et 988.

VOYAGES du Roi et de la cour. Le service des voyages de la cour se fait par les maîtres de poste, 23 avril == 5 mai 1790. — Suppression de la compagnie à la suite des voyages du Roi, et remboursement des officiers et autres qui possédaient leur état à titre de charge, 16 janvier == 16 février 1791.

VOYAGEURS. La liberté des voyageurs est rétablie, 15 septembre 1791. — Peine contre ceux qui détruisent la clôture d'un champ pour se faire passage, ou qui, par la rapidité de leurs voitures ou chevaux, blessent des bestiaux sur les chemins, 28 septembre == 6 octobre 1791, titre II, art. 41 et 42. — Les voyageurs sont tenus de se munir de passe-ports et de les représenter aux préposés des douanes, aux gardes nationales et aux troupes de ligne, 1 er février == 28 mars, 28 == 30 juillet 1792. V. Passe-ports. — Prorogation du délai fixé par l'arrêté relatif aux formalités à remplir par les Français voyageant en pays étrangers, 21 vendémiaire an V [12 octobre 1796] (II, B. 83, n.º 770). — Peine contre tout voyageur qui transporterait plus de cinq kilogrammes de poudre à tirer, sans passe-port spécial de l'autorité compétente, 13 fructidor an V [30 août 1797] (II, B. 141, n.º 1386). — Peine contre tout voyageur soumis à la taxe d'entretien des routes, qui aurait passé la barrière sans payer, 3 nivose an VI [23 décembre 1797] (II, B. 171, n.º 1631). — Mesures de police relatives aux personnes venant à Paris, 27 ventôse an VIII [18 mars 1800] (III, B. 38, n.º 246).

— (C. Civ.) Le commencement de preuve s'applique aux dépôts faits par les voyageurs, art. 1348.

VOYER D'ARGENSON (Le chevalier) est nommé préfet du département des Deux-Nèthes, 29 mars 1809 (IV, B. 231, n.º 4273).

VRILLIERE (Le sieur DE LA). Révocation et annullation du contrat d'échange de la forêt de Brix et autres biens nationaux passé avec le Roi, 29 mai == 13 juin 1791.

VU de relâche (Les préposés des douanes peuvent donner un), 9 == 13 août 1791, tit. II, art. 5.

VUE. (C. Co.) Epoque de paiement pour les lettres de change à vue, à un ou plusieurs jours, mois ou usances de vue, art. 130 et 131.

VUES. (C. Civ.) Celles qui peuvent ou

non être établies sur la propriété voisine, art. 675. — Elles sont du nombre des servitudes continues, art. 688.

VUILLEY (Le représentant du peuple) est rayé de la liste des émigrés, 11 floréal an VII [30 avril 1799] (II, B. 273, n.º 2840).

WALCHEREN.—WESEL.

WALCHEREN (L'île de) forme un arrondissement de sous-préfecture, 1.er février, 24 avril et 15 mai 1810 (IV, B. 263, 281 et 288, n.ºs 5147, 5344 et 5463).

WALDECK (Le prince DE). Abolition des droits d'aubaine et de détraction à l'égard des sujets de ce prince, 15 mai 1813 (IV, B. 502, n.º 9239).

WALDENER (Le sieur) est nommé membre du Corps législatif, 3 et 4 mai 1811 (IV, B. 367, n.º 6723).

WALEINE. Réunion de cette commune à la France, 30 mars 1793.

WANWAMBECKE (Le sieur) est nommé membre du Corps législatif, 28 fructidor an XI [15 septemb. 1803] (III, B. 313, n.º 3176).

WARNET (Le sieur). Nomination de commissaires pour visiter ses nitrières, 14=23 mai 1792.

WARTENBERG. Réunion de cettte commune à la France, 30 mars 1793.

WATERINGUES. V. Polders.

WAVRE-NOTRE-DAME. Établissement d'une foire dans cette commune, 27 brumaire an X [18 novemb. 1801] (III, B. 131, n.º 995).

WEILAND-STAHL. Il lui est permis d'établir, à ses frais, des nitrières, des fabriques de salpêtre et un moulin à poudre, 1.er=9 janvier 1791.

WEIS (Le sieur) est admis à l'infirmerie de l'hôtel des invalides, 14 août 1792.

WEISSEMBOURG. Circonscription et réunion de quelques cantons et communes du district, 28 prairial an II [16 juin 1794] (I, B. 6, n.º 26). — Arrestation du maître de poste de cette ville, prévenu de conspiration contre la sûreté extérieure de l'État,

6 prairial an IV [25 mai 1796] (II, B. 52, n.º 438).

WEISSENAU. Réunion de cette commune à la France, 30 mars 1793.

WENDELSHEIM. Réunion de cette commune à la France, 30 mars 1793.

WEINWEILER. Réunion de cette commune à la France, 30 mars 1793.

WERDHEN. Établissement d'une taxe au passage du pont qui doit y être établi sur la Sarre, 2.º jour complémentaire an XII [19 septembre 1804] (IV, B. 16, n.º 272).

WERTHAUSEN. Le maire de cette commune est autorisé à concéder un terrain communal au sieur Raul, 29 germinal an X [19 avril 1802] (III, B. 180, n.º 1418).

WÉSEL. Cette ville est réunie à la France, 21 janvier 1808 (IV, B. 175, n.º 2945). — Publication du décret d'union de cette ville au diocèse d'Aix-la-Chapelle, 1.er avril 1808 (IV, B. 189, n.º 3264). — Elle forme, avec ses dépendances, un arrondissement de justice de paix, 19 août 1808 (IV, B. 201, n.º 3679). — Prorogation et délai accordés aux habitans du canton pour l'inscription des priviléges et hypothèques, 20 septembre 1809 (IV, B. 245, n.º 4745). — Fixation du délai après lequel les actes publics doivent y être écrits en français, 30 janvier 1809 (IV, B. 224, n.º 4097). — Établissement d'une chambre de commerce, 20 décemb. 1812 (IV, B. 454, n.º 8368). — Application aux habitans de l'arrondissement, des dispositions des décrets des 3 et 25 janvier 1813 relatives aux possesseurs de terres situées dans le grand duché de Berg, 4 novembre 1813 (IV, B. 534, n.º 9841).

WESTERMANN (Le général) est mandé à la barre de la Convention nationale, 4 avril 1793. — Il n'y a pas lieu à inculpation contre lui, 4 mai 1793.

WESTPHALIE. Dispositions relatives à un référé de la cour de cassation sur le mode d'application d'un décret du roi de Westphalie dans le jugement d'une saisie de sucre faite à Quakenbruck avant la réunion de cette ville à la France, 16 septemb. 1811 (IV, B. 391, n.º 7223). — Les dotations de 4.ᵉ et 5.ᵉ classes dont les biens sont situés dans la partie des provinces westphaliennes réunies à la France, continuent d'être gérées par l'administration des sociétés de Hanovre et de Westphalie, 9 mars 1813 (IV, B. 484, n.º 8951). V. *Titres* et *Majorats*.

WESTREENEN DE THEMAT (Le sieur) est nommé membre du Corps législatif, 19 février 1811 (IV, B. 353, n.º 6546).

WETEREN. Tarif des droits de passage sur le pont de cette commune, 24 ventôse an XII [15 mars 1804] (III, B. 355, n.º 3681).

WEYMERANGE (Le sieur). Ses biens sont séquestrés, 7 pluviôse an II [26 janvier 1794].

WIERS (La commune de) est réunie à la France, 23 mars 1793.

WILHELM (Le sieur) est nommé membre du Corps législatif, 1.er prairial an V [20 mai 1797] (II, B. 125, n.º 1212).

WILLEMS (Le sieur) est nommé membre du Corps législatif, 4.ᵉ jour complémentaire an XIII et 2 vendém. an XIV [21 et 24 septembre 1805] (IV, B. 61, n.º 1075).

WILLIAMS (Le sieur David). Le titre de citoyen français lui est conféré, 26 août 1792.

WILLOT (Le sieur Amédée) est nommé membre du Corps législatif, 1.er

prairial an V [20 mai 1797] (II, B. 125, n.º 1212).

WILMAR (Le sieur) est nommé membre du Corps législatif, 3 et 4 mai 1811 (IV, B. 367, n.º 6723).

WIMPFEN (Le général Félix). Déclaration précise qu'il doit faire aux administrateurs du département du Haut-Rhin, des faits relatifs aux propositions de séduction qui lui ont été faites de la part des princes français émigrés, 22 = 27 novembre 1791. — Il est décrété d'accusation, 26 juin 1793.

WINANT-DIGUEFFE (Le sieur) est nommé membre du Corps législatif, 13 floréal an VII [2 mai 1799] (II, B. 277, n.º 2863).

WINCOP (La dame). Les cédules souscrites par elle pour son mari, sont déclarées valables, 12 brumaire an XI [3 novembre 1802] (III, B. 225, n.º 2065).

WINTER (Le sieur) Résiliation des traités faits avec lui par le ministre de la guerre, pour la fourniture de chevaux et équipages destinés au service de l'artillerie, 16 nivôse an II [5 janvier 1794].

WISCHER DE CELLES (Le sieur) est nommé préfet du département de la Loire-inférieure 10 décembre 1806 (IV, B. 133, n.º 2168).

WITZ (Le sieur). Le maire de Werthausen est autorisé à lui concéder un terrain communal, 29 germinal an X [19 avril 1802] (III, B. 180, n.º 1414).

WOLLSHEIM. Réunion de cette commune à la France, 30 mars 1793.

WOLLSTEIN. Réunion de cette commune à la France, 30 mars 1793.

WORMS. Approbation des dispositions faites par le général Custines pour la levée des contributions, 13 = 14 octobre 1793. — Réunion de cette ville à la France, 30 mars 1793.

WOURLOING (La commune de) est réunie à la France, 2 mars 1793.

WOUSSEN (Le sieur) est nommé membre du Corps législatif, 19 floréal an VII [8 mai 1799] (II, B. 279, n.º 2886).

WURTEMBERG (Duché de). Traité de paix entre la France et le duc de Wurtemberg et Teck, 28 thermidor an IV [15 août 1796] (II, B. 80, n.º 738).

XHROUET.

XHROUET (Le sieur) est autorisé à rentrer sur le territoire français, 13 nivôse an VIII [3 janvier 1800] (II, B. 343, n.º 3523).

YONNE.—YVETOT.

YONNE. La rivière d'Yonne est conservée dans sa division en deux parties entièrement distinctes sous le rapport de son entretien, 25 prairial an XII [14 juin 1804] (IV, B. 6, n.º 38).

YONNE (Département de l'). Son classement dans la division territoriale de la France, et sa composition, 15 janvier, 16 et 26 février = 24 mars 1790. — Le Directoire de ce département est autorisé à acquérir les bâtimens nécessaires à son établissement, 29 mars = 3 avril 1791. — Circonscription des paroisses qui en dépendent, 5 = 12 juillet 1791. — Réquisition mutuelle des gardes nationales, 1.er avril 1792. — Le troisième bataillon a bien mérité de la patrie, 5 avril 1793. — Proclamation à ses habitans sur l'introduction des mesures de longueur, 28 messidor an VII [16 juillet 1799] (II, B. 296, n.º 3148). — Validité des opérations de l'assemblée électorale pour la nomination des députés au Corps législatif, 16 floréal an VII [5 mai 1799] (II, B. 279, n.º 2907). — Le président du tribunal criminel est dénoncé au Pouvoir législatif comme prévenu de forfaiture, et il est procédé à son remplacement provisoire, 26 brumaire an VIII [17 novembre 1799] (II, B. 327, n.º 3428). — Sont nommés préfets MM. Hennet, 11 ventôse an VIII [2 mars 1800] (III, B. 44, n.º 308); — le baron Defermon, 13 mars 1813 (IV, B. 485, n.º 8965). — Réduction et fixation des justices de paix, et rectification des arrêtés qui les ont déterminées, 15 vendémiaire, 9 pluviôse et 25 ventôse an X [7 octobre 1801, 29 janvier et 16 mars 1802] (III, B. 111, n.º 8999, et B. 228 bis, n.ºs 1.er et 7), et 31 juillet 1806 (IV, B. 111, n.º 1818). — Désignation des écoles secondaires, 8 pluviôse an XI [28 janvier 1803] (III, B. 245, n.º 2294). — Création du dépôt de mendicité, 22 octobre 1810 (IV, B. 324, n.º 6066).

YPRES. Envoi aux armées des nouvelles officielles de la prise de cette ville, 1.er messidor an II [19 juin 1794] (I, B. 6, n.º 30). — Les drapeaux qui y ont été pris sont suspendus à la voûte de la salle de la Convention nationale, 13 messidor an II [1.er juillet 1794] (I, B. 15, n.º 68). — Époque de l'ouverture et de la durée de la foire d'été de cette ville, 9 messidor an IX [28 juin 1801] (III, B. 87, n.º 726).

YSSEL (Département des BOUCHES-DE-L'). V. Bouches-de-l'Yssel.

YVERNOT (Le sieur JACQUES). Son nom est inscrit sur la colonne du Panthéon, 15 messidor an II [3 juillet 1794] (I, B. 13, n.º 62).

YVETOT. Le siége de l'administration

du district de Caudebec est transféré dans cette ville, 29 brumaire et 23 prairial an II [19 novembre 1793 et 11 juin 1794] (I, B. 6, n.º 25).

YVOLLET (Le sieur). Il n'y a pas lieu à accusation contre lui, 25 janvier 1795.

YVRÉE (Le sieur) est nommé officier de paix à Paris, 8 germinal an VIII [29 avril 1800] (III, B. 16, n.º 144).

YZEURES. Etablissement de six foires dans cette commune, 6 messidor an IX [25 juin 1801] (III, B. 87, n.º 718).

ZAHLBACH. — ZWOLLE.

ZAHLBACH. Réunion de cette commune à la France, 30 mars 1793.

ZANGIACOMI (Le sieur) est nommé juge au tribunal de cassation, 13, 14, 15, 16, 17 et 18 germinal an VIII [3, 4, 5, 6, 7 et 8 avril 1800] (III, B. 18, n.º 123).

ZIERICKZÉE. Prorogation de délai pour certaines inscriptions hypothécaires à prendre par les anciens receveurs de la contribution foncière hollandaise et des polders, dans l'arrondissement de cette commune, 6 janvier 1814] (IV, B. 552, n.º 10045).

ZINC. L'exportation de ce métal est permise, 10 avril 1811 (IV, B. 361, n.º 6631).

ZUYDERZÉE (Département du). Sa réunion à la France, sa composition et son organisation administrative, 13 septembre et 18 octobre 1810 (IV, B. 313 et 322, n.ºs 5949 et 6043). — M. le comte de Celles est nommé préfet, 13 décembre 1810 (IV, B. 331, n.º 6166). — Organisation des tribunaux, 20 janvier 1811 (IV, B. 345, n.º 6468). — Nomination des députés au Corps législatif, 19 février 1811 (IV, B. 353, n.º 6546).

ZWIERLEIN (Le baron de). Levée du séquestre mis sur ses biens, 2 juillet 1806 (IV, B. 108, n.º 1736).

ZWOLLE. Etablissement d'un agent de change courtier de marchandises dans cette ville, 29 août 1813 (IV, B. 520, n.º 9569).

FIN DU QUATRIÈME ET DERNIER VOLUME.

NOTE pour les Fonctionnaires publics et les Particuliers acquéreurs de la Table générale de 1789.

La Table des matières des lois, arrêts, décrets et ordonnances depuis le 1.er avril 1814 jusqu'au 1.er janvier 1817, formera un cinquième volume, qui paraîtra dans le courant de 1817.

La Législation, restauratrice de la France, qui compose la presque totalité de ce volume, offre un assez grand intérêt pour devancer l'époque à laquelle les Tables du Bulletin des lois seront à l'avenir refondues en une seule pour faciliter les recherches.

On peut s'inscrire chez MM. RONDONEAU et DECLE, au Dépôt des lois, pour ce cinquième volume, dont la mise en vente et le prix seront annoncés par un avis particulier.

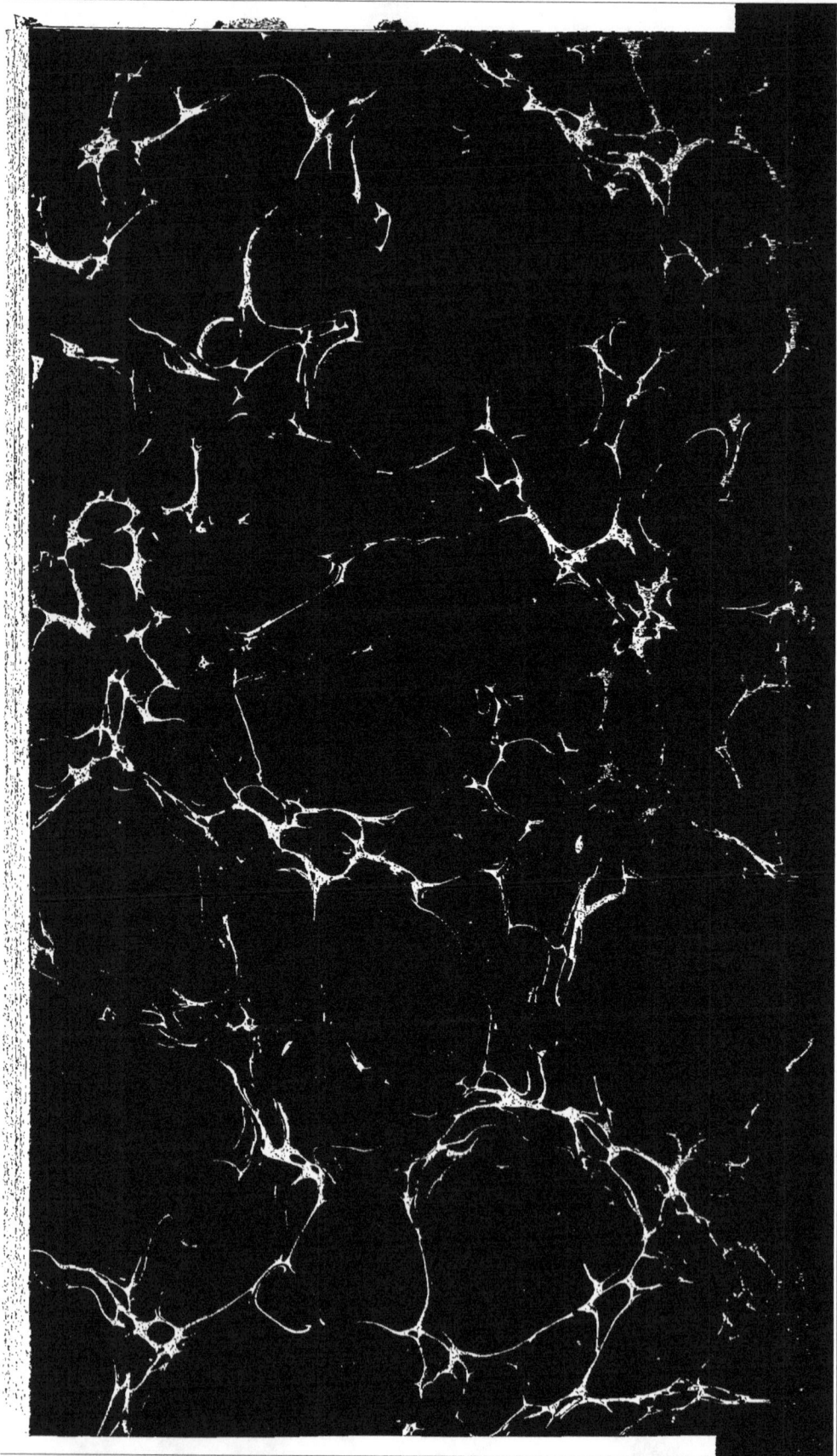

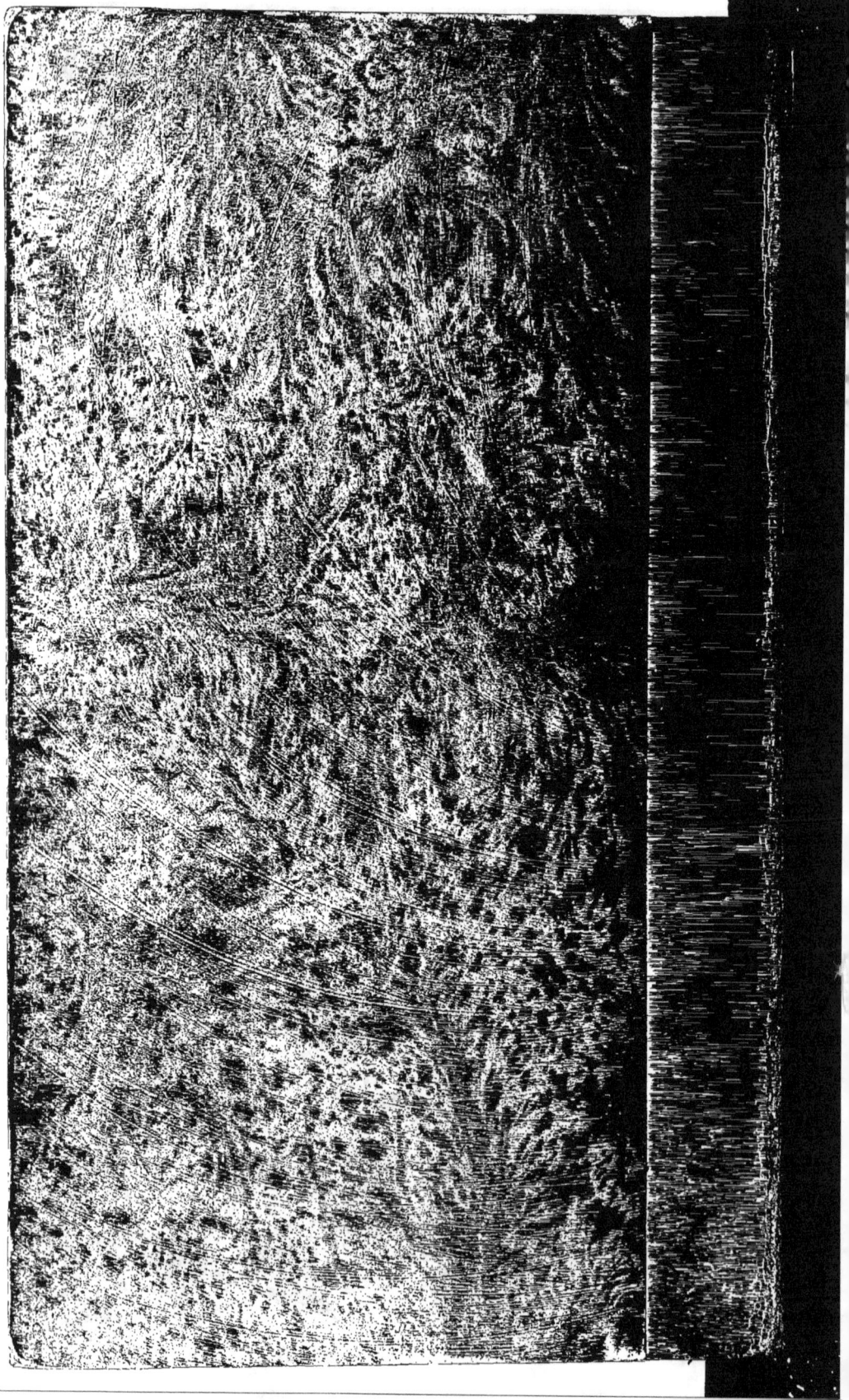